經學研究叢書・經學史研究叢刊

王安石《尚書新義》輯考彙評
——補逸柬議

蔡根祥　著

目次

第柒章　《尚書新義》輯考彙評：
　　　　《周書》補逸柬議（上）

序言

　　跟《尚書》這本經典開始接觸、結緣，已經有四十二年左右了。

　　在我就讀臺灣師大國文系大四那一學年，因為大四系上有開設《尚書》的課，由吳璵老師授課，選修的同學蠻多的；吳老師上課談笑風生，風趣而有魅力；我本來選修了吳老師的「《尚書》」與「甲骨文」，但是後來因為時間衝突的關係，我退掉了「《尚書》」課；不過，原來吳老師上課所用的教材，就是他自己撰寫的三民書局出版的《尚書讀本》，我也就自己讀過，據同學說吳老師上課除了談課外話題，大致上都根據教材來講，所以，我雖然沒有完成修課，也算是讀過《尚書》了。

　　大學畢業，當了三年的國中老師，感覺「教然後知困」，所以發憤考研究所，回到臺灣師大母校攻讀碩士，也毅然決然辭掉中學教職。在碩士班第一年中，修讀眾多專業經典之後，我選擇了《尚書》當研究主題；我考慮的是：第一是《尚書》雖然有名的「佶屈聱牙」，令很多人敬而遠之，但是我就比較「硬頸」（粵客語「很拗」的意思），別人越不敢碰觸，我越有興頭，不想跟風。第二是我自認為對「佶屈聱牙」的《尚書》，具備可以應付的能力，我的小學工夫似乎還不錯，文字、聲韻、訓詁都有點修為，所以就「衝」啦！第三是我有心目中的理想指導老師，他就是臺灣第一位以《尚書》為博士論文的專門學者──許錟輝老師。然而好事多磨，研究所裡分配給我的指導老師不是我心中的目標，還得我勇敢向所長王熙元老師分辯，最後才如我所願，由許錟輝老師擔任我的論文指導老師。

　　碩二很快就過了，在跟許老師討論之後，決定以「《後漢書》引

《尚書》考辨」為題,撰寫論文。這個題目可以有三個研究目標:第一是整理東漢《尚書》學的狀況;第二是探析《後漢書》作者范曄本身的《尚書》學脈為何?第三是據《後漢書》裡引用《尚書》的情況,觀察偽古文《尚書》出現的時間。可巧,許老師在我碩三那年休假到韓國講學,所以,我撰寫論文時只能用書信往來作報告,老師的信中字裡行間,明顯有掛心我撰寫進度及內容的含意。還好,老師回來,看過論文稿之後,也就放心讓我提出口考了。

碩士畢業後,一時間找不到理想的教學工作,後來因陳新雄老師的推薦,應聘到韓國釜山東亞大學校中語中文學科擔任講師,所教授的課程是:國語語音學、聲韻學、先秦諸子、甲骨文。這些課程對我而言,既是沈重的挑戰,也讓我得到極佳的磨練。兩年後,我又考回臺灣師大國文博士班,也毅然決然辭去釜山東亞大學的教職,回臺讀書。還好因為有在國外大學任教的資歷,算是比較有競爭力,就任職於臺北工專,有餬口之所,直至博士學位到手。

攻讀博士班,我還是選擇《尚書》為研究主題,也還是選擇許錟輝老師來指導我的研究。因為我看到宋代經學中,《春秋》已經有宋鼎宗先生作研究了,而《尚書》還沒有人去做,於是有點不自量力就選了「宋代《尚書》學」作主題,許老師也覺得這是好題目,只是怕題目太大,提出了警告。就這樣我用了將近五年的時間來尋找、閱讀、分析宋代《尚書》學的文獻材料,許老師也再次發出警訊,提醒我畢業的時程。其實,我也曾經起過一個不好的念頭,打算放棄這個博士學位,做個萬年講師也可以過一輩子,養家活口。不過想想已經奮鬥了這麼長的時間,收集了這麼多的材料,放棄實在可惜;於是跟老師商討,將原來的題目縮小為「宋代《尚書》學案」,而且立刻著手進行,定下論文的架構,就一位一位地針對宋代具有《尚書》專著以及在《尚書》學上有重要影響的學者,逐一研究分析探討,成立單一學案個體,再就彼此學說的關係連綴成一個學術鏈,就是「《尚

書》學案」。我的論文一共研究了四十九位宋代《尚書》學者，其中有的有人研究過，有的從來就沒有人接觸過，我是第一位研究者，所以，往往就從原典中抽繹離析出其《尚書》學說，並找出其特點、創見，才能確定彼此學術關係。

在宋代《尚書》學中，王安石是重要的人物。王安石為了改革科舉以及變法之需，重新纂註《尚書》、《詩經》、《周禮》，號為《三經新義》；在宋代，《尚書新義》的影響力是無與倫比的。《三經新義》中《尚書義》完成最先，於熙寧七年已然進上。《三經新義》既為官學，士子風從，所以，陳振孫稱王氏《新義》之學獨行於當時近六十年之久。若果論影響力，宋代《尚書》著作中，只有蔡沈《書集傳》可以一較長短，相提並論。然而自從熙寧變法失敗之後，逮及南宋，學者大多視《三經新義》如弊屣，多所指責批駁，乏人問津，遂漸漸失傳。

在失傳的《三經新義》中，《尚書新義》自始未有學者加以輯集。直到臺灣大學程元敏教授始為之進行輯錄，編纂成為《三經新義輯考彙評（一）尚書》一書。此書成於一九八六年夏，因而王安石《尚書新義》之說，重現其大概。我在研究王安石《尚書》學時，就取用了程教授的成果，成為我研究王氏《尚書》學說的重要參考資料。

不過，在我撰寫《宋代尚書學案》論文過程中，亦曾悉心注意蒐羅抉剔宋代學者《尚書》學的遺說，如蔡元定〈洪範〉說、吳才老《尚書》說等。至於王安石《尚書新義》，則因有程先生大著在前，雖然也隨時注意，而並未作過全面收集；不過，在閱覽眾多《尚書》學著作的過程中，不時可尋找得程先生未抄錄的《尚書新義》佚文及相關評論，亦時而發現程先生所收輯的王氏《尚書新義》逸文，經考究證實並非王安石《尚書》學的言論，而且在處理《尚書新義》佚文時，也有些可議論之處。對這些發現，我有部分寫在博士論文之中。

當我奮鬥了兩年，終於在畢業年限之前完成博士論文〈宋代尚書

學案〉時，也就引起許老師的憂慮，因為本來專業《尚書》學術的學者就不多，聘請口試委員能選擇的就是幾位，而程元敏先生可以說是跟我論文研究範疇最相重疊的學者，他是有名治學嚴謹，學歷功深，絲毫必較的學者，而我的論文裡居然說他所輯集的《尚書新義》佚文有問題，這讓許老師很為難與擔心。老師對我說：

> 如果不聘請程元敏先生來口考的話，你可能比較好應付，也好過關；不過，這樣就算通過口考，你的論文恐怕得不到學術界的認可。而如果聘請程老師來口考呢？那你論文裡這樣寫法，恐怕很難應付啊！

當時我的選擇是必須請程老師來，因為我覺得我的論述都是有論有證的，就看程先生如何處置吧！

程元敏先生後來果然就是我的博士論文口試委員，因為「宋代《尚書》學案」此一研究論題，所牽涉之學術範疇兼攝《尚書》學以及宋代學術，在五位口試委員中，程先生是對於《尚書》及宋代學術，皆有專研，成績斐然，享譽上庠的著名學者。就在論文口試之時，程先生在踏入口試教室，手抱十數本書前來，於眾人狐疑之際，就已經開宗明義說：「本次前來口考蔡根祥同學博士論文，與其說是口考，倒不如說是為本人的學術研究成果辯護。」就是因為我在博士論文撰寫之中，有多處論述與程先生所曾發表之學術意見不同。如號稱是金履祥年少時所著述的《尚書注》十二卷，程先生肯定是真正金履祥親作，而我經過考證對比，確認乃明末至清初好事者假託金履祥少作之名，從金氏所著《資治通鑑前編》中，擷取《尚書》相關論述排比連綴，拼湊而成的，並非金履祥年少時所著。又在論文中多次認為程先生所輯錄王安石《尚書新義》佚文有誤，所以，程先生即針對這般學術事情而發言。我相信許老師聽到這樣的宣示，心裡一定很擔

憂。幾位口試委員都異口同聲推舉程先生盡量發言質問。當然，我也得竭盡所能地回答程先生的提問。程先生基本上對我在論文中所提出之意見大多予以辨析反駁，持理有據，我也只能暫時接受，承諾他日好好研究。還好，最終程先生仍肯定筆者所指出一個他書中出現的可議之處，確實有誤；當時程先生器度寬宏，戲稱我是他的「一字之師」，也因此程先生許以論文通過。我看得出許老師放心了，一面笑容。

　　博士畢業之後一年，由臺北科技學院（臺北工專轉型）轉任到高雄師大國文系，能在大學國文系任教，對於教學相長來說，是再好不過的，也慶幸能到可以發揮專業之場域，能開設《尚書》課程，也在研究所講授「《尚書》研究」課程，持續對《尚書》作更深層之探索。後來轉任經學研究所，此乃一處五經皆有開課之學術單位，對《尚書》之研究與鑽求，具備良好環境與條件。我也在經學研究所任教期間，升等為教授。而我的升等專著是《《浮生六記》後二記──〈中山記歷〉、〈養生記逍〉──考異》，當我完成全稿，打電話邀請許老師為我撰寫序言，以增光輝。老師一聽說我申請升等，高興地說：「我一直掛心你畢業後，怎麼還沒有升等？」然而，當老師聽說我升等專書是寫《浮生六記》時，電話中傳來的聲音語調馬上一變，說：「你先將文稿傳給我看看吧！」後來，收到老師傳來的序言，裡面有一段心緒歷程，說：

　　　　我的專長領域是文字學與《尚書》，在我指導博士論文的導生中，以《尚書》為研究主題，而迄今在教學與研究始終未疏離此一領域的，有一人焉，他就是現任高雄師範大學經學研究所所長的蔡根祥。
　　　　根祥在進入臺灣師範大學國文系就讀的第一年，我擔任他的班導師，也教他班上「讀書指導」的課程。從此跟他結上師生之

緣。我和根祥不僅是研究領域相同,而且也同好桌球,他的
碩、博士論文,都是我指導完成的,我的桌球技藝則是根祥指
點進步的。……。對根祥而言,無論教學、研究、處事、為人
等各方面,我都很滿意,唯一讓我惦念的,就是遲遲不提教授
升等論文。前幾天接到他從高雄打來的電話,告訴我一個好消
息---他的教授升等論文已經完成,並請我替他寫序,乍聽之
下,真是欣喜萬分。問他論文題目,竟然告訴我是〈《浮生六
記》後二記考異〉,當時我愣住了,印象中,從未聽他提過有
關《浮生六記》的事,這究竟是怎麼回事?在滿懷猜疑的心情
下,我要根祥把論文電郵給我,就掛斷電話。看了根祥寄來的
論文,特別是序文,我的猜疑為之一掃而空。

《古文尚書》的辨偽,乃《尚書》的一大公案。……最後,由
明代梅鷟撰《尚書考異》,將偽古文篇章中每一句的來源出處
都挑挑出來,再加上清代閻若璩著《尚書古文疏證》、惠棟撰
《古文尚書考》,鳩聚了所有相關偽作的討論與證據,才終於
使偽《古文尚書》現形,公案定讞。……。基於對偽《古文尚
書》作偽的探討,根祥覺得:《浮生六記》的情形跟《尚書》
十分相似。自從道光五年沈復完成了《浮生六記》,請管貽萐
分賦六絕句之後,《浮生六記》就止餘四記。王韜、楊引傳、
葉桐君、潘麟生、黃摩西、林語堂、俞平伯、王文濡等人對
《浮生六記》都喜愛有加,也都以亡逸後二記為憾,傾力索
求。民國二十三年,逸失的兩記突然出現,很快也出版了。之
後學界對此逸失復出的二記,也以正反兩方論辯,前後經歷了
七十二年之久,迄今還沒有定論。根祥思以對偽《古文尚書》
問題的瞭解與解決方法,以及鑽研《尚書》的精神,拿《浮生
六記》做一實作,希望能讓《浮生六記》偽作的問題得到較徹
底的解決與明確答案。

由這段序言可以看出老師對我的關心、惦念，慶幸的是後來我總能讓老師放心，接受喜悅的結果。

自從博士畢業到現在，已經二十七年了，我時刻也惦記著程元敏教授當年的肯定「一字之師」，於不斷閱覽研究之餘，對宋代《尚書》學之見識，增進不少，亦有更多的收獲。而想更進一步對王安石《尚書新義》執行補逸、柬汰、修正，這念頭經常縈繞腦海。程先生當年之肯定，讓我累積堅定的信心，於是本諸《輯錄彙評》為基礎，逐條逐篇進行對比、蒐羅、校勘、連綴、補訂等工作。從二〇一〇年左右起，分科分篇，撰寫為論文發表，直到《商書》止。分別在臺北臺灣師大、楊州楊州大學、福州福建師大、貴陽貴州師大、蘭州西北師大，逐篇發表。而多數發表時的特約評論人就是程元敏先生的高足——中研院文哲所蔣秋華先生，蔣先生跟我同行研究《尚書》，又是好朋友，他也給我很多的意見與肯定。

由一〇九年二月起，是我生平最後一次的一學期研究休假，本來打算有北歐、美國、大陸、港澳等地的行程，不意被新冠肺炎病毒擾亂了，哪裡都去不了，只能在家避疫，也進行真正的「休假研究」，於是一口氣將餘下的《周書》部分完成。從〈堯典〉始，終於〈秦誓〉。說來也得感謝這世紀病毒，不然，這書可能還需三、五年才能出版呢！

可惜、可歎的是許老師在一〇七年六月就離開人世，我沒有機會再讓老師看到這本若是當年定會惦念的研究成果，不過，我還是會大聲的向老師在天之靈稟告：

老師：您不用再為根祥記掛惦念了，我會將《尚書》學術盡量承先啟後的，您就放心吧。我相信王安石也會放心的。

王安石《尚書新義》的補逸柬議工作雖告完成，然而亦尚有難全

之處。過程之中,更深深體會輯逸是難以周全的。前賢之功不可沒,程先生當年辛勞,現在我的確更能體察箇中滋味。

學術有其客觀性,是非對錯,務求其真,冀能裨益後學,免於歧誤。回顧我之前寫的博士論文,也曾經引用不屬於王安石《尚書新義》的資料來論述王安石的《尚書》學,到現在才能確實得到更正、修訂。前修未密,後出應當轉精,不然就對不起前輩了。筆者清楚地認知,我是站在巨人的肩膀上繼續往上爬的,後來者如果不能得到尺寸的上進,就真的辜負了巨人肩膀的付出。我真心地向這位巨人——程元敏先生——致敬。

學術無涯涘,我也希望後來者有能對我的《補逸東議》再來一次「補逸東議」,尤其是當有新的材料被發現之後,就可能有新的補充。為還原歷史,為後人開路,為往聖繼絕學,這些都是應該的。

誌於 社松書室

民國一〇九年十月

第壹章
緒論

　　《荀子》曰：「《書》者，政事之紀也。」[1]《論語》記載孔門四科：德行、言語、政事、文學。其中政事之科，所教當以《尚書》為主。《論語》中記孔子與弟子言《尚書》，曰：

> 或謂孔子曰：「子奚不為政。」子曰：「《書》云：『孝乎！惟孝，友于兄弟。』施於有政，是亦為政，奚其為為政？」〈為政〉
>
> 子張曰：「《書》云：『高宗諒陰，三年不言』，何謂也？」子曰：「何必高宗？古之人皆然。君薨，百官總己以聽於冢宰三年。」〈憲問〉

其中所談論者，皆與政事相關。《莊子・天下》曰：「《書》以道事。」[2]所謂「事」者，政事之謂也。《禮記・經解》篇云：「疏通知遠，《書》教也。……疏通知遠而不誣，則深於《書》者也。」孔穎達疏曰：「《書》錄帝王言誥，舉其大綱，事非繁密，是疏通；上知帝皇之世，是知遠也。」[3]可知《尚書》者，上古帝王為政之書，後世治國為政，濟眾保民，莫不以《尚書》為典範。正如朱熹所言：「《尚

1　戰國・荀子、唐楊倞註、清王先謙集解《荀子集解》（臺北市：藝文印書館，民國66年2月四版）曰：卷一〈勸學〉篇第一，總頁118-119。
2　戰國・莊周、黃錦鋐譯註《莊子讀本》（臺北市：三民書局，民國67年7月，三版）〈天下〉篇，總頁370。
3　漢・鄭玄注、唐・陸德明音義・孔穎達疏《禮記注疏》卷五十，〈經解〉篇。

書》文義通貫，猶是第二義；直須見得二帝三王之心。」[4]「二帝三王之心」乃為政者之第一義。是以歷代帝王，無不研讀《尚書》；兩漢帝王如是，唐太宗如是，宋代帝王亦如是。

昔韓退之於〈進學解〉云：「周誥殷盤，佶屈聱牙。」《尚書》之不易通讀，於此可見。蓋《尚書》既經秦火之餘，幾於絕傳，幸賴伏生以耄耋之年，猶以其所學《尚書》教於齊魯之間，《尚書》之學，因之漸盛；其后劫難踵至：若漢有今、古文之爭；漢末有鄭、王混亂家法；晉則孔壁古文逸篇全數亡佚，偽古文《尚書》之出現；南北朝有北鄭南孔之異；而唐則太宗詔修《五經正義》，《尚書》學取孔傳本為宗，定於一尊，其他家派學說，於焉寖逸；唐玄宗命衛包改隸古定文字為今字，於是隸古定字體亦亡；至宋太祖開寶間，命陳鄂、李昉等改《經典釋文》中隸古定字，古本遂絕。[5]

自宋代之後，金石考證之學日興，若熹平石經殘石之發現，可稍睹漢代《尚書》模樣；古代銅器之著錄，則知自周朝至戰國間文章記載之體式；甲骨文出土，使吾等目睹商代社會實況；敦煌石窟之開封，唐朝隸古定本《尚書》殘卷復出；近年戰國楚地簡帛書紛紛現世，北京清華簡至有戰國版本《尚書》文本再現人間，可正古本《尚書》文義，更足以證明偽古文《尚書》之贗作。凡此等新材料之重見天日，皆可有助歷來文獻厄劫略補於萬一。

第一節　宋代之社會氛圍述略

有宋趙氏，起家行伍，兩世裨將，終至陳橋兵變，黃袍加身，一統天下，國主十八世，國祚三百一十九年[6]，懲前代武將之亂，杯酒

4　宋・朱子《晦庵續集》，卷三，〈答蔡仲默〉。

5　上述《尚書》諸難，大致採段玉裁《古文尚書撰異・序》中所謂「《尚書》七難」。

6　此用清・齊召南之《歷代帝王年表》之說。

釋兵權，文治大興；於文則有歐陽修等之古文運動，於學則有義理道學之大顯，於政則有王安石之熙寧變法，其視前代，莫有其匹者。學術振興，人才輩出，所以然者，自有其因；茲析論如次：

　　蓋宋太祖趙匡胤初登大寶，所任文武眾官，皆後周舊人，如：石守信、王審琦等以擁立有功，典掌禁衛；太祖深以為憂，恐或有變，遂於杯酒之間，收禁衛之兵，並使諸大臣出為節度使。唐時節度使權力極大，於所管轄區域，掌有行政、軍事、財政之權，故唐末有諸節度使之亂；宋太祖有鑑於此，遂設通判於諸藩鎮，以收諸權歸於中央；又凡藩鎮出缺者，即以文人知州事以代之；若乾德元年，荊南高氏亡，即始以文臣代知州事也。同時，要求武將亦需讀經書。司馬光《涑水紀聞》記曰：

> 太祖聞國子監集諸生講書，喜，遣使賜之酒，曰：「今之武臣，亦當使其讀經書，欲其知為治之道也。」[7]

以此見宋代文治為先，故讀書學術之風，蔚然大盛。

　　趙匡胤以行伍得國，嘗立碑以示子孫所當遵者，凡新天子即位，必恭讀其碑上誓詞。詞有三，其一曰「不得殺士大夫及上書言事人」，[8]以此太祖重士得士，故終宋之世，文臣無毆刀之辟。宋君重士，屢見於史籍。若太祖行實之例：

> 太祖皇帝以神武定天下，儒學之士，初未甚進用；及卜郊肆類，備法駕，乘大輅，翰林學士盧多遜攝太僕卿，升輅執綏，且備顧問。上因歎儀物之盛，詢致理之要，多遜占對詳敏，動

7　見宋・江少虞著《宋朝事實類苑》卷一，頁3，引司馬光《涑水紀聞》。
8　參見清・潘永因編《宋稗類鈔》，卷一，頁1。

皆稱旨。他日,上謂左右曰:「作宰相須用儒者。」[9]

由是文學之士,多進仕之階。宋朝既立,開科選士,一如唐代。太祖嘗言曰:

> 國家懸科取士,為官擇人,既擢第於公朝,寧謝恩於私室,將懲薄俗。[10]

士子進身仕途,以科舉考試為優,蓋科舉之制,廣及寒門,苟富實學,皆可由科考以進。夫科舉雖始於唐代,然唐代任官,多以蔭補,由科舉而入仕者甚鮮[11];是以太祖力倡科舉,以求得人。夏竦嘗論科舉之制曰:

> 子弟以嗣蔭而受祿,士以歷試而頒爵;歷試之下,黜陟章明,故士之不肖者鮮矣。[12]

宋初科舉考試,仍以詩賦為主。《宋史・選舉志》卷一百五十五云:

> 宋初承唐制,貢舉雖廣,而莫重于進士、制科,其次則三學選補。

宋代科舉於各科之中,以「進士得人為盛」,[13]而進士所試者,即有

9　宋・江少虞著《宋朝事實類苑》卷一,頁3引司馬光《涑水紀聞》。
10　見《宋會要・選舉志》卷三,頁1、2。
11　參李弘祺著《宋代教育散論》,〈宋代教育與科舉的幾個問題〉一文,總頁41。
12　見宋・夏竦《文莊集》卷十五,頁6,李德裕〈非進士論〉。
13　見《宋史・選舉志一》。

詩、賦、論文各一首，其他科目：止於帖經、墨義耳。然以文學所取士人，未必真能治國牧民，遂有改革之議。

首發此議者為范仲淹。慶曆三年，范仲淹奏〈答手詔條陳十事〉中，即有「明黜陟」、「抑僥倖」、「精貢舉」之目。其論曰：

> 今諸道學校如得明師，尚可教人六經，傳治國治人之道。而國家專以詞賦取進士，以墨義取諸科，士皆舍大方而趨小道，雖濟濟盈庭，求有才有識者，十無一二。況天下危困，乏人如此，固當教以經濟之業，取以經濟之才，庶可救其不逮。……其取士之科，即依賈昌朝等啟請，進士先策論而後詩賦，諸科墨義之外，使通經旨，使人不專詞藻，必明道理。[14]

慶曆四年，翰林學士宋祁暨王拱辰、張方平、歐陽修等九人，合奏「學校貢舉條例」，本范仲淹「興學校、本實行」之意，以為詩賦聲病，墨義記誦，不足盡人才；易以策論，則可使務為文詞者留心治亂，簡程式則閎贍博學者得以馳騁政策，問大義則執經者不專於記誦，[15]如此則人之真才實學，方可考見矣。其議詔罷不行。仁宗嘉祐三年，王安石上萬言書，痛陳當時科舉之弊，所取之士，非皆人才，亦不切時用。及神宗登極，王安石任參知政事，進為宰執，於熙寧四年上「乞改科舉劄子」曰：

> 伏以古之取士，皆本於學校，故道德一於上，而習俗成於下，其人材皆足以有為於世。……宜先除去聲病對偶之文，使學者得以專意經義，以俟朝廷興建學校，然後講求三代所以教育選

---

14 見宋・范仲淹《范文正公文集》〈政府奏議上〉。

15 參宋・李燾《續資治通鑑長編》卷一四七，頁9-10，《宋史・選舉志一》，《文獻通考》卷三一。

舉之法，施於天下，庶幾可復古矣。[16]

神宗從其意，詔定貢舉新制：進士罷詩賦、帖經、墨義，各占治《詩》、《書》、《易》、《周禮》、《禮記》一經，兼以《論》、《孟》，務通義理，不須盡用注疏。由是專以經義取士，行之十五年；然士人求列榜上，專攻王氏《三經新義》之說以應考，而與以經義取士之旨不達，王安石亦曾自歎云：

本欲變學究為秀才，不謂變秀才為學究。[17]

哲宗繼位，司馬光入朝執政，廢《三經新義》專行；元祐元年，恢復詞賦，使與經義試并行，并許用古今諸儒之說。哲宗親政，再罷詩賦，專習經義，歷三十五年。宋室南渡，高宗重經義而抑詩賦；[18]紹聖三十一年，進士試遂分經義、詩賦兩科，而並以策、論試之。自是迨明、清，以經義取士，遂成定式。

宋代自慶曆以後，重經義策論，務求齊家治國之才，學者讀經之風，於焉浸盛。王夫之「宋論」曰：

語有之曰：『得士者昌』。……人主而下有大臣，有師儒，有長吏，皆士之所自以成者也。人主之職，簡大臣而大臣忠，擇師儒而師儒正，選長吏而長吏賢；則天下之士在巖穴者，以長吏為所因；入學校者，以師儒為所因；升朝朝廷者，以大臣為所因；如網在綱，以群效於國。……大臣不自信，師儒不相親，

---

16 見宋・王安石《臨川集》卷四二，頁4。

17 見宋・陳師道《後山叢談》（臺北市：廣文書局《筆記續編》）卷一，頁15。顧炎武《日知錄》卷十九，頁473亦引之。

18 參見宋・李心傳《建炎以來繫年要錄》卷一百一十三。

長吏不能撫，於是乎綱斷紐絕，而獨夫之勢成……少陵長，賤
妨貴，疏閒親，不肖毀賢，胥曰：吾知有天子而已。豈知天子
哉？知爵祿而已矣。[19]

其言雖不專就科舉而發，然論得士之是否，亦一針見血之論。

慶曆之後，科舉選士既以經義為主，其旨在明經世治國之道。至
熙寧變法，新法如青苗、市易、免役等日下，雷厲風行。考其新法所
基，皆出諸經籍。王荊公「上五事劄子」曰：

蓋免役之法，出於《周官》，所謂府吏胥徒，〈王制〉所謂庶人
在官者也。……市易之法，起於周之司市，漢之平準；今以百
萬緡之錢，權物價之輕重，以通商而貫之，令民以歲數萬緡
息，然知天下之貨賄未甚行；竊恐希功幸賞之人，速求成效於
年歲之間，則吾法隳矣。……故免役之法成，則農時不奪而民
力均矣；……市易之法成，則貨賄通流，而國用饒矣。[20]

王氏〈答曾立公書〉曰：

一部《周禮》，理財居其半，周公豈為利哉！……蓋因民之所
利而利之，不得不然也。[21]

王氏亦嘗對神宗問治道，答以「擇術為先」、「當法堯舜」，或有
以為王氏但知經術，不曉世務為抨擊，而王安石則以為「經術正所以
經世務，但後世所謂儒者，大抵皆庸人，故世俗皆以為經術不可施於

19 見《宋論》卷一，〈太祖〉頁7、8。
20 見宋・王安石《王臨川集》卷四一。
21 見宋・王安石《王臨川集》卷七三。

世務爾」。[22]可見王氏以經術治國措政之意。其修《三經新義》，頒布天下，亦為新法作地耳，示其法皆前有所據，乃古聖先賢之宏規也。然反王氏者，亦每據經義，別立新說以駁之；若司馬光之譏《孟子》，蘇軾之疑《周禮》，作《書傳》以辯王氏之說；皆有為而作也。然王安石以經術立論，施行於政治之上，亦經術致用之光輝也。

夫儒學至唐，注釋繁雜，太宗遂命國子祭酒孔穎達與諸儒撰定《五經正義》，頒布天下，士子據之以為科場程式，人人熟習，於是經學一統，別無異義；然《正義》之作，亦有非議者，以為彼此互異，曲徇經文，雜引讖緯；[23]故逮中唐，有啖助著《春秋集傳》，及其弟子陸淳著《春秋集傳纂例》、《春秋微旨》等，皆考三傳之得失，以明聖人之真意，並時陳己見。[24]此即不滿《正義》而勇於突破者。又若劉知幾著《史通》，以經為史，並有〈疑古〉之篇；[25]此亦唐代思想中之異類也。迨宋開國，多承唐朝之舊，一以《正義》為準，不肯稍加改易。及慶曆間，劉敞之《七經小傳》出，始異前儒之說，王安石《新義》繼作，於注疏之學，徹底捨棄；[26]於是說經者家為一說，每出己意，遂蔚成風尚矣。

科舉之制，籠絡士人，天下士子，盡入彀中；雖其中不乏輔君濟世之才，亦不免青紫利祿之嫌。自胡瑗振起理學，反求諸心，所講所求，不外成德之教，若所謂「顏子之樂」是也。有宋一代理性學者，雖不免形役仕途，然每遇困厄，皆能固執本志，安於其所遇而不稍失節；若張九成、陳鵬飛、張綱、胡宏等，雖因忤當政而被貶竄四裔，猶孜孜於道理探求，不稍中輟；甚至有視場屋時文為不屑者，若范

22 參見《宋史》卷三百二十七，頁3〈王安石本傳〉。

23 參見清・皮錫瑞著《經學歷史》頁43所論。

24 參見《新唐書》〈啖助傳・贊〉。

25 參見唐・劉知幾《史通》卷十三疑古篇。

26 參見宋・王應麟《困學紀聞》，卷八〈經說〉，頁39。

浚、傅寅、錢時、蔡沈諸人，視科舉為畏途，沈潛於學術鑽研之中，自得其樂。[27]然則學術之研究，無求無依，出於志道之心，任重道遠，死而後已，能無所得乎！范仲淹謂「先天下之憂而憂，後天下之樂而樂」，此即知識分子心靈醒覺之先聲；張載曰：「為天地立心，為生民立命，為往聖繼絕學，為萬世開太平。」憂患之心，宏矣偉矣。[28]

第二節　宋代學術風氣之流變

夫春秋以前，學術各有官守，與政昇降；平王東遷，周室日衰，王官失守，文獻典章，散落民間；眾士習之，倡為學術；或本仁義，或言道德，或主刑政，或論陰陽；有行兼愛非攻，有為神農之言，不一而足，百家爭鳴。[29]自嬴秦尚法，申、韓之術行焉，焚書坑儒，實學術之大劫。及漢興，初則與民休息，先尚黃老；自武帝以後，罷黜百家，獨尊儒術，儒學遂成正統，儒家典籍，修輯且備；有今文之學行於朝廷，有古文之學盛於民間；各自訓說演義，自成一家之言，此皮錫瑞所謂「經學昌明時代」也。

逮乎后漢，學術益盛，經書訓詁，有至百餘萬言者，大師講學，眾至千數員；此所謂「經學極盛時代」也。東漢末，馬融、鄭玄，混用古今家法師說，其學盛極一時，而漢代師家之學微矣；及王肅起而攻鄭，於是王學盛於魏而鄭學漸衰，此所謂「經學中衰時代」也。南北對立，學術亦分而為南北，《北史・儒林傳・序》曰：

> 江左《周易》則王輔嗣，《尚書》則孔安國，《左傳》則杜元

---

27 參見蔡根祥著《宋代尚書學案》（臺北市：花木蘭出版社）論文所論上述諸家之生平事略。

28 范仲淹之說見〈岳陽樓記〉，張載之說見《張子全書》卷十四《近思錄拾遺》。

29 參見漢・班固《漢書・藝文志》〈諸子略・序〉。

凱。河洛《左傳》則服子慎,《尚書》、《周易》則鄭康成。
《詩》則並主於毛公,《禮》則同遵於鄭氏。[30]

是北朝尚鄭,南朝用王弼、孔傳、杜預,與北朝異,此所謂「經學分
立時代」也。學術風氣雖分立,然南朝善談名理,增飾華詞,表裡可
觀,北人多羨;久而久之,學術之風,北學衰而南學盛。

隋唐一統,政出專門,而學術反出多途,章句繁雜;唐太宗有感
於此,乃命國子監祭酒孔穎達與諸儒,撰定《五經義疏》,後更名曰
《五經正義》,後稍論訂,於高宗永徽四年頒于天下,科場明經,依
此為準,天下士子,奉若圭臬。其書於《易》主王弼,《書》用孔
傳,《左氏》依杜解,是北學全歿而南學一尊矣;此所謂「經學統一
時代」也。此時期之學術,承東漢古文學之意,多詳章句訓詁,是亦
「漢學」之流亞。[31]至乎中唐,國勢日衰,學者思有以振衰起弊,求
索於經典,而《正義》之說,或彼此互異,或曲徇注文,或雜引讖
緯,學者亦思有以變之,由是異說漸起矣。《新唐書・啖助傳》云:

> 大曆時,(啖)助、(趙)匡、(陸)淳以《春秋》,施士匄以
> 《詩》,仲子陵、袁彝、韋彤、韋茝以《禮》,蔡廣成以
> 《易》,強蒙以《論語》,皆自名其學。[32]

其贊曰:

> 啖助在唐,名治《春秋》,摭訕三家,不本所承,自用名學,憑
> 私臆決,尊之曰:「孔子意也。」趙、陸從而唱之,遂顯於時。

---

30 見清・皮錫瑞《經學歷史》頁36。
31 見清・皮錫瑞《經學歷史》頁48。
32 見《新唐書》卷二,〈啖助傳〉。

上述諸人，自名其學，不肯屈就傳統注疏之學，學術風氣，於斯漸變。晁公武《郡齋讀書志》卷一下論之曰：

> 大抵啖、趙以前，學者皆專門名家，苟有不通，寧言經誤，其失也固陋。啖、趙以後，學者喜援經擊傳，其或未明，則憑私臆決，其失也穿鑿。[33]

晁氏之說，殆為事實。啖、趙之後，有呂溫者，亦指舊學儒風不振，必復歸儒家倫理之精神。其言曰：

> 夫學者豈徒受章句而已，蓋必求所以化人，日日新，又日新，以至乎終身。夫教者豈徒博文采而已，蓋必本之以忠孝，申之以禮義，敦之以信讓，激之以廉恥，過則匡之，失則更之，如切如磋，如琢如磨，以至乎無瑕。[34]

可見中唐以後，學者已漸鄙視章句注疏之學，直求儒經大義。韓愈〈寄盧仝詩〉有云：「春秋三傳束高閣，獨抱遺經究終始。」亦此意也。

逮入宋朝，學術與政權相為起落，蓋科舉既由詩賦轉採經義，凡因科舉而入仕者，多為學術之英而非文學之士，學者每因其論議之異而分流別派，彼此是非依違，遂有朋黨之興，派別之異。王夫之論北宋之變曰：

> 宋之不靖也，自景祐而一變矣；熙寧而再變，元祐而三變，紹

---

33 見清・馬端臨《文獻通考》卷一，頁八十二〈經籍〉九，〈春秋集傳纂例辨疑〉條。
34 唐・呂溫《呂衡州集》（四庫全書本）卷三〈與族兄皋請學春秋書〉。《全唐文》卷六百二十七。

聖而四變,至是而五變矣。國之靡定,不待智者而知也。乃數
十年來,小人迭進,而公忠剛直之臣,項背相依;然求其立難
進易退之節,足以起天子之敬畏,立士類之坊表者,無其人
焉。……韓忠彥孤立以戴女主,而望起兩世之傾危,諸君子何
其易動而難靜也!伊川貶,而尹和靖、張思叔諸學者,皆罹偽
學之禁。韓侂冑之惡,自此倡;……則非禍中於國家,而且害
延學術矣。建中靖國之初政,有識者所為寒心也。[35]

黨人、偽學之名,於兩宋之間,時起時落。北宋有新學、洛學、蜀學
之派,有元祐之黨、熙寧之政,皆可見也。全祖望於《宋元學案》
中,特立元祐、慶元黨案,其序錄曰:

元祐之學,二蔡、二惇禁之;中興而豐國趙公(鼎)弛之;和
議起,秦檜又禁之;紹興之末又弛之;鄭丙、陳賈忌晦翁,又
啟之,而一變為慶元之錮籍矣。此兩宋治亂存亡之所關。嘉定
而後,陽崇之而陰摧之,而儒術亦漸衰矣。[36]

夫宋代學術,以理學為大宗;學者於所言之理有異,則必相非相難,
心性之理如是,治國之理亦如是。自仁宗以後,相勝之習,愈趨而
熾,相傾相軋,皆氣矜為之也。君子小人,傾勝往還,不稍息止,而
宗社生民,在所不恤。此宋有所謂「朋黨」,所謂「偽學」,所謂「程
朱、陸王」、所謂「新學」、「蜀學」之所以興也。茲以宋代學術之流
變,分期陳述如后:

---

35 見《宋論》卷八,總頁147。
36 見清・黃宗羲《宋元學案》卷首〈敘錄〉,頁11。

一　宋初時期

　　宋代學術，承晚唐、五代之風，於文學則有所謂「西崑體」，經典學術，則仍唐之《正義》注疏之學。皮錫瑞曰：

> 經學自唐至宋初，已陵夷衰微矣，然篤守古義，無取新奇，各承師傳，不憑胸臆，猶漢唐注疏之遺也。[37]

　　當時學術，大體尚守官書，尤以科舉考試為然。《資治通鑑長編》卷五十九所記載，景德二年三月科試，有試題論「當仁不讓於師」，時舉子李迪、賈邊皆有名場屋，及禮部奏名，而二人皆不與；考官取其文觀之，李迪落韻，賈邊論「當仁不讓於師」，釋「師」為「眾」，與經疏異；參知政事王旦以為「落韻者，失於不詳審耳；捨注疏而立異論，輒不可許，恐士子從今放蕩無所準的」，遂取李迪而捨賈邊。史臣云：「當時朝論，大率如此。」可知皮錫瑞所言不差也。

　　然中唐自啖助、趙匡、陸淳以來，求變之風日熾，至宋初依然浸續，若聶崇義之《三禮圖》，於舊圖刊正疑訛，於義疏有未達，則引漢注以況之；於有圖未周，則詳證以補其闕。若王素昭研《易》，以為王、韓注《易》及孔、馬疏義，或未盡是，乃著《易論》二十三篇。《宋史·崔頤正傳》記曰：

> 本監先校定諸經音疏，其間文字訛謬尚多，深慮未副仁君好古誨人之意也。……伏見國子博士杜鎬、直講崔頤正、孫奭，皆苦心彊學，博貫九經，問義質疑，有所依據，望令重加刊正，冀除舛謬。[38]

37　見清·皮錫瑞《經學歷史》頁48。
38　參見《宋史》卷四百三十一〈聶崇義傳〉、〈王素昭傳〉、〈崔頤正傳〉。

咸平二年，邢昺主持校定群經義疏，亦頗有改易。孫奭患五經章句浮長，刪為節解數百篇，取九經之要，著《微言》五十篇。[39]若柳開，以為諸家傳解箋註於經者，多未達其義理，他日終悉別為注解；張景稱之，謂「凡誦經籍，不從講學，不由疏義，悉曉其大旨，注解之流，多為其指摘」。[40]以是之故，景德四年七月，真宗嘗謂臣曰：「近見詞人獻文，多故違經旨而立說。」[41]可見宋初學術，大體雖仍為《正義》注疏之學，然有志之士，已啟漸變而務從改革矣。

二　慶曆時期

宋至仁宗慶曆之間，胡瑗、孫復、石介、歐陽修、劉敞、王安石等皆相繼用事；理學興起，疑古風行，學術丕變，唐代章句義疏之學，已不足牢籠士子學人。王令於〈答劉公著微之書〉中云：

> 今夫章句之學，非徒不足以養才，而又善害人之材。今夫窮心劇力，茫然日以雕刻為事，而不暇外顧者，其成何哉？初豈無適道學古之材，固為章句之敗爾。自章句之學興，天下之學者忘所宜學而進身甚速；忘所宜學，則無聞知；進身甚速，則謀道之日淺；甚者不知誦經讀書何以名學，徒日求入以仕。[42]

其意謂章句之學，每導人於歧途。故欲破此僵化之樊籬，實為要務。不獨不必信傳注，至於經文亦可致疑，此即所謂「慶曆學風」也。慶曆學風之篤行而著者，若孫復，著「春秋尊王發微」，其言「不惑傳

---

39 參見宋・宋祁《景文集》卷五八，〈孫奭墓誌銘〉。

40 參見唐・柳宗元《河東先生集》卷二，頁7〈補亡先生傳〉及附錄〈行狀〉。

41 見《續資治通鑑長編》卷六六。

42 見宋・王令撰《廣陵先生文集》卷十七。

注，不為曲說以亂經。其言簡易，明於諸侯大夫功罪，以考時之盛衰，而推見王道之治亂，得於經之本義為多」，彼嘗為仁宗講說《詩經》，亦「多異先儒」。[43]孫復致范仲淹〈寄范天章書〉中曰：

> 專主王弼、韓康伯之說而求於大《易》，吾未見其能盡於大《易》者也；專主《左氏》、《公羊》、《穀梁》、杜預、何休、范甯之說而求於《春秋》，吾未見其能盡於《春秋》者也；專主毛萇、鄭康成之說而求於《詩》，吾未見其能盡於《詩》者也；專守孔安國之說而求於《書》，吾未見其能盡於《書》者也。彼數子之說，既不能盡於聖人之經，而可藏於太學，行於天下哉？又後之作疏者，無所發明，但委曲踵於舊之注說而已。……執事亟宜上言天子，廣詔天下鴻儒碩老，置於太學，俾之講求微義，殫精極神，參之古今，復其歸趣，取諸卓識絕見，大出王、韓、左、穀、公、杜、何、范、毛、鄭、孔之右者，重為注解，俾我六經廓然瑩然，如揭日月於上，而學者庶乎得其門而入也。如是，則虞、夏、商、周之治，可不日而復矣。[44]

彼對注疏之學，深為不滿，至欲全盤重新注釋，以求六經真義彰明，而二帝三王之治道方可見也。孫復之外，胡瑗亦一健將，蔡襄撰〈胡瑗墓誌〉云：

> 胡瑗尤患隋唐以來，仕進尚文詞而遺經業，苟趨祿利。……設師弟子之禮。解經至有要義，懇為諸生言，其所以治己而後治

---

43 參見宋・歐陽修《居士集》卷二七〈孫復墓誌銘〉。
44 見宋・孫復《孫明復小集》〈寄范天章書二〉。

乎人者，……五經異論，弟子記之，目為《胡氏口義》。[45]

胡氏之論稱「五經異論」，其一反傳注，自出己意為說可知也。石介傳泰山之學，於傳注亦多所斥責。而歐陽修者其所摒棄者不獨傳注，至於經文、序文、亦一併疑之。其作《易童子問》，以為「〈繫辭〉而下，非聖人之作」。於《周禮》，則以為「漢武以為瀆亂不驗之書，何休亦云六國陰謀之說，何也？然今考之，實有可疑者」。[46]又作《詩本義》以評毛、鄭之失曰：

其說織辭辯，固已廣博，然不合於經者亦不少，或失於疏略，或失於謬妄。[47]

所作〈泰誓論〉，亦不信觀兵、改元之說。至和二年，歐陽修上〈論刪去九經正義中讖緯劄子〉，力評漢唐經義之失。其言曰：

士子所本，在乎六經。而自暴秦焚書，聖道中絕。漢興，收拾亡逸，所存無幾，或殘編斷簡，出於屋壁，而餘齡昏眊，得其口傳。去聖既遠，莫可考證，偏學異說，因自名家；然而授受相傳，尚有師法。暨晉、宋而下，師道漸亡；章句之篇，家藏私畜。其後各為箋傳，附著經文，其說存亡，以時好惡；學者茫昧，莫知所歸。至唐太宗時，始詔名儒撰定九經六疏，號為《正義》，凡數百篇；自爾以來，著為定論。凡不本《正義》者，謂之異端，則學者之宗師，百世之取信也。然其所載既博，所擇不精，多引讖緯之書，以相雜亂，怪奇詭僻，所謂非

---

45 見宋・蔡襄《端明集》卷三七，頁6～9。

46 見宋・歐陽修《居士集》卷四八〈問進士策〉，頁一。

47 見宋・歐陽修《毛詩本義》卷十五〈詩解統序〉。

聖之書，異乎《正義》之名也。[48]

故其主刪去其中詭異駁雜之說，使經義純一，學者不致誤入歧途也。
又有劉敞，作《七經小傳》，好以己意改經；宋國史記云：

> 慶曆以前，學者尚文辭，多守章句注疏之學；至劉原父為《七
> 經小傳》，始異諸儒之說。王荊公修經義，蓋本於原父云。[49]

王應麟《困學紀聞》亦云：

> 自漢儒至慶曆間，談經者守訓故而不鑿；《七經小傳》出而稍
> 尚新奇矣；至《三經義》出，視漢儒之學若土梗。[50]

可見劉敞《七經小傳》之影響鉅大也。稍後於歐陽、劉氏者，則為王
安石，其修《三經新義》，頒於學官，以易舊注疏之說，變革之大，
莫此之甚也。王氏嘗謂：

> 今衣冠而名進士者，用千萬計；蹈道者有焉，蹈利者有焉。蹈
> 利者則否，蹈道者則未免離章絕句，解名釋數，遽然自以聖人
> 之術殫此者有焉。夫聖人之術，修其身，治天下國家，在於安
> 危治亂，不在章句名數焉而已。[51]

所謂「章句名數」，即指漢唐之學也。安石之學，以經術為治，新學

---

48 見宋・歐陽修《文忠集》卷一百十二《奏議集》卷十六。
49 見宋・晁公武《郡齊讀書志》卷四，頁6。吳曾《能改齋漫錄》卷二「注疏之學」
　　條亦引之。
50 見宋・王應麟《困學紀聞》卷八〈經說〉，頁39。
51 見宋・王安石《臨川集》卷七五，〈答姚闢書〉。

亦即新法，故言者每謂其《三經新義》乃為新法作地，是其說出己意而多非傳注也。王氏又有《字說》，可謂之「新《說文解字》」，王闢之評曰：

> 公（王安石）之治經，尤尚解字，末流務為新奇，浸成穿鑿。[52]

其評是也；亦可見王氏之務為新說也。

總而論之，慶曆時期，政治之改革，儒學之出新，蔚成風尚。陸游嘗論此時期之學術曰：

> 唐及國初，學者不敢議孔安國、鄭康成，況聖人乎！自慶曆後，諸儒發明經旨，非前人所及。然非〈繫辭〉，毀《周禮》，疑《孟子》，譏《書》之〈胤征〉、〈顧命〉，黜《詩》之序，不難於議經，況傳注乎？[53]

按皮錫瑞亦嘗引此言以論宋代慶曆學風，並加案語曰：

> 宋儒撥棄傳注，遂不難於議經。排〈繫辭〉，謂歐陽修；毀《周禮》，謂修與蘇軾、蘇轍；疑《孟子》，謂李覯、司馬光；譏《書》謂蘇軾，黜〈詩序〉謂晁說之。此慶曆及慶曆稍後人，可見其時風氣實然，不獨咎劉敞、王安石矣。[54]

可見此一時期學風之轉變。皇祐元年，劉恕舉進士，詔試講經，每「先列注疏，次引先儒異說，末乃斷以己意，凡二十問，所對皆然；

---

52 見宋・王闢之《澠水燕談錄》卷十。

53 宋・王應麟《困學紀聞》卷八，〈經說〉頁39。

54 見清・皮錫瑞《經學歷史》頁48。

主司異之，擢為第一。」[55]此與賈邊黜落之事相較，實不可同日而語矣。可見朝廷公卿，亦有求變之聲浪。然亦有持反對之論者，如司馬光曰：

> 至有讀《易》未識卦爻，已謂〈十翼〉非孔子之言；讀《禮》未知篇數，已謂《周官》為戰國之書；讀《詩》未盡《周南》、《召南》，已謂毛、鄭為章句之學；讀《春秋》未知十二公，已謂三傳可束之高閣。循守注疏者謂之腐儒，穿鑿臆說者謂之精義。[56]

司馬光雖評當時學者之失，然亦足見當時學風矣。

第三節　宋代《尚書》學概說

《尚書》者，上古帝王股肱朝臣為治之思想與記錄也。以今日語言論之，即古代朝廷文書之檔案。然其中亦有後世追記遠古傳說之文章，《周書》以上者多如是。《尚書》之為學術主題，未知其起始，推測其初當為王官世守；及周室東遷於洛邑，王官失其守，文書檔案隨其後裔散入民間，遂開民間研讀《尚書》之途。當時魯國文獻，比副周廷，有謂「周禮盡在魯矣」。孔子曾為魯國司寇，當能閱覽其中祕書奧籍，並取以為弟子政事之教材。而《尚書》之編集，據《史記孔子世家》云：

> （孔子）序書，上紀唐虞之際，下至秦繆，編集其事。

---

55 見《宋史》卷四百四十四，〈劉恕傳〉。
56 見宋・王應麟《困學紀聞》卷八，〈經說〉頁38、39。

班固《漢書・藝文志》亦承《史記》之說。考諸《論語・為政》篇有
「子曰:『《書》云:「孝乎惟孝,友于兄弟。」施于有政,是亦為
政,奚其為為政。』」,〈憲問〉篇有「子張曰:『《書》云:「高宗諒
闇,三年不言。」何謂也?』」之問;皆可見孔子之《書》教也。孔
子以前之古代文獻,唯《詩經》有引文,與《尚書》同為九條,可見
孔子以前,研習《尚書》之風已然啟興;孔子以後,若《孟子》書引
《尚書》三十五條,《荀子》書引《尚書》二十七條,可見孔門《尚
書》之學,流傳不絕。若《墨子》引《書》四十四條,《韓非》引
《書》十一條,《呂氏春秋》引《書》二十四條,屈原《楚辭》引
《書》四條,[57]可見《尚書》一門,廣為先秦學士所研習也。

一　宋代以前之《尚書》學流變

秦滅六國,統一天下,用李斯、韓非之議,以為「儒以文亂
法」,遂頒禁書之令,焚毀《詩》、《書》,並禁相討論,偶語《詩》、
《書》者,棄市;民間不得講授,唯秦博士得研習其學。及漢興,解
除禁書之令,且尚求能知《尚書》者,得濟南伏勝,乃故秦博士;老
不能行,朝廷遣太常掌故晁錯往受其學;伏生以《尚書》教於齊魯之
間,由是齊、魯多傳其學。其弟子濟南張生,千乘歐陽生,當時最為
知名,傳授不輟,遂有歐陽、大小夏侯三家今文《尚書》之學。漢武
帝時,魯恭王壞孔子故宅,得古文《尚書》于壁中,多於伏生所傳者
十六篇。孔安國者,孔子十一世孫,武帝時博士,悉得古文《尚書》
之簡,以今文讀之,因以起其古文家法。司馬遷嘗從孔安國問故,故
《史記》中頗有古文說。劉向、劉歆,皆好古文,求立學官,未果。
東漢賈逵,受古文《尚書》,召入論白虎觀,章帝以為可取,古文

---

57 參見許師錟輝著《先秦典籍引尚書考》第一章第三節,總頁41-44。

《尚書》遂行。及后杜林、馬融、鄭玄為古文作注解，古文遂大顯於世。漢世《尚書》之學，首見偽作；東萊張霸，分析今文二十九篇以為數十，又采《左傳》、《書‧序》為作首尾，凡百二篇；成帝時求其書，以獻，取中書校之，非是，遂揭其偽。

考兩漢《尚書》之學，今文行於朝廷，古文傳於民間；今文西漢為盛，古文東漢方殷；今文學者，每為帝師；古文學者，講學鄉里；此古、今文家之大別也。至東漢末，鄭玄混合古、今文家法師法，而漢朝學派之別漸泯矣。[58]

魏朝繼起，研《尚書》而著名者，首推王朗。朗師楊賜，習歐陽家《尚書》，傳子王肅；肅素不喜鄭玄之說，采會同異以作《尚書》解，列於學官，集〈聖證論〉以譏短鄭玄；由是遂有鄭、王學之爭。延至晉朝猶然。永嘉之亂，古文與今文歐陽、大、小夏侯《尚書》並亡。江左中興，有所謂豫章內史梅頤奏上古文《尚書》孔安國傳之說，見《隋書‧經籍志》，陸德明《經典釋文》，唐孔穎達《尚書正義》均有此說。[59]

自五胡亂華後，中土為胡人所據，漢族南移，形成南北對峙之勢。南朝承漢華文化，文教頗盛，梁武帝好尚儒學，四方學者，靡然向風，

---

58 參見《漢書》、《後漢書‧藝文志》、〈儒林傳〉。並參李振興著《尚書流衍述要》一文。見《孔孟學報》第四十一期，頁71-84。下述魏晉、南北朝、隋唐亦然。

59 清‧程廷祚《晚書訂疑》卷上〈晚書見于宋元嘉以後〉條云：「江左之初，所得者二十九篇之偽傳也，以李顒《尚書集解》知之。五十七篇與傳不出於梅頤所獻。又嘗自晉大興四年，歷百三十餘年，至宋元嘉之末考而知之；范蔚宗撰《後漢書》，論贊極多，未見有引用晚書者；其〈西羌傳〉中言「舜竄三苗」，而不言禹征苗事。徐廣《史記音義》所載《尚書》，常引皇甫謐之語，而不及孔傳。又裴松之注《三國》，於其文用《尚書》者，率援鄭注為訓，間引馬氏，而亦不及孔傳。使其時孔書已出，不容於不見；若見之而不以之為據，則其不信于孔，有必然矣。此三君者，皆終于元嘉之世者也，至松之子駰為《史記集解》，則居然引用安國之說，其後屬辭之家，稍稍徵引，……而晚書之出于元嘉，相與刊削其始末。」此說可信。參見蔡根祥所撰《後漢書尚書考辨》第一章（三）「今本偽古文尚書出世之年代」，總頁6-16。

有孔子袪、張譏二人明於《尚書》。北朝為鮮卑族所統轄，文教荒樸；以此南、北《尚書》之學頗異。《北史·儒林傳》卷八十一云：

> 大抵南北所為章句，好尚互有不同，江左《尚書》則孔安國，河洛《尚書》則鄭康成。

其言大抵可信。有隋代興，文風未替，《隋書·經籍志》云：「孔、鄭並行，而鄭氏甚微，自餘所存，無後師說。」是北學漸統于南學矣。其時《尚書》名家者，若顧彪、劉焯、劉炫是也。

　　唐代隋而有天下，太宗即位之初，即重儒崇學，置弘文館，精選天下儒士，講論經義；以儒學多門，章句繁雜，乃命前中書侍郎顏師古、國子祭酒孔穎達與諸儒撰定《五經義疏》，名曰《五經正義》，令天下傳習。至是南北學說復歸一統，開科取士，以為定本。其《尚書》採南學之孔傳本，由是鄭學益微；《正義》中亦每引鄭說而評駁之。《正義》之說，於孔傳曲為回護，專守一家之學，其說既定，而先儒之異義寖寖而佚矣。又《尚書》於唐代，宗本孔傳本，而復有改訂。《唐書·藝文志》云：「開元四年，玄宗以〈洪範〉『無偏無頗』聲不協，詔改為『無偏無陂』；天寶三年，又詔集賢學士衛包，改古文從今文。」此所謂「古文」者，乃指由古文隸定而成之「隸古定」文字本，所謂「今文」，即唐代之楷書。隸古定本《尚書》，其本仍行於世，至宋猶存，若郭忠恕、薛季宣等皆見之。

　　唐代《尚書》之學，雖定於一尊，然亦有異議者。其最著名者，莫若劉知幾《史通》。《史通》有〈疑古〉之篇，疑《尚書》九事，多舉《汲冢書》、《周書》、《論語》、《孟子》之言與《尚書》經文有相違左者，遂致其疑，曰：「夫五經立言，千載猶仰，而求其前後，理甚相乖。」又曰：「大抵自春秋以前，《尚書》之世，其作者述事如此；今取其正經雅言，理有難曉，諸子異說，義或可憑，參而會之，以相

研覈；如異於此，則無論焉。……推此而言，則遠古之書，其妄甚矣。」[60]其疑《尚書》，可謂至矣。此亦唐末思變之風尚使然也。

二　宋代《尚書》學之發展

有宋一代，文風之盛，於朝廷則重文輕武，儒士任相，科舉大興，務識經義；於民間亦教育大興，講學甚盛，理學相傳，遂成大流。而作家日出，刊印不輟；雖精粗相形，雅鄭相雜，瑣碎支離，所在不免，然萬派朝宗，四瀆猶分；百家騰躍，終入環內，此宋代之所以文風冠千秋也。茲論其《尚書》學之發展：

（一）宋代《尚書》學發展之環境

黃震《讀書日鈔》嘗謂：「經解惟《書》最多。」考宋代學者之《尚書》著述，見于著錄者逾二百部以上，其視自漢迄唐千餘年來《尚書》之著作，多逾數倍。南宋末成申之有《四百家尚書集解》，所集雖非全為宋人之說，然其數量之豐可見矣。所以然者，析論其因，厥有下列數端：

1、《尚書》本質之特點

夫《尚書》者，乃上古為治之書，君臣之訓謨，治國之淵懿存焉；是以自孔子以下，凡言政道治術者，莫不稽考焉。若漢代諸帝，皆受《尚書》之學，《尚書》博士，每為帝師，尊榮之極。宋代君王命侍臣講《尚書》，獻治道之文，繪《尚書》之圖以為座佑者，不一而足。若宋太宗淳化五年十一月，幸國子監，令孫奭講《尚書》，賜以束帛。真宗咸平元年，召崔頤正日赴御書院說《尚書》。仁宗景祐

---

60 見唐・劉知幾、清・浦起龍通釋《史通通釋》卷十三，總頁388。

二年春正月,邇英、延義二閣寫《尚書・無逸》篇於屏。皇祐四年十二月,蔡襄上所書〈無逸圖〉。神宗熙寧年間,命范純仁曰:「卿善論事,宜為朕條古今治亂可為監戒者。」乃作《尚書》解三十條以進,曰:「其言皆堯舜禹湯文武之事也,治天下無以易此,願深究而力行之。」哲宗元祐二年九月,經筵官進講《尚書》,呂公著、范祖禹進所節《尚書》三經要語。徽宗建中靖國年間,嘗幸太學,命蔣靜講《尚書・無逸》篇。南宋高宗建炎二年,上親書素屏《尚書・旅獒》一篇,出示宰執。孝宗淳熙四年,賜程叔達觀《尚書》敬天圖,上曰:「此圖美惡並著,亦欲以之儆戒。」至〈無逸〉篇則曰:「〈無逸〉言人君享國久長,由『嚴恭寅畏』所致,尤當以為法。」寧宗嘉泰三年正月,幸太學,命祭酒李寅仲講《尚書・周官》篇。理宗嘉熙四年,進石刻御製《尚書》敬天圖。[61]宋代君王之所以多命侍講講《尚書》,繪圖書寫,置於俯仰之際,皆欲取以為座佑加警戒之用也。

2、君上之重視與研習

宋代諸帝,不獨每命侍讀講《尚書》,其自身研讀《尚書》,亦多有心得己見。宋太祖晚年好讀書,嘗讀《尚書》,歎曰:

> 堯舜之世,四凶之罪,止從流竄,何近代法網過為靡密,乃知先王用刑,蓋不獲己。[62]

太祖出身戎馬,而讀書有感如此,蓋有刑措之意也。宋太宗太平興國九年,太宗謂侍臣曰:

---

61 參見《中國歷代經籍典》卷一百十一〈書經部〉,總頁601-603。

62 見宋・曹彥約著《經幄管見》卷三,頁15、16。亦見《宋朝事實類苑》卷一,頁11,林之奇《尚書全解》卷二,頁29亦引此事以為印證。

朕讀書必究微旨。《尚書》云：「伊尹放太甲於桐宮，三年，以冕服奉嗣王歸於亳，作書三篇，以訓太甲。」此伊尹忠於太甲，其理明矣。杜預《春秋・後序》云：「伊尹放太甲於桐宮，乃自立也。七年，太甲潛出自桐宮，殺伊尹，立其子陟。」又《左氏傳》云：「伊尹放太甲而相之，卒無怨色。」然則太甲雖見放，還殺伊尹，猶以其子為相，此與《尚書・序》說太甲不同。不知伏生昏忘，將此古書乃當時雜記，未足審也。豈有殺父而復相其子者乎？且伊尹著書訓君，具在方冊，必無自立之意；杜預通博，不當憑汲冢雜說，特立疑義，使伊尹忠節疑於後人。[63]

太宗能引《左傳》、杜預注之言以論伊尹「太甲之放」，可謂研精探深矣，而其崇信孔傳本，或稍失之，然未可以此論責之也。真宗於《尚書》亦有功夫。大中祥符四年，真宗親赴安陵，襄事者賜召撫問，有言歸洛汭之語。真宗指近臣曰：

永安在洛水之南，言洛汭，非也。學士屬文用事，尤宜愜當，即無譏謙矣。[64]

按《尚書》三言「洛汭」，孔傳云：「水北曰汭。」真宗精熟《尚書・孔傳》，故侍臣誤用事典；能加指正也。真宗亦有看《尚書》詩三章之作，惜未傳也。仁宗嘗製《洪範政鑒》十二卷，并示輔臣。衛涇〈論對劄子〉曰：

昔仁祖謂休祥之臻，懼者不類，災異之見，儆畏厥繇，乃考箕

---

63 見宋・曹彥約著《經幄管見》卷二，頁7、8。
64 見宋・曹彥約著《經幄管見》卷一，頁18。

疇之傳，稽漢儒之說，襃類五行、六沴、禍福之應，為書十二卷，名曰《洪範政鑒》，以示天人感召之理。[65]

范祖禹亦曰：「仁宗最深〈洪範〉之學，每有變異，恐懼修省，必求其端。」[66]仁宗不僅深於〈洪範〉，於他篇亦頗有得。皇祐五年夏四月，邇英閣講《書・冏命》「私御僕從，罔匪正人」帝曰：「君臣之際，必誠意相通而後治道成。」楊安國對曰：「陛下聰明文思，從諫弗咈，如流水之趨下，視群臣若僚友，自古盛王，未之有也。」帝曰：「臣下能進忠言，朕何惜夏禹之拜。」[67]此段仁宗既有感於〈冏命〉，而又能用〈皋陶謨〉「禹拜昌言」之典，益見仁宗之深於《尚書》也。

英宗臨朝，亦每以《尚書》論議。治平三年，英宗改「清居殿」曰「欽明殿」，命直龍圖閣王廣淵書〈洪範〉於屏。因訪廣淵先儒論〈洪範〉得失；廣淵對以張景所得最深；以景論七篇進。翌日，上復召對廷和殿，曰：

> 景所說過先儒遠矣，以「三德」為馭臣之柄，尤為善論。朕遇臣下，嘗務謙柔，聽納之間，則自以剛斷，此屏置之坐右，豈特〈無逸〉之戒也！[68]

按英宗不特能比較先儒、張景二說優劣，且能施之於措政之間，知而能行，其視仁宗又有過之矣。

神宗即位，任用王安石，而王安石修《三經新義》以侔「一道

---

65 見宋・衛涇《後樂集》卷十。
66 見清・朱彝尊《經義考》卷九五，頁5引。
67 見《太平治跡統類》卷六，頁20。
68 見宋・彭百川撰《宋朝事實類苑》卷五，頁47。

德」之旨；蓋神宗亦深於《尚書》者也。神宗猶為太子時，一日孫思恭侍讀，講《孟子》至「多助之至，天下順之，寡助之至，親戚畔之」；思恭泛引古今助順之事，而不及親戚畔之者；神宗顧曰：

> 微子，紂之諸父也，抱祭器而入周，非親戚畔之耶！

又嘗讀〈商本紀〉仲虺作誥，因取《尚書》讀之，至「志自滿，九族乃離」，神宗曰：「微子去之是也。」[69]可見神宗身在春宮之時，已深研《尚書》而有得矣。

　　哲宗以幼主登位，寶仁皇后垂簾，時命侍臣以《尚書》授哲宗。范祖禹謂哲宗曰：

> 《尚書》言帝王政事，人君之軌範也。《論語》雖已講畢……
> 望陛下更加詳熟；《尚書》未講者，願陛下先熟其文，臣等以
> 次講解及之，則陛下聖意先已有得矣。[70]

元祐四年二月，邇英閣召講《尚書》，讀寶訓。司馬康講〈洪範〉，至「乂用三德」，哲宗問曰：「只此三德，別更有德？」[71]其時哲宗年雖少，而能如斯發問，其漸染薰習於其中，亦可見也矣。

　　南宋諸帝，多以御書《尚書》篇賜諸臣，雖鮮論及，然亦足見其嫻熟於《尚書》也。若宋孝宗於乾道七年正月，出〈敬天圖〉以示輔臣，且曰：

---

69 參見宋・彭百川《宋朝事實類苑》卷五，頁51、53。

70 見《通鑑長編紀事本末》卷九十二，頁6。

71 參見《通鑑長編紀事本末》卷九二，頁7。又宋・葉夢得《石林燕語》卷三亦記此事。《朱子語類》卷一百二十七，總頁3047論哲宗朝事，亦及此事，並評曰：「這也問得無情理。然若有人會答時，就這裏推原，卻煞有好說話。」

〈無逸〉一篇，享國長久，皆本於「寅畏」，朕近日取《尚書》所載敬天事，編為兩圖，朝夕觀覽，以自儆省，名之曰〈敬天圖〉。[72]

可見孝宗不獨研讀《尚書》，且可入著作之林矣。宋代君主於《尚書》，研精探微若此之深，則臣下其有不精益求精者乎！

3、科舉之刺激與鼓勵

宋初科舉考試，仍以詩賦，自范仲淹等提倡改革，試以經義；至王安石執政，廢詩賦，考經義，而《尚書》既為治國之大道，君臣之宏謨，故取以為經義題目者甚夥。若王安石策問曰：

問皋陶曰：「在知人，在安民。」大哉！古之君臣相戒如此。夫雖有知人之明，而無安民之惠心，未可與為治也；有安民之惠心而無知人之明，則不能任人，雖欲安民，亦有所不能焉。然而天子之尊也，四海之富也，自公至于士凡幾位？自正至于旅凡幾職？所謂知人者，其必有術，可以二三子而不知乎！[73]

此以〈皋陶謨〉為題目，以論知人之術也。又若以〈洪範〉為問則曰：

問聖人之為道也，人情而已矣。考之以事而不合，隱之以義而不通，非道也。〈洪範〉之陳五事，合於事而通於義者也，如其休咎之效，則予疑焉。人君承天以從事，天不得其所當然，則戒吾所以承之之事可也；必如傳云：「人君行然，天則順之

---

72 參見《中國歷代經籍典》卷一百十一〈書經部〉，總頁601-603。

73 見宋・王安石《臨川集》卷七十，頁9。下條見頁11。

以然。」其固然邪？僭常暘若，狂常雨若，使狂且僭，則天如何其順之也？堯、湯水旱，奚尤以取之邪？意者微言深法，非淺者之所能造，敢以質於二三子。

王安石此題，直用其《三經新義‧洪範》之說，訓「若」為「如」而不以孔傳之訓為「順」，其論天人休咎之應不相牽附，以策試士，當時士子，研習《新義》，蔚為風尚，由此可見科舉影響學術之深矣。

4、理學之重要主題及理據

《論語》謂「夫子之言性與天道，不可得而聞也」。孟子言性善，荀子言性惡，已開論性之門。漢代儒家，以傳經為儒，並摻以法家之術，陰陽五行之說，不可謂之直接孔、孟之緒。逮宋儒始務以直接孔、孟真精神為宗，並受禪宗明心見性之論所習染，心、性、理、道、氣等，遂成理學家探求之主題。牟宗三謂宋明理學之「理」，乃兼攝「道理」與「義理」兩者而一之之學；「道理」是儒家所講之天道、天命之理，「義理」乃自覺所作道德實踐時所見之內在當然之理；欲自覺而為道德實踐，心性不可不談。此「性理之學」，亦即「內聖之學」，亦即「成德之教」也。[74]宋明理學家所弘揚者，不外於茲。

考乎古代典籍，以時論之，莫早於《易》、《書》、《詩》；《易》言天道，《詩》抒性情，而《書》則兼而有之；《易》傳為伏犧所畫，時代久遠，緲不可知；《書》則斷自唐堯，前人多以為信史；論學之士，每欲於古代典籍之中，尋其論說之根源，宋代理學者，亦猶是也。若胡瑗有《洪範口義》，以明人君治國，當順天理之思想；程頤嘗曰：「人心，人欲；道心，天理。」是據〈大禹謨〉以辨天人也；

---

74 參牟宗三著《心體與性體》第一冊第一部〈綜論〉，第一節「正名：宋明儒學之定位」，頁1-11。

至於朱熹,則益據〈大禹謨〉十六字傳心訣為說,以為堯、舜、禹三聖相傳之大道,故其於〈中庸章句序〉中,大加發揮此說。以事功聞名之永嘉學派學者若葉適,於《習學記言》總述講學大旨,亦曰:「道始於堯,欽明文思安安,允恭克讓。命羲、和,歷象日月星辰,敬授人時。」亦據《尚書》立言也。至真德秀《西山讀書記》則每引《尚書》之文曰「此言某之始」,若〈湯誥〉「惟皇上帝,降衷于下民,若有恆性」,乃言性之始也。以上述觀之,《尚書》一經,其為理學家所屢言者,考夫有宋《尚書》之著作,亦多出於理學家之手,豈無因哉!

(二)宋代《尚書》學之流變

宋代承漢唐之學,大體遵奉《正義》之說,不敢稍逾樊籬;若李迪、賈邊試「當仁不讓於師」,取落韻之李迪,黜立異之賈邊,即可見矣。其時《尚書》學止於考訂文字而已。若郭忠恕刊定古文《尚書》并釋文。又宋太祖於開寶五年,詔李昉、陳鄂等校定《尚書釋文》。崇文總目謂:

> 皇朝太子中舍陳鄂奉詔刊之。始開寶中,詔以德明所釋乃古文《尚書》,與唐明皇所定今文駁異,令鄂刪定其文,改從隸書,蓋今文自曉者多,故音切彌省。[75]

按此即以唐玄宗命衛包所改唐代文字之《尚書》,與《釋文》相配合也,蓋玄宗時止改經文,而釋文中文字,仍多為隸古定,故有是詔以改之也。宋太宗端拱元年,孔維等奉詔校勘《五經正義》,命國子監鏤板行之。至仁宗皇祐初,楊安國猶本《正義》之學,修《五經正

---

75 參見《中國歷代經籍典》卷一百十一〈書經部〉,總頁601引。

義》節解，皇祐四年《尚書正義節解》成三十卷；楊安國在經筵二十七年，所講皆本《正義》之說也。[76]

至仁宗慶曆時期，若胡瑗之《洪範口義》、歐陽修之〈泰誓論〉、劉敞之《七經小傳》、程頤之經說，已不守二孔注疏之說；提出異議，考論是非，疑經改經之論生焉；或據經自立一說，發揮義理；皆突破二孔之際限也。

及神宗即位，熙寧新法施行，則有王安石之《尚書新義》，以經說為新法地，務塞異議者之口，並頒於學官，以之取士，其學獨行於世六十年，科舉之士熟于此乃合程度；其他老師宿儒之緒言餘論，名之曲學，輒皆擯斥；當時內外校官，非《三經義》不登几案；可見王氏《尚書新義》，籠蓋一世。其時能起而反駁之者，有范純仁之《尚書解》、蘇軾之《東坡書傳》、文彥博之《尚書解》及《二典義》，亦與王學相異。同時而可述者，尚有蘇洵、蘇轍之論〈洪範〉，指劉向、劉歆之失，亦為《尚書》之新意。曾鞏之〈洪範五事論〉，力求與虞夏諸書篇相合，以明王道之本，後世多稱之，其論雖較近二孔之說，然異於當時之王學也。晁說之嘗作《書晁氏傳》，於經文多有疑改，而其解說多異先儒，與二孔、王氏之說俱不同，亦熙寧以後變古風氣之大將也。此一時期與王氏學同調者，唯有張綱之《尚書講義》，幾全祖述荊公之說。

自靖康之禍至南宋之初，王氏之學稍息，伊洛理學之士紛起，或懲國禍之痛，藉《尚書》著述之警戒激勵，若陳鵬飛《書說》、張九成《尚書詳說》、《書傳統論》是也；或反王氏之說，若楊龜山《尚書辨疑》、王居正之《尚書辨學》，皆為反王氏學而作者也。

自楊時載道而南，理學益發揚光大。由呂本中而傳林之奇，再傳呂祖謙；由張九成而傳於史浩；亦一傳而有胡宏之說；一支又由延平

---

76 見宋・王應麟《玉海》卷四二。

李侗傳朱熹，再傳蔡沈；由朱熹傳黃榦，再傳何基而至王柏，再傳金履祥；另私淑朱熹之學者魏了翁、真德秀，而殿以王應麟。

二程門人袁溉，傳薛季宣，為永嘉事功學派，而鄭伯熊與之同調。范浚雖無師傳，而自得於程伊川遺書，亦伊川之一脈也。

自陸九淵倡「六經注我，我注六經」，開心學一路，於經典鮮有述作，然其徒楊簡、袁燮，楊簡之傳錢時，均有《尚書》之著述，而三山陳經，或亦象山後學也。象山之徒，其說《尚書》，每近蘇軾《書傳》及呂東萊《書說》，或異伊川之說也。故三山陳經之《尚書》學，當列於東萊一脈。

總觀南宋《尚書》之學，除少數著作外，全為理學系統之士所為，亦可見學術至南宋，理學已籠牢一代，成一思想大流，其影響《尚書》說解者有二：一以義理說《尚書》，二以求義理之說而反疑《尚書》之真偽也。

第貳章
王安石《尚書》學述要

　　孟子曰：「尚論古之人，頌其詩，讀其書，不知其人，可乎？是以論其世也。」故欲知王荊公之《尚書》學說，當先知其人，論其世，然後探研其著作，審識其解經特色，抽繹其政治思想，明通其義理涵義，終以見其影響與評價。

第一節　王安石生平事略

　　王安石（1021-1086），字介甫，撫州臨川人。少好讀書，一過目終身不忘；文思敏捷，屬文如飛，初若不經意，既成則眾皆服其妙。友曾鞏攜其文示歐陽修，修為之延譽。擢進士第四名，[1]簽書淮南通判，秩滿，時相文彥博薦乞不次進用，辭以奉祖母。嘉祐三年，上萬言書以為今天下之財力，日以窮困，風俗日以衰壞，患在不知法度，不法先王之政故也。後安石當國，其措置大抵皆祖此書。

　　安石本楚士，未知名於朝，以韓、呂為巨室大族，欲借以取重，故深與韓絳、韓維及呂公著友，三人更為揚名，其名由是而始盛。神宗在藩邸，韓維為記室，每講說見稱，必道安石之說，神宗由是想見其人。及即位，數月，召為翰林學士兼侍講。熙寧元年，對帝所問治道，謂當法堯舜。二年二月，拜參知政事；時人多謂安石但知經術而不通世務，安石則以為經術正所以經世務，但後世所謂儒者，大抵皆

1　見《宋人軼事彙編》卷十引默記：慶曆三年御試進士，楊寘第一，王珪第二，韓絳第三，王安石第四。

庸人，故世俗皆以為經術不可施於世務爾。於是設置三司條例，勾令判知樞密院事，而農田、水利、青苗、均輸、保甲、免役、市易、保馬、方田諸役，相繼並興，號為新法。由是賦斂日重，天下騷然，朝廷重臣如韓琦、歐陽修、司馬光、程顥、楊繪、范純仁、孫覺及其友呂公著，皆以請罷新法或論其不便，相繼放去，排斥不遺餘力。七年春，天下久旱，飢民流離，帝欲罷新法之不善者，安石猶力辯水旱常數，堯舜所不免。及慈聖、宣仁二太后出言安石亂天下，帝始疑之，遂罷相職為觀文殿大學士，知江陵府。呂惠卿欲傾安石以自建勢力，為韓絳所覺，請召安石；八年二月，復拜相。三經義成，加尚書左僕射兼門下侍郎。時民間久苦新法，聲聞於上，帝問之曰：「民間殊苦新法。」安石曰：「祁寒暑雨，民猶怨咨，此無庸恤。」帝曰：「豈若并祁寒暑雨之怨亦無耶？」安石不悅，退稱疾不出，帝為勉之出而悉從其策。後王安石與呂惠卿時相傾輒，上頗厭安石所為，及安石子雱死，屢請解幾務，由是罷為鎮南節度使同平章事，又改封舒國公，元豐三年，封荊國公；哲宗立，加司空；元祐元年卒。年六十六。

初熙寧八年，安石訓釋《詩》、《書》、《周禮》既成，頒之學官，天下號曰《三經新義》；晚居金陵，又作《字說》，雖多所穿鑿傅會，然一時學者，無敢不傳習，主司純用以取士，士子習讀，莫得自說異論，至於先儒傳注，一切廢而不用；黜《春秋》不使列於學官，至戲目為「斷爛朝報」。

安石與人議論，時好引經以為言說根據。性剛愎強忮，遇事無論可否，執意既定，決不改回，導致議新法而在廷交質不可。王安石傳注經義，一由己意，辯議發論，動輒數百言，眾不能詘；其更甚者謂「天變不足畏，祖宗不足法，人言不足恤」，罷黜朝廷內外老成人幾盡，由是所推行新法終無所成，徒增擾擾紛紛而已。[2]

---

2 參《宋史》卷三百二十七本傳，并程元敏《三經新義輯考彙評（一）尚書》、《宋元學案》卷九八「荊公新學略」。

　　荊公著述甚豐，有《臨川集》一百卷，《後集》八十卷，《易義》二十卷，《洪範傳》一卷，《左傳解》一卷，《禮記要義》二卷，《孝經義》一卷，《論語解》十卷，《孟子解》十四卷，《老子注》二卷，并《三經新義》及《字說》。[3]

第二節　王安石《尚書》著述及著錄

　　王介甫《尚書》學之著述，當推《三經新義》中之《尚書新義》。考《三經新義》之所以作，蓋因科舉而為之也。宋初選裁士子，以詩賦為題，范仲淹倡議重策論，抑詩賦，主經義，[4]宋祁、歐陽修、蘇東坡、程顥等，皆相繼提出奏議。[5]仁宗時，王安石上萬言書，痛陳當時科舉之弊，以為不足以盡人才之選；[6]神宗熙寧二年，議更貢舉法，四年上「乞改科條劄子」，[7]二月，詔定貢舉新法，重取經義，務通義理，不須盡用注疏。[8]古注疏既不便於科舉，故思有新義之作，以為學之應試依據。神宗嘗謂安石曰：

　　　　經術今人人乖異，何以一道德？卿有所著，可以頒行，令學者
　　　　定於一。[9]

故於熙寧六年三月，命知制誥呂惠卿兼修撰國子監經義，設「經義

3　參黃宗羲《宋元學案》卷九八「荊公新學略」中馮雲濠案語。
4　參《宋史》卷三百一十四〈范仲淹傳〉。
5　參《宋史・選舉志一》，並各人本傳。
6　見宋・王安石《臨川集》卷三九，頁6、1、11。
7　見宋・王安石《臨川集》卷四二，頁4。
8　參《宋史・選舉志一》。
9　見《續通鑑長編》卷二百二十九，頁5。

局」，王安石為提舉。[10]經義之成，皆送安石詳定，一字一義未安，必加點竄，再令修改如安石意，然後繕寫上進。[11]熙寧八年，三經義成。總而言之，是《三經新義》成於眾人之手；分而言之，則《周官義》為王安石所親筆撰論，而《詩義》則王雱主訓詩辭義，呂升卿解詩序，呂惠卿定詩義，王安石詳定；[12]至於《尚書》，據《續資治通鑑長編》熙寧八年六月丁未記載云：

> 同修經義，呂升卿言《周禮》、《詩義》已奏，《尚書》有王雱所進，議乞不更刪改。從之。[13]

又據王安石《尚書義·序》云：

> 熙寧二年，臣安石以《尚書》入侍，遂與政。而子雱實嗣講事，有旨為之說，以獻。八年，下其說太學，頒焉。[14]

可知《尚書新義》之成書，乃以王雱經筵講義為基礎。考《宋史·王安石傳》附「王雱傳」云：

> 召見，除太子中允崇政殿說書。神宗數留與語，受詔註《詩》、《書》義，擢天章閣侍制兼侍講。書成，遷龍圖閣直學士，以病辭，不拜。[15]

---

10 見《續通鑑長編》卷二百四十三，頁6。
11 見《續通鑑長編》卷二百六十八，頁6、7。
12 參見程元敏「三經新義修撰人考」。見所著《三經新義輯考輯評（一）尚書》中。
13 見《續通鑑長編》卷二百六十五，頁4。
14 見宋·王安石《臨川集》卷八四，頁3。
15 見《宋史》卷三百二十七，頁12。

歲終，平在朔易之時，亦欲以知所當調制，以待正月之吉布施
之也。[22]

而《尚書新義》則於〈堯典〉下「平在朔易」云：

> 冬者，休息之時也，當豫察來歲改易之政耳。事之改易，於此
> 時在察之；事豫則立，國家閒暇，乃豫圖改易之時也。[23]

按《周官新義》所謂「調制」，即《尚書新義》之「改易」，可見二者
思想之一貫。今《周官新義》與《尚書新義》皆非完帙，尚可見較比
如斯，則其原本可知。既知《周官新義》與《尚書新義》之一貫，而
《周官新義》確乎為王介甫之作，則《尚書新義》若非王雱述其父之
學，即安石授意以囑王雱，二者必居其一。以余考之，後者尤屬可
能，蓋王雱本傳云：

> 時安石執政，所用多少年，雱亦欲預選，乃與父謀曰：「執政
> 子雖不可預事，而經筵可處。」安石欲上知而自用，乃以雱所
> 作策及注《道德經》鏤板，鬻於市，遂傳達於上。[24]

介甫為其子之參與朝政，著實費盡苦心為之經營，然前此未見雱有
《詩》、《書》之言，何以神宗初召即除為崇政殿說書，並詔注
《詩》、《書》？蓋神宗欲留介甫而愛屋及烏也。安石既為其子仕途大
費周章，今既得任，自必極力維護，授以己說以為講《書》之資，此
亦人情之常。

---

22 見宋・王安石《周官新義》頁卷一，頁31。
23 見程本《尚書新義》，頁1。
24 見《宋史》卷三百二十七本傳。

　　參以上所論，《尚書新義》雖名出於王雱所進，然其思想內容，無非荊公之學；元澤之功，在訓釋其辭則或可，至於釋義則非荊公不可也。由是言之，《尚書新義》之作者，與其屬諸王雱，無甯屬之於荊公為長。然則陳振孫之言，較諸他說，實近是也。

　　今《尚書新義》已佚，蓋王氏之後，學者多排抵之，浸至於絕世，《經義考》引晁公武之言曰：

> （三經新義）由是獨行於世六十年，而天下學者喜攻其短，自開黨禁，世人罕稱焉。[25]

是以朱彝尊時已云佚矣。然宋元學人，因好攻王氏之失，故每多引其文以作論議，故尚見其大概，亦非少數。今程元敏先生傾多年之功，從史籍、文集、筆記，自宋至近人之著作，搜羅刨剔，得所引凡一〇二二條次，佚文五五八條，評論二八二條，諸家評語凡三七五條次，成《三經新義輯考彙評（一）——尚書》一書，使王氏《尚書》之作，於沈晦六百年而復顯於世，[26]其嘉惠後學，功匪淺矣。雖然，以余所見，尚多有未及收輯者，可補《輯考彙評》所未逮；其中亦有非王氏《新義》之說者，當可剔除，使之更趨完備精確也。

　　自宋以來，諸書所引王氏《尚書新義》之文，多明指其為「王氏」之言，或稱「王介甫」、或曰「荊公」、或逕稱「安石」、或指為「新義」、或曰「王氏諸儒」、「王氏之徒」，多皆明確可考；然亦有若王子雍、王博士、王炎、王日休、王充耘等，可足混淆；然經考辨，亦能涇渭分明，惟獨蘇東坡作《書傳》，方當貶謫儋耳之時，朝中權力政柄，尚操諸新法之流，故或未敢明指其為王安石之說而一一加以

---

25 見清·朱彝尊《經義考》卷七九，頁6。
26 見程本輯《尚書新義·自序》，頁2。

辨駁；今考諸東坡《書傳》，絕未稱舉安石姓名字號，惟其譏評者，
常及時人，每謂「近時學者」、「或曰」，而所譏評每以為「好異」、
「喜鑿」、「猛政」、「用刑」、「新法」，皆為王安石之特徵；且考諸林
氏《全解》，黃倫《精義》等，證知的為《尚書新義》而發，可見蘇
氏《書傳》多指評王氏之說也。[27]蘇氏既未明指為王氏之說，而《尚
書新義》又失傳，未能一一對比以考之，是故據東坡《書傳》以考輯
《尚書新義》甚難，易失諸交臂而未察焉。

其他關於《尚書新義》之評騭，有如東坡《書傳》評〈舜典〉
「六宗」；林之奇《全解》評〈禹貢〉「冀州」之賦田差異；東坡《書
傳》評〈君奭〉「召公不悅」；又評〈周官〉篇「建官惟百」等，皆可
補足。

其他相關之資料足可參考者，有可見於輯自《周官新義》、《詩經
新義》。如輯《周官新義》卷九〈司服〉下，有論《書・益稷》「十二
章」義者，實較他《尚書》專著所引為詳備。其言曰：

> 以《書》考之，古人之象，凡十二章。蓋一陰一陽之為道，道
> 之在天，日月以運之，星辰以紀之；其施於人也，仁莫尚焉；
> 無為而仁者山也；仁而不可知者龍也，仁藏於不可知而顯於可
> 知者，禮也；禮者文而已，其文可知者，華蟲也；凡此皆德之
> 上，故繪而在上。宗彝則虎蜼之彝；虎，義也；蜼，智也；象
> 之於宗彝，則又以能常奉宗廟為孝焉。柔順清潔，可以薦羞者
> 藻；昭明齊速，可以烹飪者火；藻也，火也，則所以致其孝；
> 米養人也，粉之然後利，散而均焉。養人而已，而無斷以制
> 之，非所謂知柔剛；黼則所以為斷也；用斷不可以無辨，黻則

---

27 參見蔡根祥撰《宋代尚書學案》（臺北市：花木蘭出版社），其中〈蘇東坡《尚書》
　學案〉一節。

　　所以為辨也：凡此皆德之下，故絺繡而在下。然辨物者，德之
　　所成終始也。

其他見於荆公文集中者，有〈答聖問賡歌事〉、〈夔說〉、〈鯀說〉，以
及〈洪範傳〉，策問數則亦有及《尚書》事者，皆為研究荆公《尚
書》學之相關文獻資料。而本書之「補逸柬議」，即在補其逸失未
收，柬汰其非王安石《新義》者，議論其精當與否，冀能續前修之未
完，啟後學以康途。

第三節　王安石之《尚書》學析述

　　王荆公畢生究心經籍，孜孜矻矻，手不釋卷，不忘於燕席之間，
可謂勤矣。生平遍註群經，幾無遺漏，故欲得其《尚書》學之觀點，
必先抽繹於其經學之旨，方有可觀焉。

（一）王安石之經學原則

1、貴自得

　　經者，不易之理，古聖先賢之道，俱在夫是矣；欲明其道，則捨
經莫由；然千古以下，世殊事異，經書之文言，或有難明之處。王安
石嘗曰：

　　臣聞百王之道雖殊，其要不過於稽古；六籍之文蓋缺，所傳猶
　　足以範民。[28]

六籍或缺，故必有以疏通發揮，始足以範乎黎民，故王氏遍註群經，

---

28 見宋・王安石《臨川文集》卷八〈詔進所著文字謝表〉。

以敷贊聖旨。然註經明道，必得其法方可，王安石之法，則在貴自得。其〈答曾鞏書〉中云：

> 某自百家諸子之書，至於《難經》、《素問》、《本草》諸小說，無所不讀，農夫女工，無所不問，然後於經為能知其大體而無礙。蓋後世學者，與先王之時異矣，不如是，不足以盡聖人故也。……惟其不能亂，故能有所去取者，所以明吾道而已。……[29]

夫博學積於胸臆，蘊蘊然相激相盪，而有所去取，自然有得，故其貴在內得於己，有以待物也。其〈答李資深書〉中云：

> 雖然，天下之變故多矣，而古之君子辭受取捨之方不一，彼皆內得於己，有以待物，而非有待乎物者也。非有待乎物，故其跡時若可疑；有以待物，故其心未嘗有悔也。若是者，豈以夫世之毀譽者概其心哉。若某者不足以望此，然私有志焉。[30]

綜上述而觀之，正可識王氏之學術在於為己之學也。蘇東坡謂介甫曰「網羅六經之遺文，斷以己意；糠粃百家之陳跡，作新斯人」，[31]亦斯之謂也。

2、尚致用

先聖之道既存於經，學者體經而得其道矣，然道非虛著於文字之間而已，其貴在能施之於人。介甫云：

---

29 見宋・王安石《臨川文集》卷二九，〈答曾子固書〉。
30 見宋・王安石《臨川文集》卷二九，〈答李資深書〉。
31 見宋・蘇軾《東坡全集》卷一百六〈外制制勅〉卷上〈王安石贈太傅〉。

先王之道，可以傳諸言，效諸行者，皆其法度刑政，而非神明之用也。[32]

是故王安石深研經籍，各為《新義》，欲發揮聖王之道，以施之於時政。荊公於〈進洪範表〉云：

而聖人必考古成己，然後以所嘗學措之事業，為天下利；苟非其時，道不虛行。……意者殆當考箕子之所述，以深發獨智，趣時應物故也。臣嘗以蕪廢腐餘之學，得備論思勸講之官，擢與大政，又彌寒暑，勳績不效，俛仰甚慚。謹取舊所著〈洪範傳〉，刪潤繕寫，輒以草芥之微，求裕天地。[33]

可見王氏之論〈洪範〉，為之作傳，即欲措之事業，以見道不虛行也。故荊公註《尚書》，其義說後學多以為為新法設地，其來亦有自矣。

3、廢舊註

王荊公研經既力求自得於心，則先儒之註疏說義，有先得我心者，當亦同之，否則棄之廢之，又何惜焉。況道貴乎致用，而時異境遷，先儒之註疏，未必能切適於今日；且舊註往往不明聖人之經，無以傳聖人之義理，其言每反使學者誤入榛莽歧途，蔽於文字之間，故必棄去陳言，務立新義，跨步前人，遠接聖心，作新註以明聖人之理，施諸政以成今日之功也。其書〈洪範傳後〉一文，即明舉此義。其曰：

---

32 見宋‧王安石《臨川集》卷六六，〈禮樂論〉。
33 見宋‧王安石《臨川集》卷五六，頁7。

孔子沒，道日以衰熄，浸淫至於漢，而傳注之家作，為師則有
講而無應，為弟子則有讀而無問，非不欲問也，以經之意為盡
于此矣，吾可無問而得也；豈特無問，又將無思，非不欲思
也，以經之意為盡于此矣，吾可以無思而得也。夫如此，使其
傳注者皆善矣，固足以善學者之口耳，而不足善其心，況有不
善者乎！宜其歷年以千數，而聖人之經卒于不明，而學者莫能
資其言以施于世也。……學者不知古之所以教，而蔽于傳注之
學也久矣。……夫予豈樂反古之所以教，而重為此譊譊哉？其
亦不得已焉者也。[34]

其謂漢儒傳注，於經則不問不思，則無以知聖人之心，其言不獨無益
聖功，反有害於義理，故不辭譊譊，重作經說，冀能施諸世也。

　　夫不用傳注，自得於心，然後施于政教，有裨益於當時，此三者
環環相扣而不可分，以成荊公經學之堂構也。

（二）王安石《尚書》學之特色

　　荊公《尚書》之學說，本諸其經學之原則，於解義則不守《孔
傳》，每發新意；於致用則多因注經而為新法立本；今抽繹其緒，述
其《尚書》學之特色如後：

1、不守孔傳，自發新義

　　荊公《尚書》說義，以今所輯佚文觀，絕多不與孔傳同，於義於
辭皆然；然其《書義》之中，未見引用孔傳而加指評者，蓋或其注新
義，在立科場之標準，故不宜有辯論之辭；今舉數例以見其解義之異
於孔傳者：如〈舜典〉「禋于六宗」，孔傳以為「四時也，寒暑也，日

---

34 見宋・王安石《臨川集》卷七一，頁11、12。

也、月也、星也、水旱年也」，王安石則曰：

> 三昭三穆為六宗，從張髦之說也。[35]

又曰：

> 天子事七廟，於地不言大示，於人不言太祖，於天不言日月星
> 辰。以地示、人鬼之及六宗山川，則天、地之及日月星辰可知
> 也。[36]

王安石用晉張髦之說，以「六宗」為「三昭三穆」，蓋其意或以為受
終於文祖，既有事於文祖，其勢必及餘廟。然此說亦有可議者，豈有
獨祭文祖于齊七政之前，而別祭餘廟于類上帝之後者乎？夫以此推
之，則齊七政之後，所祭當皆天神，而非人鬼。孔傳之說雖未必然，
然其有祭法為據，又以為神類，王氏之新說，未能勝舊說也。又〈皋
陶謨〉「天秩有禮，自我五禮有庸哉」，孔傳云：

> 庸，常；自，用也天次秩有禮，當用我公侯伯子男五等之禮以
> 接之，使有常。

王氏則以為：

> 吉凶軍賓嘉之禮，亦天所秩也，天子當自其禮庸之；庸者，常
> 用之謂也。[37]

---

35 見程本《尚書新義》，頁18。
36 見程本《尚書新義》，頁18。
37 見程本《尚書新義》，頁36。

林之奇以為二說世遠難折中而兩存之。按二說以孔傳為長。孔傳以五
等諸侯解五禮，蓋此文前有「無教逸欲有邦」，後有「敬哉有土」，則
其或指諸侯而言為近；且所謂「天秩」，秩有次第順序之意，五等諸
侯有高卑大小之等，而吉、凶、賓、軍、嘉五禮，則無次秩可言；以
是觀之，二說既於古無說，就文言文，孔傳舊說實有其佳處。又〈禹
貢〉「禹錫玄圭，告厥成功」，孔傳云：

> 堯賜玄圭以彰顯之，言天功成。

而王介甫則曰：

> 禹錫玄圭于堯，以告成功也。玄，天道也；歸功於堯，故錫玄
> 圭。錫與「師錫帝」、「九江納錫大龜」同義。[38]

考孔傳以為堯錫禹，於文句言之，實在不倫；王氏之說於文為順，而
「錫」字解作下錫上，亦有證據，其說出孔傳遠矣。至於字義，王亦
多異於孔，蓋王氏究心字學，晚年著《字說》，解字多用會意，[39]即見
一斑。如〈舜典〉「璇璣」，孔傳以為「美玉」，王氏則以為「美珠謂
之璇」。[40]又〈康王之誥〉「新陟王」，孔傳曰：「惟周家新升王位。」
王氏以為「古以升遐為陟」，[41]此解王說實為近是；又〈洛誥〉「王肇
稱殷禮」，孔傳以為「殷家祭祀」，王氏則曰：「殷、盛也。」，林之奇

38　見程本《尚書新義》，頁67。
39　宋・樓鑰《攻媿集》卷六，總頁68曰：「王荊公《字說》，所以不能傳者，往往以形
　　聲諸體皆入會意，故有牽合強通之病。」又《王安石全集》前附清顧棟高輯「荊公
　　遺事」引朱子文集曰：「荊公《字說》，不明六書之法，盡廢其五，而專以會意為
　　言，有所不通，則旁取書傳一時偶然之語以為證。」
40　見程本《尚書新義》，頁17。
41　見程本《尚書新義》，頁217。

雖多評王說,然此則以為當從王氏之說。[42]

王安石雖多不遵舊注,然亦偶有同於舊注,且更益加發揮焉。如〈牧誓〉「王左杖黃鉞,右秉白旄以麾」,孔傳曰:

> 鉞以黃金飾斧。左手杖鉞,示無事於誅;右手把旄,示有事於教。

王安石之說此,則遵孔傳之義而益之曰:

> 鉞所以誅,旄所以教。黃者信也;白者義也。誅以信,故黃鉞,教以義,故白旄。無事於誅,故左杖黃鉞;有事於教,故右秉白旄。[43]

荊公於孔傳《書》義外,更加以色,配合德性為說,然大致仍本孔傳之說而開發也。又〈舜典〉「流宥五刑」,王氏以為「堯竄三苗於三危」,[44]於〈舜典〉命九官,則以為伯夷、禹、稷,三人皆堯所命,[45]與孔傳以為舜時事不同,然其實乃據孔傳為說;堯竄三苗,說見〈呂刑〉孔傳。〈呂刑〉「皇帝清問下民,鰥寡有辭於苗」,孔傳曰:「帝堯詳問民患。」則「遏絕苗民,無世在下」者,帝堯也,是知竄三苗者乃堯。而伯夷、禹、稷為堯所命,說亦見〈呂刑〉「乃命三后」下孔傳云:「所謂堯命三君,憂功於民。」是孔傳以命此三者乃堯也。

林之奇嘗評王氏曰:「王氏欲盡廢先儒之詁訓,悉斷以己意。」[46]

---

42 見程本《尚書新義》,頁183佚文及評。

43 見程本《尚書新義》,頁15。

44 見程本《尚書新義》,頁21。

45 見程本《尚書新義》,頁27。

46 見程本《尚書新義》,頁11引林氏說。

林氏又曰：「王氏之說，……未嘗肯從先儒之說，而於此說則從；非徒從之，又從而推廣之，惟其喜鑿故也。」[47]自上所舉諸例觀之，林氏之評亦非無的放矢也。

2、王安石《尚書》學之淵源

王氏《尚書新義》之作，既廢棄先儒之舊注，內得於己心而自出樞機；然則其《尚書》之學果無因而成，向壁虛構乎？曰：非也；亦有所淵源爾。然則其淵源何所自？曰：以孔傳為基礎，並取資於劉敞《七經小傳》也。以孔傳為基礎，不獨王氏，凡研幾於《尚書》者皆然，特視彼異孔之多寡耳。至於《七經小傳》，晁公武曰：

> 元祐史官謂慶曆前學者尚文辭，多守章句注疏之學，至敞始異諸儒之說。後王安石修經義，蓋本於敞。公武觀原甫說「伊尹相湯伐桀，升自陑」之類，經義多勦取之。史官之言，良不誣也。[48]

不惟晁公武有是說，王應麟亦言曰：

> 自漢儒至於慶曆間，談經者守訓故而不鑿；《七經小傳》出，而稍尚新奇；至《三經義》行，視漢儒之學若土梗。[49]

合二說而論之，則王氏《尚書》學之取於劉敞《七經小傳》可以明。其淵源者厥有二端：其一為廢棄漢儒之說，自為新奇之論；其二為《尚書》解義有取於劉說。前者於前節已論之矣，至於後者，詳考如

---

47 見程本《尚書新義》，頁15引林氏曰。
48 見宋・晁公武《郡齋讀書記》，卷四，頁6。
49 見宋・王應麟《困學紀聞》，卷八〈經說〉，頁39。

下。劉氏說「湯伐桀，升自陑」，其意謂陑者桀恃險也，升之者，言其易也，著此者言桀雖據險，亦不能拒湯，所謂地利不如人和也。[50]
王安石則本之曰：

> 升陑，非地利也，亦人和而已。[51]

劉、王二氏，以為以仁伐不仁，不以孫、吳之兵謀也。王氏本此而延用之於〈武成〉之事。《詩·大雅·大明》之篇曰：「殷商之旅，其會如林，矢于牧野，維予侯興。」《呂氏家塾讀詩記》引王氏之言曰：

> 明文武之興，以德不以力也。[52]

又於同詩「肆伐大商，會朝清明」下，《詩經李黃集解》引王氏曰：

> 會朝清明，則以朝至牧野，會時雨止，清明而伐也，此見王者行師不尚詭詐之意。[53]

所謂王者行師不尚詭詐，與以仁伐不仁，不用孫吳兵謀，二者意同，可見王氏之取於劉說者如是。

又〈禹貢〉「五百里要服，三百里夷，二百里蔡；五百里荒服；三百里蠻，二百里流」，劉敞以為「三百里夷」為「稍以夷禮通之」，[54]
王氏則曰：

---

50 見宋·劉敞《七經小傳》，卷上，頁6。
51 見程本《尚書新義》，頁73。
52 見《詩義鉤沈》，頁227，引呂氏引之。
53 宋·李樗、黃櫄撰《毛詩集解》（四庫全書本），卷三十。
54 見宋·劉敞《七經小傳》，卷上，頁5。下文所引同條劉氏之說，皆據此書。

夷，易也；無中國禮法，易而已。[55]

王氏所謂「無中國禮法」，意為既無中國禮法，則將循用夷俗夷禮以
安治之，故云「易而已」，其意出於劉氏而與孔傳異。劉氏於「二百
里蔡」，以為「蔡讀如『蔡蔡叔』之蔡……輕罪則蔡於要服」，介甫則
云：

蔡，放也；放罪人於此。

劉氏於「三百里蠻」云「亦言雜以蠻俗待之」，其意與「三百里夷」
同，而王安石曰：

蠻之為言慢，則甚於夷。

是王氏亦以蠻同於夷而愈甚，與劉說意同。劉於「二百里流」，以為
「流讀如『流共工』之流，……重罪則流于荒服」，而王氏之說則佚
而不能見，然以上述觀之，則其或同於劉說可推而知之矣。
　　王氏於「武王觀兵」，以為乃同於《周易》九四。[56]此所謂《周
易》九四，蓋指《易經‧乾》卦九四爻辭而言；其辭曰：「或躍，在
淵；无咎。」此爻位在上卦之下，次九五；故其象可為上躍九五天子
之位，否則返之而為下臣，北面以事其君。其上下之間，蓋必有所擇
焉，非必逆而上遂也。王氏以九四說武王觀兵，其義亦當如是。孔傳
以為「觀兵孟津，以卜諸侯伐紂之心；諸侯僉同，乃退而示弱」，是
孔傳以為武王觀兵而諸侯僉同，已有必伐紂之心，所以退者在示弱以

---

55 見程本《尚書新義》，頁66。下同條者亦同。

56 見程本《尚書新義》，頁11。

沮敵而已。劉敞則以孔傳為非,其言曰:

> 聖人豈有私天下之心哉!觀兵孟津者,所以憚紂也。欲其畏威
> 悔過,反善自修也;如紂遂能改者,武王亦北面事之而已矣。
> 然則進非示強也,退非示弱也;進所以警其可畏,退所以待其
> 可改。[57]

則劉氏以為武王於觀兵孟津,主在退以待紂之悔,非為以退為進。紂
終罔有悛改之心,故進而「或躍」;紂若改之,則亦退而「在淵」,復
北面而事之而已。由是而察之,王安石以〈乾〉卦九四解「觀兵」,
亦與劉說相近,蓋或即有取於其說。

　　王介甫有〈鯀說〉一篇,[58]論堯既知鯀「方命圮族」,而猶試用
之,以為水患不俟人,而朝中能治水者,惟鯀而已。其於《尚書新
義》中,論之更詳。曰:

> 方是之時,舜、禹皆未聞于世也,在朝廷所與者,鯀而已,聖
> 人雖有過人之明,然不自用也,故曰:「稽于眾,舍己從
> 人。」雖疑其不可任,苟眾人之所與,亦不廢也。……鯀既未
> 嘗試,又眾之所與,堯雖獨見其不可任,敢不試而逆度以廢之
> 乎?……故堯之聰明,雖足以逆知來物,明見鯀之不可任,猶
> 不敢自用,所以為中人法也。[59]

考王氏之說,以為堯之用鯀,蓋在從眾人之意,而不自用獨智,是堯
早已知鯀之不可用矣,然朝中治水之能無有過鯀者,故試用之耳。孔

---

57 見宋・劉敞《七經小傳》卷上,頁4。
58 見宋・王安石《臨川集》,卷六八,頁2、3。
59 見程本《尚書新義》,頁12。

傳則以為「堯知其性很戾圮族，未明其所能，而據眾言可試，故遂用之」，可見王說異於孔傳。《公是弟子記》記劉敞論此事曰：

> 堯將以盡民心者也。洪水方割，浩浩懷山襄陵，當是之時，民猶倒懸也，能釋是懸者，民之望之猶父母也。自四岳、九牧、天下之人，以鯀為能釋之，然而堯不用則是奪之父母也。奪之父母而水不治，天下之怨，非堯尚誰哉？聖人之政也，務盡於民心而不以獨智知，不使己負疑於天下，為天下而非己也。[60]

比而觀之，王氏以堯有過人之明而不自用，與劉氏之言堯盡民心而不以獨智，蘊義相同，蓋亦王氏之取本於劉氏歟！

王說有取於劉敞《小傳》，明而可見，然亦不盡同也，王氏亦自有異於劉者，如〈堯典〉記堯命羲和四子之宅，劉敞以為孔傳所謂「南交」云「春與夏交」為非，[61]王安石則曰：

> 南方相見之時，陰陽之所交也，故曰南交。[62]

王說分明本諸孔傳而異於劉敞，可見王氏雖亦淵源自劉氏，然所作《新義》，有超越乎其所本者矣。

3、《書》、《詩》、《周官》足以相解

王介甫生平著述，遍及群經，而以《書》、《詩》、《周官》特為成說，故有《三經新義》之作也。王氏學術，務在博通，嘗云：「某自百家諸子之書，至於《難經》、《素問》、《本草》諸小說，無所不讀，

---

60 見宋·劉敞《公是弟子記》，頁4、41。

61 參宋·劉敞《七經小傳》，卷上，頁1、2。

62 見程本《尚書新義》，頁9。

農夫女工無所不問，然後於經為能知其大體而無礙。」[63]其解一經一義，每泛求諸經，甚至延及佛書者。[64]王氏嘗云：

> 乃如某之學，則惟《詩》、《禮》足以相解，以其理同故也。[65]

王氏非惟《詩》、《禮》足以相解，《書》與《詩》，《書》與《周官》之間，亦可相解互釋。如介甫解〈洪範〉皇極「而康而色」，則引《詩經·泮水》之詩「載色載笑，匪怒伊教」作解；[66]而於《詩經新義》同句下，則曰：「載色載笑，則〈洪範〉所謂『而康而色』者也，夫然後能教。」[67]可見《書》、《詩》之相解矣。至於《書》之與《周禮》，其相解之處不可勝數，蓋《書》者堯舜聖君賢相治國之大謀彝謨，而《周禮》則傳為周公治國之大法；《書經》之中，又有〈周官〉一篇，更有〈洪範〉之文，皆為言治者不可或失之者。王安石親著《周官》，并有〈洪範傳〉，則《書》與《周禮》之相為補足，於介甫學術體系之中，實為必然。茲隅舉數例以見一斑。如其解〈舜典〉「五服三就」云：

> 三就：就輕、就重與就輕重之中。[68]

蓋亦同乎《周官新義》之說。《周官·大司寇》新義云：

> 刑新國用輕典，則教化未明，習俗未成，以柔乂之也；刑平國

---

63 見宋·王安石《臨川文集》，卷二九，〈答曾子固書〉。

64 參《續通鑑長編》，卷二百三十三，頁14。

65 見宋·王安石《臨川集》，卷七四，〈答吳孝宗書〉。

66 見宋·王安石《臨川集》，卷六五，頁6。

67 見《詩義鉤沈》，頁298載呂氏《讀詩記》引。

68 見程本《尚書新義》，頁25。

用中典，則教化已明，習俗已成，以正直乂之也；刑亂國用重典，則頑昏暴悖，不可教化，以剛乂之也。故《書》云：「惟敬五刑，以成三德。」[69]

此亦明見王介甫以〈舜典〉、〈洪範〉、〈呂刑〉義解《周官・大司寇》，從而求《尚書》、《周官》治理之調和也。又其解〈武成〉「分土惟三」曰：

公之地，百里而已，五百里者，并附庸而言之。[70]

此所謂「五百里」，義取《周禮》公之封地五百里也；而「公之地百里而已」，則取於《孟子》、〈王制〉之說「公侯百里」，王氏為調和《書》與《周官》之差異，故創「并附庸而言之」之論。考諸《詩經新義》《魯頌・閟宮》「錫之山川，土田附庸」之說，可知此并附庸之說，為介甫之說也。[71]

《周官・司服》，掌王之吉凶衣服，辨其名物與其用事。王氏《新義》則據《書》以論，引〈益稷〉十二章之說。[72]〈洪範〉七「稽疑」：「擇建立卜筮人。」王氏則引《周官》以解之曰：

有所選用謂之擇，有所創立謂之建。《周官・太卜》所謂：凡國大貞，卜立君，卜大封者，所謂建也；大祭祀，國大遷、大師，則龜貞，所謂擇也。[73]

69　見宋・王安石《周官新義》，卷十四，頁5。
70　見宋・蘇軾《東坡書傳》，卷九，頁2引。東坡雖未言誰之說，然當為王氏說。說詳前節王氏《尚書》之著述。
71　詳參前節論王氏《尚書》之著述。
72　見宋・王安石《周官新義》卷九，頁12、13。
73　見程本《尚書新義》，頁117。

而王荊公於《周官新義・太卜》下曰：

> 故成王征三監、淮夷，而庶邦君越庶士卿事，反曰「王害不違卜」也。[74]

介甫以周公稟命征三監、淮夷，為國有大師，以證必有貞龜之事，故引《書・大誥》以明其事。

　　以《書》及《周禮》相互作證作解，誠亦宋代《尚書》學者所常有，然極其力以求其調和，不惜創為異說者，則以王安石為最力；蓋王氏新法之規模，多本《周官》，而治國之理法，則存於《尚書》，是以《書》與《周官》於王介甫之學，特為重要。然《書》與《周官》之間，時有鑿枘之異，欲彌縫而不失者甚難，上述「分土惟三」之「并附庸言之」之說，則顯然不合情理。且尚有王氏未及彌縫之者焉。如〈呂刑〉「五刑」：墨、劓、剕、宮、大辟。〈呂刑〉文意自有其輕重順序，而《周官》則以刖辟置於宮辟之前；剕，孔傳以為「刖足」，則《周官》五刑之輕重，與《尚書・呂刑》所言不同，而王氏止曰：

> 以墨為不足，然後劓；以劓而不足，然後宮；以宮為不足，然後刖；以刖為不足，然後殺。墨、劓、宮、刖、殺，棄人之刑也。[75]

並未說明刖、宮二刑《書》與《周官》之所以異之由，蓋亦不勝其力故也。

---

74 見宋・王安石《周官新義》卷十，頁15。
75 見宋・王安石《周官新義》，卷十五，頁8。

4、以陰陽五行解《尚書》

有宋學者評王氏之學，多以為彼不信災異、五行、陰陽，蓋王安石解〈洪範〉庶徵「若」字，訓為「似」，而非如孔傳之訓作「順」，以為天之變異，於人君或可以自警懼，而不可以為必為某事而生，進以類象求之。《宋史》本傳記云：

> 七年春，天下久旱，饑民流離，帝憂形於色，對朝嗟歎，欲罷法度之不善者。安石曰：「水旱常數，堯、湯所不免，此不足招聖慮，但當修人事以應之。」[76]

此為王氏不信天變之實例，故《宋史》本傳云安石嘗曰「天變不足畏」。是以宋儒如林之奇、蘇東坡、朱熹等皆嘗評之。[77]然則王氏果真不信陰陽災異之說邪。是亦不然。宋侍御史劉摯嘗言曰：

> 今之治經以應科舉，則與古異矣。以陰陽性命為之說，以泛濫荒誕為之辭，專誦熙寧所頒新經、《字說》，而佐以《莊》、《列》、佛氏之書。[78]

其所評者，為王氏新經義，以為多「陰陽性命」之說。考諸今所見《三經新義》輯文，劉摯之言不虛。[79]今尋乎《尚書新義》之中，亦屢見不鮮。如〈皋陶謨〉「撫于五辰」，王氏曰：

---

76 見《宋史》，卷三百二十七，頁8本傳。

77 宋・林之奇、朱熹之評參見程本《尚書新義》，頁121。東坡之評參《東坡書傳》卷八，頁24。

78 見《續通鑑長編》，卷三百六十八，頁9。

79 程元敏亦有是說。參程本《尚書新義》，頁319「三經新義與字說科場顯微錄」。

五辰分配四時：春則寅卯，為木之辰；夏則巳午，為火之辰。餘倣此。[80]

又〈大禹謨〉「六府」，王氏曰：

以惟序為六府三事之序，故以土治水，以水治火，然後水、火為用；以火治金，以金治木，然後金、木為器；以木治土，以土治穀，然後土、穀為利。[81]

是王安石用五行相生剋之說，並配以四時十二辰也。又王氏亦時有陰陽之說，以解經義者。如〈堯典〉「乃命羲和」下云：

散義氣以為義，斂仁氣以為和。日出之氣為義，義者陽也；利物之謂和，和者陰也。[82]

又於「宅南交」下云：

南方相見之時，陰陽之所交也，故曰南交。[83]

此則取孔傳「春與夏交」之說，而易以陰陽為說。而於〈舜典〉「烈風雷雨弗迷」下，則又曰：

風之烈而雷雨弗迷者，則陰陽不失序可知矣。[84]

---

80 見程本《尚書新義》，頁36。
81 見程本《尚書新義》，頁31。
82 見程本《尚書新義》，頁7。
83 見程本《尚書新義》，頁9。
84 見程本《尚書新義》，頁15。

此說亦本諸孔傳。孔傳曰：「陰陽和，風雨時，各以其節，無有迷錯衍伏。」然則王氏之說陰陽，多本諸孔傳。然王氏取此陰陽之義，亦自有其論理基礎。其著〈洪範傳〉云：

> 蓋五行之為物，其時其位，其材其氣，其性其形，其事其情，其色其聲，其臭其味，皆各有耦；推而散之，無所不過。一柔一剛，一晦一明，故有正有邪，有美有惡，有醜有好，有凶有吉：性命之理，道德之意，皆在是矣。[85]

其注《道德經》云：

> 有之與無，難之與易，長之與短，高之與下，音之與聲，前之與後，是皆不免有所對。[86]

所謂「有耦」，「有對」，其義一也，實指事物之兩相對亦相反之事，分而言之，物物皆然，合而言之，則陰與陽而已。王氏之論既以事物皆不免相對，則以陰陽相生相成之論以說經言理，誰曰不可哉！是以王安石雖不信天變類象，而猶有取於五行陰陽者，以此故也。

5、《書》篇之中，特重〈洪範〉

洪範者，大法也。宋儒之獨為〈洪範〉而有所述作者，見錄諸《經義攷》者三十餘家，[87]可見其為世所重也。王氏之學，本求致用。其「致一論」云：

---

85 見宋·王安石《臨川集》，卷六五，頁2。
86 宋·王安石《道德經注》（臺北市：藝文印書館，民國54年，嚴靈峰輯編《無求備齋老子集成》初編，第四函，第34冊）〈天下皆知〉章第二，頁1B。
87 見清·朱彝尊《經義考》，卷九五、九六。

雖然天下之事，固有可思可為者，則豈可以不通其故哉！此聖
人之所以又貴乎能致用者也。[88]

要乎能用，必有法焉。王氏嘗解〈洪範〉之義曰：

有器也，然後有法，此《書》所以謂之範者，以五行為宗故
也。[89]

此義後雖為王氏所刪，要之，治國之大法而能用於世者，〈洪範〉莫
尚焉。是以王介甫〈進洪範表〉曰：

天命聖人以敘之，而聖人必考古成己，然後以所嘗學措之事
業，為天下利，苟非其時，道不虛行。⋯⋯而朝廷未化，海內
未服，綱紀憲令，尚或紛如，意者殆當考箕子之所述，以深發
獨智，趣時應物故也。[90]

可見介甫之特重〈洪範〉者，實為致用於當世，冀有補於政憲也。王
氏〈洪範傳〉外，於注《書》義，亦每引〈洪範〉為說。其於〈堯
典・序〉「聰明文思」下云：

〈洪範〉貌、言、視、聽、思五事，可以解此「聰明文思」。[91]

---

88 見宋・王安石《臨川集》，卷六六，頁9。
89 見宋・王安石《臨川集》，卷四三「乞改三經義誤字劄子」中所論〈洪範〉名義，
　　並求刪去。雖後為刪去，然亦足以參酌義理於一斑。
90 見宋・王安石《臨川集》卷五六，頁7。
91 見程本《尚書新義》，頁5，佚文（一）及朱熹評語。

又於「宅嵎夷，曰暘谷」云：

> 日出為暘。[92]

王氏之取此義為說，蓋亦出於〈洪範〉。〈洪範〉雨、暘相對，故暘當訓日出天晴也。

王氏推崇〈洪範〉，不遺餘力，嘗為〈禮樂論〉曰：

> 是以《書》言天人之道，莫大於〈洪範〉。〈洪範〉之言天人之道，莫大於貌、言、視、聽、思。大哉！聖人獨見之理，傳心之言乎！[93]

可見〈洪範〉一篇於王氏《尚書》學中，地位非比尋常也。以〈洪範〉五事為心傳之言，則有異乎其後儒者之以〈大禹謨〉「危微精一」十六字心傳者也，此亦一學術風氣之變，豈可忽乎。

6、以字學解經

王荊公好字學，晚居金陵嘗作《字說》一書二十四卷，[94]以進朝廷。其〈進《字說》劄子〉曰：

> 臣在先帝時，得許慎《說文》古字，妄嘗覃思，究釋其意，冀因自竭得見崖略……奉被訓敕，許錄臣愚妄謂然者，繕寫投進。[95]

92　見程本《尚書新義》，頁9。
93　見宋・王安石《臨川集》，卷七六，頁5
94　見《宋史》，卷三百二十七本傳。
95　見宋・王安石《臨川集》，卷四三，頁2、3。

其於〈進《字說》表〉中云：

> 竊以書用於世久矣，先王立學以教之，設官以達之，置使以喻
> 之，禁誅亂名，豈苟然哉！凡以同道德之歸，一名法之守而
> 已。……故仙聖所宅雖殊，方域言音乖離，點畫不同，譯而通
> 之，其義一也。道有升降，文物隨之，時變事異，書名或改，
> 原出要歸，亦無二焉。[96]

蓋由劄子可知王氏《字說》，雖成於晚居金陵之後，然其說解之論，
早有成竹於胸，而由〈進《字說》表〉可知王氏研究文字，在乎「同
道德之歸，一名法之守」，此與介甫改科舉劄子，明揭「道德一於
上，而習俗成於下」同，[97]而《三經新義》乃為科舉而修，以求「一
道德」，而學術無所乖異也。可見王安石經解與《字說》，其意相合，
故安石解經，時以說字為之。王闢之《澠水燕談錄》謂「荊公治經尚
解字」，[98]葉大慶於《考古質疑》中亦云：「近世王文公，其說經亦多
解字。」[99]考諸三經輯佚，可證其實不虛。

　　然王氏《字說》雖曰本諸《說文》，就所解義往往以形聲諸體皆
入會意，牽合強通，[100]至有以佛語、老學解字義者。[101]故葉大慶評之
曰：「惟是不可解者，亦必從而為之說，遂有勉強之患，所以不免諸
人之譏。」[102]不唯以《字說》解六經如此，王氏亦以《字說》解佛

---

96 見宋・王安石《臨川集》，卷五六，頁6、7。
97 見宋・王安石《臨川集》，卷四二，頁4。
98 見《宋人軼事彙編》卷十，總頁462。
99 見宋・葉大慶《考古質疑》，卷三，總頁29
100 宋・樓鑰《攻媿集》卷六及《王安石全集》前附清顧棟高輯「王安石遺事」引朱
　　熹文集之語。
101 見宋・陳善《捫蝨新話》，卷一，頁4。
102 見宋・葉大慶《考古質疑》，卷三，總頁29。

經。《欒城遺言》記曰：

> 王介甫解佛經三昧語，用《字說》示關西德秀。秀曰：「相公
> 文章，村和尚不會。」介甫悻然，又問「如何？」秀曰：「梵
> 語三昧，此云正定，相公用華言解之，誤也。」[103]

荊公《字說》之時有穿鑿強通，可見一斑。王氏解經，時用《字
說》，其解《尚書新義》亦然。葉大慶《考古質疑》嘗引之曰：

> 近世王文公，其說經亦多解字。如曰：「人為之謂偽」，曰「位
> 者人之所立」，曰「訟者言之于公」，與夫「五人為伍」，「十人
> 為什」，「歃血自明為盟」，「二戶相合為門」，「以兆鼓則曰
> 戲」，「與邑交則曰郊」，「同田為富，分貝為貧」之類，無所穿
> 鑿，至理自明，人亦何議哉！有如「中心為忠，如心為恕」，
> 朱晦庵亦或取之。[104]

葉氏所引，偽、位、訟、戲、郊、富、貧數字，均見於《尚書新
義》。葉氏以為皆至理自明，然其中如富字，以同田會意，則去原六
書遠矣。富字從宀畐聲，為形聲，王氏以宋代俗字形強解以為同，於
形構已扭曲，故生鑿義，其誤處至為明顯。王氏解經，好以文字作
解，非獨如葉氏所引而已。如〈皋陶謨〉「孔壬」，王氏以為「大包藏
禍心之意」。[105]蓋以「壬」為「妊娠」之「妊」，為同音通假，於六書
為假借。考孔傳於〈舜典〉「難任人」訓「任」為「佞」，于「孔壬」
則止云「甚佞」，是孔傳以「任」「壬」通解而義同為「佞」，王氏與

---

103 見《宋人軼事彙編》，卷十，總頁453引。出於宋・蘇籀記《欒城遺言》。
104 見宋・葉大慶《考古質疑》，卷三，總頁29。
105 見程本《尚書新義》，頁34。

孔傳別異。

王介甫於〈洪範傳〉七「稽疑」下「衍忒」云：

> 衍者，吉之謂也；忒者，凶之謂也。吉言衍，則凶之為耗可知
> 也。凶言忒，則吉之為當，亦可知也：此言之法也。蓋自始造
> 書，則固如此矣；福之所以為福者，於文從畐，畐則衍之謂
> 也；禍所以為禍者，於文從咼，咼則忒之謂也。[106]

此更可見介甫每從文字學之觀點以說義，且每以形聲說作會意，一如
宋樓鑰《攻媿集》所云：「王荊公字說，所以不能傳者，往往以形聲
諸體皆入會意，故有牽合強通之病。」[107]

王安石〈乞改三經義誤字劄子〉嘗建議改〈微子〉篇「犧牷牲」
曰：

> 〈微子〉：純而不雜故謂之犧，犧當作牷。完而無傷故謂之
> 牷，牷當作犧。[108]

考孔傳曰：「色純曰犧；體完曰牷。」王氏原來之本，與孔傳同，而
既改之後，則與孔傳反；夫孔傳之義，韋昭《國語》注，鄭玄《書》
〈微子〉注，《禮記·曲禮》注，《詩·閟宮》毛傳，皆以為純色、純
毛，唯《易·繫辭下》「包犧氏」，釋文引鄭注曰：「鳥獸全具曰
犧。」是自古「犧」之解作「毛純色」為多。[109]《說文》曰：「犧，
宗廟之牲也。從牛羲聲。賈侍中說：此非古字。」則此字本無「純

---

106 見宋·王安石《臨川集》卷六五，頁11。
107 宋·樓鑰《攻媿集》卷六及《王安石全集》前附清顧楝高輯「王安石遺事」引朱
　　熹文集之語。
108 見宋·王安石《臨川集》，卷四三，頁3。
109 上述資料均見《經籍纂詁》。

色」之義，然自漢以來多有是解。至於「牷」，《說文》曰：「牷，牛純色，從牛全聲。」而鄭注《書·微子》、《周禮·牧人》均作「體完具」，而《周禮》牧人、犬人司農注則以為「純」，即指毛色純；[110]是牷於古有「純色」、「體完」二解。

又宋·王觀國《學林》卷七〈引證〉條下曰：「王荊公《字說》，『牷』字解云『《國語》曰「毛以告全」』；今案《國語》無此，惟《禮記》曰『毛者告全之物』也』。」考之《禮記·郊特牲》有「毛血，告幽全之物也」之語，唐孔穎達疏解謂「血是告幽之物，毛是告全之物」，王安石據此以為「毛以告全」，則「牷」當指「毛色純」。又《說文》曰：「牷，牛純色，從牛全聲。」與《禮記》之說相合；則「牷」當指「毛色純」。

王氏既以「牷」為「毛色純」，從《說文》之義，則「犧」必非「純色」而為「體完」也。宋·楊時《龜山集》卷七，有〈王氏字說辨〉一文，其中有引王安石《字說》曰：「義：斂仁氣以為義，散義氣以為和。犧牲：殘而殺之，和所以制物；完而生之，義所以始物。」王氏以為「犧」字從義，而「義」乃「散義氣以為和」，故其《字說》於「犧」字曰「殘而殺之，和所以制物」；復就《尚書》而言，則體「完而不傷」之牛始足以「殘而殺之」、「完而生之」；是則「犧」字乃就「體完備」而言。以此王氏不惜上剳子求修改其新經解義。

按「牷」字，於六書為形聲兼會意，全字於義解作「體完具」較「毛色純」為優。考之〈祭義〉曰：

> 古者天子諸侯必有養獸之官，及歲時，齋戒沐浴而躬朝之，犧牷祭牲必於是取之，敬之至也。君召牛，納而視之，擇其毛而卜之吉，然後養之；君皮弁素積，朔日月半，君巡牲，所以致

---

110 上述資料均見《經籍籑詁》。

力，孝之至也。[111]

據此則犧牷之毛與體，蓋毛之純否，在卜吉之前已先擇之，牛之毛色無中變之虞；既擇毛卜吉，然後養之，養之之間，則容牲體有所損，故君必朔望巡牲以視其完否，否則易卜他牲，甚或因突發狀況，牲口有損，致不祭者焉。若《左傳》成公七年經云：

> 春王正月，鼷鼠食郊牛角，改卜牛；鼷鼠又食其角，乃免牛。
> 夏五月，不郊，猶三望。

又如宣公三年經云：

> 春王正月，郊牛之口傷，改卜牛。牛死，乃不郊，猶三望。

凡此皆是既擇毛卜吉而養之，然後牛體有傷不完全，致有不郊祭者。可見於祭而言，牲體完全之重於毛色純也。蓋毛色於既擇之後，毛色不變，而體完於養之期間，或有不測。今《說文》於「犧」曰「宗廟之牲」，於「牷」則云「牛純色」，皆不及「體完」之義，於義或有所缺，故以為「牷」當作「牛體完全，從牛全，全亦聲」，於義於禮為長也。且《禮記》所謂「毛血告幽全之物」，孔穎達解謂「毛是告全之物」，此所謂「毛」者，非指祭牲之「毛色」，乃指「長有毛鬣之動物」，猶「毛羽介鱗」之義，毛為牛馬羊豕之屬，羽為飛鳥之類，介為螺貝，鱗則為魚。「毛以告全」，其義為以牲口之完全壯碩祭祀，以達其敬誠之意。王安石誤解其義，故有此解說。

　　王氏從許叔重釋「牷」之義，又易「犧」為「體完」，蓋王氏喜不從詁訓，而以《字說》解經，故有此改易之事。

---

111 見《禮記正義》，卷四八，頁1。

　　王安石以字學解經，當時學者及後人每有譏諷。宋·陳師道《後山談叢》卷二，有曰「金陵人喜解字，習以為俗。曰：『同田為富，分貝為貧，大坐為奎。』」即是論王安石《字說》者也。又於卷三評論王氏《字說》曰：

> 王荊公為相，喜說字，始遂以成俗。劉貢父戲之曰：「三鹿為麤，麤不及牛；三牛為犇，犇不及鹿；謂宜三牛為麤，三鹿為犇。」苟難於遽改，令各權發遣。於是解縱繩墨，不次用人；往往自小官暴據要地，以資淺，皆號權發遣云。故并譏之。

金陵為王安石晚年所居，陳師道謂「喜解字，習以為俗」、「喜說字，始遂以成俗……故并譏之」即是對王安石以《字說》解經之譏評。

7、疑改經傳

　　王氏既解義多不從舊注疏，於經傳之文，亦時置疑焉。有疑其字誤者，有疑文句之顛倒者，有疑脫誤致文義不可解而闕之者；至於改經，則以改〈武成〉為最著，茲列述如次：

（1）疑誤字

　　〈皋陶謨〉篇「思曰贊襄哉」，王氏以為「曰」字乃誤字，其論曰：

> 「思曰」之「曰」，當作「日」，形近之訛。[112]

王氏此說，宋儒亦多以為是，東坡《書傳》、張九成《書解》、蔡沈《書集傳》、王柏《書疑》等是也。

---

112 見程本《尚書新義》，頁38。

（2）疑經文倒置者

〈禹貢〉篇「厥土惟白壤，厥賦惟上上錯，厥田惟中中」，王氏以為：

> 賦乃田與土所出，故八州言賦，皆在田之下，惟此在田之上者，傳之誤也。[113]

又〈康誥〉篇「非汝封刑人殺人，無或刑人殺人；非汝封又曰劓刵人，無或劓刵人」，王氏以為文句不倫，其言曰：

> 刑人、殺人，非汝所刑殺，乃天討有罪，汝無或妄刑殺人也。「非汝封又曰劓刵人」，疑其當云：「又曰非汝封劓刵人。」[114]

按〈禹貢〉篇之疑，未必為是，而〈康誥〉篇之疑，則於文句為順達，林之奇素不喜王說，然於此亦以為有勝於先儒者。[115]

（3）疑脫誤致文義不可解而闕者

朱熹嘗評王安石曰：「荊公不解〈洛誥〉，但云：『其間煞有不可強通處，今姑擇其可曉者釋之。』今人多說荊公穿鑿，他卻有如此處，若後來人解《書》，又卻須要解盡。」[116]夫《尚書》之文，周誥殷盤，詰屈聱牙，王氏於書之不可解者，常有闕疑之舉。王氏於〈大誥〉篇云：

---

113 見程本《尚書新義》，頁49。
114 見程本《尚書新義》，頁百56。
115 參程本《尚書新義》，頁百56。引林氏評。
116 見《朱子語類》卷七六，頁9。

〈大誥〉疑有脫誤，其不可知者，輒闕之，而釋其可知者。[117]

王氏於〈大誥〉文中，「若兄考，乃有友伐厥子，民養其勸弗救？」曰「此小節義當闕疑」；[118]又於「越天棐忱，爾時罔敢易法，矧今天降戾于周邦？」曰：「此義不可知，闕之。」[119]按〈大誥〉之文，誠有詰屈難通者焉，然王氏所舉當闕疑者，則未必不可解；若「越天棐忱，爾時罔敢易法」一段，文句義理明白，其言天不常於人，惟能守法度者能得天之祐，故爾不可妄自改易祖宗法度也；王氏以此為不可知者，或此文於新法有齟齬者，故特以為不可知而堙之；學者多以王氏注經以為新法地，此或亦其一例也。

王氏於〈康誥〉前四十八字，無所解釋，[120]蓋此四十八字，乃周公營洛邑而大誥庶邦、百工，與下文誥康叔之事，義不連類，故闕疑焉。東坡亦有見於此，而以脫簡為說，以為此四十八字乃〈洛誥〉之文。[121]東坡之所以有此說，或即有取於王氏歟！

王氏於〈洛誥〉，亦以為有不可知者，闕之，而擇其有可知者釋之，[122]其意與釋〈大誥〉同，當亦以為疑有脫誤故也。

此外，王氏於逸書，皆未有解。林之奇曰：「王氏解經，善為鑿說，凡義理所不通者，必曲為鑿說以通之，其閒如占夢敬射者常矣，而於逸書未嘗措一辭，皆闕而不論，此又王氏之所長，而為近世法者也。」[123]可見王荊公解經之原則與措意。

117　見程本《尚書新義》，頁147。

118　見程本《尚書新義》，頁15。

119　程本《尚書新義》，頁15。

120　見程本《尚書新義》，頁153。

121　見宋・蘇軾《東坡書傳》卷十二，頁1。可參蔡根祥著《宋代尚書學案》一書中，〈東坡尚書學〉一章。

122　見程本《尚書新義》，頁178。

123　見宋・林之奇《尚書全解》卷三，頁26。

（4）改〈武成〉

《尚書·武成》一篇，自孟子以來，論說之者眾矣。唐孔穎達已疑其有錯簡，有脫簡，而未明言之。迨劉敞《七經小傳》始明指其錯脫，從而改置其文句段落先後者；自是厥後，王介甫繼作，亦有改〈武成〉之事，而不與劉氏同。洪邁《容齋續筆》嘗記其說曰：

> 〈武成〉一篇，王荊公始正之。自「王朝步自周，于征伐商」，即繼「以底商之罪，告于皇天后土」，至「一戎衣天下大定」，乃繼以「厥四月哉生明」，至「予小子其承厥志」，然後及「乃反商政」，以訖終篇；則首尾亦粲然不紊！[124]

考王氏之改〈武成〉，與劉敞所改不同者有二，其一以「乃反商政」以下一節，屬諸歸周之後，而非既克商之時；其二為未以為有脫簡。姑勿論其間是非對錯，要之，王氏以為學子立科場典式，作為《新義》，而敢改易經文，示天下學者以聖經亦無不可易者，以敷暢吾說；劉敞之改經，人視之以為好異；王氏之改易經文，則士子以為當然；聖經不易之地位，至此始動其根本。陸游嘗曰：「自慶曆以後，諸儒發明經旨，非前人所及。……不難於議經，況傳注乎！」[125]議經棄傳者，實無過於王氏《尚書新義》也。

8、字字鑿解，強生分別

王氏解經，後儒多以為鑿者，蓋以王氏於一字一詞之間，字字作解，強生分別故也。宋·邵博《聞見後錄》云：

---

124 見宋·洪邁《容齋續筆》，卷十五，頁144。
125 見宋·王應麟《困學紀聞》，卷八，頁4〈經說〉。

東坡與劉道原書：「近見京師經義題：『「國異政，家殊俗」，國
何以言異？家何以言殊？』又曰：『「有其善，喪厥善」；其、
厥不同，何也？』又說『《易》〈觀〉卦，本是老鸛』；『《詩》
大、小雅，本是老鴉』。」熙寧王氏之學如此。[126]

〈說命中〉「有其善，喪厥善」，「其」與「厥」並無他義，皆指主體
而言耳，而王氏意此中尚有可分別，則是穿鑿之甚矣。考《尚書新
義》之中，字字作解，強為分別者，俯拾即是。如於〈武成〉篇「為
天下逋逃主，萃淵藪」曰：

歸之之謂主，萃之之謂聚，藏之之謂淵，養之之謂藪。[127]

其每字皆有訓釋，大類若此。王氏於書中同義異詞，亦往往為之說義
以離析分別之。若〈君奭〉篇曰：

此誥或曰「君奭」，或曰「保奭」，或曰「君」者，主王而言則
曰「君奭」，主公事而言則曰「君」而已，主保事而言則曰
「保奭」也。[128]

王介甫喜附會，強生分別，一至於此，此乃史記異辭，不必索求其義
也。王氏亦常以《書經》中文辭，離析之而相配，使各有所屬以解
之；若〈益稷〉「臣作朕股肱耳目」一節，王氏以為：

126　見《宋人軼事彙編》，卷十，總頁454。
127　見程本《尚書新義》，頁16。
128　見程本《尚書新義》，頁194。

汝翼，作肱；汝為，作股；汝明，作目，汝聽，作耳也。[129]

按股肱耳目，皆相輔之意，王氏以為一一相配合，則如作股，宣力四方，股何能為，肱何能闕；是皆強生義說之弊也。

9、王氏《尚書》之新說

王氏修經義訓，號為《新義》，出於己心所得，大異於先儒者夥矣，其中屢為後世所引而重之，或譏或稱者，亦不在少數，茲列其大者以見之。〈益稷〉「予乘四載」王氏曰：

鯀治水九載，兗州作十有三載乃同，禹之代鯀，蓋四載而成功也。[130]

按介甫以〈禹貢〉有「十有三載乃同」之語，而〈堯典〉有鯀「九載績用弗成」之說，恰成四載之數，遂讀「四載」之載為上聲，作四年解，不用《孔傳》「水行乘舟，陸行乘車，泥行乘輴，山行乘樏」之說。考鯀之九載，事在堯時，殛鯀在舜登庸之後，若鯀殛而禹興，禹之與鯀亦不得相接；且禹娶於治水之中，而啟生在水患未平之時，則禹自鯀死守喪，至于娶，至於子，亦非四載之中可成也。且「兗州作十三載乃同」，指一州而言，本非謂天下共作十三年也。王氏此說，巧誠巧矣，然非事實也。

又〈泰誓〉中「雖有周親，不如仁人」，王氏指所謂「仁人」者乃微子。其言曰：

微子之徒，以紂為無道而周有道，故去紂而歸我；此所以紂雖

---

129 見程本《尚書新義》，頁41。
130 見程本《尚書新義》，頁39。

有至親，而不如我之獲仁人也。[131]

又於〈武成〉篇「予小子既獲仁人」下云：

> 微子之徒也。武王以微子之來歸，而知紂之可伐。[132]

林之奇《全解》於〈微子〉篇「我不顧行遯」下曰：「說者論我不顧行遯，往往謂其能遯而歸周，以存其宗祀為孝。」[133]此亦為王氏學者之言也。彼以為微子之歸周，在武王伐商之前，據微子歸然後知紂之可伐也。果微子歸周，在伐殷之前，則是微子預其國之必亡，告人以伐己君，如此忍隱，非微子之本心也。且所謂「行遯」，亦非「歸周」，乃如「吾家耄，遜于荒」之意，特欲遯于荒野以避禍耳。復以《左傳》有逢伯之言曰：「昔武王克商，微子啟如是，武王親釋其縛，受其璧而祓之，焚其襯，禮而舍之，使復其所。」[134]則是微子歸周，在武王既克商之後也。今王氏以為微子「行遯」，即「歸周」，是誤以二事為一事，故有是說。

　　而王氏於〈洪範〉庶徵「若」字，訓作「似」，故其解庶徵之義，大異先儒之說。其言曰：

> 降而萬物悅者，肅也，故若時雨然；升而萬物理者，乂也，故若時暘然；哲者陽也，故若時燠然；謀者陰也，故若時寒然；睿其思心，無所不通，以濟四者之善者，聖也，故若時風然。狂則蕩，故常雨若；僭則亢，故常暘若；豫則解緩，故常燠

131　見程本《尚書新義》，頁13。
132　見程本《尚書新義》，頁16。
133　宋・林之奇《尚書全解》，卷二一，頁19。
134　宋・林之奇《尚書全解》，卷二一，頁19。

若；急則縮栗，故常寒若；冥其思心，無所不入，以濟四者之惡者，蒙也，故常風若。……君子之於人也，固當思其賢，而以其不肖者為戒；況天者固人君之所當取象也，則質諸彼以驗此，固其宜也。[135]

王安石此說，棄漢儒五行災異之論不言，以為人君之於天，當若於人之取其賢不肖，以慕以戒而已，不必以為天有某象，則必有類象求之，亦不可以為君之所行，天必順之以然。王介甫有策問曰：

〈洪範〉之陳五事，合於事而通於義者也。如其休咎之效，則予疑焉。人君承天以從事，天不得其所當然，則戒吾所以承之之事可也，必如傳云：「人君行然，天則順之以然。」其固然邪？僭常暘若，狂常雨若，使狂且僭，則天如何其順之也。堯、湯之水旱，奚尤以取之邪？[136]

王氏之說，使〈洪範〉不復入漢儒讖緯五行之故轍，極具人文色彩，此其說之優於前儒也。然就文義言之，若「若」訓「似」，則庶徵直五事之補述而已，非能獨立與他疇並而為九也。就思想而言，殷人尚鬼，信天人之類象相應，本其當然，以其世時言之，未可非類象之說。且以為政言之，君權至大，無所範式，古者唯曰「天監」、「天聰明」，使之有所畏而抑斂，不流於暴虐，若一切不消說感應，則是「天變不足畏」，然則君權易成暴虐矣；此則王氏說之未逮也。

王安石解〈君奭〉篇召公不悅之意曰：

召公不悅，何也？曰：成王可與為善，可與為惡也。周公既復

---

135 見程本《尚書新義》，頁121。
136 見宋・王安石《臨川集》，卷七十，頁9。

辟，成王既即位，蓋公懼王之不能終，而廢先王之業也，是以不悅焉。夫周之先王，非聖人則仁人也；積德累行，數世而後受命，以周公繼之，累年而後太平，民之習俗也久矣。成王以中才承其後，則其不得罪於天下之民，而無負於先王之烈也，不亦難乎！如此則責任之臣，不得不以為憂也。[137]

荊公以為成王非有過人之聰明，而襲文武之後，難以為繼，遂使師保諸臣憂也。王氏於〈金縢〉篇，亦有此意曰：「人君不明，可惑以非義，則於周公忠聖，不敢無疑。」[138]是王說以為成王之資，中材之主耳，可上可下，故遺師保憂也，是以召公不悅。考《史記・燕世家》曰：「成王幼，周公立政，因踐祚，召公疑之，乃作君奭。」是史遷以此篇之作時繫於伐三監之時，今其文曰：「復子明辟」；是在復政之後，史遷之說未可以為是。孔穎達以為周公攝王政，不宜復列於臣職，是以召公不悅；此則以為周公不知禮，故而召公不悅。考〈君奭〉一書，周公極言明主之必有輔相之大臣，上自成湯，下及文武，莫不皆然；今成王繼位，惟老成人是求，以克大艱，而當朝者惟周公、君奭二人爾。其末曰：「君！惟乃知民德，亦罔不能厥初，惟其終。」明是周公留召公之語，非召公疑周公，亦非周公自解不知禮之意。蔡沈《集傳》云：「召公自以盛滿難居，欲避權位，退老厥邑，周公反復告喻以留之爾。」[139]其說為近是。

　　王氏新說之備稱於後學者，蓋必在釋〈洛誥〉「朕復子明辟」之說也。孔傳云：「我復還明君之政於子。」是孔傳以為成王幼小，周公踐祚代王為君，至是乃反政於成王也。王安石為之新解曰：

137　見程本《尚書新義》，頁191。

138　見程本《尚書新義》，頁145。

139　見宋・蔡沈《書集傳》，卷五，總頁171。

復如「復逆」之復，成王命周公往營成周，周公得卜，復命於
成王。[140]

又曰：

以《書》考之，周公位冢宰，正百工而已，未嘗代王為辟；則
何君臣易位，復辟之有哉？如《禮·明堂位》曰：「昔者周公
朝諸侯于明堂之位，天子負斧扆，南鄉而立。」又曰：「武王
崩，成王幼弱，周公踐天子之位以治天下。」則是周公正天子
之位以臨萬國。[141]

是王安石以周公未嘗踐祚代王為辟，故本無「還政」之事，是以「復
子明辟」不可以為反政於成王也。故介甫解作「得卜復命」，以合其
說。考〈金縢〉篇以三監流言，成王疑之，若周公踐祚代王，則三監
之言非虛，不可謂之「流言」；而周公踐祚，實有篡嫌，以篡嫌伐三
監，是以叛伐忠，周公何以云「無以告我先王」乎？且成王疑周公，
疑之而已，若周公代王，則必非疑之而已。以此可見周公攝行天子之
政，而未踐天子之位也。王氏之說，實出諸儒之表；是以葉夢得、林
之奇、史浩、楊簡等，均稱舉之，以為大有功於名教也。[142]

10、王氏《尚書》句讀之新見

王氏《尚書》學除時有新見，廢棄先儒傳注之外，於《書經》文
句之句讀，亦每有己見，蓋王介甫嫻熟於辭章，名列唐宋八家之一，
故其於文句之體味，時有出人意表者；此亦後世儒者有所稱焉。若

---

140 見程本《尚書新義》，頁179。
141 程本《尚書新義》，頁179。
142 參見程本《尚書新義》，頁179、18、181引評文。

〈酒誥〉「矧惟若疇圻父，薄違農父，若保宏父，定辟」一節，王安石解曰：

　　司馬主薄伐怨違，司徒主若國保民，司空主治四民，定而生之以致辟。[143]

是王氏此節讀作「矧惟若疇，圻父薄違，農父若保，宏父定辟」也，以圻父為司馬，以農父為司徒，以宏父為司空。孔傳章句，以其職掌置諸官名之上，有違文句之常態，實不若王氏先舉官名而後陳其所任之職也。朱熹稱之曰：「人說荊公穿鑿，只是好處亦用還他。且如『矧惟若疇圻父，薄違農父，若保宏父，定辟』；古注從父字絕句，荊公則就違、保、辟絕句，夐出諸儒之表。」[144]

　　又〈大誥〉篇「天降割于我家不少，延洪惟我幼沖人」，王氏則讀作「天降割于我家，不少延，洪惟我幼沖人」。[145]考孔傳謂之曰：「故天下凶害於我家不少，謂三監、淮夷並作難。」然據此篇之意，先言周家新受命，而武王遽喪，天下未定，成王以幼沖之資，纘承大統，此實天所降害於周，故使武王早即世而不少延以定邦國，「不少延」者，實指武王早即世而言；〈金縢〉篇記武王嘗疾，周公禱於三先王，欲以身代，即以武王「乃命于帝，敷佑四方，用能定爾子孫于下地」為辭，是冀武王無喪，以定周邦也。故下文「越茲蠢」而下，然後言三監及淮夷之作難，則此非如孔傳之說，當以武王事為正解。蘇東坡《書傳》於句讀此亦與介甫同，蓋亦長於文學者所共得之也。王介甫於「予不敢閉于天降威用寧王遺我大寶龜」，以「用」字屬

143　見程本《尚書新義》，頁13。
144　見《朱子語類》，卷七九，頁27、28。
145　見程本《尚書新義》，頁146。

「寧王」下讀，[146]與孔傳上屬不同。考此文下有「我有大事休，朕卜并吉」，是此寧王所遺之寶龜，即用以卜此大事也，以寧王所遺龜卜，示此為寧王之意兆於龜，於言三監可伐而卜不可違也；故「用」字下屬，文義比孔傳順當。朱熹於此，亦以為是。[147]

王氏於〈禹貢〉之句讀，亦生新見。孔傳於冀州「冀州既載，壺口治梁及岐」下曰：「先施貢賦役，載於《書》。」而王氏則曰：

載，事也；既事壺口，然後治梁及岐也。[148]

則是以「既載」下屬「壺口」。依孔傳之說，則壺口無所繫屬，於文不通，若如王氏，則文句順利矣。冀州獨立，蓋冀州疆界，以他八州可見之，故無封界之說解也。

此外，〈益稷〉十二章，王氏以「粉米」合為一，與孔傳以「米」、「粉」二分不同，蓋王氏以「宗彝」為虎形也。[149]又〈大誥〉「敷賁」，王氏以「賁」字下屬，作「賁敷前人受命」。[150]又〈洛誥〉「乃命寧，予以秬鬯二卣」，王氏則以「予」字上屬，曰：

成王使周公來毖商民，乃命寧周公。[151]

孔傳以予下屬，則秬鬯乃周公所用；若如王氏以予上屬，則秬鬯為成王所用，句讀不同，解義隨異；按此節皆周公稱成王能盡文祖之德，故以秬鬯為成王所用為優，則句讀當如王氏也。

---

146 程本《尚書新義》，頁146。
147 程本《尚書新義》，頁146。
148 見程本《尚書新義》，頁48。
149 見宋・王安石《周官新義》卷九，頁12、13。
150 見程本《尚書新義》，頁147。
151 見程本《尚書新義》，頁185。

（三）王氏《尚書新義》中之政治思想

　　王氏解經義，重在積學而自得，故其經義之中，每注以一己之見地；而《尚書》本即先聖帝王治國施政之宏模，王氏特為〈洪範〉作傳，即在乎〈洪範〉為治國之大法故也。介甫一生功業，端在新政，念茲在茲；嘗對神宗曰：「經術正所以經世務，但後世所謂儒者，大抵皆庸人，故世俗皆以為經術不可施於世務爾。」[152]然則荊公之經義，與其新法之施行，實相為表裏。林之奇《尚書全解》每評介甫之說為「為新法地」，亦非無的之矢。故審乎《新義》所述，亦可見王氏為政之思想矣。

　　《宋史》本傳記王介甫於熙寧元年嘗對帝問「為治所先」，介甫曰：「擇術為先。」帝曰：「唐太宗何如？」曰：「陛下當法堯舜，何以太宗為哉！堯舜之道至簡而不煩，至要而不迂，至易而不難，但末世學者不能通知，以為高不可及爾。」又曰：「陛下誠能為堯舜，則必有皋、夔、稷、禹；誠能為高宗，則必有傅說。」可見王氏之治，實以致君堯舜為的，並以皋陶、夔、稷自許，然則《尚書》之所載，即王氏之所慕焉。

　　王介甫嘗撰「三不欺」之論，以論聖人為政之道曰：

> 昔論者曰：「君任德則下不忍欺，君任察則下不能欺，君任刑
> 則下不敢欺，而遂以德、察、刑為次。」蓋未之盡也；此三人
> 者之為政，皆足以有取於聖人矣。然未聞聖人為政之道也。[153]

王氏以為任德，任察，任刑，皆有聖人治國之一端，然獨任其一，必有所蔽，如堯之任德，尚有驩兜之舉；子產任察，而有校人烹其魚；

---

152 見《宋史》，卷三百二十七本傳。
153 見宋・王安石《臨川集》，卷六七，頁3、4。

西門豹任刑，則孔子所謂「民免無恥」，故王氏以為聖人之治，非能出於此三者，蓋當兼而用之而已。其論曰：

> 然聖人之道有出此三者乎？亦兼用之而已。昔堯、舜之時，比屋之民皆足以封，則民可謂不忍欺矣。驩兜以丹朱稱於前，曰「罵訟可乎？」則民可謂不能欺矣。「四罪而天下咸服」，則民可謂不敢欺矣。故任德則有不可化者，任察則有不可周者，任刑則有不可服者。……蓋聖人之政，仁足以使民不忍欺，智足以使民不能欺，政足以使民不敢欺，然後天下無或欺之者矣。[154]

可見王氏之治國，以堯舜為大治，而堯舜之治國，則兼任德、察、刑三者而已。夫治國之道，必先富之然後教之，故王氏於〈度支副使廳壁題名記〉云：

> 夫聚天下之眾者財，理天下之財者法，守天下之法者吏也；吏不良，則有法而莫守，法不善則有財而莫理；有財而莫理，則阡陌閭巷之賤人，皆能私取予之勢，擅萬物之財，以與人主爭黔首，而放其無窮之欲。然則善吾法而擇吏以守之，以理天下之財，雖上古堯舜，猶不能無以此為先急，而況其後世之紛紛者乎？[155]

夫三不欺之任，所以任官治民也，治民之旨，本乎理財也。然德、察、刑之所以任，亦本乎人君之躬，故必先立君權，建皇極，始能用

---

154 見宋・王安石《臨川集》，卷六七，頁4。
155 見宋・《王安石全集》前附清顧棟高輯「王安石遺事」引。

之。凡此為政之論，王氏《尚書新義》皆有所述，今條其理，分述如次：

1、立皇極以操柄

　　王氏論政，以為道在政事，制而用之存乎法，推而行之存乎人，而人道之極，即在王者而已。[156]王氏《新義》於〈洪範〉「皇極之敷言」一節云：

> 我取正於天，則民取正於我。道之本出於天，其在我為德；皇極，我與庶民所同然也，故我訓于帝，則民訓于我矣。[157]

王氏解「皇極」曰「皇，君也；極，中也」，故其言君建其有中，則萬物得其所，故能集五福以敷錫其庶民也。[158]君既取正於天而作人道之極，則庶民亦取正於我，故刑政禮法所以治民者，皆自天子出矣。是以王氏論〈洪範〉「三德」，曰「君之所獨任」；[159]論「作威作福」，則曰：

> 荀子曰（根祥案：當為「管子曰」）：「擅生殺之謂王，能利害之謂王。」義如此。君王用人惟己，亦作福之義。[160]

王氏引管子之言，以為我操擅生殺之刑，利害之權者，是王者之獨柄，是以論「八政」則曰：「正法度，敷教制，刑必自其上出。」[161]

156　見宋・王安石《道德經注》第一章。
157　見程本《尚書新義》，頁116。
158　見宋・王安石《臨川集》，卷六五〈洪範傳〉，頁5。
159　見宋・王安石《臨川集》，卷六五〈洪範傳〉，頁11。
160　見程本《尚書新義》，頁117。
161　見程本《尚書新義》，頁115。

此亦《論語》所謂「禮樂征伐自天子出」之意。

皇極之立，在乎修德，道之本出於天，取正於天，其在王者則為德也，德修然後王極立；故其〈洪範傳〉論「敬用五事」，乃謂人君修身之序也。[162]夫修身之要，在乎法天；故其論〈洪範〉「庶徵」，以似訓「若」，即法天之義也。其言曰：

> 君子之於人也，固常思齊其賢，而以其不肖為戒；況天者固人君之所當法象也。[163]

王氏庶徵之論，不取災異之說，以為人君之有五事，猶天之有五物，其說蓋與其政論相配合，不可不察也。

2、修智察以燭情

夫皇極既建，君德既立，然尚有足以欺君者，蓋聰明之不足以察其情偽故也，聰明不精睿則無以通天下之志，敬誠不篤至則無以同天下之德；夫天者王之所取正，而王者，民之所取正；然天之聰明，自我民聰明，天之明威，亦自我民明畏，則君人者當與民共其德，與眾同其情。故王氏之論堯用鯀治水曰：

> 堯知鯀之方命圮族，然卒使之，何也？曰：方是之時，舜、禹皆未聞于世也，在朝廷所與者，鯀而已；聖人雖有過人之明，然不自用也，故曰：「稽于眾，舍己從人。」雖疑其不可任，苟眾之所與，亦不廢也。……故堯之聰明，雖足以逆知來物，明見鯀之不可任，猶不敢自用。……[164]

---

162 見程本《尚書新義》，頁128。
163 見程本《尚書新義》，頁138。
164 見程本《尚書新義》，頁12。

人君不自用其聰明，舍己從眾，此為政之大要也。然臣民之中，不乏如驩兜之囂訟以惑主者，故必有以察之，然後人不能欺其上。其論〈仲虺之誥〉「惟天生民有欲，無主則亂」云：

> 民之有欲，至於失性命之情以爭之，故攘奪誕謾，無所不至。為之主者，非聰明足以勝之，則亂而已。[165]

君者智足以勝民欲，則不亂；明足以察情偽，則不惑；聰足以辨是非，則不敗；故王氏論〈盤庚〉「無或敢伏小人之攸箴」曰：

> 小人之箴雖不可伏，然亦不可受人之妄言；妄言適足以亂性，有至於亡國敗家者，猶受人之妄刺，非特傷形，有至於殺身者矣。故古之人塈讒說，放淫辭，使邪說者不得作，而所不伏者嘉言而已。[166]

人君修其智聰，始能辨讒說於眾口之中，識嘉言於紛紛之論，故王氏於〈大誥〉「爽邦由哲」曰：

> 然承文、武之後，賢人眾多，而迪知上帝以決此議者，十夫而已；況後世之末流，欲大有為者，乃欲同于汙俗之眾乎？[167]

夫眾人多庸愚，故大有為者，必先辨賢不肖，進而決用其言，此人君聽言察情之所先務。其論〈大禹謨〉「罔弗百姓以從己之欲」曰：

165　見程本《尚書新義》，頁74。
166　見程本《尚書新義》，頁84。
167　見程本《尚書新義》，頁15。

咈百姓以從先王之道則可，咈百姓以從己之欲則不可。古之人有行之者，盤庚是也。蓋人情順之則譽，咈之則毀，所謂違道以干百姓之譽也，即咈百姓以從先王之道者也。[168]

總論王氏之說，君王行事，取正於天，與民同德，當舍己從眾，不獨任一己之聰明，然人情險偽，讒說邪辭屢作，人君亦必有以勝之、辨之、察之，始可免於亡國敗家也。王氏於《尚書》〈盤庚〉、〈大誥〉，特發斯論，然蘇軾《書傳》，屢指此乃王氏藉口曰：「〈盤庚〉、〈大誥〉，皆違眾自用者所以藉口也。」[169]考乎王氏言行，亦多違眾自用之事。如《宋史》本傳，即多記此類事：呂誨、韓琦、司馬光嘗言新法之弊，使士夫沸騰，黎民騷動。王安石曰：

陛下欲以先王之正道，勝天下流俗，故與天下流俗相為重輕；流俗權重，則天下之人歸流俗；陛下權重，則天下之人歸陛下。……今姦人欲敗先王之正道，以沮陛下之所為，於是陛下與流俗之權，適爭輕重之時，加銖兩之力，則用力至微，而天下之權已歸于流俗矣；此所以紛紛也。[170]

又其嘗對帝問聞民間殊苦新法，介甫則曰：

祁寒暑雨，民猶怨咨，此無庸恤。[171]

是其不恤眾言，違眾自用之明證也。《宋史》記其言曰「人言不足

168　見程本《尚書新義》，頁3。
169　見宋‧蘇軾《東坡書傳》，卷十一，頁14。
170　見《宋史》，卷三百二十七本傳，頁6。
171　見《宋史》，卷三百二十七本傳，頁6。

恤」，蘇東坡之評其以《尚書》為違眾自用之藉口，亦非無因也。

3、選賢臣以輔政

　　夫堯舜在位，必選元凱，太甲思庸，尚有伊尹，成王繼統，輔相周召；故〈益稷〉有賡歌股肱，明良康樂之言；王介甫答聖問賡歌事曰：

> 人君不務近其人，論先王之道以自明，而茍欲以耳目所見聞，總天下萬事而斷之以私智，則人臣皆將歸事於其君，而不任其責，淫辭邪說並至，而人君聽斷不知所出，此事之所以墮也。[172]

人君近良臣，則能明斷萬事，庶事可康。是以舜之治天下也，任相則命禹宅百揆；民窘於衣食，則命稷以庶食；欲以教民，則命契為司徒；民不帥教，故命皋陶作士；故王氏《新義》論賡歌一節曰：

> 皋陶以為人君不必下侵臣職以求事功，但委任而責成功爾。「率作興事」者，分職授任，如咨命二十二人是也。「屢省乃成」，則「三載考績，三考黜陟」是也。能如是，則可謂之明君。君明則臣不敢欺，而思盡其職，庶事自各就緒矣。[173]

人主以明察群臣庶政，則政立而事康；若夫中人之主，繼統為王，則賢臣之輔弼尚矣。故王氏於〈君奭〉曰：

> 成王以中才承其後，則其不得罪於天下之民，而無負於先王之

172　見宋・王安石《臨川集》，卷六二，頁3。
173　見程本《尚書新義》，頁45。

烈也,不亦難乎!如此則責任之臣,不得不以為憂也。……於
是皆選天下之端士,孝弟博聞有道術者,以衛翼之,使與太子
居處出入。[174]

君明臣賢,其政尚矣;君明以任賢,侍御僕從,罔匪正人,則政無由
而亂;臣賢而君不明,若專任之,則國猶可保,若中才之君,置疑於
忠賢之臣,則幾危焉。故王氏論〈金縢〉曰:

聖人君子,不可疑而遠之也;疑而遠之,則違天矣。……人君
不明,可惑以非義,則周公忠聖,不敢無疑。……成王易懷疑
忠聖之人。[175]

王氏用人之論,自成一家之言,無可厚非之者,然其措施新政,所任
非人,朝廷忠義,一一罷斥,所用惟章惇、呂公著之徒,而元澤、農
師、非子即徒,則其用人之行,與其言相悖千里矣。

4、立政刑以治國

《尚書》記堯、舜在位,流殛四凶;大禹任職,撲伐有苗;穆王
既耄,尚修呂刑;夫刑政之用,不可或缺。王氏以為君任刑則下不敢
欺,雖孔子有「民免而無恥」之論,然元惡大憝,猶且不免。故王氏
論政,多重刑法以為治。其論〈益稷〉篇「格則承之庸之,否則威
之」曰:

「格則承之庸之」者,既教而成矣,則有德者承之,而承之者
使之在位也;有能者庸之,而庸之者使之在職也。「否則威

---

174 見程本《尚書新義》,頁191。
175 見程本《尚書新義》,頁145。

之」者，教之不率而後威之以刑，先王所以成就天下之材至於如此，可謂至矣。[176]

治國者教民，不教而殺謂之虐；民能率教，則以禮庸；不率教，則以刑威，是刑法之不可或缺也。然臣民之質，有君子小人之異，故股肱不喜，有刑以俟之；[177]起信險膚，所不待教而誅；[178]至於〈洪範〉「八政」，「八曰師」：王氏謂：

> 師者，非獨於征不庭，伐不順而已也，殺越人於貨，愍不畏死，不待教而誅之。[179]

可見王氏以為「不待教而誅者」多矣，故其主張用刑法以為治亦特多。其論〈康誥〉「乃其速由文王作罰，刑茲無赦」曰：

> 「乃其速由文王作罰，刑無赦」，此父子兄弟所以為無可赦之道。周公誥康叔「速由文王作罰刑」，而誅此不孝不友之人。蓋殷俗之薄，非罰不能齊整其民而使之遷善，故其說不得不然也。[180]

王氏論此，特依孔傳之義，而於其他則不然，蓋此孔傳主用刑，有合於其說者焉。俗薄則齊以刑政，而世亂則必治之重刑；而其《周官新義》曰：

176　見程本《尚書新義》，頁43。
177　見程本《尚書新義》，頁45。
178　見程本《尚書新義》，頁89。
179　見程本《尚書新義》，頁115。
180　見程本《尚書新義》，頁157。

刑亂國用重典,則頑昏暴悖,不可教化,以剛乂之也。故
《書》曰:「惟敬五刑,以成三德。」[181]

《周官新義》之論與《尚書‧呂刑》新義同也。古者刑有五,墨、
劓、荆、宮、大辟,見於〈呂刑〉,王氏既主任刑,又言重典,刑之
重,古者無過大辟者,王氏復引而伸之,至於孥戮。其論〈費誓〉
「有無餘刑、非殺」曰:

無餘刑,孥戮其妻子,非止殺其身而已。[182]

其《周官新義》「司刑」曰:

墨、劓、宮、刖、殺,棄人之刑也,以殺為不足,則又有奴人
父母妻子者,奴其父母妻子,非刑之正也,故不列於此。[183]

王氏尚刑政,不惟刑政可使人不敢欺,亦足以服人之本性;其論〈召
誥〉「節性」,則曰:

當明政刑以節之。[184]

又於同篇「亦敢殄戮」論曰:

敢于殄戮,而刑足以服人心。[185]

---

181 見宋‧王安石《周官新義》,卷十四,頁5。
182 見宋‧蘇軾《東坡書傳》,卷二十,頁6。
183 見宋‧王安石《周官新義》,卷十五,頁8。
184 見程本《尚書新義》,頁175。
185 見程本《尚書新義》,頁177。

王氏任刑之意，有至於此者。王氏釋〈召誥〉「其惟王勿以小民淫用非彝，亦敢殄戮」曰：

> 不敢慢小民而淫用非彝，亦當敢於殄戮有罪以乂民也。[186]

考此節文義，乃召公勸王勿以小民之犯非彝之罪，即斷絕之以刑，當思其所以犯之之由。而王氏反以「淫用非彝」解作王之所犯，于經義有所扭曲。故林之奇嘗評之曰：

> 凡《書》之告戒以不殺之言者，王氏皆以為使之殺也。蘇氏破其說矣。正猶治獄之吏，持心近厚者，惟求所以生之；持心近薄者，惟求所以殺之。[187]

王氏於《尚書》一經，多言刑殺，以濟其刑名法術之說；東坡、少穎、汪應辰皆嘗評譏，亦非無理。[188]

5、知權變以應時

王氏嘗為策問曰：「問夏之法，至商而更之；商之法，至周而更之，皆因世就民而為之節；然其所以法意不相師乎？」[189]所謂「因世就民」者，亦孔子損益之義也。其答聖問賡歌事曰：

> 然為於可為之時，則治；為於不可為之時，則亂；故人君不可以不知時。時有難易，事有大細，為難當於其易，為大當於其

---

186 見程本《尚書新義》，頁176。
187 見程本《尚書新義》，頁177引林評。
188 見程本《尚書新義》，頁177引林評。
189 見宋・王安石《臨川集》，卷七十，頁1。

細；幾者，事細而易為之時也，故人君不可以不知幾。帝庸作歌曰：「敕天之命，惟時惟幾。」此之謂也。[190]

故人君任人制法，當能審時察幾以應，知所權變，方能立國治民，臻於善道。王氏嘗以古之羲和為例，以明世變而制官權應之事。《新義》〈堯典〉「乃命羲和」下云：

> 堯世步占，曰欽曰敬，最為詳嚴。及夏，羲、和合一，其職已略。至周為太史，正歲年以敍事，以下大夫為之；馮相氏掌日月星辰，以中士為之，則其官益輕。蓋創端造始，推測天度，非上哲有所不能。及成法已具，有司守之，亦可步占，所以始重終輕，其勢然也。[191]

此時因勢變，事因時應，始重終輕，即所謂因時也。王氏〈洪範傳〉中，論「三德」曰：

> 正直也者，變通以趣時，而未離剛柔之中者也。……蓋先王用此三德於一顰一笑，未嘗或失，況以大施於慶賞刑威之際哉！……易曰：道有變動，故曰爻；爻有等，故曰物；物相雜，故曰文；文不當，故吉凶生焉。[192]

人君用「三德」，施於刑賞之際，當變通以趣時，故所治者與所以治者，必相應無間，方足以致治也。王氏《周官新義》「大司寇」下曰：

---

190 見宋‧王安石《臨川集》，卷六二，頁2。
191 見程本《尚書新義》，頁8。
192 見宋‧王安石《臨川集》卷六五，頁9。

刑新國，用輕典，則教化未明，習俗未成，以柔义之也；刑平
國用中典，則教化已明，習俗已成，以正直义之也；刑亂國用
重典，則頑昏暴悖，不可教化，以剛义之也。故《書》云：
「惟敬五刑，以成三德。」[193]

此義亦見《新義‧舜典》「五服三就」下，[194]此就國之新國、平國、
亂國而適用輕、中、重之刑典，亦權變以應時也。

　　王氏既以政法當應變趨時，故於《新義》之中，每發斯見。其論
〈盤庚〉上「人惟求舊，器非求舊，惟新」一節云：

以人惟求舊，故於舊有位之臣，告戒丁寧，不忍遽為殄滅之
事；以器非求舊，惟新，故不常厥邑，至於今五遷也。[195]

此周任之言，本言老成人之可寶。而王氏以「告戒丁寧，不忍遽為殄
滅」為言，則是此所謂「舊人」，乃無可寶者，止於不殄滅而已；至
於「新器」，則以勝義說之。其解「無侮老成人」，則曰「老不可
敬」；[196]可見王氏重新而棄舊也。其解〈康誥〉「敬明乃罰」曰：

「敬明乃罰」者，教康叔以作新民之道也。民習舊俗，小大好
草竊姦宄，卿士師師非度，而一日欲作而新之，其變詐強梗，
將無所不為，非有以懲之，則不知所畏，故當敬明乃罰也。[197]

193　見宋‧王安石《周官新義》卷十四，頁5。
194　見程本《尚書新義》，頁25。
195　見程本《尚書新義》，頁9。
196　見程本《尚書新義》，頁91。
197　見程本《尚書新義》，頁154。

此《書》之言，其實與「新民」無關，然王氏於此特發此義，以明民常非新守舊，當以罰儆之。又王氏於〈大誥〉「爾時罔敢易法」，曰「此義不可知，闕之」，[198]蓋此云「罔敢易法」，與王氏應時維新之論相悖，故云「義不可知」。王氏從政，勇於立新法，即其政治思想之實踐，其來有自。而宋史云王氏言「祖宗不足法」，宋儒評王氏敢於變祖宗之法，亦良有以也。

6、成財用以養民

王安石引沈道原修三司條例，道原固辭以不習金穀，因言「天子方屬公以政事，宜恢張堯舜之道，以佐明主，不應以財用為先」。[199]安石治國主政，財用為先，其言曰：

> 夫聚天下之眾者財，理天下之財者法，守天下之法者吏也。……然則善吾法而擇吏以守之，以理天下之財，雖上古堯舜猶不能無，以此為先急。[200]

此亦孔子富之教之之義。王氏《新義》於財用養民者，亦多發明。故王氏解《尚書·周官》篇「冢宰掌邦治，統百官，均四海」曰：

> 為其以賦式理財為職，故曰均。[201]

孔傳以「均平四海之內邦國」言「均」，而《周禮》亦以為「以佐王均邦國」，非指理財而言也。王氏重理財，故於此發其治國之議，以

---

198 見程本《尚書新義》，頁15。
199 見宋·王安石《王荊公全集》前附清顧棟高輯「王安石遺事」，頁5。
200 見宋·王安石《王安石全集》前附清顧棟高輯「王安石遺事」引。
201 見程本《尚書新義》，頁26。

成新法之基。王氏又云：

> 《周官》一書，理財居其半，故以理財為冢宰之職。[202]

王氏特重《周禮》，《三經新義》之作，親撰《周禮新義》，斯亦可見
之矣。王介甫嘗有〈答曾公立書〉，其中云：

> 孟子所言利者，為利吾國，利吾身耳；至狗彘食人食，則檢
> 之；野有餓莩則發之，是所謂政事。政事所以理財，理財乃所
> 謂義也。一部《周禮》，理財居其半，周公豈為利哉？……蓋
> 因民之所利而利之，不得不然也。[203]

王氏之作〈洪範傳〉，於五行之結論曰：「古之養生治疾者，必先通乎
此，而能已人之疾者，蓋寡矣。」[204]王氏解五行，雖亦就天命五行為
說，然其結則在養生治疾，用之於人民，故〈洪範〉大法，一曰五
行，其義如此。王氏於〈禹貢〉「三百里納秸服」曰：

> 納秸而服輸將之事也。以正在五百里之中，便於畿內移用，故
> 其利薄於粟米；以正在五百里之中，便於移用，又使之服輸將
> 之事，則其利之所出，足以補其財之所入；財之所入，足以優
> 其力之所出矣。[205]

此又可見王氏以理財之見以解《尚書》之義也。

---

202 見程本《尚書新義》，頁26。
203 見宋・王安石《臨川集》卷七三，頁4。
204 見宋・王安石《臨川集》卷六五，頁4。
205 見程本《尚書新義》，頁64。

考王介甫青苗、市易之法，蓋出於《周禮》之理財者，故王氏於《周禮》特重之，而《周禮》、《尚書》，於為政治國，實相為表裏，王氏亦多調和《書》、《禮》之間，故其解《書》，亦常言其理財養民之法也。晁公武評王氏《周禮新義》曰：

> 介甫以其書理財者居半，愛之，如行青苗之類皆稽焉，所以自釋其義者，蓋以其所創新法盡傳著之，務塞異議者之口。後其黨蔡卞、蔡京紹述介甫，期盡行之，圍土、方田皆是也。[206]

《周禮新義》如此，《尚書新義》亦然，皆為其新法作註腳也。

第四節　王安石《尚書》學之評價及影響

朱熹嘗評王氏「傷於鑿」，[207]歷來學者以此評王氏者極多，不勝枚舉。然所謂「鑿」者，亦可分為二端，其一為字字作解，強生分別，並時以其所作《字說》解經，於字辭訓詁多生新異之說，此一也；其二為王氏以其新法之意，附會於經書之中，此其二也。宋・陳淵《默堂文集》嘗於此二端發其評曰：

> 「若論注解，莫無出荊公。由漢以來，專門之學，各有所長，唯荊公取其所長，絢發於文字之間，故荊公為最。」仲輝云：「穿鑿奈何？」余曰：「穿鑿固荊公之過，然荊公之所以失，不在注解，在乎道術之不正，遂生穿鑿。穿鑿之害小，道術之害大。」仲輝曰：「荊公之說，本於先儒，先儒亦有害乎？」

---

206 見宋・晁公武《郡齋讀書記》卷二。
207 見元・董鼎《書蔡氏傳輯錄纂註》前〈說書綱領〉，頁7。

曰：「先儒只是訓詁而已，不以己意附會正經，於道術初無損
益也。」[208]

夫訓詁不同，代皆有之，不足為慮，然以己見附經，其影響為大。汪
應臣以為王氏穿鑿附會以濟其刑名法術之說，[209]亦謂此也。

　　王氏《尚書新義》亦自有其可取者，故朱熹屢勸學者不可不
讀，[210]尤有稱其章句標點者。朱子曰：

　　諸字註解，其說雖有亂道，若內只有一說是時，亦須還它底
　　是。《尚書》句讀，王介甫、蘇子瞻整頓得數處甚是，見得古
　　注全然錯。[211]

其實除句讀之外，王介甫亦嘗力求全書中訓詁之一致，並改正孔傳之
矛盾處。如孔傳以〈舜典〉舜命九官，皆舜所命，然王氏則以為伯
夷、禹、稷，皆堯所命；[212]蓋孔傳於〈呂刑〉「三后成功」句，即以
為堯命，與〈舜典〉不類，故王氏據〈呂刑〉之孔傳，以正〈舜典〉
之矛盾，斯亦王氏有功於孔傳者也。而王氏解「復子明辟」，盛稱於
後儒；闕疑而不解〈大誥〉、〈康誥〉，亦為朱熹所取。

（一）科舉之標準

　　陳振孫嘗曰：「王氏學獨行於世者六十年，科舉之士，熟於此，
乃合程度，前輩謂如脫墼然，按其形模而出之爾。士習膠固，更喪亂
乃已。」晁公武亦云：「是經頒於學官，用以取士，或少違異，輒不

208　見宋・陳淵《默堂文集》，卷二二，頁16。
209　參清・朱彝尊《經義考》，卷八十，頁2。
210　見元・董鼎《書蔡氏傳輯錄纂註》前〈說書綱領〉，頁7。
211　見《朱子語類》，卷七八，頁9。
212　見程本《尚書新義》，頁27。

中程。」[213]《尚書新義》既為科場準式，天下士子，無不諷讀，至有凡為訓詁，皆稱王氏者。宋朱熹曰：

> 若王氏之學，都不成物事，人卻偏要去學。……近看《博古圖》，更不成文理，更不可理會；也是怪，其中說一「旅」字，云：「王曰：眾也」。這是自古解作眾，他卻要怎地說時，是說王氏較香得些子，這是要取奉那王氏，但怎地也取奉得來不好。[214]

可見士子習讀膠固之弊，一至於此，至有經筵之中，〈湯誓〉、〈泰誓〉亦不進講。王氏亦自知之，嘗曰：「本欲變學究為秀才，不謂變秀才為學究。」」[215]王氏《尚書》學之影響如此。

（二）以己見附注經傳

王氏修三經義，號為《新義》，多摒棄先儒之說，自作見解，此風一開，後世仿效。王應麟謂之曰：

> 自漢儒至於慶曆間，談經者守訓故而不鑿；《七經小傳》出，而稍尚新奇矣，至《三經義》行，視漢儒之學若土梗。……不難於議經，況傳注乎？[216]

王氏於《尚書》，棄孔傳，疑改經文，影響深遠。陸九淵嘗言「六經皆我註腳」，斯不亦王氏之模式乎。

---

213 見清・朱彝尊《經義考》，卷七九，頁5、6引晁氏、陳氏之說。
214 見宋・王安石《王荊公全集》前附「王安石遺事」，頁11。
215 見宋・王應麟《困學紀聞》，卷十五〈考史〉，頁26。
216 見宋・王應麟《困學紀聞》，卷八〈經說〉，頁39、4。

（三）王氏《尚書》學之反響

　　王氏三經既頒立學官，以為科場範式；而王氏解義，亦每以己見附會，以為新法地。當時學者之反王者，每有所作以辯之。其中最著者有蘇東坡《書傳》、楊龜山《三經義辨》及王居正之《三經辨學》、晁說之《儒言》，皆專就王氏而發者也。[217]東坡《書傳》其評譏王氏，未稱引其名號，世多未能知之，今《尚書新義》又不完，難以一一考之；而楊、王二書，今皆佚，[218]蓋隨王介甫《新義》而去矣。

　　又有孫諤著《洪範會傳》一卷，本漢儒五行之說以攻王安石之〈洪範傳〉，今亦不傳。[219]

---

217 宋・不著撰人《愛日齋叢鈔》，卷二載李燾曰：「軾著《書傳》，與安石辯者凡十八、九條，尤為切近深遠，其用功不在決洪水，闢揚墨下。」可見東坡亦為王氏而發。林之奇《尚書全解》亦屢言蘇軾辯王之事。《經義考》卷七九於楊時《書義辨疑》下引晁公武曰：「其書專攻王雱之失。」是即指《尚書新義》而言。又卷八十王居正《尚書辨學》下引呂祖謙作行狀曰：「自其少年已不為王說所傾動，慨然欲黜其不臧以覺世迷，為《毛詩辨學》二十卷、《尚書辨學》十三卷、《周禮辨學》五卷上之。」詳參《東萊集》卷九，頁1、11、12。可見王居正之作，亦專針對王安石《尚書新義》而作。

218 見清・朱彝尊《經義考》卷七九，頁7，卷八十，頁1。朱彝尊均曰「未見」。

219 參宋・晁公武《郡齋讀書志》卷一上引《閩書》。

第參章

《尚書新義》
——補逸柬議義述

　　北宋仁宗年間，朝臣多以科舉制度有弊，主張改革；如范仲淹、宋祁等皆曾上書提議改進考試制度[1]。仁宗嘉祐三年，王安石亦上萬言書，力陳科舉選才方式之弊端。[2]

　　其後王安石更進而提議廢除考詩賦。熙寧四年，朝廷從王安石意見，詔訂革新貢舉制度；[3]新制專以經義取士，而試經義「不須盡用古注舊疏」，務令通義理，撰作策論；於是，原本自唐朝以來之經典

1　元・脫脫等編纂《宋史》（臺北市：鼎文書局，1978年9月版）卷三百十四，頁10273，《列傳》第七十三〈范仲淹傳〉中載范氏曰：「三曰精貢舉：進士諸科，請罷糊名法，參考履行無闕者以名聞。進士先策論，後詩賦；諸科取兼通經義者，賜第以上，皆取詔裁；餘優等免選注官次第，人守本科；選進士之法，可以循名而責實矣。」宋祁之言，見宋・彭百川撰《太平治迹統類》（臺北市：商務印書館，影印文淵閣四庫全書本，冊408）卷二十七頁32，總頁687。

2　宋・王安石撰《臨川文集》（景文淵閣四庫全書本）卷三十九，頁9-18〈書疏〉，〈上仁宗皇帝言事書〉。王氏之言曰：「學者之所教，講說章句而已。講說章句，固非古者教人之道也。……方今取士，強記博誦而畧通於文辭，謂之茂才等、賢良方正。茂才異等、賢良方正者，公卿之選也。記不必強，誦不必博，畧通於文辭而又嘗學詩賦，則謂之進士。進士之高者，亦公卿之選也。夫此二科所得之技能，不足以爲公卿，不待論而後可知。……今朝廷又開明經之選，以進經術之士；然明經之所取，亦記誦而畧通於文辭者，則得之矣；彼通先王之意，而可以施於天下國家之用者，顧未必得與於此選也。」

3　宋・李燾撰《續資治通鑑長編》（景文淵閣四庫全書本）卷二百二十，頁1。記載詔書曰：「今定貢舉新制，進士罷詩賦，帖經、墨義，各占治《詩》、《書》、《易》、《周禮》、《禮記》一經，兼以《論語》、《孟子》。每試四場，初本經，次兼經，並大義十道；務通義理，不須盡用注疏。次論一首，次時務策三道，禮部五道。中書撰大義式頒行，量取諸科解名，增解進士，以熙寧二年解明經數為率。」

舊注疏，已然不足應當時之需，是以新纂經義，勢在必行。神宗曾言於王安石謂：「經術今人人乖異，何以一道德？卿有所著，可以頒行，令學者定于一。」[4] 熙寧六年（1073），神宗詔設經義局，以王安石提舉修撰《周禮》、《詩經》、《尚書》三經新義，以作科舉程式標準。《三經新義》於熙寧八年六月修撰完成，頒於學官，一以為天下士子讀書科考之準式，二以作為熙寧變法之思想磐石。

第一節　《尚書新義》之撰寫

《三經新義》中，《尚書義》最先完成，於熙寧七年已然進上，其撰寫者署為王安石之子王雱。[5]《三經新義》既為官學，士子風從，故陳振孫稱王學獨行於世者六十年。[6]

考察王安石之從政，蓋亦由《尚書》而進；王氏於《尚書義·序》曾謂：

> 熙寧二年，臣安石以《尚書》入侍，遂與政。而子雱實嗣講事，有旨為之說，以獻。八年下其說太學頒焉。[7]

可知《尚書新義》成書，乃因王雱於經筵講《尚書》所為講義為基礎，實則乃王雱述其父之學而成者也。王安石《尚書新義·序》嘗

4　宋·李燾撰《續資治通鑑長編》（景文淵閣四庫全書本）卷二百二十九，頁5。

5　宋·李燾撰《續資治通鑑長編》（景文淵閣四庫全書本）卷二百六十五，頁5〈神宗〉下曰：「丁未，同修經義呂升卿言：《周禮》、《詩義》已奏；《尚書》有王雱所進義，乞更不刪改。從之。」

6　清·朱彝尊撰，林慶彰、蔣秋華點校補正《經義考》（臺北市：中研院文哲所籌備處，1997年6月版）卷七十九，頁279-280。「《新經尚書義》十三卷」條下引「陳振孫曰」。

7　宋·王安石撰《臨川文集》（景文淵閣四庫全書本）卷八四，頁3。

言：「而臣父子以區區所聞，承乏與榮焉。」[8]是書應為王氏父子二人合作之功無疑。

王安石以《尚書》入侍，其言乃真事實。如如熙寧三年四月，程顥因與王安石政見衝突，罷御史，簽書鎮寧度判官。而神宗亦深感評擊變法者之議論壓力，遂謂王安石曰：「人情如此紛紛，奈何？」王荊公對曰：

> 「堯御眾以寬，然流共工，放驩兜。驩兜止是阿黨，共工止是『靜言庸違，象共滔天』。如呂公著真所謂『靜言庸違，象共滔天』，陛下察見其如此，非一事，又非一日。……陳襄、程顥專黨呂公著，都無助陛下為治之實，今天下事不如理至多，人臣為奸罔至眾，襄與顥曾有一言及之否？專助呂公著言常平法，此即是驩兜之徒。」[9]

神宗熙寧五年十二月二十四日丙申，王安石與神宗論熙河地區邊事，其時朝廷之中有王韶、吳充等主張以所收得土蕃城池還予其首領摩正。王安石對神宗之問曰：

> 事不在廟堂，乃皆在聖心；聖心辨君子、小人情狀分明，不為邪說所蔽，即無事不成。天授陛下利勢，自秦以來，未有如今日，人民蕃庶，內外無事，天下四鄰，一皆庸愚疲弱，無可儆之敵。且又天錫陛下聰明，亦自秦漢以來鮮及。若每以道揆事，了無不可為者。《尚書》歷代所寶以為大訓，其言乃孔子、孟子所取以證事。言服四鄰，必先曰「食哉惟時，惇德允

8　宋・王安石撰《臨川文集》（景文淵閣四庫全書本）卷八十四，頁4。
9　宋・李燾撰《續資治通鑑長編》卷二百十。神熙寧三年記載。

元，而難任人」；言「兼弱攻昧」，必先曰「佑賢輔德，顯忠遂良」；聖心誠能「佑賢輔德，顯忠遂良」，「惇德允元，而難任人」，雖有如冒頓之強敵，亦非所恤也。[10]

王安石引用《尚書》義論對當時邊藩鄰邦事宜之處理原則，且以為孔子、孟子亦有所取證，應據其理，參合實情，持經維權，以道揆事，無不可為者；是《尚書新義》之於王荊公政治觀念，實為關鍵。

第二節　《尚書新義》之亡逸與輯錄

然自王安石熙寧變法失敗之後，學者每對王安石之論說，大多盡力排抵；逮及南宋，學者多視《三經新義》如弊屣，乏人問津，寖至《尚書新義》漸次失傳。《經義考》引晁公武之言曰：

（王）雱成是經，頒於學官，用以取士。或少為異，輒不中程。由是獨行於世六十年，而天下學者喜攻其短，自開黨禁，世人罕稱焉。[11]

今《尚書新義》已佚失不見，消失於人間，而失傳時間約在明朝前期。然因宋、元學人好攻譏安石新法、學說，是以往往引王氏著述文字以為論議鵠的，以此之故，《三經新義》片言殘語載錄於宋、元

---

10 宋・李燾撰《續資治通鑑長編》卷二百四十一，神宗熙寧五年十二月二十四日丙申。記載：上曰：「邊事須委付，不可擾之。王韶等不怕西邊事宜，卻怕東邊事宜；每得朝旨，或不應事機，即人情疑沮。」安石曰：「熙州事，陛下一一應副無違，不知更有何事致人情疑沮。昨者詔亦無說。方克武勝，人人望功賞，乃有朝中人書，報詔將以城還摩正，人情大段疑沮。」王珪曰：「此必是聞吳充奏乞，以城還摩正事。」上曰：「由此觀之，事皆在廟堂。」

11 清・朱彝尊撰，林慶彰、蔣秋華點校補正《經義考》卷七十九，頁279。

學者著作之中，為數不少。

其中《尚書新義》自始未有學者加以輯集。[12]迨及臺灣大學程元敏教授始為之進行輯錄，考其原委，彙其評論，纂為《三經新義輯考彙評（一）尚書》一書。[13]此書成於一九八六年夏，因而王安石《尚書新義》之說，重現其大概，學術功績厥偉。程先生於前序曾敘其輯逸之經過與辛勞之情狀。序文云：

> 曩余治宋人經解，兼涉有宋史書、當代文集、筆記，頗見《三經新義》佚文，恆隨手抄劄。比年，廁名上庠，承乏《書經》講席，暇日更作有系統之蒐考；蓄積愈豐。欲先成《尚書新義》輯本，因更詳檢宋、元人文集（其中「論」及「雜著」等部分）、史籍、筆記及宋至清與近人《尚書》專著，都約五百種，自其中八十五書輯得《尚書新義》佚文及對該書之評論，並舊日積存材料，計得佚文五五八條、諸書所引凡一○二二條次；評論二八二條、諸家評語凡三七五條次。──斯書沈晦六百年，於茲復大顯於世。[14]

是書既印版發行，即成為研究王氏《尚書》學說之重要參考資料。本人撰寫博士論文《宋代尚書學案》時，亦多據此書以探王安石《尚書》之學。[15]

---

12 《周官新義》之輯集，早在清朝《四庫全書》編纂時，由四庫館臣從《永樂大典》中輯出佚文而成。故《四庫全書》中有《周禮新義》輯逸本。1982年，大陸有邱漢生輯校《詩義鉤沈》一書，由北京大陸中華書局印行，1982年9月第1版。是書乃輯錄王安石《詩經新義》材料而成。

13 程元敏著《三經新義輯考彙評（一）──尚書》（臺北市：國立編譯館，1986年7月初版）。以下引用此書僅稱曰「程輯本《尚書新義》」。

14 程元敏著《三經新義輯考彙評（一）──尚書》〈前序〉，頁2。

15 程先生所著《三經新義輯考彙評（一）──尚書》先有臺北市：國立編譯館，1986

　　凡書中直接明指其為王氏之言，或稱「王介甫」、或曰「荊公」、
或逕稱「安石」、或指為「新義」、或曰「王氏諸儒」、「王氏之徒」
等，所引自當為王氏《尚書新義》之論，明確可考。至於引用文句之
時，僅稱「王氏曰」者，則頗有疑慮，蓋歷代王姓學者而有《尚書》
論著者，除臨川王安石之外，尚有如：漢代王肅、宋代王博士、新安
王炎、龍舒王日休、梅溪王十朋、葵初王希旦，元朝王充耘、王天與
等《尚書》論述，彼等所論，亦皆可稱為「王氏曰」，則可能與王荊
公之說混淆。且古代學者引用他人文獻以資討論，往往隨意擷取，稱
名不專屬，更有張冠李戴者，不在少數。又有甚者，宋、元學者引王
安石之說，時與一己之議論穿插交錯，夾敘夾論；故而欲分別王氏論
說之起迄，劃定界限，實難清楚，輯集之時，則或有可出入之處。而
程先生每一概以「王氏曰」為王安石之說，遂收而輯入是編之中，致
使魚目混珠，金玉雜砂。其實，以先生輯集當時之條件而論，自有其
困難之處，其錯誤確不易釐清。

　　筆者撰寫博士論文《宋代尚書學案》，潛心經年，亦曾悉心蒐羅
抉剔宋人《尚書》學之遺說，如蔡元定〈洪範〉說、吳才老《尚書》
說等。至於王安石《尚書新義》，則因有《輯考彙評》大著在前，雖
隨時注意，而並未全面收集，不過，在閱覽耙梳過程中，偶而可尋找
得程先生未抄錄之佚文及相關評論，亦時而發現程先生所收王氏《尚
書》逸文之文獻，經考究並非王安石《尚書》學之言論。

　　事實上，程元敏先生即是筆者博士論文口試委員，且為其中最重
要主考，因為「宋代《尚書》學案」此一研究論題，所牽涉之學術範
疇兼攝《尚書》學以及宋代學術，在口試委員中，程先生乃於《尚
書》及宋代學術，皆有專研，且學力功深，成績斐然，享譽上庠。是

年7月初版。又華東師範大學出版社於2010年11月出版之《程元敏著作集》，亦有
《三經新義輯考彙評》一書上下兩冊，上冊之前即有《三經新義輯考彙評
（一）——尚書》，經對看為原書影印，並無修訂改變。

以口試之時，即針對筆者論文中，多處認為《輯錄彙評》中王安石《尚書新義》佚文有誤者，予以辨析反駁；而最終則仍肯定筆者所指出其中一處確實有誤，並戲稱筆者乃「一字之師」。

博士畢業之後，轉任職高雄師範大學國文系，開設《尚書》課程，亦於研究所講授「《尚書》研究」，持續對《尚書》作更深層之探索；後來轉任經學研究所，此乃五經皆有開授課之教學兼學術單位，對《尚書》之研究與鑽求，具備良好環境與條件。自此二十多年來，於不斷檢閱之餘，於宋代《尚書》學之見識，增進不少，亦多有所獲。而王安石《尚書新義》之補逸柬汰，經常縈繞腦海，程先生當年之肯定，累積堅定之信心，於是本諸程先生所《輯錄彙評》為基礎，逐條逐篇進行對比、蒐羅、校勘、連綴、補訂等工作。約從二〇一〇年左右起，分科分篇，逐步撰寫論文，由〈堯典〉始，迄於今終完於〈秦誓〉。

第三節　《尚書新義》之「補逸柬議」釋義

本書著作之原本，即在為王安石《尚書新義》作「補逸柬議」，而如此命名，自有其義，茲釋述其涵義並舉例說明如下：

一　「補逸」釋述

本書所謂「補逸」者，厥有二端：一為既存傳世文獻中資料而遺漏未被輯錄者，二為新資料之發現。

其中既存傳世文獻中，程先生以翻尋五百餘種古籍，然仍有漏網之魚者，蓋古書汗牛充棟，非一人所能遍閱，王氏《新義》資料可能存載於名不相干之書，匪思所及。若〈大誥〉〈召誥〉篇末，均列有「尚書大誥篇通義」「尚書召誥篇通義」一條評論，而乃根據同一條

資料曰：

> 【評】宋陳善曰：「荊公於三經新義，託意規諷，至大誥篇則
> 幾乎罵矣！召公論真有為而作也。後東坡作書論解，又矯枉過
> 直而奪之。」（捫蝨新話卷一頁四）

其中陳善所說之〈召公論〉，不見於《輯考彙評》中，蓋因此篇
文章雖有存錄於世，而其書則鮮為人所注目。今筆者詳考諸文獻，於
《歷代名賢確論》卷九中尋得之。[16]

筆者從此書中所錄「荊公」之文，得此〈召公論〉文篇，經對比
乃「佚文437」之來源，即黃倫《尚書精義》所節錄者，即是其中一
段。筆者詳查書中引「荊公」之文，大都見於《臨川文集》，唯獨此
「召公」一篇，無所見存。宋・陳善《捫蝨新話》卷一所云「〈召公
論〉真有為而作也」，當即指此篇，而黃倫所引之作解說者亦同；可
見王安石《新義》中論「召公不悅」，與此篇大體相同。然則是論闡
解「召公」篇義，雖或非《新義》原文，當亦相去不遠；據此以探荊
公《尚書》之說，斯為有獲。

又如：〈武成〉篇「分土惟三」句，《輯考彙評》無說。然筆者考
之於蘇軾《東坡書傳》卷九〈武成〉篇，於「分土惟三」句下，曾發
為議論，以評擊「近歲學者」之說曰：

---

16 不著撰名《歷代名賢確論》（四庫全書本）一書，《四庫全書總目提要》云：「《歷代
名賢確論》一百卷，不著撰人名氏。前有明吳寬序，稱皆唐宋人所著，其說散見文
集中；或病其不歸於一，輯成此編，以便觀覽。……不詳作者為誰。……按諸家論
著，皆至北宋而止。其書甚宏作甚洪，猶避宣祖廟諱，則理宗以前人所作。考《宋
史・藝文志》有《名賢十七史確論》一百四卷，蓋即此書。……觀其評騭人物，自
三王以迄五季，按代分系，各標列主名，其總論一代者，則稱通論以別之，雖不標
十七史之名，而核其始末，恰應十七史之數，其為宋志之所載，益足證矣。」

公侯百里，伯七十里，子男五十里，自《孟子》、〈王制〉皆云爾，此周制也。鄭子產言列國一同，今大國數圻，若無侵小，何以至焉，而《周禮》乃云：『公之地五百里，侯四百里，伯三百里，子二百里，男百里，凡五等。』《禮》曰『封周公于曲阜，地方七百里』，皆妄也。……**而近歲學者，必欲實《周禮》之言，則為之說曰：『公之地百里而已，五百里者，并附庸言之。』**夫以五百里之地，公居其一，而附庸居其四，豈有此理哉！予專以《書》、《孟子》、〈王制〉及鄭子產之言考之，知《周禮》非聖人之全書明矣。[17]

此段話語所稱「近歲學者」，乃論諸侯封地大小，以《孟子》、〈王制〉所述，與《周禮》所陳，合併言之，並加彌縫二者差異，於是創為「并附庸言之」之說。這一說法，未見其他學者有如此主張，而考查《呂氏家塾讀詩記》卷三十一，於《魯頌·閟宮》一詩「錫之山川，土田附庸」句下，引「王氏曰」：

孟子曰：「周公之封於魯，為方百里也。地非不足也，而儉于百里。」而《周官》以為諸侯之地方四百里，蓋特言其國也，則儉于百里，併附庸言之，則為方四百里也。[18]

呂氏所引「王氏曰」，蓋出於王安石《詩經新義》所言；由此可知，以諸侯封地并附庸土地齊合計算，欲據此以符合《周禮》之數，其實即是王安石之論點。王安石變法，特重《周官》一經，且親撰《周官新義》；而蘇東坡則特譏《周官》一書為「非聖人之全書」，亦為專針

---

17 宋·蘇軾《東坡書傳》（影印文淵閣四庫全書本）卷九，頁13。
18 宋·王應麟《詩地理攷》（影印文淵閣四庫全書本）卷五，亦有引用相同文句。

對王氏以發。又宋‧林之奇《尚書全解》卷二十三中，亦有涉及此一論議者，其文曰：

> 或又謂「公之地百里而已，五百里者，併與附庸言之」；此言迂陋不通之論，二蘇兄弟皆詳辨其失。

可見林之奇實知悉蘇軾兄弟所辨之對象為誰，諱言其名氏耳。清朝朱鶴齡《尚書埤傳》，於卷九「分土為三」句下云：

> 蘇軾曰：「……而近來學者，必欲實《周禮》之言，……，《周禮》非聖人之全書明矣。」此論似為王荊公發，然《周禮》實不可信。

可見蘇軾所謂「近歲學者」之論述：「公之地百里而已，五百里者，并附庸言之」，當為《尚書新義》之佚文。如此之類尚不在少數，參照書後《補逸柬議》各條，即可得悉。

至於其二，新出現資料於王氏《尚書新義》佚文之輯集，裨補頗豐。蓋《輯考彙評》成書之時，兩岸尚未大量開放交流，而傳世遺籍，每深埋於大陸各地隱隅之中，未得重光見於世。近年大陸重新董理中華文化寶藏，由是故書殘紙，紛紛蠭現，出土文物，觸目大顯。其中有宋‧東陽陳大猷所著《書集傳》十二卷重新發現，最為重要，其中多引王安石之言。

考宋代東陽陳大猷《書集傳》一書，《宋史‧藝文志》未加載錄，朱彝尊《經義考》引張雲章之言謂：「此書然頗盛行於宋季。今《集傳》不可得見，而《或問》猶存。」朱氏按曰：

> 葉文莊《菉竹堂書目》有陳大猷《書集傳》一十四冊，西亭王

孫《萬卷堂目》亦有之。其書雖失，或尚存人間。[19]

《四庫全書總目提要》館臣則以為「今《集傳》已佚」。[20]瞿鏞《鐵琴銅劍樓藏書目》載有此書。納蘭成德將陳大猷《書集傳或問》刻入《通志堂經解》中，並為之序云：

> 宋·東陽陳大猷作《尚書集傳》，用朱子釋經法、呂氏《讀書記》例，采輯群言，附以己意成編。宋季其書盛行，學者多宗之。《集傳》而外，復成《或問》二卷，明《集傳》去取之意，亦猶紫陽《論、孟集注》別為《或問》之旨也。《集傳》未及見，而《或問》偶有傳本。嘗取而讀之，其中辨難往說，著其從違，使治經者有所依歸，無歧途之惑，其便於學者甚巨。惜全編不可得見。

今考此書實尚存世，藏於北京國家圖書館中。其書當為元刻本，每頁十三行，每行二十四字，小字雙行，行約二十八字，細黑口，左右雙邊。書前有「瞿秉淵印」、「瞿潤印」、「鐵琴銅劍樓印」，與「汪士鐘藏書印」。[21]是書收入《續修四庫全書》第四十二冊中。[22]書中有部分殘缺，〈君牙〉全缺，〈益稷〉、〈禹貢〉、〈大誥〉、〈君陳〉、〈顧命〉、

19　清·朱彝尊《經義考》卷八十三，書十二《尚書集傳或問》條下。

20　《欽定四庫全書總目》卷十一，經部十一，〈書類一〉《尚書集傳或問》二卷條下。

21　汪士鐘字春霆，號閬源，清長洲（今蘇州）人，其父以布號饒於資。汪氏矢志搜羅宋、元舊刻，以及《四庫》未收之書。其書舍所藏書，主要來自黃丕烈士禮居、周錫瓚水月亭、袁廷檮五研樓等。汪士鐘曾取所藏宋元之本，編寫《藝芸書舍宋元本書目》。清末四大藏書家中所謂「南瞿北楊」，其藏書主要均源於汪士鐘藝芸書舍舊藏。然則此東陽陳大猷《書集傳》一書，當為汪士鐘所藏，後歸瞿氏鐵琴銅劍樓。

22　本論文所據者，即為《續修四庫全書》本第四十二冊中刊載者。頁碼亦用該版總頁碼。

〈康王之誥〉、〈畢命〉、〈呂刑〉諸篇部分殘失，又有部分文字漶漫難辨。此書情況雖非完整，然所缺者不多，所引王安石之說總二百五十餘條，其見於程先生所輯集者約百條，不見於程先生書引錄者蓋一百五十餘條。可見此書於王安石《尚書新義》文字之輯集，其用大矣。而根據陳大猷《書集傳》而研究，取得成績者，有大陸陳良中，楊州大學《尚書》大師錢宗武先生高弟子，現任四川重慶師範大學副教授。彼所進行「國家社會科學基金項目」之「宋代《尚書》學研究」中，對陳大猷《尚書集傳》一書加以注意，撰寫〈東陽陳大猷《書集傳》學術價值譾議〉[23]；其後又有〈王安石《尚書新義》輯補〉一文，[24]對陳大猷《尚書集傳》中所引王安石之說，加以整理。[25]然其中尚多有可議之處，皆一一辨析，並分別據論於《補逸柬議》各條。

　　二〇一六年，大陸上海復旦大學出版社出版由王水照主編之《王安石全集》，第二冊有收錄王安石《三經新義》之《尚書新義》。根據書前〈出版說明〉所示，其內文是以程元敏先生所輯錄為底本，再補上陳良中〈王安石《尚書新義》輯補〉一文所得，輯錄自陳大猷《書集傳》所得王氏《尚書新義》佚文，去其與程氏所輯重複者，得補入荊公《書》說一四五條，並以「陳補」標誌，以資區別。並謂徵得程、陳二人同意，合併編排。又參照《宋史‧藝文志》著錄《尚書新義》十三卷，將整書分為十三卷。

23　《古文獻研究》第54卷，第23期，2010年12月。

24　《重慶文理學院學報》2011年1月，第30卷，第1期。

25　對陳大猷《尚書集傳》中所引王安石之說，加以整理。唯其中所整理者，尚多有未盡善處，如論「諸家截取（王氏說）詳略不一」，未能仔細校對；而於「陳大猷《書集傳》引王安石《書》說不見於他人所引159條」中，於認讀文字有誤，又有他人曾引用而不知者，更有非王氏說而誤標者。如此之類，不一而足。

二　「柬」義釋述

　　本書所謂「柬」，是「柬別淘汰」。蓋因《輯考彙評》中所收「佚文」，有非屬王安石《尚書新義》之文者，則必須加以辨析柬汰。前文曾言《輯考彙評》之輯集時，當是一書一書、逐條逐條抄錄，先前曾閱覽之說，後日不復記憶，而唯「王氏曰」是集，凡諸書中直接稱「王介甫」、或曰「荊公」、或逕稱「安石」、或指「新義」、或曰「王氏諸儒」、「王氏之徒」等，皆能明辨為王氏《尚書新義》之論；至於引用僅稱「王氏曰」者，若一概以必為王安石之說，則頗有疑慮。蓋歷代王姓學者而有《尚書》專著者，除王安石外，漢代有王肅、宋代王博士、王炎、王日休、王十朋，元朝王充耘、王天與等，皆有《尚書》論述，彼等書中所言說，後人稱引時亦皆可稱為「王氏曰」，每每可能與王荊公之說混淆。尤其是元代以後學者引述前世學者文獻以資討論，往往隨意擷取，稱名不專屬，更有張冠李戴者，不在少數。根據經驗，以王天與《尚書纂傳》稱引「王氏曰」而不見於前代引用者，每每實非「王安石」所著《尚書新義》中言論，若無材料加以對比，實難分辨「王氏」為誰？今幸賴陳大猷《書集傳》流傳刊印，其中頗多材料可資對比校勘；據此以柬別元人所引「王氏曰」究為誰屬，所柬得「王氏曰」為王炎說甚多。今舉例以言之，若：〈泰誓下〉「爾眾士，其尚迪果毅，以登乃辟。功多有厚賞，不迪有顯戮」《輯考彙評》有【佚文】（二八四）「不迪，謂不迪果毅也。」（纂傳卷十九下頁二），此即出於王天與《尚書纂傳》所引用。今考之陳大猷《書集傳》卷六頁一六，引文曰：

　　　　新安王氏曰：「不迪，謂不迪果毅也。」

可見此一「佚文」，乃「新安王氏」王炎之言論，並非王安石《新義》

之文。王天與引用王安石、王炎等人《尚書》論述，據筆者考察，似乎多與陳大猷所引用重疊，或即由陳大猷《書集傳》所抄錄得之。陳大猷書中「王氏曰」與「新安王氏曰」，標示明確，涇渭分明；而王天與引用相同文字，於王安石則全部唯稱「王氏曰」，於王炎則稱「王氏炎曰」，有時則僅稱「王氏曰」，與王安石之稱謂無異，易使人混淆不辨；若無可資校比檢別材料，則必誤認，張冠李戴矣。《輯考彙評》輯集之時，並未得見陳大猷《書集傳》實版，[26]無可對比之材料，致有此失，實非學術之誤。如此者甚夥，於《周書》尤甚。

「新安王氏」之外，尚有以「王充耘」之說為「王氏曰」者。如：〈洪範〉「八庶徵：曰雨、曰暘、曰燠、曰寒、曰風、曰時五者來備，各以其敘，庶草蕃廡。一極備，凶；一極無，凶」，有【佚文】（三一三）「『時』字是總言，下分兩股：『來備，各以其敘』之謂『時』；『極備、極無』之謂『不時』。」（尚書日記卷九頁七四-七五）。此條「佚文」僅見於明朝王樵《尚書日記》所引，[27]而前此未曾見引於宋、元、明其他學者，其可疑者一也；又王安石《新義》乃奉朝廷詔令修纂，以為科舉準繩，場屋典則，故以雅麗辭藻，弘深文氣撰述；今此「佚文」頗類口語俚諺，類夫書院講學，塾師解讀之言，與其他《新義》用詞運句相去甚遠；此可疑二也。

進而考之王樵《尚書日記》所引「王氏曰」之文共十處，筆者嘗逐一考察，其中有非王安石之言者。此處王樵引文，經查考其實出於元‧王充耘《讀書管見》卷下「八庶徵」條下，其文曰：

> 曰雨，曰暘，曰燠，曰寒，曰風，曰時，是總言；下面是分兩股：五者來備各以其敘，是為休徵張本；一極備凶，一極無

---

26 程先生書曾有引用自《永樂大典》殘本中所得陳大猷《書集傳》所錄「王氏曰」數條，可見其耙剔之辛勞。

27 明‧王樵《尚書日記》（影印文淵閣四庫全書）卷九，頁74、75。

凶，是為咎徵張本。**五者來備，即是上文雨暘燠寒風，各以其敘，即是上文時字之義，備而又敘則吉。極無極備，則其不適時者可知。**[28]

兩者對比而校觀之，可見王樵所引文字，實出於王充耘所陳說而有所節略，其文詞內容特徵與思想意涵，無有差異；可見此或乃王樵偶失標示，未曾區別「王安石」之與「王充耘」。王樵《尚書日記》中，有稱引王充耘之言一條，而稱曰「耕野王氏曰」[29]，或王樵引用偶然遺漏「耕野」二字歟？輯集之時若未加考辨，必導致有如是誤輯。

　　誤以「王氏曰」為王安石說而實非者，又有乃漢代「王肅」之言者；若〈洛誥〉「王賓、殺、禋，咸格，王入太室祼」，《輯考彙評》有【佚文】（四二四）「大室，清廟中央之室。清廟，神之所在，故王入太室祼，獻鬯酒以告神也。祼者，灌也。王以圭瓚酌鬱鬯之酒以獻尸，尸受祭而灌于地。因奠不飲謂之祼。」（精義卷三八頁二十～二一）此段「佚文」輯自黃倫《尚書精義》。考之此段文字亦見於孔穎達疏《尚書正義》卷十四中，其文曰：

　　疏：太室，室之大者，故為清廟；廟有五室，中央曰太室。王肅云：「太室，清廟中央之室。清廟，神之所在，故王入太室祼，清廟中央之室也。祼者，灌也。王以圭瓚酌鬱鬯之酒以獻尸，尸受祭而灌於地，因奠不飲謂之祼。」

---

28 元‧王充耘《讀書管見》（漢京版，通志堂經解，1986）卷下，頁9142。

29 明‧王樵《尚書日記》卷十六「弘敷五典至惟爾之中」條下引耕野王氏曰：「弘敷五典，式和民則，此語以施教之方。典即五常，父子、君臣是也；則者，父之慈、子之孝之類是也。以其常行而不可易，則謂之典；以其不可過不可不及，則謂之則。爾身克正，罔敢不正，民心罔中，惟爾之中；此語以立教之本。」此文確為王充耘之言，見《讀書管見》卷下。

可見此條「佚文424」，其實乃漢代王肅所言，而黃倫從孔穎達《正義》中採納引用入書中，稱之為「王氏曰」，似亦無不可，唯易誤導後人，如不查證，誤會生矣。

又有以「王日休」之說為「王氏曰」，而輯集入於《輯考彙評》者；如：〈立政〉篇「自一話一言。我則末惟成德之彥，以乂我受民」，有【佚文】（四七五）「一話，言一事之始終也；一言，一句而已。」（輯纂卷五頁四七，纂疏卷五頁四五，大全卷九頁三二）。考之眾多《尚書》專著，得知此說亦見於宋·夏僎《尚書詳解》卷二十二，其訓解經文曰：

> 龍舒謂「一話，乃言一事之始終；一言，則一句而已」。此說有理。周公既言人君惟當以得賢安民為心，于是又嘆而言曰：「予旦已受人之徽言。」謂前所言禹、湯、文、武得人之事，皆至美之言，又非己說，皆平昔所以受于人者，今皆已告于孺子王矣。諸儒皆以「孺子王」與「嗣天子王」謂孺子今已為王；惟龍舒謂周公稱成王為「嗣天子王」與「孺子王」，非謂其已為王，然以此言咸告孺子王矣。觀之則龍舒之言似有理也。

夏僎所稱「龍舒」，夏氏《書解》有時亦稱為「王龍舒」，其人即是南宋·王日休（？-1173年），字虛中，南宋龍舒（今安徽舒城）人，又稱龍舒居士。曾為國學進士，貫通群經。董鼎《輯纂》書前有「引用諸書」，其中有「王氏日休　龍舒　《全解》」一目。夏僎此段文字三次稱名「龍舒」，可知當為王日休之說，無訛誤之可能。又考陳大猷《書集傳》卷十，總頁一五二上B引相同之言曰：

> 龍舒王氏日：「一話，言一事之始終也；一言，一句而已。」

更足以證明此段「佚文」並非王安石所說，乃王日休之論。

　　王姓而有《尚書》專門著作者，尚有宋末元初之王希旦。考之於〈酒誥〉「純其藝黍稷，奔走事厥考厥長。肇遷車牛遠服賈，用孝養厥父母」，《輯考彙評》有【佚文】（三六一）「肇者，既種黍稷，始牽車牛也。民以農為本，賈為末。」（纂疏卷四頁五五）；然考之明・胡廣等《書經大全》卷七，於經文下引文曰：

　　　　葵初王氏（希旦）曰：「既種黍稷，肇牽車牛。民以農為本，賈為末。」

胡廣所引文與「佚文361」全同，顯然為同一段資料，然《書經大全》稱之「葵初王氏」，二者有異。今考之陳櫟引此「王氏曰」之後，再引用「真氏（德秀）」、「呂氏（祖謙）」、「葵初王氏希旦」，而《書經大全》引「葵初王氏」之後，引用「西山真氏」、「新安陳氏」、「呂氏」。大致可知，《書經大全》應曾參考陳櫟之書，而所以改「王氏曰」為「葵初王氏」，當有所據，不至於無的放矢。而陳櫟引文後即引有「葵初王氏希旦」一條，則其前面所引「王氏曰」甚可能為亦「葵初王氏」之偶然省略。根據董鼎之子董真卿為董鼎《輯錄纂註》跋曰：

　　　　真卿仰遵先訓，求正於當世儒先，與先君之舊交，如葵初王先生希旦、雙湖胡先生、定宇陳先生櫟、息齋余先生芑舒，多得所討論，於朱、蔡此書似為大備。

可知陳櫟、董鼎與葵初王希旦相交往還，所引有「葵初王氏」之說，怡然順理。葵初王氏著有《書、易通解》、《五經日記》著錄於清代黃虞稷《千頃堂書目》卷三，或其書在胡廣時仍流存，足供查考，因而

改為「葵初王氏」。

再從此段「佚文」之內容研探，文中謂「農為本、賈為末」，顯然重農業，輕商賈，此與王安石政治理念有所矛盾。蓋王安石修《三經新義》，旨在為「新法地」，而王安石以為「一部《周禮》，理財居其半」[30]，《周官新義》卷一「以九職任萬民……六曰商賈阜通貨賄……一人之身而百工之所為備，則宜有商賈以資之」，又曰「以商賈阜貨而行布，以量度成賈而徵償」、「賈師各掌其次之貨賄之治，辨其物而均平之，展其成而奠其賈」，皆言商賈之重要，不可或缺。《臨川文集》卷三十九〈上仁宗皇帝言事書〉曰：

> 故先王之處民才，處工於官府，處農於畎畝，處商賈於肆，而處士於庠序，使各專其業。

可見王安石於士農工商，均衡並重。又有〈上五事劄子〉曰：

> 市易之法，起於周之司市，漢之平準。今以百萬緡之錢，權物價之輕重，以通商而貰之，令民以歲入數萬緡息，然甚知天下之貨賄未甚行。

其〈乞制置三司條例〉文中曰：「又為經用通財之法，以懋遷之其治市之貨財」，王氏於《周官新義》曰：「貨言化之以為利，則商賈之事也。」，在在均言商賈之事，可見王氏變法，甚重商賈，並無「賈為末」之觀念。

總上所考察，胡廣改「王氏曰」為「葵初王氏」，較為可信。然則此條「佚文」，非王安石《新義》之文。而此條「佚文」又與下一

---

30 宋・王安石《臨川文集》卷七十三〈答曾公立書〉曰：「政事所以理財，理財乃所謂義也。一部《周禮》，理財居其半。周公豈為利哉？」

條「佚文」有關，【佚文】（三六二）「賈人亦受田也；舉農、賈，則工可知矣。」（纂傳卷二七中頁二）考之陳大猷《書集傳》卷八，總頁一一九上B，有引王氏《新義》之文，其文曰：

> 王氏曰：「既藝黍稷，乃始牽車牛遠行，從事賈買。賈人亦受田也；舉農、賈，則工可知。」119上B

陳大猷所引文，與《纂傳》相同而更詳備，當為王氏《尚書新義》原文；而此段佚文與上述佚文之前半，有相似之處。若兩段文字均出於王荊公，則有複沓之嫌；且兩段文字思想觀念有所衝突，則其中必有非王安石言論者；今陳大猷既已明確引用王安石之說，而思想亦合乎王氏政治主張，其為王氏說無疑；然則以「民以農為本，賈為末」立論者，必非王氏言論，而乃葵初王希旦所述也。

又考之明朝王樵《尚書日記》卷九，「四、五紀：一曰歲至五曰歷數」下，又引文曰：

> 王氏曰：「歲、月、日、星辰者，經也；歷數者，推步歲、月、日、星辰之數以為歷者也。「歷象日、月、星辰，敬授人時」，緯也。

程先生並未曾收輯此條，原因不明，是有疑於此耶？抑或偶然失之耶？不得而知。然深入考察，此段文字雖稱「王氏曰」，然實非王安石《新義》論說。考之元‧陳櫟《書集傳纂疏》卷四上引「徽菴程氏」曰：

> 五紀，四經而一緯，五氣順布，四時行焉。歲、日、月、星辰，經也；歷數者，推步歲日月星辰之數以為歷者也；「歷象

　　日月星辰，敬授人時」，緯也。與庶徵相通而不同，彼以證王
　　與卿士、師尹、庶民之得失，此特主于授時。[31]

　　「徽菴程氏」即程若庸，字達原，休寧人；淳祐（理宗，1241-
1252）中為安定、臨汝兩書院山長。咸淳戊辰（度宗咸淳四年，
1268）登進士第，主武夷書院。學者稱「徽庵生先」。其以「四經而
一緯」說「五紀」，此論不見於王安石〈洪範傳論〉中，而陳櫟引用
而稱「徽菴程氏」，則蓋非王氏之言，乃程氏之說而王樵誤以為「王
氏曰」爾。程元敏先生未收，亦得其實。

　　更有甚者，雖如陳大猷《書集傳》實在留存於世，
可資利用，然亦有可能訛舛者，確非加以柬別不能無失
也。其例如：〈康誥〉「惟三月，哉生魄，周公初基，作
新大邑于東國洛，四方民大和會，侯，甸，男邦，采，
衛百工播民和，見士于周，周公咸勤，乃洪大誥治」，
考之陳大猷《書集傳》卷八總頁一一四上A，有引一則
「王氏曰」之文，其言曰（見右圖）：

　　　王氏曰：「三監既誅，然後封康叔。康叔已封，
　　　然後宅洛邑，事之敘也。此書乃先言作洛，繼言
　　　告康叔，蓋封康叔在卜洛之前，而告康叔乃在作
　　　洛之際，當其營洛，則四方之民、五服之族咸
　　　在；王者將孚太命於諸侯，必於臣民所會之時，
　　　則所及者廣，所儆者眾；此康叔之誥所以在營洛
　　　之際也。」

---

31 元‧陳櫟《書集傳纂疏》（臺北市：漢京版，《通志堂經解》，1986）卷四，頁
　8884。

筆者乍見此條資料，頗為驚喜，謂得一全新材料矣。然陳櫟、董鼎既云王安石「於此章四十八字無解」，於是心中存疑，不煩查考，經仔細搜尋之後，方確定此段「王氏曰」並非王安石《新義》佚文。考之林之奇《尚書詳解》卷二十八經文下有言曰：

> 惟王博士曰：「四國既誅，商地始定，然後封康叔。康叔已封，然後宅洛邑，乃其事之序也。此書先言周公初基作新大邑于東國洛，然後繼之以誥康叔之事；蓋封康叔在於卜洛之前，而誥康叔在於營洛之際。當其營洛，則四方之民與夫五服之君長，莫不咸在；王者將欲孚大命於諸侯，必於臣民所會之時而誥之，則其所施者廣，而所警者眾，此康叔之誥所以在乎營洛之時。」此說近人。

對比兩者文字，除少數差異外，大都一致。林之奇稱之為「王博士」，經查不知何許人且遍考林氏《全解》書中，引「王博士」之言六處，而所引文句內容，均與王安石論述不相類，可確知「王博士」必非王安石。林之奇既稱之「王博士」，陳大猷稱彼「王氏曰」，似乎亦非錯誤，唯如此將使後人張冠李戴；是以就文獻稱引而言，雖若明顯可據，而其實仍須加以考察，否則又落入錯收之弊。

上海復旦大學出版《王安石全集》，其中第二冊《尚書新義》卷八頁201〈康誥〉「洪大誥治」下，列入「陳補」此條「王氏曰」之文，蓋亦徒以「王氏曰」而遽爾認定，未察其邏輯乖違，率爾輯收，遂致弊謬。

更有同一條資料，可隸屬數位「王氏曰」者，如：《輯考彙評》〈盤庚下〉「敢恭生生，鞠人，謀人之保居，敘欽」條下，列【佚文】第二五九條說：

導其耕桑，薄其稅斂，使老幼不失其養，鞠人之事也。聯其比閭，合其族黨，相友相助，謀人保居之事也。既養之，又安之，則斯民之生生得矣。（《書傳會選》卷三頁三八）[32]

此條「佚文」出於明・劉三吾等撰《書傳會選》卷三頁三八。然而考之於明朝朱睦㮮撰《五經稽疑》卷二〈尚書〉條下「鞠人，謀人」之解說，謂：

鞠、謀，蔡氏不解其義。新安王氏曰：「導其耕桑，薄其稅斂，使老幼不失其養，鞠人之事也。聯其比閭，合其族黨，相友相助，謀人之事也。既養之，又保之安之，則斯民之生生得之矣。」

朱睦㮮所引文字，與《書傳會選》所引完全一致，而稱說乃「新安王氏」王炎所言。而《欽定書經傳說彙纂》卷八同一段經文下，先引《集傳》之說，然後於「集說」下引曰：

〔集說〕：王氏十朋曰：「導其耕桑，薄其稅斂，使老幼不失其養，鞠人之事也，聯其比閭，合其族黨，相友相助，謀人保居之事也。既養之，又安之，則斯民之生生得矣。」

所引文字與《書傳會選》相同，而所稱引名為「王氏十朋」，與朱睦㮮、《書傳會選》皆不同。然則此段文字，究歸誰屬？以時間邏輯推估，王十朋之《尚書全解》著作早已失傳，清朝編定《欽定書經傳說彙纂》一書，居然引得「王十朋」《尚書》之說，而此說未見引於前人，此實難有可能之事。又《書傳會選》於引「王氏曰」之前，先引

---

32 程元敏著，《三經新義輯考彙評（一）——尚書》，頁92。

「陳氏大猷」之言論，以時間先後而言，王安石自應早於陳大猷，以此或可推斷此所謂「王氏曰」，並非王安石的言論。

今考之宋・陳大猷《書集傳》卷五，總頁76上B，其中亦有引用此段文字曰：

> **新安王氏曰**：「貪墨之人，損民益已，不能念敬我眾者也，我則屏而不用，果敢恭奉生生之計，鞠養乎民，為民謀慮而保其居。導其耕桑，薄其稅斂，使老幼不失其養，鞠人之事也。聯其比閭，合其族黨，相友相助，謀人之事也。既養之，又保之、安之，則斯民之生生得之矣。此能念敬我眾者也，我則敘而用之，如式敘在位之『敘』，欽而禮之，如欽四鄰之『欽』。」[33]

按陳大猷《書集傳》之體例，大字者為論說之重點，小字者為參考補充之言論，其字雖有大小之別，而其文連屬，當屬同一人之言，即是大小字均為「新安王氏」之言論也。據此，則前述朱睦㮮之言，復驗之以陳大猷《書集傳》所引文字，可證明此段「王氏曰」之言，確實為「新安王炎」之言，而非王安石《新義》佚文，亦非梅溪王十朋《尚書解》之文也。

程元敏先生其實亦有注意類似之情況，故亦嘗謂：

> 更有明艾南英《禹貢圖註》（學海類編本）引「王氏曰」數條；其第一條，考之元人所引，為王炎《尚書小傳》之說，其餘亦無以證為安石說者，殆亦皆王炎之說，故並不收。[34]

---

33 宋・陳大猷《書集傳》卷5，總頁76上B。

34 程元敏著，《三經新義輯考彙評（一）──尚書》〈上編〉，〈佚文及評論之部引用書目考〉，頁247。筆者亦考之《禹貢圖註》，其中有「王氏曰」五處，「王氏炎曰」一條，五處「王氏曰」之文，經明確考查後，確認皆為王炎之言。

是以雖文字明白指說乃「王氏曰」，然因作者議論乃連續陳述，時而以王安石論述與議論者之意見穿插交錯，不易清楚劃出「王氏」說之範圍，認定時有可出入處。

嗟乎！柬別淘汰之務，本極難為，魚目混珠，金玉雜砂，釐清不易；《輯考彙評》之所誤收，實非學術之舛違，以輯集當時之條件而論，自有其困難之處，在所難免。

三　「議」義釋述

而本書所謂「議」者，議論《輯考彙評》之錯誤也。而「錯誤」主要有二：一為「佚文」範圍之誤區，二為「佚文」標點之失當。

（一）「佚文」範圍之誤區

就王安石《尚書新義》佚文範圍之認定問題，雖然宋元學者引用王安石之主張來評論，每有明確指稱為王氏安石之說，然而由於夾引夾論，致使作者言論與引用王安石《書義》文字交錯穿插，輯錄之時，有時實不易判斷孰為王安石之言，何者為評者之論。故而於判斷時有所誤判，實難避免。《輯考彙評》書中，似亦不能倖免。若書中〈仲虺之誥〉經文「惟王不邇聲色，不殖貨利，德懋懋官，功懋懋賞；用人惟己，改過不吝；克寬克仁，彰信兆民」句下，引王氏【佚文】第217條說：

> 用人惟己，己知可用而後用之。如此則是果於自任，而不從天下之所好惡也。**王者心術之真**，大抵如此。改過不吝，言己有過則改之，無復吝惜；若所謂過則勿憚改也。用人惟己，則善者無不從；改過不吝，則不善無不改；此所以能合并為公，以成其大也。其發而為政，又能寬以居之，仁以行之，蓋所謂以

不忍人之心，行不忍人之政也。惟湯之德如上所言，茲其所以明信於天下，天下信之而欲以為君也。《孟子》曰：「以萬乘之國，伐萬乘之國，簞食壺漿以迎王師。」豈有他哉，避水火也。如水益深，如火益熱，亦運之而已矣。桀之所以失天下之心者，惟其肆為威虐，故民墜塗炭而莫之拯；湯於是時以寬仁之德，彰信於天下，故天下歸之，若大旱之望雲霓。然湯之所以能成寬仁之德者，其本則自於清淨寡欲，眇然天下，舉不足以動其心，故能利與人同，以施其不忍人之政；茲其所以彰信於天下也。蓋撥亂反正，以成帝王之業者，苟有利之之心，則將奪於物欲，見利而動，惑於聲色貨利之私，遂至以私害公，不能執其所有，以與天下共其利；剛愎自用，遂其非而莫之改，如此則所施者無非虐政，是水之益深，火之益熱也。古之人有行之者，項羽是也。漢高祖與項羽當秦之末，俱興義兵，以除殘去虐。較其勢則高祖之不如羽遠甚，然而高祖卒得天下，羽失之者，以高祖之寬仁，而羽則惟肆其暴虐而已。原其高祖之所以寬仁者，無他，亦本於此數者之德而已。觀其入秦關，珍物無所取，婦女無所幸，封秦宮室府庫，還軍灞上，則其志已不小矣；而又不愛爵賞，降城即以侯其將，得賂即以分其士，好謀能聽，從諫如轉圜；惟此數者之德，皆備于己，**故其約法三章，悉除去秦法，而秦民皆按堵如故，莫不欲高祖王秦者**。而項羽之所為，則皆反是，此其成敗之勢所以不同也。以高祖之成帝業者而推之，則知仲虺所以推本成湯誕膺伐夏救民之意，始於不邇聲色，不殖貨利，改過不吝，然後繼之以克寬克仁，彰信兆民，可謂知所先後矣。(《精義》卷十六頁四-六，全解卷十四頁十九）[35]

---

35 程元敏著，《三經新義輯考彙評（一）──尚書》，頁75-77。

《輯考彙評》既根據黃倫《尚書精義》卷十六所引「王氏曰」之文句，認定此即是王安石《新義》佚文，而其後則引用林之奇《尚書全解》卷十四所載言論作為同條佚文之評論，其言曰：

> 「惟己」與「慎厥終，惟其始」之「惟」同，言用人之言如自己出也。若所謂「善與人同，舍己從人，樂取諸人以為善」也。王氏曰：「用人惟己，己知可用而後用之。」如此則是果於自任，而不從天下之所好惡也。王氏心術之異，大抵如此。（《全解》卷十四頁十九）[36]

如不查考《全解》原文，按照書中體例，即以為《尚書全解》有部分文字與《尚書精義》相同，從「王氏曰」以下是也。因之可認為佚文部分應列出兩處來源，先列《尚書精義》，表示以《尚書精義》較為詳盡，故根據其文作佚文內容。然而翻閱兩者所引文字，發現可疑可議之處：蓋《尚書精義》以「王氏曰」起首，而《尚書全解》則以「王氏曰」出現於引文中間；且林氏《尚書全解》自「大抵如此」以下，尚有一大段文字，與《尚書精義》自「大抵如此」以後文字，直是完全一致。為方便對比起見，表列兩者文字，以見其真實情形如下：

《尚書精義》卷十六	《尚書全解》卷十四
	「惟己」與「慎厥終，惟其始」之惟同，言用人之言如自己出也。若所謂「善與人同，舍己從人，樂取諸人以為善」也。
王氏曰：用人惟己，己知可用而後用之。如此則是果於自任，而不從天下之所好惡也。王者心術之真，大抵如	王氏曰：用人惟己，己知可用而後用之。如此則是果於自任，而不從天下之所好惡也。王氏心術之異，大抵如

36 程元敏著，《三經新義輯考彙評（一）——尚書》頁77。

《尚書精義》卷十六	《尚書全解》卷十四
此。改過不吝，言己有過則改之，無復吝惜；若所謂過則勿憚改也。用人惟己，則善者無不從；改過不吝，則不善□無不改；此所以能合并為公，以成其大也。其發而為政，又能寬以居之，仁以行之，蓋所謂以不忍人之心，行不忍人之政也。惟湯之德如上所言，茲其所以明信於天下，天下信之而欲以為君也。孟子曰：以萬乘之國，伐萬乘之國，簞食壺漿以迎王師。豈有他哉，避水火也。如水益深，如火益熱，亦運之而已矣。桀之所以失天下之心者，惟其肆為威虐，故民墜塗炭而莫之拯；湯於是時以寬仁之德，彰信於天下，故天下歸之，若大旱之望雲霓。然湯之所以能成寬仁之德者，其本則自於清淨寡欲，眇然天下，舉不足以動其心，故能利與人同，以施其不忍人之政；茲其所以彰信於天下也。蓋撥亂反正，以成帝王之業者，苟有利之心，則將奪於物欲，見利而動，惑於聲色貨利之私，遂至以私害公，不能執其所有，以與天下共其利；剛愎自用，遂其非而莫之改，如此則所施者無非虐政，是水之益深，火之益熱也。古之人有行之者，項羽是也。漢高祖與項羽當秦之末，俱興義兵，以除殘去虐。較其勢則高祖之不如羽遠甚，然而高祖卒得天下，□羽失之者，以高祖之寬仁，而羽則惟肆其暴虐而已。原其高	此。改過不吝，言己有過則改之，無復吝惜；若所謂過則無憚改也。用人惟已，則善者無不從；改過不吝，則不善者無不改；此所以能合并為公，以成其大也。其發而為政，又能寬以居之，仁以行之，蓋所謂以不忍人之心，行不忍人之政也。惟湯之德如上所言，茲其所以明信於天下，天下信之，而欲以為君也。孟子曰：以萬乘之國，伐萬乘之國，簞食壺漿以迎王師，豈有他哉，避水火也。如水益深，如火益熱，亦運□而已矣。桀之所以失天下之心者，惟其肆為威虐，故民墜塗炭而莫之拯；湯於是時以寬仁之德，彰信於天下，故天下歸之，若大旱之望雲霓。然湯之所以能成寬仁之德者，其本則自於清淨寡欲，眇然天下，舉不足以動其心，故能利與人同，以施其不忍人之政；茲其所以彰信於天下也。蓋撥亂反正，以成帝王之業者，苟有利之心，則將奪於物欲，見利而動，惑於聲色貨利之私，遂至以私害公，不能推其所有，以與天下共其利；剛愎自用，遂其能而莫之改，如此則所施者無非虐政，是水之益深，火之益熱也。古之人有失之者，項羽是也。漢高祖與項羽當秦之末，俱興義兵，以除殘去虐。較其勢則高祖之不如羽遠甚，然而高祖卒得天下，而羽失之者，以高祖之寬仁，而羽則惟肆其暴虐而已。原其高

《尚書精義》卷十六	《尚書全解》卷十四
祖之所以寬仁者，無他，亦本於此數者之德而已。觀其入秦關，珍物無所取，婦女無所幸，封秦宮室府庫，還軍灞上，則其志已不小矣；而又不愛爵賞，降城即以侯其將，得賂即以分其士，好謀能聽，從諫如轉圜；惟此數者之德，皆備于己，**故其約法三章，悉除去秦法，而秦民皆按堵如故，莫不欲高祖王秦者。**而項羽之所為，則皆反是，此其成敗之勢所以不同也。以高祖之成帝業者而推之，則知仲虺所以推本成湯誕膺伐夏救民之意，始於不邇聲色，不殖貨利，改過不吝，然後繼之以克寬克仁，彰信兆民，可謂知所先後矣。	祖之所以寬仁者，無他，亦本於此數者之德而已。觀其入秦關，珍物無所取，婦女無所幸，封秦宮室府庫，還軍灞上，則其志已不小矣；而又不愛爵賞，降城即以侯其將，得賄即以分其士，好謀能聽，從諫如轉圜；惟此數者之德，皆備於己，**故其約法三章，悉除去秦法，而秦民皆安堵如故，莫不欲高祖王秦者。**而項羽之所為，則皆反是，此其成敗之勢所□不同也。以高祖之成帝業者而推之，則知仲虺所以推本成湯誕膺伐夏救民之意，始於不邇聲色，不殖貨利，改過不吝，然後繼之以克寬克仁，彰信兆民，可謂知所先後矣。

以上兩段文字，其中有不同之處，均以方匡標出，亦有彼此一二字有無者，以方匡替代，使兩段文字作完全對稱狀態。顯而易見，兩段文字除極少處有異外，幾乎全同。其中差異最明顯而重要者，即在《精義》謂「王者心術之真，大抵如此。」一句，相對於《全解》則作「王氏心術之異，大抵如此。」若果止觀乎《尚書精義》之文，既以「王氏曰」起首，而文中論說「王者心術之真，大抵如此」，按理認定全段皆為王安石之論述，不為無據。然而從文義語句而言，尚有可議論者：其一，「用人惟己，己知可用而後用之」與「如此則是果於自任，而不從天下之所好惡也」，兩節文字涵義形成彼此矛盾，後說乃批評前說者，如此甚不合理。其二，「王者心術之真」一句，「心術」一詞，每為負面語義，類似「權謀」、「包藏禍心」等涵義，成語「心術不正」即是明例。而就傳統儒家思想而言，「王者」鮮少用「心術」一詞，而「心術」亦無所謂「真」可言。又林之奇於《尚書

全解》卷二十九〈梓材〉篇中，亦有類似批評王安石之言論，曰：

> 而王氏謂：三卿尹旅，見姦宄殺人、歷人，不肯以法治之，反
> 宥而縱之者，亦見其君於以戕敗人為事者，宥而不治者也。其
> 意蓋謂此等麗于刑之人，皆當勿宥之。〈康誥〉之言曰：「乃其
> 速由文王作罰，刑茲無赦，不率大戛。」戒康叔以為不可殺，
> 而王氏則以為當殺。此則戒康叔以為可宥，而王氏則以為當勿
> 宥。**王氏之心術，大抵如此。**

林之奇抨擊王安石解經，每每與經文原意相乖舛，欲利以遂其新法措
施之推行，此即所謂「王氏心術」也。如此，正可見上述兩段相互衝
突之文，正為林之奇引王安石之言而加以批判，故曰「**王氏心術之
異，大抵如此**」。

　　若進而對比林之奇《尚書全解》文字，筆者以為《輯考彙評》標
點林之奇《全解》文字十分正確。「王氏曰」之後兩句「用人惟己，
己知可用而後用之」，方為王安石言說，故以雙引號標示，而「**如此
則是果於自任，而不從天下之所好惡也。王氏心術之異，大抵如此**」
一段，則為林之奇對王安石的之評論。林之奇即在批評王氏之「果於
自任，而不從天下之所好惡」，故下文又云：「遂至以私害公，不能推
其所有，以與天下共其利；剛愎自用，逞其能而莫之改，如此則所施
者無非虐政，是水之益深，火之益熱也。[37]」如以林之奇論述之文字
以理解黃倫《精義》，則矛盾消於無形；其差別就在「王者心術之
真」與「王氏心術之異」而已。以理推之，「真」之與「異」，顯然因
字形相近而誤，而「者」字草書與「氏」字相似，故而產生差誤。以
矛盾現象判斷，其中錯誤應該在《尚書精義》。

---

37 宋・林之奇撰《尚書全解》（臺北市：大通書局，1970年2月版）卷十四，頁20。

　　更考之《宋史·王安石傳》所載，王安石多有剛愎自用，不恤人言之事實。而林之奇對王安石之批評，多就王氏「剛愎自用」、「一意孤行」、「不恤人言」之性格與主張，出言抨擊。如〈盤庚〉篇「無或敢伏小人之攸箴」，《輯考彙評》錄王氏《新義》【佚文】第246條曰：

> 無或敢伏小人之攸箴者，戮之以無自用而違其下。……治形之疾以箴，治性之疾以言。小人之箴雖不可伏，然亦不可受人之妄言……故古之人聖讒說，放淫辭，使邪說者不得作，而所不伏者嘉言而已。（《全解》卷十八頁十一）[38]

林之奇評曰：

> （蘇氏）此論甚善，亦有為而發也。當時王介甫變更祖宗之制度，立青苗、免役等法，而當朝公卿，下而小民，皆以為不便，而介甫決意行之，其事與盤庚遷都相類，故介甫以此藉口，謂臣民之言皆不足恤。……（《全解》卷十八頁十～十一）[39]

可見林氏以為王氏每「咈百姓」以從己，違眾而自是，藉解經以自寬解。又〈大禹謨〉「罔違道以干百姓之譽，罔咈百姓以從己之欲」句，《輯考彙評》輯王氏《新義》【佚文】第82條說：

> 咈百姓以從先王之道則可，咈百姓以從己之欲則不可。古之人有行之者，盤庚是也。蓋人之情，順之則譽，咈之則毀；所謂「違道以干百姓之譽」也，即咈百姓以從先王之道者也。（《全

---

38 程元敏著，《三經新義輯考彙評（一）——尚書》，頁87。
39 程元敏著，《三經新義輯考彙評（一）——尚書》頁88。

解》卷四頁十）[40]

林之奇以王安石之解經論述，其說正與經典相悖。是以林氏於王氏之說，予以強烈批評說：

> 此說大戾！夫盤庚將遷都，民咨胥怨而不從，盤庚不強之以遷也。方且優游訓誥，若父兄之訓子弟，至於再，至於三；必使之知遷都之為利，不遷之為害，然後率之以遷焉；何嘗咈之以從己哉！夫王者之安天下，必本於人情，未有咈百姓而可以從先王之道也。王氏此說，甚牴牾於聖經矣。（《全解》卷四頁十）[41]

在在可見林之奇之於王安石此等「咈百姓以從己」之論，深惡之極，一再譏評。然則「大抵如此」以下一大段文字，顯然乃林之奇評王安石所發論，並非王安石《新義》之言論。

再者，檢驗「大抵如此」以下大段文字中，曾舉漢高、項羽之行事與結局為例，以說明「果於自任，而不從天下之所好惡」者，其終必悲慘敗亡如項羽；反之，漢高祖能「不愛爵賞，降城即以侯其將，得賂即以分其士，好謀能聽，從諫如轉圜」，是以最終反敗為勝，卒得天下。此等歷史對比事例，於林之奇《尚書全解》之中，曾屢有引用與申述；如〈皋陶謨〉「皋陶曰：帝德罔愆，臨下以簡，御眾以寬，罰弗及嗣，賞延于世」句下云：

> 臨下以簡，御眾以寬者，此謂操之於上者既無繁苛之法，則施之於民者必無暴虐之政矣。蓋惟簡故能寬也。漢高祖入秦關，

---

40 程元敏著，《三經新義輯考彙評（一）——尚書》頁30。
41 程元敏著，《三經新義輯考彙評（一）——尚書》頁30。

> 約法三章，餘悉除去秦法，而秦民皆案堵如故；由其簡，故能
> 寬也。[42]

此段文字部分言論，不止與《全解》「大抵如此」下文字相同，甚至
亦與前述《尚書精義》所言相同。反觀王安石今日傳世著作中，未見
提及漢高祖與項羽歷史行事以作議論者。據此可知「大抵如此」下大
段文字，當非王氏之言。

黃倫《尚書精義》一書，本是薈萃諸說，依經臚載，不加論斷，
編輯體例本來即稍涉氾濫，無所指歸，似為科舉士子閱覽而鈔撮成書
者，故陳振孫疑其「或書坊所託」[43]。而《尚書精義》後來本已佚
失，今所傳本乃四庫館臣從《永樂大典》中輯集而成。此書既然本即
鈔撮而來，其間容或有誤抄者；又經過《永樂大典》、四庫館臣輾轉
抄錄，或者因此而產生錯誤。

總而言之，此段所謂王安石「佚文」，其實唯有「用人惟己，己
知可用而後用之」兩句而已。其他如〈君奭〉「召公為保，周公為
師，相成王為左右；召公不說，周公作君奭」下，《輯考彙評》誤引
一段賈誼之文，請參閱。

（二）「佚文」標點之失當

王荊公名列「唐宋古文八大家」，其文章自有獨特風格，常人有
時不易正確領略，故標點原文，甚為重要；標點若有誤，則讀者每因
而導致失違。《輯考彙評》中，亦有標點錯誤處。茲就所見舉例說明
如下：

《尚書·皋陶謨》「允迪厥德，謨明弼諧」經文下，《輯考彙評》

---

42 宋·林之奇撰《尚書全解》（臺北市：大通書局，1970年2月版）卷四，頁21。
43 清·朱彝尊撰，林慶彰、蔣秋華點校補正《經義考》卷八十三，頁358，引陳氏之言。

列有【佚文】第91條曰：

> 廸，道也。允迪厥德，謂所行之德允當于道。能允迪厥德，則心徹于內，而思慮不蔽。以之成謀，則明智徹于外，而視聽不悖。以之受弼，則諧。(《夏解》卷四頁二，《全解》卷五頁二)[44]

所列文字標點，即其表面觀之，似無可議之處，然而對比相關資料後，即能發現其中「以之成謀，則明智徹于外」一句，標點斷句頗有問題。考之於黃倫《尚書精義》卷六，引有張綱相關之論述，張綱《尚書》學說多本之於王安石，[45]對照張綱所言論，可知王安石《新義》原來意義。張綱云：

> 堯、舜，君也，……又曰：能允迪厥德，則心徹於內，而思慮不蔽；智徹於外，而視聽不悖；以之成謀則明，謂其智足以燭理故也；以之受弼則諧，謂其仁足以從諫故也。

由張綱所申述王安石解經涵義，則知《尚書新義》佚文標點，應當如下：

> 廸，道也；允迪厥德，謂所行之德允當于道。能允迪厥德，則

---

44 程元敏著，《三經新義輯考彙評（一）──尚書》，頁33。

45 清・朱彝尊撰，林慶彰、蔣秋華點校補正《經義考》卷八十，頁293，張綱《尚書講義》條下，引用汪應辰之言曰：「綱行狀云：『公講論經旨，尤精於《書》；著為論說，探微索隱，無一不與聖人契，世號張氏書解。』竊以王安石訓識經義，穿鑿傅會，專以濟其刑名法術之說；如《書義》中所謂「敢於殄戮，乃以乂民；忍威不可訖，凶惡不可忌」之類，皆害理教，不可以訓。綱作《書解》，掇拾安石緒餘，敷衍而潤飾之。今乃謂其言無一不與聖人契，此豈不厚誣聖人，疑誤學者。」

心徹于內，而思慮不蔽，以之成謀，則明；智徹于外，而視聽
不悖，以之受弼，則諧。

此條標點之誤，程先生曾當面確認無疑。復旦大學版《王安石全集》
中《尚書新義》，程先生曾參與編修，已修訂正確如上。

又如〈皋陶謨〉篇中「無教逸欲有邦」句下，《輯考彙評》輯錄
【佚文】第100條，其文曰：

天子當以勤儉率天下，諸侯不當以逸欲教有邦。蓋天子逸欲於
上，則諸侯化之，亦將肆其逸欲以盤樂怠傲於下。使有邦者皆
肆其逸欲，則生民之受其禍，可勝計哉！而其源則自夫上之人
以逸樂導之也。誠使為天子者澹然無營，清心寡欲，舉天下之
聲色貨利曾不足以動其心，彼諸侯者其敢肆其逸欲於下哉！
（《全解》卷五頁十三）[46]

以上標點，驟眼看來順理成章，文從字順，然而其中「諸侯不當以逸
欲教有邦」一句，卻甚可議；蓋因「諸侯」即是「有邦」者，若如此
斷句，則句內反成複沓累贅。而考之於宋代真德秀《大學衍義》卷三
十一「逸欲之戒」條下，引用「皋陶曰：無教逸欲有邦」，並加按語
曰：

臣按：「此皋陶戒舜之辭。逸謂燕安怠惰之私，欲謂奢靡荒淫
之好。人主一身，天下之表倡也，故當以勤儉而率諸侯，不可
以逸欲教有邦。夫所謂教者，非昭然示人以意嚮也；逸欲之
念，少萌于中，則天下從風而靡矣；此皋陶所以惓惓也。」

---

46 程元敏著，《三經新義輯考彙評（一）——尚書》，頁36。

此雖非引用王氏《新義》之文，而其說理訓解一致；可見「諸侯不當以逸欲教有邦」一句，「諸侯」二字當上屬，原文當為：「天子當以勤儉率天下諸侯，不當以逸欲教有邦」，如此點讀，方得正解。當年筆者曾與程先生討論，不果。今復旦大學新版《尚書新義》，已予修正。

二〇〇七年，大陸華東師範大學古籍研究所方笑一教授曾撰寫論文〈王安石《尚書新義》初探〉發表，所主要根據者即是《尚書新義──輯考彙評》一書，其中論述《尚書新義》之優點，在於「解釋文意時斷句恰當」，更引用《輯考彙評》書中《周書‧冏命》中「發號施令，罔有不臧」為例，謂「《傳》及《正義》均未解釋」，遂引用《輯考彙評》【佚文】（532）「發之以為『警』，戒之謂『號』，施之以為『法』，守之謂『令』。」（纂傳卷四二頁二，書傳彙纂卷二十頁三五），並譽之謂「發前人所未發」。[47]

今考《輯考彙評》此段「佚文」標點，理解有誤。考之於宋‧王昭禹《周禮詳解》卷三十二，於經文「凡邦之大事，合眾庶，則以刑禁號令」下，註解曰：

> 發之以為警戒之謂號，令之以為法守之謂令。揚子曰：「鼓舞萬物者，其雷風乎？鼓舞萬民者，其號令乎？雷不一，風不再。」不一者，號也；不再者，令也。布憲於合眾庶，而號令亦欲其無犯也。

按《周禮》經文止有「號令」，並無「發、施」二字，而其釋文言語竟與此條「佚文」相同，可見此文所重，止於「號」、「令」，並無「警」「法」之目需特標明。何況王安石註解《尚書新義》之時，「法

守」一詞,乃其時所常用,如:「納于百揆,百揆時敘」經文,宋·
東陽陳大猷《書集傳》卷一,總頁10上B,〈舜典〉「納于百揆」經文
下,引有王安石《新義》之文曰:「王氏曰:『百官之事,皆論道以揆
之,故曰『百揆』,與『法守』者異矣。』」又史浩《尚書講義》卷十
八頁14〈周官〉篇下曰:「乃立三公以論道經邦,調和陰陽;三孤以
貳公洪化,敬信天地。上以道揆,下以法守,皆所以佐王。」可見
「法守」一詞,乃宋代成語,不可斷分。故當以「發之以為警戒之謂
『號』,施之以為法守之謂『令』」標點為是。陳振孫《書錄解題》曰
「昭禹未詳何等人;近世為舉子業者多用之,其學皆宗王氏新說」。
則王昭宇所引用,當即是王氏《尚書新義》之文;王安石所解,就文
而發,兩句首字與末字,即是「發」、「號」、「施」、「令」也,不必中
間斷開,橫生「警」、「法」之目。[48]此即是因標點舛誤而產生之誤
評。其他文例,請參閱後文《補逸柬議》各條。

　　總之,《三經新義輯考彙評-尚書》中,凡有所可補者,可柬別
者,可議論者,皆盡可能修正補充,俾使以後研讀王安石《尚書》學
說者可免卻錯誤,運用正確資料以為研探,冀不失古人面目,亦免於
導人歧途。

　　尚有補充說明者,《尚書新義》自熙寧年間頒佈學官,盛行於北
宋六十年,士子莫不諷誦,以為科場典式。後雖因變法失敗,學者多
所摒棄,指斥駁辨,遂至亡逸。然其中訓義之可取者,亦為眾多學者
所採納,而往往諱隱其名。若蘇軾《東坡書傳》、晁說之《儒言》
等;本書皆盡量搜尋採用王氏說之跡,以見王氏《尚書新義》之時代
接納深度與傳播廣度。

　　又如蔡沈《書集傳》中,有部分稱名「王氏曰」引用,部分暗用
其說而不名者;《蔡傳》直承其師朱熹《尚書》之傳,可謂程朱學派

---

48 而今又有宋·東陽陳大猷《書集傳》卷十一,總頁168下B,引有「王氏曰」之文
　　曰:「王氏曰:『發之以為警戒之謂號,施之以為法守之謂令。』」益得明證。

《尚書》學之代表,而後其書又採為科舉經試之圭臬,其影響之大,可謂無匹矣;而其暗用王氏說處,亦乘其勢而流傳,後世學者莫能知之。宋鼎宗曾論及蔡沈《書集傳》之注解曰:

> 「不復識別」者,朱文公外,為數甚多,讀者不知,每以為係仲默之新義而不知其來有自也。此豈非仲默之瑕疵乎?[49]

臺灣師範大學許華峰研究《尚書》之學,著有《蔡沈《朱文公訂正門人蔡九峰書集傳》的注經體式與解經特色》一書,[50]書中〈第四章〉為「《書集傳》的注解依據」,探討《書集傳》所引據資料,分篇整理,其中即有蒐羅標示引用王安石《尚書新義》者,而所據即為程編《輯考彙評》,隨所失誤,兼且不周。

今欲考校蔡沈《書集傳》引用王安石《尚書新義》之實情,必先知王氏《尚書新義》存留之實況。是以本書特意對比《蔡傳》中用王氏《尚書新義》之文,以彰顯王荊公《尚書新義》之流傳及影響。

---

49 宋鼎宗《拙齋經議論叢》(新北市:花木蘭文化出版社,2009年,《中國學術思想言輯刊》五編第19冊),頁83。

50 許華峰《蔡沈《朱文公訂正門人蔡九峰書集傳》的注經體式與解經特色》(臺北市:臺灣學生書局,2013年2月初版)。本論文後述引用此書,不另贅述版權資訊。書中簡介謂「書中分析了宋板《書集傳》的異文、蔡沈所引據的資料,以及蔡沈「集傳」的原則,並試圖以此為據,說明《書集傳》的解經特色。相關內容,多為前人研究《書集傳》時,未能深入探究者。」

第肆章

《尚書新義》輯考彙評：
《虞書》補逸蒭議

〈堯典〉

昔在帝堯，聰明文思，光宅天下；將遜于位，讓于虞舜；作〈堯典〉。

曰若稽古：帝堯曰放勳，欽、明、文、思、安安，允恭克讓，光被四表，格於上下。克明俊德，以親九族；九族既睦，平章百姓；百姓昭明，協和萬邦；黎民於變時雍。乃命羲和，欽若昊天，歷象日月星辰，敬授人時。分命羲仲，宅嵎夷，曰暘谷；寅賓出日，平秩東作；日中，星鳥，以殷仲春；厥民析，鳥獸孳尾。申命羲叔，宅南交；平秩南訛，敬致，日永，星火，以正仲夏；厥民因，鳥獸希革。分命和仲，宅西，曰昧谷；寅餞納日，平秩西成；宵中，星虛，以殷仲秋；厥民夷，鳥獸毛毨。申命和叔，宅朔方，曰幽都。平在朔易，日短，星昴，以正仲冬；厥民隩，鳥獸氄毛。帝曰：「咨！汝羲暨和，朞三百有六旬有六日，以閏月定四時成歲；允釐百工，庶績咸熙。」帝曰：「疇咨若時登庸？」放齊曰：「胤子朱啟明。」帝曰：「吁！嚚訟，可乎？」帝曰：「疇咨若予采？」驩兜曰：「都！共工，方鳩僝功。」帝曰：「吁！靜言庸違，象恭滔天。」帝曰：「咨！四岳，湯湯洪水方割，蕩蕩懷山襄陵，浩浩滔天，下民其咨；有能俾乂？」僉

曰：「於！鯀哉！」帝曰：「吁！咈哉，方命圮族。」岳曰：「异
哉！試可，乃已。」帝曰：「往，欽哉！」九載，績用弗成。帝
曰：「咨！四岳，朕在位七十載，汝能庸命，巽朕位。」岳曰：
「否德，忝帝位。」曰：「明明揚側陋。」師錫帝曰：「有鰥在
下，曰虞舜。」帝曰：「俞！予聞。如何？」岳曰：「瞽子，父
頑、母嚚、象傲，克諧以孝，烝烝乂，不格姦。」帝曰：「我其
試哉！」女于時，觀厥刑于二女。釐降二女于媯汭，嬪于虞。帝
曰：「欽哉！」

昔在帝堯，聰明文思，光宅天下。（此尚書小序之文）

【佚文】（一）〈洪範〉貌、言、視、聽、思五事，可以解此「聰明
文思」。（朱子語類卷七八頁九，朱子五經語類卷四二頁十六）

【評】宋朱熹曰：「古人說話，皆有源流，不是胡亂。荊公解「聰明
文思」處，牽合〈洪範〉之五事，此卻是穿鑿。」（朱子語類卷七八
頁九，朱子五經語類卷四二頁十六）[1]

【根祥案】

此段「佚文」，乃《輯考彙評》揣摩朱熹所言王氏之意，撰文以說
者。《朱子語類》卷七十八原文作：

> 《易》是荊公舊作，卻自好。《三經義》《詩》、《書》、《周禮》
> 是後來作底，卻不好。如《書》說『聰明文思』，便要牽就
> 「五事」上說，此類不同。

1　根祥案：《欽定書經傳說彙纂》卷首下，亦引有相同記載。

朱熹兩處談論王氏「聰明文思」，皆先言「聰明文思」而後逮及「五事」，而此段既為解釋〈堯典〉序文，宜先言序文「聰明文思」，則「佚文」應擬為：

> 【佚文】序言「聰、明、文、思」，可以〈洪範〉貌、言、視、聽、思「五事」，配合以說解之。

又宋・晁以道《儒言》中，有「三弊」一條曰：

> 先儒謂近代有芟角、反對、互從等翻競之說，馳騁煩言，以奕
> 彝敘，譊譊成俗而不知變；此學者之弊也。蓋此三弊，尤驗於
> 今日。……謂之芟角。以此所言，責彼所不言，睹馬以童牛，
> 想龍以足虵，謂之反對。……，謂之互從。……。以箕子之
> 「五事」，同堯之「聰、明、文、思」，「聰、明、文、思」乃
> 復異乎「欽、明、文、思」，反對也。……；互從也。彼方自
> 謂繼聖絕俗之獨智，作新一代，不知古人久已斥其弊云。

晁以道《儒言》中所言，皆針對王安石而有所批駁，雖不稱其名而知之。然則此段文字，乃評王氏《新義》以〈洪範〉之「五事」同〈堯典〉之「聰明文思」，為「反對」之弊也。亦可見朱熹之說有所本據焉。如是則晁以道此文當補入為「評論」。

至於王氏如何據〈洪範〉「五事」以解「聰明文思」，則於文獻無徵矣；然宋・黃倫《尚書精義》卷一，於「聰明文思」下，引有張綱《書解》之論曰：

> 張氏綱曰：皇以道得名，帝以德得名，王以業得名。聖人之於
> 天下，或為皇，或為帝，或為王，非其道之不同也，所遇之時

適然耳。……。「聰明文思」，堯之四德也。徐以氣聽而聽不以
耳，堯德之所以為聰也；徐以神視而視不以目，堯德之所以為
明也。惟聰矣，故能聽遠，其效足以作謀；惟明矣，故能視
遠，其效足以作哲。聰明，君德之大者也。經曰「亶聰明，作
元后，元后作民父母」，蓋非聰明不足以作元后而為民之父母
也。又曰「惟天生民有欲，無主乃亂；惟天生聰明，時乂」，
蓋非聰明不足以乂民之亂而為之主也；則聰明者，君德之所當
先也。堯有聰明之德，其見之貌則恭而肅，形之言則從而乂；
貌恭而言從，動則成章，是故謂之文；由聰明以至於文，則其
德至矣，不可不從之以思；思者，道之所成終而成始也。聖人
方其寂然不動，則心死形廢，而未始有思；及其出應帝王之
業，而有為於人間世，是又不可以無思；且思於五行為土，土
之為物，水資之以為灌溉之利，火資之以為烹飪之功，金得之
以藏，木得之以生；是五行不可以無土，而五事不可以無思；
此堯之四德，必終之以思也。堯有聰、明、文、思之德充實於
內，及其英華外發，則厥光大矣，以此而宅天下，則天民之
阜，可垂拱而坐視也。

張綱《書解》之說多本諸王氏《新義》而發揮，[2]然則此段論述雖非
王氏所言，而其中當頗隱含荊公之論義，可以參考，以見其梗概。

2　朱彝尊《經義考》卷八十張綱《尚書講義》條下，引汪應辰曰：「綱行狀云：公講
論經旨，尤精於書，著為論說，探微索隱，無一不與聖人契，世號張氏書解。竊以
王安石訓識經義，穿鑿傅會，專以濟其刑名法術之說。如書義中所謂：敢於珍戮，
乃以乂民，忍威不可訖，凶惡不可忌之類，皆害理教，不可以訓。綱作《書》解，
掇拾安石緒餘，敷衍而潤飾之；今乃謂其言無一不與聖人契，此豈不厚誣聖人，疑
誤學者。」董銖曰：「世所傳張綱《書》解，只是祖述荊公所說。」

曰若稽古帝堯

【佚文】（二）「聖人於古，有可稽者，有可若者。」（《尚書全解》卷一頁三）

【佚文】（三）「聖人之于古政，有便今者則順之，有妨于民者則考之。」（《尚書詳解》卷一頁七）

【評】宋夏僎曰：「謂『稽古』所以稱堯舜能法古也。然史氏之意，苟以是稱堯之德，則當與『放勳』連言，今乃揭於『帝堯』之上，觀其勢蓋非所以稱堯，乃史氏自言其稽古作書之由，故二說（指孔安國、王安石）皆不如程氏、蘇氏謂史之作書也，曰『吾順考古昔，而得其人之行事』，此論甚善。」（夏解卷一頁七）

曰放勳。欽、明、文、思、安安。

【根祥案】

稽考之宋・羅泌《路史》卷二十二頁212《疏仡紀・夏后氏》一節「是為文命」之下，羅泌為之論曰：

> 孟子曰：「放勳乃徂落。」知放勳者，號也。**王安石曰**：「放勳，堯號，見之《孟子》；則重華、文命為舜、禹之號，明矣。」

所引王安石之說，當為《尚書新義》之文，當補入為「佚文」。

【佚文】（四）「放勳」之「勳」，功嚮於王之謂，周官夏官司勳：「王功曰勳。」（全解卷二頁二三，參下「明試以功，車服以庸」下佚文。）

【根祥案】

此段「佚文」,乃從《全解》所載論王安石之語中,得其論意,撰文以說者,並非佚文原文。此段《全解》之文見於〈皋陶謨〉篇之解釋文字;林之奇原文曰:

> 而王氏必以《周官》六功之說。於「放勳」則引「王功曰勳」,……夫六功之說出於《周官》,以是而見於〈堯典〉、〈舜典〉之言,非正義矣。至知其說不通,則迂闊而求合;於「放勳」則曰「功嚮於王」。

此段「佚文」雖曰不得已如此,然應以林之奇《全解》所述為「評論」,以見其意。

【佚文】(五)「堯曰『欽、明、文、思』者,成德之序也。」(全解卷二頁二～三,夏解卷二頁四,詳下舜典「濬哲文明,溫恭允塞」下佚文。)

【根祥案】

此條「佚文5」下未列評論。考之林氏《全解》於此段佚文下曰:「此鑿說也。據龜山、李校書已言其非矣。」此乃針對王氏而言,當收錄而為評論,以補其備。龜山乃楊時也;李校書者,名籲,字端伯,緱氏人。元祐中為祕書省校書郎。嘗記二程先生語一編,號《師說》。伊川稱之。[3]

　　至於楊龜山之評論,不可得見,復可參見前「聰明文思」所引晁以道《儒言》「三弊」條曰:

3　參見宋·朱子撰《伊洛淵源錄》卷八,頁78,有「李校書」條下小字註之文。

以箕子之「五事」，同堯之「聰、明、文、思」，「聰、明、
文、思」乃復異乎「欽、明、文、思」，反對也。

王安石既以「聰明文思」配合〈洪範〉「五事」作解釋，又於此
言「欽明文思」為「成德之序」；則「聰明文思」與「欽明文思」即
所說有異，即是「反對」之訛誤情狀。蓋孔《傳》解「聰明文思，光
宅天下」云「聖德遠著」；聰明文思，聖德也；光宅天下，遠著也。
然則「欽明文思」與序言「聰明文思」大抵相同，皆謂之「聖德」
也，蓋史官便於文體而序述之。宋代學者亦多以為然。可見王安石別
「聰明文思」與「欽明文思」之異，乃其特異創新之說也。據此，則
蘇軾《書傳》云：

> 或言其「聰」，或言其「敬」，初無異義；而學者因是以為說，
> 則不勝異說矣。

蘇東坡主張「聰明文思」與「欽明文思」並無異義，而謂「學者」故
為「異說」，則其所指「學者」當即是王氏之輩也。如此則蘇軾之說
當補入為「評論」。

【佚文】（六）「理之所可安者，聖人安而行之。」（伊川經說卷二頁
二程頤原注，或問卷上頁五）

【評】宋陳大猷曰：「王氏雖說得兩『安』字，然上言『理之可安
者』，則是於『欽明文思』之外別言理，而下『安』字，其味又未免
失之薄也。」（或問卷上頁五）

克明俊德

【佚文】（七）「大而敏之謂俊。」（或問卷上頁六）

【根祥案】

以「大而敏」解「俊」，乃王荊公獨創之說，後世學者亦有用之；如元・吳澄撰《書纂言》卷一頁42a，經文〈皋陶謨〉「俊乂在官」下曰：「俊，才之大而敏者。」是用王荊公之說而未明示者。又宋・毛晃增註、毛居正重增《增修互註禮部韻略》卷四頁511「俊」字下載：「智過千人曰俊。……又大而敏也。亦作儁、峻。」亦載「大而敏」之解。

以親九族，九族既睦。

【佚文】（八）「親者，親之也；睦者，交相親也。」（輯纂卷一頁二，纂疏卷一頁二，大全卷一頁四，書傳彙纂卷一頁五）

【根祥案】

此《尚書新義》文字，於宋・東陽陳大猷《書集傳》卷一，總頁5上A亦有引之，文字全同。其文如下：

> 王氏曰：「親者，親之也；睦者，交相親也。」

此段引文與「佚文8」全同，而以時間先後論之，則陳大猷為早，當據此以為《新義》「佚文」之正。

平章百姓。

【佚文】（九）「（平章）平其職業，章其功勳。」（夏解卷一頁十）

【評】宋夏僎曰：「平章者，平議商榷之言；蓋記所謂論官，庶官、百執事當論辨而官之。……王介甫、張彥政（綱）（說）……非也。」（夏解卷一頁十）

【佚文】（十）「親九族之道，賢、不肖、能、鄙有不辯也，則無事乎平，不責以事，不程其功，則無事乎章亦善。」（或問卷上頁八）

【根祥案】

上引「佚文10」末「亦善」二字，並非王氏語，當為陳大猷對王氏此說之「評論」語。考陳大猷於《書集傳或問》二卷中，時引學者之言，而於文末許之曰「亦善」者甚夥；如：「三山陳氏說『陟方』，亦善」、「三山陳氏說『罔游罔逸』一節，亦善」、「林氏曰：『惟一故常，惟常故一』。蘇氏曰：『惟一故新，惟新故一；一故不流，新故不敝。』亦善。」[4] 依其文例可見也。

又考之宋・東陽陳大猷《書集傳》卷一，總頁5上A，引有王氏《新義》佚文一段，其文如下：

> 王氏曰：「治而夷之之謂平；成而著之之謂章；貴賤能鄙，各適其分者，平也；程其事功，崇以爵位，旌以車服者，章也。」

此段引文，乃從正面陳述「平章」之義，而《或問》所言，則乃反向申論；故當整合兩段「佚文」以見其全貌。擬「佚文」如下：

> 【佚文】「治而夷之之謂平；成而著之之謂章；貴、賤、能、鄙，各適其分者，平也；程其事功，崇以爵位，旌以車服者，章也。……親九族之道，賢、不肖、能、鄙有不辯也，則無事乎平；不責以事，不程其功，則無事乎章。」

4　以上諸例，見宋陳大猷撰《書集傳或問》（四庫全書本）卷上。陳氏《書集傳或問》中，「亦善」之例共十六條。

此「佚文」陳大猷以為「亦善」，當補註為「評論」。

黎民於變時雍。

【根祥案】

考之宋・東陽陳大猷《書集傳》卷一，總頁5上B，引有王氏《新義》
佚文一段，如下：

> 王氏曰：「雍者，和之至也。」

考王氏此說，後人有用之者，若南宋・史浩《尚書講義》卷一曰：
「協和者，調一也；而黎民至於變時雍，和之至也。」[5]又明・馬明
衡撰《尚書疑義》卷一頁103曰：「雍者，和之至也。」雖未稱名引
用，實用王氏說也。

乃命羲和。

【佚文】（十一）「乃者，繼事之辭。」（尚書日記卷一頁九）

【評】明王樵曰：「春秋傳曰：乃者難辭。王安石曰：『……。』今
按：『乃命羲和』與『箕子乃言曰』，俱當從難辭之例。」（尚書日記
卷一頁九）

【根祥案】

考之明・王樵《尚書日記》，論及「乃者，繼事之辭」，前後有兩段而
意義相關；其文曰：

5　宋・史浩撰《尚書講義》二十卷。史浩字直翁，鄞縣人。紹興十四年進士。孝宗為
　　建王時，浩以司封郎中兼直講；孝宗即位後，遷翰林學士知制誥。累官右丞相致
　　仕。事蹟具《宋史》本傳。

○乃者，繼事之辭。蓋史家記事之體，說一事了，又及一事，則以「乃」字起之，非謂堯之治，至於萬邦時雍，始有事於命義和也。○《春秋傳》曰：「乃者，難辭。」王安石曰：「乃者，繼事之辭。」今按「乃命義和」與「箕子乃言曰」，俱當從難辭之例。○

王樵所說，前段可為王荊公分辯，而後段則以為王氏《新義》為非，當並觀之，故應補入「評論」中。又王氏《新義》此解，蔡沈《書集傳》用之。明・馬明衡撰《尚書疑義》卷一頁103曰：

〈堯典〉記事，是上下百年之事，不可認作後世文字，必上下語脈相承。「乃命義和」，「乃」字蔡《傳》云：「乃者，繼事之辭。」似亦不必如此。

此文雖針對蔡氏評論，實亦可視為間接評論王安石之說也。王安石「乃者，繼事之辭」說，亦見引於明・何楷撰《詩經世本古義》卷九頁170曰：「作廟翼翼，職韻，賦也。王安石云：『乃者，繼事之辭。』」

又王安石此「乃者，繼事之辭」之說，亦見於其《周官新義》說之中。宋・王與之《周禮訂義》卷五十九頁220，記曰：

易氏曰：「王氏謂餘官以歲終入其會，……。乃者，繼事之辭。……所以紀小司寇一職之終也。」

筆者以為《尚書新義》早亡佚於明朝之前，王樵、何楷所引，或因蔡《傳》而論，或從《周官新義》、《詩經新義》而來，而其文義既同，可通用而弗論也。

【佚文】（十二）「散義氣以為義，斂仁氣以為和。日出之氣為義，義者，陽也。利物之謂和，和者，陰也。」（全解卷一頁十）

【評】宋林之奇曰：「羲和即人之名，安有陰陽仁義之說哉？此不可行也。」（全解卷一頁十）

【根祥案】

考之宋・楊時《龜山集》卷七頁162，有〈王氏字說辨〉一大段，其中有引王氏《字說》曰：

> 義：斂仁氣以為義，散義氣以為和。犧牲：殘而殺之，和所以制物；完而生之，義所以始物。

文字與林氏《全解》所引相類，疑其文本作「羲：斂仁氣以為羲，散義氣以為和。」蓋因此與「犧牲」並列，當是「羲」字。然則與《全解》所引文字有異。姑置其異，楊龜山評論此說曰：

> 斂仁氣以為義，又曰「殘而殺之，和所以制物」；散義氣以為和，又曰「完而生之，義所以始物」。殊無理也。

亦應視為針對王安石之「評論」。

【佚文】（十三）「昔少昊氏命官：鳳鳥氏司曆，玄鳥氏司分，伯趙氏司至，青鳥氏司啟，丹鳥氏司閉，位五鳩、五雉、九扈之上，古聖人重曆數如此。堯世步占，曰『欽』、曰『敬』，最為謹嚴。及夏，羲、和合為一，其職已略。至周為太史，正歲年以敘事，以下大夫為之；馮相氏掌日月星辰，以中士為之，則其官益輕。蓋創端造始，推測天度，非上哲有所不能。及成法已具，有司守之亦可步占，所以始

重終輕，其勢然也。」（輯纂卷一頁三，纂疏卷一頁二～三，大全卷一頁五，尚書疑義卷一頁五，尚書埤傳卷一頁四，書傳彙纂卷一頁八）

【評】宋朱熹曰：「歷是古時一件大事。故炎帝以鳥名官，首曰鳳氏。歷，正也，歲月日時既定，則百工之事可考其成。程氏、王氏兩說相兼，其義始備。」（朱子語類卷七八頁十二，朱子五經語類卷四三頁五）

欽若昊天；

【佚文】（十四）「天色可見者，蒼蒼而已；故於春言其色。氣至夏而行，故於夏言其氣。情至秋而知，故於秋言其情。冬位正乎上，故於冬言其位。」（全解卷一頁十一，夏解卷一頁十二）

【評】宋夏僎曰：「（王氏之說）皆鑿說也。要之經傳之言天者不一：以其尊而君之，則曰『皇天』；以其仁覆天下，則曰『旻天』；以其自上監下，則曰『上天』；以其遠視蒼然，則曰『蒼天』；以其元氣廣大而言，則曰『昊天』；初無異議也。」（夏解卷一頁十而）

【根祥案】

考之宋‧陸佃撰《埤雅》卷十九頁487〈釋天〉曰：

> 《爾雅》曰：「春為蒼天，夏為昊天，秋為旻天，冬為上天。」於春言其色，於夏言其氣，於秋言其情，於冬言其位；相備也。

此言即用王安石之說。[6]

6　《四庫全書總目》卷四十，頁825，經部四十，小學類一《埤雅》二十卷下提要

歷象日月星辰。

【佚文】（十五）「歷者，步其數；象者，占其象。」（書傳彙纂卷一頁七）（註一）

【根祥案】

考之《輯考彙評》書中頁235「註一」下云：

> 《尚書精義》（卷一頁十三）引張氏（綱）曰：「為之歷者，所以稽其數；為之象者，所以占其象。」《書傳彙纂》此條，蓋刪改張綱此文而成，又以張氏說多祖述《尚書新義》，遂以為安石之說，非直據《尚書新義》原書也。張綱書說多祖述安石，見《朱子語類》卷七八頁九載汪玉山〈駁張綱諡奏狀〉。參看下編「諸家評論及載引佚文按書分條考計」之《尚書全解》與《尚書精義》。

考之宋・王應麟《玉海》卷九頁197〈律歷〉下云：「王氏《書》說：『歷者，步其數；象者，占其象。』」正與《書經傳說彙纂》卷一所引相同，宋、元諸家著作所引用者，唯《玉海》有引王氏此文，《書傳彙纂》所引，蓋出於此。《輯考彙評》失收此條，因以為此文出於張綱之說，乃修《彙纂》者刪改張綱之文而成，其實非也。

今又考之宋・東陽陳大猷《書集傳》卷一，總頁5上B，引有王氏《新義》「佚文」，載有此條曰：

曰：「此書易名《埤雅》，言為《爾雅》之輔也。其說諸物，大抵略於形狀而詳於名義，尋究偏旁，比附形聲，務求其得名之所以然。又推而通貫諸經，曲證旁稽，假物理以明其義；中多引王安石《字說》，蓋佃以不附安石行新法，故後入元祐黨籍。其學問淵源，則實出安石。」以此見陸佃之學與王安石之關係也。

> 王氏曰：「歷者，步其數；象者，占其象。」

據此引文與《玉海》全同，更可確證此乃王安石《尚書新義》之原文，而非張綱所述也。是以應以陳大猷《書集傳》所引為「佚文」之正，輔以《玉海》，不必註解。

分命羲仲，……申命羲叔。

【根祥案】

考之宋・東陽陳大猷《書集傳》卷一，總頁5下B，引有王安石《新義》之文曰：

> 王氏曰：「羲和四官，各主一方之政，一時之事。」

此段引文，當補入為「佚文」。又考宋・林之奇《尚書全解》卷三「帝曰咨汝二十有二人欽哉」曰：

> 此又總而申敕之也；正如〈堯典〉既已分命、申命羲和四子，各主一方之政矣。

又於卷十三〈胤征〉篇下云：

> 則是羲和之官，合而為一職，不復分四時之官，各主一方之政，一時之事，如堯之羲和矣。[7]

---

7 林之奇《全解》〈周官〉篇亦曰：「此篇之立言敘事，與〈堯典〉體製相似。〈堯典〉篇先言羲仲、羲叔、和仲、和叔，各主其一方之政。」可以一併參考。

可見林氏論述「堯之羲和」，亦謂「四時之官，各主一方之政，一時之事」，與陳大猷所引文正同，雖未曾明言為「王氏曰」，而實採王荊公之論。

【佚文】（十六）「分命，使分陰陽而治之也；申命，使繼二仲而治之也。」（輯纂卷一頁四，纂疏卷一頁三，大全卷一頁七）

【根祥案】

考之宋・東陽陳大猷《書集傳》卷一，總頁5下B，引有王安石《新義》之文曰：

> 王氏曰：「分命，使分陰分陽而治之也；申命，使繼二仲之事而申之也。」

陳大猷所引文，與上述「佚文」相同而更順達，而引用時間亦早，當以陳大猷所引文為「佚文」之正。

宅嵎夷，曰暘谷。

【根祥案】

考之宋・東陽陳大猷《書集傳》卷一，總頁5下B，引有王安石《新義》之文曰：

> 王氏曰：「嵎夷，東方之夷。於東言『宅嵎夷』，則四夷皆宅可知。」

此條未見他處引用；當補入為《新義》「佚文」。

【佚文】（十七）「日出為暘。」（或問卷上頁九）

【評】宋陳大猷曰：「或問：暘谷，諸家皆祖孔說，子獨取王說，何也？曰：按〈洪範〉雨、暘相對，王氏以『日出為暘』，當矣。唐孔氏推孔說，……以『暘』訓『明』，要不如王說之正。」

【根祥案】

考之宋・東陽陳大猷《書集傳》卷一，總頁5下B-頁6上A，引有王安石《新義》之文曰：

> 王氏曰：「日出為暘，故東方曰『暘谷』。羲仲居治東方之官。寅，敬；賓，導也。敬導出日。」

此段「王氏曰」之文，較《或問》所引為多，且不見於他家所引。「羲仲」以下文字，蓋王氏採用孔傳之說，故與孔傳同。當以此段為「佚文」之正。

寅賓出日，平秩東作；

【根祥案】

考之宋・東陽陳大猷《書集傳》卷一，總頁6上A，引有王安石《新義》之文曰：

> 王氏曰：「物各當其分之謂平，事各當其序之謂秩。」

考《周禮集說》卷二頁310引曰：「王氏曰：物各當其分之謂平。」可見此確為王安石之言。又宋・王昭禹《周禮詳解》卷一頁204「四曰

政典以平邦國」下注曰:「物各當其分之謂平。」亦正用王氏之說。[8]

日中、星鳥,以殷仲春。厥民析;鳥獸孳尾。……以正仲夏……
宵中……以正仲冬

【根祥案】

考之宋・東陽陳大猷《書集傳》卷一,總頁6上A,引有王安石《新
義》之文曰:

> 王氏曰:「陽生於子而終於午;仲春,陽之中也,故言『日
> 中』。陰生於午而終於子;仲秋,陰之中也,故言『宵中』。」

此段引文當補入為「佚文」。又考之明・邢雲路《古今律歷考》卷二
頁16〈尚書考〉曰:「殷,中也。仲春,陽之中也。」蓋或即用王氏
遺說也。

【根祥案】

考之宋・東陽陳大猷《書集傳》卷一,總頁6上B,引有王氏《新義》
之言曰:

> 王氏曰:「仲春、仲秋,陰陽之至中,故曰『以殷』。仲夏、仲
> 冬,陰陽之至正,故曰『以正』。」

此段引文當補入為「佚文」。更考元・黃公紹原編,熊忠舉要之《古

---

[8] 《四庫全書總目提要》頁11云:「陳振孫《書錄解題》曰:『昭禹未詳何等人,近世為
舉子業者多用之』。其學皆宗王氏新說。……其附會穿鑿,皆遵王氏《字說》,蓋當
時《三經新義》列在學官,功令所懸,故昭禹因之不改。」

今韻會舉要》卷五頁104曰：「殷：《書》『以殷仲春』，王氏曰：『陰陽之至中，故曰殷。』」此條內容與上述引文重疊，當列入為引文來源。

【根祥案】

考之宋‧東陽陳大猷《書集傳》卷一，總頁6下A，有引王氏之言曰：

> 王氏曰：「聖人之道，上至於日月星辰，下至於草木鳥獸，外至於夷狄，皆聖人之所治也。」

此條未見他人引用。當補入為《新義》「佚文」。

宅南交

【佚文】（十八）「南方相見之時，陰陽之所交也，故曰南交。」（全解卷一頁十四，夏解卷一頁十五）

【評】宋林之奇曰：「此說不然。於東西曰『嵎夷』、曰『昧谷』，皆地名也，不應於南方獨言其『萬物相見之時』。其說為不類。」（全解卷一頁十四，夏解卷一頁十五，略同。）

【根祥案】

考之宋‧錢時《融堂書解》卷一頁3中有謂：

> 或謂：『南方相見之時，陰陽之所交也。』其義亦未足；前乎此，則作於東；後乎此，則成於西；南，離明之地，正居春秋之間，為『東作』、『西成』之交會，故謂之『南交』；萬物皆於是而化育也，故謂之『南訛』。居南方，則為東西之交，時則宜平秩化育之事。

此段文字中「或曰」所言，當為王安石之論，融堂引之而諱其名。文下謂「其義亦未足」以下文字，當為對王氏《新義》而發之評論也，可以補入作「評論」。

宅朔方，曰幽都。平在朔易；日短、星昴，以正仲冬。

【佚文】（十九）「不言北而言朔，如月朔更始之意。北方以位言之，則日月星辰之象皆伏而不見；以時言之，則草木歸根、昆蟲閉蟄，皆有隱伏之意，故謂之幽都。三時言『平秩』，主農事也。至冬，農事畢矣，歲事且終，天氣更始，故言『平在朔易』。」（輯纂卷一頁六，纂疏卷一頁五，大全卷一頁十二，書傳彙纂卷一頁二十）

【佚文】（二十）「冬不言『秩』而言『在』；在，察其改易而已。秩非不在，在非不秩，亦互相備。」（纂傳卷一頁五）

【根祥案】

考之宋・東陽陳大猷《書集傳》卷一，總頁6下B，引有王安石《新義》之文曰：

> 王氏曰：「冬不言『秩』而言『在』；在，察其改易而已。秩非不在，在非不秩，亦互相備。」

陳氏所引王氏說與王天與《纂傳》引文全同，以時而言則早，當以陳大猷所引為「佚文」之正。

【佚文】（二一）「冬者，休息之時也；當豫察來歲改易之政耳。事之改易，於此時在察之；事豫則立，國家閒暇，乃豫圖改易之時也。」（精義卷二頁三）

【佚文】（二二）校刪。

允釐百工。

【根祥案】

考之宋・東陽陳大猷《書集傳》卷一，總頁7下A，引有王安石《新義》之文曰：

　　　　王氏曰：「釐，析而治之之謂。」

此段引文當補入為《新義》「佚文」。由陳氏《書集傳》所引，因得知王氏有此說，遂進而知宋・夏僎《尚書詳解》卷二十四頁582〈畢命〉篇下曰：「釐者，析而治之之謂也。」其言為王氏之說。又元・吳澄《書纂言》卷一頁7991云：「釐，析而治之也。」亦用荊公之論。

庶績咸熙。

【佚文】（二三）「不言『功』而言『績』，謂其功乃緝累而成。」（纂傳卷一頁六）

帝曰：「疇咨若時登庸？……疇咨若予采？」

【佚文】（二四）「『若時登庸』與『若予采』相對為言，謂『疇咨若時』者，咨順天道者也；『疇咨若予采』者，順人事也。」（全解卷一頁二二-二三，夏解卷一頁二二）

【評】宋・林之奇曰：「此說則非。『若時登庸』，以謂順天道，如〈皋陶謨〉曰『咸若時』，〈冏命〉曰『若時癏厥官』，豈亦咨順天道

也哉？『疇咨若時』者，誰能順是登庸之任，蓋將授以天下也。」
（全解卷一頁二三）

【根祥案】

考之宋・東陽陳大猷《書集傳》卷一，總頁7下A，引有王安石《新義》之文曰：

> 王氏曰：「疇如『疇離祉』之疇，咨如『周爰咨詢』之咨；疇咨，使眾共咨訪也。」

陳大猷此段引文，當補入為「佚文」。而此段解「疇咨」之義，未見他書引用。考宋・林之奇《尚書全解》卷三頁36論「亮采惠疇」下，引王氏云：

> 王氏云：「亮采者，明其事也；惠疇者，惠其疇也。」此說雖勝，然以疇為「惠其疇」，而引《周易》「疇離祉」為證，以為百工者，百揆之疇也；百揆得人，則百工皆「疇離祉」矣。以「疇離祉」證疇之義，而又以離祉為說，迂迴甚矣。

林氏此論，可以參看。

帝曰：「吁！嚚訟，可乎！」

【佚文】（二五）「訟者言之于公。」（考古質疑卷三頁十六）（註二）

帝曰：「吁！靜言庸違，象恭、滔天。」

【佚文】（二六）「靜則能言，用則違其言。象恭滔天，言其外貌恭

而中心懷藏姦偽，滔天莫測。」（伊川經說卷二頁五）

【根祥案】

《輯考彙評》引《伊川經說》，以為全段皆為王安石之言，此有可疑。考之宋‧林之奇《尚書全解》卷一中，有謂：

> 「滔天」二字，說者不同。釋文云：「外貌恭敬而心中實包藏，滔天莫測。」蘇氏曰：「滔滅天理。」曾氏云：「誠者，天之道也；汨沒其胸中之誠，故曰滔天。」審如是說，則與下文「浩浩滔天」語意斷異。夫典之言「滔天」一也，豈容有異哉。

林氏所云《釋文》之語，亦即伊川所言者。考之陸德明《經典釋文》（今本及敦煌殘本）並無是語，則所謂「釋文」，並非《經典釋文》。又經查此說夏僎《詳解》全引林少穎之言，無可佐證之資。復稽考宋‧胡士行《尚書詳解》卷一頁291〈堯典〉「靜言庸違，象恭、滔天」下，胡士行解曰：「靜言靜時能言，庸違用則違之，象外貌，恭謙恭，滔天心中包藏滔天莫測。」其意與林之奇所引說義相同。察夫胡士行《詳解》一書，《四庫全書總目提要》館臣謂「其解經多以孔傳為主，而存異說于後；孔傳有未善，則引楊時、林之奇、呂祖謙、夏僎諸說補之。諸說復有所未備，則以己意解之」。今考其書中明引王安石之言者三處，而其他實用王氏之說者甚夥。如：解「車服以庸」曰「民功曰庸」，解「五服三就」曰「就輕、就重、就輕重之中」，解「五宅三居」曰「居遠、居近、居遠近之中」等，皆可見也。今程伊川引曰「中心懷藏姦偽，滔天莫測」，林氏引曰「心中實包藏，滔天莫測」，胡氏曰「滔天心中包藏滔天莫測」，其實說義相同。又據元‧陳櫟《書集傳纂疏》卷一頁234「何畏乎巧言、令色、孔壬」句下，引真氏曰：「『孔壬』，古註以為甚佞；介甫謂其包藏禍心，蓋以壬為妊娠之妊」，夏僎《詳解》謂「任人」

為「包藏不可測知，若婦人之姙娠焉」，可見「包藏不可測知」之說，實為王安石特解；然林氏所引「心中實包藏，滔天莫測」之語，與「包藏不可測知」之義實無不同。據此推之，林氏所引「釋文」云「外貌恭敬而心中實包藏，滔天莫測」之文，應亦出於王氏《尚書新義》，經此考辨，可以無疑矣。

又考宋・東陽陳大猷《書集傳》卷一，總頁7下B中，正引王氏《新義》文曰：

> 王氏曰：「靜則能言，用則違之。」

綜合以上所知相關資料，對比校勘，【佚文】語句形式，前段以陳大猷所引為是，中段當取諸程氏，後段應以林之奇所引為正。當擬作：

> 【佚文】「靜則能言，用則違之。象恭滔天，言其外貌恭敬而心中實包藏，滔天莫測。」

帝曰：「咨！四岳！湯湯洪水方割，蕩蕩懷山襄陵，浩浩滔天。」

【佚文】（二七）「山高而陵下，陵言『襄』，山言『懷』，何也？地高則襄陵，地下則懷山。」（精義卷二頁十一）

帝曰：『於！咈哉！方命圮族。』

【佚文】（二八）「圓則行，方則止；方命，猶今言廢閣詔令也。蓋鯀之為人，悖戾自用，不從上令也。」（蔡傳卷一頁三，朱子語類卷七頁十五，朱子五經語類卷四三頁十，纂傳卷一頁七，書傳會選卷一頁八）

【根祥案】

歷來學者皆以為蔡沈所引全段文字，全為王安石《尚書新義》之言。今考之宋・東陽陳大猷《書集傳》卷一，總頁8上B中，引有王氏此說曰：

> 王氏曰：「圓則行，方則止；方命者，逆命不行也。」

據此又考之夏僎《尚書詳解》卷一頁27有曰：「或又謂：『物圓則行，方則止；方命，則逆命不行。』亦與此通。」可知夏僎所引為王氏之說，其文與陳大猷引文相同。由是而知，王氏論「方命」之言，止於如此而已，並無後文「廢閣詔令」等語。進而查考「廢閣詔令」一語，文獻中出現最早者，即為朱熹及蔡沈，元明學者亦偶用之；此「廢閣詔令」之言，不見於北宋及以前文獻中。然則後文並非王荊公之言，乃朱熹之比況語耳。歷來學者未能分辨涇渭，誤以為皆王氏之言。今當正王安石《新義》佚文，止如同上述陳大猷所引為正。

【佚文】（二九）「堯知鯀之方命圮族，然卒使之，何也？曰：方是之時，舜禹皆未聞于世也；在朝廷所與者，鯀而已。聖人雖有過人之明，然不自用也；故曰稽于眾，捨己從人；雖疑其不可任，苟眾之所與，亦不廢也；故曰：誰毀誰譽，如有所譽者，其有所試矣。譽人尚必有所試，則其廢人也亦必有所試，而不勝任然後廢之耳。鯀既未嘗試，又眾之所與，堯雖獨見其不可任，敢不試而逆度以廢之乎？敢違眾而自用乎？聖人之立法，皆以眾人為制；中才之君，獨見其所見，不從眾人之所見，逆度其不可任而不待其有所試，則其為失也多矣。故堯之聰明雖足以逆知來物，明見鯀之不可任，猶不敢自用，所以為中人法也。夫利一時而其法不可以推之萬世者，聖人不為也，此所謂聖人之仁也。用己則聖人有所殆，用眾則雖中人可以無為而治也。故

堯之用鯀也，以四岳之僉同；其用舜也，亦以四岳之師錫；所以為聖人者，以其善用眾也。天聰明自我民聰明，唯天為大，唯堯則之，於試鯀與舜見之矣。」（精義卷二頁十一-十二）

朕在位七十載，……巽朕位。

【佚文】（三十）「位者人之所立。」（考古質疑卷三頁十六）

【佚文】（三一）「自下升則曰陟，自外入則曰巽。『汝能庸命，巽朕位』謂汝能庸我之命，居帝之位，攝行天子之事也。」（全解卷一頁三十，夏解卷一頁三一）

【評】宋・夏僎曰：「巽與遜同，故馬氏（融）亦云巽，讓也。王氏乃謂：『……。』遂以『巽位』之位為堯將使四岳自外入居帝位，與下文言『陟帝位』同意。蓋『巽』之為字，於釋文未有訓為『自外而入內』者，不若以巽為遜，而〈堯典〉之書亦有『將遜於位』之言，則王氏之說為未安也。」（夏解卷一頁三一）

【根祥案】

《輯考彙評》所引此條「佚文」，出於林氏《全解》；然以夏僎所引文字對比觀之，其相同者止有「自下升曰陟，自外入曰巽」兩語，林氏所引後段之文，夏氏並未引述，即對王氏評擊；且所評曰「遂以巽朕之位為堯將使四岳自外入居帝位」，其中「自外入」解說「巽」之義為王氏特創，然此義此語，未見於林氏《全解》後段引文之中，則林氏《全解》引文後段，或非王氏之言。反之，夏僎所言「堯將使四岳自外入居帝位，與下文言『陟帝位』同意」之語，方合乎王荊公《書義》之特別解說，不然，何以此引文前有「自下升則曰陟」之語，蓋將與下文「陟帝位」連類對照也。又考之金履祥所編纂《資治通鑑前

編》卷一頁11解說「巽朕位」曰：「巽，入也；使入居帝位也。或曰：巽與遜同。」此「使入居帝位」之說，與夏僎所引荊公之論正同，可推見王氏之說《書》，必有「自外入」或「入居」之語，無是則非王氏之辭。故此王氏佚文，宜擬作：

【佚文】「自下升則曰陟，自外入則曰巽。『巽朕位』謂「堯將使四岳自外入居帝位，與下文言『陟帝位』同意」。

【佚文】（三二）「堯固已聞舜矣，然且謂岳『汝能庸命，巽朕位』，然則堯之出此，偽歟？曰：非然也。四岳者，皆大賢人，故堯任之，以與之釐百工，熙庶績者矣。堯雖聞舜，然未敢自用其所聞也，以為四岳亦能庸命，雖與之天下，亦可以朝諸侯、一天下也。此四人苟有賢于己者，宜亦知之；苟知之，宜亦推之，故推四岳之功善，而云欲予之天下；四人者，知足以知聖人，而其污不至乎貪天下也。舜誠聖人而在下，則四人宜知之矣；知之則宜言之矣，其肯相為比黨而蔽在下之賢於己者乎？此堯稽于眾，舍己從人，不敢自用其耳目之聰明也，必待四岳師錫己以舜，而後徵庸之耳。然則四岳何以不蚤舉舜歟？曰：陰雖有美含之，以從王事，必待上之唱也然後發，故四岳雖知舜，必待堯之唱也然後錫。」（精義卷二頁十二～十三）

釐降二女于媯汭，嬪于虞。

【佚文】（三三）釐降，下嫁也。（全解卷一頁三四，夏解卷一頁三六，或問卷上頁十二）

【評】宋林之奇曰：「此說亦可通。然而以『釐降』為下嫁，則是此一篇所載，惟及乎堯之妻舜，而不及乎舜也。刑于二女，而便與〈舜典〉『慎徽五典』之文相接，甚為不備。」（全解卷一頁三四）

【評】宋夏僎曰:「孔氏云:『釐降乃舜能以義理下二女之心。』然經言『釐降二女於溈汭』,則降又非降其心。故不若合二說為一,謂舜能以義理下降二女,雖帝女之貴,亦使下降而居溈汭也。」(夏解卷一頁三六)

〈舜典〉

虞舜側微,堯聞之聰明,將使嗣位,歷試諸難;作〈舜典〉。

曰若稽古:帝舜曰重華,協于帝。濬哲文明,溫恭允塞,玄德升聞,乃命以位。慎徽五典,五典克從;納于百揆,百揆時敘;賓于四門,四門穆穆;納于大麓,烈風雷雨弗迷。帝曰:「格汝舜,詢事考言,乃言底可績。三載,汝陟帝位。」舜讓于德,弗嗣。正月上日,受終于文祖,在璿璣玉衡,以齊七政;肆類于上帝,禋于六宗,望于山川,徧于群神。輯五瑞,既月乃日,覲四岳群牧,班瑞于群后。歲二月,東巡守,至于岱宗,柴;望秩于山川,肆覲東后,協時月正日,同律度量衡;修五禮、五玉、三帛、二生、一死贄;如五器,卒乃復。五月,南巡守,至于南岳,如岱禮。八月,西巡守,至于西岳,如初。十有一月,朔巡守,至于北岳,如西禮。歸格于藝祖,用特。五載一巡守,群后四朝;敷奏以言,明試以功,車服以庸。肇十有二州,封十有二山,濬川。象以典刑,流宥五刑,鞭作官刑,扑作教刑,金作贖刑;眚災肆赦,怙終賊刑。欽哉欽哉!惟刑之恤哉!流共工于幽洲,放驩兜于崇山,竄三苗于三危,殛鯀于羽山;四罪而天下咸服。二十有八載,帝乃殂落,百姓如喪考妣,三載,四海遏密八音。月正元日,舜格于文祖,詢于四岳,闢四門,明四目,達四聰。咨十有二牧,曰:「食哉!惟時;柔遠能邇,惇德允元,而

難任人，蠻夷率服。」舜曰：「咨！四岳，有能奮庸熙帝之載，使宅百揆，亮采惠疇？」僉曰：「伯禹作司空。」帝曰：「俞！咨禹，汝平水土，惟時懋哉！」禹拜稽首，讓于稷、契暨皋陶。帝曰：「俞！汝往哉！」帝曰：「棄，黎民阻飢；汝后稷，播時百穀。」帝曰：「契，百姓不親，五品不遜；汝作司徒，敬敷五教，在寬。」帝曰：「皋陶，蠻夷猾夏，寇賊姦宄；汝作士，五刑有服，五服三就；五流有宅，五宅三居；惟明克允。」帝曰：「疇若予工？」僉曰：「垂哉！」帝曰：「俞！咨垂，汝共工。」垂拜稽首，讓于殳斨暨伯與。帝曰：「俞！往哉，汝諧。」帝曰：「疇若予上下草木鳥獸？」僉曰：「益哉！」帝曰：「俞！咨益，汝作朕虞。」益拜稽首，讓于朱虎、熊羆。帝曰：「俞！往哉，汝諧。」帝曰：「咨四岳，有能典朕三禮？」僉曰：「伯夷。」帝曰：「俞！咨伯，汝作秩宗，夙夜惟寅，直哉惟清。」伯拜稽首，讓于夔、龍。帝曰：「俞！往，欽哉。」帝曰：「夔，命汝典樂，教胄子；直而溫，寬而栗，剛而無虐，簡而無傲。詩言志，歌永言，聲依永，律和聲，八音克諧，無相奪倫，神人以和。」夔曰：「於！予擊石拊石，百獸率舞。」帝曰：「龍，朕聖讒說殄行，震驚朕師；命汝作納言，夙夜出納朕命，惟允。」帝曰：「咨汝二十有二人，欽哉！」惟時亮天功；三載考績，三考，黜陟幽明，庶績咸熙；分北三苗。舜生三十徵庸，三十在位，五十載陟方乃死。

曰若稽古帝舜曰重華。

【根祥案】

考查宋・羅泌《路史》卷二十二頁212《疏仡紀・夏后氏》一節，於「是為文命」句下，引王氏之說云：

王安石曰：「放勳，堯號，見之《孟子》；則重華、文命為舜、
禹之號，明矣。」

可見王荊公以為：重華為舜之號。參見〈堯典〉「放勳」一條。然則
此段引文當補入為《新義》「佚文」。

濬哲文明，溫恭允塞

【佚文】（三四）「堯曰『欽明文思』者，成德之序也。舜曰『濬哲
文明，溫恭允塞』者，修為之序也。故於堯則言性之所有，於舜則言
學以成之。」（全解卷二頁二～三，夏解卷二頁四）

【根祥案】

《輯考彙評》於〈堯典〉「欽明文思」下一列有同一段佚文，而無
【評論】。此段亦然。考之林之奇《全解》於此引文之下，有曰：

王氏以謂：「堯曰『欽明文思』者，成德之序也。舜曰『濬哲
文明，溫恭允塞』者，修為之序也。故於堯則言性之所有，於
舜則言學以成之。」此鑿說也。據龜山、李校書已言其非矣。

其中「此鑿說也。據龜山、李校書已言其非矣」一段，乃對王氏說評
論，宜加採列為「評論」。至於楊時、李籲二人對王氏之非議，今無
可考。

又考黃倫《尚書精義》卷三頁26「濬哲文明，溫恭允塞」下，引
張綱之論曰：

於堯言「欽明文思」，則德之出於所性，自誠而明之者也。所

> 性者，天也；修為者，人也。堯行天道以治人，故典之所載
> 者，天也；舜行人道以奉天，故典之所載者，皆人也。

張綱《尚書》之論，一本於王荊公《新義》，此段文字即張氏闡釋荊
公之說而發揮者也，可以參看。

玄德升聞，乃命以位。

【佚文】（三五）「玄德，亦俊德也。自其著者言之，則謂之俊；自
其妙者言之，則謂之玄。於聖人在上者稱其著，於聖人在下者稱其
妙。」（精義卷三頁二）

【根祥案】

宋・黃倫《尚書精義》卷三頁26「玄德升聞，乃命以位」下，引張綱
之論曰：

> 是道也，以此處上，帝王天子之德也；以此處下，玄聖素王之
> 道也。堯，聖人之在上者也，故其德謂之俊；舜，聖人之在下
> 者也，故其德謂之玄。玄者，言其聖而不可知之謂也；至於
> 俊，則自可見之行而已。

此張氏之論乃發揮王氏《新義》而作者，可以參看。

慎徽五典，五典克從。

【根祥案】

考之宋・東陽陳大猷《書集傳》卷一，總頁15上B，「五品不遜」下引
有王安石《新義》之文曰：

　　王氏曰：「五品，言其人之品也。五典，言其品之典也。」

又於總頁15下A「敬敷五教」下引王氏說曰：

　　王氏曰：「舜以道制典，故史以『謹徽五典』言之。」

此兩條雖為以舜「五典」對比契「五教」而發，亦可參看。而第二條則可以視為解此「慎徽五典」之「佚文」。

　　又考宋・楊時《龜山集》卷七頁164〈王氏字說辨〉中，有引王氏解「徽」之言曰：

　　懿、徽：壹而恣之者，懿也，俊德之美也。微而糾之者，徽也，玄德之美也。

據之可見，此雖為《字說》之言，然亦聯繫《尚書・舜典》「慎徽」而衍義；蓋〈舜典〉前有稱舜「玄德升聞」，故此解釋「徽」字即據之云「玄德之美」也。以此可知王氏《尚書新義》中解「慎徽」之「徽」，其論當亦相同，可據此補入為「佚文」。今整合擬其「佚文」如下：

　　【佚文】：「舜以道制典，故史以『謹徽五典』言之。……微而糾之者，徽也，玄德之美也。……五典，言其品之典也。」

納于百揆，百揆時敍。

【根祥案】

考之宋・東陽陳大猷《書集傳》卷一，總頁10上B，〈舜典〉經文下，
引有王安石《新義》之文曰：

> 王氏曰：「百官之事，皆論道以揆之，故曰『百揆』，與法守者
> 異矣。」

此段引文，當補入為《新義》「佚文」。又考陳經《尚書詳解》卷一頁
7「乃命羲和」下曰：「聖人之治，先化而後政，先道揆而後法守，故
以命羲和繼于『黎民於變時雍』之後。」又卷五頁12〈皋陶謨〉「否
則威之」下曰：「〈舜典〉既命之龍矣，而此又責之禹，于此亦可見道
揆、法守，截然不可亂。禹，大臣也，明道揆者也；故無所不統。
夔、龍，有司之事，法守者也，故各主其一。」其解說以「道揆」、
「法守」兩者相對，先後輕重有異而涵義不同；當有取於王氏《新
義》者也。

納于大麓，烈風雷雨弗迷。

【佚文】（三六）「大麓，泰山之麓也；後世封禪之說，傅會於此。」
（纂疏卷一頁十一，大全卷一頁二九，尚書埤傳卷二頁二）

【根祥案】

王夫之《尚書稗疏》卷一頁22曰：

> 王氏曰：『⋯⋯。』封禪之說，雖出不經，然且陟泰山之巔，
> 升中而告成，猶依附於本天親上之義；奈何聖人之於大禮，反
> 面高山而祀於其足耶？

《輯考彙評》未收此條，而此條乃可補為本佚文之來源資料，並作為「評論」。

【佚文】（三七）舜于大麓主祭，「古者易姓告代」也。（全解卷二頁四）

【評】宋晁說之曰：「荊公論舜『納于大麓』，何義？（呂）晦叔（公著）曰：「薦之於天。」（晁氏客語頁十）

【佚文】（三八）「風之烈而雷雨弗迷者，則陰陽不失序可知矣。」（全解卷二頁四）

【評】宋林之奇曰：「烈風雷雨弗迷，……孔氏謂『陰陽和，風雨時，各以其節，無有迷錯愆伏』，王氏因之。………惟孫博士推廣王氏之說曰：『上天之載，無聲無臭，所可推者，陰陽之氣矣。陰陽以散而生風，至於烈風，則陰陽之極也。陰陽薄而成雷，陰陽亨而成雨，雷雨則陰陽相成之極也。陰陽之極多，迷而不復常，則為物之害。聖人在上，德足以當天心，雖「風之烈而雷雨」，不至於迷而害物，則陰陽之不失其序。』此說粗通矣。」（全解卷二頁四～五）

【根祥案】

以上三條佚文，零碎分散，意義不全。晁說之所記，謂「薦之於天」，乃出於呂公著之說。今考宋・東陽陳大猷《書集傳》卷一，總頁10下A，引有「王氏曰」之文曰：

> 王氏曰：「納於大麓，薦之於天也。」

可見呂晦叔所言「薦之於天」正為王安石所採納為說也。林之奇《尚書全解》卷二曰：「『納于大麓』，所謂『薦之於天』是也。」亦用王

氏之言，而夏僎因之亦同。至於「易姓告代」之說，林之奇以為「必無是理」，應為對王氏之「評論」。

又考上述引晁說之所記「評論」甚簡，不若宋・羅泌《路史》卷二十一頁196述之詳盡也。《路史》曰：

> 昔王介甫問呂晦叔：「舜『納于大麓』，何義？」曰：「薦之於天。」故介甫云：「古者行爵出祿，必告太廟；軍出必載遷廟之主，誅賞稟而後行，示不敢專；況以天下與人，可不薦于天乎？」然以「薦必因太山之麓，為禪以告」，謂太山為「易姓告代」之所，則非也。方其納麓，猶未受禪，豈封禪之時耶？蓋使之主祭而百神享之，風雨弗迷，是天受之也。

此段文字直引「介甫云」一大段，當為《尚書新義》佚文，其文義正可接「納於大麓，薦之於天」後，為對「薦之於天」之道理析述。其後段則為對王氏之評論，以為「易姓告代」則非，與林之奇所言同；又謂「納麓」之時，猶未「受禪」，以評王氏「封禪」之說。又考之於東陽陳大猷《書集傳》卷一，總頁10下A中，引王荊公之言曰：

> 王氏曰：「孟子曰：『使之主事而事治，百姓安之，是民受之也；使之主祭而百神享之，是天受之也。』享之之效，何以見之乎？『烈風雷雨弗迷』是也。」

此段引文之涵義，正可接續羅泌《路史》所述也。據以上諸條佚文考之，王氏《書》說之要義：大麓即太山之麓，「納於大麓」為堯以舜「薦之於天」，封禪乃為「易姓告代」，「封禪於此」。總此數端以觀東坡《書傳》，則又有所得者。東坡《書傳》卷二頁492曰：

或曰：「大麓，太山麓也。古者易姓告代，必因泰山除地為
墠，以告天地，故謂之禪。其禮既不經見，而考《書》之文，
則堯見舜為政三年，而五典從，百揆敘，四門穆，風雨不迷，
而後告舜以禪位，而舜猶讓不敢當也。」而堯乃於未告舜禪之
前，先往太山，以易姓告代；豈事之實也哉。

蘇軾所言「或曰」一大段文字，正符合王氏說《書》之所有特點，然
則此段文字當為王氏《尚書新義》佚文也。東坡《書傳》之作，往往
為駁議王氏而發，然皆諱王氏之名。進總合以上多段「佚文」，擬其
整體文句說義如下：

【佚文】大麓，泰山之麓也。「納於大麓」者，薦之於天也。
古者行爵出祿，必告太廟；軍出必載遷廟之主，誅賞稟而後
行，示不敢專；況以天下與人，可不薦于天乎？……古者易姓
告代，薦必因泰山之麓，除地為墠，以告天地，故謂之禪。其
禮既不經見，而考《書》之文，則堯見舜為政三年，而五典
從，百揆敘，四門穆，陰陽和，風雨時，各以其節，無有迷錯
愆伏；而後告舜以禪位，而舜猶讓不敢當也。孟子曰：「使之
主事而事治，百姓安之，是民受之也；使之主祭而百神享之，
是天受之也。」享之之效，何以見之乎？「烈風雷雨弗迷」是
也。風之烈而雷雨弗迷者，則陰陽不失序可知矣。

而羅泌、蘇軾批評王氏《新義》之言，當補入為「評論」。

舜讓于德，弗嗣。

【佚文】（三九）「讓于德者，遜于有德之人也。弗嗣者，弗肯陟帝
位以嗣堯也。」（夏解卷二頁七，全解卷二頁六）

【根祥案】

考之宋・東陽陳大猷《書集傳》卷一，總頁10下B中，引有王氏相同文句曰：

　　　　王氏曰：「遜于德，遜于有德之人也。弗肯陟帝位以嗣堯。」

此段「佚文」，可以補入資料來源，仍以夏《解》所引為佳。

正月上日。

【佚文】（四十）「（正，）政事當歲易者。」（夏解卷二頁七）

【評】宋夏僎：「李校書謂歲之首為之正月，猶正貳之正，蓋亦訓長。王氏……妄也。下文『格文祖』言月正者，亦正月也，特變文耳。」（夏解卷二頁七）

【佚文】（四一）「（上日，）上旬之日。」（全解卷二頁六，夏解卷二頁七）

【評】宋林之奇曰：「據下文『月正元日，舜格于文祖』、大禹謨言『正月朔旦，受命于神宗』，則此『上日』宜為朔旦，特史官變其辭而云爾。猶正月朝會謂之『元會』，元會亦朔日也。豈有受命于神宗獨用朔日，而受終于文祖獨不用朔日乎？然月令『仲春之月擇元日，命民社』，則元日亦不必為朔日也。元日既不必為朔日，則上日亦不必為上旬之日也。」（全解卷二頁六）

【根祥案】

考之蘇軾《東坡書傳》卷二，「正月上日」下，訓解曰：「上日，上旬

日也。」蓋蘇軾著《書傳》，雖每與王荊公《新義》對反，然亦時有取於王荊公之說，「上旬日」即是「上旬之日」也。

又蔡沈《書集傳》卷一「正月上日」下，引「葉氏曰：『上旬之日。』」其訓義與王安石相同。考葉姓而有《尚書》專門著作者，董鼎《輯錄纂註》引用書目之中，有「葉夢得（1077-1148）少蘊 石林全解」。朱彝尊《經義考》卷七十九「葉氏夢得《書傳》，《宋志》十卷。未見。」並引葉夢得《書傳》自序云云。陳振孫謂「少蘊博極群書，強記絕人，《書》與《春秋》之學，視諸儒為最精」，可見葉夢得《書傳》當時頗負聲名。朱熹《晦庵集》卷六十九有〈學校貢舉私議〉一文，其中有謂：

> 今欲正之，莫若討論諸經之說，各立家法，而皆以注疏為主。如《易》則兼取……《書》則兼取劉敞、王安石、蘇軾、程頤、楊時、晁說之、葉夢得、吳棫、薛季宣、呂祖謙。

是朱熹亦頗推崇葉夢得《尚書》之學。蔡沈《書集傳》引「葉氏」之說，當得之於其師朱熹所指劃。[9] 又據王灼《碧雞漫志》卷二曰：「後來學東坡者，葉少蘊、蒲大受亦得六七。」其言雖云學詩，想其他學術亦當嫻熟於胸。然則葉夢得《書傳》解「上日」，或取東坡《書傳》之說，訓作「上旬之日」。蔡《傳》引「葉氏」而其說與王荊公、蘇東坡同，其關係可據此推知也。[10]

---

9 宋・蔡沈《書集傳・序》云：「沈自受讀以來，沈潛其義，參考眾說，融會貫通，廼敢折衷微辭奧旨，多述舊聞；二《典》三《謨》，先生蓋嘗是正，手澤尚新。」

10 許華峰撰《蔡沈《朱文公訂正門人蔡九峰書集傳》的注經體式與解經特色》（臺北市：學生書局，2013年2月初版）一書，第四章頁158謂「葉氏《書傳》（葉夢得）＊當為王安石」，又於頁233《書集傳》所標注的出處有誤」表中，〈舜典〉下列「葉氏——正確人名、書名：《尚書新義》（王安石）」；皆以為蔡沈誤引。而其實確有引用，惟葉氏說或用蘇軾《書傳》訓解，故又與王安石《新義》同爾。

受終于文祖。

【佚文】（四二）「堯受終于文祖。」（全解卷二頁七，夏解卷二頁七）

【評】宋林之奇曰：「受終而不言『舜』者，蒙上之文也。王氏徒見此文不加舜字，遂以謂『堯受終于文祖』，李校書云：『信如王氏之說，則下文「在璿璣玉衡，以齊七政」，亦當屬之堯矣。孟子曰：「堯老而舜攝也」，又曰：「舜相堯二十有八載」，始堯命舜云「汝陟帝位」，而又言「受終于文祖」，則是自此以後，堯不復有庶政矣。』此論是也。」（全解卷二頁七，夏譔評略同，見夏解卷二頁七）

在璿璣玉衡，以齊七政。

【佚文】（四三）「美珠謂之璿。」（全解卷二頁八，精義卷三頁七載張九成尚書詳說說引，夏解卷二頁十）

【評】宋林之奇曰：「孫氏從王氏之說，以璿為寶珠，引列子『有玉者方流，有珠者圓折』之言。古詩云『玉水氾方流，璿源載圓折』，穆天子傳云『天子之寶璿珠』，以是璿為美珠。此說不同。然後世之渾儀，既不用珠玉，而用銅為之，則古之璿璣，或以玉為之，或綴珠於其上，皆不可得而知。」（全解卷二頁八～九）

【根祥案】

考之宋・東陽陳大猷《書集傳》卷一，總頁上Ａ，於經文「璿璣」下引王荊公言曰：

　　王氏曰：「（璿，）美珠也。」

此一解釋，意義雖與《全解》所引相同，然形式有異。而蔡沈《書集傳》亦謂「美珠謂之璿」，與《全解》同。考宋・王應麟《玉海》卷四頁93〈天文〉下曰：「王氏曰：『璿，美珠也。』《說文》云：『璿，赤玉也。』」其形式、內容與陳大猷所引無異。可見王荊公《尚書新義》原文句形式當作「璿，美珠也」；是《新義》「佚文」當以此為正。

【佚文】（四四）「堯典言『歷象』，舜典言『璣衡』；璣衡者，器也。堯典言『日月星辰』，此言『七政』；七政者，事也。堯典所言者，皆道也；於此所言，皆器也，事也。」（全解卷二頁九～十）

【評】宋林之奇曰：「此說殊不然。夫堯典所謂『歷象』，即舜典之所謂『璣衡』也。舜典所謂『七政』，即堯典所謂『日月星辰』皆在其中矣，豈有道與器與事之異哉。」（全解卷二頁十）

【佚文】（四五）「（政，）以人之所取正也。」（或問卷上頁十三）

【評】宋陳大猷曰：「唐孔說、王說主人而言政，然主人而言，要不若主天而言。……日月五星，司天之政，亦猶人之有政也，故以『政』言之耳。唐孔氏說亦微有意，故附見之。」（或問卷上頁十三～十四）

肆類于上帝，禋于六宗。

【佚文】（四六）三昭三穆為六宗，從晉張髦之說也。（全解卷二頁十一）

【根祥案】

此佚文乃《輯考彙評》因林之奇《全解》所言，擬文而說之者，非荊公原文。又考之林之奇《全解》，其文曰：

惟張髦謂「三昭三穆」，學者多從其說，王氏、程氏亦皆從
之。而二蘇獨取於孔氏而為之說。……。三昭三穆，然愚亦知
其不然者，蓋七世之廟，自太祖而下，謂之六宗，則不可。古
者祖有功，宗有德；必有德者而宗之，如云周之六宗是也。若
以三昭三穆為六宗，則七世之廟皆宗，古無是理也。而蘇氏謂
受終之初，既有事于文祖，其勢必及餘廟，豈有獨祭文祖於齊
七政之前，而祭餘廟於類上帝之後者乎？以此觀之，則張髦之
說雖近似，不可從也。」

林之奇所評騭者，雖為張髦，而張髦「三昭三穆」之說，為王安石所
用；然則評駁張髦，亦即等同評論王安石也。且其末以為張髦之說不
可從，而王安石從之，是王氏與張髦同誤，故視林氏之言為批評荊公
之「評論」可也。

又考之宋‧羅泌《路史》卷四十二頁598，有〈六宗論〉一文，
其言曰：

「三昭三穆」，前人如程顥、**王安石**輩多取以為祭人鬼；然穆
非宗也，夫祭，有其舉之莫敢廢也。三昭三穆，世何嘗廢祀，
此固不必議者；且七政既齊之後，則惟及天神，又曷有文祖有
事於在璣衡之前，而後於餘廟哉？

其說與林之奇及所引蘇氏之評論相似，明顯為針對王安石而發，當補
入作「評論」。

【佚文】（四七）「天子事七廟，於地不言大示，於人不言太祖，於
天不言日月星辰。以地示、人鬼之及六宗山川，則天、地之及日月星
辰可知也。以天帝之及上帝，則人鬼、地示之及太祖、大示亦可知

也。於天則舉尊以見卑，於人、於地則舉卑以見尊。」（或問卷上頁十五）

既月，乃日覲四岳群牧。

【根祥案】

考之宋‧東陽陳大猷《書集傳》卷一，總頁11下A，有引王荊公《新義》之言曰：

> 王氏曰：「四岳總百官；群牧總諸侯。日覲者，與之謀內外之政也。」

此可見王氏之解《書》，以「既月，乃日覲四岳群牧」為句逗也，與孔傳不同。此段引文當補入為《新義》「佚文」。

肆覲東后。協時月正日，同律度量衡。

【根祥案】

考之宋‧東陽陳大猷《書集傳》卷一，總頁11下B，有引王荊公《新義》之言曰：

> 王氏曰：「王者必須曆，以一天下正朔，故巡守則考時月而協之。作曆不能無盈縮，及其久也，日不能無差，故考日而正之。」

此段引文當補入為《新義》「佚文」。

【佚文】（四八）「歲月日時之所能齊，律度量衡之所能一，先王詳而謹之，故居則歷象日月星辰，出則同律度量衡而天下治。」（精義卷三頁十一）

修五禮、五玉、三帛、二生、一死贄。

【評】宋林之奇曰：「自『五玉』至於『一死贄』，皆其所贄之物，量其貴賤輕重，以寓其等差而已，非有義理於其間。王氏曲生義訓，皆從而為之辭，穿鑿為甚，如此等說，皆無取焉。」（全解卷二頁二十）

【根祥案】

王荊公解《書》「五玉」以下，如何「曲生義訓」，今不可得而知矣；而考之宋・楊時《龜山集》卷七頁162〈王氏字說辨〉中，有言及公、伯所執之玉者。其言曰：

> 松、柏：松華猶槐也，而實亦玄然；華以春，非公所以事上之道。柏視松也，猶伯視公。伯用詘，所執躬圭者以此；公用直，所執桓圭者以此。[11]

此雖為王氏《字說》之論，而其中論「伯用詘」，故執形曲之躬圭；而「公用直」，故執體直之桓圭。其「曲生義訓」，於此可窺一斑。

【佚文】（四九）「凡贄，諸侯圭，周禮小行人『六幣——圭、璋、

---

11 宋・陸佃撰《埤雅》卷十四頁353〈釋木〉：「王文公曰：槐，黃中，其華又黃，懷其美，以時發者也，故公位焉。松華猶槐也，而實亦玄然，華以春，非公所以事上之道。柏視松也，猶伯視公。伯用詘，所執躬圭者以此；公用直，所執桓圭者以此。」《埤雅》文與楊時所引同。

璧、琮、琥、璜』，註云：『幣所以享也，享后用琮。』則餘五玉即所贄之五玉也。」（書傳會選卷一頁十六）

【根祥案】

《書傳會選》纂成於明朝初年，其時王氏《尚書新義》已然逸失不傳，然則《書傳會選》何以能得見而引用之？此段「佚文」甚有可疑，而《輯考彙評》收輯而未能加以檢別。考之元・王天與《尚書纂傳》卷二頁7997曰：

> 新安王氏云：「贄與瑞不同；瑞者，上頒而下守之，以為有國之符信；贄者，下獻而上受之，以明享上之儀物。《記》曰：『凡贄，諸侯圭。』《周禮・小行人》『六幣：圭、璋、璧、琮、琥、璜。』享后用琮。餘有五玉，其所贄之玉歟。」

可知此段「佚文」與王天與所引「新安王氏」說相同。而宋・東陽陳大猷《書集傳》卷一，總頁12上B，經文「五玉」之下，引文曰：

> 新安王氏云：「《記》曰：『凡贄，諸侯圭。』《周禮・小行人》『六幣：圭、璋、璧、琮、琥、璜』，注云：『幣，所以享也，享后用琮。』餘有五玉，其所贄之玉歟。贄與瑞不同；瑞者，上頒而下守之，以為有國之符信；贄者，下獻而上受之，以明享上之儀物。」

文字順序雖前後有異，而所述內容完全一致，可證《書傳會選》所稱引「王氏曰」有誤，此段文字確實乃新安王炎之《尚書小傳》文字，並非王安石《新義》之文，據此則此段「佚文」當予刪除。

如五器，卒乃復。

【佚文】（五十）「諸侯有不能臣之義，復之所以賓之也。」（全解卷二頁二十）

【根祥案】

宋・林之奇《尚書全解》卷二引此段文字曰：

> 王氏謂：「諸侯有不能臣之義，復之所以賓之也。」其說非也。

是其後「其說非也」一句，乃對王氏之評論，不可缺也，當補入為「評論」。

歸，格於藝祖，用特。

【根祥案】

考之宋・東陽陳大猷《書集傳》卷一，總頁12下B，有引王荊公《新義》之言曰：

> 王氏曰：「用特，以見約也。先王菲飲食，致孝乎鬼神，不敢約也；然其約如此，則巡狩不為煩費可知。」

更考之宋・黃倫《尚書精義》卷三頁33引張（綱）氏之言曰：

> 張氏曰：「巡守分至之方雖不同，然其理則一而已。……其曰『用特』者，蓋祭以特牲，所以見其約；則巡守之不為煩費可知也。」

張綱之《尚書》說多宗王荊公，故約其言而為之解也。又宋・衛湜《禮記集說》卷二十八頁580「五月，南巡守，至于南嶽，如東巡守之禮。八月，西巡守，至于西嶽，如南巡守之禮。十有一月，北巡守，至于北嶽，如西巡守之禮。歸，假于祖禰，用特」下，引嚴陵方氏（慤）曰：

> 天子之出，必造乎禰；及其歸也，必假于祖。禰出而造之，所以象生時之必告也；歸而假之，所以象生時之必面也。特，一牛也，用特以見約焉。先王菲飲食，而致孝乎鬼神，所不敢約也；然其約如此，則巡守之不為煩費可知。下文言造乎禰而已，則不必用特也。於用特而及乎祖，則造禰之時，不嫌於不及祖矣。

此段文字與陳大猷所引全同。考之宋・王應麟《玉海》卷三十九頁776〈藝文〉下〈政和禮記解義〉條曰：「（政和）三年，方慤進二十卷，自為之序，以王氏父子獨無解義，乃取《三經義》及《字說》申而明之，著為此解。」而此段文字中，部分與王氏《尚書新義》全同，可見其引用王氏《書義》無疑。然則此段文字前後之解說，亦可能為王荊公《書義》之文也，唯不敢必，茲誌於是，足供參考。

敷奏以言，明試以功，車服以庸。

【根祥案】

考之宋・東陽陳大猷《書集傳》卷一，總頁12下B，有引王荊公《新義》之言曰：

> 王氏曰：「敷奏以言，觀其志也。明試以功，察其事也。車服以庸，報其功也。」

此不見於其他文獻所引用，當補入為《新義》「佚文」。

【佚文】（五一）「放勳」之「勳」，功嚮於王之謂，周官夏官司勳：「王功曰勳。」此「庸」，周官六功，皆曰上之所報，以民功為主，故司勳又曰：「民功曰庸。」是也。（全解卷二頁二三，夏解卷二頁二十）

【評】宋林之奇曰：「『庸』與『格則承之庸之』（之）『庸』同，蓋言通用之也。……王氏必以周官『六功』之說，於『放勳』則引『王功曰勳』，於此則引『民功曰庸』。夫六功之說，出於周官，以是而見於堯典、舜典之言，非正義矣。至知其說不通，則迂闊而求合，……。薛氏所謂『人本無病，病從藥生』，此類是也。」（全解卷二頁二三）

【根祥案】

《輯考彙評》揣摩林之奇論王氏「勳」與「庸」之別，自撰文字以見荊公解說之義。考之《周禮集說》卷六頁560引王氏之言曰：

> 王氏曰：「《書》言『車服以庸』，則『庸』以民功為主者也。」

可見「以民功為主」一句，當為王氏原文。又對比前一條「佚文」陳大猷所引曰「報其功也」一句，與林之奇曰『上之所報』相應，由是推之，林之奇所云「上之所報，以民功為主」，當為引王氏原文。

肇十有二州，封十有二山，濬川。

【佚文】（五二）「封山川則材木不可勝用，濬川則穀米不可勝食。」（或問卷上頁十九）

【評】宋陳大猷曰：「張氏（綱？）推其（王氏）說，以為此王道之

始，正合孟子之言，如何？曰：……王說乃虞衡之職，不應言於『肇州』之後。兼如王說，則是盡禁天下之山，而非止於名山。濬川亦止說得興利一邊，若以為王道之始，何不及分田制產之事乎？」（或問卷上頁十九）

【佚文】（五三）「濬者，治而深之之謂。」（纂傳卷二頁八）

【根祥案】

考之宋・夏僎《尚書詳解》卷四頁104，於「夙夜浚明有家」下曰：

> 濬川，謂治而深之之謂也。則此浚字訓治，亦有理也。

可見王氏此言，後之學者每有用之。

【佚文】（五四）「十二州之山川，皆封培而濬之；蓋山川所以表識，又天地間生民之大利於是乎出也。」（纂傳卷二頁八）

【根祥案】

考之宋・東陽陳大猷《書集傳》卷一，總頁13上A，陳大猷論曰：

> 愚曰：累土以表識謂之封，故封有培植禁閉之意。……愚曰：濬川，所以防患而興利也。山言十二，蓋止十二州名山，而餘山不封。濬川不言十二州，無大小皆濬也。

陳大猷所說義，與王安石《新義》意涵大體一致，蓋亦參考王氏《新義》而為說也。

象以典刑。

【佚文】（五五）「象者，垂以示人之謂，若周官（秋官大司寇）『垂治象、刑象之法于象魏』是也。」（纂傳卷二頁八，全解卷二頁二六，夏解卷二頁二五）

【評】宋林之奇曰：「此說比先儒為長。蓋王者之法如江河，必使易避而難犯，故必垂以示之，使知避之；苟不垂以示之，使知所避，及陷於罪，然後從而刑之，是罔民也。」（全解卷二頁二六）

【根祥案】

《輯考彙評》此段佚文，以《纂傳》為正；且於「若周官」後加註「秋官大司寇」為之解。此有可議。考之《周官》，「縣治象」者為大宰，秋官大司寇乃「縣刑象之瀍于象魏」，故其附加註解有誤。此段經文所論者為「刑」，不應有「治象」之言，然則「垂治象」三字當為衍文；以《纂傳》為正，未確。《全解》作「若《周官》垂法象魏是也」，顯有省略，不若以《夏解》引文為正；《夏解》卷二曰：

> 象者，垂以示人之謂，若《周官》（秋官大司寇）『垂刑象于象魏』是也。

更考之宋・東陽陳大猷《書集傳》卷一，總頁13上B，正引此句曰：

> 王氏曰：「若《周官》『垂刑象於象魏』是也」

其文正與《夏解》全同，可以證明本無「垂治象」語。而宋・王應麟《玉海》卷六十七頁1318〈詔令〉一節，於「〈益稷〉皋陶「方祇厥敘，方施象刑，惟明」下曰：「王氏曰：若《周官》垂刑象。」亦同。

又考之宋‧胡士行《尚書詳解》卷一頁287〈堯典〉「象」字下曰：

> 王云：「象者，垂以示人；《周官》『垂之象魏』是也。王者之
> 法如江河，必使易避而難犯。」《荀子》云：「治古無肉刑而有
> 象法。」世俗謂畫衣冠，易章服而民不犯是也。

此「王云」下之言，乃王氏語無疑，而所引文實包含林之奇所引「王
者之法如江河，必使易避而難犯」之文；則林氏下文所言，實亦為引
王氏之文也。更考諸夏僎《詳解》卷三頁50論述引王氏之言曰：

> 歷考數說，惟王氏之說為長。王氏之說曰：「象者，垂以示人
> 之謂；若《周官》『垂刑象于象魏』是也。蓋王者之法如江
> 河，必使易避而難犯；故必垂以示人，使知所避；苟不垂以示
> 人，使知所避，及陷於罪，然後從而刑之，是罔民也。」

王者立法，使民易避難犯，此一思想，亦見於王安石《新義》他處，
若〈費誓〉「魯人三郊三遂，峙乃楨榦，無敢不多；汝則有大刑」，東
陽陳大猷《書集傳》卷十二，總頁174上A，引有王氏「佚文」一
段，其文曰：

> 王氏曰：「待之以可畏之刑，然後人從令，從令然後可以勝
> 敵，勝敵而後人免於死亡，而宗社可保；則仁民孰大乎此。雖
> 然，先王不得已而用兵，其於刑必使人易避難犯，申喻至熟而
> 後加焉，故雖嚴而人不怨也。」

然則林之奇、夏僎、胡士行所引王氏《新義》「佚文」，比之王天與
《纂傳》為多；可知此王氏《尚書新義》佚文，以夏僎所引最為順達
完整，當以之為正。

流宥五刑。

【佚文】（五六）「先王以為，人之罪，有被之五刑為已重，加之以宥鞭扑為已輕，已輕則不足以懲，已重則吾有所不忍，于是又為之制五流之法，以宥五刑之輕者。此則先王之仁，以鞭扑五刑為未足以盡出入之差故也。」（精義卷三頁十四，全解卷二頁二六～二七，夏解卷二頁二六）

【根祥案】

《輯考彙評》於此不列評論。考之夏僎《尚書詳解》卷二頁26曰：

> 「流宥五刑」，漢孔氏謂流放之法宥五罪，唐孔氏廣其說，謂據其狀合刑，而情差可恕，全赦則太輕，致刑則太重，不忍依例刑殺，故完全其體，流之遠方。王氏諸儒，皆同此說，其說極當。

此段文字明顯論及王安石之說，並予以評騭，當可視為對王安石《書義》之「評論」也。又宋‧黃倫《尚書精義》卷三，於經文下引「楊氏曰」：

> 昔舜命皋陶作士，……。凡以宥五刑之輕者而已。且先王制刑，有墨、劓、剕、宮、大辟，此五刑也；自此而下，有鞭作官刑以治在官者焉，有扑作教刑以治在學者焉，苟惟人之有罪，有被之五刑為已重，加之鞭扑為已輕；已重則在此者有所不忍，已輕則在彼者有所不畏；于是又為五流之法，以宥五刑之輕者焉。於戲！盛哉！其謂之祥刑，謂之明刑者，職此之由耳。

黃倫《精義》所錄而稱「楊氏」，應是楊繪，據文獻可知楊繪素與王

安石政見相左，備受排擠，不得意於朝廷。有《書九意》一卷著錄。
而楊氏此段論述，蓋直接引用王安石《新義》文句；可見王安石變法
施政雖多樹敵，而其《尚書新義》所論，亦有頗得當時學者所許者。
蘇軾如此，楊繪亦然。

（竄三苗於三危。）

【佚文】（五七）堯竄三苗於三危。（文定集卷十六頁二，參下佚文
第七二條下汪應辰評）

【根祥案】

《輯考彙評》於此條「佚文」之前，未列出相應之經文，今當補之。
又考之宋‧林之奇《尚書全解》卷三十九頁803〈呂刑〉下曰：

> 皇帝，舜也。先儒及諸家說者皆以為堯；蓋以下文曰「乃命重
> 黎，絕地天通」，重黎即義和也，故以為堯。然「竄三苗于三
> 危」，舜攝位之後；「分北三苗」，舜即位之後；故皇帝當為舜。

林氏所謂「諸家」，應包含王荊公在內。宋‧汪應辰《文定集》卷十
六〈與汪叔嘉〉書中曰：

> 〈舜典〉之命九官與〈呂刑〉本不異，但註似誤以「皇帝」為
> 堯。王介甫專不取註疏，于此乃不能正其失。「竄三苗」、「命
> 伯、益、禹、稷」，皆舜事也，而以為堯，不知何所據也。

林之奇之說與汪應辰相類似，皆以為「竄三苗」為舜而非堯。當以此
兩段論述列入為「評論」。

帝乃殂落。

【佚文】（五八）「魂氣歸于天，故謂之殂；體魄降于地，故謂之落。」（夏解卷二頁三）

【評】宋夏僎曰：「殂落，漢孔氏謂即死也。唐孔氏廣其說，謂：殂，往也，言命盡而往；落者，若草木之落也。王氏諸儒從而為之說，曰：『……。』此說極當。」（夏解卷二頁三一）（註四）

【根祥案】

《輯考彙評》於評論下出（註四），並於書中頁235為之註解曰：

> 《尚書全解》卷二頁三一暗用安石「魂氣歸于天」云云等共十八字。

考林之奇之論，確有用此十八字，而不言出於王氏。林氏著作《全解》一書，其中亦多直稱王氏之名而評論者，何獨於此引而不稱哉？考之《朱子語類》卷七十八頁2003〈尚書一〉下曰：

> 林少穎解「殂落」云「魂殂而魄落」，說得好；便是魂升于天，魄降于地底意思。

朱熹嘗論及林之奇、王安石之《尚書》論說，熟悉二者之主張，若王安石本有此說，則當王氏、林氏同稱，甚或止稱王氏；而今獨許林少穎，於理不合。今更考之陳大猷《書集傳》卷一總頁14上A，「殂落」之下亦引林之奇此段文字，而不及「王氏曰」。又考元・王天與《尚書纂傳》卷二頁7999曰：「林氏曰：魂氣歸於天，故曰殂；體魄降於地，故曰落。」亦止引林氏而不及王氏；斯甚奇怪。而朱熹之徒

蔡沈《書集傳》卷一註解「殂落」曰：「殂落，死也。死者魂氣歸于天，故曰殂；體魄歸于地，故曰落。」直是遵循朱熹之意，不及王氏。

　　考「魂氣歸于天」之語，本出自《禮記・郊特牲》曰「凡祭，慎諸此；魂氣歸于天，形魄歸于地；故祭，求諸陰陽之義也」。而稽之《周禮集說》卷二頁338有引王氏之說曰：

> 王氏曰：「天則升煙，地則薦血。人之魂氣歸于天，體魄歸于地，故焫蕭以求諸陽，祼以求諸陰焉。」

又〈盤庚〉篇「今其有今罔後，汝何生在上」經文，宋・陳大猷《書集傳》卷五，總頁73下B，引有王安石之言曰：「王氏曰：『死則體魄降而在下，故曰「汝何生在上」。』」可見王氏於《周禮》及《尚書》新義中，實亦有類似之說，然並非用以解說「殂落」之義。疑夏僎因之而誤以為王氏亦有相同之說，故曰「王氏諸儒從而為之說」爾。然則此十八字，應非王安石之《尚書新義》解說「殂落」之文，乃林之奇《尚書全解》之說也。當予刪除。

百姓如喪考妣，三載，四海遏密八音。

【佚文】（五九）「聖人之政，其施不能無厚薄，則其報施之義，亦不能無厚薄也。」（全解卷二頁三一）

【評】宋林之奇曰：「百姓，蓋指民而言之。……。百姓若失父母，無小大、無遠近皆然，非獨百官而已。『三載，四海遏密八音』，指其地而言之，則曰『四海』，指其人而言之，則曰『百姓』，其實不異也。而王氏云：『……。』此蓋曲生穿鑿，無義理也。夫謂百姓如喪考妣者，非是處苫塊、真如居父母之喪也，但謂憂愁不樂也。惟憂愁不樂，則於三年之間遏密八音，此蓋相因之辭，無有臣與民之異也。」（全解卷二頁三一）

月正元日，舜格于文祖。

【佚文】（六十）「舜避堯之子，方其未踐位，天下無政，故此格文祖、即月而後有政，故言月正。」（夏解卷二頁七-八、頁三一，全解卷三頁一）

【評】宋林之奇曰：「二典之所載，皆史官變其文以成經緯，苟得其大意足矣，如必較量輕重而為之說，則將不勝其鑿。如舜典言舜受終則曰『正月』，格于文祖則曰『月正』，必欲從而為之說，此王氏之所以有『即是月而後有政』之論也。」（全解卷三頁一）

【評】宋夏僎曰：「前言『正月上日』，此言『月正元日』，特史家變文耳，初無別義。王氏乃謂：『……。』曾氏廣其說，……。王氏、曾氏所以藉為曲說，非通論也。」（夏解卷二頁三一）

【根祥案】

上述《夏解》之評論，《輯考彙評》處理少有瑕疵，蓋刪略過甚也。當於「王氏、曾氏所以藉為曲說，非通論也」之前，補上「殊不知改正朔，易服色，以順天命；故」，此數語亦為評論之文也。

　　又考之宋·羅泌《路史》卷二十一〈後紀〉十二「疏仡紀」云：

> 月正元日◎月正，猶詩言朔月，語云吉月者。元日，甲子也。故《世紀》以為仲冬甲子，月次于畢而即位。康成以為堯建丑，舜建子，妄矣。王肅謂夏而上，皆寅正，得之。**王安石云：「曰『月正』者，避堯子時，國未有正。如伐紂而稱一月。」**非必然。

此引文當亦為「佚文」來源，且比上述「佚文」多出「如伐紂而稱一

月」句，當整合而補入，使「佚文」更趨完備。並列入為「評論」。

咨十有二牧，曰：「食哉，惟時！」

【根祥案】

考之宋・東陽陳大猷《書集傳》卷一，總頁14下A，有引王荊公《新義》之言曰：

> 王氏曰：「《商頌》『歲事來辟』，則戒以『稼穡匪解』。周人遣諸侯於廟，則戒以『新畬』、『銍艾』，與此意同」

引文中「歲事來辟」乃《商頌・殷武》之文，其文曰：「天命多辟，設都于禹之績；歲事來辟，勿予禍適，稼穡匪解。」；而「新畬」「銍艾」兩詞，出於《周頌・臣工》之詩，其文曰：「嗟嗟臣工，敬爾在公；王釐爾成，來咨來茹。嗟嗟保介，維莫之春，亦又何求，如何新畬。於皇來牟，將受厥明，明昭上帝，迄用康年。命我眾人，庤乃錢鎛，奄觀銍艾。」又考之王氏此說，尟載於文獻中，唯宋・李綱《梁谿集》卷三十六頁817〈擬制詔二〉有〈勸農詔〉一文，曾用其辭意曰：

> 農，天下之本也，民之所恃以生也。民不務本而事末，則其生不遂；故先王之政，以食為首。商人以「歲事來辟」，則戒以「稼穡匪懈」；周人遣諸侯於廟，則戒以「新畬」「銍刈」；其務農重穀如此。

可見王氏之論，當時朝中亦頗有從用之者。此引文當補入為《新義》「佚文」。

柔遠能邇。

【佚文】（六一）「古人皆以治遠自近始，至於言柔遠能邇，則先言柔遠者何也？不柔遠則遠者將為己患，而近者不得安矣，雖欲善近，不可得也；欲善近者，以柔遠為始。乃若治之，則自身至於家，自家至於國，自國至於天下，四海之外，未有不始乎近而後及乎遠也。」（精義卷四頁三）

【佚文】（六二）「遠者，柔之而已；近者，吾所治也，故當能之。」（夏解卷二頁三四）

【根祥案】

考之宋・東陽陳大猷《書集傳》卷一，總頁14下Ａ，有引王氏《新義》之文曰：

　　王氏曰：「遠者，在所不治，柔之而已。」

陳大猷所引文，雖止有前段，而較之夏《解》多出「在所不治」一句。考之夏《解》於「近者」下有「吾所治也」句，相對為文，則王氏《新義》中宜有此句。然則此條「佚文」當補足如下：

　　【佚文】「遠者，在所不治，柔之而已；近者，吾所治也，故當能之。」

又考之《輯考彙評》此條「佚文」後未列評論。然考之夏解引王氏說後，有評論之言曰：

　　曾彥和廣其（王氏）說，謂：富之、教之，刑賞因革，無所不

能，故曰「能邇」。此數說（孔、鄭、蘇、王）皆費訓釋，不若李校書之說為近而易見。

蓋曾氏所廣者，即為「王氏」之說，而下文所謂「此數說」，蓋指前述孔、鄭、蘇、王諸家，故確實為王氏之評也，應補上為「評論」。

惇德允元。而難任人；蠻夷率服。

【根祥案】

考之宋・東陽陳大猷《書集傳》卷一，總頁14下A，有引王氏《新義》之文曰：

> 王氏曰：「有德者惇厚之，元善者信任之。」

據此陳大猷《書集傳》所引王氏之說，對比得知夏僎《尚書詳解》卷二頁56中所稱「諸儒」之言論，亦為王氏《書義》，且兼有評論。夏僎曰：

> 『惇德允元，而難任人』，諸儒皆謂：「有德者惇厚之，元善者信任之；蓋進德而用之也。任人，佞人也；佞人謂之任人，謂其包藏不可測知，若婦人之姙娠焉，謂之任。難者過絕之，使不得進，皆退不肖而遠之也。」此說雖善，未若毛李中謂「君子與小人勢不兩立，誠能于有德者惇之，元善者允之，是非取舍，足以服群小人之心；人君雖未嘗求遠而斥之，彼自不敢進；此惇德允元，乃是難任人之道」。此說極善。

細讀此段文字，除「有德者惇厚之，元善者信任之」可確定為王氏之

言外，夏《解》下文謂「任人」為「包藏不可測知，若婦人之姙娠焉」之解說，與元·陳櫟《書集傳纂疏》卷一頁218「何畏乎巧言、令色、孔壬」句下，引真氏曰：「『孔壬』，古註以為甚佞；介甫謂其包藏禍心，蓋以壬為姙娠之姙」，兩解說正同，可見此「包藏不可測知，若婦人之姙娠焉」之語，亦為王氏《書義》之文。據此可知，《夏解》引文自「有德者惇厚之，元善者信任之」至「皆退不肖而遠之也」一節，應為王氏《書義》之文，其後之文字則為夏僎對此說之評論也。

又考林之奇《尚書全解》此段經文下曰：

> 「惇德允元」者，如〈武城〉（當為〈武成〉）之惇信明義，蓋進德而用之也。德者，有德也；元者，善人也。曰惇曰允，厚之信之之謂也。「而難任人」者，退不肖而遠任人也。任人，佞人也；佞人而謂任人者，蓋其所包藏不可測知故也。謂之難者，遏絕之，使不得進也。進賢而用之，退不肖而遠之，則內治舉矣。此蠻夷所以相率而來服也。[12]

其文句形式與內容，均與夏《解》一致而益加詳盡，可推斷乃引用自王氏《新義》之說；故當參合二者引文，以求得《新義》之最大約數。今擬理其「佚文」及「評論」如下：

> 【佚文】「惇德允元」者，有德者惇厚之，元善者信任之，如〈武成〉之「惇信明義」，蓋進德而用之也。德者，有德也；元者，善人也。曰惇曰允，厚之信之之謂也。「而難任人」者，退不肖而遠任人也。任人，佞人也；佞人而謂任人者，蓋其所包藏不可測知故也，若婦人之姙娠焉，謂之任。謂之難

---

12 林之奇《尚書全解》卷三，頁54。

者，過絕之，使不得進也。進賢而用之，退不肖而遠之，則內治舉矣，此蠻夷所以相率而來服也。（林之奇《尚書全解》卷三頁54、夏僎《尚書詳解》卷二頁56、陳大猷《書集傳》頁14下A）

【評】：『惇德允元，而難任人』，諸儒皆謂：「……」此說雖善，未若毛李中謂「君子與小人勢不兩立，誠能于有德者惇之，元善者允之，是非取舍，足以服群小人之心；人君雖未嘗求遠而斥之，彼自不敢進；此惇德允元，乃是難任人之道」。此說極善。（夏僎《尚書詳解》卷二頁56）

【佚文】（六三）「「任，佞也；難者，拒之使不得進也。難任人，則忠信昭而四夷服。」（嬾真子卷一頁九）

【評】宋馬永卿曰：「元祐中，東坡知貢舉日，並行詩賦、經義，書題中出『而難任人，蠻夷率服』，注云：「……。」東坡習大科日，曾作『忠信昭而四夷服論』——而新經與注意同。當時舉子謂東坡故與金陵異說，以為難於任人則得賢者，故四夷服。」（嬾真子卷一頁九）

【根祥案】

此條「佚文63」引自馬永卿《嬾真子》，而所陳述內容，乃記元祐中東坡知貢舉時《書》題所出。分析其文意，乃謂考題「而難任人，蠻夷率服」之下，加注解以引導考生思維發揮。而注中所言，乃出於孔傳而簡撮之。孔傳曰：

任，佞；難，拒也。佞人斥遠之，則忠信昭於四夷，皆相率而來服。

文中曰「新經與注意同」，謂其解意相同而已，而非引用《新義》之文；以上條「佚文」所論觀之，確實「難」字之解義相同。今考東坡《書傳》中訓解此經文，亦與孔傳相同，即「拒斥任佞之人」。至於東坡曾作「忠信昭而四夷服論」，其論述訓義不可得而知矣。然則《嬾真子》卷一所引「注云」之文，乃出於孔傳而非王氏《新義》，其解義又與前條「佚文」重疊，具列之則文不合，苟存之而義無增，理當刪除。而此段記載，亦與王氏《新義》相關，留作「評論」參考。

舜曰：「咨，四岳！有能奮庸熙帝之載，使宅百揆，亮采惠疇？」

【佚文】（六四）「采，事也。百官，百揆之疇類也。宅百揆得人，則百官受其惠。」（書傳會選卷一頁二二）

【根祥案】

考之宋·東陽陳大猷《書集傳》卷一，總頁14下B，有引王氏《新義》之文曰：

> 王氏曰：「采，事也。百官者，百揆之疇類也。宅百揆得人，則百官受其惠。」

其段引文與《書傳會選》所引同，而於時間又早，當以陳大猷所引此文為《新義》「佚文」之正。

【佚文】（六五）「亮采者，明其事也；惠疇者，惠其疇也。百工者，百揆之疇也；百揆得人，則百工皆疇離祉矣。」（全解卷三頁五，夏解卷二頁三六）

【評】宋林之奇曰：「此說雖勝，然以疇為惠其疇，而引周易『疇離

祉』為證。……以『疇離祉』證『疇』之義,而又以『離祉』為說,
迂迴甚矣。」(全解卷三頁五)

【根祥案】

《輯考彙評》於此條僅列林之奇所發評論。考之夏僎《尚書詳解》卷
二所引文後,亦有評論,而與林氏所指不同。其文如下:

> 王氏以「亮采」為明其事,「惠疇」為順其疇眾;其意以疇為
> 百官之疇眾。夫以疇為百官之疇眾,則不當言惠;惠之為言,
> 順也;百官當稟命于百揆,豈有以百揆之尊,而反順于百官之
> 眾?于理不通,皆不可取。

此段文字,當補為王氏《書義》之評論。又宋·黃倫《尚書精義》卷
四頁42引張綱書說曰:

> (張氏)又曰:「亮采者,明其事也;惠疇者,惠其疇也。亮采
> 則其智足以有察,而百工之事獲其治矣;惠疇則其仁足以有愛,
> 而百工之眾賴其福矣。既仁且智,則百揆之任得其人可知矣。」

張綱《書》說多據王荊公《書義》而發揮,其文字可視為下王氏《書
義》一等者,亦足參看。

帝曰:「契,百姓不親,五品不遜。汝作司徒,敬敷五教,在
寬。」

【根祥案】

考之宋·東陽陳大猷《書集傳》卷一,總頁15上B,有引王氏《新

義》之文曰：

> 王氏曰：「五品，言其人之品也。五典，言其品之典也。五
> 教，言以其典教也。」

又於卷一總頁15下A，引「王氏曰」：

> 王氏曰：「舜以道制典，故史以『謹徽五典』言之；契以典敷
> 教，故舜以『敬敷五教』命之。」

此兩條引文當補入為《新義》「佚文」。考荊公「以道制典」、「以典敷
教」之論，後人尠少引用，唯見於宋·華鎮《雲溪居士集》卷二十一
頁494〈上權越帥提刑朱學士書〉曰：

> 君能**以道制典**，其臣能**以典布教**，使天下之材，小以成小，大
> 以成大，各得其性，而道以顯之者，惟唐虞三代之盛時為然。

可見當時王氏之說風行於朝野也。

帝曰：「皋陶，蠻夷猾夏，寇賊奸宄。汝作士。」

【佚文】（六六）「（士，）在周大司馬之職，當舜之時，以士官兼
之。」（全解卷三頁十，夏解卷二頁四十）

【評】宋林之奇：「其意以謂：舜之時，不立大司馬之官，其有蠻夷
猾夏，則使皋陶治之。此說不然。夫蠻夷侵亂邊境，將用兵以禦之
邪？不用兵以禦之邪？不用兵以執之，則何以隸皋陶之刑？如其用
兵，以士官為將帥，古無是理。……甘誓『大戰于甘，乃召六卿』，

在啟時有六卿,則當舜之時,安知其無司馬之職,而必以為兼於士官乎?」(全解卷三頁十,蘇軾評「或者」(即安石)誤以堯時士與司馬為一官,與林氏評略同,見東坡書傳卷二頁十一~十二)

【根祥案】

考之宋・東陽陳大猷《書集傳》卷一,總頁15下A,有引王氏《新義》之文曰:

> 王氏曰:「『蠻夷猾夏』,在周則大司馬之職,當時以士官兼之。」

其文字與林之奇所引相當而少異。然《輯考彙評》所引佚文前補「士」字,而此引文前為「蠻夷猾夏」。考之林之奇評論曰「其有蠻夷猾夏,則使皋陶治之」,其意謂皋陶為士官,遇有「蠻夷猾夏」之事時,則使治之,此就事件時機而論,而非謂士官之職分內容也。《輯考彙評》所補「士」字不合原意。蔡沈《書集傳》卷一於「帝曰:咨汝二十有二人,欽哉」下,謂「此以士一官兼兵刑之事,而《周禮》分為夏、秋兩官」,蓋亦暗用王氏《新義》所持論也。

又考之蘇軾《書傳》卷二,於經文下論之曰:

> 堯舜以德禮治天下,雖有蠻夷寇賊,時犯其法,然未嘗命將出師,時使皋陶作士,以五刑三就,五流三居之法治之足矣。兵既不用,度其軍政,必寓於農民;當時訓農治民之官,如十二牧、司徒、司空之流,當兼領其事,是以不復立司馬也。而或者因謂:堯時,士與司馬為一官;誤矣。夫以將帥之任而兼之於理官,無時而可也,堯獨安能行之?

蘇軾此段論述，乃先闡述堯舜時，以德禮為治，民純風樸，故不需設立司馬之官，其事可以他官兼領，因評駁或者「士兼司馬」之說。此蓋即是批評王安石《新義》所說者而諱隱其名。其論述與林之奇類似而理念有異，當列入為「評論」以見。

又考之宋・羅泌《路史》卷二十一頁201〈疏仡紀・有虞氏〉下「以五服三次，五宅三居之法，政五刑，以消寇賊姦宄」一節，為之解曰：

> 帝命皋陶「蠻夷猾夏，寇賊姦宄」，此司寇「詰姦慝，刑暴亂」者。夫二帝時，民淳俗阜，自無寇賊姦宄；今因蠻夷猾夏而起，故命士師治之。**說者乃以為唐虞士官兼司馬，而王安石、蘇軾等遂謂以五流三居治蠻夷，疏矣。**

此段文字所言「說者乃以為唐虞士官兼司馬」，此即王安石之論也。其他論述文字應補入為相關「評論」。

五刑有服，五服三就。五流有宅，五宅三居。

【佚文】（六七）「三就，就輕、就重與就輕重之中；三居，居遠、居近與居遠近之中。」（輯纂卷一頁二五，絜齋家塾書鈔卷一頁四五）（註五）[13]

【根祥案】

《輯考彙評》於此佚文止列兩出處，且無評論。考之宋・東陽陳大猷《書集傳》卷一，總頁15下A中，引王荊公之言曰：

---

[13] 程元敏《尚書新義-輯考彙評》頁235，有註解曰：「袁燮絜齋約《尚書新義》之文，謂「先儒」說，此先儒固謂安石。」

王氏曰：「三就者，就輕、就重與就輕重之中；三居者，居遠、居近與居遠近之中。」

陳大猷所引文字與《輯纂》幾乎全同。考之宋‧羅泌《路史》卷二十一頁201《疏仡紀‧有虞氏》一節下，羅氏論之云：

刑有五，必服其罪；流有五，必使有所宅；所謂有服、有宅，三就、三居；**王氏之說為近**。蓋教之原情定罪，不為執一之說。

此段引文自「**王氏之說為近**」之前，當為引用王氏《新義》「佚文」。而宋‧林之奇《尚書全解》卷三頁59，有稱「王氏云」而論「三就」、「三居」者，更有所評論，而《輯考彙評》失收。其言曰：

王氏云：「行刑者，或就重，或就輕，或就輕重之中，此之謂三就。流者，或居遠，或居近，或居遠近之中，此之謂三居。」此說為善，蓋教臯陶原情而定罪耳。夫欲刑者之服其罪，流者之安其居，則必權人情之有宜輕者，有宜重者，有宜輕重之中者；其流罪有宜居近者，有宜居遠者，有宜居遠近之中者，皆酌之以人情而不背戾於法，此所貴於『惟明克允』也。」

林氏此段引文為三處「佚文」之最順達者，應為「佚文」之主幹，再補充整合其他來源，且當列入「評論」之數也。

又考之元‧方回《續古今考》卷二十五頁47有文〈附論棄市〉，其中亦有據王氏「三就」「三居」之說者，其言曰：

《書》曰：「五服三就」，孔傳謂「行刑當就三處：大罪於原野，大夫於朝，士於市。」正義謂……。回謂：唐虞肉刑五，

流刑、鞭刑、扑刑三，共為八，而以流宥乎犯五刑者，當亦分五等。**王荊公**不然孔安國三就之說，謂「**朝非用刑之所**」，「或重、或輕、或輕重之中，曰三就」。如「五流三居」，孔傳謂大罪四裔，次九州之外，次千里之外。**荊公**亦不然，以「或遠、或近、或遠近之中為三居」。王晦叔然之。

此段文字中，明引王荊公之言，是亦佚文出處之一。[14] 其中更有他處未載者「朝非用刑之所」一句，亦為王安石《書義》佚文也。今整合多處引用「佚文」如下：

【佚文】刑有五，必（使）服其罪；流有五，必使有所宅；所謂有服、有宅，三就、三居；……（先儒以為刑大夫於朝，然）朝非用刑之所，……行刑者，或就重，或就輕，或就輕重之中，此之謂三就。流者，或居遠，或居近，或居遠近之中，此之謂三居。

其他對王安石《書義》之評論，當補入，以供參考。又宋‧黃倫《尚書精義》卷三，於經文「流宥五刑」下，引楊氏曰：

昔舜命皋陶作士，而曰「五刑有服，五服三就；五流有宅，五宅三居」者，凡以用刑有就輕，有就重，有就輕重之中；宅流有居近，有居遠，有居遠近之中。凡以宥五刑之輕者而已。……。於戲！盛哉！其謂之祥刑，謂之明刑者，職此之由耳。

14　考宋‧胡士行《尚書詳解》卷一頁297解「五服三就」曰：「就輕、就重、就輕重之中」，解「五宅三居」曰：「居遠、居近、居遠近之中」，皆可見實用王安石《尚書新義》之說也。

據黃倫《精義》所稱「楊氏」者，當為楊繪，著有《書九意》一卷。
而楊氏此文，其中論述與王安石《新義》相同，可見《新義》所論，
有頗得當時學者所許者。楊繪此段論述亦本王安石《新義》說義以解
經也。

帝曰：「疇若予上下草木鳥獸？」

【根祥案】

考之宋・東陽陳大猷《書集傳》卷一，總頁16上A，有引王氏《新
義》之文曰：

> 王氏曰：「上下者，或山或澤，或飛或潛也。」

此條未見他處引述，當補入為《新義》「佚文」。

帝曰：「夔，命汝典樂，教冑子。」

【根祥案】

考之宋・東陽陳大猷《書集傳》卷一，總頁16下A，有引王氏《新
義》之文曰：

> 王氏曰：「冑子，將與共天職者也，不可以不教。教之之道，
> 莫善於樂，故命夔典樂而教冑子。」

此條未見他處引述，當補入為《新義》「佚文」。

直而溫，寬而栗，剛而無虐，簡而無傲。

【佚文】（六八）此四句乃教者之事。（或問卷上頁二四）

【評】宋陳大猷曰：「或問：『直而溫』下四句，荊公言此教者之事，諸家多取之，如何？曰：晦菴謂如此說則於教胄子上都無益。愚謂直、寬、剛、簡決非施教者之事；王、張氏雖強引經，據於理；終非所安也。」（或問卷上頁二四）

【根祥案】

《輯考彙評》此處佚文乃據陳大猷《或問》中所言王氏《書》說之意，撰文以示意爾，非原文也。而據「荊公言此教者之事」之義，且以「強引經，據於理」方式論述。據此以考察諸家論述，實亦有與此特徵相同者。考之宋・夏僎《尚書詳解》卷二頁64，有引「一說」，正與王說特徵相契合。其言曰：

> 一說又謂「直而溫」至「簡而無傲」，為教人之道。且引「孔子曰『吾無隱乎爾』，是教人者欲其直；《詩》曰『載色載笑』，是教人者欲其寬；《記》曰『師嚴然後道尊』，是教人者欲其剛；《易》曰『再三瀆，瀆則不告』，是教人者欲其簡。夔將以樂教胄子，必在我者有是德，然後可以用樂；自『詩言志』以下，所謂以樂教人也，故有是德然後用樂，則樂之和且可以感神人，況胄子乎？儻無德以為之本，而徒用樂以為之文，則所用樂者，不過聲音節奏之間而已，何以教胄子哉？是故大司樂之教國子，亦必以德為之本，而後以六樂為之文者，正此意也。」此說不若前說為長，然參之命伯夷典禮，既言「咨！伯，汝作秩宗」，于下即言「夙夜惟寅，直哉惟清」，皆言典禮之官，其德當如此，則此言「命汝典樂，教胄子」，于

下即言「直而溫」至「簡而無傲」者，是亦教人者，其德當如此。以此推之，故知後一說于經亦通，故併存之。

夏僎所引「一說」，不唯以「直而溫」至「簡而無傲」四句為「教者之事」，且連引《論語》、《詩經》、《禮記》、《易經》之言，以證教人者以直、寬、剛、簡施教於人；此與陳大猷所言「王、張氏雖強引經，據於理」之解經特色亦一致。耙梳宋元《尚書》專著，並無其他具有如此言論學說者；據此推之，此「一說」大段文字，當即王氏《尚書新義》佚文也。而此下評論之語，當亦為對王氏《書義》之「評論」也。宜補列之。今擬其「佚文」如下：

【佚文】「直而溫」至「簡而無傲」四句，為教人之道。⋯⋯孔子曰「吾無隱乎爾」，是教人者欲其直；《詩》曰「載色載笑」，是教人者欲其寬；《記》曰「師嚴然後道尊」，是教人者欲其剛；《易》曰「再三瀆，瀆則不告」，是教人者欲其簡。夔將以樂教胄子，必在我者有是德，然後可以用樂；自「詩言志」以下，所謂以樂教人也，故有是德然後用樂，則樂之和且可以感神人，況胄子乎？儻無德以為之本，而徒用樂以為之文，則所用樂者，不過聲音節奏之間而已，何以教胄子哉。是故大司樂之教國子，亦必以德為之本，而後以六樂為之文者，正此意也。

其「評論」當曰：

【評】「⋯⋯」此說不若前說為長，然參之命伯夷典禮，既言「咨！伯，汝作秩宗」，于下即言「夙夜惟寅，直哉惟清」，皆言典禮之官，其德當如此，則此言「命汝典樂，教胄子」，于

下即言「直而溫」至「簡而無傲」者，是亦教人者，其德當如
此。以此推之，故知後一說于經亦通，故併存之。

詩言志，歌永言，聲依永，律和聲。

【佚文】（六九）「古之歌者，皆先有詞，後有聲，故曰『詩言志，
歌永言，聲依永，律和聲』。如今先撰腔子，後填詞，卻是永依聲
也。」（侯鯖錄卷七頁十一）（註六）

【根祥案】

《輯考彙評》於書中頁235（註六）云：「此條為荊公說，惟疑非《書
義》之文，姑存於此，以備考索。」考夫《朱子語類》卷七十八頁
2005中，有與荊公相似之論者，其言曰：

> 或問：「詩言志，聲依永，律和聲」？曰：「古人作詩，只是說
> 他心下所存事，說出來人便將他詩來歌，其聲之清濁長短，各
> 依他詩之語言，卻將律來調和其聲。今人卻先安排下腔調了，
> 然後做語言去合腔子，豈不是倒了，卻是『永依聲』也。古人
> 是以樂去就他詩，後世是以詩去就他樂，如何解興起得人。」
> 祖道

朱熹之論或即有取於王氏之說也。明·唐順之《稗編》卷四十二〈樂
七〉、明·胡震亨《唐音癸籤》卷十五〈樂通四·總論〉皆引用王安
石此言論。[15]然正如《輯考彙評》所言，此非《尚書新義》佚文，止

---

15 明·唐順之《稗編》卷四十二〈樂七〉：「王荊公論樂曰：先有詞而後以律度為曲，
是『聲依詠』；若先定律而後以詞填實之，則是『詠依聲』也。」明·胡震亨《唐
音癸籤》卷十五〈樂通四·總論〉：「荊公云：古之歌者，皆先有詞，後有聲，故曰
『歌永言，聲依永』，如今先撰腔子，後填詞，却是『永依聲』也。」

屬參考。

又考之宋・王與之《周禮訂義》卷四十頁641引王荊公之說曰：

> 王氏曰：「樂之聲，以言為本。《書》曰：『詩言志，歌永言，
> 聲依永，律和聲。』」

此論雖就《周禮》而發，而引《尚書》文為證，則其論述當與《尚書
新義》相似，甚或相同。又其中「樂之聲，以言為本」一句，與前趙
德麟《侯鯖錄》卷七所引文涵義相同，則王安石解說《尚書》經文，
理當如此，宜以此為「佚文」之表，以趙德麟所說為參考。

八音克諧，無相奪倫，神人以和。夔曰：「於！予擊石拊石，百
獸率舞。」

【佚文】（七十）「堂上之樂，以象宗廟朝廷之治。堂下之樂，以象
鳥獸萬物之治。石者，堂上之樂也。夔方擊石拊石，以象宗廟朝廷之
治，鳥獸不待堂下之樂，固已率舞，以此見舜功化之敏，樂之形容有
所不逮也。堂上之樂，非止于石，特曰『擊石拊石』者，蓋八音惟石
難諧，舉石則餘不足道也。詩曰：『鼛鼓淵淵，嘒嘒管聲，既和且
平，依我磬聲。』以此知樂之和，由石聲而依之也。」（夏解卷二頁
四九）

命伯禹所司空……帝曰：「龍！朕聖讒說殄行，震驚朕師。命汝
作納言，夙夜出納朕命，惟允。」

【佚文】（七一）「百揆，百官之首，故先命禹。養民，治之先務，
故次命稷。富然後教，故次命契。刑以弼教，故次命皋。工立成器，
以為天下利，又治之末，故次命垂。如此治人者略備矣，然後及草木

鳥獸，故次命益。民、物如此，則隆禮樂之時也，故次命夷、夔；禮先樂後，故先夷後夔。樂作則治功成矣。群賢雖盛，治功雖成，苟讒間得行，則賢者不安，前功遂廢，故命龍於末，所以防讒間、衛群賢以成其終。猶命十二牧，而終以『難任人』、夫子答為邦，而終以『遠佞人』也。」（輯纂卷一頁二九，纂疏卷一頁二二，書纂言卷一頁三六，尚書通考卷五頁十三，書傳會選卷一頁二六，大全卷一頁六二～六三）

【根祥案】

考之宋・東陽陳大猷《書集傳》卷一，總頁17上A-B中，引有王氏《新義》佚文之言曰：

> 王氏曰：「百揆者，百官之首，故先命禹。養民者，王道之始，故次命稷。富之然後教之，故次命契。刑所以弼教，故次命皋陶。工者備物致用，立成器以為天下利，又治之末，故次命垂，如此而治人者略具矣；然後及乎鳥獸草木，故次命益。自百工至于鳥獸草木咸若，則隆禮樂以養之之時也；而禮樂可興矣。禮樂者，治之大成也，所以事天地鬼神而和理萬物者也，故次命夷、夔，有禮而後樂生焉，故先夷而後夔；然則樂者，治之成也。」

此段引文，似不如上述「佚文71」之長篇，而文句順達而措辭穩當過之。更考之陳大猷《書集傳》於前引文之後，陳大猷自為「案語」曰：

> 愚曰：「群賢雖盛，苟讒間一行，則賢者不安，前功廢矣。舜命龍於末，所以為群賢之衛而成其終；猶上文命十二牧，終之以『難任人』，夫子論為邦，終之以『遠佞人』也。」

此段陳大猷「愚曰」之論，與此「佚文71」後段相同，唯文辭少異爾，然則「群賢雖盛」以下，當為陳大猷之語，而非王安石《新義》佚文。董鼎、陳櫟、吳澄、黃鎮成等人蓋抄錄自陳氏《書集傳》，誤將「愚曰」連續「王氏曰」，致有此失；後來輾轉傳抄，接沿此錯誤；今當刪除「群賢雖盛」以下之文。

　　又考之清朝秦蕙田《五禮通考》引此段文字，標為宋「新安王炎」之說，後來姚永樸《尚書誼略》引之亦同；蓋秦蕙田先誤引載，而後《尚書誼略》引秦氏之文而不察，沿用其誤。

【佚文】（七二）伯益、禹、稷，皆堯所命。（文定集卷十六頁二）

【評】宋汪應辰曰：「舜典之命九官，與呂刑本不異，但註似誤以『皇帝』為堯。王介甫專不取註疏，于此乃不能正其失。竄三苗、命伯益禹稷，皆舜事也，而以為堯，不知何所據也。若其命官先後之次，此則偶爾不同，不必論也。」（文定集卷十六頁二）

帝曰：「咨！汝二十有二人，欽哉！惟時亮天功。」

【根祥案】

考之宋・東陽陳大猷《書集傳》卷一，總頁17上B中，引有王氏《新義》佚文之言曰：

　　　王氏曰：「二十二人者，四岳一人、十二牧、九官也。」

此段引文當補入為《新義》「佚文」。又考之宋・羅泌《路史》卷十七頁152〈疏仡紀〉一章，於「和實為黎後，為和氏」句下云：

　　　《世紀》云：「羲和四子：羲仲、羲叔、和仲、和叔，分掌四

岳。」王安石以四岳為一人，非也。

可與此段佚文相印證，應列為資料來源，並以之作「評論」。

三載考績，三考黜陟幽明，庶績咸熙。

【根祥案】

考之宋・東陽陳大猷《書集傳》卷一，總頁17下A中，引有王氏《新義》佚文之言曰：

> 王氏曰：「積不善，則浸至於幽；積善，則浸至於明。」

此條佚文不見引於其他文獻中，當補入為《新義》「佚文」。

又宋・黃倫《尚書精義》卷四頁51中，引張氏之《書說》，發揮王氏此說曰：

> 張氏曰：孔子曰「三年有成」，此唐虞考績之法，必以三載者也。雖然，聖人猶以為未也，故積之之久，待之之盡，至於三考，然後為之黜陟。是故為善，積久而為明，所以陟之；為不善，積久而為幽，所以黜之。善者，陽之類也，積之既久，則浸之以明，不有以陟之，則無以勸君子。不善，陰之類也，積之既久，則浸之以幽，不有以黜之，則無以懲小人。既有以黜陟幽明，則人皆知賞之可慕，罰之可畏，於是乎樂事勸功，此庶績所以咸熙也。〈堯典〉言「庶績咸熙」，在「允釐百工」之後，則庶績之熙，由於百工之允釐故也。此言「庶績咸熙」，在於「黜陟幽明」之後，則庶績之熙，由於幽明之黜陟故也。

張綱《書》說雖嫌蛇足，然多不溢出於王氏之說；若此段論述末段，比較前後兩處「庶績咸熙」之因由，顯然為王荊公解經風格，當足參看。

【佚文】（七三）「唐虞以三考黜陟幽明，而其所命之官，或終身于一職，然則其所謂『陟』者，特爵服之加而已。」（尚書埤傳卷二頁三四）

【根祥案】

此條佚文出於清朝朱鶴齡《尚書埤傳》，其時代甚晚。然王安石《三經新義》至明朝經已亡佚，而宋、元載籍已不見引有此條，則朱氏何由得錄此條《書義》？此甚可疑也。考之王安石《臨川文集》卷五十一頁401，有〈高旦著作佐郎制〉一文，其文曰：

> 唐虞以三考黜陟幽明，而其所命，或終身於一職；然則其所謂陟者，蓋爵服之加而已。

其文字與朱鶴齡《尚書埤傳》所引幾乎完全相同，以此知朱氏所引並非《尚書新義》之文，乃《臨川文集》中王氏論述有關《尚書》文義之辭也。雖碔砆疑玉，而資料可貴，亦足參考。可增列「參考」一項，以資對照。

又考之宋・東陽陳大猷《書集傳》卷一，總頁17下A中，引荊公論「三考黜陟」之義，其言曰：

> 王氏曰：「舜三考黜陟，而皋陶、稷、契皆終其官不徙，則在於爵服之加而已。」

此段王氏「佚文」與《臨川文集》所述，文辭少異而論義相類，均為王氏之說而來源不同也。如此，則「佚文」應以陳大猷《書集傳》所引荊公此論為準，以《臨川文集》為輔助參考可也。

　　此段佚文，後世亦尟有引用，唯見用於元朝・毛應龍《周官集傳》卷一頁789中，其辭曰：

> 至若三考黜陟，則流放止於四罪，而皋陶、稷、契皆終其官不徙，其在所陟者，亦惟爵服之加而已。此唐虞廣大氣象。

今整合王氏之說，擬其「佚文」如下：

> 【佚文】「舜三考黜陟，而皋陶、稷、契皆終其官不徙；其在所陟者，則在於爵服之加而已。」

分北三苗。

【佚文】（七四）「分北三苗，黜幽也；然止于三苗，黜者寡矣。」（輯纂卷一頁三十，大全卷一頁六五）

【根祥案】

考之宋・東陽陳大猷《書集傳》卷一，總頁17下B中，引王荊公之言論，其言曰：

> 王氏曰：「分北三苗者，黜幽也；然止於三苗，見萬國皆順軌，而干有司者寡矣。」

此段佚文與前《輯纂》所引最後一句不同。《輯纂》作「黜者寡」，乃

唯一見於宋元著作者記載,《大全》亦引用《輯纂》之文而已。而陳
大猷引作「見萬國皆順軌,而干有司者寡」,文義較全。且考之宋‧
時瀾《增修東萊書說》卷二頁28中論「分北三苗」曰:

> 史官獨載「分北三苗」,與〈堯典〉獨書共、鯀之事同,見萬
> 國皆順軌也。

其辭與王荊公同,可見呂東萊用荊公《書義》,其辭當如此。故是應
以陳大猷所引「佚文」為正。

尚書堯典、舜典通義

【佚文】(七五)「堯行天道以治人,舜行人道以事天。……堯典於
舜、丹朱、共工、驩兜之事,皆論之,未及乎升黜之政。至舜典,然
後禪舜以位,『四罪而天下服』之類,皆堯所以在天下,舜所以治。」
(河南程氏遺書卷二二上頁四)

【評】宋程頤曰:「介甫自不識『道』字,道未始有天、人之別,但
在天則為天道,在地則為地道,在人則為人道。……如言:
『……。』是何義理?四凶在堯時亦皆高才,職事皆修,堯如何誅
之?然堯已知其惡,非堯亦不能知也。及堯一旦舉舜於側微,使四凶
北面而臣之,四凶不能堪,遂逆命;鯀功又不成,故舜然後遠放之,
如呂刑言『遏絕苗民』,亦只是舜,孔安國誤以為堯。」(河南程氏遺
書卷二二上頁四)

【根祥案】

考之宋‧真德秀《西山讀書記》卷三十八頁358中,亦有是言曰:「介
甫言:堯行天道以治人,舜行人道以事天。介甫自不識天字云云。」

亦可備一出處。而宋‧黃倫《尚書精義》卷三頁26引張（綱）氏曰：

> ……於堯言「欽明文思」，則德之出於所性，自誠而明之者
> 也。所性者，天也；修為者，人也。堯行天道以治人，故
> 《典》之所載者，天也。舜行人道以奉天，故《典》之所載
> 者，皆人也。

此論實據王氏之說而發揮之者也。

又察夫宋‧范浚《香溪集》卷十有《書總論》一章，其中頁93有〈堯典論〉一文，其言曰：

> 夫以堯、舜聖德，光明盛大，胡可以管窺蠡測，妄議涯畛；而
> **世儒謂「堯行天道以治人，舜行人道以奉天」**，是不惟不知
> 堯、舜，抑亦不知道，又不知天人也。《易‧繫辭》曰：「一陰
> 一陽之謂道。」推本而言之也。又曰：「立天之道，曰陰與
> 陽；立地之道，曰柔與剛；立人之道，曰仁與義」，三者一道
> 也，在天則謂之天道，在地則謂之地道，在人則謂之人道。揚
> 雄曰：「善言天地者；，以人事；善言人事者，以天地」。故合
> 天地人而言之，其致一也。古之王者，必承天意以從事；是天
> 理即人事也。王者欲有所為，必求端於天，是人事即天理也。
> 又況聖人和同天人之際，使之無間，先天而天弗違，後天而奉
> 天時；聖人所行動，無非天，謂堯行天道，豈與人事異耶？謂
> 舜行人道，豈與天道異耶？苟謂堯命羲和，「欽若昊天，歷象
> 日月星辰」為行天道耶？則「敬授人時」而天與人一矣；苟謂
> 「以閏月定四時成歲」為行天道耶？則「允釐百工，庶績咸
> 熙」，而天與人一矣；苟謂舜「納于百揆，百揆時敘，賓于四
> 門，四門穆穆」為行人道耶？則「烈風雷雨弗迷」，而人與天

一矣；苟謂舜「咨十有二人」各欽其職為行人道耶？則「惟時亮天工」，而人與天一矣。嗟夫！世儒之論，是不知堯、舜者也，是不知道者也，是不知天人者也。

范氏所謂「世儒之論」即是王荊公之說也。而此大段文字所言，亦有合於程子所評者。然則此可視為王氏「佚文」出處，兼列入作為「評論」者也。

【評】宋陳振孫曰：「二典義：尚書左丞山陰陸佃農師撰，為王氏學，長於考訂。」（書錄解題卷二頁五）

【根祥案】

《輯考彙評》列此一條，以見王氏《書義》之影響所在也。陸佃《二典義》，據《經義考》云「未見」，蓋亦失傳矣。而考之於陸佃《陶山集》卷十二頁127有〈答陳民先都曹書〉，其中正有論〈堯典〉、〈舜典〉者，其言曰：

〈堯典〉四星，獨于南方言火，言火于南方為宜故也。秋言毛毨，冬言氄毛者，孔安國謂「毨，理也」，蓋秋鳥獸之毛尚淺，毨不勝毛，故視之則毛，徐而察之則毨也；至冬而盛，毛不勝氄，視之則氄，察之則毛也。此與《春秋》「六鷁」「五石」之辭略相類；先王之法言多如此。故曰：「五石」「六鷁」之辭不設，則王道不亢矣。〈舜典〉言嶽，獨東言岱；言巡守，獨北言朔；朔，言終則有始也；岱，言代則有謝也。于時之始，言代則有謝；于方言終則有始，亦言之法也。如初，以著四時之同，是以不言南也。且北方陰陽具，故北一名朔。朔，陽也；北，陰也；豈特此也哉。物有玄龜繡蛇，藏有左腎

右命，至于卦又謂之習坎；習，重也；是以天子之立也，左聖
鄉仁右義偝藏，蓋藏玄之所在也。至無而供其求，時騁而要其
宿，實在于此；故文兩人相背為北象，兩己相背為虞。古之人
胥訓誥，不必親相與言也，以文與象示之而已。噫！言道而至
于此，亦不可以容聲矣。若夫「寅賓」「寅餞」，足下所謂先王
運精神，動心術，以道格之是也。夫運精神，動心術，以道格
之，雖尸居衽席之上，可以騎日月也，況賓而餞之乎？以此讀
書，蓋有大者焉，非徒析毫解縷而已。方今學者之病正在此。

陸佃《二典義》之說，據此或可窺知一斑。

〈大禹謨〉

皋陶矢厥謨，禹成厥功，帝舜申之；作〈大禹〉、〈皋陶謨〉、〈益
稷〉

曰若稽古：大禹曰文命，敷於四海，祇承于帝。曰：「后克艱厥
后，臣克艱厥臣，政乃乂，黎民敏德。」帝曰：「俞！允若茲，
嘉言罔攸伏，野無遺賢，萬邦咸寧。稽于眾，舍己從人。不虐無
告，不廢困窮，惟帝時克。」益曰：「都！帝德廣運，乃聖乃
神，乃武乃文；皇天眷命，奄有四海，為天下君。」禹曰：「惠
迪吉，從逆凶，惟影響。」益曰：「吁！戒哉；儆戒無虞，罔失
法度，罔遊于逸，罔淫于樂；任賢勿貳，去邪勿疑；疑謀勿成，
百志惟熙；罔違道以干百姓之譽，罔咈百姓以從己之欲；無怠無
荒，四夷來王。」禹曰：「於！帝念哉；德惟善政，政在養民；
水、火、金、木、土、穀，惟修；正德、利用、厚生，惟和；九
功惟敍，九敍惟歌，戒之用休，董之用威，勸之以九歌，俾勿

壞。」帝曰:「俞！地平天成,六府三事,允治,萬世永賴,時
乃功。」帝曰:「格汝禹,朕宅帝位三十有三載,耄期,倦于
勤;汝惟不怠,總朕師。」禹曰:「朕德罔克,民不依。皋陶邁
種德,德乃降,黎民懷之。帝念哉！念茲在茲,釋茲在茲,名言
茲在茲,允出茲在茲,惟帝念功。」帝曰:「皋陶,惟茲臣庶,
罔或干予正;汝作士,明于五刑,以弼五教,期于予治,刑期于
無刑,民協于中,時乃功,懋哉！」皋陶曰:「帝德罔愆,臨下
以簡,御眾以寬;罰弗及嗣,賞延于世;宥過無大,刑故無小,
罪疑惟輕,功疑惟重;與其殺不辜,寧失不經;好生之德,洽于
民心,茲用不犯于有司。」帝曰:「俾予從欲以治,四方風動,
惟乃之休。」帝曰:「來禹,洚水儆予,成允成功;惟汝賢,克
勤于邦,克儉于家,不自滿假,惟汝賢;汝惟不矜,天下莫與汝
爭能;汝惟不伐,天下莫與汝爭功。予懋乃德,嘉乃丕績,天之
歷數在汝躬,汝終陟元后。人心惟危,道心惟微;惟精惟一,允
執厥中。無稽之言勿聽,弗詢之謀勿庸。可愛非君,可畏非民;
眾非元后,何戴？后非眾,罔與守邦？欽哉！慎乃有位,敬修其
可願,四海困窮,天祿永終。惟口,出好,興戎。朕言不再。」
禹曰:「枚卜功臣,惟吉之從。」帝曰:「禹,官占,惟先蔽志,
昆命于元龜,朕志先定,詢謀僉同,鬼神其依,龜筮協從,卜不
習吉。」禹拜稽首,固辭。帝曰:「毋,惟汝諧。」正月朔旦,
受命于神宗;率百官若帝之初。帝曰:「咨禹,惟時有苗弗率,
汝徂征。」禹乃會群后,誓于師曰:「濟濟有眾,咸聽朕命。蠢
茲有苗,昏迷不恭,侮慢自賢,反道敗德,君子在野,小人在
位;民棄不保,天降之咎;肆予以爾眾士,奉辭伐罪;爾尚一乃
心力,其克有勳。」三旬,苗民逆命。益贊于禹曰:「惟德動
天,無遠弗屆;滿招損,謙受益,時乃天道。帝初于歷山,往于
田,日號泣于旻天,于父母,負罪引慝,祇載見瞽瞍,夔夔齊

慄，瞽亦允若。至誠感神，矧茲有苗。」禹拜昌言曰：「俞！」班師振旅，帝乃誕敷文德，舞干羽于兩階。七旬，有苗格。

〈大禹謨〉

【佚文】（七六）「皋陶指其名，而禹稱『大禹』者，宅揆任大，冠諸臣之上，表而出之也。」（纂傳卷三上頁一）

曰若稽古大禹，曰，文命敷於四海。

【佚文】（七七）文命，禹號也。（朱文公文集卷六頁十六）

【評】宋蘇軾曰：「命，教也；以文教布于四海而繼堯舜。以文命為禹名，則布于四海者為何事耶？」（書傳卷三頁一）

【根祥案】

《輯考彙評》所列佚文，並非原文，乃王氏對「文命」之訓解。考之《晦庵集》卷六十五〈大禹謨〉，註云：「文命，王氏以為禹號。」可以得知。

　　稽之宋・羅泌《路史》〈疏仡紀・夏后氏〉一節「是為文命」句下，羅泌所論中，有直接引用「王安石曰」者，其文如下：

　　　　孟子曰：「放勳乃徂落。」知放勳者，號也。**王安石曰：「放勳，堯號，見之《孟子》；則重華、文命為舜、禹之號，明矣。」**[16]

此段文字羅泌引用於〈疏仡紀・夏后氏〉一節中，可見應為王安石論

---

16 宋・羅泌《路史》（景文淵閣四庫全書本）卷二十二，頁212，〈疏仡紀・夏后氏〉下。

證「文命」為「禹號」之原文，較之《輯考彙評》所列文字，更接近原貌，可以取而代之為「佚文」之正。又宋·夏僎《尚書詳解》卷一中亦有類似之言曰：

> 其他諸儒又皆因《孟子》有「放勳曰」之語，遂以「放勳」為堯號，以「重華」為舜號，以「文命」為禹號。[17]

夏僎所謂「其他諸儒」，王安石當為其一。而宋·林之奇《尚書全解》卷一嘗評論「文命」為「禹號」之說曰：

> 諸家之說皆不然。某嘗謂鄭少梅曰：「史官作史之時，蓋以是稱堯、舜、禹之功德；後人因史官有是稱，遂以『放勳』、『重華』、『文命』為堯、舜、禹之號。然『允迪』不可為皋陶之號，故不可以為稱；正如子貢之稱夫子曰『固天縱之將聖，又多能也』，蓋稱夫子之德如此，後世遂稱夫子為『將聖』，與此正同。」[18]

林氏所謂「諸家之說」亦涵蓋王氏在內，可據之為「評論」。

曰：后克艱厥后，臣克艱厥臣，政乃乂，黎民敏德。帝曰：「俞！允若茲，嘉言罔攸伏。野無遺賢，萬邦咸寧。稽于眾，舍己從人，不虐無告，不廢困窮，惟帝時克。」

【佚文】（七八）「舜，后也，故但言堯克艱事。今按：定公問『一

---

17 宋·夏僎《尚書詳解》（影印文淵閣四庫全書本）卷一，頁9。

18 宋·林之奇《尚書全解》（臺北市：漢京文化事業公司，通志堂經解本，1986）卷一，頁6470。以下引用同書，僅標曰「漢京版，通志堂經解」。

言興邦』，孔子對以『君難，臣不易』，下文惟及君而不及臣，意亦類此。」（纂疏卷一頁二五，大全卷二頁四，書傳彙纂卷三頁四）

【根祥案】

考之於宋‧東陽陳大猷《書集傳》卷一，總頁19上B，有引王氏《新義》佚文，其言曰：

> 王氏曰：「舜，后也。故但稱堯論『艱厥后』之事而已。」

對比之下，陳大猷所引文，止於「佚文」前段而並無「今按」以後文句。考之現今所見王氏《尚書新義》佚文，並無「今按」用詞之例。觀乎「今按」以後文字，亦見於《孔傳》、《蔡傳》，若以為王氏言者，則甚是可疑。而覆覈此段「佚文」來源，陳櫟所引文前後文句如下：

> 愚謂：舜惟本有克艱之心，故深信禹克艱之謨；「允若茲」，深信其當如此也。「惟帝時克」，以克艱歸之堯，惟堯能如此謙言己未能如此也。公孫丑問「浩氣」？孟子曰：「難言也。」程子謂觀此一言，則孟子實有是氣可知。今觀舜斯言，則舜真能克艱，亦可知矣。王氏曰：「舜，后也；故但言堯克艱事。」今按：定公問「一言興邦」？孔子對以「君難、臣不易」，下文惟及君而不及臣，意亦類此。

通檢陳櫟《纂疏》一書，每於蔡傳後「纂疏」之末，申述己見，以「愚謂」、「愚案」啟始，則「愚謂」、「愚按」之後，當為陳櫟之見解；其中若需引用他人之說，亦每標示清楚。以上述一段「愚謂」觀之，「今按」之後文字，應是陳櫟引用「一言興邦」以印證王氏「但言堯克艱事」，並說明「及君而不及臣」之意。然則「今按」以後文

字,並非王安石《新義》之文,乃陳櫟所言也。如此陳述格式,陳櫟《纂疏》書中多有。如:〈康誥〉「洪大誥治」經文後曰:

> 【纂疏】唐孔氏曰:……○林氏曰:……○葉氏曰:……○潘氏曰:……○王氏安石於此章無解○愚謂:初基,定基址也;鎬在西,故曰東國洛。見士,朝而趨事也。大和會,人心本自和,播民和,因人心之和而敷宣其和也。悅以使民,民忘其勞也。以〈召誥〉攷之,周公以三月十二日乙卯至洛,先觀召公營洛規模;十四日丁巳,行郊禮;十五日戊午,行社禮;十六日乙未,初基作洛。繼此五日內,號召齊集,計度區畫,分配科派,至二十一日甲子朝,乃用書命庶殷,諸侯丕作;〈召誥〉所謂「用書命丕作」,即此所謂「洪大誥治」也。《左氏》昭二十二年,晉士彌牟營成周,計丈數云云,以令役于諸侯,用書誥治,**意亦類此**。參以〈召誥〉,日月脗合,〈洛誥〉冠以此九句,方有頭緒;強附于此,全不相應,其為〈洛誥〉脫簡,章章明甚。諸家阿附牽強解之,今不取。

據此可見上述引「王氏曰」之文,止於「今按」之前,後段文字應予刪除。

又考之陳大猷《書集傳》卷一,總頁19上A,尚有王氏訓解「嘉」字及經文解說之兩條《新義》佚文如下:

> 王氏曰:「嘉者,美之至也。」
> 王氏曰:「嘉言罔攸伏,故野無遺賢;野無遺賢,故萬邦咸寧。」

此兩條引文,當補入為《新義》「佚文」。

益曰：「都！帝德廣運，乃聖乃神，乃武乃文。」

【根祥案】

考之宋・東陽陳大猷《書集傳》卷一，總頁19上B，有引王氏訓解「都」字之《新義》佚文曰：

> 王氏曰：「都，君子所居；鄙，野人所居。故古者謂都為美，謂鄙為野。」

考朱熹《朱文公文集》卷六十五〈雜著・尚書下〉，有論「都」字之義曰：

> 都，嘆美之辭也。都者，君子之居；鄙者，野人之居；故古者謂野為鄙，謂都為美也。[19]

《纂註》、《大全》、《傳說》、《彙纂》等均引朱子之說。而實考其源，蓋取自王安石之言論也。蔡沈《書集傳》於〈堯典〉經文「驩兜曰：都！共工方鳩僝功」下，訓解曰：「都，嘆美之辭也。」雖無後文解說為「君子之居」，然亦用王氏說明矣。

【佚文】（七九）「乃聖乃神，所以立道；乃武乃文，所以立事。先聖而後神，道之序也；先武而後文，事之序也。」（全解卷四頁六）

【評】宋林之奇曰：「審如是說，則是道之外復有事，事之外復有道。既有道之序，復有事之序。使道無預於事，事無預於道。此王氏患天下之術之原。」（全解卷四頁六）

---

19 宋・朱熹《朱文公文集》（臺北：臺灣商務出版社，四部叢刊三編，第59冊，1975）卷六十五，頁1206，〈雜著・尚書下〉之說。

【根祥案】

考之宋‧東陽陳大猷《書集傳》卷一，總頁19上B，引有王氏《新義》文字曰：

> 王氏曰：「聖而後神者，道之序也；武而後文者，事之序也。」

陳大猷引文少兩「先」字，於義理更貼合。蓋有「先」字，乃就「未聖」、「未武」之時而言；無「先」字則指既達「聖」、「武」之地立論也。宋‧黃倫《尚書精義》卷五引張氏（綱）之言曰：

> 堯有廣運之德，入與道俱，則為「乃聖乃神」；出與事顯，則為「乃武乃文」。大而化之之謂聖，聖而不可知之之謂神；聖而後神，道之序也。戡定禍亂而為武，經天緯地而為文；武而後文者，事之序也。堯有聖神武文之德，此皇天之所以眷命而使之奄有四海，為天下君宜矣。[20]

張綱《書解》之作，乃延用敷演王安石之說而成，今其文中亦作「聖而後神」、「武而後文」，無兩「先」字，可資證明。

又晁說之《儒言》評論王安石強分「道、事」之說曰：

> 百姓日用而不知，雖有至道，而無非事也。若夫君子，則知之矣，孰非其道哉！今於聖人曰「此事之序也」、「此道之序也」，果知道乎？

此當補入作為「佚文」對應之「評論」。

---

20 宋‧黃倫《尚書精義》（景文淵閣四庫全書本）卷五，頁6，引張氏（綱）之言曰。

戒哉！儆戒無虞，罔失法度，罔遊于逸，罔淫于樂。任賢勿貳，去邪勿疑。疑謀勿成，百志惟熙，罔違道以干百姓之譽，罔咈百姓以從己之欲。無怠無荒，四夷來王。

【佚文】（八十）「自『儆戒無虞』至『四夷來王』，乃歷言『戒哉』之說。」（纂傳卷三一頁三）

【佚文】（八一）「『罔失法度』以下，修之身者也。『任賢勿貳』以下，修之朝者也。『罔違道』以下，施之天下者也。」（輯纂卷一頁三三，書傳會選卷一頁三一，大全卷二頁七，書傳彙纂卷三頁八）

【根祥案】

王氏於此段經文，分析為「修之身者」、「修之朝者」、「施之天下者」三階段，其說後世無甚用之。清朝金相於所著《御覽經史講義》卷十〈書經〉「儆戒無虞」條下，祖述其說，其文曰：

> 舜怠荒佚樂，寧或有此；而禹陳克艱之謨，益申儆戒之旨，其言「罔失法度，罔遊于逸，罔淫于樂」者，修之身者也；「任賢勿貳，去邪勿疑，疑謀勿成，百志惟熙」者，修之朝者也；「罔違道以干百姓之譽，罔咈百姓以從己之欲」者，施之天下者也。而貫徹乎始終，檢束乎內外者，則一以必儆必戒之心植其體而握其機焉。[21]

金相所用此段文字，蓋或錄自《書傳會選》或《書經大全》，而亦可參攷。

---

21 清・金相《御覽經史講義》（景文淵閣四庫全書本）卷十，頁23〈書經〉「儆戒無虞」條下。

【根祥案】

宋‧東陽陳大猷《書集傳》卷一，總頁19下B，於此段經文下引有王
氏佚文如下：

> 王氏曰：「人君不能儆戒以守法度，而遊于逸，淫于樂，則荒
> 惑矣。荒惑則任賢豈能勿貳；任賢不一，則於去邪豈能勿疑；
> 然所謂勿疑者，非於可疑之際而斷以勿疑也，考覈其情，實無
> 可疑，然後可斷而去之爾。」

此當補入為王氏《新義》「佚文」。

【佚文】（八二）「咈百姓以從先王之道則可，咈百姓以從己之欲則
不可。古之人有行之者，盤庚是也。蓋人之情順之則譽，咈之則毀，
所謂『違道以干百姓之譽』也，即咈百姓以從先王之道者也。」（全
解卷四頁十）

【評】宋林之奇曰：「此說大戾！夫盤庚將遷都，民咨胥怨而不從，
盤庚不強之以遷也。方且優游訓誥，若父兄之訓子弟，至於再，至於
三，必使之知遷都之為利，不遷之為害，然後率之以遷焉。何嘗咈之
以從己哉？夫王者之安天下，必本於人情，未有咈百姓而可以從先王
之道也。王氏此說，甚牴牾於聖經矣。」（全解卷四頁十）

【根祥案】

《輯考彙評》止列林之奇對王安石之評論，其實不止於此。考宋‧李
綱於《梁谿集》卷一百五十三〈論順民情〉一文中，有批評「咈百姓
以從先王之道」之見。其文曰：

> 後世姦諛之徒，上欲投君之所好而爭富貴，下欲去己之所患而

排忠良，**乃始建為「咈百姓以從先王之道」之說，以欺人主而取世資**。凡能奉君之欲者，則謂之「享上」；凡欲順民之情者，則謂之下比于流俗；遂使其君抗然于上而輕天下之民，其民疾視于下而不敢言而敢怒。**其源起于熙寧、元豐之間，其流盛于崇寧、大觀之際，其末甚于今日；蓋有不勝其弊者矣。**[22]

文中雖未曾直接指明為王安石之言，然以直引「咈百姓以從先王之道」之句，有云「其源起于熙寧、元豐之間」，所指非王安石而其誰乎？可知此段文句實為李綱評論王氏《尚書新義》學說之語，當列入為「評論」。

又宋・趙與時《賓退錄》卷八中，亦有直引王氏《新義》文句，且兼有評論之言者。其文曰：

「罔違道以干百姓之譽，罔咈百姓以從己之欲」。王荊公曰：「**咈百姓以從己之欲則不可，咈百姓以從先王之道，何為而不可**。」范淳夫云：「咈百姓則非先王之道也。」荊公之言，主於自文，范公則求以矯之；其實不然。干百姓之譽者，有時而違道，則道必有時而咈百姓矣。祁寒暑雨，均曰怨咨，小民之情也；為政者但當虛心無我，據理而行，不使纖毫計校毀譽之心亂於胸中，足矣。[23]

此段文字直引「王荊公曰」，則必為王氏之言文，可定為「佚文」來源。而後所引范淳夫之言，即為范氏評論之語；而後更續以趙與時個人之見，應予補入【佚文】及【評論】中。

---

22 宋・李綱《梁谿集》（景文淵閣四庫全書本）卷一百五十三，頁11、12，〈論順民情〉一文。

23 宋・趙與時《賓退錄》（景文淵閣四庫全書本）卷八，頁9。

【根祥案】

又考東陽陳大猷《書集傳》卷一，總頁20上A-B，引有「王氏曰」佚文曰：

> 王氏曰：「無怠，戒以勤；無荒，戒以治。」

此條「王氏曰」引文，當補入為《新義》「佚文」。

水、火、金、木、土、穀，惟修；正德、利用、厚生，惟和；九功惟敘。

【佚文】（八三）「以『惟敘』為六府三事之序，故以土治水，以水治火，然後水、火為用；以火治金，以金治木，然後金、木為器；以木治土，以土治穀，然後土、穀為利。」（全解卷四頁十二～十三）

【評】宋林之奇曰：「楊龜山（時）曰：『不然。神農氏斲木為耒，揉木為耜，耒耜之利，以教天下，蓋以木治土，然後有耒耜之利，非土能治穀矣。洪範曰「土爰稼穡」，與「水之潤下，火之炎上，木之曲直，金之從革」，一也，謂土能治穀者非也。此說為是。然龜山既知土能治穀之為非，而又曰：『五行相生以相繼，相尅以相治。相生為四時之序，相尅為六府之序也。』夫既以相尅為六府之序，則自水治火而推之，亦將以土治穀矣。此則流入於王氏之說而不自知也。」（全解卷四頁十三）

【根祥案】

考之宋·司馬光《潛虛》〈附錄〉張敦實〈性論〉中，有引用王安石此說而未明言者；其文曰：

〈性論〉：五行之性，其相生也不失其為相繼，其相克也不失
其為相成。相繼者，四時之次也；相成者，六府之敘也。四時
之次，金生水而冬承秋，水生木而春繼冬，木生火而夏繼春，
皆相生以相繼也。六府之修，以土治水，以水治火，而水火為
用；以火治金，以金治木，而金木為器；以木治土，以土治
穀，而土穀為利。此皆相克以相成也。[24]

又南宋・章如愚《群書考索》卷九〈經史門・諸經〉「河圖洛書」條
下曰：

〈大禹謨〉之言，以水治火，以火治金，以金治木，以木治
土，以土治穀，相治之理也；增穀為六府者，土爰稼穡，禹論
其可歌之功也。[25]

以此可見南宋時人論〈大禹謨〉「六府」時，仍多取資王安石之說。
此等文字蓋亦可認定為王氏《尚書新義》引用之實例也。

地平天成，六府三事，允治。

【佚文】（八四）「方水之未平，春作秋成，有弗穫者，故地平然後
天成。」（纂傳卷三上頁五）

---

24 宋・司馬光《潛虛》（北京：中華書局，叢書集成初編，第697冊，1985）〈附錄〉
頁44。《四庫總目提要》云：「張敦實論凡十篇。據吳師道〈後序〉則元時已附刻于
後，今亦併存之。敦實婺源人，官左朝奉郎、監察御史，其始末無考。考《太元
經》末有『右迪功郎充浙江提舉鹽茶司幹辦公事張實校勘』字，疑即一人；或南宋
避寧宗諱，重刻《太元經》時刪去敦字歟？」

25 南宋・章如愚《羣書考索》（景印文淵閣四庫全書本）卷九〈經史門・諸經〉，頁
25、26，「河圖洛書」條下。

帝曰:「格汝禹!朕宅帝位,三十有三載,耄期倦於勤,汝惟不息,總朕師。」

【根祥案】

考之宋·東陽陳大猷《書集傳》卷二,總頁21上A-B,於此段經文下引有王氏「佚文」如下:

> 王氏曰:「八十、九十曰耄,耄則昏矣。百年曰期頤;期者百年之名,而期者則當頤養。」

此段引文當補入為《新義》「佚文」。又宋·黃倫《尚書精義》卷五引張綱論此段經文之言曰:

> 《記》曰:「八十、九十曰耄,百年曰期頤。」耄言乎其昏也,期者指是以為期也。期則當頤以養之之時。舜生三十徵庸,三十在位,其宅帝位,又至於三十有三載,此所謂耄期之年也,耄則昏矣;昏則不可以有為,期則養之時也,養則不可以有為;此舜之所以倦於勤。[26]

此段文字,可與陳大猷書中所引「王氏曰」之佚文相印證,足可參考。

帝念哉!念茲在茲,釋茲在茲,名言茲在茲,允出茲在茲,惟帝念功。

【佚文】(八五)「念此人,當知此人有可念之道,釋此人,當知此人有不可念之理;名言此人,當察此人之賢否。此事之是非,允出于

---

26 宋·黃倫《尚書精義》(景文淵閣四庫全書本)卷五,頁13,引張綱說。

此道，則當察此道之可否。蓋禹以謂皋陶有可念之功，無可釋之事，名其人則有德，言其事則民懷。舜允出于禪位，則皋陶在所當念，不在所當釋。」（夏解卷三頁十七，全解卷四頁十八）

【評】宋林之奇曰：「王氏……以此為讓于皋陶，其說是也，然而意亦未順。竊謂禹之讓于皋陶也，蓋以謂我之心念其可以受帝之禪者，惟在於皋陶。……」（全解卷四頁十八；夏僎用林氏意見，見夏解卷三頁十七～十八。）

【根祥案】

考之宋・東陽陳大猷《書集傳》卷二，總頁21下B中，亦有一段相同引文，其文如下：

> 王氏曰：「念此人而不忘，則當察此人所不可忘之功；釋此人而不念，則當察此人所不可念之事；名此人，言此事，則當察此人之賢鄙，此事之是非。允出於此道，則當察此道之可否。蓋禹謂皋陶有可念之功，無可釋之事；名其人則有德，言其事則民懷。舜允出於禪位，則察皋陶乃所當念，不當釋也。」

對比二者之文，則陳大猷所引，多「而不忘」、「而不念」、「言此是」等語；又夏解引「可念之道」，陳氏引作「不可忘之功」；夏解引作「不可念之理」，陳氏引為「不可念之事」；「賢否」陳氏引作「賢鄙」。

考之宋・黃倫《尚書精義》卷五引張氏（綱）《尚書講義》，有同一段之解說，其文曰：

> 思而不忘謂之念，存而察之謂之在。念茲在茲者，念此人，則當察此人而有可念之道也；釋而廢，則不念矣。釋茲在茲者，釋此人，則亦察此人而有不可忘之理也。念茲而不在茲，則所

念者未必有功；釋茲而不在茲，則所釋者未必有罪也。名言茲在茲者，名其人，言其事，所名之人未必果賢也，所言之事未必果是也，故當察此人之賢否，此事之是非，然後可以名言之矣。允出茲在茲者，信出於此道，然此道未必皆可必，當察此道之可否，然後可以允出之矣。禹以為皋陶在所當念，不在所當釋也。名其人，則皋陶之賢在所可名矣；言其事，則皋陶之行在所可言矣。允出於禪位，則皋陶在所當禪，不在所當廢矣。故終之曰：惟帝念功。蓋亦以皋陶之功非所可忘也。[27]

以張剛申述王氏之解義，並對比上所引兩段王氏佚文，總而論之：張綱引文先訓解「思而不忘謂之念，存而察之謂之在」，可推見王氏原文當有「不忘」之詞，夏《解》所引未見此語，則陳大猷引文較符合王安石之原文。夏《解》引作「名言此人」，陳書引為「名此人，言此事」，張氏引申作「名其人，言其事」，亦可見陳氏引文較勝，逼近原文。至於「功」之於「道」，「事」之與「理」，則夏《解》與張氏文字相似，陳書引文則否。雖然，而筆者以為此亦未必即可認定夏《解》所引正確，蓋林氏、夏《解》或為張綱《書說》之影響使然，不無可能。要之，陳大猷《書集傳》所引王氏佚文，較為翔實可取；可以之取代林《解》、夏《解》引文，以作「佚文」之正。

又考之《輯考彙評》此段文字，其點讀作：「名言此人，當察此人之賢否。此事之是非，允出于此道，則當察此道之可否。」於「賢否」句下加「。」（句號），而將「此事之是非」一句屬下節。然察考原文，「此人之賢否」與「此事之是非」當為相對之語，乃指同一人、同一事而言；若以句號分之而屬上下兩節，就文理而言，實有可議。且以張綱《書說》對比觀之，張氏以「名言茲在茲者，名其人，

---

27 宋‧黃倫《尚書精義》（景文淵閣四庫全書本）卷五，頁15、16，引張綱說。

言其事，所名之人未必果賢也，所言之事未必果是也，故當察此人之
賢否，此事之是非，然後可以名言之矣。」為獨立之段落，可知張綱
以「此人之賢否，此事之是非」連屬解讀，並不下屬「允出」一段。
而陳大猷引文有「名此人，言此事，則當察此人之賢鄙，此事之是
非。」人與事相對可知也。合而論之，《輯考彙評》點讀原文有誤，
原文當作：「名言此人，當察此人之賢否，此事之是非。允出于此
道，則當察此道之可否。」

皋陶曰：「帝德罔愆，臨下以簡，御眾以寬。」

【根祥案】

考之宋・東陽陳大猷《書集傳》卷二，總頁22上B中，引有王氏《新
義》佚文一段，其文如下：

　　　王氏曰：「臨下以簡為善，故元首叢脞，則萬事墮哉。」

此段引文當補入為《新義》「佚文」。

成允成功。

【佚文】（八六）「舉事當，人信之，謂之『成允』。」（纂傳卷三上
頁七）

【根祥案】

考之宋・東陽陳大猷《書集傳》卷二，總頁22下B中，亦有相同之佚
文，其文曰：

王氏曰:「舉事當,人信之,謂之『成允』。鯀汩陳五行,而禹行其所無事,可謂『成允』矣。成允然後能成功。」

陳氏此段引文,較之《纂傳》所引,內容更為詳盡,當為《尚書新義》「佚文」之正。

汝惟不矜,天下莫與汝爭能;汝惟不伐,天下莫與汝爭功。

【佚文】(八七)「矜有執持之意,伐有夸大之意,故以矜言能,以伐言功;伐甚於矜也。能過天下而不矜,故天下愈服其能;功高天下而不伐,故天下愈服其功。」(輯纂卷一頁三八,纂疏卷一頁二九~三十,大全卷二頁十七)

【根祥案】

考之宋・東陽陳大猷《書集傳》卷二,總頁23上A中,亦有相同之文句兩條,其文曰:

新安王氏曰:「矜有執持之意,伐有夸大之意。故能以矜言,功以伐言。」
新安王氏曰:「能過天下而不矜,故天下皆以能歸之;功高天下而不伐,故天下皆以功歸之。」

陳大猷所引兩段引文,均稱「新安王氏曰」,其內容所述可以確知即是「佚文」同一段論說,而稱引曰「新安王氏」;而其訓解風格與措辭,亦非王安石之文風。而陳大猷書早出,盛行於南宋,其載錄當可靠。蓋陳櫟、董鼎誤抄,以「新安王氏曰」訛作「王氏曰」,遂致此誤。此「佚文」當予刪除。

天之歷數在汝躬，汝終陟元后。

【根祥案】

考之宋・東陽陳大猷《書集傳》卷二，總頁23上B-下A中，引有王氏《新義》佚文，其文曰：

> 王氏曰：「歷數，《易》所謂天地之數五十有五，所以成變化而行鬼神者是也。成變化，故昆蟲之出入，草木之生死，莫不待此以成；行鬼神，故自有形以至無形，自有心以至無心，莫不待此以行。故帝王之興，以天之曆數所在，非人事也。然則人事果無與於廢興乎？曰：有命，有義。命所以立天道，義所以立人道。『天之曆數在爾躬』，言命也；『四海困窮，天祿永終』，言義也。莫之為而為者，天道也；為之而使然者，人道也。和同天人之際，使之無間，非聖人孰能與於此。」

此段引文，當補入為「佚文」。而據此段文字，則可考知其他曾引用此說者。考夫宋・張栻《南軒易說》卷一〈繫辭上〉卷下曰：

> 陽數奇，一三五七九是也；陰數偶，二四六八十是也。故生於天者成於地，生於地者成於天。**而天地五十五之數，所以成變化行鬼神，昆蟲之出入，草木之生死，不外乎是。**[28]

又宋・黃倫《尚書精義》卷二引胡氏曰：

> （胡氏）又曰：道散而後陰陽分，陰陽分而後五行具。凡麗乎陰陽，屬乎五行者，孰有不隨於數耶。**故一昆蟲之出入，一草**

---

28 宋・張栻《南軒易說》（景文淵閣四庫全書本）卷一〈繫辭上〉卷下，頁1。

> 木之生死，莫不待此以成；自有心以至於無心，自有形以至於
> 無形，莫不待此以行。則數者，時之所寓焉者也，先王之政事
> 皆繫於歲月日時，故以閏月定四時成歲焉。[29]

可見王氏《新義》學說，於當時頗為學者所取材而引用之。

四海困窮，天祿永終！

【佚文】（八八）「四海困窮則失民，失民則無與守邦，無與守邦則
天祿永終矣。」（全解卷四頁二九）

【根祥案】

《輯考彙評》於此僅列佚文。考之宋・林之奇《尚書全解》卷四，除
引有王氏佚文之外，其實尚有評語。林氏曰：

> 薛（蘇）氏曰：「舜之授禹也，天下可治矣，而說四海困窮
> 者，托於不能，以委禹也。」此說雖於經文為順，然又未若王
> 氏之說曰：「四海困窮則失民，失民則無與守邦，無與守邦則
> 天祿永終矣。」此說為長，此蓋申言上文「罔與守邦」之義
> 也。[30]

林之奇所引「薛氏曰」，經對比實為蘇軾《書傳》之言；林氏《全
解》中誤將「蘇氏」作「薛氏」者不少。林之奇以為蘇氏之說不如王
安石之說，甚為稱許，並申言其可取之處，當為評論王氏之言，應加
列為【評論】。

---

29 宋・黃倫《尚書精義》（景文淵閣四庫全書本）卷二，頁6、7，引「胡氏曰」。
30 宋・林之奇《尚書全解》（漢京版《通志堂經解》，1986）卷四，頁6531。

枚卜功臣，惟吉之從。

【佚文】（八九）「木幹曰枚，枝曰條。枚有條，故數物曰枚，數事曰條。枚卜，人人而卜之也。」（輯纂卷一頁四一，纂疏卷一頁三二，大全卷二頁二三，書傳彙纂卷三頁二六）

【根祥案】

考之宋・東陽陳大猷《書集傳》卷二，總頁24下A中，有相同而略詳之佚文一段，文曰：

> 王氏曰：「木之身為枚，枚有條，故數物曰枚，數事曰條。枚卜，人人卜之而從其吉。」

對比以上兩段引文，《輯纂》所引「木幹曰枚，枝曰條。枚有條」，多出「枝曰條」一句，而陳大猷書所引則較順當，且文末多「從其吉」，說亦更為完整，當整合而者文句，調整「佚文」如下：

> 【佚文】木之身為枚，枝曰條。枚有條，故數物曰枚，數事曰條。枚卜，人人卜之而從其吉。

又《輯考彙評》所列佚文出處，《輯纂》、《纂疏》、《大全》、《書傳彙纂》四處；今覆考文獻，尚得有兩處引有「佚文」：明・王樵《尚書日記》卷三引：「王氏曰」，[31]又元・黃公紹原編、熊忠舉要《古今韻會舉要》卷四曰：「王氏曰」。[32]此兩條明引「王氏曰」，而與

---

31 明・王樵《尚書日記》（景文淵閣四庫全書本）卷三，頁36。引：「王氏曰：木幹曰枚，枝曰條；故數物曰枚，數事曰條。枚卜，人人而卜之也。」

32 元・黃公紹原編、熊忠舉要、甯忌浮整理《古今韻會舉要》（北京市：中華書局，

上文相同，可補入列為出處也。

禹乃會群后，誓于師曰：「濟濟有眾，咸聽朕命。蠢茲有苗，昏迷不恭，侮慢自賢，反道敗德。君子在野，小人在位，民棄不保，天降之咎。肆予以爾眾士，奉辭罰罪，爾尚一乃心力，其克有勳。」

【根祥案】

考之宋・東陽陳大猷《書集傳》卷二，總頁25上A中，引有「王氏曰」佚文，其言曰：

> 王氏曰：「不明謂之昏，不悟謂之迷；苗以昏，故迷；以迷，故不恭。」

又陳大猷《書集傳》卷二，總頁25上B中，亦有「王氏曰」佚文：

> 王氏曰：「天明畏自我民明威，民棄不保，則天降之災咎；禹之用師，致天討而已；天降之咎，故以爾眾士奉辭罰罪。」

此兩條「王氏曰」引文，當補入為《新義》「佚文」。

2000年）卷四，頁21，「枚」字下曰：「《尚書》「枚卜功臣」，言一一卜之也。今人言一二枚。王氏曰：『凡數物曰枚，數事曰條。』」

益贊于禹曰：「惟德動天，無遠弗屆。滿招損，謙受益，時乃天道。」帝初于歷山，往于田，日號泣于旻天、于父母。負罪引慝，祇載見瞽瞍，夔夔齋慄，瞽亦允若；至誠感神，矧茲有苗。

【根祥案】

考之宋‧東陽陳大猷《書集傳》卷二，總頁25下B中，引有「王氏曰」佚文，其言曰：

> 王氏曰：「負罪而不釋，引慝而不拒，祇載而不違，此舜所以事瞽瞍也。」

此段引文當補入為《新義》「佚文」。

班師振旅。

【佚文】（九十）「班，分也，如『班瑞』、『班宗彝』之班。禹前會諸侯之師，今分而散之。」（書傳會選卷一頁三八）

【根祥案】

考之宋‧東陽陳大猷《書集傳》卷二，總頁25下B中，有相同之引文，其言曰：

> 新安王氏曰：「班，分也。如『班瑞』、『班宗彝』之班。禹前會諸侯之師，今分而散之。」

陳大猷稱引為「新安王氏曰」，《書傳會選》蓋抄錄時失誤，訛作「王氏曰」，致有此錯謬。此段「佚文」當予刪除。

〈皋陶謨〉

曰若稽古：皋陶曰：「允迪厥德，謨明弼諧。」禹曰：「俞！如何？」皋陶曰：「都！慎厥身修，思永。惇敘九族，庶明勵翼，邇可遠，在茲。」禹拜昌言曰：「俞！」皋陶曰：「都！在知人，在安民。」禹曰：「吁！咸若時，惟帝其難之。知人則哲，能官人；安民則惠，黎民懷之；能哲而惠，何憂乎驩兜？何遷乎有苗？何畏乎巧言令色孔壬？」皋陶曰：「都！亦行有九德，亦言其人有德。乃言曰：載采采。」禹曰：「何？」皋陶曰：「寬而栗，柔而立，愿而恭，亂而敬，擾而毅，直而溫，簡而廉，剛而塞，彊而義；彰厥有常，吉哉！日宣三德，夙夜浚明有家；日嚴祇敬六德，亮采有邦；翕受敷施，九德咸事，俊乂在官，百僚師師，百工惟時，撫于五辰，庶績其凝；無教逸欲有邦，兢兢業業，一日二日萬幾，無曠庶官，天工人其代之。天敘有典，敕我五典五惇哉！天秩有禮，自我五禮有庸哉！同寅協恭和衷哉！天命有德，五服五章哉！天討有罪，五刑五用哉！政事，懋哉懋哉！天聰明自我民聰明，天明畏自我民明威，達于上下，敬哉！有土。」皋陶曰：「朕言惠，可厎行。」禹曰：「俞！乃言厎可績。」皋陶曰：「予未有知，思曰贊贊襄哉！」

允迪厥德，謨明弼諧。

【佚文】（九一）「迪，道也。允迪厥德，謂所行之德允當于道，能允迪厥德，則心徹于內而思慮不蔽。以之成謀，則明智徹于外，而視聽不悖。以之受弼，則諧。」（夏解卷四頁二，全解卷五頁二）

【評】宋夏僎曰：「夫皋陶直言『允迪厥德』而已，王氏乃加『道』字；直言『弼諧』，王氏乃加『受』字，其辭亦贅。」（夏解卷四頁

二；林之奇評大旨略同，見全解卷五頁二〇）

【根祥案】

《輯考彙評》此段文句標點有誤，《輯考彙評》作「以之成謀，則明智徹于外，而視聽不悖。」考之於宋・黃倫《尚書精義》卷六引張氏（綱）曰：

> 張氏曰……又曰：「能允迪厥德，則心徹於內而思慮不蔽，*智徹於外而視聽不悖；以之成謀則明*，謂其智足以燭理故也；*以之受弼則諧*，謂其仁足以從諫故也。謀之既臧，則具是違；謀之不臧，則具是依，非所謂謨明也。誨爾諄諄，聽我藐藐，匪用為教，覆用為虐，非所謂弼諧也。凡皆以不能允迪厥德而有物以蔽之故也。」[33]

據此足知此節當點讀為「能允迪厥德，則心徹于內而思慮不蔽，以之成謀，則明；智徹于外而視聽不悖，以之受弼，則諧。」上海復旦大學出版《王安石全集》中《尚書新義》，此處標點，已予改正。

慎厥身修，思永。惇敘九族，庶明勵翼，邇可遠，在茲。

【根祥案】

考之宋・東陽陳大猷《書集傳》卷二，總頁26下B中，引有對「庶明勵翼」一句經文之訓解佚文。其文如下：

> 王氏曰：「庶官昭明，勉勵而輔翼於己。」

---

33 宋・黃倫《尚書精義》（景文淵閣四庫全書本）卷六，頁15，引「張氏（綱）曰」。

此段引文，當補入為《新義》「佚文」。

【佚文】（九二）「身立則政立，故皋陶先言『修身』。能修其身然後可以齊其家，故繼之以『惇敘九族』。家齊而後國治，故繼之以『庶明勵翼』。國治而天下平，故繼之以『邇可遠在茲』。」（夏解卷四頁五）

【根祥案】

《輯考彙評》於此僅列佚文，未有評論。然考之宋・夏僎《尚書詳解》卷四之本段引文，實包含評論之語而《輯考彙評》未曾列出，可據原文補入。茲擬【評論】如下：

> 先儒則謂皋陶之意，謂能慎其身，厚次九族，則眾庶明其教而自勉勵戴于上，近可推而遠者在此道。其意以上兩句為政治之本，下兩句為政治之效。至王氏之徒則又曰：「……」其意以修身為本，以下三句為馴致之效。然詳文意，皆不如前說，又在學者深思而去取之。[34]

更考之蔡沈《書集傳》卷一，於此經文下曰：

> 身修則無言行之失，思永則非淺近之謀；厚敘九族，則親親恩篤而家齊矣；庶明勵翼，則群哲勉輔而國治矣；邇，近；茲，此也；言近而可推之遠者，在此道也，蓋身修、家齊、國治而天下平矣。

此論與二孔說不同，而近取之於王氏《新義》也。

---

34 宋・夏僎《尚書詳解》（景文淵閣四庫全書本）卷四，頁5。

惟帝其難之。

【佚文】（九三）惟帝其難之，指堯而言。（全解卷五頁五～六）

【評】宋林之奇曰：「張橫渠以帝為舜。所以必從張橫渠之說者，蓋禹不當謂堯為帝。……四凶之誅，在舜歷試之時，當堯之時雖知其大惡大姦，然而未嘗有可誅之罪，故釋之而不誅，非憂之畏之而不敢誅也。苟以『惟帝其難之』為指堯而言，則是禹之意以堯未能盡其知人安民之意，故曰『何憂乎驩兜？何遷乎有苗？何畏乎巧言令色孔壬？』審如是說，則禹之言是所以貶堯，非所以稱美之矣。」（全解卷五頁六）

【根祥案】

林之奇《尚書全解》卷三十九〈呂刑〉篇下，亦有論及此義，文曰：

> 皇帝，舜也。先儒及諸家說者皆以為堯，蓋以下文曰：「乃命重黎，絕地天通。」重黎即義和也，故以為堯；然竄三苗于三危，舜攝位之後；分北三苗，舜即位之後；故皇帝當為舜。〈大禹謨〉曰：「帝德廣運。」皋陶謨曰：「惟帝其難之。」先儒及諸家亦皆以為堯，蓋不深考之也。[35]

此段論述，亦可補入為「評論」，以見林之奇所持理之全貌。而蔡沈《書集傳》亦主「帝為堯」之說。

---

35 宋・林之奇《尚書全解》（漢京版，通志堂經解，1986）卷三十九，頁7096，〈呂刑〉篇下。

何畏乎巧言、令色、孔壬？

【佚文】（九四）孔壬，大包藏禍心之意。（真德秀引，見纂疏卷一頁三五、輯纂卷一頁四五、尚書日記卷四頁五及尚書埤傳卷三頁九）

【評】宋真德秀曰：「孔壬，古註以為甚佞。介甫謂其包藏禍心；蓋以『壬』為『妊娠』之妊。胡氏非之，謂此訓將以腹誹罪人。蔡氏仍祖其說，不若從孔註為長。」（纂疏卷一頁三五引，又見輯纂卷一頁四五、尚書日記卷四頁五、尚書埤傳卷三頁九引，略同。）

【評】明王樵曰：「孔傳于〈舜典〉『難壬人』，只云：壬，佞也；于此『孔壬』，只云：甚佞。似為簡徑。而蔡傳每處加以『包藏』之義，得非亦先入於荊公之說乎？」（尚書日記卷四頁五）

皋陶曰：「都！在知人，在安民。」禹曰：「吁！咸若時，惟帝其難之。知人則哲，能官人。安民則惠，黎民懷之。能哲而惠，何憂乎驩兜？何遷乎有苗？何畏乎巧言令色孔壬？」

【根祥案】

考之宋・東陽陳大猷《書集傳》卷二，總頁27上A-B中，引有王氏《新義》佚文，其文如下：

> 王氏曰：「驩兜誣人之功罪，害於知人，故憂之。有苗違上政令，害於安民，故遷之。巧言以色、孔壬，若共工『靜言庸違，象恭』是也，則無所不害，害之至也，故畏之；畏又甚於憂也。有苗雖頑，然上之聰明，不為驩兜、共工之徒所蔽，則按其惡遷之而已，非所憂畏也，故於苗曰遷而已。」

考此段將「何憂乎驩兜」與「知人」合說，以「何遷乎有苗」指「安

民」而言。此說於他書多未見，唯宋‧夏僎《尚書詳解》卷四曰：

> 謂堯之朝，驩兜黨共工，害于知人；三苗不分孤寡，不卹窮匱，害于安民。[36]

可見夏《解》於此亦檃括王氏《新義》而用其說以解《書》義也。

皋陶曰：「都！亦行有九德，亦言其人有德，乃言曰：載采采」

【根祥案】

考之宋‧東陽陳大猷《書集傳》卷二，總頁27上B中，引有王氏《新義》佚文，其文如下：

> 王氏曰：「知人之方，當考其行，行有九德。所以知其德者，當考其事。今言其人有德，則當言其可見之行。曰『載采采』者，所謂可見之行也。」

此段引文，當補入為《新義》「佚文」。

願而恭

【佚文】（九五）「愿愨或失于朴陋，恭謂恭肅有禮。」（纂傳卷三中頁三）

【根祥案】

考之宋‧東陽陳大猷《書集傳》卷二，總頁27下A中，引有王氏《新

---

36 宋‧夏僎《尚書詳解》（景文淵閣四庫全書本）卷四，頁6、7。

義》相同之佚文，其文如下：

> 王氏曰：「愿愨者或失於朴陋，愿而恭肅有禮，乃為德。」

對比兩段佚文，陳大猷所引語句實較完整且詳細，接近王氏原文，而時間又早於《纂傳》所引佚文，當更以陳大猷引文為「佚文」之正。

禹曰：「何？」皋陶曰：「寬而栗，柔而立，愿而恭，亂而敬，擾而毅，直而溫，簡而廉，剛而塞，彊而義；彰厥有常，吉哉。」

【根祥案】

考之宋・東陽陳大猷《書集傳》卷二，總頁27下B，引王氏《新義》佚文如下：

> 王氏曰：「九德合之則為三，分之則為九。」

此段引文當補入為《新義》「佚文」。

日宣三德，夙夜浚明有家；日嚴祗敬六德，亮采有邦。

【佚文】（九六）「日宣達三德之賢，使任有家。日嚴祗敬六德之賢，使任有邦。」（輯纂卷一頁四六，纂疏卷一頁三六，大全卷二頁二四）

【根祥案】

此段佚文出處，尚見於《欽定書經傳說彙纂》卷三中，[37]可補入。

---

37 清・王頊齡總裁《欽定書經傳說彙纂》（臺北市：《影印文淵閣四庫全書本》）卷三，頁43。

【評】元董鼎曰：「真氏取之，皆作君用賢說，庶與下文『翕受敷施九德』之賢相協。」（輯纂卷一頁四六）

【佚文】（九七）嚴，貌嚴；祗，行祗；敬，心敬。（全解卷五頁十）

【根祥案】

考林之奇《全解》原文曰：

> 王氏以為貌嚴、行祗、心敬。亦不必如此之分別也。要之既曰嚴，又曰祗，又曰敬，但謂好賢樂善之心，有加而無已也。

《輯考彙評》將之編纂成訓解形式，未嘗不可；然「心敬」以下之文句，即林之奇對此解之評論，當出【評論】例。

又林之奇於卷三十二〈無逸〉「嚴恭寅畏」下云：

> 《書》之文，其義同而重復言之者多矣；此正如所謂「日嚴祗敬六德」，言敬重六德之人，與之共事。而**王氏以為貌嚴、行祗、心敬也**。其畏天也，豈徒然哉！[38]

此亦可視為本段佚文訓解之出處，應當補入。

翕受敷施，九德咸事。

【佚文】（九八）「合九德而受之，敷九德而施之。」（纂傳卷三中頁四）

---

38 宋・林之奇《尚書全解》（漢京版，通志堂經解，1986）卷三十二，頁6982。

【根祥案】

考之宋・東陽陳大猷《書集傳》卷二，總頁28上Ａ，引有相同之佚文，而文字稍異。其文如下：

> 王氏曰：「合眾德而受之，敷眾德而施之。」

此兩段佚文之文字差異，在於一作「九德」，一作「眾德」，孰是孰非？考之宋代引用王氏此段論述者，於《宋文選》卷三十二有陳瑩中〈五辰論〉，其文曰：

> 蓋安民之政，始于知人；知人之術，賴于九德。合眾德而受之，敷眾德而施之，百工于是乎無所不治，庶績于是乎無所不凝。庶績之凝，則五辰之不失其所運可知也。[39]

陳瓘所引文亦作「眾德」。陳瓘字瑩中，朱熹每以陳瑩中與劉元城並論，蓋以其志氣相同而其才畧亦同也。[40]而於宋・王昭禹《周禮詳解》卷二下云：

> 《書》于九德之人，言「翕受敷施」，蓋合九德而受之，敷九德而施之，則施者張而行之，非特布之而已。[41]

王昭禹引用作「九德」與陳瑩中所引不同。兩引用文字皆就《尚書》

---

39 不著編輯者姓氏《宋文選》（影印文淵閣四庫全書本）卷三十二，頁1，陳瑩中〈五辰論〉。

40 據清・李清馥《閩中理學淵源考》（影印文淵閣四庫全書本）卷七，頁2、3，〈忠肅陳瑩中先生〉條。

41 宋・王昭禹《周禮詳解》（影印文淵閣四庫全書本）卷二，頁12。

皋陶論「九德」而發，本當無異。然細繹其理，或有可析論者：王昭禹作《周禮詳解》，每宗王安石《周禮新義》而敷衍之，[42]然則其所引用者，或出於王安石《周禮新義》論「翕受敷施，九德咸事」之文，而與《尚書新義》用辭略有不同。[43]而陳瑩中〈五辰論〉直據《尚書》訓解立言，所引用當為《尚書新義》之說。以此而論，可推測《尚書新義》原文應作「眾德」，是以陳大猷《書集傳》所引亦作「眾德」。王天與《尚書纂傳》所引作「九德」，與王昭禹同，或因王天與為元朝人，去宋朝已稍久遠，王安石之學說浸浸衰亡，復以二句文辭甚相似而釋義並同，故學者混淆不分也。陳瑩中、陳大猷皆宋朝時人，所論亦直據《尚書》而發，其時《尚書新義》尚存，故所引用一致無異。

　　以上所論，雖未必然，而據理推繹，陳大猷、陳瑩中所引當較符《尚書新義》原文，可取代王天與《尚書纂傳》所引者，以作「佚文」之正。

俊乂在官，百僚師師，百工惟時。

【根祥案】

考之宋・東陽陳大猷《書集傳》卷二，總頁28上Ａ，引有王氏《新義》佚文如下：

---

42 據清・永瑢《四庫全書總目提要》（《影印文淵閣四庫全書本》）頁7，經部十九禮類一下，提要云：「宋王昭禹撰。陳振孫《書錄解題》曰：『昭禹未詳何等人。近世為舉子業者多用之。其學皆宗王氏新說』」。

43 此乃筆者推測之論。其前題為王安石三經新義，於《尚書・皋陶謨》「翕受敷施，九德咸事」有說，而於《周官新義》中亦曾引述〈皋陶謨〉「翕受敷施，九德咸事」以解《周禮》，而其用辭或有差異。蓋王氏《三經新義》中，諸經互解，其例不可勝數。今《周官新義》雖有輯逸本，然並無對應之相關材料足以佐證。

王氏曰：「材可以治之謂义。」

又於卷二，總頁28上B，亦有王氏《新義》佚文，如下：

王氏曰：「所謂賢者在位，能者在職也。」

此兩條引文，當補入為《新義》「佚文」。

撫于五辰。

【佚文】（九九）「五辰分配四時：春則寅卯，為木之辰；夏則巳午，為火之辰。餘倣此。」（輯纂卷一頁四六，書傳會選卷一頁四二，大全卷二頁二四）

【根祥案】

《輯考彙評》列此段佚文出處有三，而筆者考之文獻，於《欽定書經傳說彙纂》卷三中，有引用相同之文字，而標示為「王氏炎曰」者。其文曰：

木、火、金、水，旺於四時，而土則寄旺於四季也。王氏炎曰：春則寅卯，為木之辰；夏則巳午，為火之辰；餘倣此。[44]

此段文字全同，其標作「王氏炎曰」，蓋傳鈔偶誤爾。又明朝王樵《尚書日記》卷四〈皋陶謨〉中，於「撫于五辰」下云：

---

44 清・王頊齡總裁《欽定書經傳說彙纂》（影印文淵閣四庫全書本）卷三，頁42。

五辰即四時。蓋春則寅卯，為木辰；夏則巳午，為火辰，餘放此。[45]

王樵雖未明言此說所來自，蓋抄錄自《輯纂》引王安石之論也。

進而考之，王氏此說蓋亦有可探者。宋・林之奇《尚書全解》卷五〈皋陶謨〉「撫于五辰」下，雖未引王安石作論，而引「張諫議」之說曰：

五辰之說，張諫議論甚詳；其說以謂木生於亥，壯於卯，成於未，此三辰者皆木所終始也；就其壯而言之，則寅卯正木之辰，而春之盛德實在也。火生於寅，壯於午，成於戌，此三辰者皆火所終始也；就其壯而言之，則巳午正火之辰，而夏之盛德實在也。金生於巳，壯於酉，成於丑，此三辰者皆金所終始也；就其壯而言之，則申酉正金之辰，而秋之盛德實在也。水生於申，壯於子，成於辰，此三辰者皆水所終始也；就其壯而言之，則亥子正水之辰，而冬之盛德實在也。土包載五行而寄王於四季，則辰、戌、丑、未皆土之辰焉。蓋五行之時，分而言之則為十二辰，合而言之則為五辰，其實一也。[46]

王氏之說實亦在其中矣。察夫林之奇《尚書全解》中，引用「張諫議」之說者有四處，除上述一處外，又見於「天聰明自我民聰明，天明畏自我民明威」、「成賦中邦」、「惟皇上帝，降衷于下民，若有恒性，克綏厥猷惟后」，其中「聰明」、「中邦」兩條，皆以「王氏、張

---

45 明・王樵《尚書日記》（影印文淵閣四庫全書本）卷四，頁8，〈皋陶謨〉「撫于五辰」下。

46 宋・林之奇《尚書全解》（漢京版，通志堂經解，1986）卷五，頁6542，〈皋陶謨〉「撫于五辰」下，引「張諫議」之說。

諫議」並列先後次之，或即「張諫議」之學說與王氏相似，故而其說「五辰」亦同。[47]

無教逸欲有邦。

【佚文】（一〇〇）「天子當以勤儉率天下，諸侯不當以逸欲教有邦。蓋天子逸欲於上，則諸侯化之，亦將肆其逸欲以盤樂怠傲於下。使有邦者皆肆其逸欲，則生民之受其禍，可勝計哉！而其源則自夫上之人以逸樂導之也。誠使為天子者澹然無營，清心寡欲，舉天下之聲色貨利曾不足以動其心，彼諸侯者其敢肆其逸欲於下哉！」（全解卷五頁十三）

【根祥案】

《輯考彙評》此段標點有誤。若按《輯考彙評》之點讀，則「無教逸欲有邦」者為「諸侯」矣。按經文「有邦」即是諸侯，然則「諸侯不當以逸欲教有邦」，乃「諸侯不當以逸欲教諸侯」，於經文義理，實在不倫。此句經文之主體乃天子，天下之君，非諸侯也；故下文謂「天子逸欲於上，則諸侯化之」，乃前句之反義陳述。可見此段前兩句，當點讀為「天子當以勤儉率天下諸侯，不當以逸欲教有邦」為是。此經文之解讀，前人已然。考宋・蔡沈《書集傳》於經下曰：「言天子當以勤儉率諸侯，不可以逸欲導之也」。真德秀《大學衍義》卷三十一「皋陶曰：無教逸欲有邦」條下曰：

---

47 此「張諫議」者，不知其何許人。筆者本疑為「張綱」，然遍搜文獻，無可據者。後得宋朝張廷堅亦稱「張諫議」，據明・宋濂《文憲集》卷十二〈題東陽二何君周禮義後〉云：「昔呂成公之編〈文鑑〉，其用意寖精密，而張廷堅所著〈尚書義〉二篇，特載入之，與龍圖序諸文並傳四海之中。」或林之奇所引，即為張廷堅〈尚書義〉之文。

臣按：此皋陶戒舜之辭，逸謂燕安怠惰之私，欲謂奢靡荒淫之好。人主一身，天下之表倡也，故當以勤儉而率諸侯，不可以逸欲教有邦。夫所謂教者，非昭然示人以意嚮也，逸欲之念少萌于中，則天下從風而靡矣。此皋陶所以惓惓也。[48]

以上兩家之說，可見「諸侯」二字當上屬作「天下諸侯」也。據此當更正「佚文」句讀。

大陸復旦大學版《王安石全集》本《尚書新義》中，程元敏先生對此條標點，已予改正。

無曠庶官，天工人其代之。

【根祥案】

考之宋・東陽陳大猷《書集傳》卷二，總頁28下A，引有王氏《新義》佚文如下：

王氏曰：「曠，用非其人，空其位，廢其事之謂也。」

此段引文，當補入為《新義》「佚文」。孔傳曰：「曠，空也，位非其人為空官，言人代天理官，不可以天官私非其才。」王氏之說，蓋承《孔傳》而來可見。蔡沈《書集傳》卷一曰：「曠，廢也。言不可用非才，而使庶官曠廢厥職也。」其說義與《孔傳》、王氏相近，或有取之者。

---

48 宋・真德秀《大學衍義》（臺北：臺灣商務出版社，四部叢刊三編，1975）卷三十一，頁2，「皋陶曰：無教逸欲有邦」條下。

天敘有典，勑我五典五惇哉；天秩有禮，自我五禮有庸哉。同寅協恭和衷哉。天命有德，五服五章哉；天討有罪，五刑五用哉。政事懋哉懋哉。

【佚文】（一〇一）「吉凶軍賓嘉之禮，亦天所秩也，天子當自其禮庸之；庸者，常用之謂也。」（纂傳卷三中頁五）

【根祥案】

考之宋・東陽陳大猷《書集傳》卷二，總頁29上A，引有王氏《新義》相同之佚文，其文如下：

　　　　王氏曰：「庸者，常用之謂也。」

此引文與《纂傳》所引相同，可備列為「佚文」來源之一。
　　又陳大猷《書集傳》同頁復有引王氏佚文，乃訓解「五服五章」者，其文如下：

　　　　王氏曰：「服所以章有德也。」

此條引文，當補入為《新義》「佚文」。

【佚文】（一〇二）「五典、五服、五刑之所施，非一人之身，若五禮則取於一人之身。」（全解卷五頁十五）

【評】宋林之奇曰：「典曰『五惇』，服曰『五章』，刑曰『五用』，而至於禮則獨曰『有庸』者，王氏曰『……。』而楊龜山以其說為不然，……曰：『禮雖有五而其用則非一，如五禮上自天地、社稷、宗廟、下至山林、川澤以及四方物，皆有祭焉。而其儀章器物，各從其

類，不可以數計；吉凶軍賓嘉，亦莫不然，故曰「有庸」。』然馬融本則直作『五庸』，與『五惇』、『五章』、『五用』無以異。然世遠難以折中，姑兩存之。」（全解卷五頁十五～十六）

天聰明自我民聰明，天明畏自我民明威。達于上下；敬哉有土！

【佚文】（一○三）「聰明主于典禮而言，明威主于命德討罪而言。」（夏解卷四頁十七，全解卷五頁十六）

【評】宋林之奇曰：「案：呂刑云『德威惟畏，德明惟明』，……明者天之所彰也，畏者，天之所畏也。……夫『明畏』主於『命德討罪』，無可疑者，而以『聰明』為『主典禮』，則失之泥。要之，二句只一意，蓋所以總結上文而盡其義；亦不必分說。泰誓曰：『天視自我民視，天聽自我民聽。』此正為『命德討罪』而言也。」（全解卷五頁十六；夏僎評，見夏解卷四頁十七，略同。）

【根祥案】

考之宋·東陽陳大猷《書集傳》卷二，總頁29下A，引有王氏《新義》佚文，其文如下：

> 王氏曰：「民受天地之中以生，其性命之所受，與天為一；其視聽好惡之公，未嘗與天違也。」

此段王氏「佚文」，主在承接上文而訓解也；當補入為《新義》「佚文」。

又考之宋·黃倫《尚書精義》卷七引張氏（綱）申論王氏此說曰：

> 高其目，下其耳，天之聰明也；其所以聰明者，因民之聰明而

已。善者福之，淫者禍之，天之明畏也；其所以明畏者，因民之明威而已。天視自我民視，天聽自我民聽，則其聰明因民可知矣。民之所就，天之所予；民之所去，天之所奪；則其明畏自民可知矣。於天言明畏，於民亦言明威者，蓋天不嫌於無威，於天言畏，則威可知矣；於民言威，則畏不足道也。然民受天地之中以生，其性命之理，與天為一，則其好惡取舍，未嘗與天違也。聖人知其如此，故自民聰明以敘有典，秩有禮，則典禮不違民性；自民明威以命有德，討有罪，則賞罰不悖民心。聖人之因民，乃所以因天者也。然而天之明畏，豈擇貴賤而加之，故曰達于上下；如是則有土之君不可不欽，故曰敬哉有土。[49]

此文中亦引有相同之佚文文句；而以之印證前段佚文「聰明主于典禮而言，明威主于命德討罪而言」，確為王氏言論。而就文句形式而言，則夏《解》、林氏《全解》或乃檃括之辭，並非《尚書新義》原文，原文以張綱所述者為近。蓋考察張綱演繹王氏學說，每多直接引用《新義》原文，敷陳引伸，補充串解，幾乎亦步亦趨。今其文中語句與夏《解》、《全解》不同，可推知夏《解》、《全解》並非原文也。

思曰贊贊襄哉！

【佚文】（一〇四）「思曰」之「曰」，當作「日」，形近之訛。（書疑卷二頁三）

【評】敏案：諸家說多與安石同，謂「曰」作「日」：東坡書傳（卷三頁十七、卷四頁一）、薛氏（全解卷五頁十八引）、張九成（精義卷

---

49 宋・黃倫《尚書精義》（影印文淵閣四庫全書本）卷七，頁11、12，引「張氏曰」。

七頁十～十一引）、蔡傳（卷一總頁十七）、書疑（卷二頁二）等。參拙作「王柏之生平與學術」第肆編第二章第一節。

【根祥案】

考之宋・東陽陳大猷《書集傳》卷二，總頁29下B，引有論王氏《新義》之說，其文如下：

> 孔氏作「曰」，橫渠張氏、王氏、蘇氏作「日」。

據此可見，王氏確以「思曰」作「思日」解。更考《輯考彙評》案語，列有「薛氏」亦作「思日」者，其出於林之奇所引。林氏《全解》原文曰：

> 張橫渠、薛氏皆以「曰」當作「日」字，下文「予思日孜孜」相類；此說比先儒為優。雖治經者不當變易經字以就己意，然而考之於經，「曰」之與「日」，大抵多相亂：如〈洛誥〉曰「今王即命曰」，《釋文》一音作「日」。〈呂刑〉曰「今爾罔不由慰日勤」，《釋文》一音作「曰」；以是知日字曰字，經文多相亂；而此下文又有「予思日孜孜」，與此「思曰贊贊襄哉」文勢正相類，故張橫渠、薛氏皆以為「日」，此蓋有憑據而云，非率意而為此說，故可從也。「贊贊襄哉」者，孔氏以謂贊奏上古行事而言之，薛氏曰：「日夜進進不已，知進而不知退，知上而不知下也。」蓋《爾雅》「襄」字惟有二訓：其一訓除，其一訓上。既不可訓除，而用《爾雅》訓故，遂以訓上。必曰贊贊上哉，故其說不得不如此。[50]

---

50 宋・林之奇《尚書全解》（漢京版，通志堂經解，1986）卷五，頁6545。

今考諸宋代《尚書》學者,「薛氏」實指薛季宣,有《書古文訓》之專著。經查閱薛季宣《書古文訓》卷二「思曰贊贊襄哉」文下曰:

> 故皋陶自謂未能知之,思欲進成之而已。知之未足以臻其至,思欲贊贊襄哉,不厎於成不已也。[51]

可見薛氏並未主張「思曰」作「思日」解也。然孰為「薛氏」者?考之宋·蘇軾《書傳》卷四〈益稷〉下「思曰贊贊襄哉」文解曰:

> 思日夜贊襄而已。贊,進也。襄,上也,讀如「懷山襄陵」之襄。皋陶之意曰:「吾不知其他也,思日夜進益而已。」知進而不知退,知上而不知下也。[52]

蘇氏之言與林之奇所引「薛氏」之說,完全一致,可斷定林氏所引實為蘇軾《書傳》之說,並非薛氏之言,作「薛氏」者字形訛誤也。

又《輯考彙評》既見林氏《全解》之文,而未將「張橫渠」(張載)列入,亦為一眚。史浩《尚書講義》、蔡沈《書集傳》、吳澄《書纂言》說皆同王安石。

【佚文】(一○五)「襄,成也。思一一贊襄,以成禹之功也。」(全解卷五頁十八)

【評】宋林之奇曰:「案:春秋左氏傳定十五年:『葬定公,雨不克襄事』,杜元凱曰:『襄,成也。』王氏之訓蓋出諸此。此說為善。皋陶之意,蓋以謂使我獨厎可績,則未能為禹之助以成其功而已。」(全

---

51 宋·薛季宣《書古文訓》(漢京版,通志堂經解,1986,第11冊)卷二,P6320。

52 宋·蘇軾《書傳》(影印文淵閣四庫全書本)卷四,頁1,〈益稷〉「思曰贊贊襄哉」下。

解卷五頁十八）

【根祥案】

考之宋‧東陽陳大猷《書集傳》卷二，總頁29下B，亦引有相同之佚文云：

　　　王氏曰：「襄，成也。」

此引文與上述林之奇《全解》所引相同，可備列為「佚文」來源。復考《孔傳》未曾訓解「襄」字，而曰「贊奏上古行事而言之，因禹美之，承以謙辭言之」；《孔疏》則曰「顧氏云：『襄，上也。』…二劉並以『襄』為『因』」。然則訓「襄，成也」，乃王氏新說。蔡沈《書集傳》亦謂「襄，成也」，是用王氏《新義》。

經文不詳

【佚文】（一○六）「案其見惡。」（王安石臨川集卷四三頁三乞改三經義誤字劄子皋陶謨篇；疑為「天討有罪，五刑五用哉」釋義。）

〈益稷〉

帝曰：「來禹，汝亦昌言。」禹拜曰：「都！帝，予何言？予思日孜孜。」皋陶曰：「吁！如何？」禹曰：「洪水滔天，浩浩懷山襄陵，下民昏墊；予乘四載，隨山刊木；暨益奏庶鮮食。予決九川，距四海；濬畎澮，距川；暨稷播奏庶艱食鮮食。懋遷有無化居，烝民乃粒，萬邦作乂。」皋陶曰：「俞！師汝昌言。」禹曰：「都！帝，慎乃在位。」帝曰：「俞！」禹曰：「安汝止，惟

幾惟康，其弼直；惟動丕應徯志，以昭受上帝，天其申命用休。」帝曰：「吁！臣哉鄰哉！鄰哉臣哉！」禹曰：「俞！」帝曰：「臣作朕股肱耳目。予欲左右有民，汝翼。予欲宣力四方，汝為。予欲觀古人之象，日、月、星辰、山、龍、華蟲，作會；宗彝、藻、火、粉米、黼、黻，絺繡；以五采彰施于五色，作服，汝明。予欲聞六律、五聲、八音，在治忽，以出納五言，汝聽。予違，汝弼，汝無面從，退有後言。欽四鄰，庶頑讒說，若不在時，侯以明之，撻以記之，書用識哉！欲並生哉！工以納言，時而颺之；格則承之庸之，否則威之。」禹曰：「俞哉！帝，光天之下，至于海隅蒼生，萬邦黎獻，共惟帝臣；惟帝時舉，敷納以言，明庶以功，車服以庸，誰敢不讓，敢不敬應；帝不時敷，同日奏罔功。無若丹朱傲，惟慢遊是好，傲虐是作，罔晝夜頟頟，罔水行舟，朋淫于家，用殄厥世。予創若時，娶于塗山，辛壬癸甲，啟呱呱而泣，予弗子，惟荒度土功，弼成五服，至于五千；州十有二師，外薄四海，咸建五長，各迪有功。苗頑弗即工，帝其念哉！」帝曰：「迪朕德，時乃功，惟敘。皋陶方祗厥敘，方施象刑，惟明。」夔曰戛擊鳴球，搏拊琴瑟，以詠；祖考來格，虞賓在位，群后德讓；下管鼗鼓，合止柷敔，笙鏞以間，鳥獸蹌蹌，簫韶九成，鳳凰來儀。夔曰：「於！予擊石拊石，百獸率舞，庶尹允諧。」帝庸作歌，曰：「敕天之命，惟時惟幾。」乃歌曰：「股肱喜哉！元首起哉！百工熙哉！」皋陶拜手稽首，颺言曰：「念哉！率作興事，慎乃憲，欽哉！屢省乃成，欽哉！」乃賡載歌曰：「元首明哉！股肱良哉！庶事康哉！」又歌曰：「元首叢脞哉！股肱惰哉！萬事墮哉！」帝拜曰：「俞！往，欽哉！」

予乘四載，隨山刊木

【佚文】（一○七）鯀治水九載，兗州「作十有三載，乃同」，禹之代鯀，蓋四載而成功也。（東坡書傳卷四頁二）

【評】宋蘇軾曰：「水行乘舟，陸行乘車，泥行乘輴，山行乘樏，秦漢以來，師傳如此，且孔氏之舊也。故安國知之，非諸儒之臆說也。四載之解，雜出于尸子、慎子，而最可信者，太史公也。亦如六宗之說，自秦漢以來尚矣，豈可以私意曲學鐫鑿附會為之哉？而或者以為鯀治水九載，兗州作十有三載乃同，禹之代鯀，蓋四載而成功也。世或喜其說，然詳味本文，『予乘四載，隨山刊木』，則是駕此四物以行于山林川澤之閒，非以『四』因『九』通為十三載之辭也。按書之文，鯀『九載，績用弗成』在堯未得舜之前，而殛鯀在舜登庸歷試之後，鯀殛而後禹興，則禹治水之年，不得與鯀之九載相接，兗州之功，安得通『四』與『九』為『十三』乎？禹之言曰：『娶于塗山，辛壬癸甲。』是娶在治水之中；又曰：『啟呱呱而泣，予弗子，惟荒度土功。』是啟生在水患未平之前也。禹服鯀三年之喪，自免喪而至于娶，而至于子，自有子至于止禹而泣，亦久矣，安得在四載之中乎？反覆考之，皆與書文乖異，書所云『作十有三載乃同』者，指兗州之事，非謂天下共作十三載也。近世學者喜異而巧于鑿，故詳辯之以解世之惑！」（東坡書傳卷四頁二～三）

【根祥案】

考《東坡書傳》中，並未明指「王氏曰」，而謂之「或者以為」、「近世學者」，蓋東坡作《書傳》，每多與王氏爭衡，其《書傳》乃針對《尚書新義》而發，而礙於時勢不能明言，故多謂「或者」以寄意。又蘇軾《書傳》所言，亦見引於夏《解》卷五中。[53]夏《解》當亦為

---

53 夏僎《尚書詳解》卷五，曰：「但四載之說，解者不同。或以謂：鯀九載績用弗成，兗州言『十有三載乃同』，是九載之後，乘以四載，是為十三載；其實禹之代鯀，乃四載而成功。世多喜此說。」

引文出處也。

【佚文】（一〇八）「隨山，相水所出入治之：刊，除木也。刊木，以達險阻，除障蔽也。」（永樂大典卷二〇四二六頁十六載《書集傳》引，纂傳卷三下頁一）

【根祥案】

考之宋・東陽陳大猷《書集傳》卷二，總頁30上B，亦有相同之《新義》佚文云：

> 王氏曰：「隨山，相水所出入治之；刊，除木也，刊木以達險阻，除蔽障也。」

《輯考彙評》標示此段佚文有出於「永樂大典卷二〇四二六頁十六載《書集傳》引」，而並未說明此「《書集傳》」之背景，而於引用書目中，亦未列「《書集傳》」一書。而今得知《永樂大典》所錄「《書集傳》」者，乃陳大猷之《書集傳》也，故與今本陳大猷《書集傳》所引佚文全同。下列《輯考彙評》所引出於《永樂大典》者亦同。當直接以陳大猷所引文為「佚文」之正。

予決九川，距四海；濬畎澮，距川。

【佚文】（一〇九）「決九川，距四海，使大水有所歸，濬畎澮，距川，使小水有所入：治水之次第也。不決川，則雖濬畎澮，不能除水患也。」（纂傳卷三下頁一；「治水之次第也」以下共二十字，用輯纂卷一頁五十所引王氏曰補。此條又略見纂疏卷一頁三九，大全卷二頁四二，書傳彙纂卷三頁五二。）

【根祥案】

王安石此段佚文之言論，後來引用之者頗多。如宋・夏僎《尚書詳解》卷五〈益稷〉下云：

> 要之，言決九川，距四海，但為決九州之川，使各因其勢以歸於海，故以四海言。治水之法，先大而後小，先下而後高，使大水有所歸，然後小水有所入，理勢當然。禹之治水，先決九川，距四海，則大者已有所歸矣，故此又濬畎澮，使得達于川，則小水有所入焉。[54]

夏《解》此段文字分明引述王氏之說而隱去其名，若非耙梳對比，則後世莫能知之。宋・陳經《尚書詳解》卷五亦曰：「予決九州之川而至四海，則大水有所歸；濬通畎澮之水而至于川，則小水有所入。」[55] 至於蔡沈《書集傳》則於卷二〈禹貢〉篇「既載壺口」之下曰：

> 禹言「予決九川，距四海；濬畎澮，距川」，即其用功之本末；先決九川之水以距海，則水之大者有所歸；又濬畎澮以距川，則水之小者有所泄。皆自下流以疏殺其勢。

凡此等皆明顯取資於王氏《新義》之說。

【佚文】（一〇九之一）「濬，治而深之之謂。川或不必濬，於其壅塞也，決之而已。」（永樂大典卷二〇四二六頁十六載《書集傳》引）

---

54 宋・夏僎《尚書詳解》（影印文淵閣四庫全書本）卷五，頁4、5，〈益稷〉下。

55 宋・陳經《尚書詳解》（北京：中華書局，叢書集成初編，第3584冊，1985）卷五，頁70。

【根祥案】

考之宋・東陽陳大猷《書集傳》卷二，總頁30上B，亦有相同之《新義》佚文云：

> 王氏曰：「濬，治而深之之謂。川或不必濬，於其壅塞也，決之而已。」

當直接以陳大猷《書集傳》所引「佚文」為正。

懋遷有無化居。

【佚文】（一一○）「物不可積，則懋使之化；可積以待，則遷使之居。」（永樂大典卷二○四二六頁十六載《書集傳》引，臨川集卷四頁三乞改三經義誤字劄字）

【根祥案】

《永樂大典》引陳大猷《書集傳》中王氏佚文，而今傳本陳大猷《書集傳》此段缺頁，故無可對比者。反之，應以此補陳大猷《書集傳》之所缺。

【佚文】（一一一）「居，儲也。」（纂傳卷三頁二）

帝曰：「臣作朕股肱耳目　至　否則威之。」

【佚文】（一一二）「自『臣作朕股肱耳目』至『否則威之』，帝責任於禹。」（纂傳卷三下頁三）

【佚文】（一一二之一）「下文『汝翼』、『汝為』，作股肱也；『汝

明』、『汝聰』，作耳目也。」（永樂大典卷二〇四二八頁十七載《書集傳》引）

【根祥案】

考之宋・東陽陳大猷《書集傳》卷二，總頁31上B，亦有相同之《新義》佚文云：

> 王氏曰：「下文『汝翼』、『汝為』，作股肱也；『汝明』、『汝聰』，作耳目也。」

當直接以陳大猷《書集傳》所引「佚文」為正。

帝曰：「臣作朕股肱耳目：予欲左右有民，汝翼；予欲宣力四方，汝為；予欲觀古人之象，日、月、星辰、山、龍、華蟲，作會，宗彝、藻、火、粉米、黼、黻、絺繡，以五采彰施于五色，作服，汝明；予欲聞六律、五聲、八音，在治忽，以出納五言，汝聽。」

【佚文】（一一三）「『臣作朕股肱耳目：予欲左右有民，汝翼。予欲宣力四方，汝為』，言作股肱。『予欲觀古人之象』至於『汝聽』，言作耳目。」（全解卷六頁十一，夏解卷五頁十）

【根祥案】

林之奇所引王氏之說，其實即是上一條陳大猷所引「佚文」，唯多引述經文語句而已。夏《解》則作「王氏謂『汝翼』、『汝為』，言作股肱；『汝聰』、『汝明』，言作耳目。此說是也」，與陳大猷所引文相當。林之奇乃是轉陳王荊公之說解經，非直接徵引原文，實不如陳大

猷直接徵引《新義》原文為恰當。然則「佚文113」可與「佚文112之1」合併。又林之奇、夏僎皆肯定王荊公此說,許之「其說是也」,當補列入「評論」。

【佚文】(一一四)「汝翼,作肱;汝為,作股;汝明,作目;汝聽,作耳也。」(輯纂卷一頁五二,纂疏卷一頁四一,大全卷二頁四六)

【根祥案】

《輯考彙評》此段止列佚文,並無評論。考之宋‧林之奇《尚書全解》卷六〈益稷〉下云:

> 「汝翼」、「汝為」,申言作股肱之事也;雖申言作股肱之事,然而必欲以一句為股,一句為肱,如汝明之為目,汝聽之為耳,則不可。要之,「汝為」、「汝翼」,皆是手足之用也。[56]
> ……若「汝明」、「汝聽」蓋所謂申結作耳目之義也。

考林之奇此段之前引「王氏曰」佚文,並以為「此說是也」;而後段(即此段文字)則針對「一句為股」、「一句為肱」之說,以為「不可」。考之【佚文114】條所載,此「一句為股」、「一句為肱」之說,實為王安石之主張;故知林之奇此段文字,雖因前後論述疏離而關連不甚明顯,遂使讀者容易忽略本為針砭王氏而發,今以「佚文」證之,可知實為評論王氏《尚書新義》之言;《輯考彙評》失收,可據以補入為「評論」也。

---

56 宋‧林之奇《尚書全解》(漢京版《通志堂經解》,1986)卷六,頁6552,〈益稷〉下。

【佚文】（一一五）「敬敷五教，司徒掌之，豈非左右有民？稷掌阻
飢，皋治姦宄，豈非宣力四方？夷作秩宗，豈非制衣服？夔典樂，豈
非察音聲？然彼皆各治一官，禹則總百官而治之者也。帝兼舉四事，
而寄以股肱耳目，蓋如此。」（輯纂卷一頁五二，纂疏卷一頁四一，
大全卷二頁四六，尚書日記卷四頁二三，書傳彙纂卷三頁五八）

【佚文】（一一五之一）「一陰一陽之謂道。道之在天，以日月為
本，以星辰為紀，故以日月星辰為首。」（永樂大典卷二〇四二八頁
十七載《書集傳》引）

【根祥案】

考之宋・東陽陳大猷《書集傳》卷二，總頁31下A，亦有相同之《新
義》佚文云：

> 王氏曰：「一陰一陽之謂道。道之在天，以日月為本，以星辰
> 為紀，故以日月星辰為首。山取其靜而仁，龍取其變化。」

《永樂大典》所引，止於「以日月星辰為首」，而無「山」、「龍」之
訓解。今本陳大猷《書集傳》所引較詳。當直接以陳大猷所引「佚
文」為正。

【根祥案】

考之宋・東陽陳大猷《書集傳》卷二，總頁31下B，引有《新義》訓
釋「華蟲」之佚文云：

> 王氏曰：「華蟲，取其文。」

此當補入為《新義》「佚文」，且連接上一段「佚文」之後。

【佚文】（一一六）「日月星辰山龍華蟲，凡此，德之屬夫陽者，故在衣而作繪。宗彝藻火粉米，凡此，德之屬夫陰者，故絺繡在裳。辨物則知善之為善，知善之為善，推而上之，可以至於天道，則聖人之能成矣。」（全解卷六頁十四）

【佚文】（一一六之一）「宗彝，宗廟尊彝也；事宗廟之常器，所以象孝。藻，水草也，以其清潔而可薦羞。火，以其明足以燭物而烹治。」（永樂大典卷二〇四二八頁十七載《書集傳》引）

【根祥案】

考之宋・東陽陳大猷《書集傳》卷二，總頁31下B，亦有相同之《新義》佚文云：

> 王氏曰：「宗彝，宗廟尊彝也，事宗廟之常器，所以象孝也；藻，水草也，以其清潔而可薦羞。火以其明足以燭物而烹治。」

此條「佚文」當以原書為正。其「宗彝象孝」之說，亦見於宋・王與之《周禮訂義》卷三十六「祀四望山川則毳冕」條下曰：

> 或問：「荊公宗彝象孝，象孝奚取於虎蜼？」公曰：「虎，義也；蜼，知也；義以制事，知以察物，然後可以保宗廟，故取於虎蜼。」[57]

此亦為王安石《尚書》說也，並與下文所引《周官新義》內容一致。

---

[57] 宋・王與之《周禮訂義》（影印文淵閣四庫全書本）卷三十六，頁8。又宋・黃倫《尚書精義》（影印文淵閣四庫全書本）卷八，頁3，引有相同之文，其文曰：「臨川問曰：宗彝，所以象孝也。象孝奚取於虎蜼？」文公曰：「虎，義也；蜼，知也；義以制事，知以察物，然後可以保宗廟，故取於虎蜼。」唯未曾稱王氏爾。

蔡沈《書集傳》曰：「宗彝，虎蜼，取其孝也。」此即是用王氏《新義》說也。

【根祥案】

考之宋・東陽陳大猷《書集傳》卷二，總頁31下B，引有《新義》訓釋「米」「黼」「黻」之佚文，其文云：

> 王氏曰：「米取養人；黼取其斷，黻取其辨。」

此段引文當補入為《新義》「佚文」。

【評】宋林之奇曰：「介甫嘗有韓退之詩曰：『紛紛易盡百年身，舉世無人識道真；力去陳言誇末俗，可憐無補費精神！』王氏於經，其鑿如此，則其『無補費精神』，蓋又甚於韓退之矣！故楊龜山力辨其非，……而其說又曰：『日、月、星辰，天象也；山，地之屬也；服之所以體天地也。龍、華蟲，天產也，故作繪而在上。宗彝，形而在下者；藻、火、粉米，地產也；黼、黻，人為也，故絺繡在下。』此則流而入王氏之說而不自知，是皆目睫之論。」（全解卷六頁十四～十五）（敏案：王安石詩集卷三四有七絕「韓子」，無作何。）

【根祥案】

王氏《尚書新義》於〈皋陶謨〉「十二章」一段經文，其訓解之「佚文」頗為零碎，難窺其全貌。考之王氏《周官新義》佚文，亦有此《尚書》「十二章」相關論說，陳述較為完整；王安石《周官新義》云：

> 以《書》考之，古人之象，凡十二章。蓋一陰一陽之謂道；道之在天，日月以運之，星辰以紀之；其施於人也，仁莫尚焉；

無為而仁者,山也;仁而不可知者,龍也;仁藏於不可知而顯
於可知者,禮也;禮者文而已,其文可知者,華蟲也;凡此皆
德之上,故繪而在上。宗彝則虎蜼之彝;虎,義也;蜼,智
也;象之於宗彝,則又以能常奉宗廟為孝焉;柔順清潔可以薦
羞者藻,昭明齊速可以亨餁者火;藻也,火也,則所以致其
孝;米,養人也,粉之然後利散而均焉;養人而已,而無斷以
制之,非所謂知柔剛,黼則所以為斷也;用斷不可以無辨,黻
則所以為辨也;凡此皆德之下,故絺繡而在下。然辨物者,德
之所以成終始也。[58]

此段說解之義,雖與《尚書新義》文辭稍差而其訓釋則一致,可謂
「下真跡一等」,足可參考。今參考《周官新義》之文,整合前述諸
多「佚文」,擬其文曰:

【佚文】古人之象,凡十二章:一陰一陽之謂道,道之在天,
以日月為本,以星辰為紀,故以日、月、星辰為首。山取其靜
而仁。龍取其變化。華蟲取其文。日、月、星辰、山、龍、華
蟲,凡此德之屬夫陽者,故在衣而作繪。宗彝,虎蜼;虎,義
也;蜼,知也;義以制事,知以察物,然後可以保宗廟,故取
於虎蜼;宗彝,宗廟尊彝也,事宗廟之常器,所以象孝也。
藻,水草也,以其清潔而可薦羞。火以其明足以燭物而烹治。
米取養人;黼取其斷;黻取其辨。宗彝、藻、火、粉米、黼、
黻,凡此德之屬夫陰者,故絺繡在裳。辨物則知善之為善,知
善之為善,推而上之,可以至於天道,則聖人之能成矣。」

---

58 宋・王安石:《周官新義》、程元敏《三經新義輯考彙評・周官新義》「司服」(上
　海:華東師範大學出版社,三經新義輯考彙評,下冊,2010)卷九,頁317。

予違，汝弼。

【佚文】（一一七）「拂我而相之謂之弼，故『弼』字或作『拂』。」
（輯纂卷一頁五二，纂疏卷一頁四一，大全卷二頁四七）

【根祥案】

考之文獻，於《欽定書經傳說彙纂》卷三下，亦引有相同之佚文，而
其稱名引用曰：「王氏安石曰：拂我而相之謂之弼，故弼字或作
拂。」[59]《輯考彙評》失收，當補入。

又考之宋・東陽陳大猷《書集傳》卷二，總頁32下A，引有相同
之佚文，並多出一節，其文云：

> 王氏曰：「拂我而相之謂之弼，故弼字或作拂。比我而相之謂
> 之輔，故〈比〉卦曰：『比，輔也』。」

此段引文當補入為《新義》「佚文」。王氏此解「輔」「弼」之義，宋
代學者時有用之者：若宋・衛湜《禮記集說》卷五十二引「山陰陸
氏」之言曰：

> 虞夏殷周，有師保，有疑丞；疑擬其前，丞承其後。比我而相
> 之謂之輔，拂我而相之謂之弼。[60]

又元・黃公紹原編、熊忠舉要之《古今韻會舉要》卷九「丞」字下曰：

> 又輔、弼、疑、丞，謂之四輔；比我而相之謂之輔，拂我而相

---

59 清・王頊齡總裁《欽定書經傳說彙纂》（影印文淵閣四庫全書本）卷三，頁61。
60 宋・衛湜《禮記集說》（影印文淵閣四庫全書本）卷五十二，頁，引「山陰陸氏」。

之謂之弼；疑擬其前，丞承其後。[61]

凡此皆用王氏之說者也。「疑擬其前，丞承其後」兩句，其訓解具王氏《字說》風格，且宋元學者多引用之，疑即為王氏之言論。

庶頑讒說，若不在時，侯以明之，撻以記之。

【根祥案】

考之宋‧東陽陳大猷《書集傳》卷二，總頁33上A，引有「侯以明之」王氏《新義》訓解之佚文，其文云：

王氏曰：「此以禮教也。」

此引文當補入為《新義》「佚文」。

【根祥案】

考之宋‧東陽陳大猷《書集傳》卷二，總頁33上A-B，引有「侯以明之」王氏《新義》訓解之佚文，其文云：

王氏曰：「若射畺相之圖，或斥出之，或留在位，此『侯以明之』之意。」

此段引文當補入為《新義》「佚文」。更考王氏以孔子「射畺相之圖」典故以解「侯以明之」，此說後人尟有用之；唯清代王夫之《尚書稗疏》卷一曰：

---

61 元‧黃公紹原編、熊忠舉要、甯忌浮整理：《古今韻會舉要》（北京：中華書局，2000）卷九，頁15，「丞」字下。

> 「侯以明之」，明之為言辨也；侯以明之者，當大射之時，差
> 次其等，擯頑讒，使不得與，以明辨其不肖而辱之；如孔子矍
> 相之射是已。射以觀德者，所以納君子於軌物；侯以明惡者，
> 所以顯小人之斥罰。[62]

王夫之此乃用王氏之說也。《四庫總目》提要以此說為王夫之之識
見[63]，而不知此說蓋王安石《新義》先得之也已。

書用識哉！欲並生哉！

【根祥案】

考之宋・東陽陳大猷《書集傳》卷二，總頁33上A-B，引有「書用識
哉」之《新義》佚文，其文云：

> 王氏曰：「《周禮》鄉黨之官，以時書其民孝弟睦婣有學者，亦
> 此意也。」

此段引文當補入為《新義》「佚文」。又審之宋・蔡沈《書經集傳》卷
一「書用識哉」下云：

> 識，誌也；錄其過惡，以識于冊，如周制鄉黨之官，以時書民
> 之孝悌睦婣有學者也。[64]

---

62 清・王夫之《尚書稗疏》（長沙：嶽麓書社，船山全書，第二冊，1996）卷一，頁
　42。

63 見《四庫總目》卷十二〈經部十二〉王夫之撰《尚書稗疏》四卷條下提要曰：「引
　矍相之射証侯以明之，謂以與射不與射為榮辱，非以射中不中為優劣。……則大抵
　詞有根據，不同游談。」

64 宋・蔡沈《書集傳》（南京：鳳凰出版社，2010年1月，第一版）卷一，頁35。

蔡沈《書集傳》雖未言此說之所來自，以此比觀而論之，可知蓋取資於王氏《尚書新義》之說也。

工以納言，時而颺之；格則承之庸之，否則威之。

【佚文】（一一八）「工以納言，時而颺之者，所謂以樂教也。格則承之庸之者，既教而成矣，則有德者承之，而承之者使之在位也；有能者庸之，而庸之者使之在職也。否則威之者，教之不率而後威之以刑，先王所以成就天下之材至於如此，可謂至矣。」（精義卷八頁四）

禹曰：「俞哉！帝，光天下　至　帝其念哉！」

【佚文】（一一九）「自『俞哉』至『帝其念哉』，禹歸重於帝。」（纂傳卷三下頁六）

弼成五服，至於五千；州十有二師，外薄四海，咸建五長，各迪有功；苗頑弗即工，帝其念哉！帝曰：「迪朕德，時乃功，惟敘。皋陶方祗厥敘，方施象刑，惟明。」

【根祥案】

考之宋・東陽陳大猷《書集傳》卷二，總頁34上B，引有「各迪有功」之《新義》佚文，其文云：

　　王氏曰：「師長各相率而赴功，故各有迪功。」

此段引文當補入為《新義》「佚文」。

【佚文】（一二〇）「禹言『帝念哉』蓋謂苗頑弗即工，帝當念其罪

而誅之。故帝于下文言『皋陶方祗厥敘，方施象刑，惟明』，乃所以告禹，謂汝欲我念其所以誅三苗，我當命皋陶施刑以誅之。」（夏解卷五頁二三，全解卷六頁二五～二六）

【評】夏僎曰：「此說雖可喜，林少穎（之奇）謂勸人君以用刑（兵），豈禹愛君之意？兼當時苗之頑凶，率六師以征之，猶且不服，豈皋陶象刑而能制哉！此所謂『帝念哉』者，特謂……帝當以苗民為念憂，勤于政事，不可使有一日之慢遊也？」（夏解卷五頁二三；林之奇評，見全解卷六頁二六，略同。）

【評】宋蘇軾曰：「今天下定矣，而苗猶不即工者，帝不可以不求諸己也，故曰『帝其念哉』。此禹得之于益班師而歸諫舜之詞也。而說者乃謂禹勸舜當念三苗之罪而誅之。夫所謂『念哉』者，豈誅有罪之言乎？」（東坡書傳卷四頁六）

皋陶方祗厥敘，方施象刑，惟明。

【根祥案】

考之宋・王應麟《玉海》卷六十七〈詔令〉下，引有「王氏曰」，其文曰：

> 〈益稷〉「皋陶方祗厥敘，方施象刑，惟明」。朱氏曰：「象如天之垂象示人也。」王氏曰：「若《周官》垂刑象。」[65]

此乃王氏《新義》訓解「象刑」之文也，當補入為「佚文」。

---

65 宋・王應麟《玉海》（影印文淵閣四庫全書本）卷六十七，頁7。

夔曰：戛擊鳴球，搏拊琴瑟，以詠，祖考來格。虞賓在位，群后德讓。下管鼗、鼓，合止柷敔，笙鏞以間，鳥獸蹌蹌。簫韶九成，鳳皇來儀。

【佚文】（一二一）「治定制禮，功成作樂，舜之治功於是乎成矣。故夔稱其作樂，以美舜也。」（全解卷六頁二七，夏解卷五頁二六）

【評】宋林之奇曰：「蓋舜之在位三十餘年，其與禹皋夔益之徒相與答問者多矣，……史官集而記之，非其一日之言也。諸儒之說，自皋陶謨至此篇末，皆謂其文勢相屬。薛氏以謂『……。』凡此皆欲會同數篇所載，以為一日之言。豈史官獨載其一日之言，而盡遺其餘乎？此理之必不然也。理之所不然而必為之說，故其說皆牽沿不通，今不取。」（全解卷六頁二六～二七）

【佚文】（一二二）「以兆鼓則曰鼗。」（考古質疑卷三頁十六）

【佚文】（一二三）「堂上樂以象宗廟朝廷之治，故堂上之樂作而能致和于宗廟朝廷。堂下樂以象鳥獸萬物之治，故堂下之樂作而能致和于鳥獸萬物也。」（夏解卷五頁二九）

【評】夏僎曰：「堂上、堂下，其器雖不同，要之作樂之際，實相合以成樂也。……堂上、堂下必翕然並作，其格祖考、感鳥獸，當如大司樂幾變而格祖考，幾變而感鳥獸。……非謂堂上樂可以格祖考，而不可以感鳥獸；堂下樂可以感鳥獸，而不可以格祖考。……其實是上、下之樂並作，樂聲既和，上則祖考群后咸和，下則鳥獸萬物咸若。」（夏解卷五頁二六～二八）

【根祥案】

考之宋・東陽陳大猷《書集傳》卷二，總頁35上A，引有「鳥獸蹌

蹌」之《新義》佚文，其文云：

> 王氏曰：「鳥獸蹌蹌鼓舞，則萬物無不和矣。」

此段引文當補入為《新義》「佚文」。更考之元・吳澄《書纂言》卷一「鳥獸蹌蹌」經文之下曰：

> 蹌蹌，舞貌。鳥獸蹌蹌而舞，則萬物無不和矣。[66]

吳氏於此註解《尚書》，分明採用王氏學說。

【根祥案】

考之宋・東陽陳大猷《書集傳》卷二，總頁35上B，引有「笙鏞以間，鳥獸蹌蹌」之《新義》佚文，其文云：

> 王氏曰：「管簧之屬，其音象鳥；鼓鐘之屬，其聲象獸；非特聲也，其制形亦然。先儒以笙為象鳥翼，而筍簴亦皆為鳥獸之形。」

此段引文當補入為《新義》「佚文」。

【根祥案】

考之宋・東陽陳大猷《書集傳》卷二，總頁35上B，引有「鳳皇來儀」之《新義》佚文，其文云：

---

66 元・吳澄《書纂言》（漢京版，通志堂經解，1986）卷一，頁8416。

王氏曰：「鳳凰鳴中律呂，色備五采文章，能集其類而君之；
治則見，亂則隱。」

此段引文當補入為《新義》「佚文」。又考宋·黃倫《尚書精義》卷八
引胡氏曰：「……鳳凰之為物，鳴中律呂，色備五采，治則見，亂則
隱。」[67]與王氏《新義》之說同，蓋取資於王氏也。

夔曰：「於！予擊石拊石，百獸率舞，庶尹允諧。」

【根祥案】

考之宋·東陽陳大猷《書集傳》卷二，總頁35下A，引有王氏《新
義》佚文，其文云：

王氏曰：「夔既言韶之成，又歎美舜德化之妙，樂之形容，有
所不逮也。予方擊石拊石，不待眾樂之奏，百獸固已率舞，庶
尹固已允諧，豈無自而然哉？皆帝德有以致之也。」

此段引文當補入為《新義》「佚文」。

帝庸作歌曰：「敕天之命，惟時惟幾。」乃歌曰：「股肱喜哉，元
首起哉，百工熙哉。」

【根祥案】

考之宋·東陽陳大猷《書集傳》卷二，總頁35下B，引有王氏《新
義》佚文，其文云：

---

67 宋·黃倫《尚書精義》（影印文淵閣四庫全書本）卷八，頁12。

王氏曰：「治大成矣，上下宜相戒儆之時，故帝以此作歌。」

此段引文當補入為《新義》「佚文」。

股肱喜哉！

【佚文】（一二四）「股肱不喜，而有刑以俟之。」（嵩山集卷一頁三八）

皋陶拜手稽首，颺言曰：「念哉！率作興事，……屢省乃成。」……「元首明哉！股肱良哉！庶事康哉！」……「元首叢脞哉！股肱惰哉！萬事墮哉！」

【佚文】（一二五）「皋陶以為人君不必下侵臣職以求事功，但委任而責成功爾。『率作興事』者，分職授任，如咨命二十二人是也。『屢省乃成』，則三載考績、三考黜陟是也。能如是則可謂之明君。君明則臣不敢欺，而思盡其職，庶事自各就緒矣。苟為不然，而欲下侵眾職，則元首叢脞而股肱懈怠。天下之事豈一人所能辦哉？萬事之墮，固其宜矣。」（尚書日記卷四頁三七）

【根祥案】

此條「佚文」不見於宋、元學者所引用，而獨見於明朝王樵《尚書日記》，甚是可疑。今嘗遍尋文籍，考之於元‧王充耘《讀書管見》卷上，經文「帝庸作歌」條下云：

> 帝作歌則先股肱，欲倚重於其臣；皋陶賡歌則先元首，以責難於其君。所謂颺言者，乃歌之漸，非大言而疾也，與「工以納言，時而颺之」者同，蓋有韻則為歌，無韻則為言，而兩語皆

以欽哉係其後，有咏歎歌颺之意，亦歌之類也。皋陶以為人君不必下侵臣職以求事功，但委任而責成功耳。率作興事者，分職授任，如咨命二十二人是也。屢省乃成，則三載考績，三考黜陟是也。能如是，則可謂之明君。君明則臣不敢欺而思盡其職，庶事自各就緒矣。苟為不然，而欲下侵眾職，則元首叢脞而股肱懈怠，天下之事，豈一人所能辦哉，萬事之墮，固其宜矣。[68]

《輯考彙評》所輯此條佚文，見於元朝王充耘《讀書管見》，其文句義理，前後一貫，並非拼湊而成者，可見此段《尚書》論述，實為王充耘之言而非王安石之說，蓋王樵引用時，偶然失於分別標示，誤植訛舛，貽誤後人也。此條「佚文」當予刪除。王樵《尚書日記》所引「王氏曰」者，非必為王安石《尚書新義》之佚文也，當一一考察，以求其當。

【佚文】（一二六）「前言『庶事』，後言『萬事』，甚言叢脞與惰之敗事也。」（書纂言卷一頁五七，纂傳卷三下頁十）

【根祥案】

考之宋・東陽陳大猷《書集傳》卷二，總頁36下A，引有王氏《新義》相同之佚文，其文云：

> 王氏曰：「前曰『庶事』，後曰『萬事』，甚言叢脞之廢事也。」

此段引文，當以為《新義》之正，蓋陳大猷於時代為早。又考之元・董鼎《書傳輯錄纂註》卷一，引錄有陳大猷論述一大段，其中亦有「佚文」語句，文曰：

---

68 元・王充耘《讀書管見》（漢京版，通志堂經解，1986）卷上，頁9127。

陳氏大猷曰：「喜、起、熙，帝欲振屬充廣也。皋意謂无妄不可以復往，極治不可以更加，故因帝振奮增廣之意，而欲其加謹慎省察之心。凡作興，必謹守成憲而欽哉，不可輕於有為也；又必屢察已成之治而欽哉，不可玩夫已為也。於是賡成其歌，謂君臣惟當明良而已，不必過于喜起也；庶事惟底于康安而已，不必過於熙廣也；乃所以凝泰和也。君有賴于臣，故先股肱；臣有望於君，故先元首。皋意猶未已，謂明非聰察之謂，聰察則流於叢脞；良非軟熟之謂，軟熟則流于惰偷；君叢脞則臣惰偷，萬事墮壞矣。前言庶事，此言萬事，甚言叢脞之害事也。不過而失于激，亦不怠而失于廢，真可以凝泰和而保天命矣。往欽，欲君臣自此以往，無不敬也。典謨之書，皆以欽終之；九成之韶，敕犬之歌，非可以二觀也；虞之韶，不可得而聞；帝之歌，猶可得而詠；韶雖亡，不亡者存焉，學者宜深玩繹也。[69]

其中亦有與王氏佚文相同之文句，似係陳大猷取資於王安石而為說，其實不然。細考其文，對比今傳本之陳大猷《書集傳》，得知董鼎所引，蓋訛亂已甚之文也。筆者據陳大猷《書集傳》卷二，總頁36上B-下A之文，釐正如下：

喜哉、起哉、熙哉，舜蓋欲君臣振屬，治功日廣，駸駸求益之意也。皋陶之意，又有在焉，无妄不可以復往，極治不可以更加，人君猶當致念於斯。故因帝振奮增廣之意，而欲其加謹慎省察之心。凡作興天事，必謹守汝之成憲而欽哉，不可輕於有為也東陽馬氏曰……；必屢察已成之治而欽哉張氏曰……，不可玩夫已為也。於是續成帝之歌以申其義，謂君臣惟盡其明

69 元‧董鼎《書傳輯錄纂註》（漢京版，通志堂經解，1986）卷一，頁8253。

良而已，不必求其喜起也；庶事惟厎于康安而已，不必求其興廣也。不過而失于激，亦不怠而失于廢，乃所以凝泰和之休也。張氏曰：帝之歌，先股肱而後元首，君有賴於臣也；皋陶之歌，先元首而後股肱，臣有賴于君也。皋陶意猶未已而又歌也，謂明非聰察之謂，聰察則流於叢脞；良非軟熟之謂，軟熟則流于惰弛；君叢脞則臣惰弛，萬事從而墮壞矣。薛氏曰：……○荀子曰：……○王氏曰：前日庶事，此日萬事，甚言叢脞之廢事也。真可以凝泰和而保天命矣，故舜拜而俞之。又贊之曰：往欽哉，欲君臣自此以往，無不欽敬，敬則常無失矣。典謨之書，皆以欽終之。此章唱和抑揚，猶八音六律之清濁相宣，洪纖相濟，以造於中和之懿，是乃韶樂之所由以和也。君臣之間，德和、治和、氣和、聲和，而天地萬物之和，安得而不應哉！薊韶之奏，歌聲之作，非可以二觀也；虞之樂，不可得而聞；虞之歌，猶可得而詠；融神暢，手間取而吟哦諷詠之，則理舞足蹈，不能自已。乃知韶雖亡，不亡者存，學者所宜玩繹也。

可知董鼎所引，乃將「張氏曰」、「王氏曰」之言與陳大猷《書》說淆合不分，故使後人生疑，以為陳大猷擷取王氏之說為論，其實乃訛誤所致者也。更考於元・陳櫟《書集傳纂疏》卷一同一經文之下，亦引有陳大猷相同之文，其中並無與王氏佚文相似之句，據此亦可釐正也。《書經大全》卷二中，亦引有此段王氏「佚文」，蓋因抄錄自董鼎《輯纂》使然也。

第伍章

《尚書新義》輯考彙評：
《夏書》補逸柬議

〈禹貢〉

禹別九州，隨山濬川，任土作貢。

禹敷土，隨山刊木，奠高山大川。冀州：既載壺口，治梁及岐。既修太原，至于岳陽，覃懷厎績，至于衡漳；厥土惟白壤，厥賦惟上上錯，厥田惟中中；恆衛既從，大陸既作，島夷皮服；夾右碣石入于河。濟、河惟兗州：九河既道，雷夏既澤，灉沮會同，桑土既蠶；是降丘宅土，厥土黑墳，厥草惟繇，厥木惟條，厥田惟中下，厥賦貞，作十有三載乃同；厥貢漆、絲，厥篚織文；浮于濟漯，達於河。海、岱惟青州：嵎夷既略，濰淄其道；厥土白墳，海濱廣斥；厥田惟上下，厥賦中上；厥貢鹽、絺、海物，惟錯；岱畎、絲、枲、鉛、松、怪石；萊夷作牧，厥篚檿絲；浮于汶，達于濟。海、岱及淮惟徐州：淮沂其乂，蒙羽其藝，大野既豬，東原厎平；厥土赤埴墳，草木漸包；厥田惟上中，厥賦中中，厥貢惟土五色、羽畎、夏翟、嶧陽孤桐、泗濱浮磬、淮夷蠙珠暨魚；厥篚玄纖縞。浮于淮泗，達于河。淮、海惟揚州：彭蠡既豬，陽鳥攸居；三江既入，震澤厎定；篠簜既敷，厥草惟夭，厥木惟喬；厥土惟塗泥，厥田惟下下，厥賦下上上錯；厥貢惟金三品、瑤琨、篠簜、齒、革、羽毛，惟木；島夷卉服，厥篚織

貝，厥包橘柚，錫貢；沿于江海，達于淮泗。荊及衡陽惟荊州：江漢朝宗于海，九江孔殷，沱、潛既道，雲土夢作乂；厥土惟塗泥，厥田惟下中，厥賦上下，厥貢羽、毛、齒、革，惟金三品、杶、榦、栝、柏、礪、砥、砮、丹，惟箘簵、楛；三邦底貢厥名，包匭菁茅；厥篚玄纁璣組，九江納錫大龜；浮于江沱潛漢，逾于洛，至于南河。荊、河惟豫州：伊、洛、瀍、澗，既入于河，滎波既豬，導菏澤，被孟豬；厥土惟壤，下土墳壚；厥田惟中上，厥賦錯上中，厥貢漆、枲、絺、紵，厥篚纖纊，錫貢磬錯；浮于洛，達于河。華陽、黑水惟梁州：岷、嶓既藝，沱、潛既道，蔡、蒙旅平，和夷底績；厥土青黎，厥田惟下上，厥賦下中三錯，厥貢璆、鐵、銀、鏤、砮、磬、熊、羆、狐、貍、織皮；西傾因桓是來；浮于潛，逾于沔，入于渭，亂于河。黑水、西河惟雍州：弱水既西，涇屬渭汭，漆、沮既從，灃水攸同，荊岐既旅，終南惇物，至于鳥鼠；原隰底績，至于豬野；三危既宅，三苗丕敘；厥土惟黃壤，厥田惟上上，厥賦中下，厥貢惟球、琳琅玕；浮于積石，至于龍門，西河會于渭汭，織皮、崑崙、析支、渠搜，西戎即敘。導岍及岐，至于荊山，逾于河，壺口、雷首，至于太岳；底柱、析城，至于王屋、太行、恆山，至于碣石，入于海。西傾、朱圉、鳥鼠，至于太華；熊耳、外方、桐柏，至于陪尾。導嶓冢至于荊山、內方，至于大別、岷山之陽，至于衡山，過九江，至于敷淺原。導弱水至于合黎，餘波入于流沙。導黑水，至于三危，入于南海。導河積石，至于龍門，南至于華陰，東至于底柱，又東至于孟津，東過洛汭，至于大伾，北過洚水，至于大陸，又北播為九河，同為逆河，入于海。嶓冢導漾，東流為漢，又東為滄浪之水，過三澨，至于大別，南入于江，東匯澤為彭蠡，東為北江，入于海。岷山導江，東別為沱，又東至于澧，過九江，至于東陵，東迆北會于匯，東為中

江，入于海。導沇水，東流為濟，入于河，溢為滎，東出于陶丘北，又東至于菏，又東北會于汶，又北東入于海。導淮自桐柏，東會于泗沂，東入于海。導渭自鳥鼠同穴，東會于灃，又東會于涇，又東過漆沮，入于河。導洛自熊耳，東北會于澗瀍，又東會于伊，又東北入于河。九州攸同，四隩既宅；九山刊旅，九川滌源，九澤既陂；四海會同，六府孔修；庶土交正，厎慎財賦，咸則三壤，成賦中邦。錫土姓，祇台德先，不距朕行。五百里甸服：百里賦納總，二百里納銍，三百里納秸服，四百里粟，五百里米。五百里侯服：百里采，二百里男邦，三百里諸侯。五百里綏服：三百里揆文教，二百里奮武衛。五百里要服：三百里夷，二百里蔡。五百里荒服：三百里蠻，二百里流。東漸于海，西被于流沙，朔南暨聲教，訖于四海。禹錫玄圭，告厥成功。

〈禹貢〉

〈書序〉：禹別九州，隨山濬川，任土作貢。

【根祥案】

〈書序〉：「任土作貢」下，《孔傳》曰：「任其土地所有，定其貢賦之差。此堯時事而在《夏書》之首，禹之王，以是功。」孔穎達《正義》曰：

> 又解篇在此之意，此治水是堯末時事，而在《夏書》之首，禹之得王天下，以是治水之功，故以為《夏書》之首。

此乃《尚書》中論夏朝之所建立之因，所以載錄於《夏書》之由。而王安石曾與神宗論及夏禹之所以得君臨天下之原因，其事實載錄於

宋・李燾《續資治通鑑長編》卷二百三十九，其文曰：

> 上曰：「韓維昨言文武之功，起於后稷，以起為因，故推后稷
> 配天。」安石曰：「經稱文武之功，非稱后稷之功；稱尊祖，
> 非稱尊有功；言起於后稷者，謂非文武之功不能有天下，則不
> 得行祭天之禮；文武非后稷焉出，故行祭天之禮，則以后稷配
> 天，此乃所謂尊祖也。」上曰：「維又引王不待大，以為亦有
> 待小國而王者。」安石曰：「孟子論湯、文王不待大國然後有
> 天下；前代固有不待有國而王天下者，故揚雄以為『禹以舜作
> 土』。」上曰：「鯀治水，或有封國，亦未可知。」安石曰：
> 「若據《書傳》，即封於有夏氏，曰『有姒』者，禹也，無與
> 鯀事。」

考之《史記・夏本紀》，《索隱》曰：「皇甫謐云：『鯀，帝顓頊之子，
字熙。』又《連山易》云『鯀封於崇』，故《國語》謂之崇伯。』」是
自來對夏禹之所以能繼承舜位而統治天下，有因於其父鯀本有封國於
崇也。此段文字記王安石之論夏禹所以得王天下，並非因其父鯀本有
封國，而乃因其治水有功之故，並引用漢代揚雄《法言・重黎》篇
「禹以舜作土」為說，以解《孔傳》「此堯時事而在《夏書》之首，
禹之王，以是功」之意。此雖未必是《尚書新義》之言，亦有助於瞭
解王氏《尚書》論述主張者，故錄入以供參考。

又考宋・羅泌《路史》卷二十二〈疏仡紀・夏后氏〉「初鯀以崇
伯事帝」下曰：

> 《連山易》云：「鯀封于崇。」故《國語》言「崇伯」，今在鄂
> 東。熙寧五年議廟事，王安石以為禹非因鯀受封；故揚雄云「禹
> 以舜作土」，謂「前代固有不待有國王天下者，禹是也。」上

曰：「鯀治水，或有封，不可知。」安石曰：「据《書傳》封于有夏。曰『有夏』、曰『有姒』者，禹也，無豫于鯀。」妄矣。

則以為《連山易》、《國語》等均言鯀封於崇，為崇伯，則是夏禹本有國土為基地，復以治水之功而終能王天下，並以為王安石之說為謬妄。

【佚文】（一二七）「王制云：『廣谷大川異制，民生其間者異俗。』故禹別九州，皆奠高山大川，以正封域。」（禹貢說斷卷一頁四，禹貢集解卷一頁三）

冀州

【佚文】（一二八）「九州之序，禹貢始於冀，次以兗，而終於雍；職方始於揚，次以荊，而終於并者，蓋禹貢言治水之序，職方言遠近之序。治水自帝都而始，然後順水性所便，自下而上，故自兗至雍而止。以遠近言之，則周之化自北而南，以南為遠，故關雎、鵲巢之詩，分為二南，漢廣亦言文王之道被于南國；德化所及，以遠為至故也。始於揚州，則以揚在東南；次以荊，則以荊在正南；終於并，則以并在正北，先遠而後近也。」（周禮訂義卷五六頁二五～二六，禹貢彙疏卷一頁十九～二十，禹貢古今注卷一頁七）

【根祥案】

考之宋・王應麟《通鑑地理通釋》卷一「周九州」之下，亦引「王氏云」相同文句。而《周禮集說》卷七「職方氏」下引「王氏曰」：

> 【九州之序，〈禹貢〉始於冀，次以兗而終於雍。〈職方〉則始於揚，次以荊而終於并者，蓋〈禹貢〉言治水之序也，〈職方〉言遠近之序也。治水則自帝都而始，然後順水性所便，自

下而上，故自兗至雍而止也。以遠近言之，則周之化自北而南，以南為遠，故〈關雎〉、〈鵲巢〉之詩，分為二《南》；〈漢廣〉亦言文王之道被於南國，德化所及，以遠為主故也。始於揚，則以揚在東南；次以荊，則以荊在正南；終於并，則以并在正北；先遠而後近也。】且禹別九州，**九州載於〈禹貢〉，則堯之時固九州矣**；至舜分青為營，分冀為幽、并，則肇十有二州矣；至周公之時，又止於九州而已。蓋方禹治水之初，草木暢茂，禽獸繁殖，則人民寡矣，故九州而已；至舜之時，險阻既遠，鳥獸之害人者消，人民眾矣，故分而為十有二州；至於周又為九州，蓋商之亂，夷羊在牧，蜚鴻滿野，則雖及周公之時，尚如禹治水之初也。州或九、或十二，亦因時而已，聖人豈好異哉。

此段文字出於《周禮》之解說，而前一大段與宋‧王與之《周禮訂義》、明‧茅瑞徵《禹貢匯疏》所引王安石註解文句相同，而其下段文氣一貫，論說相接，當是出自同一段文字。而自「且禹別九州」以下之文句，歷述禹於唐堯時分別九州，舜「肇十有二州」，至於周公時又止於九州，若為《尚書》之註解，不必下及周公九州，可見此段文字，顯然整段出於《周官新義》，而非《尚書新義》之文。王與之《周禮訂義》引用此文以註解《周禮》，自無可議；茅瑞徵《禹貢匯疏》引用王氏《周官新義》相關言論以註解《尚書‧禹貢》，亦屬合理。王應麟《通鑑地理通釋》將此段文字置於「周九州」之下，亦可以佐證此實出於《周官新義》也。

　　王安石重新註解三經——《周禮》、《尚書》、《詩經》，賦予新義，蓋因三經皆為先聖明王政事之典則，足為後世所步武參酌者。而王安石於三經解義，往往彼此兼顧，相互融通；而三經之中，多有共同論題：「九州」之序，治水先後，同見於《尚書‧禹貢》、《周禮‧

職方》，而王氏於此論說一致，引彼註此，重疊無異，此亦王安石註解三經之一貫主張與方式。《四庫全書總目提要》云：

> 按《周禮集說》十卷，不著撰人名氏，前有元初陳友仁序。……卷首有〈總綱領〉一篇，〈官制總論〉一篇，分條闡說，極為賅洽。每官之前，又各為〈總論〉一篇；所引注疏及諸儒之說，俱能擷其精粹，**而于王安石《新經義》，采摘尤多**。

然則此段所引王安石註解文字雖非《尚書新義》之言，亦足資助瞭解王氏「九州」之說，故宜整段列入為「佚文」，以資研究參考。

　　又：此段《周官新義》之文，朱鶴齡《禹貢長箋》卷一亦有引用，而提名為「王氏炎曰」，以為乃南宋新安王炎之說，蓋偶誤也。[1]

【根祥案】

考之宋・羅泌《路史》卷二十二〈後紀〉十三〈疏仡紀・夏后氏〉下，有述及王安石論九州治水順序之說及其影響者，其言曰：

> 舊云：「水自下而治上。」魏幾道論〈禹貢〉：「豫居九州之中，與兗、徐接境，何自徐之揚，顧以豫為後乎？蓋順五行而治之。冀為帝都在所，先而地居東北，于五行為水；水生木，木東方，故次之兗、青、徐；木生火，火南方，故次之揚、荊；火生土，土中央，故次之豫；土生金，金西方，故終之梁、雍，所謂「彝倫攸敘」；**蓋本于王安石「冀地下而在北方，水所始」之言**。洪紫微愛之。非也。冀由有治水先後，說見《發揮》。

1　清・朱鶴齡《禹貢長箋》卷一頁20：引王氏炎曰：「九州之序，〈禹貢〉始于冀、次以兗、而終于雍。〈職方氏（周官）〉則始于揚、次以荊、而終于并者。〈禹貢〉言治水之序，〈職方氏〉遠近之序也。序治水自下而上，序王化先遠而近。」

魏幾道以為九州之序，依循五行相生之理而設，此說雖近於虛鑿，而實亦循繹於王安石《新義》而出。考宋・洪邁《容齋隨筆》卷一「禹治水」條下，確實引用此段文字，並言「與鯀之汩陳五行，相去遠矣。此說予得之魏幾道」云云。則羅泌此一評論，實有所見而發；而文中引述「王安石『冀地下而在北方，水所始』之言」，當為王安石《尚書新義》解說之語；據此可補入為《尚書新義》佚文：

　　　　【佚文】「冀地下而在北方，水所始。」

至於魏幾道所論，既本於王安石，亦有參考價值；而羅泌之批評，應當補入為「評論」。

既載壺口，治梁及岐。既修太原，至于岳陽。覃懷底績，至于衡漳。

【佚文】（一二九）「治水或言地名、或言山名、或言水名者，言地名則以地有水瀰漫也，言山名則以山有水壅塞也，言水名則以水汎濫而不見故道也。治山之水者，自上而達之于下；治地之水者，自小而達之于大。故初則至于川，次則入于河，中則歸于海，歸于海則無壅塞瀰漫不見故道之患矣。治水或言載、或言治、或言底績，其實一也；欲文其辭，故異其字耳。冀州治水至此，則無水患矣。」（精義卷九頁八）

【根祥案】

考之宋・陳大猷《書集傳》卷三，總頁38下B，經文「恆衛既從，大陸既作」下，引王安石《尚書新義》之文曰：

王氏曰：「治水或言地名，則以地有水瀰漫也；或言山名，則
以山有水壅塞也；或言水名，則以水氾濫不循故道也。」

引文與黃倫《尚書精義》所引大致相同，而互有詳簡。唯《精義》所
引「水汎濫而不見故道」，陳大猷引作「不循故道」，於義理實為優
勝，可資為據。亦當備列為「佚文」來源。「中則歸于海」當作「終
則歸于海」。

【佚文】（一三〇）「載，事也；既事壺口然後治梁及岐也。水逆行
泛濫而亂，故治之也。」（禹貢說斷卷一頁十五，禹貢集解卷一頁十
四）

【根祥案】

考之宋・陳大猷《書集傳・禹貢》卷三，總頁37下B，「既載壺口，治
梁及岐」下，引王安石之言曰：

王氏曰：「水逆行氾濫而亂，故治之也。」

其文字與宋・傅寅《禹貢說斷》卷一所引同，亦可補入為「佚文」來
源材料。

【佚文】（一三一）「修其亂謂之治。」（纂傳卷四頁二）

【佚文】（一三二）「治其壞謂之修。」（纂傳卷四頁二）

【佚文】（一三三）「地為水所攻蕩，隳圮而壞，故修之也。」（禹貢
集解卷一頁十七，禹貢說斷卷一頁十八）

【根祥案】

考之宋・陳大猷《書集傳・禹貢》卷三，總頁38上A，「既修太原，至於岳陽」下，引王安石《新義》文，其文曰：

王氏曰：「地為水所圮壞，故修之也。」

此段引文較簡，可補入為《新義》「佚文」來源。

【評】宋・陳大猷曰：「或問：孔氏及蘇、王（安石）諸儒說『衡漳』，新安王氏（炎）以為非，如何？曰：漢孔氏去古近，蘇、王諸儒皆至中原，所謂『漳』者，宜親見之。新安王氏言漳之源流雖詳，恐未必是禹之舊跡；兼王氏（炎）乃近世人，未嘗身至中原，故未敢從。」（或問卷上頁三四）

厥土惟白壤，厥賦惟上上錯，厥田惟中中。

【佚文】（一三四）「物其土田以知所宜，奠其賦以知所出也。冀州之土非盡白壤，而曰『白壤』者，其大致然也。餘州蓋皆如此。」（禹貢說斷卷一頁二三～二四，禹貢集解卷一頁二二，纂傳卷四頁三，書纂言卷二頁三，書傳彙纂卷四頁十）

【佚文】（一三五）「田與賦皆分作九等，故有上中下，而上中下之間又各分之，故有上上、上中、上下，又有中上、中中、中下，又有下上、下中、下下，是為九等。故上上為第一，上中為第二，以次至下下為九等。」（精義卷九頁九）

【佚文】（一三六）「賦乃田與土所出，故八州言『賦』皆在『田』之下，惟此在『田』之上者，傳之誤也。且九州或田與土品第高而賦

則卑，或田與土品第卑而賦則高，何也？蓋田土論性，賦論多寡，故田與土品第高者，其性美也，賦則品第卑者其數少也；田土品第卑者其性不美也，賦則品第高者其數多也，故賦與田土品第不同。」（精義卷九頁九）

恆衛既從，大陸既作。

【根祥案】

考之宋・陳大猷《書集傳・禹貢》卷三，總頁38下B，經文句下，引王安石《新義》之文曰：

> 王氏曰：「從，順也；順者水不逆行也。」

此段引文，當補入為《新義》「佚文」。

夾右碣石入于河。

【佚文】（一三七）「夾右碣石入于河」句，與下「濟河惟兗州」連為一段。（全解卷七頁十八）

【根祥案】

《輯考彙評》於此據林之奇《尚書全解》中所述「王氏有不以此句屬於逐州之下，而乃以貫於次州之上」之文，遂立此條說。然考之於歷代有關《尚書》文獻，雖攻駁王安石者甚眾，而論及如此說者，林之奇之外，晁說之亦有相關記載。查考林之奇《尚書全解》卷七〈禹貢〉，於「夾右碣石入于河」句下曰：

〈禹貢〉於逐州之末，皆載其通於帝都之道。孔氏曰：「禹治一州之水既畢，遂還帝都，白所治。」孔氏此說，未敢以為必然。案〈地理志〉「碣石在右北平驪城縣西南」，則碣石者是負海之山也。夾右碣石入于河，蓋遵海而入于河也。冀州，帝都所在，禹治水功畢而還帝所，豈須遵海入河，然後能至哉？揚州不言入于河者，則是禹之欲至帝都，必先由江以入海，由海以入淮泗，由淮泗以入于河；竊意當時必不如是之迂回也。鄭氏則謂「治水既畢，更復行之，觀地肥瘠，定貢賦上下」。若如鄭氏之說，則又不當敘於田賦貢篚之下也。**王肅則以**「凡州之下說諸治水者，功主於治水，故詳記其所治之州，往還所乘涉之水名」。據〈禹貢〉所載，乃是達于河之道，非有往來乘涉之事，以是知此諸說皆不通。而**王氏又不以此句屬於逐州之下，而乃以貫於次州之上**，其說尤為乖戾。惟周希聖謂九州之末，皆載其達于帝都之道，蓋天子之都，必求其舟楫之所可至，使夫諸侯之朝貢，商賈之貿易，雖其地甚遠，而其輸甚易。此說得之。

此文之上，林之奇乃評論王肅之說，然後謂「而王氏又不以此句」以下，則疑此所謂「王氏」，乃承上文王肅而來。考之《尚書正義》孔《疏》於「夾右碣石入于河」句下，引王肅之語後，曰：

> 肅惟不言「還都白帝」，亦謂為治水故浮水也。

按王肅之意，大禹於每州治水功畢，並不還都報白其功於帝，而乃為至他州治水，故記其所浮經之水名。然則每一州末所記水道，乃記大禹前往治他州之水道，如此理解，則每一州末之水道名，即可連貫下一州而言說。

又宋・晁說之《儒言》一書中所論，皆為駁辨王氏《新義》而
發，其中有論述曰：

> 因一鹿指以為一馬者，一時跋扈之言也。如因先王之格言而顛
> 倒破壞者，以天下為鹿而縱指之也；不亦甚乎？九州之中，各
> 志其行道；或以徐州之「浮于淮泗，達于河」，為揚州之首，
> 盡變亂九州之疆里，他尚有不誣者邪！

可見王安石於〈禹貢〉逐州之末，記水道之事，確實有貫於次州之首
者。此一論述，除王安石持論外，別無他人。而每州末之水道議題，
其後大都以周希聖之說為準，一如林之奇所引述，自是之後，學者多
無他議。[2]

今考之王安石《新義》所傳世之佚文，並無直接論及此議題者，
然亦有蛛絲馬跡可循根究本；〈禹貢〉徐州之末「浮於淮泗達於河」
黃倫《尚書精義》卷十頁八有引【佚文】曰：「順流於淮、泗二水，
以至於河，入揚州之境。」此即晁說之所記載者，而《新義》止謂
「入揚州之境」，並非移置其文句於揚州之首也。又荊州之末「浮於
江沱潛漢，逾于洛，至于南河」，《尚書精義》卷十頁十八有引【佚
文】曰：「逾，過也。順行于江、沱、潛、漢四水，而過于洛水，以
至于南河，入豫州之境。」此與上述含義相同，皆謂所記水道，乃為
治水而入下一州之水道也。王安石並不依孔《傳》以為「還都白

2　清・齊召南《尚書注疏・考證》（四庫全書考證）對此有論述曰：「『夾右碣石入于
河』，傳『禹夾行此山之右，而入河逆上』。疏『為還都白所治也』。○林之奇曰：
「九州之末，皆載其達帝都之道。周希聖曰：『天子之都，必求舟楫所可至；使諸
侯朝貢商賈貿易，雖地甚遠，而其輸甚易。』此說得之。蓋冀州三面距河，各州達
帝都之道，皆以河為主，達於河即達於帝都也。鄭曉曰：『碣石與島夷連書，此即
島夷入貢之道也。』胡渭曰：『傳謂禹治一州水畢，遂還都白所治，非也。禹欲白
所治，不必身入帝都；即使身入帝都，亦何難於陸行，而必循各州紆廻之水道，以
廢時失事哉！』至周氏言出，而其義始定，此實後人勝前人處。」

帝」，而謂自徐州入於揚州之境，自荊州入於豫州之境；可見王安石實採類似王肅論述，以為每州末所記水道，乃大禹前往下一州治水所浮經之水道，是以每州末所記水道，可貫串於下一州之首以立論。此或即是林之奇所謂「不以此句屬於逐州之下，而乃以貫於次州之上」之意。林之奇所說，其意止於「說義連貫」於下一州，而非以此節文句移置下一州經文之前也。若王荊公果真移置每州末所記水道文句於次州之首，則批評駁論者必蜂起而攻之，大有千夫所指之勢矣，而今論者寥寥無幾，如蘇軾者亦未曾言及，可見一斑。以此據論，林之奇所評擊者，應指「王安石」而言，而王安石之說又有取於王肅也。

雖然，《輯考彙評》擬【佚文】曰「『夾右碣石入于河』句，與下『濟河惟兗州』連為一段」，易使讀者誤解，當擬修訂作：

> 【佚文】「夾右碣石入于河」，為治水而浮經入兗州之境，故與下「濟、河惟兗州」貫連說義。

雷夏既澤

【佚文】（一三八）「既澤者，水有所鍾而不溢也。」（禹貢說斷卷一頁三八）

【根祥案】

考之蔡沈《書集傳》卷二，此經文下云：「澤者，水之鍾也。」此顯然資取於王氏《新義》之說。

灉、沮會同。

【佚文】（一三九）「兩相合謂之會，合為一謂之同。」（纂傳卷四頁六）

【根祥案】

考之宋・陳大猷《書集傳・禹貢》卷三，總頁P39上B，經文「灉沮會同」句下，引王安石《新義》之文曰：

　　王氏曰：「兩相合謂之會，合而為一謂之同。」

陳氏引文與《纂傳》所引無異，而其時間為早，當以之為《新義》「佚文」之正。

　　又考之蔡沈《書集傳》卷二，此經文下曰：

　　會者，水之合也；同者，合而一也。

蔡沈訓解文字雖與王氏少差，而涵義無別，是因王氏《新義》立說者。又元・吳澄撰《書纂言》卷二此句經文下曰：

　　灉、沮，二水名。兩相合謂之會，合為一謂之同。

可見吳澄雖未曾明言其說所自出，而實際乃用王安石之論，可見王氏《尚書新義》影響所及，不唯宋代而已。

厥篚織文。

【佚文】（一四〇）「時已有織文之貢，則此織文也，必非水去之後創為此制，則其來遠矣。以堯禹在上而不能革，後世將誰革之乎？衣不必溫，而又為目觀之美，則奢侈自堯舜前矣。」（精義卷九頁十八）

嵎夷既略。

【佚文】（一四一）「（略）為之封畛也。」（全解卷八頁二；禹貢錐指，見皇清經解卷三一頁九。）

【評】宋林之奇曰：「曾氏推廣王氏之意，以謂『嵎夷既略』者，言地接於夷，不為之封畛，則有猾夏之變。以『既略』為『封域』，其說比於先儒為優。……禹貢之九州，如冀、揚之島夷，此州之嵎夷、萊夷，梁州之和夷，徐州之淮夷，皆是此數州之境界；於要荒之地，故有蠻獠之民雜處於其地，如後世蠻洞羈縻州郡是也。」（全解卷八頁二～三）

【評】清胡渭曰：「九州唯此書『略』，必有精義。……左傳曰：『天子經略，諸侯正封，古之制也。封略之內，何非君土？』又曰：『封畛土略。』又曰：『侵敗王略。』略，皆訓界；經略，猶言經界也。王說本此。」（禹貢錐指，皇清經解卷三一頁九）

【根祥案】

考之宋・蔡沈《書集傳》卷二曰：

> 嵎夷，薛氏曰：「今登州之地。」略，經略，為之封畛也。即〈堯典〉之嵎夷。

其中薛氏之言，止於「今登州之地」一句；「略，經略」為呂祖謙之說；「為之封畛」一語，蓋擷取自王安石而未明言。元・王天與《尚書纂傳》卷四《夏書・禹貢》「嵎夷既略」句下，云：

> 朱氏曰：「嵎夷即〈堯典〉嵎夷。」薛氏曰：「今登州地。」呂氏曰：「略，經略。為之封畛也。」

元·吳澄撰《書纂言》卷二「嵎夷既略」文下曰：

> 嵎夷，即〈堯典〉嵎夷，蓋海濱之夷，在登州。略，為之封畛
> 也。

於此可見王安石「為之封畛」之說，自南宋以後，多為《尚書》學者
所引用、接受，其影響相當久遠。

（厥土白墳，）海濱廣斥

【佚文】（一四二）「水去故見土，色白而墳起。海畔廣有斥鹵之
水，可煎以為鹽；斥為鹽鹵也。」（精義卷十頁三）

【根祥案】

此段「佚文」所對應之經文，應涵蓋「厥土白墳，海濱廣斥」，當補
入以便觀覽。

岱畎絲、枲、鉛、松、怪石

【佚文】（一四三）「黑錫曰鉛」（纂傳卷四頁九；禹貢錐指，皇清經
解卷三一頁二十。）

【根祥案】

考之宋·陳大猷《書集傳·禹貢》卷三，總頁40上B，有引文一段曰：

> 新安王氏曰：「黑錫曰鉛。」

然則此段乃「新安王氏」王炎之言，並非王氏《新義》「佚文」也，
當予刪除。

淮、沂其乂，蒙、羽其藝；大野既豬，東原厎平。

【佚文】（一四四）「乂，治也。謂治淮、沂二水，使歸故道，則蒙、羽二山自無水患，而可種藝；而大野之澤既已蓄水，則水不彌漫矣；東原之地乃致之平，是無水患矣。」（精義卷十頁五～六）

【根祥案】

考之二孔訓解「豬」皆曰「水停曰豬」，而王氏《新義》曰「蓄水」，義同而詞異。蔡沈《書集傳》曰：「水蓄而復流者謂之豬。」則是有取於王氏《新義》者也。

羽畎夏翟，嶧陽孤桐，泗濱浮磬，淮夷蠙珠暨魚。

【佚文】（一四五）「夏翟乃雉之名，出於羽山之谷，其羽可以為旌旄；嶧山之南，有孤生之桐，堪為琴瑟。泗水之涯，有石出於水如浮然，可以為樂器之磬，皆以為貢也。」（精義卷十頁七～八）

浮於淮泗，達於河

【佚文】（一四六）「順流於淮、泗二水，以至於河，入揚州之境。」（精義卷十頁八）

【根祥案】

考之宋・晁說之《儒言》一書，皆為駁辨王安石《新義》而作，其中有評論王安石於此段經文之解說，有如指鹿為馬者，其言曰：

因一鹿指以為一馬者，一時跋扈之言也；如因先王之格言而顛倒破壞者，以天下為鹿而縱指之也；不亦甚乎？九州之中，各

志其行道。或以徐州之「浮于淮泗，達于河」為揚州之首，盡變亂九州之疆里，他尚有不誣者邪？

此段論述，可知王安石實有以每州末所記之水道，為浮經至次州治水之道途，與《孔傳》「還都白帝」之說，大相逕庭。如此則每州之間，可連貫而說義。此段批判王氏《新義》之文，當補入為「評論」。

三江既入，震澤底定。

【佚文】（一四七）「一江自義興，一江自毗陵，一江自吳縣。義興，古之陽羨；毗陵，今之丹徒，春秋謂之延陵，季札所居之地；吳縣，今之吳江。三江介于常、潤、蘇三州之間，而震澤瞰乎三州之界，尾通吳興，苕霅之水出焉。三江皆入海，二江在震澤之上，一江在震澤之下；震澤水有所洩，故底定也。上二江今中絕，故震澤有水災於是見。此書所記禹跡，尚足用以知（治之誤）水也。」（禹貢指南卷一頁二三；「二江在震澤之上」以下，據禹貢說斷前附「三江既入震澤底定之圖」及禹貢說斷卷二頁十三補；全解卷八頁十五、禹貢山川地理圖頁十八、夏解卷七頁四、陳氏詳解卷六頁二六、胡氏詳解卷三頁六、輯纂卷二頁九、纂疏卷二頁八、尚書通考卷七頁十九、尚書埤傳卷五頁六，大抵皆止引「一江自義興」以下三句。）

【評】宋葉夢得曰：「……而王氏言『入』者，亦不可為入海。凡言『入于渭』、『入于河』，皆由之以往，言其終也。三江既自為別水，非有所從來，前既未嘗言『入于海』，當如『既陂』、『既澤』、『既導』、『既豬』之類，各就其本水言之。既入，若言由地中行也。」（禹貢匯疏卷五頁十七引）

【評】宋毛晃曰：「此（王氏）言殆與班固相表裏，然雖詳而無統，綮之禹貢之文，不若孔氏之傳為稍長，亦未允也。」（禹貢指南卷一頁二三）

【評】宋程大昌曰：「王安石謂：『……。』未問其水道曲折當否，惟其棄外經文，別求他水，說雖甚工，亦不可宗用也。」（禹貢山川地理圖頁十八）

【評】宋夏僎曰：「王介甫以為：『……。』班固以為南江從會稽、吳縣南入海，中江從丹陽、蕪湖縣西東至會稽、陽羨入海，北江從會稽、毗陵縣北東入海：此皆據所見之江而為言，非禹之舊跡也。」（夏解卷七頁四～五，董鼎（見輯纂卷二頁九）、陳櫟（見纂疏卷二頁八）評皆略同：竝本林之奇意，參全解卷八頁十五。）

【評】宋傅寅曰：「此（王安石之說）祖（班）孟堅之說。」（禹貢說斷卷二頁十三，陳大猷（見或問卷上頁三七）、朱鶴齡（見尚書埤傳卷五頁六）、全祖望（經史問答，見皇清經解卷三〇三頁十二評皆略同。）

【評】宋陳經曰：「或以為自義興、自毗陵、自吳縣。此皆東南枝流小水自相客別而入海者。禹貢所謂中、北江，自彭蠡出者也。徒見禹貢有三江、中、北江之名，而不知一江合流而異味，則雜支流小水以應三江之數」今京口之江視數江猶畎澮，禹不應遺其大而數其小也。」（陳氏詳解卷六頁二六～二七）

【評】清李紱曰：「王安石之說，誤會『既』字之義，牽連震澤。竊意後人有用韋氏（昭）說妄增婁、松、浙三水為三江者，亦由『既』字誤之耳。不知程氏引『弱水既西』、『彭蠡既瀦』二『既』字駁之，確知下文不相聯綴，此蓋無庸辯者。」（穆堂初稿卷十九頁十四）

【根祥案】

考之宋・王應麟《小學紺珠》卷二〈地理類〉下，論「三江」之言曰：

> 三江：一江自義興，一江自毘陵，一江自吳縣。王介甫云

此亦引用王介甫之言，當補入為「佚文」之來源。而宋・陳大猷《書集傳或問》卷上論「三江」曰：

> 或問：「三江之辨，如何？」「班固曰：『南江從會稽吳縣入海，中江從丹陽蕪湖縣，東至會稽陽羨入海，北江從會稽毘陵縣入海。王氏之說亦同。陽羨，今常州宜興也。一江自毘陵，一江自吳縣，吳縣者，即松江也。

是陳大猷亦論及王氏「三江」之說，可補入作為「評論」之一。宋・程珌《洺水集》卷六〈禹貢〉條下，並引各家之說而並及王安石者，其文謂：

> 至於三江之說，不勝異同。顏師古以為中江與南北為三。郭景純以為岷江、浙水、松江。韋昭以為浙江、松江、蒲陽江。而王安石以為一江自義興，一江自毘陵，一江自吳縣。各據所見而言，莫知孰是。

此當補入作為「評論」。《輯考彙評》曾引清朝朱鶴齡《尚書埤傳》，而朱鶴齡《愚菴小集》卷十二中，有〈禹貢三江辨〉一文，其中亦有「王荊公謂一江自義興，一江自毘陵，一江自吳縣，亦取班固說」之言。

又考宋・黃倫《尚書精義》卷十中，引用張綱《尚書講義》曰：

> 張氏曰：「三江既入者，言三江皆自此而入海也。一江自義興，一江自毗陵，一江自吳縣。三江所自雖不同，而同入於海，故曰『三江既入』。二江在震澤之上，一江在震澤之下；三江既入，則震澤之水無泛溢之患，故曰『震澤厎定』；厎定者，致功而後定也。於覃懷則曰「厎績」，於東原則言「厎平」，至此則謂「厎定」，蓋致力而後成功，謂之『厎績』；致功而後平，謂之『厎平』；致功而後定，謂之『厎定』。由『厎績』然後至於『厎平』，由『厎平』然後至於『厎定』，言雖不同，其致力成功一也。」

對比張綱所說「三江」內容，皆出於王荊公之論而更發揮言說而已，其中論「厎績」「厎平」「厎定」之義，正為王荊公「強生分別」「各有其義」之解經風格特色。朱彝尊《經義考》卷八十引董銖之言曰：

> 董銖曰：「世所傳張綱《書解》，只是祖述荊公所說。或云是閩中林子和作。」

據此可知，黃倫《精義》所引張綱《書》說，實際出於王安石《新義》而演繹之，於瞭解王氏《尚書新義》，甚有助益，故當列出以資參考。

厥草惟夭，厥木惟喬。

【評】宋林之奇曰：「兗、徐、揚三州皆言草木：兗之『繇、條』，徐之『漸、包』，揚之『夭、喬』，皆言草木之茂盛，特史官變其文耳。雖王介甫之喜鑿，亦不能曲而為之說。」（全解卷八頁十六）

厥土惟塗泥。厥田惟下下，厥賦下上、上錯。

【佚文】（一四八）「地之下濕，東南為甚。天傾西北，地缺東南，故揚與荊皆曰『塗泥』。」（纂傳卷四頁十四）

【佚文】（一四九）「以其地尤低，故常為塗泥。以見其草木長茂之後，而後知土性，則其地尤低可知。田為第九，以地甚低故也。賦為第七，以數亦不多故也。上錯，謂錯雜之物則為上等。」（精義卷十頁十二）

瑤、琨、篠簜

【佚文】（一五〇）「（瑤琨）美石次玉者也。」（禹貢說斷卷二頁十七）

【根祥案】

考之唐・孔穎達《尚書正義》「瑤、琨、篠簜」下，疏曰：「王肅云：『瑤琨，美石次玉者也。』」夏僎《詳解》云：「王肅謂『美石次玉者』。」元・王天與《尚書纂傳》曰：「王肅云：『瑤琨，美石次玉者』。」可見唐、宋、元朝以來學者，多皆知此說乃「王肅」之言。傅寅《禹貢說斷》所引「王氏」，當亦指「王肅」而非王荊公《新義》說也。然則此條「佚文」當予刪除。

【佚文】（一五一）「瑤琨篠簜，皆以為貢者，蓋與青州貢松之說同。」（精義卷十頁十二～十三）

厥包橘、柚，錫貢。

【佚文】（一五二）「有『厥篚』，有『厥包』。篚則盛之於篚，包則

用物包之；以橘柚不包則壞也。錫貢者，有以與之則貢，蓋若今和買然。且禹貢言『錫貢』者二，此則橘柚，以其為食之餘，不欲以此為常貢，故錫之常。若有用，則亦錫而後貢也。橘與柚，錫其命而後貢之；不常入，當繼荊州乏無也。」（精義卷十頁十三，至「而後貢也」止；「橘與柚」以下，見禹貢說斷卷二頁二十，而所引僅此二十字。）

【根祥案】

考之唐・孔穎達《尚書正義》卷五《夏書・禹貢》「厥包橘、柚，錫貢」句下，疏曰：

> 橘柚二果，其種本別，以實相比，則柚大橘小，故云「小曰橘，大曰柚」；猶《詩傳》云「大曰鴻，小曰鴈」，亦別種也。此物必須裹送，故云「其所包裹而送之，以須之有時，故待錫命乃貢」，言不常也。文在篚下，以不常故耳。荊州納錫大龜，豫州錫貢磬錯，皆為非常，並在篚下。荊州言包，傳云「橘柚也」，文在篚上者，荊州橘柚為善，以其常貢，此州則不常也。王肅云：「橘與柚，錫其命而後貢之，不常入，當繼荊州之無也。」

可見《禹貢說斷》卷二所引自「橘與柚」以下二十字，與《尚書正義》引王肅之言幾乎全同；宋魏了翁《尚書要義》卷六云：「王肅云『橘與柚，錫其命而後貢之，不常入，當繼荊州之無也』」。然則傅寅所稱所謂「王氏」，當為「王肅」，而非王安石也。則此條「佚文」自「橘與柚」之後二十字，傅寅所引文，當予刪除。

江漢朝宗于海，九江孔殷，沱潛既道，雲土夢作乂。

【佚文】（一五三）「江漢發源於梁，入海於揚，合流趨海之勢，已見於荊。漢水入江處，在漢陽軍大別山下，正屬荊州之域。」（纂疏卷二頁九，輯纂卷二頁十一）（註十）[3]

【根祥案】

考之董鼎《輯錄纂註》曰：「王氏炎曰：漢水入江處，在漢陽軍大別山下，正屬荊州之域。」《書經大全》引文同。《輯考彙評》則據陳櫟《纂疏》收錄為「王氏曰」作「佚文」，而出註解云亦有作「王氏炎曰」者，「未知孰是」。今以「佚文154」觀之，正為解說「江漢朝宗于海，九江孔殷，沱潛既道，雲土夢作乂」經文之註解，一一對應，不應再有此段文字再加分說，反顯複沓。以此推知，「佚文153」應為王炎之說，較為穩妥。故此條佚文應予刪除。

【佚文】（一五四）「孔，甚也。殷，分也。江漢以海為宗，去海尚遠，其流赴海如朝其宗，故云朝宗于海。江漢之源尤在上，其下乃為九江，言『分甚』者，以水患去而甚分別也。沱潛二水既治之而從故道矣。雲澤之土見於夢地皆可為治，謂耕種也。孔氏以雲夢為澤名，謂雲夢之土可以耕藝矣。」（精義卷十頁十五）

【根祥案】

考之蔡沈《書集傳》卷二，於經文「江漢朝宗于海」下云：「江漢合流于荊，去海尚遠，然水道已安，而無有壅塞橫決之患；雖未至海，而其勢已奔趨於海，猶諸侯之朝宗于王也。」顯然有取資於王氏《新

義》之說。

【佚文】（一五五）「雲之地，土見而已；夢之地，則非特土見而已，草木生之矣；非特草木生之而已，人有加功乂之者矣。」（禹貢說斷卷二頁二九～三十，禹貢集解卷一頁七六～七七，全解卷八頁二四，夏解卷七頁十六，陳氏詳解卷六頁三二，禹貢錐指、皇清經解卷三四頁二一）

【根祥案】

考之宋・程公說《春秋分記》卷三十有〈雲夢辨〉一文，其中有引王雱論「雲夢土作乂」之義者，其文曰：

> （孔）穎達又引《左傳》所稱「雲中」，謂此澤亦得單稱「雲」，單稱「夢」；是雲夢，一澤也，特其疆界闊遠，不可明指一處，限而言之。然諸儒疑〈禹貢〉有「雲土夢作乂」，及傳有「雲中」、「江南之夢」之句，遂分雲、夢為二澤。故沈括謂「江南為夢，江北為雲」。其《筆談》所載曰：「舊《尚書》曰『雲夢土作乂』，本朝太宗時，得古本《尚書》作『雲土夢作乂』，詔改〈禹貢〉從古本。孔安國注『雲夢之澤在江南』，不然也。據《左傳》吳人入郢，楚子涉睢濟江，入于雲中；王寢，盜攻之，以戈擊王，王奔郧；楚子自郢西走涉睢，則當出于江南，後涉江入于雲中，遂奔郧；郧則今之安州，涉江而後至雲，入雲然後至郧，則雲在江北也。《左傳》曰『鄭伯如楚，子產相。楚子享之。既享，子產乃具田，備王以田江南之夢』，杜預注云：『楚之雲夢，跨江南北；曰江南之夢，則雲在江北明矣。』元豐中，有郭思者，能言漢沔間地理，亦以謂「江南為夢，江北為雲」。予以《左傳》驗之，思之說信然。江南則今之公安、石首、建寧等縣；江北則玉沙、監利、景陵

等縣，乃水之所委，其地最下。江南上浙，水出稍高，方土而夢已作乂矣；此古本之為允也。（以上皆筆談所記）王雱又從而為之辭曰：「雲之地，土見而已；夢之地，非特土見，草木生之矣，非特草木生之，人有加工乂之者矣。草木生之謂作也，加工乂之謂乂也。」嘗以上所引諸書載雲夢地理而證二者之說，則沈辨失之拘，王說失之鑿。且如傳言邧夫人棄鬬伯比于夢中；邧國，今江北復州安陸之區，則所棄之夢中，近邧國，必無過江南而棄之之理；是江北亦有夢，非止囿於江南也。孔安國謂「雲夢之澤在江南」，此說亦失之；然謂「其中有平土丘，水去可為耕作畎畝之治」，解釋猶有古風，故穎達曰：「經之土字在二字之間者，蓋史文兼上下也。」蘇軾云：「古語如此，猶曰『玄纖縞』云爾，蓋纖字居玄縞二色之間，古文如此下語也。意以謂土既見則可作乂矣。」此又足以破王氏之說也。

其中引王雱之辭，較之《禹貢說斷》卷二等所引，實多「草木生之謂作也，加工乂之謂乂也」兩句。《尚書新義》本即王雱據其父荊公經義筆寫而成，王雱之辭，實即《尚書新義》之語句，可以作為「佚文」之正。其下尚有評論、辯駁王氏之說詞，足以補充「評論」論材料。

【評】宋林之奇曰：「……據經文，以『土』之一字閒於雲、夢之閒，若從先儒之說，於經文為不順，當從王氏之說。……左傳定四年『楚子涉睢濟江入于雲中』，昭公三年『楚子與鄭伯田于江南之夢』，則雲、夢為二也。王氏云爾者，謂此雲、夢之二澤，勢有高卑；雲之澤則土見，夢之澤則可以作乂矣。然而史記、漢地理志又皆作『雲夢土』，果作『雲夢土』，則當從孔氏之說矣。」（全解卷八頁二四；夏僎評，見夏解卷七頁十六，略同。）

又考之蔡沈《書集傳》於經文「雲土夢作乂」下，訓解曰：

> 雲夢，澤名。……，合而言之則為一，別而言之，則二澤也。
> 雲土者，雲之地，土見而已；夢作乂者，夢之地，已可耕治也。
> 蓋雲夢之澤，地勢有高卑，故水落有先後，人工有早晚也。

可見蔡沈《書集傳》亦參考王荊公《新義》以解經也。

厥田惟下中，厥賦上下。

【佚文】（一五六）「當時田之低者，皆品第之。賦則兼山與澤所出，不專在田。故此賦為甚高，田為甚卑也。」（精義卷十頁十七）

包匭菁茅

【佚文】（一五七）「包匭菁茅者，包且匭也。物或筐或包，至菁茅則包且匭者，正以供祭祀，故嚴之也。」（禹貢說斷卷二頁三三，禹貢集解卷一頁八十，禹貢錐指、皇清經解卷三四頁三四）

【根祥案】

考之《孔傳》訓解「菁茅」為二物，王安石則用鄭玄說，以「菁茅」乃一物；蔡沈《書集傳》卷二，經文下云：「菁茅，有刺而三脊，所以供祭祀縮酒之用；既包而又匣之，所以示敬也。」其說與王氏《新義》甚近似，蓋有取資也。

九江納錫大龜

【佚文】（一五八）「大龜所以卜神明之意，天子寶之。不謂『貢』者，以貢則自下升上之義；以重其神靈之物，不以為自下升上，故謂之『納』。」（精義卷十頁十七）

浮於江沱潛漢，逾于洛，至于南河。

【佚文】（一五九）「逾，過也。順行于江沱潛漢四水，而過于洛水，以至于南河，入豫州之境。」（精義卷十頁十八）

【根祥案】

王安石訓釋〈禹貢〉，以為每州末所陳水道，乃夏禹為治水前往次一州所經水道，故前述有自冀州入於兗州，此則由荊州入豫州，是以可確定此段乃真王氏《新義》「佚文」。然則下一條「佚文160」與此條所釋經文重複，而訓解內容不同，可證下一條「佚文160」並非王安石《新義》「佚文」也。

【佚文】（一六〇）「江沱潛漢均與洛不通，必陸行逾洛，然後由洛可至南河。凡曰『逾』，皆水道不通，遵陸而後能達也。『逾于沔』同義。」（輯纂卷二頁十二，纂疏卷二頁十一，大全卷三頁三四，禹貢錐指、皇清經解卷三四頁三九）

【根祥案】

考之宋・陳大猷《書集傳》卷三，總頁42下B，有引文一段曰：

> 新安王氏曰：「踰，越也。四水不與洛通，必陸行達洛，以至南河。」河在帝都之西者，謂之西河；在帝都之南者謂之南河；在帝都之東者謂之東河，其實一河也。

此段「新安王氏」之言，與「佚文160」前半陳述相同，關鍵字詞亦相同，而與「佚文159」相似而關鍵字詞有異。「佚文159」與「佚文160」所解說經文重疊而說詞有異；《尚書精義》所引應確為「王安石」之說，然則「佚文160」當為王炎之說。清朝《欽定書經傳說彙

纂》卷四引此文後段「凡曰『逾』，皆水道不通，遵陸而後能達也。
『逾于沔』同義」，稱為「王氏炎曰」，與陳大猷所引前段為王炎所說
一致。然則，「佚文160」當係「新安王氏」王炎之言，並非王安石
《新義》佚文也。當予刪除。

滎波既豬，導菏澤，被孟豬。

【佚文】（一六一）「于『滎』而言『波』者，豈非滎澤之旁地卑而波
蕩之水多，今治導之，則其波皆入于澤乎？以菏澤地高，孟豬地卑，
故言導菏澤之水加被于孟豬，則水患去可知。」（精義卷十一頁二）

厥土惟壤，下土墳壚。

【佚文】（一六二）「上言『土』，下言『下土』，則上為平地，下乃
地之卑者可知矣。皆不言『色』者，豈非皆土之本色，不必言乎？」
（精義卷十一頁三）

厥貢漆、枲、絺、紵，厥篚纖纊。錫貢磬錯

【佚文】（一六三）「枲，麻也。絺，細葛也。紵，謂紵布。與漆四
者，為貢。纊，綿也。細綿則今之好綿，盛於篚以貢，磬錯，謂治磬
之石。此微物而不常貢，故有以與之而後貢。」（精義卷十一頁四）

錫貢磬錯

【佚文】（一六四）「磬、錯二物不常貢，錫命乃貢。」（禹貢說斷卷
二頁四二，禹貢集解卷一頁八八）

【根祥案】

此條「佚文164」與上條「佚文163」說義有所衝突，而所解說經文重疊，二者必有一非王氏《新義》「佚文」。考之上條《尚書精義》引曰「磬錯，謂治磬之石」，與歷來解說大都相同，「磬錯」乃一物，非二物，而此則言「磬、錯二物」，又僅見於傅寅《禹貢說斷》，甚是可疑；且並無新意，大可刪除。

華陽黑水惟梁州

【佚文】（一六五）「（梁州）於後世為巴蜀，今四川地也。」（纂疏卷二頁十二，大全卷三頁三八）

和夷底績

【佚文】（一六六）「所以言『底績』者，以其用功多，故特稱其『底績』，冀州『覃懷底績』亦同。」（精義卷十一頁六）

【根祥案】

考之宋・黃倫《尚書精義》卷十中，引用張綱《尚書講義》曰：

> 張氏曰：……底定者，致功而後定也。於覃懷則曰「底績」，於東原言「底平」，至此則謂「底定」；蓋致力而後成功，謂之底績；致功而後平，謂之底平；致功而後定，謂之底定。由底績然後至於底平，由底平然後至於底定，言雖不同，其致力成功一也。

張綱《書解》多主王氏說而發明之，王氏謂「用功多」，而張氏則曰

「致力而後成功」，致力即是用功多之義。又考蔡沈《書集傳》卷二，經文「蔡蒙旅平，和夷底績」下曰：「則此二山在禹為用功多也。」蓋亦取用王氏《新義》「底績」之說。

厥賦下中三錯

【佚文】（一六七）「凡言『錯』者，皆不指名其物，以其物微不足書，故總言『錯』而已。」（精義卷十一頁七）

厥貢璆鐵，銀鏤砮磬，熊羆狐狸織皮。

【根祥案】

考之宋‧陳大猷《書集傳》卷三，總頁43下B「銀鏤砮磬」句下，引王安石之言曰：

> 王氏曰：「（鏤鏤），剛鐵可鏤物者。」

此《輯考彙評》所未見，可補入為《新義》「佚文」。

　　考之《尚書正義》於「銀鏤砮磬」句下，孔傳云「鏤，剛鐵」，唐‧孔穎達疏曰：「鏤者，可以刻鏤，故為剛鐵也」。可見王安石於此承用孔疏之說。其後，蘇軾《書傳》曰：「鏤，剛鐵也，可以鏤者。」蔡沈《書集傳》卷二註解曰：「鏤，剛鐵，可以刻鏤者也。」又元‧吳澄《書纂言》卷二同條經文下曰：「鏤，剛鐵可鏤刻者也。」一皆承用此說，同於王氏，上同於孔疏也。

厥土惟黃壤，厥田惟上上，厥賦中下。

【佚文】（一六八）「土色黃而無塊，此則地之不甚美者，而田則第

一。或以土性不甚美，田雖美而或少，故賦為第六。」（精義卷十一頁十二）

浮于積石，至于龍門西河，會于渭汭。

【佚文】（一六九）「會渭逆流而上，此順流而浮于積石山之水，至于龍門山，遂至于西河，乃逆水上而至于渭水之北。」（精義卷十一頁十二～十三）

導山一大段。

【佚文】（一七〇）「導山者，導山之澗谷而納之川也。」（全解卷十頁五，禹貢說斷卷三頁二，禹貢集解卷二頁二，纂傳卷四頁二五，禹貢錐指、皇清經解卷三八頁一）

【根祥案】

《輯考彙評》於此引用林之奇《尚書全解》卷十「導山」之下王安石之言，而考實其語句，則不止引述王氏論說，並有評論，而《輯考彙評》不收，未知何故。原文曰：

> 王氏又謂「導山者，導山之澗谷而納之川也」，意亦與二孔同，是皆支離之說也。

此謂「皆支離之說」者，雖言詞混圇簡短，亦為評述之語，理應補入。又宋‧東陽陳大猷《書集傳》卷三，總頁44上A，亦有引王安石之言曰：

> 王氏曰：「導山者，導山之澗谷而納之川也。」

此當補入為《新義》「佚文」之來源。

【佚文】（一七一）「言導者十二，蓋治水則有開決隄障之事；導則專于疏滌，引導之而已。恐再有大水，則壅塞為患，亦以方治九州之時，姑從其急者，未暇及此。及九州之水大體已去，然後專導水之源，故十二『導』者，列于九州治水之後也。」（精義卷十一頁十六）

【佚文】（一七二）「言『導』者皆謂治山之水，山則無瀰漫之患；唯有壅塞，故導之耳。」（精義卷十一頁十六）

導嶓冢，至于荊山。

【佚文】（一七三）「山頂曰冢，導嶓山之頂水也。」（精義卷十一頁十八）

又北播為九河，同為逆河，入于海。

【佚文】（一七三）「逆河者，逆流之河；非並時分流也，故謂之逆河。」（全解卷十頁二三，精義卷十二頁四，夏解卷八頁十九）

【評】宋林之奇曰「孔氏云：同合為一大河，名『逆河』，而入于海。鄭氏、王子雍皆同此說。據王氏（介甫）之意，以『同為逆河』之一句，蓋所以解釋上文『播為九河』之義。然而據經所載導水之例，凡言『為』者，皆是從此而為彼也。……『同為逆河，入于海』，是九河合為一大河以入海也，明矣；謂之『逆河』者，此一大河之名也。……王氏（介甫）以逆河為逆流之河，其說鑿矣。」（全解卷十頁二三；夏僎評略同，載夏解卷八頁十九。）

導渭自鳥鼠同穴，東會于灃，又東會于涇，又東過漆沮，入于河。

【佚文】（一七五）「導渭自此山，向東乃會于灃水，又向東會于涇水，又向東過漆沮二水，乃入于河。」（精義卷十二頁八）

導洛自熊耳，東北會于澗、瀍，又東會于伊，又東北入于河。

【佚文】（一七六）「洛水出于熊耳山。導此水自熊耳山向東，又北乃會于澗瀍二水，又東會于伊水，又東而復北，乃入于河。」（精義卷十二頁九）

四隩既宅

【佚文】（一七七）「隩，隈也。」（全解卷十一頁二）

【根祥案】

考之漢《孔傳》訓「隩」為「四方之宅已可居」，唐孔穎達疏則謂「室隅為隩」，王氏《新義》解曰「隩，隈也」，與二孔不同。蔡沈《書集傳》卷二云：「隩，隈也。……四海之隩，水涯之地，已可奠居。」可見蔡沈乃循王氏《新義》為說也。

四海會同，六府孔修；庶土交正，厎慎財賦，咸則三壤，成賦中邦。

【佚文】（一七八）「水、火、金、木、土、穀惟修，財賦乃所以斂於下而用於上者，前此則未知其高下多矣，今方得其數，故謹其出入也。其言『中邦』者，蓋對『夷狄』而言，謂禹之治水，有及於四夷者而不取其賦，故言中邦之賦而已。若崑崙、析支之類，乃在荒服之

外，是豈取其賦哉！」（精義卷十二頁十一）

【佚文】（一七九）「庶土交正，厎慎財賦，言以眾土交相正，制財賦之法，致慎其事也。咸則三壤，成賦中邦，言九州之田咸有則，以成中邦賦法。蓋土賦有及四夷，田賦止於中邦而已。」（禹貢說斷卷四頁十八，禹貢集解卷二頁五九，全解卷十一頁四，禹貢錐指、皇清經解卷四五頁二十）

【根祥案】

考之宋・東陽陳大猷《書集傳》卷三，總頁46下A，於「庶土交正，厎慎財賦」句下，引王安石之言曰：

> 王氏曰：「眾土交相正；厎慎，致謹其事也。」

此與上引文同而略簡可補入為《新義》「佚文」之來源。又宋・王應麟《玉海》卷一百七十九〈食貨貢賦〉條下曰：

> 「厎慎財賦，咸則三壤，成賦中邦」，注：上中下，田也；準則其田以定中國之賦法。王氏曰：「土賦有及於四夷，田賦止於中邦而已。」

此《輯考彙評》失收，可以補入為《新義》「佚文」來源。又陳大猷《書集傳》卷三，總頁46下A，又引王安石之言曰：

> 王氏曰：「土賦有及於四夷，田賦止於中邦而已。」

此亦可增補入為《新義》「佚文」之來源。而蔡沈《書集傳》卷二

「咸則三壤，成賦中邦」下云：

> 中邦，中國也。蓋土賦或及於四夷，而田賦則止於中國而已。
> 故曰「成賦中邦」。

可見蔡沈註解《尚書》，亦每每採用王安石之論說，而或未明言；此
亦足見王氏《新義》之可取處。

【評】宋林之奇曰：「據孔氏之意，蓋以謂中邦者指九州而言之也。
由孔氏為此說，諸儒因之，遂皆以中邦為諸夏，謂土貢及於四夷，而
田賦則止中夏而已。蘇氏、王氏、張諫議之說皆然。然而以中邦為九
州，則與上文『四海會同』文勢不相貫，又未足以見禹貢重敘『成賦
中邦』之意。……」（全解卷十一頁三～四）

錫土、姓，祇台德先，不距朕行。

【佚文】（一八〇）「古者姓如封爵，故人多無姓。今以水患既去，
故有功德者則與之姓。」（精義卷十二頁十二）

【佚文】（一八一）「封建諸侯，錫之土以立國，錫之姓以立宗。祇
台德先者，祇尚之德先之也。不距朕行，從上所行行之也。」（纂傳
卷四頁三六，禹貢說斷卷四頁二三，禹貢集解卷二頁六四～六五）

【根祥案】

考之宋・東陽陳大猷《書集傳》卷三，總頁46下B，於「錫土、姓，
祇台德先，不距朕行」句下，引王安石之言兩條曰：

> 王氏曰：「言封建諸侯，錫之土以立國，錫之姓以立宗。」

　　　王氏曰：「祇台德先者，祇上之德先之也。不距朕行，從上所
　　行行之也。」

此與上述「佚文」所引全同，可以為《新義》「佚文」之正。又蔡沈
《書集傳》卷二「錫土姓」句下曰：

　　　錫土姓者，言錫之土以立國，錫之姓以立宗。《左傳》所謂
　　「天子建德，因生以賜姓，胙之土而命之氏」者也。……當此
　　之時，惟敬德以先天下，則天下自不能違越我之所行也。

顯然蔡沈註解《書經》時，實採王安石言說以解此文也。

【評】清朱鶴齡曰：「封建起于黃帝，唐虞夏建國，五等曰公侯伯子
男。塗山之會國號萬，其時海上有十里之邦，然『萬』特舉盈數耳，
即使國皆十里，禹時提封豈有十萬里之廓乎（朱氏自注：王介父、洪
容齋皆有辨。）？」（禹貢長箋卷十二頁十）

五百里甸服。

【佚文】（一八二）「五百里甸者，畿內也。甸者，井牧其地之謂；
王所自治也。」（禹貢說斷卷四頁二七，禹貢集解卷二頁六八，禹貢
錐指、皇清經解卷四頁八，書傳彙纂卷五頁三八）

【評】清胡渭曰：「詩小雅『信彼南山，維禹甸之』、大雅『奕奕梁
山，維禹甸之』，毛傳云：甸，治也；鄭箋云：禹治而丘甸之，王、
呂之說本此。然井牧偏于中邦，而甸服則惟千里。當以安國解為
正。」（禹貢錐指，皇清經解卷四六頁八）

【佚文】（一八三）「王者使人耕甸而服事於王，故名『甸服』。服

者，大略若今所謂『路』，如京畿路之類。」（精義卷十二頁十三）

三百里納秸服。

【佚文】（一八四）「納秸而服輸將之事也。以正在五百里之中，便於畿內移用，故其利薄於粟米；以正在五百里之中，便於移用，又使之服輸將之事，則其利之所出，足以補其財之所入；財之所入，足以優其力之所出矣。」（全解卷十一頁十，夏解卷八頁三三，禹貢說斷卷四頁二八，禹貢集解卷二頁六九，陳氏詳解卷六頁六九，或問卷上頁四五，禹貢錐指、皇清經解卷四六頁九～十）

【評】宋・陳大猷曰：「或問『三百里秸服』，王氏、夏氏之說如何？曰：王說『秸服』二字雖詳，然後世郡縣納賦，猶是官自漕運。三百里去王畿不為近，若以為五百里之中而便於畿內移用，則是輸將於五百里之間，不亦勞民乎？此必不然。兼『服』只是『服役』之義，謂之『服輸將』，則是增衍為說，於文義亦未當。夏因王說，而謂『服輸將』以償其所輸之輕，則意愈差。當時所以為輕重者，必有多寡之等，而未必以輸將為償也。」（或問卷上頁四五）

【評】清胡渭曰：「王氏財力補除之說，甚善。然又似兼服內外四百里之稟役，則財雖省而力太勞，恐亦無是理。」（禹貢錐指，皇清經解卷四頁十）

四百里粟，五百里米。

【佚文】（一八五）「四百里粟者，以遠故也；五百里米者，以其尤遠故也。」（禹貢說斷卷四頁二九，禹貢集解卷二頁六九）

【根祥案】

考之唐《孔疏》曰:「納有精麤,遠輕而近重耳。」王氏《新義》發揮其說如上。蔡沈《書集傳》卷二曰:「(四百里)外百里為遠,去其穗而納穀;(五百里)外百里為尤遠,去其穀而納米。」據此可見《蔡傳》實據王氏說釋經。

五百里侯服:百里采,二百里男邦,三百里諸侯。

【佚文】(一八六)「以始有諸侯,故曰『侯服』。」(纂傳卷四頁三七)

【根祥案】

考之宋·蘇軾《書傳》卷五,於「五百里侯服」下曰:

> 此五百里始有諸侯,故曰「侯服」。

據知蘇軾作《書傳》,每每針對王氏《新義》批駁而發,而此分明取用王氏之說,而諱言所自出,是王荊公《書》解,並非盡為新法地而穿鑿胡言也。

又考之宋·東陽陳大猷《書集傳》卷三,總頁47上B,於「五百里侯服」下,亦引王安石之言曰:

> 王氏曰:「以始有諸侯,故謂之『侯服』。」

此段引文當為《新義》「佚文」之正。

【佚文】(一八七)「(百里采,)於此有采地也。」(禹貢說斷卷四

頁三十，禹貢集解卷二頁七一，禹貢錐指、皇清經解卷四六頁十四）

【佚文】（一八八）「侯服之內百里，乃王者食采，諸侯所封之地，不得有其地，唯采其所產之物，故謂之采。此外百里為二百里，謂之男邦，謂得有其地，而封以為男。此男邦之外，統三百里以封諸侯，以其國大而勢強，故封於外以為扞禦。」（精義卷十二頁十四）

【佚文】（一八九）「於此但建男邦者，欲王畿不為大國所逼，而小邦易獲京師之助也。」（禹貢說斷卷四頁三一～三二，禹貢集解卷二頁七二，全解卷十一頁十二，夏解卷八頁三五，陳氏詳解卷六頁七十，纂傳卷四頁三七，禹貢錐指、皇清經解卷四頁十九）

【根祥案】

考之宋・東陽陳大猷《書集傳》卷三，總頁47下A，於「二百里男邦」下，引王安石之言曰：

> 王氏曰：「但建男邦者，欲王畿不為大國所迫，而小國易獲京師之助也。」

此段引文與上文「佚文」正同，可以增補為「佚文」來源。

又陳大猷《書集傳》卷三，總頁47下A，於「三百里諸侯」下，引王安石之言曰：

> 王氏曰：「於此乃建諸侯之邦。」

此段文字為《輯考彙評》所無，可補入為《新義》「佚文」。

更考之黃倫《尚書精義》卷十二「二百里男邦，三百里諸侯」下，引張綱之論述曰：

> 張氏曰:「內足以捍難,外足以庇人者,侯也。諸侯有君道
> 焉,故以庇民為事;有臣道焉,故以捍難為職。此建諸侯之國
> 也。建男邦於近,則內不外偪;建侯國於遠,則外不內陵。」

其義皆源於王氏學說,可以參照。

二百里奮武衛

【佚文】(一九〇)「二百里奮武衛者,以近蠻夷故也。」(禹貢說斷
卷四頁三四,禹貢集解卷二頁七四,禹貢錐指、皇清經解卷四頁二
十)

【根祥案】

考之宋・黃倫《尚書精義》卷十二,經文下引張綱之論述曰:

> 張氏曰:「綏,安也。以其用中國之政務,以安民為事故也。
> 文教言揆者,以綏服於京師為甚遠,其於文教則揆之而已,不
> 必一一以導上之法也。武衛言奮者,以其鄰於戎狄,故使之奮
> 武以衛中國也。」

其義皆源於王氏學說,可以參照。

五百里要服

【佚文】(一九一)「於此不可用中國之政,為之要約而已。」(纂傳
卷四頁三八,禹貢錐指、皇清經解卷四六頁二三)

【根祥案】

考之宋・黃倫《尚書精義》卷十二，經文下引張綱之論述曰：

> 張氏曰：「政弗致詳，刑弗致嚴，使無乖離散徙，以為吾中國
> 之害者，要也。」

其義皆源於王氏學說，可以參照。又蔡沈《書集傳》曰：「其文法略
於中國，謂之要者，取要約之義。」蓋遵王氏《新義》為說也。

三百里夷

【佚文】（一九二）「三百里夷者，於此皆夷也。」（禹貢說斷卷四頁
三四，禹貢集解卷二頁七五，禹貢匯疏卷十二頁三九，禹貢錐指、皇
清經解卷四六頁二四）

【佚文】（一九三）「夷，易也；無中國禮法，易而已。」（輯纂卷二
頁二八，纂疏卷二頁二六，大全卷三頁七四，禹貢匯疏卷十二頁三
九，禹貢錐指、皇清經解卷四六頁二四）

【根祥案】

考之清・朱鶴齡《禹貢長箋》卷12頁24，有引上述相同之「佚文」，
而謂之「王氏炎曰」，與此不同。其文如下：

> 王氏炎曰：「夷，易也。無中國禮法，易而已。」

今考之於宋・陳大猷《書集傳》卷三，總頁47下B，有引「王氏曰」相

同之說,(詳參見下一條佚文論述)可證明此實為王安石《新義》之說,非王炎《小傳》之文,朱鶴齡蓋誤記爾。

二百里蔡

【佚文】（一九四）「蔡,放也;放罪人於此。」（禹貢說斷卷四頁三五,禹貢集解卷二頁七五,禹貢錐指、皇清經解卷四頁二四）

【根祥案】

考之陳大猷《書集傳》卷三,總頁47下B,經文「五百里要服:三百里夷,二百里蔡」下,引王安石之言曰:

> 王氏曰:「於此不可用中國之政,為之要約而已。夷之為言易也,言無中國之禮法,易而已。蔡,放也;放罪人於此。」

由此段陳氏引「王氏曰」文觀之,與「佚文」191、193、194號佚文若合符節,而文句尤暢,當合併「佚文」191、193、194,而以此段引文為「佚文」之正,免於零碎,並可以觀王氏解《書》行文之風格。

又考《孔傳》訓「蔡」為「法」,王氏不取。而蔡沈《書集傳》卷二,經文下云:「蔡,放也。《左傳》云『蔡蔡叔』是也;流放罪人於此也。」然則《蔡傳》實用王氏《新義》立論。

五百里荒服

【佚文】（一九五）「荒,不治也;言不可要而治也。」（禹貢說斷卷四頁三五,禹貢集解卷二頁七五,纂傳卷四頁三八,書傳彙纂卷五頁四一）

三百里蠻

【佚文】（一九六）「蠻之為言慢，則甚於夷矣。」（纂傳卷四頁三八，輯纂卷二頁二八，纂疏卷二頁二六，大全卷三頁七四，禹貢錐指、皇清經解卷四六頁二四）

【根祥案】

考之宋・東陽陳大猷《書集傳》卷三，總頁48上A，於「五百里荒服：三百里蠻，二百里流」句下，引王安石之論述曰：

> 王氏曰：「荒，不治也，又非若要也。蠻之為言慢，則甚於夷矣。」

引文中，《輯考彙評》主要採用傅寅《禹貢說斷》卷四之文，「王氏曰：『荒，不治也；言不可要而治也。」今觀夫元・王天與《尚書纂傳》卷四引文作：「王氏曰：荒，不治也，又非若要也。」與陳大猷引文相同，都作「又非若要也」，而《欽定書經傳說彙纂》卷五引文與傅寅同，乃因抄錄前人語句所致，非各自獨立引用原文；然則《尚書新義》原作「又非若要也」，更為近似。故當合併「佚文」195、196，而以陳大猷所引文為《新義》「佚文」之正。

又考之宋・王應麟《通鑑地理通釋》卷一「五服」條下曰：

> 王氏曰：「舜之五服：侯、甸、綏三服，在九州之內，要服有夷，荒服有蠻，在九州之外。成周九服：侯、甸、男、采、衛、要六服，在九州之內，夷、鎮、蕃三服，在九州之外。」

所引王氏之言，雖或非《尚書新義》之文，然其論舜「五服」，即是

〈禹貢〉「五服」，亦可收錄為「佚文」。又宋‧黃倫《尚書精義》卷十二，引張綱論述曰：

> 張氏曰：「荒則不治也，以其去王畿為最遠，又不可以要而治之也，故其服謂之荒；雖然，亦服中國之正朔，此所以列於五服之內也。蠻者，慢也。蠻之外二百里曰流者，流罪人於此也。舜之去四凶，於驩兜言放，以驩兜之罪輕，則放之者也；於共工言流，以共工之罪重，則流之者也。蔡在要服，流則荒服，則流之有甚於蔡可知矣。

張綱論述多因王荊公之說，可以參看。

東漸于海，西被于流沙；朔、南暨聲教，訖于四海。

【佚文】（一九七）「言『訖于四海』，則朔、南亦皆訖于海。」（禹貢說斷卷四頁三七，禹貢集解卷二頁七七）

禹錫玄圭，告厥成功。

【佚文】（一九八）「禹錫元圭于堯，以告成功也。玄，天道也；歸功於堯，故錫玄圭。錫與『師錫帝』、『九江納錫大龜』同義。」（禹貢集解卷二頁七九，禹貢說斷卷四頁三九，全解卷十一頁十九，夏解卷八頁四十，纂傳卷八頁四十，禹貢錐指、皇清經解卷四七頁一）

【根祥案】

考之宋‧東陽陳大猷《書集傳》卷三，總頁49上A，於「禹錫玄圭，告厥成功」下，引王安石之說曰：

　　王氏曰：「禹納元圭於舜，以告成功。」

考此句林之奇《尚書全解》作「禹錫玄圭於堯」，夏《解》亦同；而陳大猷則引作「禹納元圭於舜」，元・王天與《尚書纂傳》亦作「禹納玄圭於舜」。然則王安石主張夏禹所納錫之對象，究竟為誰歟？考之前文，孔穎達《正義》曰：「又解篇在此之意，此治水是堯末時事。」是傳統以為夏禹治水之時，唐堯在位。而《周禮集說》卷七「職方氏」下引「王氏曰」：「且禹別九州，九州載於〈禹貢〉，則堯之時固九州矣；至舜分青為營，分冀為幽、并，則肇十有二州矣。」可見王安石主張禹治水分為九州，乃唐堯時事；至舜時則分十二州；則禹治水成功，納錫玄龜之對象，亦當為帝堯。然而王安石與神宗論夏禹之得以王天下之故，曾引揚雄「禹以舜作土」為說，是則禹治水成功之時，或是帝堯已崩逝，故納錫玄龜之對象遂為舜與！引文差異如此，而《輯考彙評》並未有所提示說明。

【評】宋林之奇曰：「臣以圭而錫君，載籍恐無此理。以某所見，此是禹以玄圭告成功於天耳。周官典瑞云：『四圭有邸以祀天，旅上帝。……然而必用玄圭者，蓋天色玄，因天事天，猶蒼璧然也。其曰『錫』者，與『師錫帝曰』、『納錫大龜』同，古者下錫上亦可謂之錫也。」（全解卷十一頁十九～二十）

【評】宋夏僎曰：「胡益之（有開？）則謂：江水之初，禹八年于外，事從其宜，不由中覆，蓋堯以是命之，故禹常執圭以馭眾。今水既退，則前之所假，當歸于君，而禹則退處人臣之列，所以告功之成也。……少穎（林之奇）則于經文不通，蓋此言錫元（玄）圭，不言用圭告天也。王氏之說雖近，要之不如胡氏之說詳盡而有理，故特從之。」（夏解卷八頁四十）

〈甘誓〉

啟與有扈戰于甘之野，作〈甘誓〉

大戰于甘，乃召六卿。王曰：「嗟！六事之人，予誓告汝：有扈氏威侮五行，怠棄三正，天用勦絕其命；今予惟恭行天之罰。左不攻于左，汝不恭命；右不攻于右，汝不恭命；御非其馬之正，汝不恭命。用命，賞于祖；不用命，戮于社。予則孥戮汝。」

大戰于甘，乃召六卿。

【根祥案】

考之宋‧東陽陳大猷《書集傳》卷三，總頁49上B，於經文之下，引王安石《新義》之文，說曰：

> 王氏曰：「六卿蓋始於夏時。」

此條引文，當補入為《新義》「佚文」。

王曰：嗟！六事之人，予誓告汝：有扈氏威侮五行，怠棄三正，天用勦絕其命，今予惟恭行天之罰。

【根祥案】

考之宋‧東陽陳大猷《書集傳》卷三，總頁49下B，於經文之下，引王安石之文，說曰：

> 王氏曰：「若是者自絕于天，故天勦絕其命。」

此條引文，當補入為《新義》「佚文」。

左不攻于左，汝不恭命；右不攻于右，汝不恭命；御非其馬之正，汝不恭命。

【佚文】（一九九）「左不攻于左，右不攻于右，誓徒也。御非其馬之正，誓車也。」（全解卷十二頁六）

【評】宋林之奇曰：「然三代以來，皆用車戰，春秋所載列國戰爭皆用車，而每車必有左右與御，此所誓者，曰『攻于左，攻于右，御非其馬之正』，與左氏所載相合，不必分『徒』與『車』也。夫古者車戰，每車甲士三人，步卒七十二人。所謂步卒者，坐作進退皆聽於車而已，又何必於誓車之外，又誓其徒耶？」（全解卷十二頁六）

【根祥案】

考之《周禮集說》卷六，有引「王氏曰」之文，文曰：

> 王氏曰：「鼓戒三闋，車三發，徒三刺，則其赴敵也有節制焉。鼓聲止謂之闋；鼓戒者，聲鼓以戒攻敵也。鼓一闋，車一發，徒一刺，三而止焉，以象服敵而成於三之意也。武王之誓徒曰『不愆於六步、七步，乃止齊焉』，誓車曰『不愆於四伐、五伐，乃止齊焉』，此所謂車徒之節也。」

此當為王安石說解《周官新義》之文，引證《尚書‧牧誓》「六步、七步」為誓徒，蓋「步」者必為徒也；「四伐、五伐」為誓車，蓋車上三人，一射一御，一持戈以伐戰也。更可證明王安石《新義》《周禮》、《尚書》互解融通，而同有「誓徒」、「誓車」之別以說解。然則，王安石於〈甘誓〉，亦有所謂「誓徒」、「誓車」之別。

用命，賞于祖；不用命，戮于社，予則孥戮汝。

【根祥案】

考之宋・東陽陳大猷《書集傳》卷三，總頁50上A，於經文之下，引王安石《新義》之文，說曰：

> 王氏曰：「出師，載廟社主行，示民以用命也。上用命則民用命，此所謂以躬率之也。」

此段引文，當補入為《新義》「佚文」以資研究。又宋・王昭禹《周禮詳解》卷十八中，有論及「載社主行」之義者，其言曰：

> 師旬：用命，則賞於祖；不用命，則戮於社；故必載社之石主、祖之木主以行焉，示民以用命也。……凡師以民用命，有功，以神依之為助；不功，則以民不用命，神不依助之故。

此段文字雖未明言是否有所本據，據陳振孫《書錄解題》曰：「昭禹，未詳何等人，近世為舉子業者多用之。其學皆宗王氏新說。」對比陳大猷所引與王昭禹之說，蓋亦根本於王安石《尚書新義》之學說而衍繹之，於吾人研究王安石《新義》，當有助益，列此以為參考。

〈五子之歌〉

太康失邦，昆弟五人，須于洛汭；作〈五子之歌〉。

太康尸位，以逸豫滅厥德，黎民咸貳。乃盤遊無度，畋于有洛之表，十旬弗反。有窮后羿，因民弗忍，距于河。厥弟五人，御其

母以從，徯于洛之汭。五子咸怨，述大禹之戒以作歌。其一曰：
「皇祖有訓，民可近，不可下；民惟邦本，本固邦寧；予視天下
愚夫愚婦，一能勝予；一人三失，怨豈在明，不見是圖；予臨兆
民，凜乎若朽索之馭六馬；為人上者，奈何不敬。」其二曰：
「訓有之，內作色荒，外作禽荒，甘酒嗜音，峻宇彫牆，有一于
此，未或不亡。」其三曰：「惟彼陶唐，有此冀方，今失厥道，
亂其紀綱，乃底滅亡。」其四曰：「明明我祖，萬邦之君，有典
有則，貽厥子孫；關石和鈞，王府則有；荒墜厥緒，覆宗絕
祀。」其五曰：「嗚呼！曷歸？予懷之悲；萬姓仇予，予將疇
依？鬱陶乎予心，顏厚有忸怩；弗慎厥德，雖悔可追。」

厥弟五人，御其母以從，徯於洛之汭。五子咸怨，述大禹之戒以
作歌。

【根祥案】

考之宋・東陽陳大猷《書集傳》卷三，總頁50下B，於經文之下，引
王安石之文，說曰：

> 王氏曰：「〈小弁〉之怨，親親也；親之過大而不怨，是愈疏
> 也。五子之怨，與〈小弁〉同。」

此段引文當補入為《新義》「佚文」。

　　考之歷代文獻，於王安石之前，註解《尚書》者，未有引《孟子
・告子下》之言「〈小弁〉之怨，親親也；……親之過大而不怨，是
愈疏也」，與〈五子之歌〉同論比況之者；自王安石之後，持如此論
述者，所在多有；可見凡持此說諸人，皆採用王氏之說也。如：宋・

黃倫《尚書精義》卷十三中載張綱之言曰：

> 張氏曰：「夫仁人之於兄弟，不藏怒焉，不宿怨焉；今五子至
> 於咸怨其兄者，蓋怨之者，乃所以親之也。孟子曰：「**親之過
> 大而不怨，是愈疏也。**」五子之怨，得非親之過大者乎；苟
> 親之過大，為之弟者恬不以為事，雖怨在心，所以致其愛者，
> 內有致愛之誠，而外無以寫其愛之之意，則五子之志，無自而
> 見，故於是述大禹之戒以作歌。觀其五章之中，或言『皇祖有
> 訓』，或言『訓有之』，或言『明明我祖』，則其述大禹之戒可
> 知矣。」

此實發揮王氏《新義》而論者也。宋・林之奇全解卷十二「其五曰」
下云：

> 太康之邦宗將覆滅，此五子之所以不能無怨。然而其怨也，不
> 深尤太康，乃若其身之親為不善以致之者，非其仁愛之意，充
> 實於中而發見於外，安能若是哉？孔子於《書》取〈五子之
> 歌〉，於《詩》取〈小弁〉，其意一也。

夏僎引而是之。又宋・陳經《尚書詳解》卷八曰：

> 又當看此一篇書，乃三百篇之體；詳味其言，有「思無邪」之
> 意。然則何以怨乎？孟子曰：「**親之過大而不怨，是愈疏
> 也。**」五子之怨，**親親也**。〈關雎〉之哀而不傷，《小雅》之怨
> 而不亂，皆其發乎情，止乎禮義也。誰謂《詩》、《書》果有異
> 旨哉！

陳經以《尚書》與《詩經》並觀陳述，且云：「五子之怨，親親
也。」直是遵用王氏之學說也矣。而宋・陳暘撰《樂書》，其中卷八
十有《尚書訓義》之部，於《夏書・五子之歌》下，有論「太康失
邦，昆弟五人須于洛汭，作五子之歌」者，文曰：

> 夫歌者直己而陳德，生於嗟歎之不足者也。故五子之怨太康，
> 猶〈小弁〉之怨親親。五子之怨太康，盡為弟之義也；〈小
> 弁〉之怨親親，盡為子之仁也。[4]

此雖未曾說明論述所據，而其實出自王安石《尚書新義》，自無可疑。
　　蔡沈《書集傳》卷二曰：

> 御，侍也。怨，如《孟子》所謂「〈小弁〉之怨，親親也」。
> 〈小弁〉之詩，父子之怨；〈五子之歌〉，兄弟之怨。親之過大
> 而不怨，是愈疏也。

可見蔡沈解《書》，亦採納王安石之見解為說也。《蔡傳》既用王氏
說，其後研讀《尚書》者多步武規隨。時瀾《增修東萊書說》卷六亦
曰：

> 〈五子之歌〉，當以《詩》體觀，不當以《書》體觀。〈小
> 弁〉，父子之怨也；〈五子之歌〉，兄弟之怨也。

凡此皆遵用王氏說者也。

4　《四庫總目提要》云：「樂書二百卷，宋陳暘撰。暘字晉叔，閩清人。紹聖中，登
　　制科，官禮部侍郎。事迹具《宋史》本傳。此書乃建中靖國間，暘為秘書省正字時
　　所進。自第一卷至九十五卷，引三《禮》、《詩》、《書》、《春秋》、《周易》、《孝
　　經》、《論語》、《孟子》之言，各為之訓義。」

關石和鈞。

【佚文】（二〇〇）「於石言關，於鈞言和，亦無深意，唯文其辭耳。乃欲鈞平而天下通用，且大禹所為多矣，特言此者，以時困乏，故特思而言之也。」（精義卷十三頁十三）

【根祥案】

考之《孔傳》，於「關石和鈞，王府則有」下，訓解云：

> 金鐵曰石，供民器用，通之使和平，則官民足。

而孔穎達《正義》曰：

> 關者通也。名石而可通者，惟衡量之器耳。〈律歷志〉云：「二十四銖為兩，十六兩為斤，三十斤為鈞，四鈞為石；是石為稱之最重，以石而稱，則為重物；故金鐵曰石，言絲綿止於斤兩。金鐵乃至於石，舉石而言之，則所稱之物皆通之也。傳取金鐵重物以解言石之意，非謂所關通者惟金鐵耳。米粟則斗斛以量之，布帛則丈尺以度之，惟言關通權衡，則度量之物，「懋遷有無」，亦關通矣，舉一以言之耳。

可見自孔《傳》至於孔《疏》，於「石言關」、「鈞言和」，是有其含義存焉。關者通也，和者平也，於義有別。而王安石以為「於石言關，於鈞言和，亦無深意，唯文其辭耳」，則與先儒別異。自此而後，循其說者甚夥，若宋·林之奇《尚書全解》卷十二中云：

> 關，通也。和，平也。關通其石，和平其鈞，守此法度，與天

下共守之而不敢失也。舉鈞石則五權可推，舉權則度量準繩規矩。凡法度之在天下者，皆可見也。於石曰關，於鈞曰和，特變其文耳，非有異義也。猶〈月令〉曰：「日夜分則同度量，鈞衡石，角斗甬，正權概。」曰同、曰鈞、曰角、曰正，亦但是變其文耳。

林氏解此句，雖仍用二孔之說，而其下主張「於石曰關，於鈞曰和，特變其文耳，非有異義也」，直是遵用王安石之概念立言也。對比蔡沈《書集傳》曰：「關通以見彼此通同，無折閱之意；和平以見人情兩平，無乖爭之意。」是以為「石言關」、「鈞言和」，深意自不相同，不可概而論之也。

其五曰：「嗚呼曷歸？予懷之悲。萬姓仇予，予將疇依？」

【根祥案】

考之宋・東陽陳大猷《書集傳》卷三，總頁52上B，於經文之下，引王安石《新義》之文，說曰：

> 王氏曰：「先王以敬民為本；惟不敬民，故縱欲而喪志；喪志則失道而失政，此萬姓所以仇予也。其言之序，若出於一。」

考之歷代《尚書》解說，皆未曾以「其言之序，若出於一」為言。自王安石以來，論〈五子之歌〉者，則多談說五章之間，其序其言如何。若宋・林之奇《尚書全解》卷十二中論及〈五子之歌〉之序曰：

> 夫謨訓之言，史官總而序之曰：「五子咸怨，述大禹之戒以作歌。」蓋五子之意，終始先後，互相發明，然後其義乃備也。

雖其言不出於一人，而其意則若出於一人者，以其同也。

此說應本之於王氏。而宋・陳經《尚書詳解》卷八則曰：

> 觀〈五子之歌〉，一章切于一章，至末章為尤切；此古人賡倡
> 之體，雖出于五子，而實若出于一人之意。其言優游而不迫，
> 婉而有序；觀此者可以知風雅之所自來。

是皆謂五子所歌，其序先後，其意遞嬗，雖出五子，而若一手；追本
溯原，實創始於王氏《新義》。

鬱陶乎予心，顏厚有忸怩。

【佚文】（二〇一）「鬱陶，憂悶也。忸怩，慚色也。謂憂於我心，
而面顏加厚，如有慚色以見天下；不謹其所為，今雖悔之，其可追及
乎？」（精義卷十三頁十四）

【佚文】（二〇二）「以禹之德，在人百世而有天下，未有過也。一
世而至啟，德已不足以服人，故有有扈之戰，再世而至太康，遂有滅
亡之患。嗚呼！豈非以其生長於富貴，養其情態，又有便嬖以奉之，
有謟諛以導之，日復一日，浸淫而不可已，乃至於縱欲不能自克，以
及於難乎？然則非中才以上者，不可處大富貴，以其不克負荷故
也。」（精義卷十三頁十四）

〈胤征〉

羲和湎淫，廢時亂日，胤往征之；作〈胤征〉

惟仲康肇位四海，胤侯命掌六師。羲和廢厥職，酒荒于厥邑，胤后承王命徂征，告于眾曰：「嗟！予有眾，聖有謨訓，明徵定保；先王克謹天戒，臣人克有常憲，百官修輔厥后，惟明明。每歲孟春，遒人以木鐸徇于路，官師相規，工執藝事以諫；其或不恭，邦有常刑。惟時羲和，顛覆厥德，沈亂于酒，畔官離次，俶擾天紀，遐棄厥司；乃季秋月朔，辰弗集于房；瞽奏鼓，嗇夫馳，庶人走。羲和尸厥官，罔聞知，昏迷于天象，以干先王之誅。政典曰：『先時者殺無赦，不及時者殺無赦。』今予以爾有眾，奉將天罰。爾眾士同力王室，尚弼予欽承天子威命；火炎崑岡，玉石俱焚，天吏逸德，烈于猛火。殲厥渠魁，脅從罔治；舊染汙俗，咸與惟新。嗚呼！威克厥愛，允濟；愛克厥威，允罔功。其爾眾士，懋戒哉！」

〈書序〉羲和湎淫，廢時亂日，胤往征之。作〈胤征〉。

【根祥案】

考之宋・東陽陳大猷《書集傳》卷三，總頁52上B，於經文之下，引王安石《新義》之文，說曰：

　　　王氏曰：「羲、和，至夏合為一官。」

此為《新義》〈書序〉解說之「佚文」，可以補入。

　　考蔡沈《書集傳》卷二中，解說〈書序〉之言曰：「羲氏、和氏，夏合為一官。」其說源出於王氏。自是以後，官說學者，一遵其說。明・王樵《尚書日記》雖多辯駁蔡氏《書集傳》，而其於卷六中，仍循其說曰：「羲氏、和氏，世掌天地四時，至夏合為一官。」

明徵定保

【佚文】（二〇三）「其言可以明證，其事可以定保。」（全解卷十三頁七）

【評】宋林之奇曰：「據經言，初無『言』與『事』之別，王氏分為二說，迂矣。」（全解卷十三頁七）

【根祥案】

王安石如此解說，正如林之奇所評論，有增字解經之嫌。然此解後之學者仍多有依循而為之說；如宋・黃倫《尚書精義》卷十四引陳氏之言是也。其文曰：

> 陳氏曰：「謀合大禹者，聖人之謀也。言合伊尹者，聖人之訓也。聖人之謨，洋洋乎美大，所以謀於一時，足以傳于萬世。聖人之訓，亞於其謨，非特施於當時，亦足以垂於後世。故言於古，必有以驗于今；言于微，必有以顯于著。故言稽謨訓於聖人者，居室可以見四海，處今可以聞久遠。**是其言可以明徵而不疑，其事可以定保而不危。**義和有罪，胤侯徂征，彼其告眾而誓之，必曰「聖有謨訓，明徵定保」者，以謂義和所為，非合聖人謨訓，不足以「明徵定保」，雖欲無誅，得乎哉？

可見王安石《尚書》說影響之深。

先王克謹天戒，臣人克有常憲，百官修輔。

【佚文】（二〇四）「日有變，王為之懼者，謹天戒也。不敢廢時亂日者，有常憲也。」（纂傳卷七頁二）

【佚文】（二○五）「使羲和守常憲以修輔，則仲康得慎天戒而修省矣。今畔官離次，不知有日蝕之變，則是不有常憲，昧先聖之謨訓，安能免於誅乎？」（輯纂卷二頁三五，纂疏卷二頁三一，大全卷三頁八八，書傳彙纂卷六頁二一～二二）

【根祥案】

考之宋‧東陽陳大猷《書集傳》卷三，總頁53上A，於經文之下，引王安石之文，說曰：

> 王氏曰：「先王所受命者，天也，故當謹天戒；人臣所受命者，君也，故當克守常憲。」

此段引文當補入為《新義》「佚文」。按陳大猷所引《新義》文句，應為王安石解說經文「先王克謹天戒，臣人克有常憲」之初始文字，按順序當置於「佚文」（二○四）之前。

每歲孟春，遒人以木鐸徇于路。

【佚文】（二○六）「孟春布令憲禁之時，與周官『正月始和』同義。」（纂傳卷七頁二）

【根祥案】

考之宋‧東陽陳大猷《書集傳》卷三，總頁53上A，於經文之下，引王安石《新義》之文，說曰：

> 王氏曰：「孟春布令憲禁之時，與《周官》『正月始和』同。」

正與上文所引同，可補入，而當以陳大猷所引文為「佚文」之正。

工執藝事以諫。其或不恭。邦有常刑。

【佚文】（二〇七）「責難於君謂之恭，不諫則謂之不恭。」（纂傳卷七頁二）

【根祥案】

考之孔《傳》、孔穎達《正義》等，於此均無如此論說者。而此條「王氏曰」，亦僅見於元朝王天與《尚書纂傳》卷七所引，此甚可疑。查閱宋‧林之奇《尚書全解》卷二十九〈酒誥〉「惟御事厥棐有恭」之下，有引用「王博士」者之言曰：

> 惟君之畏相，既不在于體貌，則臣之以恭而輔君，亦豈在於擎拳曲踞而後為恭哉。**王博士曰：「孟子曰：『責難於君謂之恭。』厥棐有恭，則知責難矣。」**此說是也。

此所謂「王博士」引用《孟子》「責難於君謂之恭」立說，與《纂傳》所引「王氏曰」同為「王」姓，又同引《孟子》為說。且王天與《尚書纂傳》卷二十七中〈酒誥〉中，亦引「王博士云：『責難於君謂之恭』，厥棐有恭，則責難矣」，不謂之「王氏曰」，委實奇特。查考林之奇《全解》中所引用「王博士」之言共六次，終未能得知「王博士」為誰。

今由陳大猷《書集傳》卷三，總頁53上B，「其或不恭，邦有常刑」句下，引用王安石之言曰：

> 王氏曰：「責難於君謂之恭，不諫則為不恭。」

其文句與王天與所引正同，可資確定此真為王安石《尚書新義》之文。而蔡沈《書集傳》於此經文解說曰：

孟子曰：「責難於君謂之恭。」官師、百工不能規諫，是謂不
恭。不恭之罪，猶有常刑，而況於畔官離次，俶擾天紀者乎！

其說分明採用王安石論說而為之。時瀾《增修東萊書說》卷六曰：

> 工亦執藝以諫。責難於君謂之恭，不諫者為不恭，則邦有常用
> 之刑。凡此皆道人徇路之辭，稽之《周禮》可見。

其言亦與王安石所說無異，且更近似陳大猷所引。然則王氏《新義》
原文，當以陳大猷所引為正。「王博士」之說蓋與王荊公說相似而已。

《政典》曰：『先時者殺無赦，不及時者殺無赦。』

【根祥案】

考之宋・東陽陳大猷《書集傳》卷三，總頁53下B，於經文之下，引
王安石之文，說曰：

> 王氏曰：「政典乃六典之一，周之六典，蓋因於夏。」

此段引文，當補入為《新義》「佚文」。又考孔《傳》云：「政典，夏
后為政之典籍，若周官六卿之治典。」孔《疏》為之解說曰：

> 顧氏云：「夏禮異於周禮也。胤侯，夏之卿士，引政典而不言
> 古典，則當時之書，知是夏后為政之典籍也。《周禮・大宰》
> 掌建邦之六典，以佐王治邦國：一曰治典，二曰教典，三曰禮
> 典，四曰政典，五曰刑典，六曰事典；若《周官》六卿之治
> 典，謂此也。」

可見孔《傳》、孔《疏》皆以為夏禮不同於周禮，故曰「若」，曰「異於」。而王安石則以為周禮因於夏禮，必當大同小異，故以《周禮‧太宰》六典為據，以解說〈胤征〉「政典」也。

《尚書新義》行於世後，學者雖多指評辯駁，然所言每深入人心，學者士人，往往承用。若宋‧王應麟《玉海》卷一百二十二中，論「夏六卿、九卿」條下曰：

> 〈胤征〉注：「胤侯為大司馬，政典若周官六卿之治典。」〈胤征〉：「政典乃六典之一，周因於夏。」

此條前注為孔《傳》之說，後者雖未明言為何人之說，而當為王安石之意，兩說並陳，以示歧異也。元‧毛應龍撰《周官集傳》，於卷一中曰：

> 下文所舉政典，先儒謂：「政典乃六典之一，周之六典，蓋因於夏。」則《周禮》正歲徇鐸宣令，實遵夏之舊典，攷之是月，在夏曰正月，在周曰正歲，其為孟春則一也。

此引「先儒」之說，與陳大猷所記「王氏曰」全同，亦是出於《尚書新義》之文。且云《周禮》實遵夏之舊典，並證以「正月」及「正歲」，可謂力主《新義》之說，發揚演繹，維護有加。

天吏逸德，烈于猛火。

【佚文】（二〇八）「吏奉將（「將」字，用纂傳補。）天罰者也，故謂之天吏。」（或問卷上頁五，纂傳卷七頁三，書傳彙纂卷六頁二七）

【評】宋陳大猷曰：「或問王氏（安石）說『天吏』與孟子合，用新安王（炎）說何也？曰：吏誠奉天罰，必不至逸德。不若新安之說穩，猶俗言『王師』為『天兵』也。」（或問卷上頁五一）

威克厥愛，允濟；愛克厥威，允罔功。

【佚文】（二〇九）「威嚴勝於慈愛，人則畏而勉力，故誠有成；若慈愛勝於威嚴，則人無所畏而懈怠，故誠無功。爾眾士當勉戒之，以期於有功也。甘誓之言『予則孥戮汝』則甚峻而幾於虐矣；此言『威克厥愛，愛克厥威』，而不明言其誅，蓋啟為禹之子，生長於富貴，不知艱難，不知危懼，故用兵以伐有扈則有『孥戮』之言，此仲康則嘗遭有窮之難，而知所警懼，故命胤侯戒師之言，亦溫和而不至於大暴，唯曰『威克厥愛，愛克厥威』，以寓其意而已。」（精義卷十四頁十七）

【評】宋蘇軾曰「先王之用威、愛，稱事當理而已，不惟不使威勝愛，若曰『與其殺不辜，寧失不經』，又曰『不幸而過，寧僭無濫』，是堯舜已來，常務使愛勝威也。今乃謂『威勝愛則事濟，愛勝威則無功』是為堯舜不如申商也，而可乎？此胤侯之黨，臨敵誓師，一切之言當與申商之言同棄不齒，而近世儒者欲行猛政，輒以此藉口，予不可以不辨。」（東坡書傳卷六頁九～十一）

【評】宋林之奇曰「王氏蘇氏二說，大為穿鑿。據此二說而考之，皆以威為刑罰之威、愛為仁愛之愛，故其說如此。殊不知所謂威者，非刑威之威，乃果斷之威也。所謂愛者，非仁愛之愛，乃姑息之愛也。以果斷之威勝其姑息之愛，則有濟矣。……以姑息之愛勝其果斷之威，則陵夷太壞，必至滅亡，信乎其無功也。……若以此威為刑威之威、愛為仁愛之愛，此誠申商之言也，豈詩書之訓哉！」（全解卷十三頁十九）

第陸章

《尚書新義》輯考彙評：
《商書》補逸束議

〈湯誓〉

伊尹相湯伐桀，升自陑，遂與桀戰於鳴條之野；作〈湯誓〉。

王曰：「格爾眾庶，悉聽朕言：非台小子，敢行稱亂，有夏多罪，天命殛之。今爾有眾，汝曰：『我后不恤我眾，舍我穡事而割正夏。』予惟聞汝眾言，夏氏有罪，予畏上帝，不敢不正。今汝其曰：『夏罪其如台？』夏王率遏眾力，率割夏邑，有眾率怠弗協，曰：『時日曷喪？予及汝皆亡。』夏德若茲，今朕必往。爾尚輔予一人，致天之罰，予其大賚汝，爾無不信，朕不食言；爾不從誓言，予則孥戮汝，罔有攸赦。」

伊尹相湯伐桀，升自陑，遂與桀戰于鳴條之野。作〈湯誓〉。

【佚文】（二一〇）「升陑，非地利也，亦人和而已。」（全解卷十四頁三，夏解卷十頁二）

【評】宋蘇軾曰：「升陑以戰，記事之實，猶泰誓『師渡孟津』而已。或曰：「升高而戰，非地利，以人和而已。」夫恃人和而行師于不利之地，亦非人情，故皆不取。」（東坡書傳卷七頁二）

【根祥案】

其實【評】中所引蘇軾《書傳》所謂「或曰」者之言，即是王氏《新義》之文，較之林之奇所引述者，尤為順達；當以蘇軾《書傳》引文為「佚文」之正。

又考之林之奇《全解》於引「王氏曰」之後，曾引「薛氏」之言以評王安石之說。其言曰：

> 王氏曰：「升陑，非地利也，亦人和而已。」薛氏謂：「得人和而行師於不利之地，非人情也。」此說甚善。

考之其中所言「薛氏」，實即蘇軾之論；林之奇引其說而稱「此說甚善」，是亦贊同東坡之說，間接對王安石作批評。然今本林之奇《尚書全解》中所引，稱之為「薛氏」，是「蘇」與「薛」之形誤訛所致。林之奇《尚書全解》中所引蘇軾之說，往往誤訛標為「薛氏」者，如此之類，所在多有。

【評】宋晁公武曰：「元祐史官謂慶曆前學者尚文辭，多守章句注疏之學，至（劉）敞始異諸儒之說。後王安石修經義，蓋本於敞。公武觀原甫說『伊尹相湯伐桀，升自陑』之類，《經義》多勦取之，史官之言，良不誣也。」（郡齋讀書志卷四頁六；李壁據楊時說評同，見箋註王荊文公詩卷四三頁四。）

【根祥案】

考之宋・劉敞《公是七經小傳》卷上〈尚書〉部分曰：

> 〈湯誓〉曰：「伊尹相湯伐桀升自陑。」陑者，桀恃險也；升之者，言其易也。著此者言桀雖據險，亦不能拒湯；所謂地利

不如人和。孔氏注乃曰「出其不意」；孫、吳之師，非湯與伊
尹之義也。

可見王安石論《尚書新義》中之論述，是時有取於劉敞而未明言所自
出，對比劉敞《七經小傳》所言，確是事實，晁公武所言非誣。
　　又宋・張綱有《尚書注解》，其說皆規模王氏之說，不敢稍越雷
池。宋・黃倫《尚書精義》卷十五引述張綱之說如下：

張氏曰：「夫自上而下者，其勢順；自下而上者，其勢難。湯
之伐桀，自陑而升，則非地勢之順；所以見其勝夏，在於人和
而不在於地利也。」

以此可見王安石《新義》學脈，其說如此，足以參考。而黃倫同條
下，亦引「東萊曰」一段，其中有評論之言曰：

東萊曰：「……升自陑，或以為出其不意，或以為湯得人和，
不必地利。升陑而戰，皆不可用。謂之出其不意，固非；謂之
得人和，亦非。王者固仁義之兵，然利害向背，亦須決擇，必
是師當行之道，夏之可攻處也。」

其中評「得人和亦非」者，乃批判王安石《新義》說也，可補入為
「評論」。

王曰：「格爾眾庶，悉聽朕言！非台小子敢行稱亂；有夏多罪，
天命殛之。」

【佚文】（二一一）「以常情言之，以臣伐君，疑於亂矣。以天命言
之，湯所謂『天吏』，非稱亂也。」（纂傳卷八頁二）

【根祥案】

今考之宋‧東陽陳大猷《書集傳》書卷四，總頁55下B中，亦有引述王氏此段「佚文」而稍異；其文如下：。

> 王氏曰：「以分言之，以臣伐君，疑於亂矣；以天命言之，則湯所謂『天吏』，非稱亂也。」

陳大猷之時代較王天與為早，當以陳大猷所引為《新義》「佚文」之正。而其曰「以分言之」，乃指「君臣之分」，與下文「以臣伐君」句前後呼應；林之奇《尚書全解》卷十四於此段曾謂：「今參酌二家（蘇軾、王安石）之說，以述其義」，其論曰：「此事涉於君臣之分，不可不辨也。……夫以諸侯而伐天子，以分言之，是稱亂也。」亦皆強調「以分言之」，可見王氏《新義》原文應作「以分言之」；而《纂傳》「以常情言之」，則未能凸顯此「君臣」之義，當以陳大猷書所引為優勝。

又考之宋‧蔡沈《書集傳》卷三〈湯誓〉下曰：

> 「王曰」者，史臣追述之稱也。格，至；台，我；稱，舉也。以人事言之，則臣伐君，可謂亂矣；以天命言之，則所謂「天吏」，非稱亂也。

可見蔡沈《書集傳》註解經文，頗有取於王安石《新義》之言。又元儒吳澄《書纂言》卷三纂解此章時亦云：

> 王，追稱也。格，至；台，我；稱，舉；殛，誅也。以人事言之，則臣伐君，疑於亂矣；以天命言之，則所謂「天吏」，非稱亂也。

吳澄應為襲用《蔡傳》之說，而《蔡傳》用王安石說，可見王氏之說於義理而論，亦有所建功焉。

今爾有眾，汝曰至夏德若茲，今朕必往。

【評】宋林之奇曰：「『今爾有眾』至於『今朕必往』，漢儒解釋此義，迂迴繳繞，最為難曉。惟薛氏、王氏為深得之。今參酌二家之說，以述其義。……此蓋亳邑之民安於無事，而深憚伐桀之勞。……謂湯不恤亳邑之眾，舍我稼穡之事，而斷正有夏之罪。……湯謂……夏氏有罪，獲譴於上天，故上帝命我以『弔民伐罪』，予畏上帝之命，不敢不往正有夏之罪，以弔民也。……」（全解卷十四頁五-六）

【根祥案】

考之宋·林之奇《尚書全解》卷十四《商書·湯誓》「王曰：格爾眾庶，悉聽朕言：非台小子，敢行稱亂，有夏多罪，天命殛之」下云：

> 此事涉於君臣之分，不可不辨也。「格爾眾庶，悉聽朕言」者，呼眾使前以聽朕之誓言也。「非台小子，敢行稱亂，有夏多罪，天命殛之」，此所以告之以弔伐之意也。**夫以諸侯而伐天子，以分言之，是稱亂也**，然夏氏之多罪，天命殛之，雖欲不伐，不可得也。或問：「孟子曰：『勸齊伐燕，有諸？』曰：『未也。』沈同問：『燕可伐與？』吾應之曰？『可。』彼然而伐之也。彼如曰？『孰可伐之？』則將應之曰？『為天吏則可以伐之。』今有殺人者，或問之曰：『人可殺與？』則將應之曰：『可。』彼如曰：『孰可以殺之？』則將應之曰：『為士師則可以殺之。』今以燕伐燕，何為勸之哉。」蓋非為天吏則不可以伐有罪，以燕伐燕是也。為天吏則不可以不伐有罪，湯

放桀，武王伐紂是也。不為天吏而伐有罪，猶不為士師而擅殺
人者也。為天吏而不伐有罪，猶為士師而故縱死罪囚者也。**湯
武之事，雖曰以臣伐君，然天之所命，民之所歸，實有不得已
而不敢已者**；故湯曰「夏氏有罪，予畏上帝，不敢不正」，武
王曰「商罪貫盈，天命誅之，予弗順天，厥罪惟鈞」，蓋為天
吏而不伐有罪，則是逆天之命，安然坐視斯民陷於塗炭而莫之
救，其不仁孰甚乎！**故湯之誓師，謂：非我小子敢行稱亂之
事，蓋天之命我伐有夏之多罪而不敢赦也。**自「今爾有眾」至
於「今朕必往」，漢儒解釋此義迂回繳繞，最為難曉。惟薛
氏、王氏為深得之，今參酌二家之說，以述其義；若漢儒異同
之失，則亦不復論。

《輯考彙評》所引用之評語出於此段之末；《輯考彙評》據林之奇所
言，將此段評語置於「今爾有眾，汝曰至夏德若茲，今朕必往」經文
之下，並節取下文以連綴陳述，成此段評語。

　考乎《輯考彙評》所節引下一段之文字，出於林之奇《尚書全
解》卷十四〈湯誓〉「今爾有眾，汝曰：我后不恤我眾，……曰：時
日曷喪，予及汝皆亡。夏德若茲，今朕必往」經文下，原文註解曰：

此蓋亳邑之民，安於無事而深憚伐桀之勞；我后，指湯也，謂
湯不恤亳邑之眾，舍其稼穡之事而斷正有夏之罪，蓋言有夏之
罪，非湯之所當憂，而亳邑之民方勤於農事，不可以奪其時而
為此役也。湯謂我亦聞汝眾言如此，然夏氏有罪，獲譴於上
天，故上帝命我以弔民伐罪，予畏上帝之命，不敢不往正有夏
之罪，以弔民也。今汝亳邑之民，保我以自固，謂夏虐之所不
能加，而無伐夏之意者，則曰：「夏罪雖虐，其如我何？」殊
不知夏王方且率為虐政，過絕眾力，割剝夏邑，謂征役之煩，

賦斂之重也。夏王既虐用其民如此,故有夏之眾亦皆相率怠惰而不和協,曰:「何時何日而喪亡,我欲殺其身以與之皆亡。」夏民之情其廹切如此,我豈可與汝亳邑之眾苟安於朝夕,坐視而弗救乎?故曰:「夏德若茲,今朕必往。」言夏之虐患既如此之極,雖爾亳邑之眾舍其穡事以為此役,然所活者眾,所存者大,不可以不往也。

據此段林之奇所論述,覈對相關材料,得知此段論述主要應出於蘇軾所言。蘇軾《東坡書傳》卷七所論「王曰:格爾眾庶悉聽朕言,……夏德若茲,今朕必往」一段曰:

> 桀之惡不能及商民,商民安於無事而畏伐桀之勞,故曰「我后不恤我眾,舍我穡事而割正夏;夏氏之罪其能若我何」,故湯告之曰「夏王遏絕眾力以割夏邑,其民皆曰何時何日當喪,吾欲與之皆亡」,其亟若此,不可以不救。

其中「桀之惡不能及商民,商民安於無事而畏伐桀之勞」、「其亟若此,不可以不救」等語,正為林之奇論議之根本思想基礎,《輯考彙評》所引用者,亦不出於此論述之外;是則《輯考彙評》所引實為蘇軾之論說而非王安石《新義》之主張,如此則所評論者失其焦點。

然林之奇之所稱「今參酌二家之說,以述其義」,所指為何?今考之於宋‧黃倫《尚書精義》卷十五撰「夏德若茲,今朕必往」一段下,引用「張氏曰」,其文謂:

> 張氏曰:「率遏眾力者,奪民之力也;率割夏邑者,害民之財也。奪民之力則政繁,害民之財則賦重。政繁賦重,則民不聊生,此其所以率怠弗協也。」

此「張氏」即是張綱,其注解《尚書》之言每每規步王安石《新義》而稍加詮解發揮。然則此所解說「率遏眾力」、「率割夏邑」以為乃指「奪民之力則政繁」、「害民之財則賦重」,必為出於王氏之說而演繹之者。以此對照林之奇所言,與其中所謂「過絕眾力,割剝夏邑,謂征役之煩,賦斂之重也」同出一轍,可見此段經義訓詁,方為實質參考王安石之說而成者。

以此觀之,林之奇謂「惟薛氏、王氏為深得之。今參酌二家之說,以述其義」之言,其中「薛氏」實為「蘇氏」之誤,蘇軾之論蓋主張「桀之惡不能及商民,商民安於無事而畏伐桀之勞」,林之奇取之於前;而於解說「率遏眾力」、「率割夏邑」,則有取於王氏《新義》,以為「謂征役之煩,賦斂之重」於後。《輯考彙評》所引文句,止實於蘇軾之說,而不及王安石之義也。

然則此段評語,擬修改如下:

【評】宋林之奇曰:「『今爾有眾』至於『今朕必往』,漢儒解釋此義,迂迴繳繞,最為難曉。惟薛(蘇)氏、王氏為深得之。今參酌二家之說,以述其義。……今汝亳邑之民,保我以自固,謂夏虐之所不能加,而無伐夏之意者,則曰:「夏罪雖虐,其如我何?」殊不知夏王方且率為虐政,過絕眾力,割剝夏邑,謂征役之煩,賦斂之重也。夏王既虐用其民如此,故有夏之眾亦皆相率怠惰而不和協,曰:「何時何日而喪亡,我欲殺其身以與之皆亡。」夏民之情其岠切如此,我豈可與汝亳邑之眾苟安於朝夕,坐視而弗救乎?」(全解卷十四頁五-六)

雖然,王氏《新義》原文不可確然得知矣,姑存其說之大概,以俟後人。

〈仲虺之誥〉

湯歸自夏，至于大坰，仲虺作誥。

成湯放桀于南巢，惟有慚德；曰：「予恐來世以台為口實。」仲虺乃作誥曰：「嗚呼！惟天生民有欲，無主乃亂；惟天生聰明，時乂。有夏昏德，民墜塗炭，天乃錫王勇智，表正萬邦，纘禹舊服，茲率厥典，奉若天命。夏王有罪，矯誣上天，以布命于下；帝用不臧，式商受命，用爽厥師。簡賢附勢，寔繁有徒，肇我邦于有夏。若苗之有莠，若粟之有秕，小大戰戰，罔不懼于非辜。矧予之德，言足聽聞；惟王不邇聲色，不殖貨利，德懋懋官，功懋懋賞；用人惟己，改過不吝；克寬克仁，彰信兆民。乃葛伯仇餉，初征自葛，東征西夷怨，南征北狄怨，曰：『奚獨後予。』攸徂之民，室家相慶，曰：『徯予后，后來其蘇。』民之戴商，厥惟舊哉！佑賢輔德，顯忠遂良；兼弱攻昧，取亂侮亡；推亡固存，邦乃其昌。德日新，萬邦惟懷；志自滿，九族乃離。王懋昭大德，建中于民；以義制事，以禮制心，垂裕後昆。予聞曰：『能自得師者王，謂人莫己若者亡。』好問則裕，自用則小。嗚呼！慎厥終，惟其始；殖有禮，覆昏暴；欽崇天道，永保天命。」

成湯放桀于南巢，惟有慚德。

【佚文】（二一二）「桀之罪不若紂之甚，故湯放之而已。」（全解卷十四頁十一）

【根祥案】

考之宋‧林之奇《尚書全解》卷十四曰：

湯、武之事,皆是為天下之民除殘去虐,不得已而以臣伐君;然湯之於桀也,惟放南巢而已,至武王則殺受者,蓋湯之伐桀,而桀避位出奔,既已竄於南巢矣,於是湯縱不誅,以見其順天應人,有黽勉不得已之意也。至紂之事則異乎此。**荀子曰:「武王選馬而進,厭旦於牧之野,鼓之而紂卒易鄉,遂乘殷人而進誅紂。蓋殺之者非周人,固殷人也。」**以是觀之,則是武王本無誅之意,而牧野之戰,前徒倒戈攻於後以北,是紂率如林之眾以逆戰,蓋自在行陣之間,故殷人殺之耳。紂既見殺,武王無可奈何矣,於是立其子武庚代殷後,蓋所以致其惻怛不忍之意,是亦湯伐桀之意也。邵康節曰:「下放一等,則至於殺矣。」其意以湯能容桀而放之,武王則不能放紂而殺之,則降於湯一等,失其旨矣。王氏曰:「桀之罪不若紂之甚,故湯放之而已。」是亦鑿說,宜以《荀子》之言為正。

林之奇以王氏之說為穿鑿,與邵雍之說相類似,皆不足明湯、武之意。而此段文字實為評論王安石之說者,當補列為「評論」。

【佚文】(二一三)「湯未伐桀之時,勇以伐之;既伐之,後乃有慚德。以其本心寬厚,不得已而伐惡以救民,伐畢乃慚,亦如人之可罪而撻之;及其撻之,則又悔之:皆寬厚之意也。」(精義卷十五頁九)

【根祥案】

此段「佚文」標點,宜修改為「湯未伐桀之時,勇以伐之;既伐之後,乃有慚德。」文意更順達顯然。

惟天生民有欲，無主乃亂。

【佚文】（二一四）「民之有欲，至於失性命之情以爭之，故攘奪誕謾無所不至。為之主者，非聰明足以勝之，則亂而已。」（全解卷十四頁十四）

【評】宋林之奇曰：「此說大害義理！夫所貴乎聖人者，惟欲知天下好惡之情而已。苟欲勝之，則秦始皇、魏武帝之聰明而已，豈足以已其亂邪？」（全解卷十四頁十四）

【根祥案】

考之宋‧黃倫《尚書精義》卷十五下有引張綱之說，其文曰：

> 張氏曰：「人生不能無欲，欲而無度量分界則爭，爭則亂，亂而無主以治，則攘奪篡弒，無所不至。」又曰：「聽之所聞者不過邇言，視之所見者不過近事，如此則為人所乂者也，烏能乂人哉！然則乂民之亂，非聰明之主其可乎？」

其旨與王氏說無異，可以參看。

天乃錫王勇智

【佚文】（二一五）「經言『智仁勇』，或言『仁智勇』，未見先『勇』者。蓋成大功定大業，必以智勇；智之所以行者勇也，故先『勇』後『智』。」（纂疏卷三頁三）

【根祥案】

考之宋‧楊時《龜山集》卷六〈辨一〉「神宗日錄辨」曰：

王氏云：「陛下誠能慎察義理，而左右不循理之人，敢為妄言以沮亂政事，誠宜示之以好惡。經或言『知、仁、勇』，或言『仁、智、勇』，未有先言勇者；獨稱湯曰『天乃錫王勇知』者，何也？《書》曰『肇我邦于有夏，若苗之有莠，若粟之有秕，小大戰戰，罔不懼于非辜，矧予之德，言足聽聞』。湯以七十里起於衰亂之中，其初為流俗小人不悅，艱難如此；若非勇知，何能自濟；所以能自濟，尤在於勇。陛下捄今日之弊，誠患不可以不勇。今朝廷異議紛紛，小有才而不便於朝廷，任事之人者不過數人，亦不必人人有意，但如今朝士不識理者眾，合為異論，則舉朝為所惑。」

此段文章雖為王安石對神宗之言，並非《新義》文字，而其所論既引《尚書》「錫王勇智」立言，則所言當與《新義》同調。今比觀所論與《纂疏》所引，文句大同，釋義一致，而且陳述更為清晰詳盡；《纂疏》所引，本亦未必為《新義》原全文，故此可整合二者，以存王氏《尚書》說義。擬其「佚文」如下：

【佚文】經或言「知、仁、勇」，或言「仁、智、勇」，未有先言勇者；獨稱湯曰「天乃錫王勇知」者，何也？《書》曰：「肇我邦于有夏，若苗之有莠，若粟之有秕，小大戰戰，罔不懼于非辜，矧予之德，言足聽聞。」湯以七十里起於衰亂之中，其初為流俗小人不悅，艱難如此；若非勇知，何能自濟；所以能自濟，尤在於勇。⋯蓋成大功，定大業，必以智勇；智之所以行者勇也，故先『勇』後『智』。

（夏王有罪，矯誣上天，以布命于下。帝用不臧，）式商受命，
用爽厥師。

【佚文】（二一六）「夏有昏德，則眾從而昏；商有明德，則眾從而
明。」（蔡傳卷三總頁四四）

【根祥案】

此段王氏《新義》「佚文」，所對應之經文應涵蓋「夏、商」；而此所
列經文，止於「商」，是未能對應也。當補入經文前段。

惟王不邇聲色，不殖貨利，德懋懋官，功懋懋賞，用人惟己，改
過不吝，克寬克仁，彰信兆民。

【佚文】（二一七）「用人惟己，己知可用而後用之。如此則是果於
自任，而不從天下之所好惡也。王者心術之真，大抵如此。改過不
吝，言己有過則改之，無復吝惜，若所謂『過則勿憚改』也。用人惟
己，則善者無不從；改過不吝，則不善者無不改；此所以能合并為
公，以成其大也。其發而為政，又能寬以居之，仁以行之，蓋所謂以
『不忍人之心，行不忍人之政』也。惟湯之德如上所言，茲其所以明
信於天下；天下信之而欲以為君也。孟子曰：『以萬乘之國伐萬乘之
國，簞食壺漿以迎王師，豈有他哉？避水火也。如水益深，如火益
熱，亦運而已矣。』桀之所以失天下之心者，惟其肆為威虐，故民墜
塗炭而莫之拯。湯於是時，以寬仁之德彰信於天下，故天下歸之，若
大旱之望雲霓。然湯之所以能成寬仁之德者，其本則自於清淨寡欲，
眇然天下，舉不足以動其心，故能利與人同，以施其不忍人之政，茲
其所以彰信於天下也。蓋撥亂反正，以成帝王之業者，苟有利之之
心，則將奪於物欲，見利而動，惑於聲色貨利之私，遂至以私害公，
不能執其所有，以與天下共其利。剛愎自用，遂其非而莫之改，如此

則所施者無非虐政，是水之益深火之益熱也。古之人有失之者，項羽是也。漢高祖與項羽，當秦之末俱興義兵以除殘去虐，較其勢，則高祖之不如羽遠甚，然而高祖卒得天下，而羽失之者，以高祖之寬仁而羽則惟肆其暴虐而已。原其高祖之所以寬仁者，無他，亦本於此數者之德而已。觀其入秦關，珍物無所取，婦女無所幸，封秦宮室府庫，還軍灞上，則其志已不小矣。而又不愛爵賞，降城即以侯其將，得賄即以分其士，好謀能聽，從諫如轉圜，惟此數者之德，皆備於己，故其約法三章，悉除去秦法，而秦民皆安堵如故，莫不欲高祖王秦者。而項羽之所為則皆反是，此其成敗之勢，所不同也。以高祖之成帝業者而推之，則知仲虺所以推本成湯誕膺伐夏救民之意，始於不邇聲色，不殖貨利，改過不吝，然後繼之以克寬克仁、彰信兆民，可謂知所先後矣。」（精義卷十六頁四-六，全解卷十四頁十九）

【評】宋林之奇曰：「『惟己』與『慎厥終，惟其始』之『惟』同，言用人之言如自己出也，若所謂『善與人同，舍己從人，樂取諸人以為善』也。王氏曰：『用人惟己，己知可用而後用之。』如此則是果於自任，而不從天下之所好惡也。王氏心術之異，大抵如此。」（全解卷十四頁十九）

【根祥案】

《輯考彙評》以《尚書精義》上列一大段「王氏曰」為《新義》佚文之說，實甚可疑。

　　考之林之奇《尚書全解》亦有一大段相同之文字，其中唯有少數文字不同，《輯考彙評》亦於引文之下列有出處。《輯考彙評》以《尚書精義》中之文字全引為「王氏」說，而以林之奇《全解》中部分文句作為評論，文字相似而立場相反，自相矛盾，甚可怪也。

　　然再翻閱兩處原文，發現《尚書精義》以「王氏曰」起頭，而

《尚書全解》則是「王氏曰」出現於文章中間；且《尚書全解》自「大抵如此」以下，尚有一大段文字，與《尚書精義》自「大抵如此」之後之文字完全一致。茲以下表對列兩者文字，以見其真實情形如下：

《尚書精義》卷十六	《尚書全解》卷十四
	「惟己」與「慎厥終，惟其始」之惟同，言用人之言如自己出也。若所謂「善與人同，舍己從人，樂取諸人以為善」也。
王氏曰：用人惟己，己知可用而後用之。如此則是果於自任，而不從天下之所好惡也。王者心術之真，大抵如此。改過不吝，言己有過則改之，無復吝惜；若所謂過則勿憚改也。用人惟己，則善者無不從；改過不吝，則不善□無不改；此所以能合并為公，以成其大也。其發而為政，又能寬以居之，仁以行之，蓋所謂以不忍人之心，行不忍人之政也。惟湯之德如上所言，茲其所以明信於天下，天下信之而欲以為君也。孟子曰：以萬乘之國，伐萬乘之國，簞食壺漿以迎王師。豈有他哉，避水火也。如水益深，如火益熱，亦運之而已矣。桀之所以失天下之心者，惟其肆為威虐，故民墜塗炭而莫之拯；湯於是時以寬仁之德，彰信於天下，故天下歸之，若大旱之望雲霓。然湯之所以能成寬仁之德者，其本則自於清淨寡欲，眇然天下，舉不足以動其心，故能利與	王氏曰：用人惟己，己知可用而後用之。如此則是果於自任，而不從天下之所好惡也。王氏心術之異，大抵如此。改過不吝，言己有過則改之，無復吝惜；若所謂過則無憚改也。用人惟己，則善者無不從；改過不吝，則不善者無不改；此所以能合并為公，以成其大也。其發而為政，又能寬以居之，仁以行之，蓋所謂以不忍人之心，行不忍人之政也。惟湯之德如上所言，茲其所以明信於天下，天下信之，而欲以為君也。孟子曰：以萬乘之國，伐萬乘之國，簞食壺漿以迎王師，豈有他哉，避水火也。如水益深，如火益熱，亦運□而已矣。桀之所以失天下之心者，惟其肆為威虐，故民墜塗炭而莫之拯；湯於是時以寬仁之德，彰信於天下，故天下歸之，若大旱之望雲霓。然湯之所以能成寬仁之德者，其本則自於清淨寡欲，眇然天下，舉不足以動其心，故能利與

《尚書精義》卷十六	《尚書全解》卷十四
人同，以施其不忍人之政；茲其所以彰信於天下也。蓋撥亂反正，以成帝王之業者，苟有利之之心，則將奪於物欲，見利而動，惑於聲色貨利之私，遂至以私害公，不能執其所有，以與天下共其利；剛愎自用，遂其非而莫之改，如此則所施者無非虐政，是水之益深，火之益熱也。古之人有行之者，項羽是也。漢高祖與項羽當秦之末，俱興義兵，以除殘去虐。較其勢則高祖之不如羽遠甚，然而高祖卒得天下，□羽失之者，以高祖之寬仁，而羽則惟肆其暴虐而已。原其高祖之所以寬仁者，無他，亦本於此數者之德而已。觀其入秦關，珍物無所取，婦女無所幸，封秦宮室府庫，還軍灞上，則其志已不小矣；而又不愛爵賞，降城即以侯其將，得略即以分其士，好謀能聽，從諫如轉圜；惟此數者之德，皆備于己，故其約法三章，悉除去秦法，而秦民皆按堵如故，莫不欲高祖王秦者。而項羽之所為，則皆反是，此其成敗之勢所以不同也。以高祖之成帝業者而推之，則知仲虺所以推本成湯誕膺伐夏救民之意，始於不邇聲色，不殖貨利，改過不吝，然後繼之以克寬克仁，彰信兆民，可謂知所先後矣。	人同，以施其不忍人之政；茲其所以彰信於天下也。蓋撥亂反正，以成帝王之業者，苟有利之之心，則將奪於物欲，見利而動，惑於聲色貨利之私，遂至以私害公，不能推其所有，以與天下共其利；剛愎自用，逞其能而莫之改，如此則所施者無非虐政，是水之益深，火之益熱也。古之人有失之者，項羽是也。漢高祖與項羽當秦之末，俱興義兵，以除殘去虐。較其勢則高祖之不如羽遠甚，而羽失之者，以高祖之寬仁，而羽則惟肆其暴虐而已。原其高祖之所以寬仁者，無他，亦本於此數者之德而已。觀其入秦關，珍物無所取，婦女無所幸，封秦宮室府庫，還軍灞上，則其志已不小矣；而又不愛爵賞，降城即以侯其將，得賄即以分其士，好謀能聽，從諫如轉圜；惟此數者之德，皆備於己，故其約法三章，悉除去秦法，而秦民皆安堵如故，莫不欲高祖王秦者。而項羽之所為，則皆反是，此其成敗之勢所□不同也。以高祖之成帝業者而推之，則知仲虺所以推本成湯誕膺伐夏救民之意，始於不邇聲色，不殖貨利，改過不吝，然後繼之以克寬克仁，彰信兆民，可謂知所先後矣。

以上兩段文字，其中不同之處，皆以方框標出，亦有彼此一二字有無者，亦用方框替代。顯而易見，兩段文字除極少處有異外，幾乎全

同。而其中最重要之差異，即在《精義》所言「王者心術之真，大抵
如此」，而相對於《全解》則作「王氏心術之異，大抵如此」。若止觀
看《尚書精義》，既然以「王氏曰」起首，而中間又接之以「王者心
術之真」，遂理所當然認為全段皆為王安石之論述。然而審慎分析
之，從文義、語句而言，問題顯然不少：

其一，「用人惟己，己知可用而後用之」與「如此則是果於自
任，而不從天下之所好惡也」，兩節文字意義彼此矛盾，後者乃批評
前說者，若為同一人之言說，不該如此。

其二，「王者心術之真」一句，「心術」一詞，通常所指為負面語
義，類似「權謀」、「包藏禍心」之涵義，成語「心術不正」即是明
例；就傳統儒家思想而言，「王者」治政，以仁為本，鮮少用「心
術」一詞，而「心術」亦無所謂「真」可言。又林之奇於《尚書全
解》卷二十九〈梓材〉篇中，亦有類似批評王安石之言論，曰：

> 而王氏謂：三卿尹旅，見姦宄殺人、歷人，不肯以法治之，反
> 宥而縱之者，亦見其君於以戕敗人為事者，宥而不治者也。其
> 意蓋謂此等麗于刑之人，皆當勿宥之。〈康誥〉之言曰：「乃其
> 速由文王作罰，刑茲無赦，不率大戛。」戒康叔以為不可殺，
> 而王氏則以為當殺。此則戒康叔以為可宥，而王氏則以為當勿
> 宥。王氏之心術，大抵如此。

林之奇抨擊王安石解經，每每與經文原意相乖舛，欲利以遂其新法措
施之推行，此即所謂「王氏心術」也。如此，正可見上述兩段相互衝
突之文，正為林之奇引王安石之言而加以批判，故曰「**王氏心術之
異，大抵如此**」。

其三，若對比林之奇《尚書全解》文字，筆者以為《輯考彙評》
標點林之奇《全解》文字十分正確。「王氏曰」之後兩句「用人惟

己,己知可用而後用之」,方為王安石言說,故以雙引號標示,而
「如此則是果於自任,而不從天下之所好惡也。**王氏心術之異**,大抵
如此」一段,則為林之奇對王安石的之評論。如此兩段文字中俱有
「如此則是果於自任,而不從天下之所好惡也」之語句,於《精義》
以為「王氏」之言,於《全解》則明顯乃林之奇評駁王氏之語句,如
此實為不合理者。

其四,黃倫《精義》與林之奇《全解》兩大段文字幾乎全同,而
解釋則有異。就時間而言,林之奇先出,黃倫乃抄錄林氏之文;就語
文順達而論,林氏之言,文從字順,理解無礙;《精義》所錄之文則
或有不順不合理之處。

今考察林之奇之意,即在批評王氏之「果於自任,而不從天下之
所好惡」,故下文又說:「遂至以私害公,不能推其所有,以與天下共
其利;剛愎自用,逞其能而莫之改,如此則所施者無非虐政,是水之
益深,火之益熱也。」[1]如以林之奇論述之文字以理解黃倫《精義》,
則矛盾消於無形;其差別就在「王者心術之真」與「王氏心術之異」
而已。以理推之,「真」之與「異」,顯然因字形相近而誤,而「者」
字草書與「氏」字相似,故而產生差誤。以矛盾現象判斷,其中錯誤
應該在《尚書精義》。

復考之《宋史・王安石傳》中記載,王安石多有剛愎自用,不恤
人言之事實。而林之奇於王安石所批評,其中針對王氏「剛愎自
用」、「一意孤行」、「不恤人言」之性格與主張,每每大加指斥駁議。
如〈盤庚〉篇「無或敢伏小人之攸箴」,《輯考彙評》輯錄王氏《新
義》佚文第246條則說:

> 無或敢伏小人之攸箴者,斁之以無自用而違其下。……治形之
> 疾以箴,治性之疾以言。小人之箴雖不可伏,然亦不可受人之

---

1 宋・林之奇撰《尚書全解》(臺北市:大通書局,1970年2月版)卷十四,頁20。

妄言……故古之人聖讒說，放淫辭，使邪說者不得作，而所不
伏者嘉言而已。（《全解》卷十八頁十一）[2]

林之奇評曰：

（蘇氏）此論甚善，亦有為而發也。當時王介甫變更祖宗之制
度，立青苗、免役等法，而當朝公卿，下而小民，皆以為不便，
而介甫決意行之，其事與盤庚遷都相類，故介甫以此藉口，謂
臣民之言皆不足恤。……（《全解》卷十八頁十-十一）[3]

可見林氏以為王氏每「咈百姓」以從己，違眾而自是，藉解經以自寬
解。又〈大禹謨〉「罔違道以干百姓之譽，罔咈百姓以從己之欲」
句，《輯考彙評》輯王氏《新義》「佚文」第82條說：

咈百姓以從先王之道則可，咈百姓以從己之欲則不可。古之人
有行之者，盤庚是也。蓋人之情，順之則譽，咈之則毀；所謂
「違道以干百姓之譽」也，即咈百姓以從先王之道者也。（《全
解》卷四頁十）[4]

林之奇以為王安石所論，與經典相悖，是以於王氏之說下，發為強烈
之批評，其言曰：

此說大戾！夫盤庚將遷都，民咨胥怨而不從，盤庚不強之以遷
也。方且優游訓誥，若父兄之訓子弟，至於再，至於三；必使

之知遷都之為利，不遷之為害，然後率之以遷焉；何嘗咈之以從己哉！夫王者之安天下，必本於人情，未有咈百姓而可以從先王之道也。王氏此說，甚牴牾於聖經矣。(《全解》卷四頁十)[5]

可見林之奇於王安石如此「咈百姓以從己」之言論，可謂甚惡之極，一再譏評。然則「如此則是果於自任，而不從天下之所好惡也」之語，顯然為林之奇批評王安石之詞，相同語句置於黃倫《精義》之中，絕不可以一變而為王安石之主張。既然，則「大抵如此」以下一大段文字，當為林之奇之評述，而非王安石之言論。

再考之「大抵如此」以下大段文字之中，曾歷舉漢高、項羽之行事與結局為例對比，以說明「果於自任，而不從天下之所好惡」之下場，必若項羽悲慘失敗收場；反之，漢高祖能「不愛爵賞，降城即以侯其將，得賂即以分其士，好謀能聽，從諫如轉圜」，是以終能反敗為勝，卒得天下。此一歷史對比事例，於林之奇《尚書全解》中多有一再運用與申述；如〈皋陶謨〉「皋陶曰：帝德罔愆，臨下以簡，御眾以寬，罰弗及嗣，賞延于世」句下說：

> 臨下以簡，御眾以寬者，此謂操之於上者既無繁苛之法，則施之於民者必無暴虐之政矣。蓋惟簡故能寬也。**漢高祖入秦關，約法三章，餘悉除去秦法，而秦民皆案堵如故**；由其簡，故能寬也。[6]

《尚書全解》卷二十一〈西伯戡黎〉「王曰：『嗚呼！我生不有命在天。』祖伊反曰：『嗚呼！乃罪多參在上，乃能責命于天。殷之即

5　程元敏著，《三經新義輯考彙評(一)——尚書》頁30。
6　宋・林之奇撰《尚書全解》(臺北市：大通書局，1970年2月版)卷四，頁21。

喪，指乃功，不與戮于爾邦」之下，林之奇曰：

> 若祖伊者，可謂知所本矣。昔高祖先入秦關，項羽後至；范增
> 知高祖之得民心也，於是說羽曰：「沛公居山東時，貪財好
> 色，今聞其入關，珍物無所取，婦女無所幸；此其志不小。吾
> 使人望其氣，皆為龍，成五色，此天子之氣也；急擊之勿
> 失。」故鴻門之會，高祖幾不獲免。

以此兩段文字中論及漢高祖之行為表現，與前面所引文字，思想脈絡
如出一轍，措辭用語亦每多相同，蓋同為林之奇之歷史觀點，理應如
此；而此論述絕非林之奇掇取之於王安石，乃林氏自身之學術主張。
反觀王安石今日傳世著作之中，未見提及漢高祖與項羽對比之歷史行
事作議論者。以此考之，今黃倫《精義》中相同之言論，必非王安石
所言，實為林之奇之說。

　　黃倫《尚書精義》一書，本是薈萃諸說，依經臚載，不加論斷，
編輯體例本來就稍涉氾濫，無所指歸，似為科舉士子閱讀而鈔撮成書
者，故陳振孫疑其「或書坊所託」[7]。而《尚書精義》後來本已佚
失，現所存《尚書精義》乃四庫館臣從《永樂大典》中輯集而成，是
書既然本即是鈔撮而成，其間容或有誤抄者，先經《永樂大典》抄
錄，再由四庫館臣轉寫，或者因此而產生錯誤。如「王氏心術之異」
與「王者心術之真」，「氏」字有類於「者」字行草書，「異」之與
「真」，蓋為形近而誤寫所致。[8]

　　再考之黃倫《尚書精義》於前述「王氏曰」之前，亦引用林之奇

7　清・朱彝尊撰，林慶彰、蔣秋華點校補正《經義考》卷八十三，頁358，引陳氏之
　　言。
8　宋・林之奇《尚書全解》中，每稱王安石之言論為「異端」。如《全解》卷十四頁
　　26曰：「王氏之學所以不可入聖人之道者，蓋其為見如此，寔異端駁雜之論也。」

之說曰：

> 湯之修身行己，見於實效者如此，其取天下固無利之之心也，而又能官有德，賞有功，與天下同其利也。人之勉於德者，我則勉之以官，與之共天位，治天職也。人之勉於功者，我則勉之以賞，優其祿廩，榮其車服，以旌寵之，不必共天位，治天職也。蓋有德者以官勉之，有功者以賞勉之，各稱其實而已矣。武王之崇德報功，亦此也，非特此也，又能用人惟己，改過不吝，而不徇一己之私也。言用人之言如自己出，若所謂「**善與人同**」、「**舍己從人**」、「**樂取諸人以為善**」也。**改過不吝，則有過必改，无復吝惜；若所謂「過則勿憚改」也；用人惟己，則善無不從；改過不吝，則不善無不改，此又所以合并為公，以成其大也。**

此段解釋文字見於林之奇《全解》中如下：

> 此言湯之修身行己見於實効者如此，其取天下固無利之之心也，而又能官有德，賞有功，與天下同其利也。人之勉於德者，我則勉之以官，與之共天位，治天職也。人之勉於功者，我則勉之以賞，優其祿廩，榮其車服，以旌寵之，不必共天位，治天職也。蓋有德者以官勉之，有功者以賞勉之，各稱其實而已矣。王之崇德報功亦此意也。非特此也，又能用人惟己，改過不吝，而不徇一己之私也。「惟己」與「慎厥終惟其始」之惟同。言用人之言，如自己出也。若所謂「善與人同」、「舍己從人」、「樂取諸人以為善」也。王氏曰：「用人惟己，己知可用而後用之。」如此則是果於自任而不從天下之所好惡也。王氏心術之異，大抵如此。改過不吝，言己有過

　　則改之，無復吝惜，若所謂「過則無憚改」也。用人惟己，則
　　善者無不從，改過不吝，則不善者無不改，此所以能合并為
　　公，以成其大也。

兩者相較之下，可見黃倫《精義》刪去加框部分，其他則仍相同；又
黃倫《尚書精義》所引「王氏曰」文段中，亦有「改過不吝，言己有
過則改之，無復吝惜，若所謂「過則無憚改」也。用人惟己，則善者
無不從，改過不吝，則不善者無不改，此所以能合并為公，以成其大
也」之語句；此段文字，於林氏之書中可確定為林之奇之語，而於黃
倫《精義》書中，則分屬之林之奇之下與「王氏曰」中，可見黃倫
《精義》自相矛盾，錯誤百出，蓋或因《永樂大典》即已誤抄，亦可
能四庫館臣轉錄之失。相較之下，當以林之奇所纂寫解經文字為正
本。黃倫從林之奇書中言論抄錄王安石之說，誤將「王氏心術之異」
錯作「王者心術之真」，因而以後面一大段文字當成王安石言說收錄
《尚書精義》中，《輯考彙評》未能細審其中差異，遂誤判而輯錄入
書中。

　　由此考得，王安石此段「佚文」，其實止有「用人惟己，己知可
用而後用之。」兩句而已。

克寬克仁，彰信兆民，乃葛伯仇餉，初征自葛。

【根祥案】

考之宋・東陽陳大猷《書集傳》卷四，總頁58上A中，有引「王氏曰」
註解之文；按其文義，當針對「彰信兆民」一句而發。其文如下：

　　王氏曰：「民信之，然後可用以征伐，故繼言征葛。」

此段引文當補入為《新義》「佚文」。

初征自葛；東征西夷怨，南征北狄怨，曰：「奚獨後予？」攸徂之民，室家相慶，曰：「徯予后，后來其蘇。」

【佚文】（二一八）校刪

【佚文】（二一九）「王者之用兵，如良醫之治疾，惟恐其來之遲，故先彼則此怨，先此則彼怨。」（纂傳卷九頁三）

【根祥案】

考之蘇軾《書傳》卷七，於是段經文之下曰：

　　用兵如施鍼石，則病者惟恐其來之後也。

其意與王安石之說相同而用詞稍異而已，蓋蘇軾亦有取於王氏《新義》之說也。

佑賢輔德，顯忠遂良。

【佚文】（二二〇）「佑者，右也；輔者，左也。」（全解卷十四頁二四）

【評】宋林之奇曰：「此言為善者必為人之所助也。……其若求之太深，必欲從而為之說，如王氏所謂『佑者，右也；輔者，左也』之類，則將不勝其鑿矣。」（全解卷十四頁二三-二四）

【根祥案】

王安石之所以解釋「輔者，左也」，蓋因古代有所謂三公、四輔，即

是「前疑、後丞、左輔、右弼」，王氏之說，蓋本此而言。

推亡固存，邦乃其昌。

【佚文】（二二一）「推亡固存，謂推彼所以亡之故，固吾之所以存，乃邦之所以昌也。」（或問卷上頁五三）

【評】宋陳大猷曰：「或問王氏說……如何？曰：若止說二字自通，但上文意義不協。」（或問卷上頁五三）

【根祥案】

考之蔡沈《書集傳》卷三，於經文下曰：「推彼之所以亡，固我之所以存，邦國乃其昌矣。」實有取於王氏《新義》解經語。

王懋昭大德，建中于民。

【佚文】（二二二）「懋昭大德，所以極高明，所以處己也。建中于民，所以道中庸，所以用人也。」（全解卷十四頁二六，夏解卷十頁二二）

【評】宋林之奇曰：「夫高明、中庸豈可分而為二致邪？王氏之學所以不可入聖人之道者，蓋其為見如此，寔實異端駁雜之論也。」（全解卷十四頁二六）

【根祥案】

王氏引《中庸》「極高明」、「道中庸」以比附「懋昭大德」、「建中于民」，致使解釋「極高明」、「道中庸」成二致；歷來學者每每加以批評，而宋代義理學者指斥之尤烈。宋・衛湜《禮記集說》卷一百二十三〈中庸〉下，引楊時批評王安石之言曰：

延平楊氏曰:「《中庸》為書,微極乎性命之際,幽盡乎鬼神之情,廣大精微,罔不畢舉,而獨以中庸名書,何也?予聞之師曰:『不偏之謂中,不易之謂庸;中者天下之正道,庸者天下之定理。』推是言也,則其所以書者,義可知也。**世之學者,知不足以及此,而妄意聖人之微言,故物我異觀,天人殊歸,而高明、中庸之學始『兩致』矣;謂『高明者所以處己而通乎天,中庸者所以應物而用乎人』;則聖人之處己者常過乎中,而與夫不及者無以異也。為是說者又烏足與議聖學哉。**」

此所謂「世之學者」其實正指王安石等輩;而此段引文除具有評論王氏說外,尚有多於前引「佚文」者,可以補充,使更完備。今擬其「佚文」如下:

【佚文】「懋昭大德」,所以極高明,所以處己而通乎天。「建中于民」,所以道中庸,所以應物而用乎人。

又據《宋史・陳淵傳》所載,有論及楊時與王安石之比較者,其文曰:

陳淵字知默,南劍州沙縣人也。……**淵面對,因論程頤、王安石學術同異。上曰:「楊時之學,能宗孔孟;其《三經義辨》甚當理。」淵曰:「楊時始宗安石,後得程顥師之,乃悟其非。」上曰:「以三經義解觀之,具見安石穿鑿。」淵曰:「穿鑿之過尚小,至於道之大原,安石無一不差,推行其學,遂為大害。」上曰:「差者何謂?」淵曰:「聖學所傳,止有《論》、《孟》、《中庸》。《論語》主仁,《中庸》主誠,《孟子》主性;安石皆暗其原。仁道至大,《論語》隨問隨答,惟樊遲**

問，始對曰愛人；愛特仁之一端，而安石遂以愛為仁。**其言中庸，則謂中庸所以接人，高明所以處己。**《孟子》七篇，專發明性善，而安石取楊雄善惡混之言，至於無善無惡，又溺於佛，其失性遠矣。」⁹

凡此等皆批評王安石「高明」、「中庸」二致之說，亦可參考。

予聞曰：『能自得師者王，謂人莫己若者亡。』好問則裕，自用則小。

【根祥案】

考察宋・東陽陳大猷《書集傳》卷四，總頁59上A，有引「王氏曰」以解此文，其言曰：

> 王氏曰：「用眾則可大。」

此段引文當補入為《新義》「佚文」。

殖有禮。

【佚文】（二二三）「禮者，天之經，地之義，治道之極，彊國之本也。人君之所殖，孰大乎此？」（精義卷十六頁十二）

【根祥案】

王安石作如此解釋，蓋取自《左傳》。《左傳》昭公二十五年曰：

9　元・托克托等修《宋史》（四庫全書本）卷三百七十六，列傳第一百三十五〈陳淵傳〉。

> 禮者，天之經，地之義，為父子、兄弟、昏媾、姻亞以象天
> 明，為溫慈、惠和以效天之生殖長。

由此可見王安石解經之思維脈絡。

〈湯誥〉

湯既黜夏命，復歸於亳，作〈湯誥〉。

王歸自克夏，至于亳，誕告萬方。王曰：「嗟！爾萬方有眾，明
聽予一人誥：惟皇上帝，降衷于下民，若有恆性，克綏厥猷，惟
后；夏王滅德，作威以敷虐于爾萬方百姓，爾萬方百姓罹其凶
害，弗忍荼毒，並告無辜于上下神祇。天道福善禍淫，降災于
夏，以彰厥罪；肆台小子，將天命明威，不敢赦。敢用玄牡，敢
昭告于上天神后，請罪有夏。聿求元聖，與之戮力，以與爾有
眾，請命上天，孚佑下民，罪人黜伏；天命弗僭，賁若草木，兆
民允殖，俾予一人，輯寧爾邦家。茲朕未知獲戾于上下，慄慄危
懼，若將隕于深淵。凡我造邦，無從匪彝，無即慆淫，各守爾
典，以承天休。爾有善，朕弗敢蔽；罪當朕躬，弗敢自赦，惟簡
在上帝之心。其爾萬方有罪，在予一人；予一人有罪，無以爾萬
方。嗚呼！尚克時忱，乃亦有終。」

惟皇上帝，降衷于下民。

【佚文】（二二四）衷，中也。（或問卷上頁五五）

【根祥案】

考之宋・東陽陳大猷《書集傳》卷四，總頁59上B，於此經文之下，

引王安石之說曰：

> 王氏曰：「衷，中之謂也；民受天地之中以生。」

此段文字解說，較之《或問》所轉述，更直接、更豐富，應為《新義》原文，故「佚文」宜以此為正。

王氏此解，歷來頗受肯定；蔡沈《書集傳》亦訓「衷」為「中」，蓋本其師之說。考之朱熹嘗論及「降衷」曰：

> 孔安國以衷為善，便無意思。衷只是中，便與「民受天地之中」一般。[10]

朱熹訓解此句之義理所本，與王安石所論述無以異，俱引用《左傳》成公十三年經文「民受天地之中以生」立論，可見朱熹解《尚書》以及其義理之觀念，亦有取於王氏而不用《孔傳》。朱熹、蔡沈於論說、註解中雖未明言，而實則每用王氏之說也。

若有恆性。

【佚文】（二二五）「善者，常性也；不善者，非常性也。」（或問卷上頁五五）

【根祥案】

考之宋・東陽陳大猷《書集傳》卷四，總頁59下A，於此句經文下，引「王氏曰」之文，如下：

---

10 宋・朱熹、清・康熙帝《御纂朱子全書》（四庫全書本）卷三十四，〈尚書〉二。

王氏曰:「人之生有善有惡;善者,常性也;不善者,非常性
也。」

此段「王氏曰」比之《或問》所引,多出「人之生有善有惡」一句,
此有助於吾人明確理解王安石之人性論點;當以陳大猷所引為《新
義》「佚文」之正。

【評】宋陳大猷曰:「或問王氏謂:『……。』不幾於善惡混乎?曰:
程子謂有義理之性,有血氣之性。血氣之性,有善有不善;義理之
性,無不善。常性,義理之性也;非常性,則血氣之性也。」(或問
卷上頁五五-五六)

【根祥案】

根據《宋史・陳淵傳》所載,有評論王安石學術之失者,其文曰:

陳淵字知默,南劍州沙縣人也。……淵面對,因論程頤、王安
石學術同異。……上曰:「以三經義解觀之,具見安石穿
鑿。」淵曰:「穿鑿之過尚小,至於道之大原,安石無一不
差,推行其學,遂為大害。」上曰:「差者何謂?」淵曰:「聖
學所傳,止有論、孟、中庸。論語主仁,中庸主誠,孟子主
性;安石皆暗其原。…孟子七篇,專發明性善,而安石取楊雄
善惡混之言,至於無善無惡,又溺於佛,其失性遠矣。」[11]

此段針對王安石之批判,應當入「評論」之列。

---

11 元・托克托等修《宋史》(四庫全書本)卷三百七十六,列傳第一百三十五〈陳淵
傳〉。

天道福善禍淫。

【佚文】（二二六）禍不足畏。（嵩山集卷一頁三八，宋元學案卷九八總頁一八三七荊公新學略）

【根祥案】

《輯考彙評》此所謂《嵩山集》者，乃指宋・晁說之（以道）之文集；《輯考彙評》書中有「佚文及評論之部引用書目考」[12]，有所說明。然《嵩山集》之名，尚有另一本，作者為宋代晁公遡。此兩人均姓「晁」，文集之名相同，極易淆亂。《四庫全書總目提要》於晁說之（以道）《景迂生集》下有所說明，謂：

> 宋・晁說之撰。說之字以道，開封人。少慕司馬光為人，故自號景迂。元豐五年進士。…建炎初，擢徽猷閣待制；高宗惡其作書非孟子，令致仕。說之博極群書，尤長於經術；年未三十，蘇軾即以著述科薦之。所著書數十種。靖康中遭兵燬不存，其孫子健訪輯遺亡，復編為十二卷。又續廣為二十卷。前三卷為奏議，四卷至九卷皆詩，十卷為易元星紀譜，十一卷易規，十一卷堯典中氣中星、洪範小傳各一篇、詩序論四篇，十二卷中庸傳及讀史數篇，十三卷儒言，十四卷雜著，十五卷書，十六卷記，十七卷序，十八卷後記，十九、二十卷傳墓表誌銘祭文。其中辨証經史多極精當；…儒言則力攻荊舒之學，黨禁以後所作也。…又有別本題曰《嵩山集》所錄詩文與此本並同，卷帙亦合，蓋一書而兩名。

考之明、清學者於此書以多有稱之為「《嵩山集》」者，四庫館臣所言

12　程元敏《三經新義輯考彙評（一）尚書》，總頁239。

實是。至於晁公遡之《嵩山集》,《四庫全書總目提要》云:

> 《嵩山集》五十四卷,宋‧晁公遡撰。公遡字子西,鉅野人,
> 公武之弟,宋史無傳。……此集刻於乾道四年,蓋皆眉州以前
> 所作。師璿序又稱公遡「抱經堂稿以甲乙分第,汗牛充棟,此
> 特管中之豹」,則其選輯之本也。晁氏自迥以來,家傳文學,
> 幾於人人有集;南渡後,則公武兄弟知名;公武《郡齋讀書
> 志》世稱該博,而所著《昭德文集》已不可見,惟公遡此集僅
> 存。

又案:《輯考彙評》所列「禍不足畏」之語,見於「嵩山集卷一頁三
八」,考之《景迂生集》卷一確實出於〈奏議〉〈元符三年應詔封事〉
一文;其言曰:

> 臣愚敢為陛下申其本……而書之失為甚。蓋今《尚書》又出於
> 唐明皇時學士衛包之所定者矣。新經義之說,如:敢於殄戮而
> 刑足以服人心,股肱不喜而有刑以俟之,威不可詫,老不可敬,
> 禍不足畏,凶德不足忌之類;誣經害教,固足以病學者矣。

然於《景迂生集》卷十七亦有相同之語,而前後文有差異。其文
曰:

> (前段殘缺)新召公之不說,類乎無上;太甲以不順伊尹而
> 放;群叔纔有流言而誅;啟行孥戮之刑,以誓不用命;盤庚行
> 劓殄之刑以遷國;周人飲酒而死;魯人不楨幹而屋誅;敢於殄
> 戮而刑足以服人心;股肱不喜而有刑以俟之;先時不及時而殺
> 無赦,為政事之典;民或可咈之,言或可伏之;太史內史可以

> 為君之友；而威不可詁，老不足敬，**禍不足畏，凶德不足忌**；
> 其政之苛至於屬婦；紛不可緊，予竊懼焉。

文中所列述《尚書》相關之解釋論題，多針對王安石《新義》而發，宜亦列入佚文出處。又宋‧洪邁撰《容齋三筆》卷一〈晁景迂經說〉錄其論《尚書》之見曰：

> 景迂子晁以道留意六經之學，各著一書發明其旨，故有《易規》、《書傳》、《詩序論》、《中庸、洪範傳》、《三傳說》；其說多與世儒異。……其論《書》曰：「予於〈堯典〉見天文矣，而言四時者不知中星。〈禹貢〉敷土治水，而言九州者不知經水。〈洪範〉性命之原，而言九疇者不知數。舜於四凶，以堯庭之舊而流放竄殛之；穆王將善其祥刑而先醜其耄荒；湯之伐桀，出不意而奪農時；文王受命為僭王。召公之不說，類乎無上；太甲以不順伊尹而放；群叔纔有流言而誅；啟行孥戮之刑，以誓不用命；盤庚行劓殄之刑而遷國；周人飲酒而死；魯人不板幹而屋誅；先時不及時而殺無赦；威不可詁，老不足敬，**禍不足畏，凶德不足忌**之類；惟此經遭秦火煨燼之後，孔壁朽折之餘，孔安國初以隸篆推科斗，既而古今文字錯出，東京乃取正於杜林，傳至唐，彌不能一。明皇帝詔衛包悉以今文易之，其去本幾何其遠矣。今之學者，盡信不疑，殆如手授於洙泗閒，不亦惑乎。

此等資料皆出於宋代學者之文章，較之黃宗羲《宋元學案》更早，當補充列入引用材料之中。

天命弗僭。賁若草木，兆民允殖。

【佚文】（二二七）「草木者，天之所生，民之所殖也。非天所生，則民不能殖，非民所殖，則天不能成。湯之受命也，天與之，人立之，故曰『天命弗僭，賁若草木，兆民允殖』，觀民之所立，則知天之所與矣。」（全解卷十五頁九，書傳彙纂卷七頁二四）

【評】宋林之奇曰：「（王氏、蘇氏）二說皆善，蓋謂我之所以受命者，本因民之所殖也。然王氏不解『賁』字之義。」（全解卷十五頁九）

【評】清王頊齡曰：「……獨朱子以『兆民』、『草木』對言，以為天命弗差，人物皆遂。與諸說反覆審之，畢竟朱子乃正大不易之論。諸家解多此托喻一層，皆迂迴而難通，而王氏、陳氏更不免於曲為之說矣。」（書傳彙纂卷七頁二五）

【根祥案】

考之宋·黃倫《尚書精義》卷十六引王氏學者張綱《尚書》說，其言曰：

> 張氏曰：「草木者，天生之，人殖之。非天所生則民不能殖，蓋人非天不能因故也；非民所殖則天不能成，蓋天非人不能成故也。湯之興也，天與之，民立之。」

其內容與王氏《新義》極其相似，如出一轍，可謂亦步亦趨者也；是以足以參照。

慄慄危懼，若將隕于深淵。

【佚文】（二二八）「湯始伐桀，商人皆咎湯不恤我眾，然湯升自

陑，告以必往，至於孥戮誓眾，無所疑難也。及夫天下已定，乃曰
『慄慄危懼，若將隕于深淵』，蓋有為之初，眾人危疑，則果斷之以
濟功；無事之後，眾人豫怠，儆戒所以居業。其異於眾人也遠矣，此
其所以為湯也。若夫事未濟則從而懼，事已濟則喜而怠，則是眾人
也，豈足以制眾人哉！」（全解卷十五頁十-十一，夏解卷十一頁八）

【根祥案】

考之宋代陳大猷《書集傳》卷四，總頁60上B，此段經文之下，引
「王氏曰」，其文如下云：

> 王氏曰：「〈湯誓〉言『今朕必往』，無有疑難；及天下已定，
> 乃『慄慄危懼』，蓋有為之初，眾人危疑，則果斷所以濟功；
> 無事之後，眾人豫怠，則儆戒所以居業。」

此段與上林之奇《全解》所引相同而較簡，亦可補入「佚文」來源，
以作參考。

【評】宋林之奇曰：「王氏此說，徒以其為新法之地而已，學者遂信
之，以成湯之意果如是，豈不誤歟！……湯雖伐罪弔民，然驅馳於鋒
鏑之下，豈得怗然全無恐懼之意，及無事而後懼哉？……今謂有事則
不當懼，豈非邪說簧鼓惑人主之聽，以逞其私乎？」（全解卷十五頁
十一）

其爾萬方有罪，在予一人；予一人有罪，無以爾萬方。

【佚文】（二二九）「此非謙而過厚之辭，乃誠然矣。萬方有罪，豈
非天子不能治化故然乎？天子有罪，萬方何與焉！」（精義卷十六頁
二一，纂傳卷十頁三）

【根祥案】

考之宋代陳大猷《書集傳》卷四，總頁60下A，經文下引「王氏曰」
云：

> 王氏曰：「此非躬自厚之言，理固然也。」

文字雖較《精義》所引短小，而其語詞與《精義》所引不同。「謙而
過厚」句乃自謙而過於嚴厚以責己之意，此蓋自造之語。若「躬自
厚」一詞，乃出於《論語・衛靈公》孔子曰：「躬自厚而薄責於人，
則遠怨矣！」王安石深於經學，往往以經解經，此蓋或運用《論語》
之言以標示經義，似更合乎王氏之習慣。更考之黃倫《尚書精義》卷
十五〈仲虺之誥〉「成湯放桀於南巢，惟有慚德；曰：予恐來世以台
為口實」下引張綱之言曰：

> 張氏曰：「湯之伐桀，上應乎天，則仰不愧於天；下順乎人，
> 則俯不怍於人矣。俯仰無愧怍，而曰『惟有慚德』者，蓋承
> 堯、舜、禹揖遜之後，始以征誅而有天下，恐天下後世以己藉
> 口而稱亂，此所以不能無慚也。非可慚而慚之，**豈非躬自厚之
> 道哉**！

張綱之學出於王荊公，規模步趨，而此段經文涵義亦是論及自慚自責
之意，而所用語出於《論語》，以此推知王安石《新義》原文本當作
「此非躬自厚之言」。至於「理固然也」句，其語氣強度及持理論辯
之慨，更勝「乃誠然矣」，荊公為人偏於執拗，如此論說，語氣吻
合。可據此整合修訂「佚文」如下：

【佚文】此非躬自厚之言，理固然也。萬方有罪，豈非天子不能治化故然乎？天子有罪，萬方何與焉！

又蔡沈《書集傳》於經文之下訓解曰：

然天以天下付之我，則民之有罪，實君所為；君之有罪，非民所致。非特聖人厚於責己而薄於責人，是乃理之所在，君道當然也。

蔡沈《書集傳》亦用「理之所在」，可見「理固然也」為《新義》原文；然則此說顯然有取於王氏《新義》之立論。

〈伊訓〉

成湯既沒，太甲元年，伊尹作〈伊訓〉、〈肆命〉、〈徂后〉。

惟元祀十有二月乙丑，伊尹嗣于先王，奉嗣王祗見厥祖。侯、甸群后咸在，百官總己以聽冢宰。伊尹乃明言烈祖之成德，以訓于王曰：「嗚呼！古有夏先后，方懋厥德，罔有天災，山川鬼神，亦莫不寧，暨鳥獸魚鱉咸若。于其子孫弗率，皇天降災，假手于我有命，造攻自鳴條，朕哉自亳。惟我商王，布昭聖武，代虐以寬，兆民允懷。今王嗣厥德，罔不在初；立愛惟親，立敬惟長，始于家邦，終于四海。嗚呼！先王肇修人紀，從諫弗咈，先民時若；居上克明，為下克忠；與人不求備，檢身若不及，以至于有萬邦；茲惟艱哉！敷求哲人，俾輔于爾後嗣；制官刑，儆于有位，曰：『敢有恆舞于宮，酣歌于室，時謂巫風；敢有殉于貨色，恆于游畋，時謂淫風；敢有侮聖言，逆忠直，遠耆德，比頑

童，時謂亂風。惟茲三風十愆，卿士有一于身，家必喪；邦君有一于身，國必亡。臣下不匡，其刑墨，具訓于蒙士。』嗚呼！嗣王祇厥身，念哉！聖謨洋洋，嘉言孔彰，惟上帝不常，作善降之百祥，作不善降之百殃。爾惟德，罔小，萬邦惟慶；爾惟不德，罔大，墜厥宗。」

曰：「嗚呼！古有夏先后，方懋厥德，罔有天災。山川鬼神，亦莫不寧，暨鳥獸魚鱉咸若。」

【根祥案】

考之宋代陳大猷《書集傳》卷四，總頁61下A，於經文下引有「王氏曰」以解釋經義。其言曰：

> 王氏曰：「君懋德，則施及鳥獸魚鱉；不懋德，則其身不能保。」

此段引文當補入為《新義》「佚文」。

造攻自鳴條，朕哉自亳。

【佚文】（二三〇）「鳴條，夏所宅也。亳，商所宅也。桀有可伐之罪，然後湯與伊尹謀於亳而往伐之；所以起兵戎者夏也，故曰『造攻自鳴條』。既有可誅之罪，湯遂自亳而往攻之，故曰『朕哉自亳』。周書曰：『我不爾動，自乃邑。』亦與此同義。」（全解卷十五頁二三）

【評】宋林之奇曰：「王氏此言，亦趙岐之意也。蓋言桀有可攻之罪，故我得而攻之；攻之者湯，造攻者在桀也。孟子曰；『國必自伐，然後人伐之。』此亦必然之理也。」（全解卷十五頁二三）

【根祥案】

考之蔡沈《書集傳》卷三，於經文下曰：

> 鳴條，夏所宅也；亳，湯所宅也。言造可攻之釁者，由桀積惡
> 於鳴條；而湯德之修，則始於亳都也。

其訓解文句有資於《新義》，而其說理亦與王氏相同。

嗚呼！先王肇修人紀，從諫弗咈，先民時若；居上克明，為下克
忠，與人不求備，檢身若不及；以至於有萬邦茲惟艱哉。

【根祥案】

考之宋代陳大猷《書集傳》卷四，總頁，62上B引「王氏曰」以解
「為下克忠」一句，其言曰：

> 王氏曰：「湯進尹於桀，克忠可見。」

此段引文當補入為《新義》「佚文」。

制官刑，儆于有位。

【佚文】（二三一）「湯豈真以刑加之哉？儆戒之而已。」（纂傳卷十
一頁四）

曰：「敢有恆舞于宮，酣歌于室，時謂巫風。敢有殉于貨色，恆
于遊畋，時謂淫風。敢有侮聖言，逆忠直，遠耆德，比頑童，時
謂亂風。惟茲三風十愆，卿士有一于身，家必喪；邦君有一于

身，國必亡。臣下不匡，其刑墨。具訓于蒙士。」

【根祥案】

考之宋‧陳大猷《書集傳》卷四，總頁62下B，於此段經文之下，引王安石之言解釋經義，其言曰：

> 王氏曰：「有位之人，以行義率風俗，以職業成政事；三風十愆，敗風俗，隳政事，故湯制官刑，以此為急。」

此段引文當補入為《新義》「佚文」。

王氏此論，當時頗用於群臣奏議之中，如陳公輔〈上欽宗條畫十二事〉，即用王氏之說立言。其文曰：

> 六曰勵風俗：臣聞士大夫者，風俗之所繫，朝廷用賢士大夫，以職業成政事，以行義率風俗，則民德日歸於厚矣。[13]

可見王氏之說影響力之一斑。

臣下不匡，其刑墨。具訓于蒙士。

【佚文】（二三二）「蒙士，蒙童之士也；為蒙童則如此訓之矣。至於出為臣屬，而不能正其君上，則刑墨矣。」（全解卷十五頁三一）

【評】宋林之奇曰：「具訓於蒙士者，先儒之說不如王氏、蘇氏。……二（王、蘇）說皆是。酒誥曰：『文王若（告之誤，酒誥經文本作誥。）教小子、有正、有事，無彝酒。』蓋自其為小子固以此

---

13 宋‧趙汝愚編《宋名臣奏議》（四庫全書本）卷一百五十，陳公輔〈上欽宗條畫十二事〉。

而教之矣。」（全解卷十五頁三一）

【根祥案】

《輯考彙評》取林之奇「二說皆是」以下之語句作評論。蘇軾之說，蓋或有取於王荊公而隱諱其名。蘇軾曰：「蒙，童也；士自童幼即以此訓之也。」林之奇於引〈酒誥〉以論證之後曰：「蓋自其為小子固以此而教之矣。」其語句形式與蘇軾更為相似，語義亦較接近。

又蔡沈《書集傳》於此經文曰：

> 童蒙，始學之士，則詳悉以是訓之，欲其入官而知所以正諫也。

此亦參考王、蘇二家之說作解說。

〈太甲上〉

太甲既立，不明。伊尹放諸桐，三年，復歸于亳，思庸。伊尹作〈太甲〉三篇

惟嗣王不惠于阿衡。伊尹作書曰：「先王顧諟天之明命，以承上下神祇，社稷宗廟，罔不祇肅。天監厥德，用集大命，撫綏萬方。惟尹躬克左右厥辟，宅師。肆嗣王丕承基緒，惟尹躬先見于西邑夏，自周有終，相亦惟終；其後嗣王罔克有終，相亦罔終；嗣王戒哉！祇爾厥辟，辟不辟，忝厥祖。」王惟庸，罔念聞。伊尹乃言曰：「先王昧爽丕顯，坐以待旦，旁求俊彥，啟迪後人，無越厥命以自覆，慎乃儉德，惟懷永圖；若虞機張，往省括于

度,則釋。欽厥止,率乃祖攸行,惟朕以懌,萬世有辭。」王未克變。伊尹曰:「茲乃不義,習與性成;予弗狎于弗順,營于桐宮,密邇先王其訓,無俾世迷。」王徂桐宮居憂,克終允德。

惟嗣王不惠于阿衡

【佚文】(二三三)「阿,大陵之有曲者,保其君如阿,平其國如衡。」(纂疏卷三頁十一,全解卷十六頁四,纂傳卷十二上頁一,大全卷四頁三十)

【根祥案】

《輯考彙評》置陳櫟《纂疏》所引之文在前,並以之為【佚文】原文,而林之奇《全解》少第一句,故後置;以當時而論,誠然。今考之宋・陳大猷《書集傳》卷四,總頁63下B,於此經文之下,引「王氏曰」,其文如下:

> 王氏曰:「阿,大陵之有曲者。保其君如阿,平其國如衡。」

陳大猷引文與陳櫟《纂疏》同,而以時間論則陳大猷早於陳櫟,是當以陳大猷所引文為「佚文」之正。

又清朝朱鶴齡《尚書埤傳》卷八,亦引有此段文字,而文字有異,蓋為訛誤。其言曰:「王安石曰:「阿,大林之有助者,保其君如阿,平其國如衡。」可補入為來源資料。

【評】宋林之奇曰:「伊尹稱阿衡,蓋其一時所以極其推尊之意者,其義則無傳焉。王氏云:『……。』……是隨字立義,未必得其當時所以命名之旨,猶毛氏解尚父,曰『可尚可父』云爾。」(全解卷第十六頁四)

顧諟天之明命。

【佚文】（二三四）「諟，以言其不違。」（全解卷十六頁五）

惟嗣王不惠于阿衡。伊尹作書曰：「先王顧諟天之明命，以承上下神祇。社稷宗廟，罔不祇肅。天監厥德，用集大命，撫綏萬方。惟尹躬，克左右厥辟，宅師。肆嗣王丕承基緒。」

【根祥案】

考之宋・陳大猷《書集傳》卷四，總頁64上A，於此段經文之下，引用王安石之說以解經。其文曰：

> 王氏曰：「言非湯非尹，嗣王無可承之基緒；然則太甲不當不惠于阿衡，以覆湯之典刑也。」

此段引文當補入為《新義》「佚文」。

自周有終，相亦惟終。

【佚文】（二三五）「有終，善終也。相，輔相之臣也。」（纂傳卷十二上頁二）

【根祥案】

考之宋・陳大猷《書集傳》卷四，總頁64上A-B，經文之下，有引文一段，其文曰：

> 新安王氏曰：「有終，善終也。相，輔相之臣也，言君臣俱榮。後嗣王，指桀。罔終，言危亡，君臣俱辱。」

王天與所引文，陳大猷稱為「新安王氏曰」，考陳氏《書集傳》成書較早，而王天與所載錄，每有錯誤，當以陳大猷所刊載為是。然則此條「佚文」並非王安石《新義》之文，當予刪除。

其後嗣王罔克有終

【佚文】（二三六）「罔終，不克善終也。」（纂傳卷十二上頁二）

【根祥案】

考之王天與《尚書纂傳》，前一條「佚文235」本為「新安王氏曰：有終，善終也。」此一條謂「罔終，不克善終」，正與前一條相對一義，而《纂傳》所記載之形式亦一致；故此文雖陳大猷《書集傳》未有記載，實疑亦為「新安王氏」所言，而非王安石所說者。有此疑端，當另出註釋以存其實。

慎乃儉德，惟懷永圖。若虞機張，往省括于度，則釋。欽厥止，率乃祖攸行。

【佚文】（二三七）「上弦曰張。」（纂傳卷十二上頁三）

【根祥案】

考之宋·陳大猷《書集傳》卷四，總頁64下A，經文之下，有引文一段，其文曰：

> 新安王氏曰：「上弦曰張。」

此條「佚文」當為「新安王氏」王炎之言，非王安石《新義》「佚文」，當予刪除。

【佚文】（二三八）「語靜之道，則曰『慎乃儉德，欽厥止』；語動之道，則曰『若虞機張，率乃祖攸行』。」（輯纂卷三頁十四，大全卷四頁三四）

〈太甲中〉

惟三祀十有二月朔，伊尹以冕服奉嗣王歸于亳。作書曰：「民非后，罔克胥匡以生；后非民，罔以辟四方。皇天眷佑有商，俾嗣王克終厥德，實萬世無疆之休。」王拜手稽首，曰：「予小子不明于德，自底不類，欲敗度，縱敗禮，以速戾于厥躬。天作孽，猶可違；自作孽，不可逭。既往背師保之訓，弗克于厥初，尚賴匡救之德，圖惟厥終。」伊尹拜手稽首，曰：「修厥身，允德協于下，惟明后。先王子惠困窮，民服厥命，罔有不悦，並其有邦厥鄰，乃曰：『徯我后，后來無罰。』王懋乃德，視乃厥祖，無時豫怠。奉先思孝，接下思恭；視遠惟明，聽德惟聰；朕承王之休無斁。」

伊尹以冕服奉嗣王歸於亳。

【根祥案】

考之宋・陳大猷《書集傳》卷四，總頁65上A，於此段經文之下，引用王氏之言作論述。其文曰：

> 王氏曰：「商冕之制，無所經見。」

此引文當補入為《新義》「佚文」。

王拜手稽首曰:「予小子不明於德,自厎不類。」

【根祥案】

考之宋・陳大猷《書集傳》卷四,總頁65下A,於此段經文之下,引用「王氏曰」之文論述。其文如下:

王氏曰:「人之類善,故不善謂之不類。」

此段引文當補入為《新義》「佚文」。

欲敗度,縱敗禮。

【佚文】(二三九)「欲而無以節之,則敗度;縱而無以操之,則敗禮。欲而無以節之,謂廣其宮室、侈其衣服之類;縱而無以操之,謂惰其志氣,弛其言貌之類。」(全解卷十六頁二一,夏解卷十二頁十四)

【評】宋林之奇曰:「此說比先儒為長。要之,多欲者必縱肆,縱肆者必多欲,不類之人必有此二者之失。故其至於敗度敗禮而不自反,則召罪戾於其身也。」(全解卷十六頁二一)

【根祥案】

宋・黃倫《尚書精義》卷十七引張綱之論說,如下:

張氏曰:「耳之於聲,目之於色,口之於味,無非欲也;先王以人之有欲,於是為度以防之。惰其情貌,弛其支體,無非縱也;先王以人之有縱,於是制禮以防之。欲而無以節之,則至於敗度;縱而無以操之,則至於敗禮。敗度敗禮,其為罪大

矣。天作孽，則修德而可以禳，故曰『猶可違』，自作孽則在
己有以致之，何可逃乎？故曰『不可逭』。太甲以為既往之
失，雖不可追，而將來者尚可圖之也。然則太甲之所以克終厥
德，豈非伊尹之力歟。」

張綱之學，規矩步趨於王氏之學，觀此可見一斑，而張綱之言可參知
王氏學說之大概也。

〈太甲下〉

伊尹申誥于王，曰：「嗚呼！惟天無親，克敬惟親；民罔常懷，
懷于有仁；鬼神無常享，享于克誠；天位艱哉！德惟治，否德
亂；與治同道罔不興，與亂同事罔不亡。終始慎厥與，惟明明
后。先王惟時懋敬厥德，克配上帝；今王嗣有令緒，尚監茲哉！
若升高，必自下；若陟遐，必自邇。無輕民事，惟難；無安厥
位，惟危。慎終于始。有言逆于汝心，必求諸道；有言遜于汝
志，必求諸非道。嗚呼！弗慮胡獲？弗為胡成？一人元良，萬邦
以貞。君罔以辯言亂舊政，臣罔以寵利居成功，邦其永孚于休。」

德惟治，否德亂，與治同道罔不興，與亂同事罔不亡。

【根祥案】

考之宋・陳大猷《書集傳》卷四，總頁66下A，於此段經文之下，取
王安石之說，加以論述。其文如下：

王氏曰：「德者，得之也，得道之謂也。」

此段引文當補入為《新義》「佚文」。

無輕民事，惟艱；無安厥位，惟危。慎終於始。

【根祥案】

考之宋・陳大猷《書集傳》卷四，總頁66下B，於此段經文之下，引用王安石之言，加以論述。其文如下：

> 王氏曰：「惟難也，所以易；惟危也，所以安。」

此段引文當補入為《新義》「佚文」。

有言逆于汝心，必求諸道；有言遜于汝志，必求諸非道。

【佚文】（二四〇）「遜，順也。有人之言，雖於汝心為逆，必於道理中求之，恐其合於道而有益也。有人之言，雖於汝志為順，必於非道理中求之，恐其不合於道而有損也。」（精義卷十八頁六）

嗚呼！弗慮胡獲？弗為胡成？一人元良，萬邦以貞。君罔以辯言亂舊政，臣罔以寵利居成功，邦其永孚於休。

【根祥案】

考之宋・陳大猷《書集傳》卷四，總頁67上A，於此段經文之下，兩引王安石之言以發揮經義。其言曰：

> 王氏曰：「元者善之長，良者善之至。」
> 王氏曰：「能亂善惡之實者，辯言也。」

以上兩小節引文，當補入為《新義》「佚文」。

今考王氏此說「元者，善之長」，蓋出於《周易・乾卦》「元者善之長也」。至於「良者善之至」，則為王氏自造之詞訓，未見於古籍。宋・王昭禹《周禮詳解》卷三經文「正歲則以灋警戒群吏，令修宮中之職事，書其能者與其良者而以告于上」之下，曾襲用此說。其文曰：

> 能者，才之用；良者，善之至。人有才性，因其才而充之，則至于能。人有善性，因其善而充之，則至于良。然則能者善于事矣，良者善于行矣。

又元・王天與《尚書纂傳》卷十二下於此段經文註解中，有引文一段，其中亦採用王氏之言曰：

> 陳氏曰：辯言，巧言能亂善惡之實者也。祖宗舊政，慮之甚詳，行之甚久，不可輕以巧言亂之。

「陳氏」不知為誰，然考之陳大猷《書集傳》卷四，總頁67上A，有引文如下：

> 王氏曰：「能亂善惡之實者，辯言也。」○東陽馬氏曰：「祖宗舊政，其慮之甚詳，行之甚久，不可輕變。」

對比兩者文辭語句，可知王天與實際引用陳大猷書中各家之言，而不別其為何人所言，一概以「陳氏」稱之。雖然如此稱謂亦無不可，而使後人難以辨別。則王天與所引文，實即是王安石《新義》文，而陳大猷引用之爾。

〈咸有一德〉

伊尹作〈咸有一德〉

伊尹既復政厥辟,將告歸,乃陳戒于德,曰:「嗚呼!天難諶,命靡常。常厥德,保厥位;厥德匪常,九有以亡。夏王弗克庸德,慢神虐民,皇天弗保,監于萬方,啟迪有命,眷求一德,俾作神主。惟尹躬暨湯,咸有一德,克享天心,受天明命,以有九有之師,爰革夏正;非天私我有商,惟天佑於一德;非商求于下民,惟民歸于一德。德惟一,動罔不吉;德二三,動罔不凶。惟吉凶不僭,在人;惟天降災祥,在德。今嗣王新服厥命,惟新厥德,終始惟一,時乃日新。任官惟賢材,左右惟其人。臣為上為德,為下為民,其難其慎,惟和惟一。德無常師,主善為師;善無常主,協于克一。俾萬姓咸曰:『大哉!王言。』又曰:『一哉!王心。』克綏先王之祿,永底烝民之生。嗚呼!七世之廟,可以觀德;萬夫之長,可以觀政。后非民罔使,民非后罔事。無自廣以狹人,匹夫匹婦不獲自盡,民主罔與成厥功。」

臣為上為德,為下為民。

【佚文】（二四一）「所謂『為上為德』者,將順正救為其上造成,所以為君之德。所謂『為下為民』者,先後相勸為其下造成,所以為民之行也。」（全解卷十七頁十三）

【評】宋林之奇曰:「如王氏『為上為德』,則通而以『為下為民』,言為其下造成,其為民之行,所以為民之行。則經文但有『德』字無『行』字,是知此說……不通。」（全解卷十七頁十三）

【根祥案】

《輯考彙評》於此段評語有標點錯誤。林之奇原文《輯考彙評》標點以「則通」連下句，蓋有問題。考之林之奇全解原文：

> 蘇氏曰：「臣之所以為民上者，非為爵祿也，為德也；德非位則不行，其所以為我下者，非為爵祿也，為民也。」王氏曰：「所謂『為上為德』者，將順正救為其上造成，所以為君之德；所謂『為下為民』者，先後相勸為其下造成，所以為民之行也。」如蘇氏之言，「為下為民」則通，以「為上為德」言臣之所以為民上，則經文並無為民上之意。如王氏「為上為德」則通，而以「為下為民」言為其下造成，其為民之行，所以為民之行，則經文但有「德」字，無「行」字，是知此說皆不通。

林之奇批評蘇軾之解釋於下句「為下為民」「則通」，而上句「為上為德」有缺失；而批評王安石解釋「為上為德」「則通」，而於下句「為下為民」則有缺失。兩者相對，可見其評論王安石，當如下標點：

> 【評】如王氏「為上為德」則通，而以「為下為民」言為其下造成，其為民之行，所以為民之行；則經文但有「德」字，無「行」字，是知此說……不通。」

七世之廟，可以觀德；萬夫之長，可以觀政。

【佚文】（二四二）「於廟言『德』者，不德則墜厥宗。於長言『政』者，政荒則民散。」（纂傳卷十三頁四，書傳彙纂卷八頁九）

【評】明王樵曰：「朱子主王安石之說，謂始祖不可祧，大端有五：謂篤生聖人，始祖不可謂無功，一也；謂推太祖之心，亦欲尊崇其親，二也；謂始祖之廟不毀，然後始祖之次當祧者，可藏主於始祖之夾室，若祧始祖，則自始祖以下當藏主於太祖之夾室，以祖考而藏主於子孫之夾室，於義為不順，三也；若為始祖別立廟，則有原廟之嫌，四也；謂太祖功德配天，所伸之祭至多，惟廟享為始祖，屈所屈之祭至少，五也。」（尚書日記卷七頁七五；朱鶴齡說略同，見尚書埤傳卷八頁十。）

〔附〕咸乂四篇小序

伊陟相太戊，亳有祥桑穀共生于廟；伊陟贊于巫咸，作咸乂四篇。

【佚文】（二四三）「兆乎物者，禍福特未定，皆謂之『祥』；應以德，則為福；應以不德，則為禍。」（輯纂「書序」頁四，纂疏「書序」頁四，大全卷十「後序」頁九）

【根祥案】

《輯考彙評》出註云：「此條，《輯纂》作『汪氏曰』，而《大全》（卷十「後序」頁九）從之。考元陳師凱《書蔡氏傳旁通》載《輯錄》引用諸書有王氏（多家）而無汪氏，又《大全》引先儒說亦不列汪氏。『汪』當作『王』，《纂疏》正作『王氏曰』，從之。」《輯考彙評》所考論，董鼎《輯纂》所引用學者著作無「汪氏」，是矣；然據此而直接認定陳櫟纂疏「王氏曰」而從之，則似乎過於率爾。

查考《輯考彙評》所據之《通志堂經解》本董鼎書，以及《摛藻堂四庫全書薈要》本之《輯纂》，此處皆作「汪氏曰」。又考董鼎書成於元朝至大戊申（1308）十二月（據董鼎序），而陳櫟書於元明宗天曆二年（1329）撰成，較之董書晚21年，而陳櫟於書中明確引用董鼎

之說者20處。雖董鼎於《輯纂》前曾列所引用學者姓名、著作，有陳櫟在焉，然其所引用之書，並非《纂疏》，而為陳櫟早期所著述之《書解折衷》。《四庫總目提要》曾加考證曰：

> 考櫟別有《書說折衷》成於此書之前，今已散佚，惟其序尚載《定宇集》中；稱「朱子說書，通其可通不強通其所難通，而蔡氏於難通罕闕焉，宗師說者固多，異之者亦不少。予因訓子，遂掇朱子大旨及諸家之得經本義者，句釋於下，異同之說，低一字折衷之」，則櫟之說書亦未嘗株守蔡傳。而是書之作，乃於蔡傳有所增補，無所駁正，與其舊說迥殊。自序稱「聖朝科舉興行，諸經、四書，一是以朱子為宗，書宗蔡傳，固亦宜然」云云，蓋延祐設科以後，功令如斯，故不敢有所出入也。

《四庫提要》所論應可信；然則董鼎、陳櫟二家之書，孰先孰後，其承襲之跡如何，難以考證。

茲以下列兩證據推論此段文字之歸屬：

其一，就涵義而言，「禍福特未定，應以德，則為福；應以不德，則為禍」，如此論點，於王氏學術之中，已有發揚。如：其所解《周書・呂刑》「爾尚敬逆天命，⋯⋯雖畏勿畏，雖休勿休」句下曰：

> 雖有可畏之禍，勿以為畏；雖有可美之福，勿以為美。所以然者，以禍福之變無常，而人心不可知，惟當修德以逆天命耳。[14]

可見王安石思想之中，既有「禍福之變無常」之概念，與本段文字之思想一致。

---

14 程本《尚書新義輯考彙評》【佚文】(五四三)條。見林之奇《尚書全解》卷三九頁17-18。

　　其二，再尋考董鼎《纂註》更早之刊本，得臺北市臺灣商務印書館於1981年出版，據元至正14年翠巖精舍刊本影印之《書蔡氏傳輯錄纂註》，收入《四部叢刊三編》之中。翻找其中相關文字，確實書作「王氏曰」。如下圖：

　　以此得知，通行本（《通志堂經解》本）之董鼎《纂註》，於此有校勘之誤，原文應當為「王氏曰」，與陳櫟所引正同。如此，則確實補充證明此條為「王氏曰」之文。《輯考彙評》認定為是。

〈盤庚上〉

盤庚五遷，將治亳殷，民咨胥怨；作〈盤庚〉三篇。

盤庚遷于殷，民不適有居。率籲眾感出矢言曰：「我王來，既爰宅于茲，重我民，無盡劉，不能胥匡以生；卜稽曰『其如台』。先王有服，恪謹天命，茲猶不常寧，不常厥邑，于今五邦。今不承于古，罔知天之斷命，矧曰其克從先王之烈，若顛木之有由蘖，天其永我命于茲新邑，紹復先王之大業，底綏四方。」盤庚斆于民，由乃在位，以常舊服，正法度，曰：「無或敢伏小人之攸箴。」王命眾悉至于庭，王若曰：「格汝眾，予告汝訓，汝猷黜乃心，無傲從康。古我先王，亦惟圖任舊人共政，王播告之修，不匿厥指，王用丕欽；罔有逸言，民用丕變。今汝聒聒，起信險膚，予弗知乃所訟。非予自荒茲德，惟汝含德，不惕予一人；予若觀火，予亦拙謀，作乃逸；若網在綱，有條而不紊；若農服田力穡，乃亦有秋。汝克黜乃心，施實德于民，至於婚友，丕乃敢大言汝有積德，乃不畏戎毒于遠邇，惰農自安，不昏作勞，不服田畝，越其罔有黍稷。汝不和吉，言于百姓，惟汝自生毒，乃敗禍姦宄，以自災于厥身；乃既先惡于民，乃奉其恫，汝悔身何及？相時憸民，猶胥顧于箴言，其發有逸口，矧予制乃短長之命。汝曷弗告朕而胥動以浮言，恐沈于眾，若火之燎于原，不可嚮邇，其猶可撲滅，則惟汝眾自作弗靖，非予有咎。遲任有言曰：『人惟求舊，器非求舊，惟新。』古我先王，暨乃祖乃父，胥及逸勤，予敢動用非罰。世選爾勞，予不掩爾善；茲予大享于先王，爾祖其從與享之，作福作災，予亦不敢動用非德。予告汝于難，若射之有志；汝無侮老成人，無弱孤有幼，各長于厥居，勉出乃力，聽予一人之作猷，無有遠邇。用罪伐厥死，用德

彰厥善；邦之臧，惟汝眾；邦之不臧，惟予一人有佚罰。凡爾眾
其惟致告，自今至於後日，各恭爾事，齊乃位，度乃口，罰及爾
身，弗可悔。」

盤庚五遷，將治亳殷，民咨胥怨，作〈盤庚〉三篇。

【佚文】（二四四）「上篇告其群臣，中篇告其庶民，下篇告百官族
姓。」（全解卷十八頁五，夏解卷十三頁二，蔡傳卷三總頁五三，尚
書日記卷八頁一）

【評】宋林之奇曰：「此書三篇皆是誥其民臣之言，而其誥之者，自
有先後，故分為三篇，而以上中下為之別。……王氏……強生分別，
攷之於經而不合，不可從也。」（全解卷十八頁五、卷十九頁一）

【評】宋林之奇又曰：「唐孔氏曰：『上二篇未遷時事，下一篇既遷後
事。上篇人皆怨，上初啟民心，故其辭尤切。中篇民已少悟，故其辭
少緩。下篇民既從遷，故辭復益緩。』此言深得敘書者之意。王氏以
為告群臣，庶民與夫百官族姓，此則未深考於其所敘之先後，而妄為
之說也。」（全解卷十九頁一）

【評】宋夏僎曰：「彼王氏乃謂『上篇告群臣』，殊不知『盤庚斆于
民』，則未嘗不告民也；『中篇告庶民』，殊不知『予念我先神后之勞
爾先』，則未嘗不告臣也；『下篇告百官族姓』：皆強生分別，攷之于
經，一無所合，未可從也。」（夏解卷十三頁二）

【評】明王樵曰：「王氏（安石）以上篇為告群臣，中篇為告庶民，
下篇為告百官族姓，蓋因上篇有『斆民由在位』之語，中篇有『話民
弗率，有眾咸造』之語，下篇有『歷告爾百姓于朕志，邦伯、師長、
百執事』之語。」（尚書日記卷八頁一）

【根祥案】

考之元・董鼎《輯錄纂註》此經文之下，〈纂註〉中引有「吳氏曰」一段，其言曰：

> 吳氏曰：「此書說者多言某篇為告臣，某篇為告民，某篇為兼告臣民。以余觀之，臣民並集之時，固不當呼臣與言而使民不與聞，又呼民與言而使臣不與聞；特以遷都之利反覆開論，事之繫乎臣者主臣言之，事之繫乎民者主民言之。君心初無適莫，臣民皆欲其盡曉也。」

其實吳氏所指「說者」，即是王安石之輩也；是以此段文字亦當列入為王氏《新義》之評論。而明・王樵《尚書日記》卷八〈盤庚上〉評騭王氏說之前，亦先引此「吳氏曰」而騭之，然後據此評論王氏之說，可見「吳氏」之說，深得學者所認同。

又《輯考彙評》所引王樵評論王氏之語，亦非完整。今試為之調整如下：

> 王氏以上篇為告群臣，中篇為告庶民，下篇為告百官族姓；蓋因上篇有「戲民由在位」之語；中篇有「話民之弗率，有眾咸造」之語；下篇有「歷告爾百姓于朕志，邦伯、師長、百執事」之語。……其實上篇首三節亦本告民，次乃提臣而專告之，雖曰告臣，亦本對民而告之，使同聽之也；……中篇告民而茲予有亂政同位一節，非對民而告臣乎；下篇首曰「綏爰有眾」，蓋亦臣民無不在，而末乃丁寧於治民之臣耳。王氏專以為告百官族姓，殊失之。

若顛木之有由蘗

【佚文】（二四五）「蘗，萌也。」（纂傳卷十四上頁二）

【根祥案】

考之宋・東陽陳大猷《書集傳》卷五，總頁70上Ａ，於此段經文之下，引有「新安王氏曰」之文，其文曰：

> 新安王氏曰：「蘗，萌也。新邑指亳。」

可見此條引文，與王天與所引文相同，而乃「新安王氏」王炎之言論，可知王天與誤稱為「王氏曰」。然則此非王安石《新義》明矣，據此「佚文」當予刪除。

盤庚敩于民，由乃在位，以常舊服，正法度，曰：「無或敢伏小人之攸箴！」

【佚文】（二四六）「無或敢伏小人之攸箴者，敩之以無自用而違其下。……治形之疾以箴，治性之疾以言。小人之箴雖不可伏，然亦不可受人之妄言。妄言適足以亂性，有至於亡國敗家者，猶受人之妄刺，非特傷形，有至於殺身者矣。故古之人聖讒說，放淫辭，使邪說者不得作，而所不伏者嘉言而已。」（全解卷十八頁十一）

【評】宋蘇軾曰：「矇誦、工諫、士傳言、庶人謗于市，此先王之舊服正法也。今民敢相聚怨誹，疑當立新法，行權政，以一切之威治之。盤庚，仁人也。其下教于民者，乃以常舊事而已，言不造新令也；以正法度而已，言不立權政也。曰『無或敢伏小人之攸箴』者，憂百官有司逆探其意而禁民言也。盤庚遷而殷復興，用此道歟！」（東坡書傳卷八頁二）

【評】宋林之奇又曰：「（蘇氏）此論甚善，亦有為而發也。當時王介甫變更祖宗之制度，立青苗、免役等法，而當朝公卿、下而小民皆以為不便，而介甫決意行之，其事與盤庚遷都相類，故介甫以此藉口，謂臣民之言皆不足恤。然所以處之則與盤庚異者，盤庚敦于民，由乃在位，以常舊服，正法度，而介甫一以新法從事。盤庚言『無或敢伏小人之攸箴』，而介甫則峻刑罰以繩天下之人言新法之不便者。故（介甫）雖以盤庚自解說，而天下之人終不以盤庚許之者，以其跡雖同而其心則異也。非特天下之人不許之以盤庚之事，而介甫亦自知其叛於盤庚之說，其（介甫）解盤庚又從而為之辭，以為其新法之地，而既曰：『……。』而又曰：『……。』觀王氏此言，其與誦六經以文奸言者，何以異哉！蘇氏之言為王氏而發也。雖為王氏而發，實得盤庚敦民之意，非奮其私意與王氏矛盾也。」（全解卷十八頁十-十一）

王若曰

【佚文】（二四七）「凡言『若曰』者，或史官述其旨而代作，非其自言；或史撮其大意而刪潤之，非其本言。」（纂傳卷十四上頁三，輯纂卷三頁二四，纂疏卷三頁二一，大全卷五頁五）

【根祥案】

考之宋・東陽陳大猷《書集傳》卷五，總頁70下A，於此段經文之下，引有「王氏曰」之文。其文曰：

> 王氏曰：「凡言『若曰』者，或史官述其旨而代作，非其自言；或史撮其大意而刪潤之，非其本言。」

此段引文，與《纂傳》所引相同，陳大猷時代較早，當以為「佚文」之正。

又二孔於「王若曰」無所釋，王安石訓解如上述「佚文」，而蔡沈《書集傳》卷三，經文下曰：「若曰者，非盡當時之言，大意若此也。」即是採納王氏《新義》以說解經文。

無傲從康。

【佚文】（二四八）「無傲，戒之以無違王命；無從康，戒之以無即安其故處。」（纂傳卷十四上頁三，書傳彙纂卷八頁十六）

【根祥案】

考之王天與《纂傳》所引，作「王氏曰：無傲，戒之以無違王命；無從康，戒之以『無苟安』其故處。」而《書傳彙纂》則作「戒之以『無即安』其故處」；《輯考彙評》用後者之文。「即安」一詞非常見之語，且王天與《纂傳》之時代為早，而此段文字未見其他來源。又陳大猷《書集傳》卷五總頁70下A：陳大猷曰：「無，莫也，下文同。傲者，慢命而不率也。從康者，苟安而忘患也。」亦正作「苟安」。《書傳彙纂》蓋轉引《纂傳》之文而又訛誤也。當以《纂傳》作「苟安」為正。

起信險膚。

【佚文】（二四九）「不夷謂之險，不衷謂之膚。造險膚者，所不待教而誅。」（全解卷十八頁十三，夏解卷十三頁九，纂傳卷十四上頁三，書傳彙纂卷八頁十六）

【評】宋林之奇曰：「王氏曰：『不夷謂之險，不衷謂之膚。』此論甚善！而繼之曰：『造險膚者，所不待教而誅。』此言大害義理！夫盤庚斅于民，由乃在位，則是為險膚之言者，皆教之而不忍誅也。今曰

『造險膚者，不待教而誅』，則是盤庚之時必誅其造險膚者。此蓋王氏借此言簧鼓以惑天下，欲快意於一時。老成之人言新法之不便者，皆欲指為造險膚之人而悉誅也。不仁之禍，至六經而止。王氏乃借六經之言欲以肆其不仁之禍，是可歎也！」（全解卷十八頁十三）

【根祥案】

考之宋・東陽陳大猷《書集傳》卷五，總頁70下B，於此段經文之下，引「王氏曰」之文。其文曰：

> 王氏曰：「不夷謂之險，不衷謂之膚。」

此引文當可補入為「佚文」來源。又考之夏《解》作「不中為膚」，而此陳大猷所引，文字與林氏《全解》正同作「衷」，據此可以正夏僎之失。

予弗知乃所訟。

【佚文】（二五〇）「訟，爭辯也。」（纂疏卷三頁二二，輯纂卷三頁二四）

【根祥案】

《輯考彙評》出註釋十三曰：「此條，輯纂作『王氏炎曰』，未知孰是；別與他書可資旁證，姑存於此。」考察元・董鼎《書傳輯錄纂註》卷三此段經文之下，引文與陳櫟《纂疏》不同，曰：

> 〈纂註〉：王氏炎曰：「訟，爭辯也。」

今考之宋‧陳大猷《書集傳》卷五，總頁70下B，此段經文下，引用
此文曰：

> 新安王氏曰：「訟，爭辯也。」

其引文稱謂與董鼎一致。以此觀之，此句訓解文字確為王炎之言，而
非王安石之說。據此則「佚文」當予刪除。

若網在綱，有條而不紊；若農服田力穡，乃亦有秋。

【佚文】（二五一）「『若網在綱，有條而不紊』者，言下從上、小從
大則治，此申前『無傲』之戒；『若農服田力穡，乃亦有秋』，此申前
『無從康』之戒。」（全解卷十八頁十四，夏解卷十三頁十，纂傳卷
十四上頁四）

【根祥案】

考之宋‧陳大猷《書集傳》卷五，總頁71上A，於此段經文之下，亦
分別以「王氏曰」兩條申述不同涵義。於「若網在綱，有條而不紊」
下曰：

> 王氏曰：「此申前『傲上』之戒。」

而於「若農服田力穡，乃亦有秋」之下，則引曰：

> 王氏曰：「此申上『從康』之戒。」

其內容與林氏《全解》一致，可補入「佚文」資料來源。

又考之蔡沈《書集傳》於此段解說曰：

> 紊，亂也；綱舉則目張，喻下從上，小從大，申前「無傲」之
> 戒。勤於田畝，則有秋成之望，喻今雖遷徙勞苦，而有永建乃
> 家之利，申前「從康」之戒。

其說大致與王氏之說無異，蓋亦據《新義》為之說也。

恐沈于眾。

【佚文】（二五二）「恐，謂恐動之以禍患；沈，謂沈溺之於罪戾。」
（全解卷十八頁十九）

【根祥案】

考之宋·陳大猷《書集傳》卷五，總頁71下B，此段經文下，引「王
氏曰」之文，其文曰：

> 王氏曰：「恐，謂恐動之以禍福；沈，謂陷溺之於罪戾」

陳大猷謂之「禍福」，實不如林之奇所引作「禍患」為優。
　　又蔡沈《書集傳》卷三曰：「恐謂恐動之以禍患，沈謂沈陷之於
罪惡。」文字亦作「禍患」，其義是亦參用王安石之說而未明言也。

人惟求舊，器非求舊、惟新。

【佚文】（二五三）「以人惟求舊，故於舊有位之臣，告戒丁寧，不
忍遽為殄滅之事；以器非求舊，惟新，故不常厥邑，至於今五遷
也。」（全解卷十八頁二一，或問卷上頁六五）

【評】宋陳大猷曰:「或問東坡『人舊則習,器舊則弊,當使舊人用新器,我所以從老成之言而遷新邑也』(敏案:文略見東坡書傳卷八頁五。),荊公亦同此說,如何?曰:林氏(之奇)謂:『雖有器非求舊、惟新之言,然盤庚舉此,但以證「人惟求舊」耳,故下文繼以「古我先王暨乃祖乃父」,文勢首尾相類,無取於「器非求舊」以為新邑之喻也。』(文略見全解卷十八頁二十-二一)此說辨之當矣。兼今日『新邑』,乃是先王舊邑,豈果是求新乎?是正與盤庚紹復先王之意相反也。」(或問卷上頁六五)

汝無侮老成人

【佚文】(二五四)「老不可敬。」(嵩山集卷一頁三八,宋元學案卷九八總頁一八三七荊公新學略)

〈盤庚中〉

盤庚作,惟涉河,以民遷。乃話民之弗率,誕告用亶。其有眾咸造,勿褻在王庭。盤庚乃登進厥民,曰:「明聽朕言,無荒失朕命。嗚呼!古我前后,罔不惟民之承保,后胥慼,鮮以不浮于天時。殷降大虐,先王不懷,厥攸作,視民利用遷。汝曷弗念我古后之聞,承汝俾汝,惟喜康共。非汝有咎,比于罰,予若籲懷茲新邑,亦惟汝故,以丕從厥志。今予將試以汝遷,安定厥邦,汝不憂朕心之攸困,乃咸大不宣乃心,欽念以忱,動予一人。爾惟自鞠自苦,若乘舟,汝弗濟,臭厥載;爾忱不屬,惟胥以沈,不其或稽,自怒曷瘳?汝不謀長,以思乃災;汝誕勸憂,今其有今罔後,汝何生在上?今予命汝一,無起穢以自臭,恐人倚乃身,迂乃心,予迓續乃命于天。予豈汝威用,奉畜汝眾。予念我先神

后之勞爾先，予丕克羞爾，用懷爾然，失于政，陳于茲。高后丕乃崇降罪疾，曰：『曷虐朕民。』汝萬民乃不生生，暨予一人猷同心，先后丕降與汝罪疾，曰：『曷不暨朕幼孫有比，故有爽德。』自上其罰汝，汝罔能迪。古我先后，既勞乃祖乃父，汝共作我畜民，汝有戕則在乃心；我先后綏乃祖乃父，乃祖乃父乃斷棄汝，不救乃死。茲予有亂政同位，具乃貝玉，乃祖乃父丕乃告我高后曰：『作丕刑于朕孫。』迪高后丕乃崇降弗祥。嗚呼！今予告汝不易，永敬大恤，無胥絕遠；汝分猷念以相從，各設中于乃心，乃有不吉不迪，顛越不恭，暫遇姦宄，我乃劓殄滅之，無遺育，無俾易種于茲新邑。往哉！生生，今予將試以汝遷，永建乃家。」

鮮以不浮于天時。

【佚文】（二五五）「乘時流行，無所厎滯。」（全解卷十九頁四）

【根祥案】

考之宋・陳大猷《書集傳》卷五，總頁73上A，此段經文下，引「王氏曰」曰：

　　王氏曰：「浮於天時，謂乘時流行，無所厎滯也」

以文辭語句而言，陳大猷所引為詳，當據之為《新義》「佚文」之正。又林之奇《尚書全解》引文作「底滯」，而陳大猷作「厎滯」；「厎滯」蓋「厎滯」之誤，「厎」者，達也、致也；而「底」字於此無義不倫。《尚書》中多有「厎行」、「厎績」「厎綏四方」、「既厎法」、「東原厎平」、「震澤厎定」等語詞，俗本、坊間所誤作「底」。此即為一例。

汝曷弗念我古后之聞？承汝俾汝，惟喜康共；非汝有咎，比于罰。

【根祥案】

考之宋・陳大猷《書集傳》卷五，總頁73上B，於此段經文下，引「王氏曰」云：

> 王氏曰：「非有咎於汝，比于罰而謫徙也。」

此段引文當補入為《新義》「佚文」。

又考之蔡沈《書集傳》卷三，經文下云：「非為汝有罪，比于罰而謫遷汝也。」此分明採用王氏《新義》之說以訓解經典也。

今予將試以汝遷，安定厥邦。

【佚文】（二五六）「『今予將試以汝遷，安定厥邦』者，告民以遷之安利也。以遷為安定厥邦，則知不遷必有危而不安、亂而不定之事也。」（全解卷十九頁六，纂傳卷十四中頁二）

【根祥案】

考之宋・陳大猷《書集傳》卷五，總頁73下A，於此段經文之下，引用王安石《新義》之言曰：

> 王氏曰：「以遷為安定厥邦，則知不遷之必危必亂也。」

陳大猷所引與林氏《全解》小異，今考王天與《纂傳》作「知不遷必有危而不安、亂而不定厥邦也」，與林氏《全解》一致，皆有「危而不安、亂而不定」之語，是王氏文本當如是也。陳大猷蓋稍有省約其文，亦足參考。當列入「佚文」來源。

今其有今罔後，汝何生在上？

【根祥案】

考之宋‧陳大猷《書集傳》卷五，總頁73下B，於此文下，引用王安石之言曰：

> 王氏曰：「死則體魄降而在下，故曰『汝何生在上』。」

據此引文，當可以補入為《新義》「佚文」。

茲予有亂政同位，具乃貝玉。乃祖乃父丕乃告我高后曰：「作丕刑于朕孫。」迪高后丕乃崇降弗祥。

【佚文】（二五七）「古者以貝為貨，以玉為寶，後言『貨寶』，互相備也。」（永樂大典卷七六七七頁十八載書集傳引，纂傳卷十四中頁四）

【根祥案】

考之宋‧陳大猷《書集傳》卷五，總頁74下A，於此文下，引用王安石《新義》之言曰：

> 王氏曰：「古者以貝為貨，以玉為寶，後言『貨寶』，互相備也。」

《輯考彙評》所據《永樂大典》引《書集傳》之文，蓋即是上述陳大猷之《書集傳》也，其文正同，當以本書為正。

又考之元‧吳澄《書纂言》卷三，於此段經文下云：

　　　　古者以貝為貨，以玉為寶，此言貝玉貨寶，互相備也。

可見吳澄用王安石《新義》之說以解《尚書》也。

【佚文】（二五八）「先王設教，因俗之善而導之，反俗之惡而禁之。方盤庚時，商俗衰，士大夫棄義即利，故盤庚以『具貝玉』為戒，此反其俗之惡而禁之者也。自成周以上，莫不事死如事生，事亡如事存，故其俗皆嚴鬼神，以經考之，商俗為甚。故盤庚特稱先后與臣民之祖、父崇降罪疾為告，此因其俗之善而導之者也。」（蔡傳卷三總頁五六-五七，纂傳卷十四中頁四，書經疑問卷五頁四六）

【評】明姚舜牧曰：「王氏『因俗之善，反俗之惡』等語，說不著。」（書經疑問五頁四六）

乃有不吉不迪，顛越不恭，暫遇姦宄；我乃劓殄滅之，無遺育，無俾易種于茲新邑。

【佚文】（二五八之一）「前既告以鬼神之禍，此又告以刑罰之威。」（永樂大典卷七六七七頁二三載書集傳引）

【根祥案】

考之宋・陳大猷《書集傳》卷五，總頁75上A，於此文下，引用王安石《新義》之言曰：

　　　　王氏曰：「前既告以鬼神之禍，此又告以刑罰之威。」

《輯考彙評》所據《永樂大典》引《書集傳》之文，即是陳大猷《書集傳》之文也當以本書為「佚文」之正。

〈盤庚下〉

盤庚既遷，奠厥攸居，乃正厥位，綏爰有眾，曰：「無戲怠！懋建大命：今予其敷心腹腎腸，歷告爾百姓于朕志，罔罪爾眾，爾無共怒，協比讒言予一人。古我先王，將多于前功，適于山，用降我凶德，嘉績于朕邦。今我民用蕩析離居，罔有定極；爾謂朕曷震動萬民以遷，肆上帝將復我高祖之德，亂越我家。朕及篤敬，恭承民命，用永地于新邑。肆予沖人，非廢厥謀，弔由靈，各非敢違卜，用宏茲賁。嗚呼！邦伯、師長、百執事之人，尚皆隱哉！予其懋簡相爾，念敬我眾，朕不肩好貨，敢恭生生，鞠人謀人之保居，敘欽。今我既羞告爾于朕志，若否罔有弗欽，無總于貨寶，生生自庸，式敷民德，永肩一心。」

曰：無戲怠，懋建大命！

【根祥案】

考之宋・陳大猷《書集傳》卷五，總頁75上B，於此文下，引用王安石之言曰：

> 王氏曰：「無戲，欲其嚴事也；無怠，欲其勤事也。」

據此引文當補入為《新義》「佚文」。

又考之元・吳澄《書纂言》卷三此段經文之下曰：

> 無戲，欲其敬事；無怠，欲其勤事。

雖然吳澄並未明言引用王安石之說，而其文句相似，說義一致，是用其說而隱其名也。

古我先王,將多于前功,適于山,用降我凶德,嘉績于朕邦。

【根祥案】

考之宋‧陳大猷《書集傳》卷五,總頁75下B,於此經文下,引用王安石之言曰:

> 王氏曰:「降有黜去之意。」

此段引文當補入為《新義》「佚文」。

敢恭生生,鞠人,謀人之保居,敍欽。

【佚文】(二五九)「導其耕桑,薄其稅斂,使老幼不失其養,鞠人之事也。聯其比閭,合其族黨,相友相助,謀人保居之事也。既養之,又安之,則斯民之生生得矣。」(書傳會選卷三頁三八)

【根祥案】

明‧劉三吾等撰《書傳會選》引此段文字謂為「王氏曰」,《輯考彙評》據此而納入《新義》佚文。然考之於明‧朱睦㮮《五經稽疑》中,亦曾引用相同之文字曰:

> 鞠人謀人:鞠、謀,蔡氏不解其義。**新安王氏曰**:「導其耕桑,薄其稅斂,使老幼不失其養,鞠人之事也;聯其比閭,合其族黨,相友相助,謀人之事也。既養之,又保之安之,則斯民之生生得之矣。」[15]

---

15 明‧朱睦㮮《五經稽疑》卷2,頁16。

朱睦㮮以為此段文字乃「新安王氏」之言，即是王炎《尚書小傳》之說也。至於《欽定書經傳說彙纂》卷八經文之下，〈集說〉則曰：

> 王氏十朋曰：「導其耕桑，薄其稅斂，使老幼不失其養，鞠人之事也；聯其比閭，合其族黨，相友相助，謀人保居之事也；既養之，又安之，則斯民之生生得矣。」

則以為乃宋代王十朋《尚書解》之文。以時間邏輯思之，王十朋之《尚書》著作，早已失傳，清朝編定《欽定書經傳說彙纂》一書，居然引得「王十朋」《尚書》之說，而此說未見於前人引用，此實不可能之事。總之，二者皆不以為此段為王安石之論說。

今考之宋・陳大猷《書集傳》，其中亦引有相同之文字曰：

> 新安王氏曰：「貪墨之人，損民益己，不能念敬我眾者也，我則屏而不用，果敢恭奉生生之計，鞠養乎民，為民謀慮而保其居。導其耕桑，薄其稅斂，使老幼不失其養，鞠人之事也。聯其比閭，合其族黨，相友相助，謀人之事也。既養之，又保之、安之，則斯民之生生得之矣。此能念敬我眾者也，我則敘而用之，如式敘在位之『敘』，欽而禮之，如欽四鄰之『欽』。」[16]

按陳大猷《書集傳》之體例，大字者為論說之重點，小字者為參考補充之言論，其字雖有大小之別，而其文連屬，當屬同一人之言，即是大小字均為「新安王氏」之言論也。如此，據前述朱睦㮮之言，復驗證之以陳大猷《書集傳》所引文字，可證明此段「王氏曰」之言，確實為新安王炎之言論，並非王安石《新義》之文，亦非梅溪王十朋《尚書解》之言也；當予刪除。

---

16 宋・陳大猷《書集傳》卷5，頁14，總頁76上B。

式敷民德,永肩一心。

【評】宋蘇軾曰:「『……盤庚,德之衰也。其所以信于民者未至,故紛紛如此。然民怨誹逆命而盤庚終不怒,引咎自責,益開眾言,反覆告諭,以口舌代斧鉞,忠厚之至,此殷所以不亡而復興也。後之君子厲民以自用者,皆以盤庚藉口,予不可以不論。」(東坡書傳卷八頁十四-十五)

〈說命上〉

高宗夢得說,使百工營求諸野,得諸傅巖;作〈說命〉三篇。

王宅憂,亮陰三祀。既免喪,其惟弗言。群臣咸諫于王曰:「嗚呼!知之曰明哲,明哲實作則。天子惟君萬邦,百官承式;王言惟作命,不言臣下罔攸稟令。」王庸作書以誥曰:「以台正于四方,台恐德弗類,茲故弗言。恭默思道,夢帝賚予良弼,其代予言。」乃審厥象,俾以形旁求于天下。說築傅巖之野,惟肖。爰立作相,王置諸其左右,命之曰:「朝夕納誨,以輔台德。若金,用汝作礪;若濟巨川,用汝作舟楫;若歲大旱,用汝作霖雨。啟乃心,沃朕心;若藥弗瞑眩,厥疾弗瘳;若跣弗視地,厥足用傷。惟暨乃僚,罔不同心以匡乃辟,俾率先王,迪我高后,以康兆民。嗚呼!欽予時命,其惟有終。說復于王曰:「惟木從繩則正,后從諫則聖。后克聖,臣不命其承;疇敢不祇若王之休命。」

王宅憂。

【佚文】(二六〇)「宅憂,居喪也。」(纂傳卷十五上頁一)

【根祥案】

考之宋・陳大猷《書集傳》卷五，總頁76下B，於此經文下，引用相似之文句曰：

　　新安王氏曰：「宅憂，居憂也。」

查考歷來《尚書》著作，孔傳曰「居憂」，孔疏謂「言王居父憂……謂既免喪事；此以發端也」，可知二孔所解「宅憂」，即是「居喪」之義。夏僎《詳解》卷十四，有「宅憂，居喪也」，又宋・錢時《融堂書解》卷八，亦有「宅憂，居喪也」，二者均未曾言出於王安石；林之奇《全解》卷二十則曰「宅憂乃居憂也」，亦未言出於何人之說。蓋此解釋自《孔傳》以來，大都若是，可不必分辨。保留此「佚文」，應不為過。

（高宗）恭默思道。夢帝賚予良弼。

【佚文】（二六一）「古之人齊三日以致其思，必見其所為齊者，況于恭默思道致一而深思？則感格上帝，夢賚良弼，蓋無足怪者。淺陋之人，不知天人之際、至誠可以感通如此。」（或問卷下頁二）

【根祥案】

《輯考彙評》此處引陳大猷《書集傳或問》之文，而標點有可議者；其中「？」號不當；蓋「恭默思道致一而深思」句乃其後「感格上帝，夢賚良弼」之原由，具有前因後果之關係，是以中間不應斷以「？」號。今重新標點如下：

　　古之人齊三日以致其思，必見其所為齊者；況于恭默思道，致

一而深思，則感格上帝，夢賚良弼，蓋無足怪者。淺陋之人，不知天人之際，至誠可以感通如此。

若金，用汝作礪；若濟巨川，用汝作舟楫，若歲大旱，用汝作霖雨。

【佚文】（二六二）「若金，用汝作礪者，命之使治己也。若濟巨川，用汝作舟楫者，命之使濟難也。若歲大旱，用汝作霖雨者，使之澤民也。」（全解卷二十頁八，夏解卷十四頁六，纂傳卷十五上頁二，纂疏卷三頁二九，大全卷五頁二七，書傳彙纂卷九頁六）

【評】宋林之奇曰：「高宗之設此三喻，大抵言其望於傅說之納誨者如此其激切，而其託意之深，故重複言之。或者見其有此三喻，則必從而為之說，以為每句皆有所託，王氏曰：『……。』呂吉甫又以謂：『……。』是皆附會穿鑿以追求高宗之意。據此上文言『朝夕納誨，以輔台德』，下文言『啟乃心，沃朕心』，則是高宗於此其與傅說言者，大抵欲成就其己之德而已，未及乎『濟難，澤民』與『舉天下而聽之』之事也。」（全解卷二十頁七-八；夏僎評，見夏解卷十四頁六-七，略同。）

【根祥案】

考之明・丘濬《大學衍義補》卷四，亦引用「王安石曰」此段文字，如下：

王安石曰：「作礪，使成己；舟楫，使濟難；霖雨，使澤民。」

此段引文乃節略王氏原文而成，當視為「佚文」來源，其說亦可參考。

〈說命中〉

惟說命，總百官，乃進於王曰：「嗚呼！明王奉若天道，建邦設都，樹后王君公，承以大夫師長，不惟逸豫，惟以亂民。惟天聰明，惟聖時憲，惟臣欽若，惟民從乂。惟口起羞，惟甲冑起戎，惟衣裳在笥，惟干戈省厥躬；王惟戒茲。允茲克明，乃罔不休。惟治亂在庶官，官不及私昵，惟其能。爵罔及惡，德惟其賢；慮善以動，動惟厥時。有其善，喪厥善；矜其能，喪厥功；惟事事，乃其有備，有備無患。無啟寵納侮，無恥過作非。惟厥攸居，政事惟醇。黷於祭祀，時謂弗欽；禮煩則亂，事神則難。」王曰：「旨哉！說乃言惟服，乃不良于言，予罔聞于行。」說拜稽首曰：「非知之艱，行之惟艱。王忱不艱，允協于先王成德，惟說不言，有厥咎。」

惟口起羞，惟甲起戎，惟衣裳在笥，惟干戈省厥躬。王惟戒茲，允茲克明，乃罔不休。

【佚文】（二六三）「衣裳，命服也；上曰衣，下曰裳。」（纂傳卷十五中頁二）

【根祥案】

考之宋・陳大猷《書集傳》卷五，總頁78下B，於此經文下，有一段引文，其文曰：

> 新安王氏曰：「此下所戒，皆恐其聰明蔽於私欲，不與天相似也。甲冑，古以革為之，後世以鐵為之，故曰『甲』謂之鎧，『冑』謂之兜鍪。戎，兵寇也。衣裳，命服也。」

對比之下,《纂傳》所引文與陳大猷所引「新安王氏」末句相同。然則王天與《纂傳》所引者,或可能即是「新安王氏」王炎之說。以孔疏觀之,孔疏曰:

> 《周禮・大宗伯》以九儀之命,正邦國之位:一命受職,再命受服,三命受位,四命受器,五命賜則,六命賜官,七命賜國,八命作牧,九命作伯。鄭云:「一命,始見命為正吏;受職,治職事也。列國之士,一命;王之下士,亦一命;再命受服。」

可見歷來解釋此經文「衣裳」,多以為「「再命受服」,即「命服」也。王安石《新義》亦可能從孔疏解義。而今考之下一條「佚文264」董鼎《輯纂》卷三頁34引【佚文】曰:

> 衣裳所以彰有德,無德而賜之,則不如其已,故宜在笥。」

又黃倫《尚書精義》卷二十一引張綱之言曰:

> 張氏曰:「口所以出命者也,出而不當,則有以起羞;甲胄所以備患者也,恃其有備,則有以起戎;衣裳所以章有德也,在笥者,欲其不可以妄與也。干戈所以討有罪也,省厥躬者欲其正己以正人也。」

董鼎所引王安石說與張綱所說「衣裳」為「衣裳所以章有德」,解義一致,皆為用〈皋陶謨〉「天命有德,五服五章」以為訓解,與「命服」之說雖涵義相近而措辭有別。林之奇嘗評王氏曰:「王氏欲盡廢

先儒之詁訓，悉斷以己意。」[17]然則此王安石、張綱以〈皋陶謨〉「章
有德」解「衣裳」，與王天與《纂傳》、陳大猷所引「命服」之說，確
有差別。以此推知，王安石於「衣服」應不解作「命服」。則王天與
所引「王氏曰」之文，當即為陳大猷所引「新安王氏」說，並非王安
石《新義》文，當予刪除。

【佚文】（二六四）「衣裳所以彰有德，無德而賜之，則不如其已，
故宜在笥。」（輯纂卷三頁三四）

【根祥案】

考之黃倫《尚書精義》卷二十一引張綱之言曰：

> 張氏曰：「衣裳所以章有德也，在笥者欲其不可以妄與也。」

可見張綱規隨王氏《新義》之言而演繹者，亦是參考。
　　又考蔡沈《書集傳》卷三，經文下曰：「衣裳所以命有德，必謹
於在笥者，戒其有所輕予。」可見蔡沈解經，實用王氏《新義》之
說。而宋·陳經《尚書詳解》卷十七，經文之下曰：

> 衣裳所以彰有德。古者再命受服是也，必當再察其藏于篋笥之
> 時，恐其錫予之濫。

其言論基本與王安石相似，且合用孔疏訓解，是亦用王氏之說也。

【佚文】（二六五）「（口、甲冑、衣裳、干戈）四事，乃為天下之大
者，得其大則小者從之，故曰『乃罔不休』。」（纂傳卷十五中頁二）

17見程本《尚書新義》，頁11引林氏說。

慮善以動，動惟厥時。

【佚文】（二六六）「事固有善而非時所宜者；善如裘葛之良，時如寒暑之時。時非葛裘，雖善何施？惟未動，審於慮善，將動、審於時宜，然後事順理而當，其可矣。不顧可否，干時而動，非聰明也。」（輯纂卷三頁三五，纂疏卷三頁三一，大全卷五頁三二，尚書日記卷八頁三八，尚書埤傳卷八頁十八，書傳彙纂卷九頁十三）

【評】明王樵曰「按：善如『主善為師』之『善』，『時』字就在『善』字上帶出。蓋善而不合乎時宜，則猶未善也。」（尚書日記卷八頁三八）

【根祥案】

考此段佚文不見於宋代其他文獻所徵引，而最早見於元代學者如董鼎、王天與等引用。而考之於元・王充耘《書義矜式》卷三，其文曰：

> 今夫所謂善者，當乎理也；時者，時措之宜也。慮固欲其當乎理，而動尤貴於得其宜；動而非時，猶無益也，聖人酬酢斯世，亦惟其時而已。（根祥按：以上為蔡傳之文）。蓋嘗思之，事固有善而非時之所宜者，善如裘葛之良，時如寒暑之時，時非裘葛，雖善何施？惟未動，審於慮善；將動，審於時宜；然後事順於理而當，其可矣。不顧可否，非時而動，則吾未見其能有益於動者也。

王充耘於《書義矜式》錄用此段相同之文字，《書義矜式》者，以《尚書》一經為科闈考試制義之典範者也。王充耘錄此論成文章，蓋據此以示範科舉考試《尚書》義應試之文；其時王安石《新義》之說已為學者所鄙，並受多方指責辯駁，若引此以為科闈應試之文，則必

慮或因此而遭黜落，不利甚矣。又考查陳大猷《書集傳》卷五，總頁79上A，陳大猷訓解言曰：

> 愚曰：合於理之謂善，當其可之謂時。**新安王氏曰**：「善如裘葛之良，時如冬夏之時。苟當冬而葛，當夏而裘，則雖良不足為良矣。惟未動之先，審於慮善；將動之際，審於從時；然後理順而事成。不顧可否，干時而動，非聰明也。」

此段「新安王氏」（王炎）之言論，與前引「王氏曰」之文相同，而文辭轉承之態，較之尤為順達，可見「新安王氏」所說蓋即原來文本。又董鼎《輯纂》書中，其引用書目中有「王氏炎 雙溪 晦叔 新安 全解」，可知董鼎所引本應為「新安王氏」王炎之說，而其書刊刻之際，或因手民之失而脫落「新安」二字，致使「新安王氏曰」錯作「王氏曰」，遂有此誤。王充耘于《書義矜式》中引用「新安王氏」之說，則其理可觀而無黜落之疑慮矣。

　　據以上分析、論證觀之，此段論《書》義文字，當非王安石《新義》之文，乃新安王氏炎之《尚書》論說也。則此「佚文」當予刪除。

有其善，喪厥善。

【評】宋邵博曰：「東坡倅錢塘日，答劉道原書云：『……近見京師經義題：「……。」』又：「有其善，喪厥善。『其』、『厥』不同，何也？』』……似此類甚眾，大可痛駭！時熙寧初王氏之學，務為穿鑿至此！」（邵氏聞見後錄卷二十頁八-九）

〈說命下〉

王曰:「來,汝說。台小子舊學于甘盤,既乃遯于荒野,入宅于河,自河徂亳,暨厥終罔顯。爾惟訓于朕志,若作酒醴,爾惟麴糵;若作和羹,爾惟鹽梅;爾交修予,罔予棄。予惟克邁乃訓。」說曰:「王,人求多聞,時惟建事。學于古訓,乃有獲;事不師古,以克永世,匪說攸聞。惟學,遜志務時敏,厥修乃來。允懷于茲道,積于厥躬。惟斅學半,念終始典于學,厥德修罔覺。監于先王成憲,其永無愆。惟說式克欽承,旁招俊乂,列于庶位。」王曰:「嗚呼!說,四海之內,咸仰朕德,時乃風。股肱惟人,良臣惟聖,昔先正保衡,作我先王,乃曰:『予弗克俾厥后惟堯舜,其心愧恥,若撻于市。』一夫不獲,則曰『時予之辜』。佑我烈祖,格于皇天。爾尚明保予,罔俾阿衡專美有商。惟后,非賢不乂;惟賢,非后不食。其爾克紹乃辟于先王,永綏民。」說拜稽首曰:「敢對揚天子之休命。」

說曰:「王!人求多聞,時惟建事。學于古訓,乃有獲。」

【佚文】(二六七)「王人,猶君人也。」(纂傳卷十五下頁二)

【根祥案】

此段佚文之認定,前後有矛盾;蓋若此文乃王安石之《新義》文字,則下一條「佚文」所謂「傅說稱王而告之曰:『人之為人,貴乎求多聞也』,標點、釋義皆有所齟齬不合,既謂「稱王而告之」,又曰「人之為人」,則是「王人」二字當分屬上下,不可連屬解作「君人」義。

今查考陳櫟《書集傳纂疏》卷三、董鼎《書傳輯錄纂註》卷三之註解文字,均曰:「王氏肅曰:『王人,猶君人。』」而王天與《尚書

纂傳》卷十五下始引作「王氏曰：王人，猶君人也」；可見此段文字並非王安石之言，乃王肅所說者。王天與《纂傳》蓋為未明辨，致使後人誤會。

　　考之王肅所言，乃見於《尚書正義‧君奭》篇「王人罔不秉德明，恤小臣，屏侯甸」句下所引，其文曰：

> 正義曰：「王肅云『王人，猶君人也』。無不持德立業，謂持人君之德，立王者之事業；人君之德在官賢人，官得其人則事業立，故傳以立業配持德。」

此處「王人」能「秉德明，恤小臣，屏侯甸」，則是領導者之身份，故解釋為「君人」，其文義可通。若持此而解釋〈說命下〉「王人求多聞」，則當如《孔傳》所說「王者求多聞以立事」，而必不可解釋作「傅說稱王而告之」。

　　陳大猷《書集傳》卷五，總頁80上B中，亦正引用此一資料「王肅曰：王人猶君人也。」王天與《尚書纂傳》其中材料頗多出於陳大猷《書集傳》，故引用此說而解《書》文。稱「王氏曰」，從寬而論，亦非錯誤，而後人不明，誤認驪馬；宜仔細檢別。王天與既用王肅「王人猶君人」之義，其後則不再引王安石說「稱王而告之」，蓋彼此衝突矛盾也。

　　據此等論證，皆可得知「王人猶君人也」一說，並非王安石之說，乃王肅之言，而王天與於《尚書纂傳》中引用誤失「肅」字，致使《輯考彙評》誤認作王安石《新義》佚文也。然則此「佚文」當予刪除。

【佚文】（二六八）「此言『王人求多聞』，乃傅說稱王而告之曰：『人之為人，貴乎求多聞也。』」（夏解卷十四頁二十，全解卷二十頁二九）

【根祥案】

考查宋‧陳大猷《書集傳》卷五，總頁80上B，引用「王氏曰」之文，其言曰：

> 王氏曰：「說稱王而告之曰：『人求多聞。』」

其文句與夏《解》少異，而與林之奇《全解》相同，或可據此推論「王氏曰」本文如此，而夏《解》則有非王氏原文之處置；而此亦可參考及注明出處。

又考蔡沈《書集傳》於經文下訓解曰：

> 說稱王而告之曰「人求多聞」者，是惟立事；然必學古訓，深識義理，然後有得；不師古訓而能長治久安者，非說所聞。甚言無此理也。

其句讀與說義，皆與王氏《新義》相同，蓋有取之焉。

【評】宋林之奇曰：「此說為勝。禹言於舜曰：『帝！光天之下，至于海隅蒼生、萬邦黎獻，共惟帝臣。』亦是稱帝而告之，與此稱王，其文勢正同；猶後世奏事稱陛下也。」（全解卷二十頁二九-三十）

【根祥案】

此段「評論」，蔡沈《書集傳》卷三，嘗加引用曰：

> 林氏曰：「傅說稱王而告之，與禹稱舜曰『帝光天之下』，文勢正同。」

而許華峰則以為此段「林氏曰」乃《蔡傳》標注出處有誤，不應為「林氏曰」而當是「王安石」。[18]並謂「此乃林之奇《尚書全解》引王氏，當為王氏」[19]若如其言，則本條「佚文」有誤矣。然審之林之奇所言，蓋以為王荊公「說稱王而告之」之說為佳，故進而為之補充論證，謂與「禹言於舜曰：『帝！光天之下』，文勢正同」，即是與「稱帝而告之」文勢同也。蔡沈引「林氏曰」即在於證明「文勢正同」，不在「說稱王而告之」。且蔡沈於引「林氏曰」之前，已然曰「說稱王而告之，曰『人求多聞』者，是惟立事」，此論方為暗引王安石說處，與下文「林氏曰」相關而指涉有異。今以林之奇、夏僎、陳大猷所引文證之，王荊公所言不涉及「文勢正同」部分；然則「佚文268」基本無誤，蔡沈暗引「傅說稱王而告之」的確為王氏《新義》之說，而稱名引用「林氏曰」者，亦確為林之奇《全解》所論，並無錯誤。許華峰未加分辨，致使誤誣前賢，失察之過也。

【佚文】（二六九）「求多聞而不為古訓是式，則是非無所考正，而所聞愈惑矣！」（輯纂卷三頁三七，纂疏卷三頁三三，大全卷五頁三八，書傳彙纂卷九頁十九）

【根祥案】

查考宋・陳大猷《書集傳》卷五，總頁80上B，於此段經文之下，引用「王氏曰」，其言曰：

> 王氏曰：「雖多聞而不學于古訓，則是非無所考正，惟考正於古以建事，乃有得。」

---

18 見許華峰《蔡沈《朱文公訂正門人蔡九峰書集傳》的注經體式與解經特色》（臺北市：學生書局，2013年2月版）第四章，總頁233「《書集傳》所標注出處有誤」表第10條。

19 見許華峰前書，第四章，總頁187，〈說命下〉。

此段所引文與陳櫟引「王氏曰」文句有異，兩者相較之下，陳大猷所引文實較完整，所陳解義涵蓋「求多聞」、「建事」、「古訓」、「有獲」，應為《新義》原文，是宜以陳大猷《書集傳》所引為《新義》「佚文」之主，且整合《輯纂》引文，擬定「佚文」如下：

> 【佚文】雖求多聞而不為古訓是式，則是非無所考正，而所聞愈惑矣！惟考正於古以建事，乃有得。

惟學遜志，務時敏，厥修乃來。允懷于茲，道積于厥躬。

【佚文】（二七〇）「遜順其志以受學，則人樂於言而言易入。又必以時而敏疾行之，其所修者乃來矣；謂所學之成，乃如來也。若不遜順其志，則善無自而入。若不時敏於行，則所學者無自而成。此二者所以必貴於兼之。」（精義卷二二頁九）

【評】宋陳大猷曰：「今學力既加，修者始來；來自吾心，而非由外至也。來者始積；積於吾身，而非由外假也。王氏、張氏謂學自外至，故言『乃來』。蓋不知所學之事，皆吾性分本然之性，曷嘗強其所無哉！」（或問卷下頁五-六）

股肱惟人，良臣惟聖。

【佚文】（二七一）「期說之良，期己之聖。至是，其相期者亦遠矣。」（纂傳卷十五下頁三）

〈高宗肜日〉

高宗祭成湯。有飛雉升鼎耳而雊。祖己訓諸王。作〈高宗肜日〉、〈高宗之訓〉

高宗肜日，越有雊雉。祖己曰：「惟先格王，正厥事。」乃訓于
王曰：「惟天監下民，典厥義，降年有永有不永。非天夭民，民
中絕命。民有不若德，不聽罪，天既孚命正厥德。」乃曰：「其
如台？」「嗚呼！王司敬民，罔非天胤；典祀，無豐于昵。」

高宗肜日，越有雊雉。祖己曰：「惟先格王，正厥事。」

【根祥案】

考之於蘇軾《東坡書傳》卷八「高宗肜日」篇末，蘇軾曰：

> 或者乃謂「**先王遇災異，非可以象類求天意，獨正其事而已；
> 高宗無所失德，惟以豐昵為過**」，此乃諂事世主者，言天人本
> 不相與，欲以廢〈洪範〉五行之說。予以為《五行傳》未易盡
> 廢也。《書》曰「越有雊雉」足矣，而孔子又記其雊於耳，非
> 以耳為祥乎？而曰「不可以象類求」，過矣。人君於天下無所
> 畏，惟天可以儆之；今乃曰：「**天災不可以象類求，我自視無
> 過則已。**」為國之害，莫大於此。予不可以不論。

此引「或者」之言，其實即王氏之說也。考王安石〈洪範傳論・庶
徵〉之言曰：

> 今或以為天有是變，必由我有是徵以致之；或以為災異自天事
> 耳，何豫於我？我知修人事而已。蓋由前之說，則蔽而葸；由
> 後之說，則固而怠；不蔽不葸，不固不怠者，**亦以天變為己
> 懼**，不曰天之有某變，必以我為某事而至也。亦以天下之正
> 理，考吾之失而已矣。[20]

介甫以為天有某變，是可警懼，而不可以象類而必求之，云為某事而來，此與東坡所評之對象，思想吻合，而王安石以前，主不信五行災異讖諱者，唯歐陽永叔，亦即王氏所云「知修人事而已」者，而其思想與王氏亦不同，可見東坡所引所評，蓋指介甫。《宋史》本傳及《退賓錄》引《四朝國史・王安石傳》史臣曰，皆云王安石嘗云「天變不足畏」，宋元諸家多有評定，更足見東坡所引，當為《新義》之文。如是，則其「佚文」可擬定如下：

> 【佚文】先王遇災異，非可以象類求天意，獨正其事而已；高宗無所失德，惟以豐昵為過。……天災不可以象類求，我自視無過則已。

並以東坡《書傳》之文為「評論」。

罔非天胤，典祀無豐于昵。

【佚文】（二七二）「祖考罔非天嗣；祀有典，不可豐殺：訓之使改，所謂『正厥事』。」（輯纂卷三頁四十，纂疏卷三頁三五，大全卷五頁四四，書傳彙纂卷九頁二八）

【根祥案】

考之宋黃倫《尚書精義》卷二十二，引張綱之言論曰：

> 張氏曰：「夫祖考無非天嗣也，故其祭祀之禮，莫不有典，不可豐，不可殺；高宗之祀，特豐於近，是亂其典矣。祀典既亂，此祀之所當正也。」

此正可見張綱《尚書解》本之王氏《新義》，可以參考。

又考《孔傳》解此曰：

> 胤，嗣；昵，近也。歎以感王入。其言王者主民，當敬民事，民事無非天所嗣常也。祭祀有常，不當特豐於近廟，欲王因異服罪改脩之。

其解「天胤」為「民事」，故曰「民事無非天所嗣常」；而王安石則以為經文語句，乃「王」者既「司敬民」且「罔非天胤」，則「天胤」乃指商朝先王祖考，故謂「祖考罔非天胤」。此乃王氏《新義》創說，異於二孔傳統。蔡沈《書集傳》卷三經文下曰：「祖宗莫非天之嗣，主祀其可獨豐於昵廟乎？」即是採用王氏《新義》創新之說以解經也。

〈西伯戡黎〉

殷始咎周，周人乘黎。祖伊恐，奔告于受；作〈西伯戡黎〉。

西伯既戡黎，祖伊恐，奔告于王曰：「天子，天既訖我殷命，格人元龜，罔敢知吉。非先王不相我後人，惟王淫戲，用自絕，故天棄我，不有康食，不虞天性，不迪率典。今我民罔弗欲喪，曰：『天曷不降威，大命不摯。』今王其如台？」王曰：「嗚呼！我生不有命在天。」祖伊反曰：「嗚呼！乃罪多參在上，乃能責命于天。殷之即喪，指乃功，不無戮于爾邦。」

不虞天性。

【佚文】（二七三）「不虞天性，能度天性而行則義矣。」（精義卷二三頁五）

【根祥案】

考之宋・黃倫《尚書精義》於同卷「王荊公曰」之前,有「張氏曰」一段,乃王安石學脈張綱之言也。其言曰:

> 張氏曰:「不有康食,言其困窮也;不虞天性,言其內不足以度知天命;不迪率典者,言其外不足以率循常道也。夫紂之將亡,民可以食,鮮可以飽,此之謂不有康食;惟其不有康食,則常心遂喪;於內則不虞天性而至於無命,于外則不迪率典而至於無義,此殷之所以即喪也。

其中「言其內不足以度知天命」、「言其外不足以率循常道」、「於內則不虞天性而至於無命,于外則不迪率典而至於無義」之言論,與王安石之言亦可相印證。

〈微子〉

殷既錯天命,微子作誥父師、少師。

微子若曰:「父師、少師,殷其弗或亂正四方,我祖厎遂陳于上,我用沈酗于酒,用亂敗厥德于下;殷罔不小大,好草竊姦宄;卿士師師非度。凡有辜罪,乃罔恆獲;小民方興,相為敵讎。今殷其淪喪,若涉大水,其無津涯;殷遂喪,越至于今。」曰:「父師、少師,我其發出狂,吾家耄,遜于荒。今爾無指告予,顛隮若之何其?」父師若曰:「王子,天毒降災荒殷邦,方興沈酗于酒,乃罔畏畏,咈其耇長舊有位人。今殷民乃攘竊神祇之犧牷牲,用以容,將食無災。降監殷民,用乂讎斂,召敵讎不

怠，罪合于一，多瘠罔詔。商今其有災，我興受其敗。商其淪
喪，我罔為臣僕。詔王子出迪，我舊云刻子；王子弗出，我乃顛
隮。自靖，人自獻于先王；我不顧行遯。」

今殷民，乃攘竊神祇之犧牷牲，用以容，將食無災。

【佚文】（二七四）「純而不雜故謂之牷，完而無傷故謂之犧。」（臨
川集卷四頁三乞改三經義誤字劄子）

【根祥案】

《禮記・祭法》「古者天子、諸侯，必有養獸之官；及歲時齊戒沐浴
而躬朝之犧牷祭牲，必於是取之，敬之至也」下，鄭玄注曰：「色純
曰犧，體完曰牷。」孔《傳》於此段經文下解釋曰：「色純曰犧，體
完曰牷，牛羊豕曰牲。」而王安石《臨川集》卷四〈乞改三經義誤字
劄子〉則曰：

> 〈微子〉：純而不雜故謂之犧，犧當作牷；完而不傷故謂之
> 牷，牷當作犧。

可見王安石初刊《尚書新義》，本意解說同於鄭注、孔《傳》，而後又
更改，反其說而言之。王氏之所以如此者，蓋因其《字說》之觀念使
然。宋・楊時《龜山集》卷七，有〈王氏字說辨〉一文，其中有引王
安石《字說》曰：

> 義：斂仁氣以為義，散義氣以為和。
> 犧牲：殘而殺之，和所以制物；完而生之，義所以始物。

王氏以為「犧」字從義,而「義」乃「散義氣以為和」,故其《字說》於「犧」字曰「殘而殺之,和所以制物」;復就《尚書》而言,則體「完而不傷」之牛始足以「殘而殺之,和所以制物」;是「犧」字乃就「體」是否完備而言。

又宋·王觀國《學林》卷七〈引證〉條下曰:「王荊公《字說》,『牷』字解云『《國語》曰「毛以告全」』;今案《國語》無此,惟《禮記》曰『毛者告全之物』也』。」考之《禮記·郊特牲》有「毛血,告幽全之物也」之語,唐孔穎達疏解謂「血是告幽之物,毛是告全之物」,王安石據此以為「毛以告全」,則「牷」當指「毛色純」。又《說文》曰:「牷,牛純色,從牛全聲。」與《禮記》之說相合;「牷」既指「毛色純」,則「犧」必非「純色」而為「體完」也。故王氏雖初從孔傳,而後來則易轉其文,不惜上剒子改之也。

用乂;讎斂,召敵讎不怠。……我舊云刻子。

> 【佚文】(二七五)「我舊云刻子,刻,責也;舊以社稷之責責微子也。用乂讎斂,言因用公治法以刑讎民,以賦斂民,讎民則召民敵,斂民則召民讎也。因用治法讎斂民,所謂阻法度之威外以責于下者也。」(精義卷二三頁十九)

【根祥案】

此段《尚書精義》引「荊公曰」文字,似顛倒經文順序而解之也;此當非《尚書新義》文字之順序,乃黃倫錄取王氏之說時,偶然處置失當者。宜倒置其文,分為兩條「佚文」如下:

> 用乂;讎斂,召敵讎不怠。
>
> 【佚文】用乂讎斂,言因用公治法,以刑讎民,以賦斂民;讎

民則召民敵，斂民則召民讎也。因用治法讎斂民，所謂阻法度之威以責于下者也。

我舊云刻子。

【佚文】「我舊云刻子」：刻，責也；舊以社稷之責責微子也。

如是則條理順達，明確可觀矣。「阻法度之威以責督于下」句，乃引用《史記·秦本紀》之文。

我不顧行遯。

【佚文】（二七六）「左傳：楚克許，許男面縛銜璧，衰絰輿櫬以見楚子。楚子問諸逢伯，逢伯對曰：『昔者武王克商，微子啟如是。武王親釋其縛，受其璧而祓之，焚其櫬，禮而命之，使復其所。』則是微子歸周，在武王克商之後，而其行遯之本心，特欲避禍自全，待其悔而冀其存也。紂卒不悔，武王克商，微子奉祭器出為商請後，甚不得已也。」（纂傳卷十八頁四）

【評】元王天與曰：「說者謂微子志存殷後為仁，然此言於紂亡之後可也，若謂謀去之初，事固出此，則未然。嘗考此書辭意，將去深悲，迫於情之不獲已，故雖有存宗祀之心，而亦豈出於豫亡其君、留身以為後圖之意？……故讀微子之書者，若以為微子決然去之，全身續祀，未足見微子之心。惟觀其愛君憂國，傷時念亂，彷徨躊躇，就謀於一二同休戚之人，而後微子之心始著。已而去之，猶將謂王庶幾改之，予日望之。萬一疑情泮渙，頓釋前非，直為宗社救此一縷，此宗臣依依戀國之真心也。」（纂傳卷十八頁四）

【根祥案】

細讀《輯考彙評》所錄【佚文】（二七六）及評論，有可議而矛盾者存在。蓋【佚文】（二七六）所錄內容，引《左傳》「許男面縛銜作璧」故事立論，旨在論證「微子歸周，在武王克商之後」，據此可以推論微子「行遯之本心，特欲避禍自全，待其悔而冀其存」；而王天與之評說，正是肯定「此言（微子歸周）於紂亡之後可」，而批判「出於豫亡其君，留身以為後圖之意」、「微子決然去之，全身續祀」為非。其所肯定者之論說與【佚文】（二七六）正相同，若【佚文】（二七六）為「王氏曰」之文，則王天與之評論正為肯定「王氏曰」者；反之，若王天與所評者為「王氏曰」，則其說必為「微子志存殷後為仁」，並強調微子之去殷歸周在商紂未亡之時，故曰「謀去之初，事固出此」，此又與上【佚文】（二七六）內容相反。此其一不可以為真正「王氏曰」之論者也。

更考之林之奇《尚書全解》卷二十一，亦有類似王天與所引用及論說之內容者，其文曰：

> 說者論「我不顧行遯」，往往謂其「能遯而歸周，以存其宗祀為孝」，此殊非微子所以自靖也。案左氏「楚克許，許公面縛銜璧，衰絰輿櫬，以見楚子。楚子問諸逢伯，逢伯曰：『昔武王克商，微子啟如是；武王親釋其縛，受其璧而佩之，焚其櫬，禮而舍之，使復其所。』」則是微子之歸周，蓋武王克商之後；當其去商也，姑欲遯跡于荒野，以避禍自全而待紂之改過，猶冀其宗廟社稷之復存，此其行遯之本心也。至於紂之惡不悛，為武王之所滅，而其國亡矣，於是不忍商祀之顛隮，出而抱先王之祭器以歸周，而為商請後；此蓋出於無可奈何之計爾，非其本心也。若如或者之論，以「抱祭器而歸周」，為微子之遯，則是其在紂之時，不忍其國之亡，而竊其祭器之他人

之國，豈微子之所忍為者哉？故論微子之行遯者，未可以抱祭
器而為言也。

比觀林之奇之說與夫王天與之論評，觀點一致，思維相同，蓋王天與
參考林之奇《全解》而所為論述者也。林氏《全解》中所引述「說者
論」、「或者之論」正與王天與評論所云「說者」之言相同，所謂「能
遯而歸周，以存其宗祀為孝」、「抱祭器而歸周，為微子之遯，則是其
在紂之時」、「志存殷後為仁」、「豫亡其君、留身以為後圖」是也。又
考夫引《左傳》「逢伯」之言以論微子歸周必在武王克商之後者，此
不見於孔《傳》、孔《疏》，而首見於林之奇《全解》中；今據林氏
《全解》考察，引《左傳》文乃反駁前面「說者論」之證據，證明微
子歸周在商亡之後，此乃林之奇立論之基礎，而非其所評論對象「說
者」之言論，文理甚明。而王天與引用同一段《左傳》文字，竟然標
示為「王氏曰」，顯然有誤。此其二之不可以為乃「王氏曰」也。

以筆者推測，蓋王天與參考林之奇論述之時，王安石《尚書新
義》尚存於世，是以得知林氏所謂「說者」正與王安石同調，[21]故易
「說者」為「王氏曰」也。而王天與引述之時，為免明顯抄襲之嫌，
遂稍調其次，將「說者」言論移至評說之前，於是「王氏曰」之下直
接《左傳》引文以下文段，遂使後人觀此而誤以為乃王安石之言論也。

再考之於王安石一派《尚書》相關言論，於〈微子〉「不顧行
遯」所作解說，如張綱之言，可以推論王安石於此論述之基本學說。
宋・黃倫《尚書精義》卷二十三引張綱之言曰：

張氏曰：「夫先王之所以望於後世子孫者，惟忠與孝。**而微子
去之，則自獻以其孝**；箕子為之奴，比干諫而死，則自獻以其

---

21 以筆者考之，此說「能遯而歸周，以存其宗祀」之說，除王安石外，蘇軾《東坡書
傳》論說亦相似；故林之奇不必明指為「王氏曰」也。

忠。先王之所以望後世在於忠孝，而三子之所自獻者亦以忠
孝，此所以無負於先王者也。此孔子所以謂之三仁，其去則利
而不貞，其死則貞而不利，惟箕子之囚為利貞，故《易》曰
『箕子之明夷，利貞』者此也。」

又陳大猷《書集傳》卷五，總頁84上A，引張綱曰：

> 先王之所望於臣子，惟忠與孝；**微子出存商祀，自獻以其孝；**
> 比干以諫死，箕子以正囚，自獻以其忠。其死者非激，其囚者
> 非汙，其去者非叛，各出其志以其無愧於先王而已。

陳大猷所引「張氏曰」與黃倫所引述文辭雖稍異而內容全同，而陳大
猷所引「微子出存商祀，自獻以其孝」，正與林之奇所謂「說者」以
「以存其宗祀為孝」一致；如此則可知林之奇所指「說者」之言，應
為王氏《新義》之主張。**此其三不可以王天與所引「王氏曰」文段為
《新義》之文也。**
　　又詳審夫林氏《全解》於〈武成〉篇「既獲仁人」句下云：

> （仁人）王氏以為微子之徒。武王以微子之來歸，而知紂之可
> 伐，則是微子之亡其國，略無不忍之？烏得以為仁哉！[22]

由是可知，王安石之解，以微子歸周，在武王伐紂之前，而非克殷之
後也。又林氏於〈泰誓〉中「雖有周親，不如仁人」下云：

> 而王氏則謂指微子而言；謂微子之徒，以紂為無道而周有道，
> 故去紂而歸我；此所以紂雖有至親，而不如我之獲仁人也。審

22　見林氏《全解》卷二三，頁23。

> 如是，則是周未興師而微子已歸周矣。武王既得微子，以為獲
> 仁人，然後興師往伐紂；如此則是微子預亡其國，為名教之罪
> 人，安得為仁人乎？微子之歸周，蓋在周既伐商之後。某於微
> 子之篇已論之詳矣。[23]

此引王氏之論與上引同，皆以微子歸周，在克商之前。夫如是，就義
言之，王天與《尚書纂傳》所引所謂「王氏」，當非王安石，乃誤引
他人之言為王氏之言；要之此非王介甫之論也。林之奇云「於〈微
子〉之篇已論之詳」，則其於〈微子〉之篇雖未明標「王氏」，而止稱
「說者」，當為王氏之意，甚或可視作「佚文」。而《纂傳》所引既與
林氏如斯雷同，當即是誤林氏評王之言以作「王氏」之說。

　　據以上所考論，王天與引所謂「王氏曰」者，非「王氏安石」
《新義》之文，乃林之奇批判王安石之語。《輯考彙評》未及核對林
之奇相關論說，而誤引以為此即是「王氏」之說，其實正相反也；王
氏之說乃主張「抱祭器而歸周」、「以存其宗祀為孝」者也。

　　王安石此等言論，不止見於論《尚書》者，甚至其他經典論述，
亦有提及；如宋・呂大圭《春秋或問》卷七，亦有談及此說，其言曰：

> 微子之事，昔人以為：「微子度紂之必亡，抱祭器而歸周，蓋
> 深覩夫存亡消長之機，以求存其宗國。」其實不然。

可見此一言論，當時學者普遍知之，而亦有用其說者，更可見王天與
所引「王氏曰：《左傳》……」一段，必非王安石《新義》之說。

　　雖然，今不得見「我不顧行遯」《新義》之文，然據林之奇、王
天與所述「說者」之言，復參之張綱、呂大圭等所論，合而擬得王氏
《新義》之論述如下：

---

23 見林之奇《尚書全解》卷二二，頁24。

【佚文】微子之出遯，抱祭器而歸周，自獻以存其宗祀，為孝。

此雖非《新義》原文，亦可知王安石言論學說之概略也。而原【佚文
276】當予刪除。

更考之蔡沈《書集傳》卷三，經文下云：

> 又按《左傳》：楚克許，許男面縛銜璧，衰絰輿櫬，以見楚
> 子。楚子問諸逢伯。逢伯曰：「昔武王克商，微子啟如是。武
> 王親釋其縛，受其璧而祓之，焚其櫬，禮而命之。」然則微子
> 適周，乃在克商之後，而此所謂去者，特去其位而逃遯於外
> 耳。論微子之去者，當詳於是。

此段論述，雖未曾提及王氏《新義》，而其評論所指涉者，顯然即是
王氏《新義》之說；故當補入為「評論」。又林之奇《全解》所述，
亦可以為「評論」也。

第柒章

《尚書新義》輯考彙評：
《周書》補逸柬議（上）

〈泰誓上〉

惟十有一年，武王伐殷。一月戊午，師渡孟津；作〈泰誓〉三篇。

惟十有三年，春，大會于孟津。王曰：「嗟！我友邦冢君，越我御事庶士，明聽誓：惟天地，萬物父母；惟人，萬物之靈；亶聰明，作元后，元后作民父母。今商王受，弗敬上天，降災下民，沈湎冒色，敢行暴虐；罪人以族，官人以世；惟宮室臺榭，陂池侈服，以殘害于爾萬姓；焚炙忠良，刳剔孕婦。皇天震怒，命我文考肅將天威。大勳未集，肆予小子發，以爾友邦冢君，觀政于商。惟受罔有悛心，乃夷居，弗事上帝神祇，遺厥先宗廟弗祀，犧牲粢盛，既于凶盜，乃曰：『吾有民有命。』罔懲其侮。天佑下民，作之君，作之師；惟其克相上帝，寵綏四方，有罪無罪，予曷敢有越厥志。同力度德，同德度義。受有臣億萬，惟億萬心；予有臣三千，惟一心。商罪貫盈，天命誅之。予弗順天，厥罪惟鈞。予小子夙夜祇懼，受命文考，類于上帝，宜于冢土，以爾有眾，厎天之罰。天矜于民，民之所欲，天必從之；爾尚弼予一人，永清四海；時哉！弗可失。」

〈泰誓〉。此篇題

【佚文】（二七七）「受之時，上下不交而天下無邦。武王大會諸侯誓師（往）伐，以傾（受之）否，故命之曰『泰誓』。」（全解卷二二頁一，夏解卷十六頁一）

【評】宋林之奇曰：「篇首有『大會于孟津』之言，遂以『泰誓』二字為其簡編之別，非有深意於其閒。……而王氏好為鑿說，徒見今之書不用『大』字而用『泰』字，則為之說曰：『……。』甚矣！王氏之喜鑿也。夫『否泰』之『泰』字，然其實與『太甚』之『太』、『大學』之『大』無以異。『泰誓』之為言，亦猶是也。是以孟子、左氏傳、國語舉此篇名，或作『泰否』字，或作『太甚』之『太』字，或作『大學』之『大』字，明此三字音同義同，故得以通用也。王氏（之）……說則新矣，然而非書之意也。泰誓則為誓師以「傾受之否」，使詁篇名偶用『泰否』字，則當傾否而作詁矣。蓋王氏欲盡廢先儒之詁訓，悉斷以己意，則其說必至於如此之陋也。」（全解卷二二頁一～二，夏僎評，見夏解卷十六頁一～二，略同。）

【根祥案】

王安石《尚書新義》對「〈泰誓〉」之說解，不用孔傳「大會而誓眾」，而移用《易經》「泰」、「否」二卦涵義以為解說；此實王安石新創之論述也。此說除前述林之奇《全解》、夏僎《全解》引述之外，尚有宋·章如愚編《群書考索續集》卷五十四「君道門」下，明言王安石曰：

> 傾紂之否。武王誓師之書，必曰〈泰誓〉者，乃「〈否〉〈泰〉」之「泰」。紂時，上下不交，天下無邦；武王大會諸侯以往伐，傾紂之否。故名篇以〈泰誓〉王安石

其中引文與林氏《全解》、夏僎《全解》大致相同，且有更詳盡，當
以此引文為《新義》「佚文」之正。而宋代學者有雖諱言「王氏」而
亦有引述論議者，如：宋・史浩《尚書講義》卷十一《周書》下曰：

> 說者乃曰：「紂之時，天地之不交而否，至是當泰矣，故曰
> 〈泰誓〉。」又曰：「泰者，大之極也；猶天子之子曰太子，天
> 子之卿曰太宰。」皆非是也。

其中「說者」實為王安石也，既有引文，又加評論，可以補入。

又宋・晁說之撰《儒言》一卷，《四庫總目提要》謂「晁公武
《讀書志》……公武以是書為辨王安石學術違僻而作」，其中有〈燕
書〉一條曰：

> 古文《尚書》〈泰誓〉作「大」。開元間，學士衛苞受詔成今
> 文《尚書》，乃始作「泰」。或以「交泰」為說，真燕書哉！[1]

此條論述，可以作為「評論」。宋・王應麟《困學紀聞》卷二論此
說，亦引晁說之此論立言。清・閻若璩註解《困學紀聞》，於此下引
章如愚之說，並謂「非經意也」。凡此等皆可列入評論部分。

雖然，對王氏「否泰」之說，評駁者絡繹不絕，而當時與王氏同
調者，蓋亦有之。宋・黃倫撰《尚書精義》卷二十四《周書》下引張
綱之說曰：

---

1 宋・晁說之《儒言》〈燕書〉一條下，前有文段曰：「郢人有遺燕相書者。夜書，火
不明，因謂持燭者曰：『舉燭。』而過書『舉燭』；『舉燭』非書意也。燕相受書而
說之，曰：『舉燭者，尚明也；尚明者，舉賢而任之。』燕相白王，大悅，國以
治。治則治矣，非書意也。」蓋即以「郢書燕說」之典故以諷刺王安石之說也。

張氏曰:「窮則變,往則返,天地陰陽之常理也。當紂之時,
天下之否極矣;武王之伐紂,將以傾否而為泰,故其誓謂之
〈泰誓〉。」

總合而觀之,《輯考彙評》所列「佚文」,應更易以章如愚編《群書考
索續集》所引為正文。

惟十有一年武王伐殷一月戊午師渡孟津作〈泰誓〉三篇。此尚書
小序之全文。
惟十有三年春大會于孟津。此泰誓上篇篇首經文。

【評】宋程頤曰:「介甫以『武王觀兵』為『周易(乾卦)九四』。大
無義理!兼觀兵之說亦自無此事,如今日天命絕,則今日便是獨夫,
豈容更留之三年?今日天命未絕,便是君也,為人臣子豈可以兵脅其
君?安有此義?……書(武成篇)亦自云紂之眾若林,三年之中豈肯
容武王如此,便休得也?只是大誓一篇前序云『十有一年』,後面正
經便說『惟十有三年』,先儒誤妄,遂轉為『觀兵』之說。先王無觀
兵之事,不是前序『一』字錯卻,便是後面正經『三』字錯卻!」
(河南程氏遺書卷十九頁二~三)

【根祥案】

考之於宋‧方聞一編《大易粹言》「程頤《易》學」條下,亦有引用
楊遵道所錄程頤之論,與此正同。而林之奇《尚書全解》卷二十二
〈泰誓上〉條,引用程頤此論進而評騭王安石之說曰:

漢儒不之察,乃以觀政轉而為觀兵,附會於序言十有一年,篇
首十有三年,而為周師再舉之說。此說考之於經而不合,揆之

於理而不通。然歷代諸儒往往多從而信之，以為誠然。惟程氏之說曰：「……」。此言大可以規正漢儒之失，而解後學之疑也。故某推本此說而附益之，以觀政之不可為觀兵，以信周師之實未嘗再舉也。

據程頤所述，可補擬王荊公《新義》「佚文」如下：

【佚文】〈泰誓〉「武王觀兵」，其義與《易經・乾》卦「九四」「或躍，在淵」同。

考之王安石以《易經・乾》卦「九四」之義，引以說解〈泰誓〉武王觀兵之事，此說並非王氏所創舉，蓋肇啟於唐・史徵撰《周易口訣義》，其書卷一中言曰：

九四，「或躍在淵，无咎」，或疑躍跳也，陽氣漸盛，猶龍躍在乎淵，如聖人位漸尊高，欲進王位，心懷疑慮，未敢果決，相時而動，故得无咎。**若武王觀兵孟津，候時而進，合經常道，故无咎**。

宋・劉敞《七經小傳》卷上有曰：

聖人豈有私天下之心哉，**觀兵孟津者，所以憚紂也**。欲其畏威悔過，反善自修也；如紂遂能改者，武王亦北面事之而已矣。然則進非示強也，退非示弱也；進所以警其可畏，退所以待其可改。[2]

2　見《七經小傳》卷上，頁4。

其意以謂武王觀兵孟津，主以待紂之悔悟；若紂終罔有悛改之心，則必進而「或躍」，出兵誅獨夫；紂若幡然悔改，則亦退而「在淵」，復北面而臣事之而已。劉敞雖未明言，而其意若是；王荊公蓋亦有所參考。而「九四」觀兵之說，王安石蓋受史徵所啟發，而又汲取劉敞說義，遂有此論。此論於北宋亦有同調者，宋・張根撰《吳園周易解》卷一中云：「九四，或躍在淵，无咎。武王觀兵之事。」張根《吳園周易解》蓋作於宋徽宗年間，[3]其當有取於王安石之言論。

惟其克相上帝，寵綏四方；有罪無罪，予曷敢有越厥志！

【佚文】（二七八）「有罪不妄赦，無罪不妄伐。其志在乎克相上帝，寵綏四方而已，何敢越也？孟子曰：『一人衡行於天下，武王恥之。』蓋有罪於此，而不能相上帝以伐之者，武王之所恥也。」（全解卷二二頁十二）

【根祥案】

《輯考彙評》引林之奇《全解》引文為「佚文」，而無所評論，讀者閱覽而不知林之奇於王氏之說，其評價為是耶？非耶？考之林之奇《尚書全解》其引「王氏曰」之後，有云：「此說得之矣」之肯定評論，可以補入，以便於讀者。

又張綱《書解》於此經文，則闡揚王氏之說。宋・黃倫《尚書精義》卷二十四引張綱之言曰：

> 張氏曰：「民之有欲，無主乃亂。故天佑下民而作之君者，所以治之也。民之有常性，而克綏厥猷者惟后；故天佑下民，作之師者，所以教之也。天佑下民，作之君，作之師，則君師之

3　據《四庫全書總目提要》所考，此書當著述於宋徽宗在位期間。其說可從。

任，有罪而不妄救，無罪而不妄誅，其志在於克相上帝，寵綏
四方，非可踰越也。

此段論述，發揮王氏《新義》之說，可足參考。

〈泰誓中〉

惟戊午，王次于河朔，群后以師畢會。王乃徇師而誓曰：「嗚
呼！西土有眾，咸聽朕言：我聞吉人為善，惟日不足；凶人為不
善，亦惟日不足。今商王受，力行無度，播棄黎老，昵比罪人，
淫酗肆虐，臣下化之，朋家作仇，脅權相滅；無辜籲天，穢德彰
聞。惟天惠民，惟辟奉天；有夏桀弗克若天，流毒下國，天乃佑
命成湯，降黜夏命。惟受罪浮于桀，剝喪元良，賊虐諫輔；謂己
有天命，謂敬不足行，謂祭無益，謂暴無傷；厥監惟不遠，在彼
夏王。天其以予乂民，朕夢協朕卜，襲于休祥，戎商必克。受有
億兆夷人，離心離德；予有亂臣十人，同心同德；雖有周親，不
如仁人。天視自我民視，天聽自我民聽；百姓有過，在予一人；
今朕必往。我武惟揚，侵于之疆；取彼凶殘，我伐用張，于湯有
光；勖哉！夫子。罔或無畏，寧執非敵；百姓懍懍，若崩厥角。
嗚呼！乃一德一心，立定厥功，惟克永世。」

（惟天惠民，惟辟奉天；）有夏桀，弗若克天，流毒下國。

【佚文】（二七九）「弗若克天，非所謂奉天。流毒下國，非所謂惠
民。」（纂傳卷十九中頁二）

【根祥案】

此段佚文所涵蓋之經文，當包括「惟天惠民，惟辟奉天。有夏桀弗克

若天，流毒下國」四句，當為之補入，使讀者覽文即知相對之義。

又此佚文僅見於王天與《尚書纂傳》引述，《輯考彙評》即認定為《尚書新義》佚文。如此每有誤認者。[4]遇此獨有之文，若能進行驗證檢視，斯更取信於後世，而又可觀察王氏說之影響。今考之宋・黃倫《尚書精義》卷二十五引張綱之說曰：

> 張氏曰：「天佑下民，作之君，作之師；此天之所以惠民也。人君克相上帝，寵綏四方，此辟之所以奉天也。天佑民而惠之，辟奉天以仁愛斯民，乃足以享天心而為天之子。有夏桀弗能奉天，流毒下國，則失其為辟之道也。此天乃佑命成湯，降黜夏命，而使之簡代夏以作民主也。桀之為惡如此，比之於紂，又有甚者也。」

張綱《書解》，每追步王安石《新義》之論而發揮，觀此段論述與前述【佚文】觀點一致，措辭相若，可見前述佚文的確為王安石之言論；而張綱之說亦足以為王安石《尚書新義》之參考。

天其以予乂民，朕夢協朕卜。

【佚文】（二八〇）「天意其以我為天子而治民，我得夢合于我卜；是重疊有休美吉祥，若加兵于商紂，必勝矣。」（精義卷二五頁九-十）

【根祥案】

考之宋・黃倫《尚書精義》上述佚文之前，黃倫有引一條「臨川曰」之語。其言曰：

4　後文如此誤認者多有，請參看。

　　臨川曰：「夫武王之仁，豈不足以勝商？以其夢卜戒者，抑知末之不可以已也。」

考之黃倫《尚書精義》所引「臨川曰」共有十條，究其內容觀點，皆與所已知王安石《尚書》論述一致，而其文辭措語每每相同，可知《精義》所引「臨川曰」者，亦皆為王氏之言論。黃倫引王安石之說，或稱「王氏曰」，或謂「荊公曰」，又有「臨川曰」、「介甫曰」等，其實皆是王安石學說之文也。（詳參見後文所論諸條）今《輯考彙評》不收「臨川曰」條之文，雖曰謹慎，或又太過而失之交臂。詳察此段「臨川曰」所述之意義，正與上述「佚文」相連貫，當為王安石《尚書》主張，整合之納為「佚文」可也。今擬其「佚文」如下：

　　【佚文】「天意其以我為天子而治民，我得夢合于我卜；是重疊有休美吉祥，若加兵于商紂，必勝矣。…夫武王之仁，豈不足以勝商？以其夢卜戒者，抑知末之不可以已也。」

又黃倫《精義》卷二十五有引張綱之說曰：

　　張氏曰：「夢吉而卜吉，此夢之與卜兩相合矣。夢卜既協，而又合於休祥，則周之勝商，必矣。」

張綱所言，亦有「勝商」之詞，可見「臨川曰」乃王安石《新義》之說。其說與王安石《新義》同調，文句亦緊合，可為參酌。

受有億兆夷人，離心離德；予有亂臣十人，同心同德。

【根祥案】

考之黃倫《尚書精義》卷二十五引有一條材料，連綴於前條「臨川曰」之下，其文曰：

> （臨川曰：……）又曰荊公，問：〈泰誓〉稱「亂臣」，則曰「同心同德」；戒夫子，則曰「一德一心」；先後何以不同？然「同」與「一」果有辨乎？文公曰：「『同』若《易》所謂『同歸』之同；『一』若《易》所謂『一致』之一。亂臣與武王無異意，故言同心同德，同心而德無不同故也；方其戒之，則欲其無二事，故言『一德一心』，德一而後心一故也。」

此段文字今不見於其他文獻，然其中論調風格，正合乎王氏「強生分別」之慣性。而王安石諡號「文」，世亦稱之為「王文公」，此中「文公曰」者，應為王安石之言論，當補入為《新義》「佚文」。擬其「佚文」如下：

> 【佚文】「『同』若《易》所謂『同歸』之同；『一』若《易》所謂『一致』之一。亂臣與武王無異意，故言同心同德，同心而德無不同故也；方其戒之，則欲其無二事，故言『一德一心』，德一而後心一故也。」

雖有周親，不如仁人。

【佚文】（二八一）「（二句）指微子而言，謂微子之徒以紂為無道而周有道，故去紂而歸我。此所以紂雖有至親而不如我之獲仁人也。」（全解卷二二頁二四，夏解卷十六頁二一）

【評】宋林之奇曰：「審如是，則是周未興師而微子已歸周矣。武王既得微子，以為獲仁人，然後興師往伐紂。如此則是微子預亡其國，

為名教之罪人，安得為仁人乎？微子之歸國，蓋在周既伐商之後。」
（全解卷二二頁二四；夏僎評略同，見夏解卷十六頁二一。）

天視自我民視，天聽自我民聽。百姓有過，在予一人。今朕必往。

【佚文】（二八二）「自，從也。天之所視，從我民之所視；天之所
聽，從我民之所聽。謂民視聽于周家，天必從之，以有天下。民有過
乃在于己，豈可不伐紂以正百姓乎？今我所以必往伐紂也。此武王以
天下自任乎？」（精義卷二五頁十一）

【根祥案】

考之宋・黃倫《尚書精義》所引「王氏曰」，當為王安石《新義》「佚
文」。然末句作「此武王以天下自任乎？」為疑問句；經查考原文，
當作「此武王以天下自任也」，為肯定語句。當予改正。

【佚文】（二八三）「在予一人，蓋以其身任天下之責；不如是，不
足以為天吏也。」（輯纂卷四頁七，大全卷六頁十四，引經釋卷二頁
十四，書傳彙纂卷十頁二二）

【根祥案】

《輯考彙評》此條未列評論，然考之宋・林之奇《尚書全解》卷二十
二中有論述曰：

> 此蓋天之視聽，惟視民之好惡，而其吉凶禍福，應如影響。我
> 當奉天之命以盡其惠民之道也。以其身任為君之責，凡百姓之
> 有過，則是我一人之有罪；蓋自任天下之責也。〈湯誥〉曰：
> 「其爾萬方有罪，在予一人；予一人有罪，無以爾萬方。」蓋
> 不如是，則不足以為天吏也。

此一段經文論述，其釋義論理，文辭語句，一皆本於王氏之言而發揮之，可見其採用「王氏曰」之論說而予以肯定，雖未曾稱引「王氏曰」，然可視為「評論」，作為參考。

〈泰誓下〉

時厥明，王乃大巡六師，明誓眾士。王曰：「嗚呼！我西土君子，天有顯道，厥類惟彰；今商王受，狎侮五常，荒怠弗敬，自絕于天，結怨于民。斮朝涉之脛，剖賢人之心；作威殺戮，毒痡四海；崇信姦回，放黜師保；屏棄典刑，囚奴正士；郊社不修，宗廟不享；作奇技淫巧，以悅婦人；上帝弗順，祝降時喪。爾其孜孜，奉予一人，恭行天罰。古人有言曰：『撫我則后，虐我則讎。』獨夫受，洪惟作威，乃汝世讎。樹德務滋，除惡務本。肆予小子，誕以爾眾士，殄殲乃讎。爾眾士其尚迪果毅，以登乃辟，功多有厚賞，不迪有顯戮。嗚呼！惟我文考，若日月之照臨，光于四方，顯于西土。惟我有周，誕受多方。予克受，非予武，惟朕文考無罪；受克予，非朕文考有罪，惟予小子無良。」

爾眾士，其尚迪果毅，以登乃辟。功多有厚賞，不迪有顯戮！

【佚文】（二八四）「不迪，謂不迪果毅也。」（纂傳卷十九下頁二）

【根祥案】

此條「佚文」僅見於元代王天與《尚書纂傳》徵引，甚是奇怪。若此確實為王安石之言，此前當有學者徵引論述。考王天與之前，「王」姓學者而有《尚書》專門著作者不少，王安石之外，早在漢代有「王肅」，南宋有王炎著《尚書小傳》、王日休著《尚書全解》、王十朋《尚書解》，元朝有王充耘《尚書管見》、明朝有王樵《尚書日記》

等；然則王天與所徵引者，雖曰「王氏曰」，未必唯有「王安石」。今考宋・陳大猷《書集傳》卷六，總頁89上A，引文曰：

　　新安王氏曰：「不迪，謂不迪果毅也。」

可見此一「佚文」，乃「新安王氏」王炎之言論，並非王安石《新義》之文。王天與引用王安石、王炎等人《尚書》論述，據筆者考察，似乎多與陳大猷所引用重疊，或即由陳大猷《書集傳》所抄錄得之。陳大猷書中「王氏曰」與「新安王氏曰」，標示明確，涇渭分明；而王天與引用相同文字，於王安石則全部唯稱「王氏曰」，於王炎則稱「王氏炎曰」，有時則僅稱「王氏曰」，與王安石之稱謂無異，易使人混淆不辨；若無可資校比檢別材料，則必誤認，張冠李戴矣。《輯考彙評》當時並未見陳大猷《書集傳》實版，[5]無可對比之材料，致有此失，實非學術之誤。今經對比，可知此條「佚文」實非王安石《新義》之文，當予刪除。

〈牧誓〉

武王戎車三百兩，虎賁三百人，與受戰于牧野；作〈牧誓〉。

時甲子昧爽，王朝至于商郊牧野，乃誓。王左杖黃鉞，右秉白旄以麾，曰：「逖矣，西土之人。」王曰：「嗟！我友邦冢君、御事、司徒、司馬、司空、亞旅、師氏、千夫長、百夫長，及庸、蜀、羌、髳、微、盧、彭、濮人，稱爾戈，比爾干，立爾矛，予其誓。」王曰：「古人有言曰：『牝雞無晨；牝雞之晨，惟家之

5　程書有引自《永樂大典》殘本中陳大猷《書集傳》所錄「王氏曰」數條，可見耙剔辛勞。

索。』今商王受，惟婦言是用，昏棄厥肆祀，弗答；昏棄厥遺王父母弟，不迪；乃惟四方之多罪逋逃，是崇是長，是信是使，是以為大夫卿士，俾暴虐于百姓，以姦宄于商邑。今予發，惟恭行天之罰。今日之事，不愆于六步、七步，乃止齊焉；夫子勖哉！不愆于四伐、五伐、六伐、七伐，乃止齊焉；勖哉夫子！尚桓桓，如虎、如貔、如熊、如羆，于商郊；弗迓克奔，以役西土；勖哉夫子！爾所弗勖，其于爾躬有戮。」

王朝至于商郊牧野。

【佚文】（二八五）「與邑交則曰『郊』。」（考古質疑卷三頁十六）

【根祥案】

此條出於宋・葉大慶《考古質疑》一書，而《輯考彙評》未曾列有評論。今考葉氏書中，實對王安石之說，給予稱許，屬正面之評價，宜列出相關評論。其文曰：

> 近世王文公其說經，亦多解字。如曰：……，與邑交則曰郊。……。無所穿鑿，至理自明，人亦何議哉。……惟是不可解者，亦必從而為之說，遂有勉強之患，所以不免諸人之譏也。

考王安石此解「郊」字義之說，亦見於《周官新義》卷一「二曰四郊之賦」下曰：

> 「邦中，王之所邑，其外百里，謂之四郊，與邑交故也。」

宋・陳祥道撰《禮書》卷二十四〈王畿〉條下，亦曰：「任其餘地謂

之郊，以其與邑交故也。」可見王安石此說，甚得當時及後世學者所肯定。

王左杖黃鉞，右秉白旄以麾。

【佚文】（二八六）「鉞，所以誅；旄，所以教。黃者，信也；白者，義也。誅以信，故黃鉞；教以義，故白旄。無事於誅，故左杖黃鉞；有事於教，故右秉白旄。」（全解卷二三頁四）

【評】宋蘇軾曰：「黃鉞，以金飾也。軍中指麾，白則見遠。王無自用鉞之理，以為儀耳，故左杖黃鉞。麾非右手不能，故右秉白旄。此事理之常，本無異說，而學者妄相附致，張為議論，皆非其實。凡若此者，不取。」（東坡書傳卷九頁七）

【評】宋林之奇曰：「王氏之說，抑又甚焉！……其…說經，未嘗肯從先儒之說，至於此說則從。非徒從之，又從而推廣之，惟其喜鑿故也。……故蘇氏於此篇則併與先儒而譏之。……蘇氏此說，可謂盡之矣。」（全解卷二三頁四～五）

【根祥案】

考之孔傳於此段經文下曰：「鉞以黃金飾斧，左手杖鉞，示無事於誅；右手把旄，示有事於教。」而宋·黃倫《尚書精義》引有張綱《書解》相關解說文字，可資與王安石之論對比考察。其文曰：

> 張氏曰：「鉞所以誅，黃中也，所以為信。旄所以教，白西也，所以為義。鉞用黃，誅之必以信故也；旄用白，教之必以義故也。武王杖信秉義，足以致其來。曰『逖矣西土之人』者，敘其情，憫其勞，而勞其來之遠也。

此可見王氏之說所發揮，足以參照。

爾所弗勖，其于爾躬有戮！

【佚文】（二八七）「功多厚賞，前誓已言；此不再言，而獨言『有
戮』者，軍事以嚴終，亦『威克厥愛』之意。」（輯纂卷四頁十，纂
疏卷四頁九，大全卷六頁二三，尚書日記卷九頁二五，書傳彙纂卷十
頁三八）

〈武成〉

武王伐殷，往伐，歸獸，識其政事；作〈武成〉。

惟一月壬辰，旁死魄。越翼日，癸巳；王朝步自周，于征伐商。
厥四月，哉生明；王來自商，至于豐，乃偃武修文；歸馬于華山
之陽，放牛于桃林之野，示天下弗服。丁未，祀于周廟；邦甸、
侯、衛，駿奔走，執豆籩。越三日，庚戌；柴、望，大告武成。
既生魄，庶邦冢君，暨百工受命于周。王若曰：「嗚呼！群后，
惟先王建邦啟土，公劉克篤前烈；至于大王，肇基王跡；王季其
勤王家，我文考文王克成厥勳，誕膺天命，以撫方夏；大邦畏其
力，小邦懷其德。惟九年，大統未集；予小子其承厥志，底商之
罪，告于皇天后土；所過名山大川，曰：『惟有道曾孫周王發，
將有大正于商。今商王受無道，暴殄天物，害虐烝民，為天下逋
逃主，萃淵藪。予小子既獲仁人，敢祗承上帝，以遏亂畧，華夏
蠻貊，罔不率俾；恭天成命，肆予東征，綏厥士女。惟其士女，
篚厥玄黃，昭我周王；天休震動，用附我大邑周；惟爾有神，尚
克相予，以濟兆民，無作神羞。』既戊午，師逾孟津。癸亥，陳
于商郊，俟天休命。甲子昧爽，受率其旅若林，會于牧野，罔有

敵于我師；前徒倒戈，攻于後，以北。血流漂杵，一戎衣天下大定。乃反商政，政由舊。釋箕子囚，封比干墓，式商容閭，散鹿臺之財，發鉅橋之粟，大賚于四海，而萬姓悅服。列爵惟五，分土惟三。建官惟賢，位事惟能。重民五教，惟食喪祭。惇信明義，崇德報功，垂拱而天下治。」

乃偃武修文，歸馬于華山之陽，放牛于桃林之野，示天下弗服。

【佚文】（二八八）「軍行戰車用馬，任載之車用牛。服，乘用也。急於偃武如此，見以兵定天下非其本心也。」（輯纂卷四頁十一，纂疏卷四頁十，大全卷六頁二五，書傳彙纂卷十頁四二）

【根祥案】

《輯考彙評》標列此條「佚文」來源有四處，然皆出於元代學者或以後文獻，前此未見引用。今考查宋·東陽陳大猷《書集傳》卷6，總頁91上B，有引一條資料曰：

> 新安王氏曰：「軍行戰車用馬，任載之車用牛。服，乘用也。偃武之急如此，以見用兵定天下非其本心。」

可見陳大猷所引「新安王氏」王炎之文，與此條「佚文」幾乎全同，而陳大猷之書著成時間為早，標示明確，應無誤引之嫌。又根據黃倫《尚書精義》引張綱相關論述對比觀之，引文曰：

> 張氏曰：「兵猶火也，不戢將自焚，此所以貴於偃武。馬上得之，不可以馬上治之，此所以貴於修文。載戢干戈，載櫜弓矢，偃武之謂也；敦尚儒術，講明禮義，修文之謂也。歸馬于

> 華山之陽,放牛於桃林之野,蓋昔之戰也,馬牛有所服乘,今
> 則馬歸華山,牛放桃林,因其土地所宜而牧之者也。」

考張綱之說,並未強調「軍行戰車用馬,任載之車用牛」之對比差
別,亦未曾論「以兵定天下非其本心」之義理探討,與上述「佚文」
毫無對應,顯然非王安石之論調及張綱論說之慣性。可證上述「佚
文」非王安石《新義》之文,應當予以刪除。

為天下逋逃主,萃淵藪。

【佚文】(二八八之一)「歸之之謂主,萃之之謂聚,藏之之謂淵,
養之之謂藪。」(全解卷二三頁二二,書傳彙纂卷十頁四六)

【根祥案】

考之林之奇《全解》對王氏之說,給予肯定。故於引文之後,說曰:
「其說是也。」當補列為「評論」。

予小子既獲仁人。

【佚文】(二八九)仁人,微子之徒也。武王以微子之來歸,而知紂
之可伐。(全解卷二三頁二三,夏解卷十七頁十)

【評】宋林之奇曰:「(如王氏說)則是微子之亡其國,畧無不忍之
意,烏得以為仁哉!予故曰仁人必是自商而來,而人則莫知其為誰
也。」(全解卷二三頁二三;夏僎評,見夏解卷十七頁十,略同。)

其旅若林,會于牧野。

【佚文】(二九〇)「旅,眾也。」(朱子引博古圖載,見王安石全集

前附清顧棟高輯王安石遺事頁十一）

【評】宋朱熹曰：「若王氏之學，都不成物事；人卻偏要去學。……近看博古圖，更不成文理，更不可理會；也是怪，其中說一『旅』字，云：『王曰：眾也。』這是自古解作眾，他卻要恁地說時，是說王氏較香得些子。這是要取奉那王氏，但恁地也取奉得來不好。」（王安石全集前附清顧棟高輯王安石遺事頁十一）

【根祥案】

《輯考彙評》此條「評」取源於「王安石全集前附清顧棟高輯王安石遺事頁十一」，乃後世輯錄者。考之此段文字，早見於《朱子語類》卷一百三十，由「義剛」所錄，文字語氣更順暢，更完整。茲錄《朱子語類》原文如下：

> 世上有「依本分」三字，只是無人肯行。且如蘇氏之學，卻成箇物事；若王氏之學，都不成物事，人卻偏要去學，這便是不依本分。近看〈博古圖〉，更不成文理，更不可理會。也是怪，其中說一「旅」字云：「王曰：眾也」，這是自古解作「眾」，他卻要恁地說時，是說王氏較香得些子，這是要取奉那王氏，但恁地也取奉得來不好。義剛

案朱熹之意，以蘇軾與王安石對比，「成箇物事」與「不成物事」正相對，省去則其義遂闕；而「依本分」亦為評論之重點。今皆不見於「評論」中，至為可惜，當補易之以《朱子語類》原文為「評論」。

式商容閭。

【佚文】（二九一）「式者，在車所行之禮也。」（蘆浦筆記卷二頁二載宋胡泂直引，古今圖書集成理學彙編經籍典卷一一四書經部載）

【根祥案】

此條不立評論，然考之宋・劉昌詩《蘆浦筆記》卷二頁二載引之文，其中有評論性文句在焉。原文如下：

> 洵直謹按：「〈武成〉之篇，自伏生口傳，失其次序。王氏《新義》嘗加考正，說《書》者愈疑。且以『式者，在車所行之禮也』，『式商容閭』，豈當在歸至于豐之後？」

胡洵直以為王安石考正〈武成〉篇次序，而學者並不採納而愈加疑惑，此正對王氏《新義》之評論。又針對王氏解釋「式者」之義，按之時序，當在「歸豐之後」，而〈武成〉篇所述情況，當在未曾歸豐之時，是有時序矛盾存在；凡此等皆對王安石《新義》提出質疑評論也。故當立為「評論」。

列爵惟五，分土惟三

【根祥案】

蘇軾於《東坡書傳》卷九〈武成〉篇，於「分土惟三」句下，發為議論，評論「近歲學者」之說曰：

> 公侯百里，伯七十里，子男五十里，自《孟子》、〈王制〉皆云爾，此周制也。鄭子產言列國一同，今大國數圻，若無侵小，何以至焉，而《周禮》乃云：「公之地五百里，侯四百里，伯三百里，子二百里，男百里，凡五等。」《禮》曰「封周公于曲阜，地方七百里」，皆妄也。……而近歲學者，必欲實《周禮》之言，則為之說曰：「公之地百里而已，五百里者，并附

庸言之。」夫以五百里之地，公居其一，而附庸居其四，豈有
此理哉！予專以《書》、《孟子》、〈王制〉及鄭子產之言考之，
知《周禮》非聖人之全書明矣。[6]

此段話語所稱「近歲學者」乃論諸侯封地大小，以《孟子》、〈王制〉
所述，與《周禮》所陳，合併言之而彌縫二者差異，於是創為「并附
庸言之」之說。這一說法，未見其他學者有如此主張，而考查《呂氏
家塾讀詩記》卷三十一，於《魯頌‧閟宮》一詩「錫之山川，土田附
庸」句下，引「王氏曰」：

> 孟子曰：「周公之封於魯，為方百里也。地非不足也，而儉于
> 百里。」而《周官》以為諸侯之地方四百里，蓋特言其國也，
> 則儉于百里，併附庸言之，則為方四百里也。[7]

呂氏所引「王氏曰」，蓋出於王安石《詩經新義》所言；由此可知，
以諸侯封地并附庸土地齊合計算，欲據此以合《周禮》之數，其實即
是王安石之論點。王安石變法，特重《周官》一經，且親自為之撰寫
《周官新義》。而蘇東坡則特譏《周官》一書為「非聖人之全書」，亦
為專針對王氏以發。
　　考之宋‧林之奇《尚書全解》卷二十三中，亦有涉及此一論議
者，其文曰：

> 或又謂「公之地百里而已，五百里者，併與附庸言之」；此言
> 迂陋不通之論，二蘇兄弟皆詳辨其失。

6　宋‧蘇軾撰《東坡書傳》（影印文淵閣四庫全書本）卷九頁13。
7　宋‧王應麟《詩地理攷》卷五，亦有引用相同文句。

可見林之奇實知悉蘇軾兄弟所辨之對象為誰，諱言其名氏耳。清朝朱鶴齡《尚書埤傳》，於卷九「分土為三」句下云：

> 蘇軾曰：「……而近來學者，必欲實《周禮》之言，……，《周禮》非聖人之全書明矣。」此論似為王荊公發，然《周禮》實不可信。

可見蘇軾所謂「近歲學者」之論述：「公之地百里而已，五百里者，并附庸言之」，當為《尚書新義》之文，理應補入「佚文」之中。而蘇軾所譏評，當有其針對性。

又王安石「併附庸而言之」之說，有宋一代，除荊公一脈論述之外，尟有同調者，惟宋‧黃倫《尚書精義》卷二十八，有引「胡氏曰」，具有相同論調，其論曰：

> 胡氏曰：「列爵惟五者，孟子謂五等，附庸在其間也。其列爵也，公、侯、伯、子、男凡五等；其分土也，公侯百里，伯七十里，子男五十里，凡三等。庶邦冢君暨百工受命於周，故其制則列爵惟五，分土惟三，而異乎商之制也。……《周官》言諸公之地封疆五百里，侯四百里，伯三百里，子二百里，男百里，其制與此不同者，蓋〈武成〉、《孟子》、〈王制〉言其封之實，而《周官》之制，兼附庸而言之。德不倍者不異其爵，功不倍者不異其土；以德異爵，此公侯伯子男所以別之以五也；以功異土，此公侯百里，伯七十里，子男五十里，所以分之為三也。

此言論分明全出於王氏《新義》，胡氏為誰，未可確知，據書前所

引，或為「胡伸」。[8]

惇信明義，崇德報功。

【佚文】（二九二）「惇厚其信，使天下不趨於詐。顯明其義，使天下不徇於利。崇德使人知所以尚賢，報功使人知所以勸忠。」（輯纂卷四頁十五，纂疏卷四頁十三，大全卷六頁三三，書傳彙纂卷十頁五二）

【根祥案】

考之於宋・東陽陳大猷《書集傳》卷6總頁93上B-下A，於此段經文之下曰：

> 新安王氏曰：「厚惇其信，使天下不趨於詐；顯明其義，使天下不徇於利；崇德，使人知所以尚賢；報功，使人知所以勸忠。」

陳大猷書之著成時間為早，標示明確，當然可信。可見元代陳櫟、董鼎引用此條資料時，或因筆誤，或為手民失漏，遺漏「新安」二字，致使王炎所言訛變而成「王氏曰」，使後人誤為王安石《新義》之論述。據此則此條並非王氏《新義》「佚文」，應當刪除。

尚書武成篇通義。

【佚文】（二九三）安石考本篇歲月為：
正月初三癸巳，武王步自周，于征伐商。二十八日戊午，渡孟津。二

8　元・董鼎《書傳輯錄纂註》前引用書諸家姓氏中，有【胡氏伸《解義》】，此蓋或即是。

月辛酉朔,甲子殺紂。其年閏二月庚寅朔,三月庚申朔,四月三日哉
生明辛卯。四月十九日丁未,祀于周廟。越三日庚戌二十二日,柴
望。(全解卷二三頁十四)

【佚文】(二九四)安石於本篇經文改本為:
惟一月壬辰旁死魄越翼日癸巳王朝步自周于征伐商。厎商之罪,告于
皇天后土,所過名山大川,曰:「惟有道曾孫周王發,將有大正于
商。今商王受無道,暴殄天物,害虐烝民,為天下逋逃主,萃淵藪。
予小子既獲仁人,敢祗承上帝,以遏亂略,華夏蠻貊,罔不率俾;恭
天成命,肆予東征。綏厥士女,惟其士女,篚厥玄黃,昭我周王;天
休震動,用附我大邑周。惟爾有神,尚克相予,以濟兆民;無作神
羞。既戊午,師逾孟津。癸亥,陳于商郊,俟天休命。甲子昧爽,受
率其旅若林,會于牧野,罔有敵于我師,前徒倒戈,攻于後以北;血
流漂杵,一戎衣天下大定。厥四月,哉生明。王來自商,至于豐,乃
偃武修文,歸馬于華山之陽,放牛于桃林之野,示天下弗服。丁未,
祀于周廟;邦甸侯衛,駿奔走,執豆籩。越三日庚戌,柴望,大告武
成。既生魄,庶邦冢君暨百工受命于周。王若曰:「嗚呼!群后,惟
先王建邦啟土,公劉克篤前烈,至于大王肇基王跡,王季其勤王家,
我文考文王克成厥勳,誕膺天命,以撫方夏,大邦畏其力,小邦懷其
德。惟九年,大統未集。予小子其承厥志。乃反商政,政由舊。」釋
箕子囚,封比干墓,式商容閭,散鹿臺之財,發鉅橋之粟,大賚于四
海而萬姓悅服。列爵惟五,分土惟三;建官惟賢,位事惟能。重民五
教,惟食喪祭。惇信明義,崇德報功,垂拱而天下治。(據全解卷二
三頁十八-十九、容齋續筆卷十五總頁一四四、項氏家說卷三頁十二
定:詳下三「評」之文。)

【評】宋林之奇曰:「自『厎商之罪』以下至於『大賚于四海而萬姓
悅服』,……王氏,劉氏、程氏諸家以屬於『王朝步自周于征伐商』

之下（敏案：王氏不盡如此，詳下文。），蓋得之矣。但王氏以『乃反商政政由舊釋箕子囚』以下，屬於歸周（敏案：謂勝殷歸至豐，祀于周廟，柴望，告諸侯百官。）之後，則失其次。夫釋箕子囚，封比干墓，式商容閭，散財發粟，此蓋既克商之事，豈至周而後有事於此邪？故劉氏自『厎商之罪』至『萬姓悅服』，悉以加於『厥四月哉生明王來自商至于豐』之前，此則勝於王氏所次遠甚。」（全解卷二三頁十八～十九）

【評】宋洪邁曰：「經典遭秦火之餘，脫亡散落，其僅存於今者，相傳千歲，雖有錯誤，無由復改。……（尚書）武成一篇，王荊公始正之：自王朝步自周于征伐商，即繼以厎商之罪告于皇天后土；至一戎衣天下大定，乃繼以厥四月哉生明，至予小子其承厥志，然後及乃反商政，以訖終篇；則首尾亦粲然不紊。」

【評】宋朱熹曰：「『王若曰』以下（至篇末），……恐須是有錯簡。然自王氏、程氏、劉原父以下所定，亦各不同。舊嘗考之，劉以為（武）王語之未有闕文，似得之。（敏案：劉敞七經小傳卷上頁八謂：「予小子其承厥志之下，武王之誥未終，當有百工受命之語，計脫五、六簡。」）」（朱文公文集卷六十頁三三）

【評】宋朱熹又曰：「此（武成）篇簡編錯亂，劉侍讀、王荊公、《輯考彙評》皆有改正次序，今以參考定讀如此，大略皆集諸家之所長。……劉侍讀謂『余小子其承厥志』之下當有闕文，以今考之，固所宜有。……」（朱文公文集卷六五頁三十-三一，朱子語類卷七九頁十四、朱子五經語類卷四八頁二，大旨略同；朱睦評，見五經稽疑卷二頁十八，略同。）

【評】宋項安世曰：「王介甫以此篇為脫簡，當以自『厥四月哉生明』至『予小子其承厥志』移在『天下大定』之下，此說良是。必如

此然後文理可讀,月日亦順;又見武王所承之志。上謂文王欲由商之舊政而未得,今予小子不可不承,故次以『乃反商政政由舊』,此即『承志』之事也。若如本文,則是文王志在厎商之罪,而武王承之也。豈不上誣先志哉!」(項氏家說卷三頁十一~十二)

【評】宋章如愚曰:「疑武成之誤者,古今之常說也。孔穎達曰:『此篇敘事多而王言少,其辭又首尾不結,體裁異於餘篇。「無作神羞」,當有其辭,今無其語,是言尚未訖,簡篇斷絕也。』自漢以來,豈惟穎達疑之耶?特為之疏義,故說行於世也。近世王氏、程氏之徒,莫不疑之。人自為斷,家自為讀,而卒無定論。烏乎!書之不幸出於口授壁藏,孔安國定其可知者五十有九篇,曰:『其餘錯亂摩滅、不可復知。』然則五十九篇既定之後,豈無錯繆也哉!蓋亦有之矣!若夫武成之書,則似顛倒錯亂,然深究其旨,實未嘗錯誤也。武成者,武王伐紂之功已成,識其政事之書,皆史官記武王征伐,及其歸周所行之事;此與堯典、舜典、冏命之書體同。孔氏乃疑其序事多而王言少!且據左氏『無作神羞』以下皆有其辭,此獨無文,何拘之甚邪!王氏則離析其章句,以『予小子其承厥志』以下,即繼以『乃反商政』。夫繼上言先王之勤勞,文王之未集大統,武王方承厥志,經以厎商之罪。此其辭理是順,無『其承厥志』以下不言代(伐)商罪,遽謂反商政,則其語無倫。世之學者,惟患武成之失次,及其離而讀之,反以無倫可乎?」(群書考索續集卷五頁三-四;別集卷四頁八-九,略同。)

【評】宋胡泃直曰:「按武成之書,自伏生口傳失其次序,王氏新義嘗加攷正。說書者愈疑,且以『式者,在車所行之禮也。式商容閭,豈當在歸至于豐之後』。泃直以樂記考之,孔子告賓牟賈以大武遲久之意,首言久立于綴以待諸侯之至,則庶邦冢君受伐商之命于周,乃其時也。故其克商也,有未及下車而為之者,有下車而為之者,有濟

河而西然後為之者。至其終也，左射貍首，右射騶虞，而貫革之射息
也；裨冕搢笏而虎賁之士說劍也；祀乎明堂而民知孝，朝覲然後諸侯
知其所以臣，耕籍然後諸侯知其所以敬。以此五者為天下之教，其先
後有倫如此，則武成之次序可槩見矣。是以驗之，以孔子之言而次第
之，庶有所本云。」（古今圖書集成理學彙編經籍典卷一一四書經胡
洄直考正尚書武成一卷自序，又略見蘆浦筆記卷二頁二～三「武成次
序」條後胡洄直按語）

【評】宋蔡沈（蔡傳卷四總頁七四）、宋人某氏（六經奧論卷二頁二
四～二五）、宋王柏（書疑卷四頁五～六）、宋黃仲元（四如講稿卷四
頁十三）、元金履祥（書經注卷七頁二十、金仁山遺書本尚書表注卷
下頁五）、元王天與（纂傳卷二一頁五）及元陳師凱（書蔡氏傳旁通
卷四上頁十九）諸家，或述前人之說，或評安石所改，文甚繁重，茲
不具錄，存目備徵焉。

〈洪範〉

武王勝殷殺受，立武庚，以箕子歸；作〈洪範〉。

惟十有三祀，王訪于箕子。王乃言曰：「嗚呼！箕子，惟天陰騭
下民，相協厥居，我不知其彝倫攸敘。」箕子乃言曰：「我聞在
昔，鯀陻洪水，汩陳其五行。帝乃震怒，不畀洪範九疇，彝倫攸
斁；鯀則殛死，禹乃嗣興，天乃錫禹洪範九疇，彝倫攸敘。」
「初一曰五行，次二曰敬用五事，次三曰農用八政，次四曰協用
五紀，次五曰建用皇極，次六曰乂用三德，次七曰明用稽疑，次
八曰念用庶徵，次九曰嚮用五福、威用六極。一五行：一曰水、
二曰火、三曰木、四曰金、五曰土。水曰潤下，火曰炎上，木曰

曲直，金曰從革，土爰稼穡。潤下作鹹，炎上作苦，曲直作酸，
從革作辛，稼穡作甘。二五事：一曰貌、二曰言、三曰視、四曰
聽、五曰思。貌曰恭，言曰從，視曰明，聽曰聰，思曰睿。恭作
肅，從作乂，明作哲，聰作謀，睿作聖。三八政：一曰食、二曰
貨、三曰祀、四曰司空、五曰司徒、六曰可寇、七曰賓、八曰
師。四、五紀：一曰歲、二曰月、三曰日、四曰星辰、五曰歷
數。五、皇極：皇建其有極，斂時五福，用敷錫厥庶民；惟時厥
庶民于汝極，錫汝保極。凡厥庶民，無有淫朋；人無有比德，惟
皇作極。凡厥庶民，有猷、有為、有守，汝則念之；不協于極，
不罹于咎，皇則受之；而康而色，曰：『予攸好德，汝則錫之
福。』時人斯其惟皇之極。無虐煢獨而畏高明，人之有能、有
為，使羞其行，而邦其昌。凡厥正人，既富方穀，汝弗能使有好
于而家，時人斯其辜；于其無好德，汝雖錫之福，其作汝用咎。
無偏無陂，遵王之義；無有作好，遵王之道；無有作惡，遵王之
路。無偏無黨，王道蕩蕩；無黨無偏，王道平平；無反無側，王
道正直；會其有極，歸其有極。曰：皇極之敷言，是彝是訓，于
帝其訓。凡厥庶民，極之敷言，是訓是行，以近天子之光，曰：
天子作民父母，以為天下王。六、三德：一曰正直、二曰剛克、
三曰柔克。平康，正直；彊弗友，剛克；燮友，柔克。沈潛，剛
克；高明，柔克。惟辟作福，惟辟作威，惟辟玉食；臣無有作
福、作威、玉食，臣之有作福、作威、玉食，其害于而家，凶于
而國。人用側頗僻，民用僭忒。七、稽疑：擇建立卜筮人，乃命
卜筮；曰雨、曰霽、曰蒙、曰驛、曰克、曰貞、曰悔；凡七，卜
五，占用二，衍忒。立時人作卜筮，三人占，則從二人之言。汝
則有大疑，謀及乃心，謀及卿士，謀及庶人，謀及卜筮；汝則
從，龜從，筮從，卿士從，庶民從，是之謂大同；身其康彊，子
孫其逢，吉。汝則從，龜從，筮從，卿士逆，庶民逆，吉。卿士

從，龜從，筮從，汝則逆，庶民逆，吉。庶民從，龜從，筮從，汝則逆，卿士逆，吉。汝則從，龜從，筮逆，卿士逆，庶民逆，作內吉，作外凶。龜筮共違于人，用靜吉，用作凶。八、庶徵：曰雨、曰暘、曰燠、曰寒、曰風，曰時五者來備，各以其敘，庶草蕃廡。一極備，凶；一極無，凶。曰休徵：曰肅，時雨若；曰乂，時暘若；曰哲，時燠若；曰謀，時寒若；曰聖，時風若。曰咎徵：曰狂，恆雨若；曰僭，恆暘若；曰豫，恆燠若；曰急，恆寒若；曰蒙，恆風若。曰：王省惟歲，卿士惟月，師尹惟日。歲、月、日時無易，百穀用成，乂用明，俊民用章，家用平康。日、月、歲時既易，百穀用不成，乂用昏不明，俊民用微，家用不寧。庶民惟星：星有好風，星有好雨；日月之行，則有冬有夏；月之從星，則以風雨。九、五福：一曰壽、二曰富、三曰康寧、四曰攸好德、五曰考終命；六極：一曰凶短折、二曰疾、三曰憂、四曰貧、五曰惡、六曰弱。」

〈洪範〉

【根祥案】

考之宋‧楊時《龜山集》卷七〈二王氏《字說》辨〉條之下，有引用王安石之說而辨之者；其言曰：

　　洪則水共而大，〈洪範〉所謂「洪」者，五行也，亦共而大。

此段文字雖或出於王安石《字說》，然對〈洪範〉篇名有所闡釋，可供參考。且其云「共而大」，與下文「合而大謂之洪」之說，涵義正同。可比照為「佚文」收之。

　　又：王安石《臨川文集》卷四十三〈乞改三經義誤字劄子〉二

道,其下有批文曰:「元豐三年（1080）八月二十八日,奉聖旨:宜令國子監依所奏照會改正。」其中就〈洪範〉之文,則曰:

> 〈洪範〉:「有器也然後有法,此《書》所以謂之『範』者,以五行為宗故也。五行猶未離于形而器出焉者也。擴而大謂之弘,積而大謂之丕,合而大謂之洪。此書合五行以成天下之大法,故謂之〈洪範〉也。」已上七十一字今欲刪去。

王安石於熙寧八年（1076）修撰完成《三經新義》,遂頒立於學官,至元豐三年奏請乞改,可知之此段「七十一字」之文,曾為《尚書新義》初版之內容,為時四年。後雖刪改,仍可參考,視之為「佚文」,加註說明為「初版佚文」可也。

又宋‧黃倫《尚書精義》卷二十八,有引張綱根據王安石論義,加以發揮者,其言曰:

> 張氏曰:「道散而為陰陽,陰陽散而為五行,五行散而為萬物;萬物盈天地之間,出於機,入於機,有待也而生,有待也而死。物之所聽者命,命者命於此而已;物之所由者道,道者道於此而已。六合為大矣,未離其內;秋毫為細矣,待之成體;此五行之所莫適而為大矣。〈洪範〉之所謂『洪』者,指五行而言之也;是故合之則為洪,圍之則為範;範雖未離乎形,而有形者之所自出;此所謂〈洪範〉。

張氏之言,顯明出自王氏理論,而其中正含有前述所刪去七十一字之文句論說,可見張綱並未遵照王安石乞改而變,仍用《新義》初版之說也。而《字說》謂「共而大」與此「合而大」,其義相同。

武王勝殷殺受，立武庚，以箕子歸，作洪範。

【佚文】（二九五）「武王殺受矣，而不為商立後，以統承先王，修其禮物，則是遇商不仁，無禮無義也。箕子嘗為商之大臣，尚可以言之乎？武王立武庚，則是遇商仁且有禮義，此實箕子所以言也。」（全解卷二四頁三，夏解卷十七頁十六～十七）

【根祥案】

考之宋・林之奇《尚書全解》卷二四此段引文，其下有「評論」之語，文曰：

> 王氏曰：「武王殺受矣……此實箕子所以言也。」是皆已甚之論也；夫武王之待箕子，固有此禮，然未必是作書者之本意也。

林之奇後述之語，即為評論王氏說而發，可列入「評論」。
　　又宋・黃倫《尚書精義》卷二十八引有張綱此段經文之論說，其文曰：

> 張氏曰：……又曰：「紂為無道，殺之，義也。立武庚以為之後，仁而有禮也。惟其勝殷殺受，而又為立武庚以繼其後，則武王之所遇商者，可謂盡其道矣。苟為不然，則箕子孰肯歸周而為之陳〈洪範〉！」

張綱所論，依循王安石《新義》之思維脈絡，可謂亦步亦趨矣，足供參照。

惟十有三祀。王訪于箕子。王乃言曰：「嗚呼！箕子。惟天陰隲下民。相協厥居，我不知其彝倫攸敘。」

【根祥案】

考之宋・東陽陳大猷《書集傳》卷七，總頁94下A，引有王安石之言「佚文」曰：

> 王氏曰：「致禮然後問，故先言王訪于箕子，而後曰『王乃言』。」

此段引文當補入為《新義》「佚文」。

箕子乃言曰：「我聞在昔，鯀堙洪水，汩陳其五行。帝乃震怒，不畀『洪範』九疇，彝倫攸斁。鯀則殛死，禹乃嗣興，天乃錫禹『洪範』九疇，彝倫攸敘。」

【根祥案】

考之宋・東陽陳大猷《書集傳》卷七，總頁94下A，引有王安石所言「佚文」曰：

> 王氏曰：「致禮以問然後告，故於是『箕子乃言』。」

此與上一條相對為言，亦當補入為《新義》「佚文」。

次五、曰建用皇極。……次六、曰乂用三德。

【佚文】（二九六）「皇極立本，三德趨時。」（輯纂卷四頁二十，纂

疏卷四頁二四，大全卷六頁四四，洪範正論卷一頁三十；王安石文集卷四十總頁一〇七洪範傳，略同。）

【根祥案】

考之元‧陳櫟《書集傳纂疏》，於〈洪範〉「三德」下纂疏曰：

> 愚謂：此所謂臣，大臣也。大臣僭天子，則次而邦君，次而大夫，次而小臣，次而庶民，皆傚而僭踰，無一安其分者。夫皇極，立本者也；三德，趨時者也。皇極建，則三德適時，措之宜而權出于上；皇極不建，則三德失時，措之宜而柄移于下矣。

此說及本之於王氏《新義》論說，敷衍發揮者。

次九、曰嚮用五福，威用六極。

【根祥案】

考之宋‧東陽陳大猷《書集傳》卷七，總頁95下B，引有王安石《新義》之「佚文」曰：

> 王氏曰：「嚮者，慕而欲其至；威者，畏而欲其亡也。」

經查考王安石〈洪範傳〉中，亦有相同之語句，是《新義》與〈洪範傳〉無所差異。此陳大猷所引，猶在宋代，《尚書新義》未亡逸，所引當為《新義》文，應補入為「佚文」。

又宋‧黃倫《尚書精義》卷三十，引有張綱相關論述，文曰：

> 張氏曰：「不得其死曰凶，凶者，考終命之反也；不永曰短，

中絕曰折，短折者，壽之反也；禍莫大于凶短折，故六極以凶短折為先，而疾次之，憂次之，貧又次之。憂、疾則不康寧矣，貧則不富矣。惡者小人之剛也，弱者小人之柔也，惡、弱則不能攸好德矣。五福，人之所同好也，所以使之慕而欲其至，故其序以其所致之次而為之先後。六極，人之所同惡也，所以使之畏而欲其亡，故其序以人之所尤畏者為先，而猶愈者次之。

對比王安石〈洪範論〉，張綱所說皆與王氏所論相同，無所違逆，僅其語文陳述次序稍有調整而已。

一、五行：一曰水，二曰火，三曰木，四曰金，五曰土。水曰潤下，火曰炎上，木曰曲直，金曰從革，土爰稼穡。潤下作鹹，炎上作苦，曲直作酸，從革作辛，稼穡作甘。

【佚文】（二九七）「自天一至於天五，五行之生數也。以奇生者成而耦，以耦生者成而奇；其成之者皆五，五者天數之中也。蓋中者所以成物也。道立於兩，成於三，變於五，而天地之數具。其為十也，耦之而已。蓋五行之為物，其時其位，其材其氣，其性其形，其事其情，其色其聲，其臭其味，皆各有耦。推而散之，無所不通；一柔一剛，一晦一明，故有正有邪，有美有惡，有醜有好，有凶有吉；性命之理，道德之意，皆在是矣。耦之中又有耦焉，而萬物之變遂至於无窮。其相生也，所以相繼也；其相克也，所以相治也。水言潤，則火燥；土溽、木敷、金斂，可知也。火言炎，則水洌；土蒸、木溫、金清，可知也。水言下，火言上，則木左、金右、土中央，可知也。木言曲直，則土圓、金方、火銳、水平，可知也。金言從革，則木變、土化、水因、火革，可知也。土言稼穡，則水之井洫、火之爨冶、木

金之為器械，可知也。」（六經天文編卷一頁六七，或問卷下頁二，纂傳卷二二頁五，尚書日記卷九頁四五，尚書埤傳卷十頁十三-十四，洪範正論卷二頁五，書傳彙纂卷十一頁十二；王安石文集卷四十總頁一〇八、一〇九洪範傳，略同。）

【根祥案】

考之宋・東陽陳大猷《書集傳》卷七，總頁96下B，引有王安石之文曰：「王氏曰：五行之為物，其時其位……其相克也，所以相治也。」與此條「佚文」中文句完全一致，當補入為「佚文」來源。

又宋・真德秀《西山讀書記》卷三十八，亦引有王安石之言，文曰：

> 王氏曰：「五者往來天地之間而不窮，是以謂行。五行之數，以奇生者成而偶，以偶生者成而奇；故萬物之變，至於無窮。」

此段文字之前兩句，不見於上述「佚文」，而王氏〈洪範傳〉則有相似語句。後面數語則與「佚文」大致相同而順序有差。若參考王氏〈洪範傳〉陳述之次序，則真德秀所引文當在此「佚文」「自天一至天五」之前，則此文應補入整合為較完備之「佚文」。

【佚文】（二九八）「所謂木變者何？炳之而為火，爛之而為土，此之謂『變』。所謂土化者何？能燥，能潤，能敷，能歛，此之謂『化』。水因者何？因甘而甘，因苦而苦，因蒼而蒼，因白而白，此之謂『因』。火革者何？革生以為熟，革柔以為剛，革剛以為柔，此之謂『革』。金亦能化，可以圜，可以平，可以銳，可以曲直，然非火革則不能自化，故命之曰『從革』也。」（或問卷下頁二一，尚書

日記卷九頁四五-四六，尚書埤傳卷十頁十四，洪範正論卷二頁六，書傳彙纂卷十一頁十二；王安石文集卷四十總頁一〇九洪範傳，略同。）

【評】清胡渭：「王氏此義，如說卦之廣象，雖未必皆聖人之意，而亦未嘗背於理；視彼拘而鮮通者，有鵬、鷃之別矣。」（洪範正論卷二頁六）

【佚文】（二九九）金性能從能革。（捫蝨新話卷一頁三）

【評】宋陳善曰：「李長吉嘗語余：昔問羅疇『金曰從革』（尚書）新義云：『能從能革』，而荊公洪範傳又云：『金性能從，惟革者之所化。』二義不同，未知孰是。疇老云：『譬如釋迦十大弟子，各說第一義；二說皆通，無可揀者。』予謂王氏之學，率以一字一句較其同異，而父子之論，自不能一如此。迨其末流之弊，學者不勝異說。」（捫蝨新話卷一頁三；儒學警悟本「長吉」作「季長」，「大」作「六」。）

【根祥案】

考之宋‧黃倫《尚書精義》卷二十九，引有張綱之相關論述，文曰：

> 張氏曰：「水，天一之氣所生也，內陽而外陰；潤下者，水內景也。火，地二之氣所生也，內陰而外陽；炎上者，火外景也。木，陽中之所生也，故其形可曲可直。金，陰中之所生也，故其材能從能革。土，陰陽中所生也，故其事見於稼穡。」

可見張綱實從《尚書新義》之說，而非〈洪範傳〉而來。李長吉之問

及羅疇謂「父子之論不一」，其實皆有理解之誤。《尚書新義》「能從能革」與王氏〈洪範傳〉「金性能從，惟革者之所化」，二者文語雖殊，而涵義無別。前條「佚文」曰「金亦能化，可以圓，可以平，可以銳，可以曲直，然非火革則不能自化，故命之曰『從革』也」，正說明金性自主即能「從」，而必經火焠煉始能「革化」，是以云「金能從能革」。

二五事：一曰貌，二曰言，三曰視，四曰聽，五曰思。

【佚文】（三〇〇）以五事分別配五行。（全解卷二四頁二三～二四，夏解卷十七頁三十）

【評】宋林之奇曰：「諸儒之論五事，皆以配五行，唐孔氏曰：『……。』王氏、蘇氏之說，大抵類此；而王氏詳明。……諸儒皆是附會穿鑿而為之說；箕子之意，本不如是。若『五事』果可以配『五行』，則自『八政』以下，皆各有所配，豈止於五事？而『皇極』、『庶證（徵）』、『福極』猶可條而入之，至於其餘不可以穿鑿通者，則舍之不論，此豈自然之理哉！……蘇氏每譏王氏，以為喜鑿；至於此論，則其去王氏無幾矣。」（全解卷二四頁二三～二四）

三八政：一曰食，二曰貨，三曰祀，四曰司空，五曰司徒，六曰司寇，七曰賓，八曰師。

【佚文】（三〇一）「釋之叟叟，烝之浮浮，后稷肇祀，庶無罪悔。后稷樹藝五穀，遂以肇祀；以祀教敬，則民不苟也，故祀次之。器利用足，故司空次之。食足用利而教興焉，故司徒次之。刑以弼教，故司寇次之。所以相交際者不可廢，故賓次之。所以相保聚者不可廢，故師又次之。賓者，非獨施於來諸侯通四夷而已也，鄉使相賓。師

者，非獨於征不庭、伐不順而已也，殺越人於貨，愍不畏死，不待教而誅之。食、貨、祀、賓、師，稱其事，通乎下也。司空、司徒、司寇，稱其官，制乎上也。正法度，敷教制，刑必自其上出。」（尚書說卷四頁十～十一）

【根祥案】

此段「佚文」，僅見於宋‧黃度（1138-1213）《尚書說》卷四，黃度雖為南宋中期時人，所引如此一大段《新義》文字，而未見其他學者關注論議，甚可怪也。筆者據王安石〈洪範傳〉相對部分比較對閱，發現兩者內容、思想、措辭均差異甚大，顯然非出於同一學術脈絡；王氏父子可勿論矣，王氏與張綱之異，亦無如此之巨。茲對列二者成表以見之，如下：

王安石〈洪範傳〉	黃度《尚書說》註解全文
八政：一曰食、二曰貨、三曰祀、四曰司空、五曰司徒、六曰司寇、七曰賓、八曰師，何也？食、貨，人之所以相生養也，故一曰食、二曰貨。有相生養之道，則不可不致孝於鬼神而著不忘其所自，故三曰祀。有所以相生養之道，而知不忘其所自然，後能保其居，故四曰司空。司空所以居民，民保其居然後可教，故五曰司徒。司徒所以教民，教之不率，然後俟之以刑戮，故六曰司寇。自食貨至於司寇，而治內者具矣，故七曰賓，八曰師；賓所以接外治，師所以接外亂也。自食、貨至於賓、師，莫不有官以治之，而獨曰司空、司徒、司寇者，言官則以知物之有官，言物則以	食以養生，貨以懋遷，祀以崇本，工以利用，教以正德，刑以詰姦，賓以交際，師以禦惠；八者政之所自行也。養生喪死無憾，王道之始也，故食、貨居先。王氏曰：「釋之蓼蓼，烝之浮浮。」「后稷肇祀，庶無罪悔。」后稷樹藝五穀，遂以肇祀；以祀教敬，則民不苟也，故祀次之。器利用足，故司空次之。食足用利而教興焉，故司徒次之。刑以弼教，故司寇次之。所以相交際者不可廢，故賓次之。所以相保聚者不可廢，故師又次之。賓者，非獨施於來諸侯、通四夷而已也，鄉使相賓。師者，非獨於征不庭、伐

王安石〈洪範傳〉	黃度《尚書說》註解全文
知官之有物也。	不順而已也；殺越人於貨，愍不畏死，不待教而誅之。食、貨、祀、賓、師，稱其事，通乎下也。司空、司徒、司寇，稱其官，制乎上也。正法度，敷教制，刑必自其上出。

考之黃度《尚書說》，《四庫總目提要》謂「但因孔傳而發明之」，而求之書中徵引「某氏曰」者，總共69次，稱「孔氏曰」者66次，「鄭氏曰」者2次，「王氏曰」僅上述所引1次。黃度篤學窮經，老而不倦，于《易》、《詩》、《周禮》俱有撰述，《尚書說》其尤著者也。平日與朱子、葉適、陳傅良等相善，《周禮》、《詩》說皆為葉適所許。[9]而其著作《尚書說》並非「集註」、「集傳」體，故全書共稱引者僅止如上述，可知黃度說解《尚書》，乃廣納群籍，多方融會，而以己意暢言其義者也。

今就上述「王氏曰」之「佚文」，經深入探求註解全文，概得知其論述之由來。引文「食以養生，貨以懋遷，祀以崇本，工以利用，教以正德，刑以詰姦，賓以交際，師以禦惠；八者政之所自行也」，蓋主要參考林之奇《尚書全解》卷二十四之說。林氏《全解》云：

> 一曰食者，務農重穀之政也；如井田補助之類是也。二曰貨者，阜通貨財之政也；如懋遷有無化居之類是也。三曰祀者，報本反始之政也；社稷宗廟、山川百神，以至公卿大夫、士庶，莫不祭其先之類是也。四曰司空者，度土居民之政也；如辨方正位，體國經野，使士農工商各得其所之類是也。五曰司徒者，教民之政也；如學校、選舉之類是也。六曰司寇者，立法懲姦之政也；如五刑之屬是也。七曰賓者，交際酬酢之政

9　參考《四庫總目提要》黃度《尚書說》提要所言。

也；如冠、昏、喪、祭、鄉飲、相見之類是也。八曰師者，寓兵於農，以修武備之政；如鄉遂教閱之法是也。此八者，皆國家之急務，為治者所不可忽，非有先後緩急之殊也。

「食以養生」，農業展糧，諸儒之說皆然。「貨以懋遷」，林氏謂「二曰貨者，阜通貨財之政也；如懋遷有無化居之類」，正以「懋遷」為說。「祀以崇本」正合林氏所謂「報本反始之政」。「賓以交際」即是林氏「交際酬酢之政」。關鍵詞高度對應。林之奇年長黃度26年，黃度蓋能睹其書而參考之。

引文自「器利用足，故司空次之」以下一大段文句，乃參考兼且引錄曾鞏〈洪範論〉而來。茲將黃度註解文與曾鞏《元豐類藁》卷十〈洪範論〉表列如次：

曾鞏〈洪範論〉文	黃度《尚書說》註解
曰食、曰貨、曰祀、曰賓、曰師，稱其事者，達乎下也。曰司空、曰司徒、曰司寇，稱其官者，任乎上也。人道莫急於養生，莫大於事死，莫重於安土，故曰食、曰貨、曰祀、曰司空；孟子以使民養生送死無憾，為王道始；此四者，所以不得不先也。使民足於養生送死之具，然後教之；教之不率，然後刑之，故曰司徒、曰司寇；此彝倫之序也。……人之所以相交接者不可以廢，故曰賓；賓者，非獨施於來諸侯、通四夷也。人之所以相保聚者不可以廢，故曰師；師者，非獨施於征不庭、伐不悛也。八政之所先後如此，所謂彝倫之敘也；不然，則彝倫之斁而已矣。	食以養生，……養生喪死無憾，王道之始也，故食、貨居先。 ……器利用足，故司空次之。食足用利而教興焉，故司徒次之。 刑以弼教，故司寇次之。 所以相交際者不可廢，故賓次之。所以相保聚者不可廢，故師又次之。賓者，非獨施於來諸侯、通四夷而已也，鄉使相賓。師者，非獨於征不庭、伐不順而已也；殺越人於貨，憨不畏死，不待教而誅之。 食、貨、祀、賓、師，稱其事，通乎下也。司空、司徒、司寇，稱其官，制乎上也。正法度，敷教制，刑必自其上出。

兩段文字之間相對應者，筆者以相同標示為之記：底線、中線、方框、斜體。讀者一目了然，黃度註文大部分出於曾鞏〈洪範論〉，可以無疑。

黃度註文「鄉使相賓」，實出自《周禮注疏》卷十「大司徒之職」：「五黨為州，使之相賙；五州為鄉，使之相賓。」

註文「殺越人於貨，愍不畏死，不待教而誅之」，考之黃度《尚書說》卷五〈康誥〉經文「寇攘姦宄，殺越人于貨，暋不畏死，罔弗憝」下，黃度註解云：

> 凡民之寇盜攘竊，為姦宄殺人顛越人以取貨，強不畏死者，人所共惡之，皆得討之。……孟子曰「不待教而誅之」，是也。

可見此乃黃度自主之說，用之於斯。

今所餘黃度註解文字「王氏曰：「釋之叟叟，烝之浮浮。」「后稷肇祀，庶無罪悔。」后稷樹藝五穀，遂以肇祀；以祀教敬，則民不苟也，故祀次之」，究從何來？考之現存文獻，唯見宋・呂祖謙《呂氏家塾讀詩記》卷二十六《大雅・生民》下，引文曰：

> 王氏曰：「釋之烝之，簠簋尊爵之實也。羝，俎實也；豆登則實以菹醢，大羹之器也。或言其器，或言其食，互相備也。」

此一引文，當為王安石《詩經新義》解說文語，王氏書中當有「釋之叟叟，烝之浮浮。后稷肇祀，庶無罪悔」相對註解，或即此也。黃度欲解「祀」居第三之義，遂引「王氏曰」：「后稷樹藝五穀，遂以肇祀」為說，蓋后稷既樹藝五穀，則有食有貨矣，然後祀宗廟祖先，故「祀」居第三。「以祀教敬，則民不苟」句，乃《周禮・大司徒》之職掌，云：「施十有二教焉：一曰、以祀禮教敬，則民不苟。」此亦

或為王安石《詩經新義》之語，蓋引《周禮》以通解《詩經》。

　　總此而觀之，黃度所引「王氏曰」之文，僅止於「則民不苟」處，其他註解文字，並非「王氏曰」所能涵蓋，應當刪除。

四五紀：……五曰厤數。

【佚文】（三〇二）「歷者，所以紀數。」（輯纂卷四頁二三）

【根祥案】

考之蔡沈《書集傳》卷一，經文〈堯典〉「歷象日月星辰」下曰：「歷，所以紀數之書；象，所以觀天之器。」此蓋遵從朱熹師說而註解也；亦可見朱熹、蔡沈均採納王氏此論也。

四、五紀：一曰歲、二曰月、三曰日、四曰星辰、五曰歷數。

【根祥案】

《輯考彙評》於此僅列前董鼎所引「佚文302」一條。考之明朝王樵《尚書日記》卷九，「四、五紀：一曰歲至五曰歷數」下，又引文曰：

　　　○王氏曰：「歲、月、日、星辰者，經也；歷數者，推步歲、月、日、星辰之數以為歷者也。「歷象日、月、星辰，敬授人時」，緯也。○

《輯考彙評》未曾收輯此一條，原因不明，是有疑於此耶？抑或偶然失之耶？然深入考察，此段文字雖稱「王氏曰」，然實非王安石《新義》論說。考之元·陳櫟《書集傳纂疏》卷四上引「徽菴程氏」曰：

五紀，四經而一緯，五氣順布，四時行焉。歲、日、月、星辰，經也；歷數者，推步歲日月星辰之數以為歷者也；「歷象日月星辰，敬授人時」，緯也。與庶徵相通而不同，彼以證王與卿士、師尹、庶民之得失，此特主于授時。[10]

「徽菴程氏」即程若庸，字達原，休寧人；淳祐（理宗。1241-1252）中為安定、臨汝兩書院山長。咸淳戊辰（度宗咸淳四年，1268）登進士第，主武夷書院。學者稱徽庵生先。其以「四經而一緯」說「五紀」，此論不見於王安石〈洪範傳論〉中，而陳櫟引用而稱「徽菴程氏」，則蓋非王氏之言，乃程氏之說而王樵誤以為「王氏」爾。《輯考彙評》未收，亦得其實。

而康而色。

【佚文】（三〇三）「詩云：『載色載笑，匪怒伊教』，而康而色之謂。」（纂傳卷二二頁九，纂疏卷四頁二二，洪範正論卷四頁九；王安石文集卷四十總頁一一一洪範傳，略同。）

【根祥案】

考之宋・東陽陳大猷《書集傳》卷七，總頁98下B，有引用王安石之文。其文曰：

> 王氏曰：「《詩》曰：『載色載笑，匪怒伊教』，『而康而色』之謂也。」

陳氏引文與上列「佚文」全同，而引用時間為早，當列為《新義》「佚文」之正。

---

10 元・陳櫟《書集傳纂疏》（漢京版，通志堂經解，1986）卷四，頁8884。

無偏無陂，遵王之義；無有作好，遵王之道；無有作惡，遵王之路。無偏無黨，王道蕩蕩；無黨無偏，王道平平；無反無側，王道正直。會其有極，歸其有極。

【根祥案】

考之清・胡渭《洪範正論》卷四、朱鶴齡《尚書埤傳》卷十，均引有「王氏安石曰」解釋以上經文註解一段，然經考查，乃引用王安石〈洪範傳〉之文，按照《輯考彙評》之體例，不予收錄。而黃倫《尚書精義》卷二十九，則有引張綱據王氏《新義》闡述發揮之論，頗足參考。其文如下：

> 張氏曰：「偏生於所見，黨生於所與；見於左而無見於右，見於前而無見於後，此所以為偏也，無偏則正矣。同於己者好之，異於己者惡之；好之者在所親，惡之者在所去，此所以為黨也；無黨則公矣。由其所見無偏，故能所與無黨。先言無偏者，以其所見為主故也；由其所與無黨，故能所見無偏。先言無黨者，以其所與為主故也。惟其所見無偏，故四海之內，一視而同仁，此王道之所以蕩蕩；蕩蕩者，言乎其大也。惟其所與無黨，則其至公，以天下為心，此王道之所以平平；平平者，言乎其治也。偏而不已，遂至於反，無反則去其偏矣；陂而不已，遂至於側，無側則絕其陂矣。無反無側，王道之所以得其中也。」

皇極之敷言，是彝是訓，于帝其訓。凡厥庶民，極之敷言，是訓是行，以近天子之光。

【佚文】（三〇四）「有極之所在，吾安所取正？取正於天而已。我取正於天，則民取正於我。道之本出於天，其在我為德；皇極，我與

庶民所同然也，故我訓于帝，則民訓于我矣。」（全解卷二四頁四五，洪範正論卷四頁二五）

【根祥案】

《輯考彙評》此條未曾列有「評論」，然觀之林氏《全解》原文，實有評論之語。其文曰：

> 王氏之說其言曰：「有極之所在，吾安所取正？……，則民訓于我矣。」此論比於范說為長，學者當深考之。

此當列入「評論」中，以便讀者知悉。

又黃倫《尚書精義》卷二十九，有闡述敷衍王氏《新義》之說，甚可參考。其文曰：

> 張氏曰：「人君一動一靜，未嘗不順乎天，故憲其聰明，以為視聽；因其好惡，以為喜怒；典禮自於天秩天敘，賞罰出於天命天討，又況有極之所在，其可以不訓于帝者乎？君能訓於天，則民亦訓於君矣。君，奉天者也，故取正於天；民，奉君者也，故取正於君。蓋君能以中道而布言，故庶民效其所為，亦以極之敷言，是以為訓，是以為行，其於天子之光，則比而附之者也。作民父母者，親之者也；為天下王者，尊之者也；親之者，仁也；尊之者，義也；皇極之道，仁義而已。」

六三德：一曰正直，二曰剛克，三曰柔克。……惟辟作福，惟辟作威，惟辟玉食。臣無有作福作威玉食；臣之有作福作威玉食，其害于而家，凶于而國。人用側頗僻，民用僭忒。

【佚文】（三○五）「皇極者，君與臣、民之所共由者也；三德者，君之所獨任，而臣、民不得僭焉者也。」（全解卷二五頁六，洪範正論卷四頁三六）

【根祥案】

考之宋・東陽陳大猷《書集傳》卷七，總頁100下B，有引用王安石之文。其文曰：

> 王氏曰：「皇極者，君與臣、民所共由也；三德，人君所獨任，而臣、民不得僭焉者也。」

此與上述「佚文」相同，當補入為《新義》「佚文」來源資料。

【評】宋林之奇曰：「此實至當之論。蓋大中之道，人之所同有。為君者苟不能以先知覺後知，以先覺覺後覺，而與斯民共之，則人將淫朋比德，而自弃於小人之域，此國家之所以亂也。威福名器，人主之利勢，苟不能執之於一己，使臣下得而僭焉，則庶民化之，亦將側頗僻僭忒矣，此亦國家所由以亂也。」（全解卷二五頁六）

【佚文】（三○六）惟辟作福，惟辟作威，荀子曰：「擅生殺之謂王，能利害之謂王。」義如此。君王用人惟己，亦「作福」之義。（默堂文集卷二二頁十六）

【評】宋陳淵曰：「荊公引『擅生殺之謂王，能利害之謂王』，此申商韓非之所為，豈是先王之道？而彼不悟，反以證經。曰：此自荀子之說，何為不善？曰：若論道，則荀卿容有不知者，其說亦何足取？……然則書言『惟辟作福，惟辟作威』，非耶？曰今人勸人主攬權，多用此說，而不知聖人之言，意有所主。其下文云：『臣無有作福作威玉食，臣之有作福作威玉食，其害于而家，凶於而國。』蓋曰

威福之作，唯人主當爾。人臣如此，必致凶害，所以戒也。豈生殺由我之謂哉？曰：『用人惟己』之義又如何？曰：……見賢焉然後用之，不以左右、大夫、國人之譽而用人也……。」（默堂文集卷二二頁十六）

【根祥案】

《輯考彙評》據陳淵所言，遂擬定如此一條「佚文」，其義不失王安石本意，斯可矣。然文中謂「荀子曰：『擅生殺之謂王，能利害之謂王。』」則有誤。蓋問者謂「此自荀子之說」，其實不然。考之先秦諸子文獻，有「擅生殺」之語，有君王「擅生殺，能利害」之主張者，並非《荀子》，而是《管子》、《韓非》。《管子・明法解》曰：「人主者，擅生殺，處威勢，操令行禁止之柄，以御其群臣，此主道也。」又曰：「制群臣，擅生殺，主之分也；縣令仰制，臣之分也。」《韓非子・詭使》：「上握度量，所以擅生殺之柄也。」可知非《荀子》也。

又據宋・王昭禹《周禮詳解》卷一《天官・冢宰》「以八柄詔王馭群臣……五曰生以馭其福」下註解曰：

> 《管子》曰：「擅生殺之謂王，能利害之謂王。」〈盤庚〉曰：「矧予制乃短長之命。」則人稟命而生，雖本乎天，而所以生之，乃在乎君；則此所謂生者，王使之生也；王使之生，則可以生而生者也。《列子》曰：「可以生而生者，天福也。」〈洪範〉以壽居五福之先，則得生足以為福矣。若夫生殺自恣，不待王福之而後生，則失所以作之柄矣。

王昭禹《周禮詳解》四十卷，陳振孫《直齋書錄解題》謂：「昭禹未詳何等人，近世為舉子業者多用之，其學皆宗王氏新說。」此段《周禮》註解應為循王安石之學說而闡發者，符合〈洪範〉「惟辟作福」之

王氏主張。其文謂「管子曰」，可見王安石《新義》原文當為「管子曰」而非「荀子曰」。陳淵等問對之言，蓋一時誤記爾，當予修正。

七稽疑：擇建立卜筮人。

【佚文】（三〇七）「有所選用謂之擇，有所創立謂之建。周官太卜所謂『凡國大貞，卜立君，卜大封』者，所謂『建』也；『大祭祀、國大遷、大師（，則貞龜）』，所謂『擇』也。」（全解卷二五頁八）

【根祥案】

此條未曾列「評論」，考之林之奇《全解》原文中，實有評論之語。其言曰：

> 王氏諸家又以為「有所選用謂之擇，……。大祭祀，國大遷，大師，所謂擇也」。其說亦頗煩碎，不如先儒之簡易也。

當以此列為「評論」，俾便讀者、學者知曉。

七稽疑：擇建立卜筮人。乃命卜筮。

【根祥案】

考之宋・東陽陳大猷《書集傳》卷七，總頁101上a，有引用王安石《新義》之文。其文曰：

> 王氏曰：「龜大□卜以象，蓍□□筮以數。」

惜其文字頗有泐漶殘缺，未能完全通讀，以俟後來者。然亦可暫列「佚文」一條，以備參考。

曰雨，曰霽，曰蒙，曰驛，曰克。

【佚文】（三〇八）「以龜占象之謂卜，以火灼龜，其象可占之謂兆。」（書傳彙纂卷十一頁三五）

【根祥案】

《輯考彙評》此條僅見引於清代《欽定書經傳說彙纂》，稱「王氏安石曰」。又考之清朝胡煦《卜法詳考》卷一，亦引有此條，稱「王氏曰」。[11]清代學者能稱引及之，而不見於前代者，除非別有新資料，否則不合思理。今考之宋・易祓《周官總義》卷十五「大卜掌三兆之灋：一曰玉兆，二曰瓦兆，三曰原兆」文下，註解曰：

> 以龜占象之謂卜，以火灼龜，其象可占之謂兆。三兆之法，專掌於大卜，占龜故也。

其文字與上述「佚文」全同。查考《周官總義》全文，未見有稱引「王氏曰」者，亦未有謂易氏學術取於王安石者，然則此段文字，當為易祓一己之說，並非王安石《新義》之文。《四庫全書總目提要》於《周易總義》下謂：

> 樂雷發有〈謁山齋〉詩曰：「淳熙人物到嘉熙，聽說山齋亦白髭；細嚼梅花讀《總義》，只應姬老是相知。」蓋指此二書（根祥案：指《周易總義》、《周官總義》二書）。山齋，祓別號也；則當時亦頗重其書矣。

---

11 其文曰：王氏曰：「以龜占象之謂卜；以火灼龜，其象可占之謂兆。三兆之法，專掌於太卜，而兼及於三易、三夢者，易與夢亦占也。」

其書既然頗重於當時，故稍晚於易祓而著作《周禮訂義》者王與之，於其所著書中亦曾引及。《周禮訂義》卷四十二「掌三兆之灋：一曰玉兆、二曰瓦兆、三曰原兆」下，註解曰：

> 易氏曰：「以龜占象之謂卜，以火灼龜，其象卜（可）占之謂兆。三兆之法，專掌於大卜，占龜故也。」

王與之引用同一段文字，直稱「易氏曰」，可見此說當時學者皆能見且引用之，知其出於「易氏」；若此說源自王安石，則必有稱「王氏曰」者。可見清代引此皆謂之「王氏曰」者，蓋或誤會王與之所言為之，故稱「王氏曰」爾。據此此條「佚文」應予刪除。

曰貞，曰悔。

【佚文】（三〇九）「貞者，靜而正，故內卦曰『貞』。悔者，動而過，故外卦曰『悔』。動乎外豈皆有悔哉？而以外卦為『悔』者，悔生乎動故也。」（全解卷二五頁九，夏解卷二五頁九，項氏家說卷三頁十五，書傳彙纂卷十一頁三七）

【評】宋林之奇曰：「以此二說觀之，則王氏之說為勝，然未必是古人意如此也。蘇氏曰：『其謂之貞、悔者，古語如此，莫知其訓也。』（敏案：見東坡書傳卷十頁十二。）此說深得古人『多聞闕疑』之義。」（全解卷二五頁九）

【評】宋項安世曰：「人但知內卦為貞，外卦為悔，不知其何說也。王介甫謂『靜為貞，動為悔』，亦臆之而已。此占家之事，惟京氏易謂發為貞、靜為悔，則合于筮法。蓋占家以內卦為用事，謂問者之來意也；外卦為直事，謂禍福之決也。來意方發，專一之至，故謂之『貞』；外卦既成，禍福始定，故有悔焉。蓋卦有元亨利貞，故取

『貞』字為主；爻有吉凶悔吝，故取『悔』字為決也。」（項氏家說卷三頁十五）

卜五，占用二，衍忒。

【佚文】（三一〇）「衍者，吉之謂也；忒者，凶之謂也。吉言衍，則凶之為耗可知也；凶言忒，則吉之為當可知也。忒也、當也，言乎其位；衍也、耗也，言乎其數。夫物有吉凶，以其位與數而已。六五陽位矣，其為九四所難者，數不足故也。九四得數矣，其為六五所制者，位不當故也。數衍而位當者吉，數耗而位忒者凶。此天地之道，陰陽之義。」（全解卷二五頁十；王安石文集卷四十總頁一一四～一一五洪範傳及洪範正論卷五頁十，竝略同。）

【評】宋林之奇曰：「其說比之諸家，最為詳悉」而范純夫亦用此說，以謂：『……。』此說蓋本於王氏而增廣之，雖用此說，而又曰：『一云：衍，推也；忒，變也。卜卦有疑，則推其所變之卦。』此又近於先儒之說。要之，此二說雖皆可通，然先儒以忒訓變，王氏以衍為吉、忒為凶，皆未免於為附會。不如且從劉執中之說，以謂『推衍其義，以知差忒』，為平直而不費辭也。」（全解卷二五頁十-十一）

【佚文】（三一一）「推衍其義，以極其變也。如觀之否，則占九四之變；大有之睽，則占九三之變。」（輯纂卷四頁二九，纂疏卷四頁二五）

汝則有大疑，……謀及卿士，謀及庶人。

【佚文】（三一二）「周官：有大事，眾庶得至外朝，與群臣以序進，而天子親問焉。」（輯纂卷四頁三十，纂疏卷四頁二六，大全卷六頁六八，洪範正論卷五頁十三）

【根祥案】

此段「佚文」出於元代陳櫟（1252－1334）、董鼎等人所記，而考之於元・吳澄（1249－1333）《書纂言》卷四上頁21，經文「汝則有大疑，謀及乃心，謀及卿士，謀及庶人，謀及卜筮」下曰：

> 新安王氏曰：「『大疑』，謂國有非常之事，未能決者。《周官》有大事，眾庶得至外朝，與群臣以序進，而天子親問焉。」朱子曰：「卜筮處末者，占法先斷人志，後命蓍龜。」

吳澄所引以為乃「新安王炎」之說，且其後引朱熹之言，亦見於陳大猷《書集傳》同一段註解中，可見吳澄此語本出於陳大猷《書集傳》，故引文與陳大猷書相同，見後文引用。考之吳澄與陳櫟、董鼎生活時代相同，而均有《尚書》之專門著述，於《尚書》學前輩之引述，皆應了然於心；今兩方引文歧異如斯。又考覈宋・陳大猷《書集傳》卷7總頁101上B，有引文曰：

> 新安王氏曰：「『大疑』，謂國有非常之事，未能決者。《周官》有大事，眾庶得至外朝，與群臣以序進，而天子親問焉。」朱子曰：「卜筮處末者，占法先斷人志，後命蓍龜。蓍龜之靈，不至越於人也。周禮筮人，國之大事，先筮而後卜。」

陳大猷所引文字，與吳澄相同，又較陳櫟、董鼎多前文兩句。考宋・東陽陳大猷（1188～1275）乃南宋理宗紹定二年（1229）年進士，其書於南宋理宗嘉熙二年（1238）上進朝廷，「聖旨降付尚書省送後省看詳」，而後省看詳申狀云：

> 所編《書集傳》，博採諸家之長，傅以一己之見；章分句解，

理顯詞明；詳而不失之繁，簡而不施之略。或問之作，折衷尤精，有諸儒先所未發者。用功不苟，與膚引臆說，大有逕庭。

是書既上進朝廷，則必精覈詳校，不至張冠李戴，的為可靠。且有《書集傳或問》曾嚴加討論，詳述去取之由，想必掃校屢讎，謬誤極少；而時代又早，若有差池，當時必有指瑕者焉。今據陳大猷《書集傳》所引，復輔以吳澄《書纂言》引證之文，可知此段文字並非王安石《尚書新義》「佚文」，故當刪去。

汝則有大疑，謀及乃心，謀及卿士，謀及庶人，謀及卜筮。

【根祥案】

考之宋・東陽陳大猷《書集傳》卷七，總頁101上B，有引用王安石之文。其文曰：

　　王氏曰：「稽之人以盡其智，稽之鬼神以盡其神。」

為謹慎起見，筆者對照王安石〈洪範傳〉相對文字，其言曰：

　　（洪範傳）：疑則如之何？謀之人以盡其智，謀之鬼神以盡其神，而不專用己也。

其文辭論說一致而文字少異爾，故此當補入為《新義》「佚文」。

又宋・黃倫《尚書精義》卷二十八，「次七曰明用稽疑」條下，引張綱相關之論述，其言曰：

　　張氏曰：「天下之事，紛紛擾擾，是是非非，在我者不能無

疑。疑則如之何？稽之而已。是故明則稽於人，以盡其智；幽則稽於鬼神，以盡其神。然則稽之不可不明，不明則終於疑矣。[12]

張氏所發揮，亦不出王安石《新義》範疇，可以參看。

八庶徵：曰雨、曰暘、曰燠、曰寒、曰風、曰時五者來備，各以其敘，庶草蕃廡。一極備，凶；一極無，凶。

【根祥案】

考之宋・東陽陳大猷《書集傳》卷七，總頁102上B，有引用王安石之文。其文曰：

> 王氏曰：「雨、暘、寒、燠、風，所以目『五者來備』以下之事；時，所以目『王省惟歲』以下之事。」

此段文字，當補入為《新義》「佚文」。

【佚文】（三一三）「『時』字是總言，下分兩股：『來備，各以其敘』之謂『時』；『極備、極無』之謂『不時』。」（尚書日記卷九頁七四-七五）

【根祥案】

此條「佚文」僅見於明朝王樵《尚書日記》所引，而前此未曾見引於

---

12 黃倫《尚書精義》卷二十八「七稽疑：擇建立卜筮人……曰貞曰悔」下，又引張氏曰：「可以作，可以無作，事之不能無疑也。疑如之何？稽之而已。明則稽諸人，以盡其智；幽則稽諸鬼神，以盡其神。」與前文論說相同。

宋、元、明其他學者，其可疑者一也；又王安石《新義》乃奉朝廷詔
令修纂，以為科舉準繩，場屋典則，故必以當時雅麗辭藻，弘深文氣
出之，而王荊公身列唐宋古文八大家，其文辭翰藻，自當優游餘裕；
今此「佚文」頗為口語俚諺，類夫書院講學，塾師解讀之言，與其他
《新義》用詞運句，相去甚遠；此可疑二也。

　　進而考之，王樵《尚書日記》所引「王氏曰」之文共十處，筆者
嘗逐一考察，其中有非王安石之言者（參見前〈洪範〉「五紀」經文
下所論）。此處王樵引文，其實出於元·王充耘《讀書管見》卷下
「八庶徵」條下，其文曰：

> 曰雨，曰暘，曰燠，曰寒，曰風，曰時，是總言；下面是分兩
> 股：**五者來備各以其敘**，是為休徵張本；**一極備凶，一極無**
> **凶**，是為咎徵張本。**五者來備**，即是上文雨暘燠寒風，各以其
> 敘，即是上文時字之義，備而又敘則吉。**極無極備，則其不適**
> **時者可知**。[13]

兩者對比而校觀之，可見王樵所引文字，實出於王充耘所陳說而有所
節略，其文詞內容特徵與思想意涵，無有差異；可見此或乃王樵偶失
標示，未曾區別「王安石」之與「王充耘」耶！王樵《尚書日記》
中，有稱引王充耘之言一條，而稱曰「耕野王氏曰」[14]，或王樵引用
偶然遺漏「耕野」二字歟？抑或王樵直以為此乃王安石之論耶？不可
得知。《輯考彙評》收集而未加考辨，致有如是誤輯。

---

13 元·王充耘《讀書管見》（漢京版，通志堂經解，1986）卷下，頁9142。
14 明·王樵《尚書日記》卷十六「弘敷五典至惟爾之中」條下曰：「耕野王氏曰：弘
　　敷五典，式和民則，此語以施教之方。典即五常，父子、君臣是也；則者，父之
　　慈、子之孝之類是也。以其常行而不可易，則謂之典；以其不可過不可不及，則謂
　　之則。爾身克正，罔敢不正，民心罔中，惟爾之中；此語以立教之本。」此文確為
　　王充耘之言，見《讀書管見》卷下。

據此而論，此王樵《尚書日記》所引「王氏曰」者，非王安石《尚書新義》之「佚文」，當予刪除。

【佚文】（三一四）「庶草者，物之尤微而莫養，又不知自養也；而猶蕃廡，則萬物得其養，皆可知也。」（全解卷二五頁十八，洪範正論卷五頁二四，書傳彙纂卷十一頁四二；王安石文集卷四十總頁一一六洪範傳，略同。）

【根祥案】

考之宋‧東陽陳大猷《書集傳》卷七，總頁102下A，有引用王安石之文。其文曰：

> 王氏曰：「庶草者，物之尤微而莫不養，則萬物得其性可知。」

此引文與「佚文」相同而簡略，作為《新義》來源材料可也。而元‧吳澄解說此經文曰：「庶草，物之尤微者；此茂盛，則萬物咸遂可知，所謂休也。」蓋亦暗用王氏之說。

又考查林之奇《尚書全解》卷二十五前引「佚文」，其後有稱許之言曰：「**此說為善**」，可列入「評論」，俾人知曉。

【佚文】（三一五）「雨極備則為常雨，暘極備則為常暘，風極備則為常風。燠極無則為常寒，寒極無則為常燠，此飢饉疫癘之所由作也，故曰『凶』。」（全解卷二五頁十八，纂傳卷二二頁十三，書傳彙纂卷十一頁四三；王安石文集卷四十總頁一一六洪範傳，同）

【根祥案】

今考查宋‧東陽陳大猷《書集傳》卷七，總頁102下A經文下，引用

王安石《新義》之文曰：

> 王氏曰：「極備，極無，此飢饉疫癘之所由作，故曰『凶』。」

此段引文當補入為「佚文」來源。林之奇引文與王氏〈洪範傳〉同，較繁；陳大猷此引文與王天與所引相同，較林氏所載為簡略，或王天與所引即從陳大猷而來故也。

又林之奇引文之後，有讚許之言曰：「此說亦善。」可備「評論」，俾便參考。

曰休徵：曰肅，時雨若；曰乂，時暘若；曰晢，時燠若；曰謀，時寒若；曰聖，時風若。曰咎徵：曰狂，恆雨若；曰僭，恆暘若；曰豫，恆燠若；曰急，恆寒若；曰蒙，恆風若。

【佚文】（三一六）若，似也。（全解卷二五頁二十，夏解卷十七頁五八）

【佚文】（三一七）「降而萬物悅者，肅也，故若時雨然；外而萬物理者，乂也，故若時暘然；哲（晢）者，陽也，故若時燠然；謀者，陰也，故若時寒然；睿（用洪範傳補）其思心，無所不通，以濟四者之善者，聖也，故若時風然。狂則蕩，故常雨若；僭則亢，故常暘若；豫則解緩，故常燠若；急則縮栗，故常寒若：冥其思心，無所不入，以濟四者之惡者，蒙也，故常風若。君子之於人也，固當思其賢，而以其不肖（原作省，誤；今從洪範傳改正）者為戒。況天者固人君之所當取象也，則質諸彼以驗此，固其宜也。」（全解卷二五頁二十，夏解卷十七頁五八；王安石文集卷四十總頁一一六洪範傳，略同。）

【根祥案】

考之宋・東陽陳大猷《書集傳》卷七，總頁102下B，有引用王安石《新義》之文。其文曰：

> 王氏曰：「狂則蕩，故常雨若；僭則亢，故常暘若；豫則解緩，故常燠若；急則縮栗，故常寒若；冥其心思，無所不入，以濟四者之惡者，蒙也，故常風若。」

此段引文，同於上述「佚文」中段，可備列為「佚文」來源。

更考之元・董鼎《書傳輯錄纂註》卷四此段經文之下，有引「陳大猷曰」一段，文中亦有王安石《新義》文字，其文曰：

> 陳氏大猷曰：「肅之反為狂（蘇轍），狂則蕩，故常雨若（王氏）。乂之反為僭（蘇轍），政不治則僭差也（唐孔氏），僭則亢，故常暘若（王氏）。哲之反（蘇轍）則猶豫不明，故為豫（朱氏），豫則解緩，故常燠若（王氏）。謀之反（蘇轍）則不深密而急躁（唐孔氏），急則縮栗，故常寒若（王氏）。聖之反（蘇轍）則蔽塞不通而為蒙（朱氏），蒙則冥其心思，無所不入，以濟四者之惡，故常風若（王氏）。」（小字註為筆者所加）

今以陳大猷《書集傳》考之，於卷七總頁102下B有文曰：

> 潁濱蘇氏曰：「肅之反為狂。乂之反為僭。唐孔氏曰：政不治則僭差。哲之反為豫，朱氏曰：豫，猶豫，明不足也。謀之反為急，愚曰：躁急則不能謀。唐孔氏曰：無謀慮則躁急。聖之反為蒙，朱氏曰：蒙，蔽塞不通也。」

王氏曰：「狂則蕩，故常雨若；僭則亢，故常暘若；豫則解緩，故常燠若；急則縮栗，故常寒若；冥其心思，無所不入，以濟四者之惡者，蒙也，故常風若。

可見董鼎所引「陳大猷曰」文字，乃總合陳大猷《書集傳》中所引用蘇轍《欒城第三集》卷八〈洪範五事說一首〉、唐孔氏、朱氏，以及王安石《新義》之文，揉合為一而成，故其中有「王氏」之言。

又王天與《尚書纂傳》中，引有數段「李氏曰」之文，若合併觀之，則全同於王安石。清‧胡渭《洪範正論》卷五則徵引《纂傳》「李氏曰」，內容全同「王氏」之說。然則王天與《纂傳》所謂「李氏曰」，當為「王氏」之誤，可列入「佚文」來源。

【評】宋林之奇曰：「此其論五事之與五氣各有其類，則誠有此理，但以『若』訓『似』，而謂『君子之於人也，固當思其賢，而以其不肖者為戒，況天者固人君之所當取象也，則質諸彼以驗此，固其宜也』。此則殊失庶徵本疇之義。夫謂之『庶徵』者，謂人君以一己之得失驗之於天，苟以『若』為『似』，謂雨暘燠寒風皆人君所取象以正五事，則是箕子設此一疇，但為『五事』箋註耳，其何以為『庶徵』乎？」（全解卷二五頁二十～二一）

【評】宋朱熹曰：「洪範庶徵，固不是定如漢儒之說－必以為有是應必有是事。多雨之徵，必推說道是某時做某事不肅，所以致此。為此必然之說，所以教人難盡信。但古人意精密，只於五事上體察，是有此理。如荊公又卻要一齊都不消說感應，但把『若』字做『如似』字義，說做譬喻；說了也不得。荊公固是也說道此事不足驗，然而人主自當謹戒。如漢儒必然之說固不可，如荊公全不相關之說亦不可。古人意思精密，恐後世見未到耳。」（朱子語類卷七九頁二一，朱子五經語類卷四八頁十一～十二；纂傳卷二二頁十四、輯纂卷四頁三二～

三三、大全卷六頁七二、尚書埤傳卷十頁三三載朱子說，略同。）

【評】清胡渭曰：「按：荊公說『庶徵』，便是『天變不足畏』之謬種，何可以為訓？」（洪範正論卷五頁二七）

【評】清吳汝綸曰：「王引之云：王弼易注：若，辭也。……王荊公說此經云：『……。』必如傳云『人君行然，天則順之以然』；使狂且僭，則天如何其順之也？」（經說卷二之二頁六三尚書故）

王省惟歲，卿士惟月，師尹惟日。

【佚文】（三一八）三惟字，皆訓「如」。自「王」至於「師尹」，猶歲、月、日三者之相繫屬。「肅，時雨若、乂，時暘若」之類，皆聖人所以取憲於天道。（全解卷二五頁二四-二五；王安石文集卷四十總頁一一六～一一七洪範傳，略同。）

【評】宋林之奇曰：「夫聖人取憲於天，設官分職，誠有詳略，然箕子之名此疇，謂之『庶徵』；徵者，以人占天之謂也。今若以『象』為說，則其疇屬於『稽疑』之下、『福極』之上，果何義哉？蔡元度（卞）雖以『曰時』為『歲月日時』之『時』，而其大意則祖述王氏。」（全解卷二五頁二五）

【根祥案】

考林之奇《全解》此段文字後，有論議曰：

> 蔡元度雖以「曰時」為歲月日時之時，而其大意則祖述王氏，故其說曰「雨暘燠寒風者，先王則參之以修身之理，歲月日之時，先王則參之以治人之分」，此說皆委曲迂回，失其本旨。

林之奇雖旨在評論蔡卞，而蔡卞「祖述荊公」，則評論蔡卞者必兼及王安石，當存其文以為「評論」參考。而蔡卞既然「祖述荊公」，則必據王氏而發揮之，於王安石《新義》之理解與影響，亦具有參考價值；當保留以供讀者閱覽。

曰，王省惟歲，卿士惟月，師尹惟日。歲月日時無易，百穀用成，乂用明，俊民用章，家用平康。日月歲時既易，百穀用不成，乂用昏不明，俊民用微，家用不寧。

【根祥案】

考之宋‧東陽陳大猷《書集傳》卷七，總頁103上B，有引用王安石之文。其文曰：

> 王氏曰：「自『百穀用成』至『家用平康』，固其序也。」

此段引文當補入為《新義》「佚文」。

九五福：一曰壽，二曰富，三曰康寧，四曰攸好德，五曰考終命。六極：一曰凶短折，二曰疾，三曰憂，四曰貧，五曰惡，六曰弱。

【佚文】（三一九）「同田為富，分貝為貧。」（考古質疑卷三頁十六）

【根祥案】

考之宋‧戴侗（1200-1284）《六書故》卷二十「貧」字下曰：

> 貧：薄賓切。不贍也。別作穷。或曰：「同田為富，分貝為貧，惟分故貧。」此曲說也。富初不从同與田。

戴侗所謂「或曰」，當即是王氏《字說》所言。此條既有評論，且較葉大慶《考古質疑》多出一句「惟分故貧」。宜以此為「佚文」根本，且列之為「評論」。

又考之宋·陳師道《後山談叢》卷二，有論及王安石《字說》者，其文曰：

> 金陵人喜解字，習以為俗。曰：「同田為富，分貝為貧，大坐為奎。」

《後山談叢》卷三亦有一段論王安石《字說》之言論曰：

> 王荆公為相，喜說字，始遂以成俗。劉貢父戲之曰：「三鹿為麤，麤不及牛；三牛為犇，犇不及鹿；謂宜三牛為麤，三鹿為犇。苟難於遽改，令各權發遣。於是解縱繩墨，不次用人；往往自小官暴據要地，以資淺，皆號權發遣云。故并譏之。

金陵為王安石晚年所居，陳師道謂「喜解字，習以為俗」、「喜說字，始遂以成俗……故并譏之」即是對王安石以《字說》解經之譏評，故以之列入「評論」，誰曰不宜。

【佚文】（三二〇）「富貴人所欲，貧賤人所惡，而『福、極』不言『貴、賤』何也？曰：五福者，自天子至庶人，皆慕貴欲其至，而不欲賤之在己，則陵犯篡奪，何有終窮？詩曰『寔命不猶』，蓋王者之世，欲賤者之安其賤如此。」（輯纂卷四頁三五，纂疏卷四頁三十，定正洪範集說頁十八，大全卷六頁七八，尚書日記卷九頁八三，洪範正論卷五頁五三，書傳彙纂卷十一頁五二；王安石文集卷四十總頁一一八洪範傳，略同。）

【根祥案】

考之於元‧王充耘《讀書管見》卷下，有徵引此段「佚文」而評論之言曰：

> 五福曰嚮，六極曰威；不知上之人以此勸懲臣民乎？抑以此自勸自懲乎？是則有不可曉。五福不言貴。六極不言賤；蓋貴未必為福，賤未必為極。若曰：「不言貴，欲人之安于賤。」則獨不欲使人安于貧乎？

此中「若曰」之言，實乃王荊公言論，此段實就王氏說而指駁批評，當列入「評論」中。王樵《尚書日記》引「王氏曰」後，有「或曰」一段，即是王充耘之評論。[15]

【佚文】（三二一）「惡者，小人之剛也；弱者，小人之柔也。」（全解卷二五頁三一，尚書日記卷九頁八二，洪範正論卷五頁五六；王安石文集卷四十總頁一一八洪範傳，略同。）

【根祥案】

今考查宋‧東陽陳大猷《書集傳》卷七，總頁104上B經文下，引用王安石之文曰：

> 王氏曰：「惡者，小人之剛；弱者，小人之柔。」

此與上引「佚文」相同，亦宜列入《新義》來源出處。

---

15 王樵相同意見，亦見於所著《方麓集》卷四〈賀外兄荊水南公序〉中，列出曾鞏、王安石、王充耘三者之論述意見。

王安石〈洪範傳〉

〈進洪範表〉

　　臣某言：臣聞天下之物，小大有彝，後先有倫。敘者，天之道；敘之者，人之道。天命聖人以敘之，而聖人必考古成巳，然後以所嘗學措之事業，為天下利；苟非其時，道不虛行。中謝伏惟皇帝陛下德義之高，術智之明，足以黜天下之蒐瑣而興其豪傑，以圖堯禹太平之治。而朝廷未化，海內未服，綱紀憲令，尚或紛如；意者殆當考箕子之所述，以深發獨智，趣時應物故也。臣嘗以蕪廢腐餘之學，得備論思勸講之官，擢與大政；又彌寒暑，勳績不效，俯仰甚慚；謹取舊所著洪範傳刪潤繕寫，輒以草芥之微，求裕天地。臣無任

〔附〕王安石洪範傳及其考評

〈洪範傳〉全文。據臺灣中華書局四部備要本《臨川集》卷六五頁一-十六抄錄。

　　五行，天所以命萬物者也；故初一曰「五行」。五事，人所以繼天道而成性者也；故次二曰「敬用五事」。五事，人君所以修其心治其身者也，修其心治其身而後可以為政於天下；故次三曰「農用八政」。為政必協之歲、月、日、星辰、歷數之紀；故次四曰「協用五紀」。既協之歲、月、日、星辰、歷數之紀，當立之以天下之中；故次五曰「建用皇極」。中者所以立本，而未足以趣時，趣時則中不中無常也，唯所施之宜而已矣；故次六曰「乂用三德」。有皇極以立本，有三德以趣時，而人君之能事具矣；雖然，天下之故，猶不能無疑也，疑則如之何？謀之人以盡其智，謀之鬼神以盡其神，而不專用己也；故次七曰「明用稽疑」。雖不專用己而參之於人物鬼神，然而

反身不誠不善，則明不足以盡人物，幽不足以盡鬼神，則其在我者不可以不思；在我者其得失微而難知，莫若質諸天物之顯而易見，且可以為戒也；故次八曰「念用庶徵」。自五事至於庶徵，各得其序，則五福之所集；自五事至於庶徵，各失其序，則六極之所集；故次九曰「嚮用五福，威用六極」。敬者何？君子所以直內也，言五事之本在人心而已；農者何？厚也，言君子之道施於有政，取諸此以厚彼而已；有本以保常，而後可立也；故皇極曰「建」。有變以趣時，而後可治也；故三德曰「乂」。嚮者，慕而欲其至也；威者，畏而欲其亡也。

　　○五行；一曰「水」，二曰「火」，三曰「木」，四曰「金」，五曰「土」，何也？五行也者，成變化而行鬼神，往來乎天地之間，而不窮者也。是故謂之「行」。天一生水，其於物為精；精者，一之所生也。地二生火，其於物為神；神者，有精而後從之者也。天三生木，其於物為魂，魂從神者也。地四生金，其於物為魄；魄者，有魂而後從之者也。天五生土，其於物為意，精神魂魄具而後有意。自天一至於天五，五行之生數也。以奇生者成而耦，以耦生者成而奇；其成之者皆五；五者，天數之中也。蓋中者所以成物也。道立於兩，成於三，變於五，而天地之數具。其為十也，耦之而已。蓋五行之為物，其時其位，其材其氣，其性其形，其事其情，其色其聲，其臭其味，皆各有耦；推而散之無所不通。一柔一剛，一晦一明，故有正有邪，有美有惡，有醜有好，有凶有吉：性命之理，道德之意，皆在是矣。耦之中又有耦焉，而萬物之變，遂至於無窮。其相生也，所以相繼也；其相克也，所以相治也。語器也以相治，故序六府以相克；語時也以相繼，故序盛德所在以相生。洪範語道與命，故其序與語、器與時者異也。道者，萬物莫不由之者也；命者，萬物莫不聽之者也。器者，道之散；時者，命之運。由於道，聽於命而不知者，百姓也；由於道，聽於命而知之者，君子也。道萬物而無所由，命萬物而無所聽，唯天下之至神為能與於此。夫火之於水，妻道也；其於土，母道

也；故神從志，無志則從意。志致一之謂精，唯天下之至精，為能合天下之至神；精與神一而不離，則變化之所為在我而已；是故能道萬物而無所由，命萬物而無所聽也。水曰潤下，火曰炎上，木曰曲直，金曰從革，土爰稼穡，何也？北方陰極而生寒，寒生水；南方陽極而生熱，熱生火；故水潤而火炎，水下而火上。東方陽動以散而生風，風生木，木者，陽中也，故能變；能變故曲直。西方陰止以收而生燥，燥生金，金者，陰中也，故能化；能化故從革。中央陰陽交而生濕，濕生土，土者，陰陽沖氣之所生也；故發之而為稼，斂之而為穡。「曰」者，所以命其物；「爰」者，言於之稼穡而已。「潤」者，性也；「炎」者，氣也；「上下」者，位也；「曲直」者，形也；「從革」者，材也；「稼穡」者，人事也。冬物之性復，復者性之所，故於水言其性；夏物之氣交，交者氣之時，故於火言其氣；陽極上，陰極下，而後各得其位，故於水火言其位；春物之形著，故於木言其形；秋物之材成，故於金言其材；中央人之位也，故於土言人事。水言潤，則火熯、土溽、木敷、金斂，皆可知也；火言炎，則水洌、土烝、木溫、金清，皆可知也；水言下，火言上，則木左、金右、土中央，皆可知也。推類而反之，則曰後、曰前、曰西、曰東、曰北、曰南，皆可知也；木言曲直，則土圓、金方、火銳、水平，皆可知也；金言從革，則木變、土化、水因、火革，皆可知也；土言稼穡，則水之井洫、火之爨冶、木金之為械器，皆可知也。所謂木變者何？灼之而為火，爛之而為土；此之謂變。所謂土化者何？能熯、能潤、能敷、能斂，此之謂化。所謂水因者何？因甘而甘，因苦而苦，因蒼而蒼，因白而白，此之謂因。所謂火革者何？革生以為熟，革柔以為剛，革剛以為柔，此之謂革。金亦能化，而命之曰從革者何？可以圓，可以平，可以銳，可以曲直，然非火革之，則不能自化也，是故命之曰從革也。夫金，陰精之純也，是其所以不能自化也。蓋天地之用五行也，水施之，火化之，木生之，金成之，土和之。施生以柔，

化成以剛，故木撓而水弱，金堅而火悍；悍堅而濟以和，萬物之所以成也。奈何終於撓弱，而欲以收成物之功哉？潤下作鹹，炎上作苦，曲直作酸，從革作辛，稼穡作甘，何也？寒生水，水生鹹；故潤下作鹹。熱生火，火生苦，故炎上作苦。風生木，木生酸，故曲直作酸。燥生金，金生辛，故從革作辛。濕生土，土生甘，故稼穡作甘。生物者，氣也；成之者，味也。以奇生則成而耦，以耦生則成而奇。寒之氣堅，故其味可用以耎；熱之氣耎，故其味可用以堅；風之氣散，故其味可用以收；燥之氣收，故其味可用以散。土者，沖氣之所生也，沖氣則無所不和；故其味可用以緩而已；氣堅則壯，故苦可以養氣；脉耎則和，故鹹可以養脉；骨收則強，故酸可以養骨；筋散則不攣，故辛可以養筋；肉緩則不壅，故甘可以養肉。堅之而後可以耎，收之而後可以散；欲緩則用甘，不欲則弗用也。古之養生治疾者，必先通乎此；不通乎此而能已人之疾者，蓋寡矣。

○五事：一曰「貌」，二曰「言」，三曰「視」，四曰「聽」，五曰「思」。貌曰恭，言曰從，視曰明，聽曰聰，思曰睿。恭作肅，從作乂，明作哲，聰作謀，睿作聖，何也？恭則貌欽，故作肅；從則言順，故作乂；明則善視，故作哲；聰則善聽，故作謀；睿則思無所不通，故作聖。五事以思為主，而貌最其所後也；而其次之如此，何也？此言修身之序也。恭其貌，順其言，然後可以學而至於哲；既哲矣，然後能聽而成其謀；能謀矣，然後可以思而至於聖。思者，事之所成終而所成始也，思所以作聖也；既聖矣，則雖無思也，無為也，寂然不動，感而遂通天下之故可也。

○八政：一曰「食」，二曰「貨」，三曰「祀」，四曰「司空」，五曰「司徒」，六曰「司寇」，七曰「賓」，八曰「師」，何也？食貨，人之所以相生養也；故一曰「食」，二曰「貨」。有相生養之道，則不可不致孝於鬼神，而著不忘其所自，故三曰「祀」。有所以相生養之道，而知不忘其所自，然後能保其居，故四曰「司空」。司空所以居

民；民保其居，然後可教，故五曰「司徒」。司徒所以教民；教之不率，然後俟之以刑戮，故六曰「司寇」。自食貨至於司寇，而治內者具矣，故七曰「賓」，八曰「師」。賓所以接外治，師所以接外亂也。自食貨至於賓師，莫不有官以治之，而獨曰「司空」「司徒」「司寇」者，言官則以知物之有官，言物則以知官之有物也。

○五紀：一曰「歲」，二曰「月」，三曰「日」，四曰「星辰」，五曰「歷數」，何也？王省惟歲，卿士惟月，師尹惟日，上考之星辰，下考之歷數，然後歲月日時不失其政；故一曰「歲」，二曰「月」，三曰「日」，四曰「星辰」，五曰「歷數」。歷者，數也；數者，一二三四是也；五紀之所成終，而所成始也。非特歷而已，先王之舉事也，莫不有時；其制物也，莫不有數。有時故莫敢廢，有數故莫敢踰。蓋堯舜所以同律度量衡、協時月正日而天下治者，取諸此而已。

○皇極：皇建其有極，歛時五福，用敷錫厥庶民，何也？皇，君也；極，中也。言君建其有中，則萬物得其所，故能集五福以敷錫其庶民也。惟時厥庶民于汝極，錫汝保極，何也？言庶民以君為中，君保中則民與之也。凡厥庶民，無有淫朋，人無有比德，惟皇作極，何也？言君中則民人中也。庶民無淫朋，人無比德者，惟君為中而已。蓋君有過行偏政，則庶民有淫朋，人有比德矣。凡厥庶民，有猷有為有守，汝則念之，不協于極，不罹于咎，皇則受之；而康而色曰「予攸好德，汝則錫之福，時人斯其惟皇之極」，何也？言民之有猷有為有守，汝則念其所猷所為所守之當否；所猷所為所守不協于極，亦不罹于咎，君則容受之，而康汝顏色以誘之。不協于極，不罹于咎，雖未可以錫之福，然亦可教者也，故當受之而不當譴怒也。詩曰：「載色載笑，匪怒伊教」，康而色之謂也。其曰我所好者德則是，協于極則非，但康汝顏色以受之，又當錫之福以勸焉。如此，則人惟君之中矣。不言攸好德，則錫之福，而言曰「予攸好德，則錫之福」，何也？謂之皇極，則不為已甚也。攸好德，然後錫之福，則獲福者寡

矣。是為已甚，而非所以勸也。曰「予攸好德，則錫之福」，則是苟革面以從吾之攸好者，吾不深探其心，而皆錫之福也。此之謂皇極之道也。無虐煢獨而畏高明，何也？言苟曰好德，則雖煢獨，必進寵之而不虐；苟曰不好德，則雖高明，必皋廢之而不畏也。蓋煢獨也者，眾之所違而虐之者也；高明也者，眾之所比而畏之者也。人君蔽於眾而不知自用其福威，則不期虐煢獨而煢獨實見虐矣，不期畏高明而高明實見畏矣。煢獨見虐而莫勸其作德，則為善者不長；高明見畏而莫懲其作偽，則為惡者不消。善不長，惡不消，人人離德作偽，則大亂之道也。然則虐煢獨而寬朋黨之多，畏高明而忽卑晦之賤，最人君之大戒也。人之有能有為，使羞其行，而邦其昌，何也？言有能者使在職而羞其材，有為者使在位而羞其德，則邦昌也。人君孰不欲有能者羞其材，有為者羞其德，然曠千數百年而未有一人致此，蓋聰不明而無以通天下之志，誠不至而無以同天下之德；則智以難知而為愚者所詘，賢以寡助而為不肖者所困，雖欲羞其行，不可得也。通天下之志在窮理，同天下之德在盡性。窮理矣，故知所謂咎而弗受，知所謂德而錫之福；盡性矣，故能不虐煢獨以為仁，不畏高明以為義。如是則愚者可誘而為智也，雖不可誘而為智，必不使之詘智者矣；不肖者可革而為賢也，雖不可革而為賢，必不使之困賢者矣。夫然後有能有為者得羞其行，而邦賴之以昌也。凡厥正人，既富方穀，汝弗能使有好于而家，時人斯其辜，何也？言凡正人之道，既富之，然後善。雖然，徒富之亦不能善也。必先治其家，使人有好於汝家，然後人從汝而善也。汝弗能使有好於汝家，則人無所視效，而放僻邪侈亦無不為也。蓋人君能自治，然後可以治人；能治人，然後人為之用；人為之用，然後可以為政於天下。為政於天下者，在乎富之善之，而善之必自吾家人始，所謂自治者，惟皇作極，是也；所謂治人者，弗協于極，弗罹于咎，皇則受之，而康而色，曰「予攸好德」，汝則錫之福，無虐煢獨而畏高明是也；所謂人為之用者，有能有為，使羞其

行，而邦其昌，是也；所謂為政於天下者，凡厥正人，是也。既曰能
治人，則人固已善矣；又曰富之然後善，何也？所謂治人者，教化以
善之也；所謂富之然後善者，政以善之也。徒教化不能使人善，故繼
之曰「凡厥正人，既富方穀」；徒政亦不能使人善，故卒之曰「汝弗
能使有好于而家，時人斯其辜」也。于其無好德，汝雖錫之福，其作
汝用咎，何也？既言治家不善，不足以正人也；又言用人不善，不足
以正身。言崇長不好德之人而錫之福，亦用咎作汝而已矣。無偏無
陂，遵王之義；無有作好，遵王之道；無有作惡，遵王之路；無偏無
黨，王道蕩蕩；無黨無偏，王道平平；無反無側，王道正直；會其有
極，歸其有極；曰皇極之敷言，是彝是訓，于帝其訓，何也？言君所
以虛其心，平其意，唯義所在，以會歸其有中者，其說以為人君以中
道布言，是以為彝，是以為訓者，于天其訓而已。夫天之為物也，可
謂無作好，無作惡，無偏無黨，無反無側，會其有極，歸其有極矣。
蕩蕩者，言乎其大；平平者，言乎其治；大而治，終於正直，而王道
成矣。無偏者，言乎其所居；無黨者，言乎其所與；以所居者無偏，
故能所與者無黨，故曰無偏無黨；以所與者無黨，故能所居者無偏，
故曰無黨無偏。偏不已乃至于側，陂不已乃至于反。始曰無偏無陂
者，率義以治心，不可以有偏陂也；卒曰無反無側者，及其成德也，
以中庸應物，則要之使無反側而已。路，大道也；正直，中德也。始
曰義，中曰道、曰路，卒曰正直，尊德性而道問學，致廣大而盡精
微，極高明而道中庸之謂也。孔子以為示之以好惡而民知禁，今曰
「無有作好，無有作惡」，何也？好惡者，性也；天命之謂性。作
者，人為也；人為則與性反矣。書曰「天命有德，五服五章哉；天討
有罪，五刑五用哉！」命有德，討有罪，皆天也；則好惡者，豈可以
人為哉？所謂示之以好惡者，性而已矣。凡厥庶民，極之敷言，是訓
是行，以近天子之光，曰」天子作民父母，以為天下王」，何也？言
凡厥庶民，以中道布言，是訓是行，以近天子之光者，其說以為天子

作民父母，以為天下王，當順而比之，以效其所為，而不可逆。蓋君能順天而效之，則民亦順君而效之也。二帝三王之誥命，未嘗不稱天者，所謂于帝其訓也。此人之所以化其上也。及至後世，矯誣上天，以布命于下，而欲人之弗叛也，不亦難乎？

　　○三德：一曰「正直」，二曰「剛克」，三曰「柔克」，何也？直而不正者有矣，以正正直，乃所謂正也；曲而不直者有矣，以直正曲，乃所謂直也。正直也者，變通以趣時，而未離剛柔之中者也。剛克也者，剛勝柔者也；柔克也者，柔勝剛者也。平康正直，彊弗友剛克，燮友柔克，何也？燮者，和孰上之所為者也；友者，右助上之所為者也；彊者，弗柔從上之所為者也；弗友者，弗右助上之所為者也。君君臣臣，適各當分，所謂正直也；若承之者，所謂柔克也；若威之者，所謂剛克也。蓋先王用此三德於一嚬一笑，未嘗或失，況以大施於慶賞刑威之際哉！故能為之其未有也，治之其未亂也。沈潛剛克，高明柔克，何也？言人君之用剛克也，沈潛之於內；其用柔克也，發見之於外。其用柔克也，抗之以高明；其用剛克也，養之以卑晦。沈潛之於內，所以制姦慝；發見之於外，所以昭忠善。抗之以高明，則雖柔過而不廢；養之以卑晦，則雖剛過而不折。易曰：「道有變動，故曰爻；爻有等，故曰物；物相雜，故曰文；文不當，故吉凶生焉。」吉凶之生，豈在夫大哉？蓋或一嚬一笑之間而已。洪範之言三德，與舜典、皋陶謨所序不同，何也？舜典所序以教冑子，而皋陶謨所序以知人臣，故皆先柔而後剛；洪範所序則人君也，故獨先剛而後柔。至於正直，則舜典、洪範皆在剛柔之先，而皋陶謨乃獨在剛柔之中者，教人治人，宜皆以正直為先。至於序德之品，則正直者中德也，固宜在柔剛之中也。惟辟作福，惟辟作威，惟辟玉食；臣無有作福、作威、玉食，臣之有作福、作威、玉食，其害于而家，凶于而國；人用側頗僻，民用僭忒，何也？執常以事君者，臣道也；執權以御臣者，君道也。三德者，君道也；作福，柔克之事也；作威，剛克

之事也;以其侔於神天也,是故謂之福。作福以懷之,作禍以威之。言作福則知威之為禍,言作威則知福之為懷也。皇極者,君與臣民共由之者也;三德者,君之所獨任,而臣民不得僭焉者也。有其權,必有禮以章其別;故惟辟玉食也。禮所以定其位,權所以固其政;下僭禮則上失位,下侵權則上失政;上失位則亦失政矣;上失位失政,人所以亂也。故臣之有作福作威玉食,其害于而家,凶于而國,人用側頗僻,民用僭忒也。側頗僻者,臣有作福作威之効也;僭忒者,臣有玉食之効也。民側頗僻也易,而其僭忒也難;民僭忒則人可知也,人側頗僻則民可知也。其曰庶民有淫朋,人有比德,亦若此而已矣。於淫朋曰庶民,於僭忒曰民而已,何也?僭忒者,民或有焉,而非眾之所能也。天子皇王辟,皆君也。或曰天子,或曰皇,或曰王,或曰辟,何也?皇極于帝其訓者,所以繼天而順之,故稱天子;建有極者道,故稱皇;好惡者德,故稱王;福威者政,故稱辟。道所以成德,德所以立政,故言政於三德而稱辟也。建有極者道,故稱皇,則其曰「天子作民父母,以為天下王」,何也?吾所建者道,而民所知者德而已矣。

○稽疑:擇建立卜筮人,乃命卜筮,曰「雨」、曰「霽」、曰「蒙」、曰「驛」、曰「克」、曰「貞」、曰「悔」,凡七,卜五,占用二,衍忒,何也?言有所擇,有所建,則立卜筮人。卜筮凡七,而其為卜者五,則其為筮者二可知也。先卜而後筮,則筮之為正悔,亦可知也。衍者,吉之謂也;忒者,凶之謂也。吉言衍,則凶之為耗,可知也;凶言忒,則吉之為當,亦可知也。此言之法也。蓋自始造書,則固如此矣。福之所以為福者,於文從畐,畐則衍之謂也。禍所以為禍者,於文從咼,咼則忒之謂也。蓋忒也、當也,言乎其位;衍也、耗也,言乎其數。夫物有吉凶,以其位與數而已。六五得位矣,其為九四所難者,數不足故也;九四得數矣,其為六五所制者,位不當故也;數衍而位當者吉,數耗而位忒者凶,此天地之道,陰陽之義,君

子、小人之所以相為消長，中國、夷狄之所以相為強弱。易曰：「人謀鬼謀，百姓與能。」蓋聖人君子以察存亡，以御治亂，必先通乎此；不通乎此而為百姓之所與者，蓋寡矣。立時人作卜筮，三人占則從二人之言，何也？卜筮者，質諸鬼神，其從與違為難知，故其占也從眾而已也。汝則有大疑，謀及乃心，謀及卿士，謀及庶人，謀及卜筮，何也？言人君有大疑，則當謀之于己，己不足以決，然後謀之於卿士；又不足以決，然後謀之於庶民；又不足以決，然後謀之於鬼神。鬼神尤人君之所欽也，然而謀之反在乎卿士庶民之後者，吾之所疑而謀者，人事也；必先盡之人，然後及鬼神焉，固其理也。聖人以鬼神為難知，而卜筮如此其可信者，易曰：「成天下之亹亹者，莫大乎蓍龜。」唯其誠之不至而已矣；用其至誠，則鬼神其有不應，而龜蓍其有不告乎？汝則從，龜從，筮從，卿士從，庶民從，是之謂大同：身其康彊，子孫其逢，吉，何也？將有作也，心從之，而人神之所弗異，則有餘慶矣，故謂之大同；而子孫其逢，吉也。汝則從，龜從，筮從，卿士逆，庶民逆，吉；卿士從，龜從，筮從，汝則逆，庶民逆，吉；庶民從，龜從，筮從，汝則逆，卿士逆，吉，何也？吾之所謀者，疑也；可以作，可以無作，然後謂之疑，疑而從者眾，則作而吉也。汝則從，龜從，筮逆，卿士逆，庶民逆，作內吉，作外凶，何也？尊者從，卑者逆，故逆者雖眾，以作內猶吉也。龜蓍共違于人，用靜吉，用作凶，何也？所以謀之心、謀之人者盡矣，然猶不免于疑，則謀及於龜筮，故龜筮之所共違，不可以有作也。

　　○庶徵：曰「雨」，曰「暘」，曰「燠」，曰「寒」，曰「風」，曰「時」者，何也？曰雨、曰暘、曰燠、曰寒、曰風者，自「肅，時雨若」以下是也。曰時者，自「王省惟歲」以下是也。五者來備，各以其敘，庶草蕃廡，何也？陰陽和則萬物盡其性，極其材。言庶草者，以為物之尤微而莫養，又不知自養也，而猶蕃廡，則萬物得其性，皆可知也。一極備凶，一極無凶，何也？雨極備則為常雨，暘極備則為

常暘，風極備則為常風；燠極無則為常寒，寒極無則為常燠，此饑饉疾癘之所由作也，故曰凶。曰休徵：曰「肅，時雨若」、曰「乂，時暘若」、曰「哲，時燠若」、曰「謀，時寒若」、曰「聖，時風若」；曰咎徵：曰「狂，恆雨若」、曰「僭，恆暘若」、曰「豫，恆燠若」、曰「急，恆寒若」、曰「蒙，恆風若」，何也？言人君之有五事，猶天之有五物也。天之有五物，一極備凶，一極無亦凶，其施之小大緩急無常，其所以成物者，要之適而已。人之有五事，一極備凶，一極無亦凶，施之小大緩急亦無常，其所以成民者，亦要之適而已。故雨、暘、燠、寒、風者，五事之證也。降而萬物悅者，肅也，故若時雨然；升而萬物理者，乂也，故若時暘然；哲者，陽也，故若時燠然；謀者，陰也，故若時寒然；睿其思心，無所不通，以濟四事之善者，聖也，故若時風然。狂則蕩，故常雨若；僭則亢，故常暘若；豫則解緩，故常燠若；急則縮栗，故常寒若；冥其思心，無所不入，以濟四事之惡者蒙，故常風若也。孔子曰：「見賢思齊，見不賢而內自省也。」君子之於人也，固常思齊其賢，而以其不肖為戒；況天者，固人君之所當法象也。則質諸彼以驗此，固其宜也。然則世之言災異者，非乎？曰：人君固輔相天地以理萬物者也。天地萬物不得其常，則恐懼修省，固亦其宜也。今或以為天有是變，必由我有是辠以致之；或以為災異自天事耳，何豫於我？我知修人事而已。蓋由前之說，則蔽而葸；由後之說，則固而怠；不蔽不葸，不固不怠者，亦以天變為己懼，不曰天之有某變，必以我為某事而至也，亦以天下之正理，考吾之失而已矣。此亦念用庶徵之意也。王省惟歲，卿士惟月，師尹惟日，何也？言自王至於師尹，猶歲月日三者相繫屬也。歲月日有常而不可變。所總大者，不可以侵小；所治少者，不可以僭多。自王至于師尹，三者亦相繫屬，有常而不可變。所總大者，亦不可以侵小；所治少者，亦不可以僭多。故歲月日者，王及卿士、師尹之徵也。歲月日時無易，百穀用成，乂用明，俊民用章，家用平康；日月

歲時既易，百穀用不成，乂用昏不明，俊民用微，家用不寧，何也？
既以歲月日三者之時為王及卿士師尹之徵也，而王及卿士師尹之職，
亦皆協之歲月日時之紀焉。故歲有會，月有要，日有成。大者省其大
而略，小者治其小而詳。其小大詳略得其序，則功用興而分職治矣。
故百穀用成，乂用明，俊民用章，家用平康。小大詳略失其序，則功
用無所程，分職無所考，故百穀用不成，乂用昏不明，俊民用微，家
用不寧也。庶民惟星，星有好風，星有好雨，何也？言星之好不一，
猶庶民之欲不同。星之好不一，待月而後得其所好，而月不能違也；
庶民之欲不同，待卿士而後得其所欲，而卿士亦不能違也；故星者，
庶民之徵也。日月之行，則有冬有夏，何也？言歲之所以為歲，以日
月之有行，而歲無為也；猶王之所以為王，亦以卿士、師尹之有行，
而王無為也。春秋者，陰陽之中；冬夏者，陰陽之正；陰陽各致其正
而後歲成。有冬有夏者，言歲之成也。月之從星，則以風雨，何也？
言月之好惡，不自用而從星，則風雨作而歲功成，猶卿士之好惡不自
用而從民，則治教政令行而王事立矣。書曰：「天聽自我民聽，天視
自我民視。」夫民者，天之所不能違也，而況於王乎？況於卿士乎？

　　○五福：一曰「壽」、二曰「富」、三曰「康寧」、四曰「攸好
德」、五曰「考終命」，何也？人之始生也，莫不有壽之道焉，得其常
性，則壽矣，故一曰壽。少長而有為也，莫不有富之道焉，得其常
產，則富矣，故二曰富。得其常性，又得其常產，而繼之以毋擾，則
康寧矣，故三曰康寧也。夫人君使人得其常性，又得其常產，而繼之
以毋擾，則人好德矣，故四曰攸好德。好德則能以令終，故五曰考終
命。六極：一曰「凶短折」、二曰「疾」、三曰「憂」、四曰「貧」、五
曰「惡」、六曰「弱」，何也？不考終命謂之凶，蚤死謂之短，中絕謂
之折；禍莫大於凶短折，疾次之，憂次之，貧又次之，故一曰凶短
折，二曰疾，三曰憂，四曰貧。凶者，考終命之反也；短折者，壽之
反也；疾憂者，康寧之反也；貧者，富之反也；此四極者，使人畏而

欲其亡，故先言人之所尤畏者，而以尤愈者次之。夫君人者使人失其常性，又失其常產，而繼之以擾，則人不好德矣，故五曰惡、六曰弱。惡者，小人之剛也；弱者，小人之柔也。

○九疇：曰「初」、曰「次」，而五行、五事、八政、五紀、三德、五福、六極，特以一二數之，何也？九疇以五行為初，而水之於五行，貌之於五事，食之於八政，歲之於五紀，正直之於三德，壽凶短折之於五福六極，不可以為初故也。或曰：箕子之所次，自五行至於庶徵，而今獨曰自五事至于庶徵，各得其序，則五福之所集；自五事至於庶徵，各爽其序，則六極之所集，何也？曰：人君之於五行也，以五事修其性，以八政用其材，以五紀協其數，以皇極建其常，以三德治其變，以稽疑考其難知，以庶徵徵其失得；自五事至於庶徵，各得其序，則五行固已得其序矣。或曰：世之不好德，而能以令終，與好德而不得其死者眾矣，今曰好德則能以令終，何也？曰：孔子以為「人之生也直，罔之生也幸而免」。君子之於吉凶禍福，道其常而已。幸而免，與不幸而及焉，蓋不道也。或曰：孔子以為「富與貴，人之所欲；貧與賤，人之所惡」，而福極不言貴賤，何也？曰：五福者，自天子至於庶人，皆可使慕而欲其至；六極者，自天子至於庶人，皆可使畏而欲其亡。若夫貴賤，則有常分矣。使自公侯至於庶人，皆慕貴欲其至，而不欲賤之在己，則陵犯篡奪之行日起，而上下莫安其命矣。詩曰：「肅肅宵征，抱衾與裯，寔命不猶！」蓋王者之世，使賤者之安其賤如此。夫豈使知貴之為可慕而欲其至，賤之為可畏而欲其亡乎？

宋・王安石《臨川文集》卷七十一〈雜著〉

〈書洪範傳後〉（此為筆者所補入）

王某曰：古之學者雖問以口，而其傳以心；雖聽以耳，而其受以

意；故為師者不煩而學者有得也。孔子曰：「不憤不啟，不悱不發，舉一隅不以三隅反，則不復也。」夫孔子豈敢愛其道，驚天下之學者而不使其蚤有知乎？以謂其問之不切，則其聽之不專，其思之不深，則其取之不固；不專不固而可以入者，口耳而已矣。吾所以教者，非將善其口耳也，孔子沒，道日以衰熄，浸淫至於漢，而傳注之家作，為師則有講而無應，為弟子則有讀而無問，非不欲問也，以經之意為盡於此矣，吾可無問而得也；豈特無問，又將無思，非不欲思也，以經之意為盡於此矣，吾可以無思而得也。夫如此，使其傳注者皆已善矣，固足以善學者之口耳，不足善其心，況其有不善乎！宜其歷年以千數，而聖人之經卒於不明，而學者莫能資其言以施於世也。予悲夫〈洪範〉者，武王之所以虛心而問與箕子之所以悉意而言，為傳注者汨之以至於今冥冥也，於是為作傳以通其意。嗚呼！學者不知古之所以教而蔽於傳注之學也久矣，當其時，欲其思之深，問之切，而後復焉，則吾將孰待而言邪？孔子曰：「予欲無言。」然未嘗無言也；其言也蓋有不得已焉。孟子則天下固以為好辯，蓋邪說暴行作而孔子之道幾於熄焉，孟子者不如是，不足與有明也；故孟子曰：「予豈好辯哉！予不得已也。」夫予豈樂反古之所以教而重為此譊譊哉，其亦不得已焉者也。

敏案：右洪範傳一卷，宋王安石撰。其作意，安石「進洪範表」（王安石文集卷八總頁七一）云：

> 而聖人必考古成己，然後以所嘗學措之事業，為天下利；……。臣嘗以蕪廢腐餘之學，得備論思勸講之官，擢與大政；又彌寒暑，勳績不效，俯仰甚慚；謹取舊所著洪範傳刪潤繕寫，輒以草芥之微，求裕天地。

可見安石撰傳，意在致用於當世。而舊注疏，則不足以發明經旨，資之為世用，安石「書洪範傳後」（王安石文集卷四六頁一六八）云：

> 孔子沒，道日以衰熄，浸淫至於漢，而傳注之家作，為師則有講而無應，為弟子則有讀而無問，非不欲問也，以經之意為盡於此矣，吾可無問而得也；……夫如此，使其傳注者皆已善矣，固足以善學者之口耳，不足善其心，況其有不善乎！宜其歷年以千數，而聖人之經卒於不明，而學者莫能資其言以施於世也。予悲夫〈洪範〉者，……為傳注者汩之以至於今冥冥也，於是為作傳以通其意。

味進表「與大政，勳績不效」語，知此稿刪定進呈似在第二次罷相之後。清蔡上翔王荊公年譜考略（卷二時總頁二七〇）云：

> 荊公……〈洪範傳〉，……其進御覽，必在於元豐之世，又無年月日可考，故錄於熙之末、豐之首。

第考續長編（卷二六八頁八）熙甯八年九、十月間呂惠卿言，似此編時已有傳刊本：

> 惠卿曰：……安石必言垂示萬世恐誤學者，洪範凡有數本，易義亦然，後有與臣商量改者三二十篇，今市肆所賣、新改本是也。

後學官請降旨刊行，宋史（卷三五三）龔原傳：

> ……（龔原）為司業時，請以安石所撰字說、洪範傳……刊本傳學者。

時紹聖二年事，宋會要輯稿（總頁二二六〇崇儒五）：

> 哲宗紹聖二年正月十七日，國子司業龔原等言：「故相王安石
> 在先朝嘗進尚書洪範傳，……乞雕印頒行，以便學者。」從
> 之。（于大成先生「王荊公年譜」（頁二二九）謂降旨付國子監
> 雕印，在紹聖元年十月，疑另有所本。）

是篇，郡齋讀書志（卷一頁二三）、玉海（卷三七頁三五）、宋史藝文
志（經部書類）、文獻通考（卷一七七經籍四）、焦竑國史經籍志（卷
二頁十一）、陳第世善堂書目（卷上頁四）、祈承爜澹生堂藏書目（卷
一頁五）及經義考（卷九六頁一）皆著錄一卷；原單行，後編入文集。
（唯澹生堂藏書目又著錄：「洪範皇極內篇二卷，王安石集本。」）
　　此傳記今刊，「一時學校舉子之文靡然從之」（宋史龔原傳）。龔原
謂此篇「解釋九疇之義，本末詳備」（宋會要輯稿），黃震謂此篇「字
義多足取者」（黃氏日抄卷六四頁十二），而言五事與庶徵不取漢儒天
變災異之學（別詳尚書新義洪範篇佚文及諸家評語），晁公武則曰：

> 安石以劉向、董仲舒、伏生明災異為蔽，而思別為此傳，以庶
> 徵所謂「若」者不當訓「順」，當訓「如」；人君之五事，如天
> 之雨暘寒燠風而已。大意言天人不相干，雖有變異，不足畏
> 也。（郡齋讀書志卷一頁二三；蔡上翔評略同，見王荊公年譜
> 總頁二八五。）

近人錢基博曰：

> 洪範疇數之說，始西漢今文家伏生大傳，以下逮京房、劉向諸
> 人，以陰陽災異附合洪範五事、庶徵之文。而宋儒……臨川王

安石介甫則持天人不相與、天變不足畏之論，以破伏生、董仲舒、劉向言洪範五行災異之蔽，撰洪範傳一卷。以庶徵所謂「若」者不當訓「順」，當訓「如」；蓋人君之五事，如天之雨煬（暘）燠寒風而已。安石說經，好為新解，類如是矣！（經學通志業六三尚書志第二）

當時，孫諤撰「洪範會傳」一卷，攻其失，郡齋讀書志（卷一頁二五）曰：「諤元祐中博士，其說多本先儒，頗攻王氏之失。」（玉海卷三七頁三五著錄同，宋元學案補遺卷九六頁二三取晁說，諤原書久佚。又諤長於尚書學，鄒浩道鄉集卷二八頁七括蒼先生易傳敘：「神宗皇帝以道蒞天下，於是造士以經，表通經者講于大學，以訓迪四方：……孫公諤書，……。」）

　　是篇定稿在《尚書新義》之後，說頗與新義同。考元代以前，《尚書新義》未佚，諸家解尚書引王安石之說，因新義與洪範傳之說間有相同或相近者，故其據究為何書，有時甚難確定，不得已依常例，槩作尚書新義佚文、並條附諸家評語於厥後；而全載洪範傳文於此，以備參酌。至明（永樂）以後，尚書新義已佚，凡諸家直據洪範傳以釋尚書者，則一槩不取。

【根祥案】

考之宋・楊時《龜山集》卷十，有評論王安石〈洪範傳論〉者，其言曰：

　　〈洪範傳論〉：水、火、金、木、土，自然之數，配諸人之一身，皆有先後之序；此有序乎？夫五行在天地之間，有則俱有，故曰闕一不可。今曰：有水然後有火，有火然後有木，有木然後有金，有金然後有土；雖常人皆知其不然矣；然則謂精、神、魂、魄、意為有序，失之矣。

此條雖非評論王氏《新義》，而王氏〈洪範傳〉與《尚書新義》論述大致相同，觀此亦可參照；可列入「評論」中。

〈旅獒〉

惟克商，遂通道于九夷八蠻。西旅厎貢厥獒。太保乃作〈旅獒〉，用訓于王。曰：「嗚呼！明王慎德，四夷咸賓。無有遠邇，畢獻方物，惟服食器用。王乃昭德之致于異姓之邦，無替厥服。分寶玉于伯叔之國，時庸展親。人不易物，惟德其物。德盛不狎侮；狎侮君子，罔以盡人心；狎侮小人，罔以盡其力。不役耳目，百度惟貞，玩人喪德，玩物喪志。志以道寧，言以道接。不作無益害有益，功乃成；不貴異物賤用物，民乃足。犬馬非其土性不畜；珍禽奇獸，不育于國。不寶遠物，則遠人格；所寶惟賢，則邇人安。嗚呼！夙夜罔或不勤，不矜細行，終累大德；為山九仞，功虧一簣；允迪茲，生民保厥居，惟乃世王。」

明王慎德，四夷咸賓，無有遠邇，畢獻方物，惟服食器用。王乃昭德之致于異姓之邦，無替厥服；分寶玉于伯叔之國，時庸展親。（人不易物，惟德其物。）

【佚文】（三二二）「明王既以德所致者分異姓，以寶玉分同姓，則人不敢輕易其物；方且以我所賜之物為德。」（夏解卷十八頁五，纂疏卷四頁三一，大全卷七頁三）

【根祥案】

夏僎《詳解》之引文，自「明王既以德所致者分異姓，以寶玉分同姓」，乃對經文「王乃昭德之致于異姓之邦，無替厥服；分寶玉于伯叔之國，時庸展親」作解釋，而其後兩句，則顯然針對經文「人不易

物，惟德其物」立言。元·陳櫟《書集傳纂疏》卷四下所引文句「人以王德所致，故不敢易其物而德其物」，正針對「人不易物，惟德其物」兩句經文加以論說。故《輯考彙評》前面所列經文，應將「人不易物，惟德其物」兩句連綴其下，始得完整對應。

又蔡沈《書集傳》對此句之解釋曰：

> 王者以其德所致方物分賜諸侯，故諸侯亦不敢輕易其物，而以德視其物也。

可見蔡沈《書集傳》所闡述，亦出於王氏《新義》也。

【評】宋夏僎曰：「其意則以此『德』字如賈誼謂『膚有德色』之『德』。此說雖可與上文連屬，而與下文『德盛不狎侮』（之）『德』字非一意，故不可從。」（夏解卷十八頁五）

【佚文】（三二三）「親之矣，而不以所寶分之，則人孰知親親之信也。」（全解卷二六頁五）

【根祥案】

林氏《全解》此段「佚文」，就其文義內涵觀之，乃解說經文「分寶玉于伯叔之國，時庸展親」之義。且前一則「佚文」用「既以德所致者分異姓，以寶玉分同姓」，「既」乃已成後之辭；則此段林氏《全解》所引「佚文」，其序號當置之先於前條，方為合理。

犬馬非其土性不畜，珍禽奇獸不育于國。（不寶遠物，則遠人格）；所寶惟賢，則邇人安。

【佚文】（三二四）「以不寶遠物，故犬馬非其土性不畜；以所寶惟賢，故珍禽奇獸不育于國。」（全解卷二六頁十一）

【根祥案】

考之林之奇《尚書全解》此段引文之後，具有評論之言曰：「此則強生分別，今所不取。」當列此為「評論」，俾便學者知曉。又前列經文用省節號，不利於閱讀，宜補入「不寶遠物，則遠人格」，對「佚文」理解更明確。

夙夜罔或不勤，不矜細行，終累大德；為山九仞，功虧一簣。

【根祥案】

考之宋・東陽陳大猷《書集傳》卷七，總頁105下B-106上A，引用「王氏曰」之文曰：

> 王氏曰：「大德，細行之積也。九仞，一簣之積也。故細行不矜，足以累大德之全；一簣不勉，足以虧九仞之成。」

故此引文當補列為《新義》「佚文」。更查考宋・真德秀《西山讀書記》卷十五〈德行〉條之下，引證《尚書・旅獒》之文，並引用王氏《新義》文曰：

> ○王氏曰：「大德，細行之積也。」

此當列入「佚文」來源之一。而宋・蘇軾《書傳》卷十一訓解曰：

> 大德，細行之積也；九仞，一簣之積也。

此全用王安石《新義》為訓解，而未明述其來自，蓋諱之也。

〈金縢〉

武王有疾，周公作〈金縢〉。

既克商二年，王有疾，弗豫。二公曰：「我其為王穆卜。」周公曰：「未可以戚我先王。」公乃自以為功，為三壇，同墠；為壇於南方北面，周公立焉。植璧秉珪，乃告大王、王季、文王。史乃冊祝曰：「惟爾元孫某，遘厲虐疾，若爾三王，是有丕子之責于天，以旦代某之身。予仁若考能，多才多藝，能事鬼神；乃元孫不若旦多材多藝，不能事鬼神；乃命于帝庭，敷佑四方，用能定爾子孫于下地，四方之民，罔不祗畏。嗚呼！無墜天之降寶命，我先王亦永有依歸。今我即命于元龜，爾之許我，我其以璧與珪，歸俟爾命；爾不許，我我乃屏璧與珪。」乃卜三龜，一習吉；啟籥見書，乃并是吉。公曰：「體，王其罔害。予小子新命于三王，惟永終是圖；茲攸俟，能念予一人。」公歸，乃納冊于金縢之匱中。王翼日乃瘳。武王既喪，管叔及其群弟乃流言於國，曰：「公將不利於孺子。」周公乃告二公曰：「我之弗辟，我無以告我先王。」周公居東二年，則罪人斯得。于後，公乃為詩以貽王，名之曰〈鴟鴞〉；王亦未敢誚公。秋，大熟，未穫；天大雷電以風，禾盡偃，大木斯拔；邦人大恐。王與大夫盡弁，以啟金縢之書，乃得周公所自以為功，代武王之說。二公及王乃問諸史與百執事；對曰：「信。噫！公命我，勿敢言。」王執書以泣，曰：「其勿穆卜。昔公勤勞王家，惟予冲人弗及知。今天動威，以彰周公之德，惟朕小子其新逆，我國家禮亦宜之。」王出郊，天乃雨，反風；禾則盡起。二公命邦人，凡大木所偃，盡起而築之。歲則大熟。

公歸，乃納冊于金縢之匱中，王翼日乃瘳。

【佚文】（三二五）「古者卜筮既畢，而不敢褻，必納其冊書於匱，異時將有大卜，則復啟焉。乃國家故事，非特為此匱藏其冊，為後來自解之計也。」（書纂言卷四頁二五；纂傳卷二四頁三，據以補「古者」「有大」四字；大全卷七頁十三。）

【根祥案】

考之宋·陳大猷《書集傳》卷七，總頁107上B，引有王安石之文，其言曰：

> 王氏曰：「縢，緘也。古者卜筮既畢而不敢褻，必納其冊書於匱，以金縢之，異時將有大卜，則復啟焉；乃國家故事，非特為此匱藏其冊，以為後來自解之計也。王明日疾乃瘳，夫請代武王之死者，周公之心也；王瘳而周公不死，此則天也，非人之所能為也。」

此段引文較之吳澄《書纂言》所載，更為完整，且具有深層詮釋思想涵義，當以之為「佚文」正本。

王安石《新義》此以「藏冊」為「乃國家故事」，非「以為後來自解之計」之說，早為各方學者所默許並移用之。宋林之奇《尚書全解》卷二十六析論經文之意曰：

> 公於是自壇壇之所而歸，祝史乃納其禱死之冊於金縢之匱。縢，緘也。藏冊書之匱，以金緘之，欲人之不發也。周公請代武王之死，其心忠矣，然必緘而藏其書者，非是周公欲藏此書，以為他日之觀也；蓋古者卜筮既畢，必納其冊書於匱，從

而緘之，異日將有大卜，則復啟焉；不然則否，此故事也。……。書曰：「王與大夫盡弁，以啟金縢之書；乃得周公所自以為功，代武王之說。」是命龜書此言，深得〈金縢〉之旨。蓋其冊書以故事而藏之，非特為金縢以藏其冊也。公自墠壇歸之明日，而武王遂已瘳矣。夫請代武王之死者，周公之本心也；王瘳而周公不死，此則天也，非人之所能為也。

林氏《全解》雖不言出於「王氏曰」，而其內涵義理，並無二致；末數句與陳大猷所引「佚文」則幾乎全同，可知其論述實出於王氏也。不特林之奇，呂祖謙亦然；宋·時瀾《增修東萊書說》卷十八下，論之曰：

納冊于匱中，國家之常典。古者敬神，凡卜筮之物，皆不敢褻，既畢則藏之；非周公特藏之，留為後來自解之計也。

蔡沈《書集傳》卷四，亦有類似之言曰：

按：金縢之匱，乃周家藏卜筮書之物，每卜，則以告神之辭書於冊；既卜，則納冊於匱而藏之。前後卜皆如此。……。蓋卜筮之物，先王不敢褻，故金縢其匱而藏之，非周公始為此匱，藏此冊祝，為後來自解計也。

宋·陳大猷《書集傳或問》卷下、真德秀《西山讀書記》卷四十，均有類似之說，而皆未明言出自王氏《新義》。

【評】元吳澄曰：「愚謂：匱所以藏卜書，卜則啟匱，此常事也。惟周公此時之卜，有與常時不同者，以先有冊書告三王而後卜也。故既

卜之後，其冊書因得同藏於卜書之匱。若常時之卜，則史述卜主之命告卜人；蓋不書於冊，既卜亦無冊可藏也。……王氏、蔡氏之說未當，而謂『非周公藏其冊，為後來自解之計』則是。」（書纂言卷四頁二五）

武王既喪，管叔及其群弟乃流言于國，曰：「公將不利于孺子。」周公乃告二公曰：「我之弗辟，我無以告我先王。」周公居東二年，則罪人斯得。于後，公乃為詩以貽王，名之曰鴟鴞；王亦未敢誚公。

【佚文】（三二六）「聖人君子，不可疑而遠之也；疑而遠之，則違天矣。……人君不明，可惑以非義，則於周公忠聖，不敢無疑。……成王易懷疑忠聖之人。」（四明尊堯集卷四頁二六）

【根祥案】

考之於宋‧李燾《續資治通鑑長編》卷二百三十四〈神宗〉朝所載，有陳瓘論曰：

> 臣今取《三經義》考安石及雱解經之微意，先論其時，然後以《日錄》合之，譏薄之言，藏於經義，詆誣之語，肆於私史。追思神考所以眷待安石之意，臣能流涕而已矣。雱所撰《書義》，以謂「聖人君子不可疑而遠之也，疑而遠之，則違天矣。」又以謂「人君不明，可惑以非義；則於周公忠聖不能無疑。」又以謂「成王不明，為小人所惑，故疑周公。」又謂「成王易惑疑忠聖之人。」

其中引用王氏《新義》者，共有四段，而《輯考彙評》所引止有三

段，雖涵義或有重疊，而文句則不同；故應全錄四段，方更完備。今擬其「佚文」如下：

> 【佚文】聖人君子，不可疑而遠之也，疑而遠之，則違天矣。……人君不明，可惑以非義；則於周公忠聖，不能無疑。……成王不明，為小人所惑，故疑周公。……成王易惑疑忠聖之人。

【評】宋陳瓘曰：「臣今取三經義，考安石及雱解經之微意：……譏薄之言，藏於經義。……雱所撰書義以謂：『……。』又以謂：『……。』又以謂：『……。』……雱假詩書以文其姦，安石託聖訓以肆其詆。……雱以易壞之語誣薄成王，所以甚明其父之聖忠而不可疑也。安石自聖，遂以其悖詐之身僭比周公，而以含糊不分明之語上詆先烈者，不可一一數。」（四明尊堯集卷四頁二六～二八）

【根祥案】

考之宋・李燾《續資治通鑑長編》卷二百三十四〈神宗〉朝所載陳瓘論王安石與王雱，其批評之語，不止如此。其言曰：

> 臣……及觀《日錄》然後知罪乃始於安石、王雱假《詩》、《書》以文其姦，安石托聖訓以肆其詆。三經、《日錄》，誣偽相應。蓋雱以易惑之語誣薄神考，所以甚明其父之忠聖而不可疑也；安石自聖，遂以其詐悖之身，僭比周公，而以含糊不分明之語上詆先烈者，不可一二數。聖主繼志述事，事亡追遠；三經包藏之說，《日錄》誣訕之言，其亦忍聞之乎？向使安石不著《日錄》，則私意之在三經及他書者，未盡露也；今三經、《日錄》，前唱後應，枝葉粲然，非無文義，而大理舛逆，

　　奸名犯教；習用其說者，終為身患。

凡此者，皆陳瓘批判王氏父子之言，指詈三經之論，或有過當，亦應知聞。

秋，大熟，未穫。天大雷電以風，禾盡偃，大木斯拔。邦人大恐，王與大夫盡弁，以啟金縢之書；乃得周公所自以為功，代武王之說。二公及王乃問諸史與百執事。對曰：「信。噫！公命我，勿敢言。」王執書以泣，曰：「其勿穆卜。昔公勤勞王家，惟予沖人弗及知。今天動威，以彰周公之德；惟朕小子其新逆，我國家禮亦宜之。」王出郊，天乃雨，反風，禾則盡起。二公命邦人，凡大木所偃，盡起而築之。歲則大熟。

【根祥案】

考之宋·黃倫《尚書精義》卷三十二，引有「臨川曰」之文。其文曰：

> 然則「大雷電以風」與「乃反風」，而史書之，何也？曰：周公之所以得迎者，以雷電風之變也；其既迎之也，則變復而歲大熟；人莫不以迎周公為是而當天意也，則史可以勿書乎？孔子以鬼神為難明，而《記》曰「疑事無質」，吾以天之變為周公也，則是質之也；以天之變為成王也，則是亦質之也。故善為史者，是可書也，而不可以質之也。

查考黃倫《精義》中引「臨川曰」，總共九條，經考之實皆為王安石之言論，故此條當可視為王氏之說，可補入為「佚文」。

〈大誥〉

武王崩，三監及淮夷叛。周公相成王，將黜殷；作〈大誥〉。

王若曰：「猷，大誥爾多邦，越爾御事。弗弔，天降割于我家，不少延。洪惟我幼冲人，嗣無疆大歷服，弗造哲，迪民康，矧曰：其有能格知天命。已！予惟小子，若涉淵水，予惟往求朕攸濟。敷賁，敷前人受命，茲不忘大功。予不敢閉于天降威，用寧王遺我大寶龜，紹天明即命，曰：『有大艱于西土，西土人亦不靜，越茲蠢。』殷小腆，誕敢紀其敘，天降威，知我國有疵，民不康；曰：『予復。』反鄙我周邦，今蠢。今翼日，民獻有十夫，予翼，以于敉寧武圖功。我有大事，休；朕卜并吉。肆予告我友邦君，越尹氏、庶士、御事曰：「予得吉卜，予惟以爾庶邦，于伐殷逋播臣。爾庶邦君，越庶士、御事，罔不反曰：『艱大，民不靜，亦惟在王宮邦君室。越予小子，考翼，不可征，王害不違卜？』肆予冲人，永思艱，曰：嗚呼！允蠢鰥寡，哀哉！予造天役，遺大投艱于朕身。越予冲人，不卬自恤義，爾邦君越爾多士、尹氏、御事，綏予曰：『無毖于恤，不可不成乃寧考圖功。』已！予惟小子，不敢替上帝命。天休于寧王，興我小邦周；寧王惟卜用，克綏受茲命。今天其相民，矧亦惟卜用。嗚呼！天明畏，弼我丕丕基。」王曰：「爾惟舊人，爾丕克遠省，爾知寧王若勤哉！天閟毖我成功所，予不敢不極卒寧王圖事。肆予大化誘我友邦君；天棐忱辭，其考我民，予曷其不于前寧人圖功攸終？天亦惟用勤毖我民，若有疾；予曷敢不于前寧人攸受休畢？」王曰：「若昔，朕其逝。朕言艱日思。若考作室，既底法，厥子乃弗肯堂，矧肯構？厥父菑，厥子乃弗肯播，矧肯穫？厥考翼其肯曰：『予有後，弗棄基。』肆予曷敢不越卬敉寧王大

命？若兄考，乃有友伐厥子，民養其勸弗救？」王曰：「嗚呼！
肆哉！爾庶邦君，越爾御事：爽邦由哲，亦惟十人，迪知上帝
命。越天棐忱，爾時罔敢易法，矧今天降戾于周邦？惟大艱人，
誕鄰胥伐于厥室，爾亦不知天命不易。予永念曰：天惟喪殷；若
穡夫，予曷敢不終朕畝？天亦惟休于前寧人，予曷其極卜？敢弗
于從、率寧人有指疆土？矧今卜并吉？肆朕誕以爾東征；天命不
僭，卜陳惟若茲。」

天降割于我家，不少延。……（予不敢閉于天降威）用寧王遺我
大寶龜紹天明。

【佚文】（三二七）自「延」字絕句。（全解卷二七頁六，朱子語類
卷七頁二八，輯纂卷四頁四六載朱子說引，纂疏卷四頁三九載朱子說
引）

【評】宋林之奇曰：「先儒以『不少』為絕句，以『延』字屬於下
句，其曰：『不少者，謂三監及淮夷並作難也。』據此篇之意，先言
周家新造，而武王遽喪，成王以幼冲之資纘承先業，……而三叔、武
庚乃為此舉，以覬所非望，故自『越茲蠢』而下，然後言三監及淮夷
之作難。所謂『不少延』者，但言武王之即世也。王氏、蘇氏皆以
『延』字屬上句讀，蓋得之矣。」（全解卷二七頁六）

【根祥案】

考之蔡沈《書集傳》卷四，於經文下曰：「言我不為天所恤，降害於
我周家，武王遂喪，而不少待也。」蓋其謂「不少待」即是不少延時
等待之意，實用王安石《新義》句讀而釋經也。

【佚文】（三二八）以「用」字屬下句之首（朱子語類卷七九頁二

八,朱子五經語類卷四二頁二一～二二,輯纂卷四頁四六載朱子說引,纂疏卷四頁三九載朱子說引)

【評】上兩條,宋朱熹因論點書,曰:「人說(王)荊公穿鑿,只是好處亦用還他。……」道夫曰:「更如先儒點『天將割于我家,不少延』、『用寧王遺我大寶龜』,皆非注家所及。」(朱子)曰:「然。」(朱子語類卷七九頁二八,朱子五經語類卷四二頁二一～二二,輯纂卷四頁四六及纂疏卷四頁三九載朱子評,略同。)

【評】元董鼎曰:「愚案:朱子深取王氏點句,而蔡氏不盡從何也?」(輯纂卷四頁四六)

【評】清王頊齡曰:「王氏之說,以『用』字屬下句,朱子嘗取之。蔡傳仍屬上句讀,則以二孔注、疏分明,不欲更改耳。」(書傳彙纂卷十二頁三十)

王若曰:「猷,大誥爾多邦,越爾御事。弗弔天降割于我家,不少延。洪惟我幼沖人,嗣無疆大歷服。

【根祥案】

考之宋・東陽陳大猷《書集傳》卷七,總頁109下A,引用王氏曰之文,其文曰:

> 王氏曰:「歷,歷數也。服,王事也。」

此王氏解釋「歷服」之文,當補入為《新義》「佚文」。

已！予惟小子，若涉淵水，予惟往求朕攸濟。敷賁，敷前人受命，茲不忘大功。予不敢閉于天降威，用寧王遺我大寶龜，紹天明，即命。

【根祥案】

考之宋・東陽陳大猷《書集傳》卷八，總頁109下B，引用王氏曰之言，其文曰：

> 王氏曰：「大誥言寧王者，大誥以寧民故也。王者能若天道，賓四夷，立政事以明，故〈說命〉、〈旅獒〉、〈周官〉言明王。使王姬執婦道，不敢驕以平，故詩〈何彼穠矣〉言平王。征伐勝敵以武，故詩〈玄鳥〉、〈常發〉言武王。成王業，成民業，故〈立政〉與《詩・噫嘻》言成王。言各有所當。」

此段文義，正符合王安石「強生分別」、「各言其義」之解經風格，當補入為王氏《新義》「佚文」。

若涉淵水，予惟往求朕攸濟。敷賁，敷前人受命，茲不忘大功，予不敢閉于天將威。用寧王遺我大寶龜紹天明；即命。

【佚文】（三二九）「賁」字屬下讀。（書集傳音釋卷四頁二三）

【評】元鄒季友曰：「賁，彼義反：用朱子語錄；從王荊公讀，屬下句。」（書集傳音釋卷四頁二三）

【佚文】（三三〇）「大誥疑有脫誤，其不可知者輒闕之，而釋其可知者。」（輯纂卷四頁四五，全解卷二七頁七，纂疏卷四頁三九，大全卷七頁二一，書傳彙纂卷十二頁二九）

【評】宋林之奇曰:「王氏疑其(自「敷賁」至「大功」)有脫誤,而不可知者宜闕之,此為得體。薛博士增廣王氏之說,尤為詳備,曰:『「敷賁,敷前人受命,茲不忘大功」。「殷小腆,誕敢紀其敘。天降威」。「若兄考,乃有友伐厥子,民養其勸弗救」。「越天棐忱,爾時罔敢易法,矧今天降戾于周?」』此皆書義疑有脫誤、不可知者,學者闕焉。』王氏解經,每不合於義者,不旁引曲取以為之說,至闕之。此王氏之所長也。」(全解卷二七頁七~八)

【評】元陳櫟曰:「案:朱子所以取荊公者在此,此可為解盤、諸誥篇之法。」(纂疏卷四頁三九)

【佚文】(三三一)「文、武皆能安寧天下,故謂之『寧王』。是『寧王』者兼文、武而言。若『寧人』,則又兼文、武之臣而言也。言『寧考』,則謂武王耳。」(精義卷三二頁十一)

【佚文】(三三二)「閉,拒也。天降威,成王不敢拒,故用寧王所用大寶龜,紹天之明,以斷吉凶,而即天命也。」(輯纂卷四頁四六,大全卷七頁二三,書傳彙纂卷十二頁三十)

爾庶邦君,越庶士、御事,罔不反曰:「……越予小子,考翼,不可征;王害不違卜?」

【佚文】(三三三)此為成王敘邦君之言以告之。邦君之意,謂:「王其咎之害,在于不違卜耳。欲王違卜而不征,王何故不違卜?」(夏解卷十八頁三四~三五,引號內當是尚書新義原文;「其咎」二字用全解卷二七頁十五補。)

【評】宋夏僎曰:「爾庶邦之君及于庶士、御事之臣,無不以言復于我曰:……不可以征伐,王何不違卜而勿征?故曰『王害不違卜』。

此『害』如詩『害澣害否』之『害』同。先儒乃謂：成王之意，謂汝邦君言……我小子先卜敬成周道，若謂四國不可征，則王室有害，故謂今決不敢違卜。……是其言乃成王自言己意，非成王敘邦君之言以告之。意既迂迴，又與上文不相貫。……王氏雖以此為成王敘邦君之言以告之，然又以：『……。』夫卜所以決吉凶，豈可謂從卜則為害？非立言之體；但言『王何故不違卜』，則有味也！」（夏解卷十八頁三四）

曰：爾惟舊人，爾丕克遠省，爾知寧王若勤哉。天閟毖我成功所，予不敢不極卒寧王圖事，肆予大化誘我友邦君。天棐忱辭，其考我民，予曷其不於前寧人圖功攸終，天亦惟用勤毖我民，若有疾，予曷敢不於前寧人攸受休畢。

【根祥案】

考之宋・東陽陳大猷《書集傳》卷八，總頁111上A-B，引用「王氏曰」之文兩則，其文曰：

> 王氏曰：「閟言否閉而不通，毖言艱難而不易。」
> 王氏曰：「天之視聽自民，民輔我，則天輔我矣。民獻予翼，則民輔我之效也。」

此兩段「王氏曰」，當補入為《新義》「佚文」。
　　更考之宋黃倫《尚書精義》卷三十三，引張綱解說經文曰：

> 張氏曰：「閟言天命之否閉而不通，毖言人事之難艱而不易。事者，功之始；功者，事之成。前人之功，積事以成之者也。今也天閟毖我成功所，則我于寧考所圖之功，不能必成，姑亦

終其所圖之事而已。天下之事，先王定之于前，極其卒之者非
子孫其誰乎？」

此正可印證前陳大猷引文第一條。又黃倫《精義》再引用張綱之說
曰：

> 張氏曰：「化者，化之以其道也；誘者，誘之以其言也。三
> 監、淮夷之叛，有邦之君皆以為不可征，此成王所以化之者
> 也。「天棐忱辭，其考我民」者，誠信而有辭，天之所輔也；
> 我忱信而有辭，天必輔我。天道遠而難知，欲知天之輔我，當
> 考之我民而已。民之去就，視賢十夫予翼，則民輔我矣。天之
> 視聽自民，民輔我則天輔我矣。天輔我，民輔我，豈特可以極
> 卒寧王所圖之事，其于圖功，亦可以終之者也。

此正可印證前陳大猷所引第二條之「佚文」。至於張綱所言出於「佚
文」範圍之外者，亦可以參考。

又考蔡沈《書集傳》卷四，經文下云：「閟者否閉而不通，毖者
艱難而不易。……民獻十夫，以為可伐；是天輔以誠信之辭，考之民
而可見矣。」其中「閟毖」之訓，皆同王氏說。至於「民獻十夫」之
言，亦出於王氏，雖「佚文」缺徵，然由張綱所論，可知蔡《傳》
「是天輔以誠信之辭，考之民而可見」者，亦用王氏《新義》說也。

王曰：「若昔，朕其逝。」

【佚文】（三三四）「順古之道，以朕其往而征之也。」（全解卷二七
頁二三）

【評】宋林之奇曰：「王曰：若昔，朕其逝，孔氏曰：『順古道，我其

往東征矣。」王氏亦曰：『……。』然上文但言前人之烈待我而後
成，不可不順天命以征之；初無有『順古道』之事。則與上文不
接。」（全解卷二七頁二三）

肆予曷敢不越卬敉寧王大命？

【佚文】（三三五）「於我者，不敢以誘後人也。武庚之叛，在成王
即位之初，周公攝政之日。則夫平定凶逆，以奠國家之基業者，正成
王、周公之責也。使其不以此自任，則豈足以為武王之子乎？爾邦君
御事之不肯從我以征，無乃為不足以堪前人所付託之重乎？故成王以
此而自勉也。」（全解卷二七頁二四）

【根祥案】

考之宋・東陽陳大猷《書集傳》卷八，總頁111下A，引有王氏之文，
其文曰：

　　　王氏曰：「於我者，不敢以累後人也。」

陳大猷《書集傳》所引僅一句，然仍應補入《新義》「佚文」來源資
料。《說文》：「誘：累也。」其義相同。

若兄考，乃有友伐厥子，民養其勸弗救？

【佚文】（三三六）此小節義當闕疑。（全解卷二七頁二四，纂疏卷
四頁四三）

【評】宋林之奇曰：「諸家之說，大抵迂曲，惟王氏闕之為得。」（全
解卷二七頁二四）

【評】元陳櫟曰:「王氏、張氏、林氏皆云當闕疑。」(纂疏卷四頁四二)

肆哉!

【佚文】(三三七)肆,肆而不拘之意。(全解卷二八頁四十)

【佚文】(三三八)「肆為涉危難而無所忌。」(全解卷二七頁二五)

【根祥案】

《輯考彙評》於「佚文」三三七條,乃從林之奇《全解》〈康誥〉篇下所擷取而來。考之林氏《全解》卷二十八於此論述中,亦含有評論〈大誥〉之語。其文曰:

> 王氏曰:「小子從父兄奉令承教,則拘;出而為人君,則肆。肆而罔念,或至于殄享,以天命無常故也。」王氏於〈大誥〉「肆哉」,其說亦然,皆牽強不足取。〈大誥〉之言曰「肆哉」,而後曰「爾庶邦君,越爾御事」,則其文勢以為「肆而不拘」,雖非其本義,猶可為說。至此章曰「肆汝小子封」,而亦為「肆而不拘」,豈可通哉!

自「王氏於〈大誥〉」至「猶可為說」,皆為針對〈大誥〉所發之評論,可擷取以為此則「佚文」之「評論」也。

越天棐忱,爾時罔敢易法,矧今天降戾于周邦?

【佚文】(三三九)此義不可知,闕之。(全解卷二七頁二六)

爽邦由哲，亦惟十人，迪知上帝命。……肆朕誕以爾東征；天命不替，卜陳惟若茲。

【佚文】（三四〇）「爽邦由哲，非由眾也。十夫者，哲人也。」（纂傳卷二五頁六）

予永念曰：天惟喪殷，若穡夫，予曷敢不終朕畝？

【根祥案】

考之宋・東陽陳大猷《書集傳》卷八，總頁112上A，引有「王氏曰」之文，其文曰：

> 王氏曰：「天欲殄殷，若穡夫，予當收斂之終畝，使無遺也。」

此段引文當補入為《新義》「佚文」。
　　又考之宋・黃倫《尚書精義》卷三十三引張綱之論述，可以參考。其文曰：

> 張氏曰：「穡夫之治田，去其害稼者而已。蓋稂莠不除，終為苗稼之害。殷商之害虐斯民，為天所畏，有類于此；故曰『天惟喪殷，若穡夫』。天之喪殷如是，則為成王者，故當斂之至于終畝，所以應天者也。極，至也。天之休美于前寧人，使有天下；成王自謂我何所至乎？言有天下之休命者，盡寧王之德也。我卜既吉，而不往從之，則是逆天者也。成王之所以必往伐之者，從卜而已。

【佚文】（三四一）「武庚，周所擇以為商臣；三叔，周所任以商事者也。其材似非庸人。方主幼國疑之時，相率而為亂；非周公往征，則國家安危存亡，殆未可知。然承文、武之後，賢人眾多，而迪知上帝以決此議者，十夫而已；況後世之末流，欲大有為者，乃欲取同于汙俗之眾人乎？」（全解卷二七頁二九，精義卷三三頁七）

【評】宋蘇軾曰：「方是時，武王之舊臣，皆欲從王征伐。故王曰：……況今卜并吉，是天欲征而不欲休也。我其必往，蓋卜之久矣。……盤庚、大誥皆違眾自用者所以藉口也。使盤庚不遷都，周公不攝政，天下豈有異議乎？平居無事，變亂先王之政而民不悅，則以盤庚、周公自比，此王莽之所以作大誥也。」（東坡書傳卷十一頁十四）

【評】宋林之奇曰：「王氏此言，假之以為新法之地也。故每於盤庚遷都、周公東征，以傅會其說而私言之，以寓其意焉。殊不知己之所為，與盤庚、周公之事相近，而實不侔也。盤庚之遷都，將以奉上天之命，而復先王之業也；不遷則有墊溺之患。周公之東征，亦將以奉上天之命，而終前人之功也；不征則有割據之禍。而當時邦伯、師長、邦君、御事，玩一時之安，而不慮他日之憂，故扇為異論以搖其上。盤庚、周公於此，惟不忍以利驅而勢迫之，故丁寧反覆，至於再三，必使之心悅誠服而後已；非是誥之而不從，則遂脅之以刑威，而有所不恤也。……盤庚之遷、周公之征，雖其始也有異同之論，而其既已誥之矣，則莫不改心易慮，惟上之是聽，不獨『民獻十夫』以為可征也。如王氏之說，則是周公之東征，決其議者十夫而已，其餘無預也。蘇氏曰『盤庚、大誥皆違眾自用者所以藉口』，蓋為王氏而發也。」（全解卷二七頁二九-三十）

【根祥案】

考之宋・黃倫《尚書精義》卷三十三，經文「率寧人有指疆土，矧今卜并吉，肆朕誕以爾東征。天命不僭，卜陳惟若茲」下，引張綱之論述，可以參考。其文曰：

> 張氏曰：「天雖難忱，其示人以吉凶之命，而無有僭差；卜之所陳者如此，此三監、淮夷不可不征也。」

尚書大誥篇通義。

【評】宋陳善曰：「荊公於三經新義，託意規諷，至大誥篇則幾乎罵矣！召公論（敏案：王安石全集未見召公論之篇，此蓋亦謂尚書新義之文。）真有為而作也。後東坡作書論解，又矯枉過直而奪之。」（捫蝨新話卷一頁四）

〈微子之命〉

成王既黜殷命，殺武庚，命微子啟代殷後；作〈微子之命〉。

王若曰：「猷，殷王元子，惟稽古，崇德象賢，統承先王，修其禮物，作賓于王家，與國咸休，永世無窮。嗚呼！乃祖成湯，克齊聖廣淵，皇天眷佑，誕受厥命，撫民以寬，除其邪虐，功加于時，德垂後裔。爾惟踐修厥猷，舊有令聞，恪慎克孝，肅恭神人。予嘉乃德，曰篤不忘，上帝時歆，下民祇協，庸建爾于上公，尹茲東夏。欽哉！往敷乃訓，慎乃服命；率由典常，以蕃王室；弘乃烈祖，律乃有民；永綏厥位，毗予一人，世世享德，萬邦作式；俾我有周無斁。嗚呼！往哉！惟休，無替朕命。」

王若曰:「猷!殷王元子!」

【佚文】(三四二)微子,殷帝乙之諸子也。「元」為善之長。(全解卷二七頁三四)

【根祥案】

考之林氏《全解》原文,於「王氏以元為善之長」下曰:

> 王氏以「元」為「善之長」,此蓋泥於《易》之言。謂微子為紂之諸子,故從而為之說耳。其實微子者,帝乙之首子,當從《史記》之說也。

以為「微子,帝乙之長子」者,乃林之奇也。王安石既以「元為善之長」,不以「元」為首義,故謂「微子為紂之諸子」也。《輯考彙評》「佚文」書作「微子,殷帝乙之諸子也」,或為筆誤,應為「帝辛(或商紂)之諸子也」。

【評】宋林之奇曰:「微子,帝乙之長子也,故謂之『殷王元子』。……武王訪洪範,則曰『嗚呼!箕子』、成王命微子曰『猷!殷王元子』,皆尊之之辭也。……王氏……蓋泥於易之言,謂微子為紂之諸子,故從而為之說耳。其實微子者,帝乙之首子,當從史記之說也。」(全解卷二七頁三三-三四)

嗚呼!乃祖成湯,克齊聖廣淵;皇天眷佑,誕受厥命;撫民以寬,除其邪虐;功加于時,德垂後裔。

【根祥案】

考之宋·東陽陳大猷《書集傳》卷八,總頁112下A,引有「王氏

曰」之文，其文曰：

　　　王氏曰：「致一之謂齊，大而化之之謂聖。」

此段引文當補入為《新義》「佚文」。

上帝時歆。

【佚文】（三四三）「微子為商後，得郊，故稱其『上帝時歆』，記曰『宋之郊也，契也』；上帝時歆，然後許之郊，宜矣。」（全解卷二七頁三七，輯纂卷四頁五二，纂疏卷四頁五四，大全卷七頁二五，尚書埤傳卷十一頁十九，書傳彙纂卷十三頁五）

【根祥案】

考之宋‧東陽陳大猷《書集傳》卷八，總頁113上A，引有「王氏曰」之文，其文曰：

　　　王氏曰：「微子為商後，得郊，故稱其『上帝時歆』；上帝時歆，然後許之郊，宜矣。」

陳大猷引文較簡略，然當補入《新義》「佚文」資料來源。

【評】宋林之奇曰：「此說是也。王者之後，得用郊天之禮。禮記曰：『杞之郊也，禹也；宋之郊也，契也。』是也。微子之德，既為上帝之所歆，則其祀帝於郊也，神其吐之乎？」（全解卷二七頁三七）

〈康誥〉

成王既伐管叔、蔡叔，以殷餘民封康叔；作〈康誥〉、〈酒誥〉、〈梓材〉。

惟三月，哉生魄。周公初基，作新大邑于東國洛。四方民大和會，侯、甸、男邦、采、衛、百工、播民，和見士于周。周公咸勤，乃洪大誥治。王若曰：「孟侯，朕其弟，小子封；惟乃丕顯考文王，克明德慎罰，不敢侮鰥寡；庸庸，祇祇，威威顯民，用肇造我區夏，越我一二邦，以修我西土。惟時怙，冒聞于上帝，帝休；天乃大命文王，殪戎殷，誕受厥命，越厥邦厥民，惟時敘。乃寡兄勖，肆汝小子封，在茲東土。」王曰：「嗚呼！封，汝念哉！今民將在祇遹乃文考，紹聞衣德言，往敷求于殷先哲王，用保乂民。汝丕遠，惟商耇成人，宅心知訓；別求聞由古先哲王，用康保民，弘于天若，德裕乃身，不廢在王命。」王曰：「嗚呼！小子封，恫瘝乃身，敬哉！天畏棐忱，民情大可見；小人難保，往盡乃心，無康好逸豫，乃其乂民。我聞曰：『怨不在大，亦不在小；惠不惠，懋不懋。』已！汝惟小子，乃服惟弘王，應保殷民，亦惟助王宅天命，作新民。」王曰：「嗚呼！封，敬明乃罰：人有小罪非眚，乃惟終，自作不典式爾，有厥罪小，乃不可不殺；乃有大罪，非終，乃惟眚災適爾，既道極厥辜，時乃不可殺。」王曰：「嗚呼！封，有敘時，乃大明服，惟民其敕懋和；若有疾，惟民其畢棄咎；若保赤子，惟民其康乂。非汝封刑人殺人，無或刑人殺人；非汝封又曰劓刵人，無或劓刵人。」王曰：「外事，汝陳時臬，司師茲殷罰有倫。」又曰：「要囚，服念五六日，至于旬時，丕蔽要囚。」王曰：「汝陳時臬事，罰蔽殷彝，用其義刑義殺，勿庸以次汝封，乃汝盡遜曰：時

敘，惟曰：未有遜事。已！汝惟小子，未其有若汝封之心，朕心
朕德，惟乃知。凡民自得罪，寇攘姦宄，殺越人于貨，暋不畏
死，罔弗憝。」王曰：「封，元惡大憝，矧惟不孝不友。子弗祗
服厥父事，大傷厥考心；于父不能字厥子，乃疾厥子；于弟弗念
天顯，乃弗克恭厥兄；兄亦不念鞠子哀，大不友于弟。惟弔茲，
不于我政人得罪，天惟與我民彝大泯亂，曰：乃其速由文王作
罰，刑茲無赦。不率大戛，矧惟外庶子訓人，惟厥正人，越小
臣、諸節，乃別播敷，造民大譽；弗念弗庸，瘝厥君；時乃引
惡，惟朕憝。已！汝乃其速由茲義率殺。亦惟君惟長，不能厥家
人，越厥小臣、外正，惟威惟虐，大放王命，乃非德用乂。汝亦
罔不克敬典，乃由裕民；惟文王之敬忌，乃裕民。曰：『我惟有
及。』則予一人以懌。」王曰：「封，爽惟民，迪吉康，我時其
惟殷先哲王德，用康乂民，作求。矧今民罔迪不適，不迪，則罔
政在厥邦。」王曰：「封，予惟不可不監，告汝德之說，于罰之
行。今惟民不靜，未戾厥心，迪屢未同；爽惟天其罰殛我，我其
不怨。惟厥罪無在大，亦無在多，矧曰其尚顯聞于天。」王曰：
「嗚呼！封，敬哉！無作怨，勿用非謀非彝蔽時忱，丕則敏德，
用康乃心，顧乃德，遠乃猷裕，乃以民寧，不汝瑕殄。」王曰：
「嗚呼！肆汝小子封，惟命不于常，汝念哉！無我殄享，明乃服
命，高乃聽，用康乂民。」王若曰：「往哉！封，勿替敬典，聽
朕告汝，乃以殷民世享。」

惟三月，哉生魄，周公初基作新大邑于東國洛至乃洪大誥治。

【佚文】（三四四）於此章四十八字無解。（輯纂卷四頁五四，纂疏
卷四頁四六）

惟三月，哉生魄，周公初基，作新大邑于東國洛，四方民大和
會，侯，甸，男邦，采，衛百工播民和，見士于周，周公咸勤，
乃洪大誥治。

【根祥案】

考之宋‧東陽陳大猷《書集傳》卷八總頁114上A，
有引一則「王氏曰」之文，其言曰：

> 王氏曰：「三監既誅，然後封康叔。康叔已
> 封，然後宅洛邑，事之敘也。此書乃先言作
> 洛，繼言告康叔，蓋封康叔在卜洛之前，而
> 告康叔乃在作洛之際，當其營洛，則四方之
> 民、五服之族咸在；王者將孚太命於諸侯，
> 必於臣民所會之時，則所及者廣，所儆者
> 眾；此康叔之誥所以在營洛之際也。」

此條引文，《輯考彙評》未及見陳氏《書集傳》，故
未輯收。二〇一一年，陳良中據陳大猷《書集傳》
補輯王氏《尚書新義》佚文，多得一五九條，撰文
〈王安石《尚書新義》輯補〉，發表於《重慶文理學
院學報》二〇一一年一月第三十卷第一期頁九十三
～一〇一，文中並無此條「王氏曰」佚文。迨二〇
一七年復旦大學出版社出版王水照主編《王安石全
集》，第二冊有《尚書新義》在焉；其書以程元敏先
生《輯考彙評》為主體，並補入陳良中論文所多輯「佚
補」標示，則於卷八頁二〇一〈康誥〉「洪大誥治」下，列「陳補」
此條「王氏曰」文段；可見陳良中於其論文曾有修補。

　　根祥勘閱陳大猷書，見此「王氏曰」文，雖喜有新獲，然思及前述陳櫟、董鼎既云王安石「於此章四十八字無解」，則就邏輯而論，此段「王氏曰」之文逕定為王安石《新義》佚文，頗有疑慮。經仔細查考，於林之奇《尚書詳解》卷二十八經文下，見有引文曰：

　　　　惟王博士曰：「四國既誅，商地始定，然後封康叔。康叔已封，然後宅洛邑，乃其事之序也。此書先言周公初基作新大邑于東國洛，然後繼之以誥康叔之事；蓋封康叔在於卜洛之前，而誥康叔在於營洛之際。當其營洛，則四方之民與夫五服之君長，莫不咸在；王者將欲孚大命於諸侯，必於臣民所會之時而誥之，則其所施者廣，而所警者眾，此康叔之誥所以在乎營洛之時。」此說近人。

對比兩者文字，除少數語句詳略差異外，說義用詞大都一致。林之奇稱為「王博士」，經查不知何許人。林之奇《全解》書中稱引「王博士」者六處，其引文內容均與王安石所論說不類，可確知此「王博士」必非王安石。夏僎《詳解》卷十九亦引有相同文段。林之奇既稱之「王博士」，其人「王」姓無疑，陳大猷稱彼「王氏曰」，雖欠明確，似亦不為錯誤；唯將使後人張冠李戴耳。是以就文獻輯考而言，此條「王氏曰」雖若明顯可據，其實仍須詳加考察，以免誣誣古人。然則此「王氏曰」並非《尚書新義》「佚文」，當予刪除。
　　大陸復旦大學新編《王安石全集》中《尚書新義》，根據陳良中之文補入此一段「王氏曰」為「佚文」，蓋亦失之考察矣。

王若曰：孟侯，朕其弟小子封；惟乃丕顯考文王，克明德慎罰，不敢侮鰥寡；庸庸、祗祗、威威、顯民，用肇造我區夏。越我一二邦，以脩我西土。惟時怙冒，聞于上帝；帝休，天乃大命文

王，殪戎殷，誕受厥命。越厥邦厥民，惟時敘。乃寡兄勗；肆汝小子封在茲東土。

【根祥案】

考之宋・東陽陳大猷《書集傳》卷八總頁114下a-b，有引一則「王氏曰」之文，其言曰：

> 王氏曰：「恬之如父，冒之如天，惟恬冒是文王。」

考〈康誥〉此文句，自古以來，皆以「我西土惟時恬句冒聞于上帝句」，即是古讀至「恬」字為句，趙岐注《孟子》引作「冒聞于上帝」，可得知伏生今文《尚書》句讀本亦如是。王安石始以「惟時恬冒」為句，故其《新義》訓釋如上述。此段引文當補入為《新義》「佚文」。

王安石更新句讀，並重新訓義，其後學者頗多遵用之；如蔡沈《書集傳》曰：「恬之如父，冒之如天。」即用王氏句讀及訓義。呂祖謙亦用其說，時瀾《增修東萊書說》卷二十曰：

> 文王有至仁至明之德，我西土之人，恬之如父，冒之如天；其視文王如天如父，有恬恃覆冒之功，德之昭升，聞于上帝。

可見王氏此條《新義》之說，影響甚鉅。

王曰：「嗚呼！封。（汝念哉！今民將在祇遹乃文考，紹聞衣德言。）往敷求于殷先哲王，用保乂民。汝丕遠惟商耇成人，（宅心知訓；）別求聞由古先哲王，用康保民。」

【佚文】（三四五）「往敷求」、「遠惟」、「別求」、「保乂」、「康保」，皆各有其義。（全解卷二八頁十四-十五）

【評】宋林之奇曰：「其於殷先哲王，則曰『往敷求』；於商耇成人，則曰『遠惟』；於古先哲王，則曰『別求』；於殷先哲王，則曰『保乂』；於古先哲王，則曰『康保』：此蓋經緯其文，以成述作之體，……不必求其義也。而王氏諸家皆從而為之說，其言破碎附會，不足取信。然經之大意，蓋不在是也。如必以此等語為各有其義，則於先哲王曰『殷』，於商耇成人曰『商』，亦必有說矣。」（全解卷二八頁十四～十五）

【根祥案】

《輯考彙評》此條「佚文」，蓋據林之奇全解中所述之意，檃括而得其說，以知王氏於「往敷求」、「遠惟」、「別求」、「保乂」、「康保」等詞語，強別說理，各有其義；並非《新義》原文語句。今考宋・東陽陳大猷《書集傳》卷八總頁115上A，有引一則「王氏曰」之文，其言曰：

> 王氏曰：「紹所聞於文王，而被服其德言。然未可足也，又當往敷求殷先哲王，用其道以保乂民；猶未足也，又當大遠求商老成人，宅心而知其訓；猶不可以為足，又當別求聞由古先哲王，用其道以康保乂民。文考事近，故曰「祗遹」而已；殷先王遠矣，故當「敷求」；古先王又遠，則當「別求」。若夫求而聞，聞而由，則彼此互見。前曰「保乂」，後曰「康保」；治殷頑民，保之而後可乂；保乂之而後康；康者，安之至也；既康矣，又不可以不保。」

以此段文字對照林之奇所陳述者，一一對應，如形之於影，響隨如

聲；是林之奇所指陳者即是此文段也。當據此段文字作為《新義》
「佚文」之正，不必如《輯考彙評》檃括為句矣。「評論」則仍用林
之奇原文。

王曰：「嗚呼！封。敬明乃罰。」

【佚文】（三四六）「敬明乃罰者，教康叔以作新民之道也。民習舊
俗，小大好草竊姦宄，卿士師師非度，而一日欲作而新之，其變詐強
梗，將無所不為，非有以懲之則不知所畏，故當『敬明乃罰』也。」
（全解卷二八頁十八）

【評】宋林之奇曰：「王氏之學者，遂因其說，以謂：殷之頑民，難
以仁懷，易以威服。此言甚非，先王之所以愛民之意失。秦自商鞅，
乃遺禮義，棄仁恩，并心於進取。秦俗日敗，蓋不減於殷之頑民也。
漢承秦後，……於秦之餘民，尚不忍以刑罰而繩之，孰謂周公而肯為
此乎？彼（王安石）蓋見此篇所言多及於敬刑慎罰之事，求其說而不
可得，故為此說耳。」（全解卷二八頁十八-十九）

人有小罪非眚，乃惟終，自作不典，式爾；有厥罪小，乃不可不
殺。乃有大罪非終，乃惟眚災，適爾；既道極厥辜，時乃不可
殺。

【佚文】（三四七）「典、式皆訓法，人若有小罪而非過誤，乃終如
此，而自作不合典法之事爾，是故為也。故為者，雖小罪亦當殺
之。」（纂傳卷二七上頁四）

【評】宋朱熹曰：「（不典式爾，）……王氏云云。予謂此不可曉，大
槩是宥過刑故之意。」（朱文公文集卷六五頁二八，輯纂卷四頁五六
載朱子評同）

【佚文】（三四八）「適爾，謂偶然。人若有大罪，非終於為之，乃是過誤以為災，而偶然耳。過誤者雖大罪，亦當赦之也。」（纂傳卷二七上頁四）

【佚文】（三四九）「人有小罪，非過眚也；惟終成其惡，非詿誤也。乃惟自作不善，原其情乃惟不以爾為典式。是人當殺之無赦。乃有大罪，非能終成其惡也，乃惟過眚，原其情乃惟適爾，非敢不以爾為典式也。是人當赦之，不可殺。」（東坡書傳卷十二頁四-五）

【評】宋蘇軾曰：「信如此言，周公虐，刑殺非死罪，且教康叔以人之向背以為喜怒、而出入其生死也。法當死，原情以生之可也；法不當死，而原情以殺之可乎？情之輕重，寄於有司之手，則人人可殺矣。雖大無道、嗜殺人之君，不立此法，而謂周公為之歟！……末世法壞，違經背禮，然終無許有司論殺小罪之法，況使諸侯自以向背為喜怒，而專殺非死罪者歟！……予恐後世好殺者以周公為口實，故具論之。」（東坡書傳卷十二頁四～六）

【根祥案】

上文蘇軾評論中，標點當作「信如此言，周公虐刑，殺非死罪，且教康叔以人之向背以為喜怒，而出入其生死也」。又考之宋黃倫《尚書精義》卷三十四，有引張綱相關論述，其文曰：

> 張氏曰：「目病謂之眚；眚者，過失之謂也。人有小罪非眚，則其故為可知矣；乃惟終，則非為人之所詿誤也，乃惟自作，則其惡出於自為者也。原其情則不以君為典式，是不法乎上之政令者也；如此則其人罪雖小，然出於有為，故不可不殺；所謂『刑故無小』是也。乃有大罪非終，乃惟眚災適爾；既道極厥辜，時乃不可殺者，乃有大罪非終成其人惡，乃無過眚以災

害於人，與所謂惟終自作者異矣。原其情則歸之於汝，與所謂
不典式爾異矣。明其道以責之，則極厥辜；如是之人，其罪雖
大，然出於過誤，在於不可殺，所謂『宥過無大』是也。」

張綱論述，與王安石同出一轍，而比之又更明白曉暢，足以參照。

王曰：「（嗚呼！封；）有敘時，乃大明服，惟民其敕懋和。若有
疾，惟民其畢棄咎。（若保赤子，惟民其康乂。）」

【佚文】（三五〇）「刑罰之有敘者，政而已，未及夫德也。故民之
和，強勉而已，非其德也。惟導之以德，然後民應之以德也。畢棄
咎，其康乂，所謂應之以德也。」（書傳會選卷四頁五五）

【根祥案】

《輯考彙評》此條「佚文」，其訓解範圍應涵蓋經文「若保赤子，惟
民其康乂」兩句，故當補入。又考之宋·東陽陳大猷《書集傳》卷八
總頁116上A，有引一則「王氏曰」之文，其言曰：

王氏曰：「刑罰之有敘者，政而已，未及夫德也；故民之和，
強勉而已，非其德也；惟道之以德，然後民應之以德。若有
疾，若保赤子，道之以德也。畢棄咎，其康乂，應之以德
也。」

其文較之前面《書傳會選》所引，更為完整，時代更早，當據此為
《新義》「佚文」之正可也。
又考之於元·吳澄《書纂言》卷四上，其闡述經文之義曰：

有敉，謂刑罰中倫，皆得其宜；是汝能大明而有以服民也。明
不可欺而民畏服，其必敕正懲勉，不敢乖戾以犯法，然此特道
之以政而已，故民之和者，勉強為之。若有疾，若保赤子，道
之以德也；止民之惡者，如去己之疾，則調護無所不至，民必
遠罪而盡棄其咎矣；保民之善者，如保己之赤子，則愛養無所
不至，民必遷善而厎於康乂矣。先言有疾，後言赤子，蓋民棄
咎而後可康乂也。

以吳澄所論述與王氏佚文對比觀之，可見其解說之義理架構，每每對
應，文辭亦相類。是吳澄於此暗用王氏《新義》為說。

非汝封刑人殺人，無或刑人殺人；非汝封又曰劓刵人，無或劓刵
人。

【佚文】（三五一）「刑人、殺人，非汝所刑、殺，乃天討有罪，汝
無或妄刑、殺人也。『非汝封又曰劓刵人』，疑其當云『又曰非汝封劓
刵人』。」（全解卷二八頁二三，夏解卷十九頁十三）

【評】宋林之奇曰：「王氏（之說）……勝於先儒。然其……改易經
文以就己意，非闕疑之義。」（全解卷二八頁二三）

【根祥案】

考之蔡沈《書集傳》卷四，經文下曰：「刑殺者，天之所以討有罪，
非汝封得以刑之殺之也。……『又曰』當在『無或刑人殺人』之
下。」其說與王氏《新義》無異，當為取資於王氏《新義》論說也。

王曰：「外事，汝陳時臬司，師茲殷罰有倫。」

【佚文】（三五二）「人君以正德為內事，正法為外事。上所戒者，

正德之事；於是戒之以正法之事。」（全解卷二八頁二三）

【評】宋林之奇曰：「以『德』與『法』而分內外，既已非矣；然自此以上，是亦正法之事也，安得為至此後方言外事乎？蘇氏亦以德為內，政為外。」（全解卷二八頁二三～二四）

【根祥案】

考之宋・黃倫《尚書精義》卷三十四，引有張綱相關論述曰：

> 張氏曰：「德，本也；刑，末也。德，內也；刑，外也。故人君以德為內事，以刑為外事。」

其論述與前引「佚文」學說相同，可以參考。

王曰：「外事，汝陳時臬司，師茲殷罰有倫。」又曰：「要囚，服念五六日，至于旬時，丕蔽要囚。」

【根祥案】

考之宋・東陽陳大猷《書集傳》卷八總頁116下A，有引「王氏曰」之文，其文曰：

> 王氏曰：「或死或刑，其罪既定，又為之要書。」

此條當補入為《新義》「佚文」。而考察宋・王昭禹《周禮詳解》卷三十一，訓解《周禮》「縣士……聽其獄訟，察其辭，辨其獄訟，異其死刑之罪而要之」下曰：

> 聽其獄訟察其辭者。獄訟以辭為主，《書》曰「師聽五辭，五

辭簡孚,正於五刑」,又曰「察辭於差,非從惟從」,則察獄訟
之辭者,惟當致明以盡其情而已。辨其獄訟,異其死刑之罪而
要之者,或死或刑,其罪之輕重既定,又從而為之要書,將以
職聽於朝故也。

其中具錄與陳大猷所引相同文句。更考於元初陳友仁《周禮集說》卷
八曰:

> 王氏曰:「《書》曰『師聽五辭』;又曰『察辭於差,非從惟
> 從』,是已辨其獄訟;異其死刑之罪而要之者,或死或刑,其
> 罪之輕重既定,又從而要之,若今責伏辨矣。」

陳有仁明確稱引為「王氏曰」,蓋即王安石《周禮新義》之文。而王
昭禹之學,「皆宗王氏新說」,故其所述亦出於王氏之說;可見王安石
於《尚書》、《周禮》往往通解,其相重疊處,亦每論述一致,彼此可
以互參。

乃汝盡遜。

【佚文】(三五三)「遜者,屈己以就義之意。」(纂傳卷二七上頁
六)

王曰:「封,元惡大憝,矧惟不孝不友。子弗祗服厥父事,大傷
厥考心;于父不能字厥子,乃疾厥子。于弟弗念天顯,乃弗克恭
厥兄;兄亦不念鞠子哀,大不友于弟。惟弔茲,不于我政人得
罪,天惟與我民彝大泯亂;曰,乃其速由文王作罰,刑茲無
赦。」

【佚文】（三五四）「乃其速由文王作罰，刑無赦，此父子兄弟所以
為無可赦之道。」周公誥康叔速由文王作罰刑，而誅此不孝不友之
人。蓋殷俗之薄，非罰不能齊整其民而使之遷善，故其說不得不然
也。（全解卷二八頁三十及三七）

【評】宋蘇軾曰：「商紂之後」三監之世，殷人之父子兄弟，以相賊
虐為俗。周公之意蓋曰：孝友民之天性也；不孝不友，必有以使之。
子弟固有罪矣，而父兄獨無過乎？故曰凡民有自棄於姦宄者，此固為
元惡大憝矣，政刑之所治也。至于父子兄弟相與為逆亂，則治之當有
道，不可與寇攘同法。我將誨其子曰：汝不服父事，豈不大傷父心？
又誨其父曰：此非汝子乎，何疾之深也？又誨其弟曰：長幼，天命
也，其可不順？又誨其兄曰：此汝弟也，獨不念先父母鞠養劬勞之哀
乎？……我獨弔閔此人，不幸而得罪於三監之世，不得罪于我政人之
手，天與我民五常之性，而吏不知訓，以大泯亂，乃迫而蹙之，曰
『乃其速由文王作罰，刑茲無赦』，則民將辟罪不暇，而父子兄弟益
相忿疾，至於賊殺而已。……舜命契為司徒，曰：『敬敷五教，在
寬』寬之言緩也；所以復其天性，當緩而不當速也。」（東坡書傳卷
十二頁八～九）

【評】宋林之奇曰：「舜……使契為司徒，敷五教以導之，且以『在
寬』為戒。……故周公使康叔於元惡則當憝之，而至於不孝不友則閔
之。……孔子為魯司寇，有父子訟者，夫子同狴執之，三月不別。其
父請正，夫子赦之。季孫聞之不悅。……孔子喟然嘆曰：『上失其道
而殺其下，非理也。不教以孝而聽其獄，是殺不辜、亂其教、煩其
刑，使民迷惑而陷焉。又從而制之，故刑雖煩而益不勝也。』夫以不
孝、不友、不慈、不悌之人，固為大惡矣。苟為不教而殺，則是夫子
之所謂『不辜』也。而先儒乃以為『速由茲文王作罰刑』，謂周公使
康叔案法而誅之，王氏亦同此說。信如此言，則夫子赦父子之訟為縱

惡，而季孫之言為合於周公也。故不如蘇氏之說為勝也。」（全解卷
二八頁二九～三十）

【評】宋朱熹曰：「元惡大憝，詳文意，當從王氏（安石之說）。」
（朱文公文集卷六五頁二八，輯纂卷四頁五九載朱子評同）

【根祥案】

考之蔡沈《書集傳》卷四，解說此段經文，大致即用王氏《新義》之
說，雖文辭少異而說理則同，蓋遵其師朱熹之意也。其解經云：

> 當商之季，禮義不明，人紀廢壞。子不敬事其父，大傷父心；
> 父不能愛子，乃疾惡其子；是父子相夷也。……弟不念尊卑之
> 序而不能敬其兄，兄亦不念父母鞠養之勞，而大不友其弟；是
> 兄弟相賊也。父子兄弟，至於如此，苟不於我為政之人而得罪
> 焉，則天之與我民彝，必大泯滅而棼亂矣。曰者，言如此則汝
> 其速由文王作罰，刑此無赦，而懲戒之不可緩也。

矧惟外庶子訓人、惟厥正人、越小臣、諸節，乃別播敷，造民大
譽，弗念弗庸，瘝厥君；時乃引惡，惟朕憝。已，汝乃其速由茲
義率殺。亦惟君惟長，不能厥家人、越厥小臣外正，惟威惟虐，
大放王命：乃非德用乂。汝亦罔不克敬典，乃由裕民；惟文王之
敬忌，乃裕民。曰：『我惟有及。』則予一人以懌。

【根祥案】

考之宋・東陽陳大猷《書集傳》卷八總頁117上B，有引「王氏曰」之
文，其文曰：

　　王氏曰：「況外庶子所以訓人，庶子者訓公族之官，人君訓人，自
　　公族始，故言庶子訓人。與其正人之官，及小臣諸有符節者，謂
　　將命出入之吏。」

考乎《禮記‧文王世子》「庶子之正於公族者，教之以孝弟、睦友、
子愛，明父子之義，長幼之序」，王安石說義蓋取於此。雖然，前此
者並無以「訓公族之官」訓釋「庶子」者，此乃王氏創義也。此條當
補入為《新義》「佚文」。

　　據此條「佚文」觀之，得知夏僎《尚書詳解》卷十九，其解釋經
文曰：

　　庶子，如《周官》所謂諸子之官也。諸子掌國子之倅，則外庶
　　子訓人者，即訓公族之官也；以其在衛，故謂之外。庶子以其
　　職在訓人，故謂之訓人。正人，即庶官之正長也。小臣諸節，
　　謂小臣之有符節，為官行文書者也。

觀此可見夏僎之說，實有取於王安石《新義》。蔡沈《書集傳》於此
經文註解曰：「況外庶子以訓人為職，與庶官之長，及小臣之有符節
者。」顯然有取於王氏《新義》。其他如陳經《尚書詳解》卷二十
九、元‧朱祖義《尚書句解》卷八等，解釋此段經文，皆明擷暗取於
王氏《新義》為論說也。

亦惟君惟長，不能厥家人、越厥小臣外正，惟威惟虐，大放王
命：乃非德用乂。

【評】宋朱熹曰：「乃非德用乂，言汝若寬縱，則小臣、外正，皆得
為威虐汝之為。此欲以德乂民，而實非德也；姑息而已。蘇、陳等

說，懲王氏之弊，一槩以『寬』為說，恐非聖人刑人正法之意也。」
（朱文公文集卷六五頁二八，輯纂卷四頁六十、大全卷七頁五一、尚書日記卷十一頁十七載朱子評略同。）

【評】宋真德秀曰：「朱子之言當矣，然蘇說亦不可廢。」（尚書日記卷十一頁十七引）

【根祥案】

考之真德秀所言，早見於元・王天與《尚書纂傳》卷二十七上，經文下曰：「真氏曰：「朱子之言當矣，然蘇、林等說，亦不可廢。」王樵《尚書日記》蓋引自此書，當據此為「評論」出處。

【評】清王夫之曰：「……此言食邑之君於其家臣；六官之長於其屬貳，不以德相能，而唯用威虐，則不可復以德乂，而當施之以刑也。……故武王申言之，而皆使以刑止之。……眉山矯金陵之說，一主於寬，朱子固力辨其失，而蔡氏間復用之者，非也。今但循文思義，則蘇氏之說不攻而自破矣？（書經稗疏卷四頁二六-二七）

汝亦罔不克敬典，乃由裕民。

【佚文】（三五五）「周官：以六典待邦國之治，故為諸侯，當先敬典。」（全解卷二八頁三三）

【評】宋林之奇曰：「予竊以為不然。典者，天敘之典，即父子兄弟之常道也。敬典者，『敬敷五教』是也。乃由裕民者，『在寬』是也。既不可以嚴刑峻罰以迫切之，則無不敬典，而用以裕民；寬以誘之，則易直子諒之心油然而生矣。」（全解卷二八頁三三）

我時其惟殷先哲王德，用康乂民作求。

【佚文】（三五六）「（求，）作而求我所為。」（全解卷二八頁三六）

【評】宋林之奇曰：「（王氏之說）非本義。蓋『求』與『好古敏以求之』之『求』同。作，起也；起而求商先哲王所以康乂民者而行之也。」（全解卷二八頁三六）

王曰：「封：予惟不可不監告汝德之說，于罰之行。」

【佚文】（三五七）「民悅汝德，乃以汝罰之行也。有罪而不能罰，則小人無所懲艾，驕陵放橫，責望其上無已。雖加以德，未肯心說，故于罰行，然後說德也。」（全解卷二八頁三七）

【評】宋林之奇曰：「王氏……意謂殷俗之薄，非罰不能齊整其民，而使之遷善，故其『說』不得不然也。然觀王氏此言，蓋其新法之行，不附己者，皆私斥逐，故以此藉口耳。」（全解卷二八頁三七）

王曰：「嗚呼！肆汝小子封，惟命不于常。汝念哉！無我殄享。」

【佚文】（三五八）「小子從父兄，奉令承教則拘，出而為人君則肆。肆而罔念，或至于殄享，以天命無常故也。」（全解卷二八頁四十）

【評】宋林之奇曰：「王氏於大誥『肆哉』，其說亦然：皆牽強不足取。大誥之言曰『肆哉』，而後曰『爾庶邦君，越爾御事』則其文勢以為『肆而不拘』，雖非其本義，猶可為說。至此章曰『肆汝小子封』，而亦為『肆而不拘』，豈可通哉？肆，今也。成王……以天命之無常，或謹之不可怠，故言今小子封也。」（全解卷二八頁四十）

〈酒誥〉

王若曰：「明大命于妹邦。乃穆考文王，肇國在西土，厥誥毖庶邦、庶士，越少正、御事，朝夕曰：『祀，茲酒。』惟天降命，肇我民，惟元祀。天降威，我民用大亂喪德，亦罔非酒惟行。越大小邦用喪，亦罔非酒惟辜。文王誥教小子，有正、有事，無彝酒。越庶國飲，惟祀；德將無醉，惟曰：『我民迪，小子惟土物愛，厥心臧，聰聽祖考之彝訓，越小大德，小子惟一。』妹土嗣爾股肱，純其藝黍稷，奔走事厥考、厥長；肇牽車牛遠服賈，用孝養厥父母；厥父母慶，自洗腆，致用酒。庶士、有正，越庶伯、君子，其爾典聽朕教，爾大克羞耇惟君，爾乃飲食醉飽。丕惟曰：爾克永觀省，作稽中德。爾尚克羞饋祀，爾乃自介用逸，茲乃允惟王正事之臣；茲亦惟天若元德，永不忘在王家。」王曰：「封，我西土棐徂邦君、御事、小子，尚克用文王教，不腆于酒；故我至于今，克受殷之命。」王曰：「封，我聞惟曰：在昔殷先哲王，迪畏天，顯小民，經德秉哲；自成湯咸至于帝乙，成王畏相。惟御事厥棐有恭，不敢自暇自逸，矧曰其敢崇飲？越在外服，侯、甸、男、衛、邦伯，越在內服，百僚、庶尹，惟亞、惟服、宗工，越百姓里居，罔敢湎于酒。不惟不敢，亦不暇。惟助成王德顯，越尹人祇辟。我聞亦惟曰：在今後嗣王酗身，厥命罔顯于民，祇保越怨不易。誕惟厥縱淫泆于非彝，用燕喪威儀，民罔不盡傷心。惟荒腆于酒，不惟自息，乃逸。厥心疾狠，不克畏死，辜在商邑，越殷國滅無罹；弗惟德馨香、祀登聞于天，誕惟民怨，庶群自酒，腥聞在上；故天降喪于殷，罔愛于殷，惟逸。天非虐，惟民自速辜。」王曰：「封，予不惟若茲多誥。古人有言曰：『人無于水監，當于民監。』今惟殷墜厥命，我其可不大監撫于時。予惟曰：汝劼毖殷獻臣，侯、甸、男、

衛，矧大史友、內史友，越獻臣、百宗工，矧惟爾事，服休、服
采，矧惟若疇：圻父薄違，農父若保，宏父定辟；矧汝剛制于
酒。厥或誥曰：『群飲。』汝勿佚，盡執拘以歸于周，予其殺。
又惟殷之迪諸臣、惟工，乃湎于酒，勿庸殺之，姑惟教之有斯明
享，乃不用我教辭，惟我一人弗恤，弗蠲乃事，時同于殺。」王
曰：「封，汝典聽朕毖，勿辯乃司民湎于酒。」

王若曰：「明大命于妹邦。」

【佚文】（三五九）「總其君與其臣民誥之，故曰『邦』。」（纂傳卷
二七中頁二）

【根祥案】

考之宋‧東陽陳大猷《書集傳》卷八總頁118下A，有引王氏《新
義》之文，其文曰：

　　　王氏曰：「總其君與其臣民告之，故言邦。」

此段引文與上面「佚文」相同，而陳大猷於時代為早，當以之為《新
義》「佚文」之正。

乃穆考文王。（肇國在西土。厥誥毖庶邦、庶士。）

【佚文】（三六〇）「言文王克明顯民，曰『丕顯考』。言文王誥毖、
誥教臣民以酒，則曰『穆考』。」（全解卷二九頁三）

【根祥案】

《輯考彙評》此條不列「評論」，然考之於林之奇《全解》原文，其

前後皆有評述之言。其文曰：

> 王氏謂「誥毖，誥教以敬事，故曰『穆考』」。夫以穆為敬，則
> 與〈康誥〉之稱「丕顯考」同；而《詩》又有「穆穆文王」之
> 語，其說亦通；然不若先儒以為「昭穆」之「穆」為不費辭
> 也。至於王氏又曰：「言文王克明顯民……則曰『穆考』。」此
> 則鑿矣。

林氏前曰「王氏謂『誥毖、誥教以敬事，故曰『穆考』」一段，亦當
為王氏《新義》「佚文」，當補入。而此段前後文字，實為針對王安石
《新義》之評論，有肯定者，亦有以為「鑿」者理當列出，以備參酌。
　　又考之蔡沈《書集傳》卷四，於經文之下曰：「上篇言文王明
德，則曰『顯考』；此篇言文王誥毖，則曰『穆考』；言各有當也。」
其解經之法與訓義，均大同於王氏《新義》，是取資王安石之說也。

惟曰：我民迪小子，惟土物愛，厥心臧

【根祥案】

考之宋・東陽陳大猷《書集傳》卷八，總頁119上Ａ，引有「王氏
曰」之文，其文曰：

> 王氏曰：「言庶國化文王誥教，其民使迪小子。」

此引文當補入為《新義》「佚文」。

純其藝黍稷，奔走事厥考厥長。肇遷車牛遠服賈，用孝養厥父
母。

【佚文】（三六一）「肇者，既種黍稷，始牽車牛也。民以農為本，賈為末。」（纂疏卷四頁五五）

【根祥案】

考之明・胡廣等《書經大全》卷七，於經文下曰：

> 葵初王氏（希旦）曰：「既種黍稷，肇牽車牛。民以農為本，賈為末。」

胡廣所引文與「佚文361」全同，顯然為同一段資料，然《書經大全》稱之「葵初王氏」，二者有異。

考之陳櫟引此「王氏曰」之後，再引用「真氏（德秀）」、「呂氏（祖謙）」、「葵初王氏希旦」，而《書經大全》引「葵初王氏」之後，引用「西山真氏」、「新安陳氏」、「呂氏」。大致可知，《書經大全》應曾參考陳櫟之書，而所以改「王氏曰」為「葵初王氏」，應有所據，不至於無故為之。陳櫟引文後即引有「葵初王氏希旦」一條，則其前面所引「王氏曰」，當亦可能為「葵初王氏」之偶然省略。根據董鼎之子董真卿為董鼎《輯錄纂註》跋曰：

> 真卿仰遵先訓，求正於當世儒先，與先君之舊交，如葵初王先生希旦、雙湖胡先生、定宇陳先生櫟、息齋余先生芑舒，多得所討論，於朱蔡此書似為大備。

可知陳櫟、董鼎與葵初王希旦相交往還，所引有「葵初王氏」是為順理。葵初王氏之書，有《書易通解》、《五經日記》著錄於清代黃虞稷《千頃堂書目》卷三，可見胡廣時其書或存，可以查考，遂改為「葵初王氏」。

　　再從此段「佚文」之內容研探，文中謂「農為本、賈為末」，顯然重農業，輕商賈，此與王安石政治理念有所矛盾。蓋王安石修《三經新義》，旨在為「新法地」，而王安石以為「一部《周禮》，理財居其半」[16]，《周官新義》卷一「以九職任萬民……六曰商賈阜通貨賄……一人之身而百工之所為備，則宜有商賈以資之」，又曰「以商賈阜貨而行布，以量度成賈而徵債」、「賈師各掌其次之貨賄之治，辨其物而均平之，展其成而奠其賈」，皆言商賈之重要，不可或缺。《臨川文集》卷三十九〈上仁宗皇帝言事書〉曰：

> 故先王之處民才，處工於官府，處農於畎畝，處商賈於肆，而處士於庠序，使各專其業。

可見王安石於士農工商，均衡並重。又有〈上五事劄子〉曰：

> 市易之法，起於周之司市，漢之平準。今以百萬緡之錢，權物價之輕重，以通商而貰之，令民以歲入數萬緡息，然甚知天下之貨賄未甚行。

其〈乞制置三司條例〉文中曰：「又為經用通財之法，以懋遷之其治市之貨財」，王氏於《周官新義》曰：「貨言化之以為利，則商賈之事也。」，在在均言商賈之事，可見王氏變法，甚重商賈，並無「賈為末」之觀念。

　　總上所考察，胡廣改「王氏曰」為「葵初王氏」，較為可信。然則此條「佚文」，非王安石《新義》之文。而此條與下一條「佚文」十分相似，可能因此而誤認，亦未可知。請參考下一條「佚文」之討論。

---

16 王安石《臨川文集》卷七十三〈答曾公立書〉曰：「政事所以理財，理財乃所謂義也。一部《周禮》，理財居其半。周公豈為利哉？」

【佚文】（三六二）「賈人亦受田也；舉農、賈，則工可知矣。」（纂傳卷二七中頁二）

【根祥案】

考之宋・東陽陳大猷《書集傳》卷八，總頁119上B，引有「王氏曰」之文，其文曰：

> 王氏曰：「既藝黍稷，乃始牽車牛遠行，從事賈買。賈人亦受田也；舉農、賈，則工可知。」

陳大猷所引文，與《纂傳》相同而更詳富，當以此為《新義》「佚文」之正本。

又由《纂傳》所引文，未能看出與上條「佚文361」相關；若以陳大猷所引文觀之，即可發現兩條「佚文」前段重疊。若此兩條均為王安石之言，則有複沓冗贅之嫌；以此而論，則兩條「佚文」之中，必有一條非王安石之言。今陳大猷引文稱名明確，無可疑者，則前條「佚文」更可知確非王安石《新義》之語句。何況此段引文，對商賈並無鄙視之意，甚合乎王安石變法頗重商、工諸業政策，對照上條「佚文」，更可凸顯上一條「佚文361」非王安石《新義》之言論。

爾大克羞耇惟君，爾乃飲食醉飽。

【佚文】（三六三）「非老不敢醉飽。」（輯纂卷四頁六五，纂疏卷四頁五六）

【根祥案】

考之宋・東陽陳大猷《書集傳》卷八，總頁119下A，引有「王氏曰」之文，其文曰：

　　　王氏曰：「爾大能進德至於考，則惟君以養老之故，爾乃飲食
　　醉飽；蓋非考老，則不敢以醉飽為事也。」

此段陳大猷所引王氏《新義》文，較之《輯纂》更為詳贍，當以此為
《新義》「佚文」之正本。

我聞亦惟曰：『在今後嗣王酗身，厥命罔顯於民，祇保越怨不易。
誕惟厥縱，淫洪於非彝，用燕喪威儀，民罔不盡傷心。惟荒腆于
酒，不惟自息，乃逸。厥心疾很，不克畏死；辜在商邑，越殷國
滅無罹。弗惟德馨香、祀登聞于天，誕惟民怨，庶群自酒，腥聞
在上。故天降喪於殷，罔愛於殷，惟逸。天非虐，惟民自速辜。

【根祥案】

考之東陽陳大猷《書集傳》卷八，總頁120下B-121上A，於此段經文
之下，引有「王氏曰」之文三條，其文曰：

　　　王氏曰：「用燕飲喪其威儀。」
　　　王氏曰：「庶群自酒，言舉國之人，化紂所為。」
　　　王氏曰：「凡物，成則香，敗則臭。」

以上三條引文，當補入為《新義》「佚文」。又宋・黃倫《尚書精義》
卷二十，於〈盤庚〉「今予命汝一，無起穢以自臭，恐人倚乃身，迂
乃心」經文下，引張綱之論說曰：

　　　張氏曰：「夫物成則馨香，敗則臭穢。馨香，人之所愛也；臭
　　穢，人之所惡也。」

此雖解說〈盤庚〉之文,而解經理念一致,可以參考。

惟御事厥棐有恭。

【佚文】(三六四)御事,相(去聲)也。(全解卷二九頁十五)

【評】宋林之奇曰:「御事,謂凡治事之臣也。王氏以為『相』、唐孔氏以為『公卿』,其意蓋以上言『畏相』,而下言『御事厥棐有恭』,此君臣報施之義,故以為『相』與『公卿』也。書之稱『御事』,則在『有邦冢君』之下、司徒之上;大誥之言『御事』,則在『庶士』之下;顧命之言『御事』,則在『百尹』之下,以是知『御事』者,蓋總言也,非指定其人而稱之也。」(全解卷二九頁十五)

越在外服,侯、甸、男、衛、邦伯。

【佚文】(三六五)伯,長也。(全解卷二九頁十六)

【根祥案】

考之《尚書正義》卷十三,經文下《孔傳》曰:「於在外國:侯服、甸服、男服、衛服、國伯,諸侯之長,言皆化湯畏相之德。」是解「邦伯」為「諸侯之長」,而蔡沈《書集傳》卷四經文下則曰:「在外服,則有侯、甸、男、衛諸侯與其長伯。」是蔡沈解「邦伯」為「諸侯與其長伯」,訓「伯」為「長」,與王氏說同;然則可推知王荊公解「邦伯」應與蔡沈相同,可以參照。

惟助成王德顯,越尹人祇辟

【根祥案】

考之馬端臨《文獻通考》卷一百九十,及朱彝尊《經義考》卷二百三

十八，均有著錄王安石之子，具名修纂《尚書新義》者王雱所著《爾雅》，並載宋・項安世跋文，其中有評論王雱於「越尹人祗辟」之說。其文曰：

> 予讀王元澤《爾雅》，為之永歎曰：嗚呼！以王氏父子之學之苦，即其比物引類之博，分章析句之工，其用力也久，其屬辭也精，以此名家，自足垂世，視揚子雲、許叔重何至多遜；而必欲用此說也，咸五帝而登三王，縛頡利而臣高昌，則已疏矣。度不能勝而乃濟之以懁，輔之以狡，招合一時之群小，盡逐累世之舊臣，以蠹吾國而覆之，其遺凶流毒，至使後之擅國者世師焉。以「享上」「祗辟」之說悅人主，以邦朋（根祥按：周禮士師之職，七曰邦朋，即是朋黨。）國是之說空廷臣，則王氏父子實為之津梁，可不痛哉。

此段文字當補入作為「評論」。

汝劼毖殷獻臣，侯、甸、男、衛；矧太史友、內史友，越獻臣、百宗工；矧惟爾事，服休、服采。

【佚文】（三六六）「殷獻臣，謂獻臣嘗仕商而今里居者。侯、甸、男、衛，謂四方諸侯接於衛者。服休者，以德為事，休、德也，『作德心逸日休』者也；謂在位者也。服采者，以事為事，采、事，『若予采』者也；謂在職者也：皆我所委任，豈可忽哉！戒康叔劼毖于酒，先當劼毖所賓、所友、所事之人，亦『畏相』之類也。」（輯纂卷四頁六七，全解卷二九頁二三～二四，精義卷三六頁八，纂傳卷二七中頁五，纂疏卷四頁五九，大全卷七頁六八，書傳彙纂卷十三頁四九）

【根祥案】

《輯考彙評》此段「佚文」，乃揉合眾家之書所載相關佚文，取其最大約數，從而編理而成；從思想義理、學說架構而言，符合王安石之主張。今考之於陳大猷《書集傳》卷八，總頁121上AB-121下A共引列五節「王氏曰」之文，基本與《輯考彙評》「佚文」對應，而又有較優越者，其文曰：

> 王氏曰：「殷獻臣，謂賢臣嘗仕殷而今里居者。」121上AB
>
> 王氏曰：「服休，以德為事者也。」121上B
>
> 王氏曰：「司徒教官，主農，故云農父。」121上B
>
> 王氏曰：「謂不敢忽慢之也。」121上B
>
> 王氏曰：「殷先哲王以畏相之故，其效使人無敢湎酒者，故戒康叔劼毖於酒，則當先劼毖殷獻臣而下，亦畏相之類也。」121下A

其中「獻臣」訓「賢臣」於義為優；「豈可忽哉」作「不敢忽慢之也」，文氣順達；末節較詳可為本文。茲以《輯考彙評》「佚文」為底本，參酌陳大猷引文，再擬「佚文」如下：

> 【佚文】殷獻臣，謂賢臣嘗仕商而今里居者。侯、甸、男、衛，謂四方諸侯接於衛者。服休者，以德為事者也，休、德也，『作德心逸日休』；謂在位者也。服采者，以事為事者也，采、事也，『若予采』；謂在職者也。皆我所委任，不敢忽慢之也！殷先哲王以畏相之故，其效使人無敢湎酒者，故戒康叔劼毖于酒，則當先劼毖殷獻臣而下所賓、所友、所事之人，亦『畏相』之類也。

夫如是，則「佚文」成總合之全態，雖不中亦不遠矣。「農父」之說，見下文。

【評】宋陳大猷曰：「或問：『劼毖殷獻臣』一章，說多支離，蔡氏說如何？曰……集傳采林、王之說，謂『劼毖』猶殷家『畏相』之謂，則其臣皆自知敬畏，而不敢湎酒。意味又妥貼也。」（或問卷下頁三四）

又王氏《新義》之說，頗有採納之者。蘇軾《書傳》世皆以為多非議批駁王氏者，然《東坡書傳》卷十二經文下曰：

> 休，德也；采，事也。服休，以德為事者也；服采，以事為事者也。

可見蘇軾於《尚書》解說，亦時時採用王氏說之優越者立論。

【佚文】（三六七）「獻臣百宗工，則有貴于太史、內史者，其為康叔所從，可知也。」（全解卷二九頁二三）

【根祥案】

林之奇《全解》卷二十九，引王氏原文曰：

> 王氏謂：「獻臣百宗工，則有貴于太史、內史者，其為康叔所從，可知也。」非也。獻臣百宗工，謂賢臣之為百宗工者；上既言殷獻臣，則此獻臣其未嘗仕于商者乃周臣也。

其中有評論王氏「非也」之言，又有評述之語，應備列為「評論」及參考。

【佚文】（三六八）「爾事為人君必有；所友，有所事，蓋盛德之士有不可友者。此『服采』為康叔所事。」（全解卷二九頁二四）

【根祥案】

《輯考彙評》此段「佚文」，於原文有漏字，而標點有誤。今更正如下：

> 爾事為人君必有所友，必有所事；蓋盛德之士有不可友者。此「服采」為康叔所事。

【評】宋林之奇曰：「王氏（之說）……非也。獻臣百宗工，謂賢臣之為百宗工者。……（服休、服采）先儒……以……皆康叔修之於身，非其臣也。據此文勢在『百宗工』之下、『圻父』之上，不應於其中間間以康叔之身事也。不如王氏之說，以為其臣。……然其以『「爾事」為人君必有；所友，有所事，蓋盛德之士有不可友者。此「服采」為康叔所事』。則未必然。既曰『盛德之士有不可友』，則『以德為事』者，事之可也。『以事為事』，豈亦事之乎？此蓋泛言爾之所與共事，有此二者也。」（全解卷二九頁二三～二四）

【根祥案】

考之蔡沈《書集傳》卷四，經文下云：

> 曰友、曰事者，國君有所友，有所事也。然盛德有不可友者；故孟子曰：「古之人曰：『事之云乎？豈曰：友之云乎？』」服休、服采，固欲知所謹矣。

可見蔡沈解經，於此乃採用王荊公《新義》之言說也。

矧惟若疇：圻父薄違，農父若保，宏父定辟。

【佚文】（三六九）「三卿之位，為汝疇匹。」（纂傳卷二七中頁五，全解卷二九頁二四）

【根祥案】

考之宋・東陽陳大猷《書集傳》卷八，總頁121上B，於此段經文之下，引有「王氏曰」之文，其文曰：

> 王氏曰：「司徒，教官，主農，故云『農父』。」

此段引文可補入為《新義》「佚文」。

【佚文】（三七〇）「司馬主薄伐愆違，司徒主若國保民，司空主治四民、定而生之以致辟。」（精義卷三六頁八）

【佚文】（三七一）「（宏父者，）闢地以居民也。」（全解卷二九頁二四）

【評】宋林之奇曰：「宏父者，唐孔氏曰『以營造為廣大國家之父』，不如王氏曰『闢地以居民也』。（「若疇」云云，）先儒以……，蘇氏（以）……，不如王氏以『若疇』為『汝之儔匹』，而於其下先舉其官名而後陳其所任之職也。……薄違者，當從先儒之訓，而用王氏之義，言司馬之迫逐違命者也。農夫（父）若保，言司徒教民稼穡以順安之也，王氏曰『若國保民』，亦非也。」（全解卷二九頁二四～二五）

【佚文】（三七二）從「違」、「保」、「辟」絕句。（朱子語類卷七九頁二七～二八，朱子五經語類卷四二頁二一，困學紀聞卷二總頁一六四）

【評】宋朱熹曰：「因論點書，曰：人說荊公穿鑿，只是好處亦用還他。且如「矧惟若疇圻父薄違農父若保宏父定辟」，古注從「父」字絕句，荊公則就「違」、「保」、「辟」絕句，復出諸儒之表。」（朱子語類卷七九頁二七～二八，朱子五經語類卷四二頁二一；徐振亞評略同，見王安石經學概論初稿。）

【評】明馬明衡曰：「王荊公始讀『違』、『保』、『辟』為句。……大抵古書字義多不可通，今以『迫違』為『迫逐違命』，亦只是以意臆度，若以為『不違農時』，夫豈不可？即如古註釋謂：『矧汝所咨問之圻父，不可有違之農父，汝所保安之宏父，皆所賴以定其君者，可不謹於酒乎？』」（尚書疑義卷五頁十九～二十）

【根祥案】

考之自「佚文」369、370、371、372諸條，對比蔡沈《書集傳》卷四，經文相對如下表：

佚文	蔡沈《書集傳》
369：三卿之位，為汝疇匹。	況爾之疇匹，而位三卿者；
370：司馬主薄伐懲違，司徒主若國保民，司空主治四民、定而生之以致辟。 根祥擬：（司馬，政官，主封圻，故云「圻父」。）	若圻父迫逐違命者乎；若農父之順保萬民者乎；若宏父之制其經界以定法者乎。皆不可不謹于酒也 圻父，政官，司馬也，主封圻。
新增：司徒，教官，主農，故云「農父」。	農父，教官，司徒也，主農。
371：（宏父者，）闢地以居民也。 根祥擬：（司空，事官，主闢地以居民，故云「宏父」。）	宏父，事官，司空也，主廓地居民。

佚文	蔡沈《書集傳》
372：從「違」、「保」、「辟」絕句。	《書集傳》標點句讀與王氏《新義》同。

從此表對照，可見此段解經文字，蔡沈《書集傳》大致皆遵循王氏《新義》所論述為之；蓋蔡沈既遵其師之說，推許王氏《新義》標點而用之；而王氏所句讀乃其創新論述，大異於二孔傳統，其解義亦隨而推陳出新，相為照應；《蔡傳》既用相同句讀，則訓解一致，理所當然。今觀《蔡傳》與王氏《新義》如斯對應，則蔡沈解經文乃連續之語，可推王氏《新義》亦可能為連續文句；且以新增「佚文」對照《蔡傳》，可類比擬定王氏《新義》「司馬」、「司空」訓解文如上。如此則可重新擬定《尚書新義》「佚文」，整合如下：

> 【佚文】三卿之位，為汝疇匹。司馬主薄伐懲違，司徒主若國保民，司空主治四民、定而生之以致辟。……司馬，政官，主封圻，故云「圻父」。司徒，教官，主農，故云「農父」。司空，事官，主闢地以居民，故云「宏父」。

更考蔡沈《書集傳》卷四，於此經文之下，有說曰：

> 先言圻父者，制殷人湎酒，以政為急也。圻父、農父、宏父，固欲知所謹矣。

林之奇《全解》卷二十九於〈梓材〉篇經文「司徒、司馬、司空、尹、旅。曰：予罔厲殺人」下曰：

> 此言司馬，即上篇之圻父也；司徒，即上篇之農父也；司空，即上篇之宏父也。彼先圻父而後農父，此先司徒而後司馬；王

氏曰：「先言圻父者，制殷民群飲，以政為急故也；此言『敬
勞』與『罔屬殺人』，故先司徒，與〈酒誥〉異。」此蓋鑿說
也。諸侯之三卿，司徒為上，司馬次之，司空又次之；觀〈周
官〉之篇，天子六卿，其先後之次如此，則諸侯之卿亦然；今
〈酒誥〉乃序圻父於農父之上，故王氏為之說。竊謂〈酒誥〉
之言，正猶〈武成〉曰「邦甸侯衛」也，周之九服，甸服在侯
服之外，〈康誥〉曰「侯甸男邦采衛」是也，而〈武成〉乃先
「甸」而後「侯」，此豈可以為之說乎？況夫〈酒誥〉之言，
不專以政為急也。[17]

蔡傳於〈梓材〉篇經文「司徒、司馬、司空、尹、旅」下曰：「此章
文多未詳。」對兩篇「三卿」順序差異，並無論述。然則此篇（酒
誥）「三卿」次序論述，當是據王氏《新義》〈酒誥〉篇訓解而來；或
王氏於〈酒誥〉、〈梓材〉兩篇皆有相似之論述，故《蔡傳》所釋經
義，與王氏相同。據此推知，王氏《新義》於此經文之下，當有如
《蔡傳》所陳述之文句。如此可擬定「佚文」一則曰：

【佚文】先言圻父者，制殷民群飲，以政為急故也。

至於林之奇《全解》所論，則可當此「佚文」之「評論」。

厥或誥曰：「群飲。」汝勿佚，盡執拘以歸于周，予其殺。

【評】宋蘇軾曰：「予其殺者，未必殺也，猶今法曰『當斬』者，皆
具獄以待命，不必死也。然必立死法者，欲人畏而不敢犯也。群飲，
蓋亦當時之法，有群聚飲酒謀為大姦者，其詳不可得而聞矣。如今之

---

17 此條與「佚文」377相關互聯，請參看。

法有曰『夜聚曉散者，皆死罪』，蓋聚而為妖逆者也。使後世不知其詳而徒聞其名，凡民夜相過者輒殺之，可乎？」（東坡書傳卷十二頁十八）

乃不用我教辭，惟我一人弗恤，弗蠲乃事，時同于殺。

【佚文】（三七三）康叔不用教辭，則同于見殺。（全解卷二九頁二七）

【根祥案】

宋・林之奇《全解》於此文曰：「先儒并王氏以為『康叔不用教辭，則同於見殺』。蘇氏又以為……；皆非也。」是有所「評論」也，當陳述俾讀者知之。

勿辯乃司民湎於酒。

【佚文】（三七四）「汝司民有湎于酒，則以政治之，勿為之辯釋，以為無罪也。」（全解卷二九頁二七，夏解卷十九頁三八，纂傳卷二七頁六，輯纂卷四頁六八，大全卷七頁七十，書傳彙纂卷十三頁五二）

【根祥案】

考之夏僎《詳解》卷十九於引文之後，尚有評論之言。其文曰：

> 王氏以「勿辯乃司民湎于酒」，謂「汝司民有湎于酒，則以政治之，不復為之辨釋，以為無罪」。此皆迂迴，故不敢從耳。

宜將此文列為「評論」。

〈梓材〉

王曰:「封,以厥庶民暨厥臣達大家,以厥臣達王,惟邦君。汝若恆越曰:我有師師,司徒、司馬、司空、尹旅,曰:予罔厲殺人,亦厥君先敬勞,肆徂厥敬勞。肆往,姦宄、殺人、歷人,宥;肆亦見厥君事,戕敗人,宥。王啟監,厥亂為民。曰:無胥戕,無胥虐,至于敬寡,至于屬婦,合由以容。王其效邦君、越御事,厥命曷以引養引恬?自古王若茲監,罔攸辟。惟曰:若稽田,既勤敷菑,惟其陳修為厥疆畎;若作室家,既勤垣墉,惟其塗塈茨;若作梓材,既勤樸斲,惟其塗丹艧。今王惟曰:先王既勤用明德,懷為夾;庶邦享作,兄弟方來。亦既用明德,后式典集,庶邦丕享。皇天既付中國民,越厥疆土于先王,肆王惟德用,和懌先後迷民,用懌先王受命。已!若茲監。惟曰:欲至于萬年惟王,子子孫孫永保民。」

以厥庶民暨厥臣達大家,以厥臣達王。

【佚文】(三七五)「以其臣達王事於大家,以其臣民達大家之事於國人。」(全解卷二九頁三十)

【根祥案】

《輯考彙評》此條未列評論,然考之林氏《全解》,實有評論之言。《尚書全》解曰:

> 王氏曰:「以其臣達王事於大家,以其臣民達大家之事於國人。」夫以其為……;或謂達王事於大家,達大家之事於國人;皆贅說也。

此可列入「評論」，俾使讀者知悉。

汝若恆越曰。

【佚文】（三七六）若恆，若有恆性也。（全解卷二九頁三一）

【評】宋林之奇曰：「若恆者，所以通上下之情也。王氏以『若恆』為『若有恆性』。經但曰『若恆』，不可援湯誥之言以為說也。」（全解卷二九頁三一）

司徒、司馬、司空、尹、旅。曰：予罔厲殺人；亦厥君先敬勞。（肆徂，厥敬勞，肆往。）姦宄、殺人、歷人，宥；肆亦見厥君事，戕敗人宥。

【佚文】（三七七）「先言圻父者，制殷民群飲，以政為急故也。此言敬勞與罔厲殺人，故先司徒，與酒誥異。」

【評】宋林之奇曰：「諸侯之三卿，司徒為上，司馬次之，司空又次之。……今酒誥乃序『圻父』於『農父』之上，故王氏為之說。竊謂酒誥之言，正猶武成曰『邦甸侯衛』也，周之九服，甸服在侯服之外，康誥曰『侯甸男邦采衛』是也，而武成乃先『甸』而後『侯』，此豈可以為之說乎？況夫酒誥之言，不專以政為急也。」（全解卷二九頁三二）

【根祥案】

此條林之奇所引「佚文」之後，有「此蓋鑿說也」一句，宜加入「評論」文中。

【佚文】（三七八）「三卿尹旅，見姦宄殺人歷人，不肯以法治之，

反宥而縱之者，亦見其君於以戕敗人為事者，宥而不治者也。」（全解卷二九頁三三）

【評】宋林之奇曰：「其（王安石）意蓋謂此等麗于刑之人，皆當勿宥之。康誥之言曰『乃其速由文王作罰，刑茲無赦，不率大戛』，戒康叔以為不可殺。而王氏則以為當殺，此則戒康叔以為可宥，而王氏則以為當勿宥。王氏之心術，大抵如此。……夫殺無道以就有道，夫子尚以為不可，況於不孝不友之可閔者，與夫姦宄殺人歷人見厥君事戕敗人之可疑者，可以殺之而不宥乎？其徇私意以叛經旨，一至于此，不可不察也！」（全解卷二九頁三三）

王啟監，厥亂為民。曰：無胥戕，無胥虐，至于敬寡，至于屬婦，合由以容。

【佚文】（三七九）「王啟邦君，其教之如此。」（全解卷二九頁三四）

【根祥案】

考之宋・林之奇《全解》原文曰：

> 漢孔氏曰：「此為教民。」不如王氏之言曰：「王啟邦君，其教之如此。」謂監之於民，當視之如子，矜憐撫恤，無所不用其至；不可以相為戕害暴虐也。

林氏以為王安石之說較之《孔傳》為佳，如未見原文，實不能得知其意；宜補入為「評論」。

厥命曷以引養引恬？

【佚文】（三八〇）「引養者，引民而養之；引恬者，引民而恬之。」
（全解卷二九頁三四）

【根祥案】

考之林之奇《全解》於引文後有言曰：「皆未若蘇氏之言尤為切
當。」可列入「評論」。

自古王若茲，監罔攸辟。

【佚文】（三八一）「自『古』者，謂由先王之道；自『王』者，謂
由今王之政。」（全解卷二九頁三五）

【佚文】（三八二）「自古王者歷世相傳皆如此，監無用刑辟。」（纂
傳卷二七下頁二）

【根祥案】

考之宋・東陽陳大猷《書集傳》卷八，總頁122下B-123上A，引有
「王氏曰」之文，其文曰：

> 王氏曰：「自古王者歷世相傳，皆如此監，謂康叔無用刑
> 辟。」

陳大猷所引文，較《纂傳》多「謂康叔」三字，則句讀形成差異，
「監」字上屬，至為明顯。可見王安石、陳大猷皆以經文「監」字上
屬，故解釋若是。考之《尚書》流傳，自古皆以「王若茲監」句。孔
傳：「能長養民，長安民，用古王道如此監，無所復罪，當務之」，孔

疏：「所效實若能長養民，長安民，用古者明王之道而治之，如此為監，無所復罪，汝當務之。」蘇軾《書傳》始為之改易，其文曰：「古我先王，未有不順此者，監無所用殺也。」蔡沈《書集傳》用蘇軾之說，則曰：「自古王者之命監若此，汝今為監，其無所用乎刑辟，以戕虐人可也。」

又林之奇《全解》卷二十九頁35-36，經文下曰：「其（王安石）意謂監能若此，則無罪可致之辟矣。」是林之奇讀王氏《新義》，其句讀作「若茲監，罔攸辟」可知。總而觀之，王安石於此應沿用《孔傳》、《孔疏》句讀，「監」字上屬。

【佚文】（三八三）「（監罔攸辟，）無所致辟。」（全解卷二九頁三五）

【評】宋林之奇曰：「其（王安石）意謂監能若此，則無罪可致之辟矣。其說非也。先儒、王氏於酒誥『時同于殺』，其意亦若是。謂康叔苟如上所云，則同于見殺也。夫先王之時，君臣道合，相親如父子，相愛如兄弟，歡忻戚睦而無間，豈必以刑罰懼之而後為善哉？……夫康叔以親賢而作藩於東土，乃謂周公親以殺戮之言而恐之，使之有所畏，古人必不然也。」（全解卷二九頁三五～三六）

【根祥案】

此條「佚文」乃根據前述「評論」擬成，並非《新義》原文，且上述陳大猷所引，已涵蓋此條之意，是以本條「佚文」應予刪除。

惟曰：若稽田，既勤敷菑，惟其陳修，為厥疆畎。若作室家，既勤垣墉，惟其塗墍茨。若作梓材，既勤樸斲，惟其塗丹雘。

【佚文】（三八四）「王者之造始，墾菑害，除荒穢，疆理天下，而

作為典則以授之諸侯，猶敷菑、垣墉、樸斲之勤也。諸侯嗣其功而致飾以終之，陳修疆畎、塗墍茨、丹雘之比也。」（全解卷二九頁三八，夏解卷十九頁四三）

【評】宋林之奇曰：「王氏之意，以『稽田』喻『除荒穢』、『室家』喻『疆理天下』、『梓材』喻『作為典章』，區而分之，既非經之本意，而又謂『王者造始而諸侯終之』，亦非其義也。此蓋但以喻今當用德以治民，……。雖以三者設喻，而其意則一，正猶說命曰『若金，用汝作礪』、『若濟巨川，用汝作舟楫』、『若歲大旱，用汝作霖雨』，皆是以喻高宗必資傅說之納誨然後可以成其德也，而說者亦從而分別之，則過矣。」（全解卷二九頁三八）

【根祥案】

考之宋・陸佃《埤雅》卷十四〈釋木〉「梓」下，有論及此經文，而其說亦同王氏者，其文曰：

> 《書》曰「若作梓材，既勤樸斲，惟其塗丹雘」，言王者造始，作為典則以授諸侯，則既勤樸斲之譬也。諸侯致飾嗣其功而終之，則惟其塗丹雘之譬也。

此段引文雖未曾標為「王氏曰」，其實為王氏《新義》說無疑。且陸佃本少從學於王安石，其學說多本《新義》也；此段可當參考資料。

先王既勤用明德

【佚文】（三八五）「德有昏有明，自其知、不知言之，則曰昏、曰明。」（或問卷下頁三四）

【評】宋陳大猷曰：「（王荊公、朱晦菴）二君子說『明德』，大槩皆以『智』言之。夫『明德』固本於『智』，然亦非『智』之一端所能盡，若止以『智』言，則所謂『仁義禮智』皆非明德乎？書所謂『先王勤用明德』、『明德惟馨』、『克謹明德』，左氏傳所稱『美哉禹功，明德遠矣』，豈可獨指以為『智』言哉？蓋德根於一性，本自光明，以言其仁，……以言其義，……。（或問卷下頁三四）

懷為夾。

【佚文】（三八六）夾，讀如字，夾輔之意。（全解卷二九頁四十）

【根祥案】

此「佚文」乃擬林氏《全解》所述之意而成，非原文也。今考之宋·東陽陳大猷《書集傳》卷八，總頁123上B，引有「王氏曰」之文，其文曰：

> 王氏曰：「先王既勤用明德以為治，懷撫庶邦，為己夾輔。」

既有陳大猷引此段引文，即可據之而為《新義》「佚文」，不必擬其意矣。

【評】宋林之奇曰：「夾，先儒音協，近也。懷為夾者，言懷遠為近。不如王氏只如字讀、以為『夾輔』之『夾』為簡徑。」（全解卷二九頁四十）

和懌先後迷民。

【佚文】（三八七）「民迷則悖，欲使保乂之，當先以和，和然後惟

王之聽；惟王之聽，然後可以先後之，使不失道。」（全解卷二九頁
四一，書傳彙纂卷十四頁八）

【佚文】（三八八）「成王自言必稱『王』者，以覲禮考之，天子以
正遇（蔡傳引作「遏」，疑誤。）諸侯則稱王，此誥正教康叔以諸侯
之事故也。」（全解卷二九頁三九，蔡傳卷四總頁九四）

【評】宋林之奇曰：「其（王安石）意以『王』為成王之自稱，故為
此說。然考之於書，王自稱有曰『予一人』，有曰『台小子』，有曰
『予小子』，未有自稱『王』者。以『王』為成王之自稱，非人情
也。春秋文公元年書天王使毛伯來錫公命，或曰『天王』、或曰『天
子』，故劉原父以為有臨天下之言焉，有臨一國之言焉。夫春秋以一
字為褒貶，則其有『天王』、『天子』之殊稱，而劉原父為之說，識者
尚以為鑿矣，況于此篇，乃其誥戒之辭，而謂以政遇諸侯，則其自稱
必曰『王』，恐無此理。」（全解卷二九頁三九）

【評】宋蔡沈曰：「王氏謂：『……。』亦強釋難通。獨吳氏以為誤簡
者，為得之。」（蔡傳卷四總頁九四）

尚書梓材篇通義。

【佚文】（三八九）書序、孔安國以此篇為成王命康叔之書，而伏生
尚書大傳則以為周公命伯禽之書，二說皆可疑。（書經注卷八頁三
九、四一，尚書表注卷下頁十九）

【根祥案】

《輯考彙評》根據金履祥《書經注》所述，歸納其意而擬定此段文
字。就內容而言，殆無可議。然所謂金履祥《尚書注》，其實乃清代
士人據金氏《資治通鑑前編》中，《尚書》相關之論述抽繹連綴而

成，本非金履祥本人所著；雖然，亦為金氏之說則是。筆者已詳加考證，撰為論文發表刊登。則此「佚文」出處，當以《資治通鑑前編》卷八為是。

尚書大誥、康誥、酒誥、梓材四篇通義。

【評】宋蘇軾曰：「大誥、康誥、酒誥、梓材，其文皆奧雅，非世俗所能通。學者見其書紛然若有殺罰之言，因為之說曰：康誥所戒，大抵先言殺罰，蓋衛地服紂成俗，小人眾多，所以治之先後緩急當如此。予詳考四篇之文，雖古語淵懇，然皆粲有條理，反覆丁寧以殺為戒，以不殺為德，此易所謂聰明睿智神武而不殺者。故周有天下八百餘年，後之王者以不殺享國，以好殺殀其身，及其子孫者多矣，天人之際有不可盡知者。至於殺不殺之報，一一若符契可見也。而世主不以為監，小人又或附會六經，醞釀鐫鑿以勸之殺。悲夫！殆哉！唐末五代之亂，殺人如飲食，周太祖叛漢，漢隱帝使開封尹劉銖屠其家百口。太祖既克京師，夜召其故人知星者趙延義問漢祚所以短促者，延義答曰：漢本未亡，以刑殺冤濫，故不及期而滅。時太祖方以兵圍銖及蘇逢吉第，旦且滅其族，聞延義言，矍然貸之，誅止其身。予讀至此，未嘗不流涕太息，故表其事於書傳以救世云。」（東坡書傳卷十三頁四～五）

第捌章

《尚書新義》輯考彙評：
《周書》補逸柬議（下）

〈召誥〉

成王在豐，欲宅洛邑；使召公先相宅；作〈召誥〉。

惟二月既望，越六日乙未。王朝步自周，則至于豐。惟太保先周公相宅。越若來三月，惟丙午朏，越三日戊申，太保朝至于洛，卜宅。厥既得卜，則經營。越三日庚戌，太保乃以庶殷攻位于洛汭。越五日甲寅，位成。若翼日乙卯，周公朝至于洛，則達觀于新邑營。越三日丁巳，用牲于郊，牛二。越翼日戊午，乃社于新邑，牛一羊一豕一。越七日甲子，周公乃朝，用書命庶殷、侯、甸、男、邦伯，厥既命殷庶，庶殷丕作。太保乃以庶邦冢君出取幣，乃復入，錫周公。曰：「拜手稽首，旅王若公。誥告庶殷，越自乃御事。嗚呼！皇天上帝，改厥元子茲大國殷之命。惟王受命，無疆惟休，亦無疆惟恤。嗚呼！曷其奈何弗敬？天既遐終大邦殷之命，茲殷多先哲王在天，越厥後王後民，茲服厥命，厥終智藏瘝在。夫知保抱攜持厥婦子，以哀籲天，徂厥亡出執。嗚呼！天亦哀于四方民，其眷命用懋，王其疾敬德。相古先民有夏，天迪從子保，面稽天若，今時既墜厥命。今相有殷，天迪格保，面稽天若，今時既墜厥命。今沖子嗣，則無遺壽耇。曰：其稽我古人之德，矧曰其有能稽謀自天？嗚呼！有王雖小，元子

哉！其丕能誠于小民，今休。王不敢後，用顧畏于民嵒。王來紹
上帝，自服于土中。旦曰：『其作大邑，其自時配皇天，毖祀于
上下；其自時中乂，王厥有成命，治民今休。』王先服殷御事，
比介于我有周御事。節性，惟日其邁。王敬作所，不可不敬德。
我不可不監于有夏，亦不可不監于有殷。我不敢知曰：有夏服天
命，惟有歷年；我不敢知曰：不其延，惟不敬厥德，乃早墜厥
命。我不敢知曰：有殷受天命，惟有歷年；我不敢知曰：不其
延，惟不敬厥德，乃早墜厥命。今王嗣受厥命，我亦惟茲二國
命，嗣若功。王乃初服。嗚呼！若生子，罔不在厥初生；自貽哲
命。今天其命哲、命吉凶、命歷年。知今我初服，宅新邑，肆惟
王其疾敬德。王其德之用，祈天永命。其惟王勿以小民淫用非
彝，亦敢殄戮；用乂民，若有功。其惟王位在德元，小民乃惟
刑；用于天下，越王顯。上下勤恤，其曰我受天命，丕若有夏歷
年，式勿替有殷歷年，欲王以小民受天永命。」拜手稽首曰：
「予小臣敢以王之讎民、百君子、越友民，保受王威命明德。王
末有成命，王亦顯。我非敢勤，惟恭奉幣，用供王，能祈天永
命。」

成王在豐，欲宅洛邑，使召公先相宅，作〈召誥〉。

【佚文】（三九〇）「成王欲宅洛者，以天事言之，則日東景朝多
陽，日西景夕多陰，日南景短多暑，日北景長多寒。洛、天地之中，
風雨之所會，陰陽之所和也；以人事言，則四方朝聘貢賦道里均焉。
非特如此而已，懲三監之難，毖殷頑民，遷以自近洛，距妹邦為近，
則易使之遷作王都焉，則易使以鎮服也。雖然，鎬京宗廟社稷官府宮
室具在，不可遷也，故於洛時會諸侯而已。何以知其如此？以詩考
之，宣王時會諸侯於東都，而車攻謂之復古。」（朱文公文集卷六五

頁二一～二二，蔡傳卷五總頁九六，纂傳卷二八頁一，輯纂卷五頁一，書蔡氏傳旁通卷五頁三，尚書通考卷十頁十，大全卷八頁一-二；文亦略見王安石詩經新義，見詩經新義輯考彙評。）

【根祥案】

此「佚文」中有句讀之誤。「毖殷頑民，遷以自近洛，距妹邦為近，則易使之遷作王都焉，則易使以鎮服也。」當作「毖殷頑民，遷以自近，洛距妹邦為近，則易使之遷；作王都焉，則易使以鎮服也。」

考之宋・東陽陳大猷《書集傳》卷八，總頁124上AB，於此序文之下，引有「王氏曰」之文。其文曰：

> 王氏曰：「洛，天地之中，以天事言，東則景朝多陽，西則景夕多陰，南則景短多暑，北則景長多寒；洛居地中，風雨之所會，陰陽之所和也。以人事言，則四方朝聘貢賦道里均焉，兼欲遷殷民而鎮撫之也。」

其文句與上「佚文」前半段相同而稍簡略，可補入為《新義》來源資料。相同資料亦見於宋・王應麟《詩地理攷》卷三、元・史伯璿《管窺外篇》卷下，皆可以補入為來源資料。

【評】元陳師凱曰：「馮氏子亮云：『「土中」之說，蔡氏（沈）引王氏所論，而今本多訛；「日東景夕多風」，誤為「（日東）景朝多陽」、「日西景朝多陰」，誤為「（日西）景夕多陰」，宜正之。』又案：王氏據周禮而鄭註不明。蓋地官司徒『測土深，正日景』，所以求地之中也。所謂『日南景短，日北景長，日東景夕，日西景朝』者，是指其立表之處而言其不中也。……」（書蔡氏傳旁通卷五頁四）

惟丙午胐。

【佚文】（三九一）「以胐、望、明、魄紀月，以甲子紀日，書之法也。」（玉海卷十一頁二七，輯纂卷五頁二，纂疏卷五頁一，大全卷八頁三，書傳彙纂卷十四頁十二）

【根祥案】

考之宋・東陽陳大猷《書集傳》卷八，總頁124下B，於此經文之下，引有「王氏曰」之文。其文曰：

> 王氏曰：「以胐、望、明、魄紀月，以甲子紀日，書之法也。」

其文字與上「佚文」同，而陳大猷所引乃《尚書》專門著作，當以之為《新義》「佚文」之正。

厥既得卜，則經營。

【佚文】（三九二）「（經營，）經其南北而四營之也。」（朱文公文集卷六五頁二二，書經注卷九頁一，纂傳卷二八頁二）

【根祥案】

《書經注》當改為宋・金履祥《資治通鑑前編》卷八。
又宋・呂祖謙《呂氏家塾讀詩記》卷二十五，《詩經》「經始靈臺，經之營之」下，引「王氏曰」亦同。清・馬端臨《文獻通考》卷八十九，經文「既得卜，則經營」下，亦引有「王氏曰」相同之文，皆可補入為「佚文」來源資料。

厥既得卜，則經營。越三日庚戌，太保乃以庶殷，攻位於洛汭。

【根祥案】

考之宋・東陽陳大猷《書集傳》卷八，總頁124下B，於此經文之下，引有「王氏曰」之文。其文曰：

> 王氏曰：「經營然後城郭、塗巷、廟社、朝市、居室之位定，故庚戌，太保乃以眾殷民治位於洛。」

此段引文當補入為《新義》「佚文」，而正與上條「佚文392」銜接，可予合併。

越三日丁巳，用牲于郊，牛二。越翼日戊午，乃社于新邑，牛一、羊一、豕一。

【佚文】（三九三）「於尊以簡為誠，於卑以豐為貴，故郊特牲而社稷太牢。先祭告於郊、社，然後用工。」（輯纂卷五頁二，纂疏卷五頁二，大全卷八頁四，尚書埤傳卷十二頁五）

【根祥案】

考之宋・東陽陳大猷《書集傳》卷九，總頁125上A，於此經文之下，有引文如下曰：

> 新安王氏曰：「《記》曰：『天子適諸侯，諸侯膳用犢；諸侯適天子，天子賜之大牢。』於尊者以簡為誠；於卑者以豐為貴。故郊用特牲，社用太牢。」東陽馬氏曰：「言社則稷亦在中，故共用三牲。」○呂氏曰：「先祭天地，然後用工。」愚曰：此蓋即是洛邑新立之郊社，

以告作洛於天地。不告廟者,成王在豐已告祖廟,于時洛邑宗廟未成,
故至十二月始烝祭宗廟也。

以此對比上述「佚文」,可見前段當為「新安王氏」王炎所說,後段
則呂氏之言而又有訛誤者。可以得知此段「佚文」並非王安石《新
義》之文,當予刪除。

然則何以元·董鼎、陳櫟之書俱誤標「王氏曰」?今考陳櫟《書
集傳纂疏》卷五經文下曰:

○王氏曰:「先祭告郊、社,然後用工。」○陳氏大猷曰:「此
蓋即洛邑新立之郊社,以告作洛於天地;不告廟者,在豐已告
也,時洛邑宗廟未成。○

而董鼎《書傳輯錄纂註》卷五經文下,註解引文曰:

王氏曰:「於尊,以簡為誠;於卑,以豐為貴;故郊特牲而社
稷太牢。先祭告於郊社,然後用工。」陳氏大猷曰:「此蓋即
洛邑新立之郊社,以告作洛於天地;不告廟者,在豐已告也。
時洛邑宗廟未成,故至十二月始烝祭宗廟也。

考董鼎所引文,明顯參考陳大猷《書經傳》,所引學者及文句前後一
致。董鼎所引又較陳櫟為詳。蓋董鼎誤以「新安王氏曰」為「王氏
曰」,並連下面「呂氏曰」之文淆合歸「王氏曰」下。然後陳櫟參考
董鼎書而節錄之,因而同誤;其後《書經大全》、《尚書埤傳》皆據董
鼎之文而抄錄,故皆同誤。

越七日甲子，周公乃朝用書命庶殷－侯、甸、男邦伯。

【佚文】（三九四）「邦伯者，侯、甸、男服之邦伯也。庶邦冢君咸在，而獨命邦伯者，公以『書』命邦伯，而邦伯以『公命』命諸侯也。」（蔡傳卷五總頁九五，全解卷三十頁九，朱文公文集卷六五頁二二，夏解卷十九頁五十，永樂大典卷八〇二五頁十四載書義斷法引，尚書日記卷十二頁七）

【根祥案】

考之宋・東陽陳大猷《書集傳》卷九，總頁125上B，於此經文之下，引有「王氏曰」之文。其文曰：

> 王氏曰：「庶邦冢君咸在，獨命邦伯者，使邦伯各命其諸侯也。」

此段引文與上述「佚文」相同，而文句較簡略，可補入為《新義》資料來源。

嗚呼！皇天上帝，改厥元子茲大國殷之命。惟王受命，無疆惟休，亦無疆惟恤。嗚呼！其奈何弗敬！

【根祥案】

考之宋・東陽陳大猷《書集傳》卷九，總頁125下A，於此經文之下，引有「王氏曰」之文。其文曰：

> 王氏曰：「皇天上帝，其命無妄矣；元子大國，其受命正大矣；惟弗敬，雖元子大國，不能保所受。」

此條引文當補入為《新義》「佚文」。

太保乃以庶邦冢君出取幣，乃復入，錫周公。

【佚文】（三九五）「庶邦冢君諸侯會于洛者。洛邑成而獻幣，所以為禮，且致慶也。」（輯纂卷五頁三，纂疏卷五頁二，大全卷八頁六，尚書埤傳卷十二頁九，書傳彙纂卷十四頁十八）

【根祥案】

考之宋・東陽陳大猷《書集傳》卷九，總頁125上B，於此經文之下，有引文曰：

> 新安王氏曰：「洛邑成則周業定，故獻幣于王公者，所以為禮，且致慶也。」

對比此段文字與上「佚文395」，可見乃同一文段無疑。據陳大猷所引，明確為「新安王氏」所論者，並非王安石《新義》之文也。當予刪除。

（召公）曰：「拜手稽首，旅王若公。」

【佚文】（三九六）「陳成王欲宅洛之意，順周公用書命庶殷邦伯之事。」（全解卷三十頁十一）

【根祥案】

林之奇《全解》原文，有對王安石所論評騭之言；其言曰：

> 先儒曰：「召公稱成王命以賜周公，曰『敢拜手稽首，陳王所

宜，順周公之事』，蓋以若訓順也。召公之所陳者，謂成王將
總萬幾，戒以天命之難諶，戒懼之心不可須臾離；豈陳所宜順
周公之事哉？王氏曰：『……。』則以此一句分而為二，其說
又不如先儒。」

此段文字將王氏《新義》與《孔傳》比較，以為王氏不如孔傳，當補
入為「評論」。

相古先民有夏，天迪從子保；……今相有殷，天迪格保。

【佚文】（三九七）「夏言『迪從子保』，殷言『格保』，互相備也。」
（纂傳卷二八頁四，全解卷三十頁十九）

【根祥案】

考之宋・東陽陳大猷《書集傳》卷九，總頁126上A，於此經文之
下，引有「王氏曰」之文。其文曰：

> 王氏曰：「迪者謂天先而道之，從者謂先天而天從之。」

此段引文當補入為《新義》「佚文」。
　　又陳大猷《書集傳》同頁中，亦引有另一條「王氏曰」文：

> 王氏曰：「夏言『迪從子保』，殷言『迪格保』，互相備。」

此條與「佚文397」相同；考林之奇論及此，所引為概括之文，非原
「佚文」，而陳大猷《書集傳》以時論早於《纂傳》，當以陳大猷所引
為「佚文」之正。

　　林之奇引文曰「殷言『格之』」，《輯考彙評》案謂「保之誤」，其實當為承前省文而已，非誤也。

【評】宋林之奇曰：「此只當從王氏說『夏言「從子」，殷言「格之（敏案：保之誤）」，至（敏案：互之誤）相備爾』，與夏言『服天命』，殷言『受天命』同意。此蓋史官經緯其文，以成述作之體。……唐孔氏曰：『此說二代興亡，其意同也。於禹言從而子安之，則天於湯亦子安之，故於湯因上文直言「格保」』，此正王氏之意。」（全解卷三十頁十九）

今沖子嗣，則無遺壽考：曰其稽我古人之德，矧曰其又能稽謀自天。

【佚文】（三九八）「勿棄老成，又考古人之德，則善矣。況曰能考謀自天，則又善也。」（朱文公文集卷六五頁二三）

【根祥案】

考之宋・金履祥《資治通鑑前編》卷八，於此段經文下，有引「王氏曰」之文，其文曰：

　　王氏曰：「勿棄老成，而考古人之德，則善矣；況曰能考謀自天，則又善也。

金氏引文同「佚文398」，出《晦庵集》，可補入為《新義》「佚文」資料來源。

　　黃倫《尚書精義》卷37，經文下引張綱之論曰：

　　張氏曰：「『稽我古人之德』，則稽乎人矣。『稽謀自天』，則稽

乎天也。稽乎人者，未若稽乎天之為至也。能稽自人，則於事
有所證；能謀自天，則於理不敢違。人君代天以理物，則有行
有為，其可不稽謀自天者哉？」

其言即是發揮王氏《新義》之說，足以參考。

用顧畏于民碞。

【佚文】（三九九）碞，僭也。顧畏于民碞者，言民有僭而不信者，
不可不省顧而畏慎也。（全解卷三十頁二一）

【根祥案】

此段「佚文」未列「評論」，然考之宋・林之奇《全解》，實有評論之
語，其文曰：

> 先儒及王氏皆以「民碞」為「僭言」。民有僭而不信者，不可
> 不省顧而畏慎之也。其說不如蘇氏曰：「碞，險也；民猶水
> 也，水能載舟，亦能覆舟；物無險於民者矣。」

此明顯以王氏與蘇軾《書傳》對比，而以王氏不如蘇氏也。當補列入
「評論」中。

王來紹上帝。（自服于土中。旦曰：其作大邑，其自時配皇天。）

【佚文】（四〇〇）「帝，天德，而紹之者王。王，人道也。皇，天
道也。惟道為能建中，惟建中為能配天道，中天而宅之。建中以配天
道，非特紹上帝而已。來紹上帝者，王之事也。配皇天者，皇之事
也。」（全解卷三十頁二二）

【根祥案】

此條「佚文」，實涵蓋「時配皇天」，當補入經文。而宋・林之奇《全解》於此段文字之下，有曰：「此鑿說也。」文雖短而實為評論之言，當補入列「評論」。

考之蔡沈《書集傳》卷五，此經文下引「王氏曰」：

> 王氏曰：「成王欲宅洛邑者，以天事言，則日東景，夕多風；日西景，朝多陰；日南景短，多暑；日北景長，多寒。洛，天地之中，風雨之所會，陰陽之所和也。以人事言，則四方朝聘貢賦道里均焉，故謂之土中。」

此段「佚文」，於前〈召誥〉序文下已然引述，請參看。而此文乃針對「土中」而論，故於此當不嫌重出，以便讀者。

王先服殷御事，比介我有周御事。

【佚文】（四〇一）「比，親、介，助也。」（纂傳卷二八頁五）

節性。

【佚文】（四〇二）「當明政刑以節之。」（全解卷三十頁二五，朱文公文集卷六五頁二四）

【根祥案】

考之宋・東陽陳大猷《書集傳》卷九，總頁126下B，於此經文之下，引有「王氏曰」之文。其文曰：

　　王氏曰：「殷人習紂之惡，習與性成矣。苟無以節之，則縱恣而不知所止。」

此段引文當補入為《新義》「佚文」，其順位當置於「佚文402」之前，今整合擬其「佚文」如下：

　　【佚文】殷人習紂之惡，習與性成矣；苟無以節之，則縱恣而不知所止；當明政刑以節之。

如此，則文義詞氣，一氣呵成矣。

【評】宋林之奇曰：「此不知道者之言。湯誥曰：『惟皇上帝，降衷于下民，若有常性，克綏厥猷，惟后。』夫所貴乎后者，因斯民有常性，順以治之而已矣。若明其政刑為可以節性，豈所謂『若有常性』哉？」（全解卷三十頁二五）

王敬作所，不可不敬德。

【佚文】（四〇三）「敬德者所以作所。」（全解卷三十頁二五）

【評】宋林之奇曰：「此……於『所』字強生義理，其辭為費。當從先儒之說，謂其不可以不敬德，王當敬作之也。」（全解卷三十頁二五）

我不敢知，曰有夏服天命，惟有歷年；我不敢知，曰不其延，惟不敬厥德，乃早墜厥命。我不敢知，曰有殷受天命，惟有歷年；我不敢知，曰不其延，惟不敬厥德，乃早墜厥命。

【佚文】（四〇四）「言夏、殷受天命，歷年長短，我皆不敢知也。

我所敢知者,惟不敬厥德,乃早墜厥命也。」(朱文公文集卷六五頁二四,書經注卷九頁八)

【根祥案】

宋・金履祥《書經注》當改易為《資治通鑑前編》卷八。
　　又蔡沈《書集傳》卷五註解此段經文曰:

> 夏、商歷年長短,所不敢知;我所知者,惟不敬厥德,即墜其命也。

所述經義與王氏說實同。雖不稱名引用,而皆取王氏《新義》之說作註解者也。

今天其命哲,命吉凶,命歷年。

【佚文】(四〇五)「哲者,性也。吉凶者,事也。歷年者,數也。性在我,事在物,數在時,君子修其在我者,不責命於天也。」(或問卷下頁三五)

【根祥案】

考之宋・陳大猷《書集傳或問》卷下,原文如下:

> 王氏說「命哲、命吉凶、命歷年」,雖非召公誥戒之本意,然不可不知。(小字)王曰:哲者,性也;吉凶者,事也;歷年者,數也。性在我,事在物,數在時;君子修其在我者,不責命於天也。

《輯考彙評》本條未列「評論」,然觀乎陳大猷《書集傳或問》所

說，前段大字所言，即是「評論」；後段小字為引述王氏原文以理之。故當以前段所言為此條之「評論」。

王乃初服。嗚呼！若生子，罔不在厥初生，自貽哲命。今天其命哲，命吉凶，命歷年；知今我初服，宅新邑。肆惟王其疾敬德？王其德之用，祈天永命。

【根祥案】

考之宋・東陽陳大猷《書集傳》卷九，總頁127上B，於此經文之下，引有「王氏曰」之文。其文曰：

> 王氏曰：「王其惟德之用，以祈求永命；蓋惟德能自貽哲命，
> 獲吉而有歷年也。永命謂有歷年也。」

此段引文，當補入為《新義》「佚文」。

其惟王勿以小民淫用非彝，亦敢殄戮；用乂民，若有功。

【佚文】（四〇六）「不敢慢小民而淫用非彝，亦當敢於殄戮有罪以乂民也。」（全解卷三十頁二九，朱子語類卷七八頁九引注汪應辰張綱謚文定奏狀，經義考卷八十頁二、宋元學案補遺卷九八頁一四五引汪氏奏狀）

【評】宋蘇軾曰：「古今說者皆謂召公戒王過用非常之法，又勸王亦須果敢殄滅殺戮以為治。嗚呼！殄滅殺戮，桀紂之事；桀紂猶有所不果，而召公乃勸王，使果於殄戮而無疑！嗚呼！儒者之叛道，一至于此哉！皋陶曰：『與其殺不辜，寧失不經。』人主之用刑，憂其不慎，不憂其不果也；憂其殺不辜，不憂其失不經也。今召公方戒王以

慎罰，言未終而又勸王以果于殄戮，則皋陶不當戒舜以『寧失不經』乎？季康子問孔子曰：『如殺無道就有道何如？』孔子曰：『子為政，焉用殺？子欲善，而民善矣。君子之德風，小人之德草，草上之風必偃。』夫殺無道以就有道，為政者之所不免，其言蓋未為過也，而孔子惡之如此；惡其恃殺以為政也。今予詳考召公之言，本不如說者之意，蓋曰：王勿以小民過用非法之故，亦敢於法外殄戮以治之。民自用非法，我自用法；民自過，我自不過，稱罪作刑而已。民之有過，罪實在我，及其有功，則王亦有德，何也？王之位，民德之先倡也。如此則法用于天下，王亦顯矣。兵固不可弭也，而佳兵者必亂；刑固不可廢也，而恃刑者必亡。痛召公之意為俗儒所誣，以啟後世之虐政，故具論之。」（東坡書傳卷十三頁十一～十二）

【評】宋林之奇曰：「凡書之告戒以『不殺』之言者，王氏皆以為『使之殺』也，蘇氏破其說矣。正猶治獄之吏，持心近厚者，惟求所以生之，持心近薄者，惟求所以殺之。」（全解卷三十頁二九）

【評】宋汪應辰曰：「……臣竊以王安石訓釋經義，穿鑿附會，專以濟其刑名法術之說，如『舊義』中所謂『敢於殄戮，乃以乂民』、『忍威不可訖』、『凶德不可忌』之類，皆害理教，不可以訓。」（朱子語類卷七八頁九引汪氏、張綱謚文定奏狀，朱子五經語類卷四頁十六；經義考卷八十頁二、宋元學案補遺卷九八頁一四五引汪氏說略同。又：洪葳撰張綱行狀，載華陽集卷四十，其頁十八-十九有文，汪氏所引與之略同。）

【佚文】（四〇七）「敢于殄戮，而刑足以服人心。」（嵩山集卷一頁三八）

【根祥案】

《輯考彙評》為此段「佚文」出於《嵩山集》，考《嵩山集》一書名

有兩本，其一題名作者「晁公遡」，乃晁公武之弟；其二為晁說之（以道）所著《嵩山文集》，又名《景迂生集》。而上述「佚文」今不見於「晁公遡」《嵩山集》中，而見於晁說之《景迂生集》（《嵩山文集》）。《輯考彙評》於「佚文及評論之部引用書目」中，有「嵩山集，卷數20，宋晁說之，臺灣商務印書館影印四部叢刊續編本」。晁說之少慕司馬光為人，而司馬光，字君實，號迂叟，故晁氏自號「景迂」。因此晁說之之文集題名《景迂生集》，自然可知，而「佚文」兩見於文集中。又考《四部叢刊續編》中晁說之有《嵩山文集》，與此《嵩山集》不同。然則，此段「佚文」出處，宜更改為「《景迂生集》」或「《嵩山文集》」，以資區別，避免混淆。

【佚文】（四〇八）若，順也。（全解卷三十頁二九）

我非敢勤，惟恭奉幣、用供王，能祈天永命。

【佚文】（四〇九）「奉幣以供王珤祀上下，而祈永命。」（朱文公文集卷六五頁二五，書經注卷九頁十一）

【根祥案】

《書經注》卷九當更易為《資治通鑑前編》卷八。

尚書召誥篇通義

【評】宋陳善曰：「荊公於三經新義，託意規諷，……（其中）召公論，真有為而作也。後東坡作書傳論解，又矯枉過直而奪之。」（捫蝨新話卷一頁四）

【根祥案】

宋・陳善所云〈召公論〉，今不見於《臨川文集》、上海人民出版社一

九七四年出版《王文公文集》其中亦無〈召公論〉。其實,〈召公論〉
並非闡釋〈召誥〉之言論,乃論〈君奭〉篇「召公不悅」者。詳見
〈君奭〉篇。然則此條「評論」,當移至〈君奭〉篇序文之下。

〈洛誥〉

召公既相宅,周公往營成周,使來告卜;作〈洛誥〉。

周公拜手稽首曰:「朕復子明辟。王如弗敢及天基命定命,予乃
胤保,大相東土,其基作民明辟。予惟乙卯朝至于洛師,我卜河
朔黎水,我乃卜澗水東、瀍水西,惟洛食。我又卜瀍水東,亦惟
洛食。伻來以圖,及獻卜。王拜手稽首曰:「公,不敢不敬天之
休。來相宅,其作周匹休。公既定宅,伻來,來視予卜休恆吉;
我二人共貞,公其以予萬億年,敬天之休,拜手稽首誨言。」周
公曰:「王肇稱殷禮,祀于新邑,咸秩無文。予齊百工,伻從王
于周。予惟曰:庶有事。今王即命,曰:『記功宗,以功作元
祀。』惟命曰:『汝受命篤弼,丕視功載,乃汝其悉自教工。』
孺子其朋,孺子其朋,其往。無若火始燄燄,厥攸灼敘弗其絕。
厥若彝及撫事,如予惟以在周工,往新邑。伻嚮即有僚,明作有
功,惇大成裕,汝永有辭。」公曰:「已!汝惟沖子,惟終。汝
其敬識百辟享,亦識其有不享;享多儀,儀不及物,惟曰不享。
惟不役志于享。凡民惟曰不享,惟事其爽侮。乃惟孺子,頒朕不
暇聽,朕教汝于棐民彝,汝乃是不蘉,乃時惟不永哉!篤敘乃正
父,罔不若;予不敢廢乃命。汝往,敬哉!茲予其明農哉!彼裕
我民,無遠用戾。」王若曰:「公,明保予沖子。公稱丕顯德,
以予小子,揚文武烈,奉答天命,和恆四方民,居師。惇宗將
禮,稱秩元祀,咸秩無文。惟公德明,光于上下,勤施于四方,

旁作穆穆，迓衡不迷文武勤教。予沖子夙夜毖祀。」王曰：「公
功棐迪篤，罔不若時。」王曰：「公，予小子其退，即辟于周，
命公後。四方迪亂未定，于宗禮亦未克敉公功。迪將其後，監我
士師工，誕保文武受命，亂為四輔。」王曰：「公定，予往。
已！公功肅將祇歡，公無困哉！我惟無斁，其康事；公勿替刑，
四方其世享。」周公拜手稽首曰：「王命予，來承保乃文祖受命
民，越乃光烈考武王弘朕恭。孺子來相宅，其大惇典殷獻民，亂
為四方新辟，作周恭先。曰：其自時中乂，萬邦咸休，惟王有成
績。予旦以多子越御事，篤前人成烈，答其師，作周孚先。考朕
昭子刑，乃單文祖德。伻來毖殷，乃命寧予；以秬鬯二卣，曰：
『明禋，拜手稽首休享。』予不敢宿，則禋于文王、武王，惠篤
敘，無有遘自疾，萬年厭于乃德，殷乃引考。王伻殷乃承敘，萬
年其永觀朕子懷德。」戊辰，王在新邑，烝，祭歲；文王騂牛
一，武王騂牛一。王命作冊逸祝冊，惟告周公其後。王賓，殺，
禋，咸格，王入太室祼。王命周公後，作冊逸誥，在十有二月，
惟周公誕保文武受命、惟七年。

尚書洛誥篇題下。

【佚文】（四一〇）「此誥有不可知者，當闕之，而擇其有可知者。」
（朱文公文集卷六五頁二五，朱子語類卷七八頁九，朱子五經語類卷
四二頁二一，書疑卷七頁一，輯纂卷五頁八，纂疏卷五頁七，大全卷
八頁十八，書傳彙纂卷十五頁一）

【評】宋朱熹曰：「荊公不解洛誥，但云：其間煞有不可強通處，今
如擇其可曉者釋之。今人多說荊公穿鑿，他卻有如此處。若後來人解
書，又卻須要解盡。」（朱子語類卷七八頁九，朱子五經語類卷四二
頁二一略同；輯纂「朱子說書綱領」頁五、纂疏「讀尚書綱領」頁

四、大全卷頁首五六「書說綱領」、書傳彙纂卷首下「綱領」頁三一、宋元學案補遺卷九八頁五八引朱子評略同。）

周公拜手稽首曰：「朕復子明辟。」

【佚文】（四一一）「復，如『復逆』之『復』，成王命周公往營成周，周公得卜，復命於成王。謂成王為『子』者，親之也。謂成王為『明辟』者，尊之也。」（全解卷三一頁五，尚書講義卷十五頁九，朱文公文集卷六五頁二五，困學紀聞卷二總頁一六四，纂傳卷二九頁一，纂疏卷五頁八，大全卷八頁十九，尚書疑義卷五頁二六）

【根祥案】

考之蔡沈《書集傳》卷五，於此經文下曰：

> 復如「逆復」之復。成王命周公往營成周，周公得卜，復命于王也。謂成王為「子」者，親之也；謂成王為「明辟」者，尊之也。

此蓋遵循朱熹之意，用王氏《新義》之說解經也。

【佚文】（四一二）「先儒謂：成王幼，周公代王為辟，至是乃反政于成王，故曰『復子明辟』。荀卿曰：『以叔代王，而非越也；君臣易位，而非不順也。』以書考之，周公位冢宰、正百工而已，未嘗代王為辟，則何君臣易位、復辟之有哉？如禮明堂位曰：『昔者周公朝諸侯于明堂之位，天子負斧扆，南鄉而立。』又曰：『武王崩，成王幼弱，周公踐天子之位以治天下。』則是周公正天子之位以臨萬國。」（全解卷三一頁四，纂疏卷五頁八，大全卷八頁十九，尚書日記卷十

二頁二三）

【根祥案】

考之宋・蔡沈《書集傳》卷五，於此段經文下，註解曰：

> 周公相成王，尊則君，親則兄之子也。明辟者，明君之謂。先
> 儒謂成王幼，周公代王為辟，至是反政成王，故曰「復子明
> 辟」。夫有失然後有復，武王崩，成王立未嘗一日不居君位，
> 何復之有哉？〈蔡仲之命〉言周公住冢宰，正百工，則周公以
> 冢宰總百工而已，豈不彰彰明甚矣乎。

對比可見蔡沈《書集傳》之說，雖未曾稱名引用，而幾乎全由王氏
《新義》而來，據知王氏之說多為後世學者所採用也。又呂祖謙之說
解此經文，亦多同王氏論述。考之陳大猷《書集傳》卷九，總頁128
上B引呂氏文曰：

> 呂氏曰：「拜手稽首而言，重其事也。復如『復逆』之『復』，
> 成王命周公往營成周，周公既歸，復命於成王故曰『復子明
> 辟』。如有復于王、說復于王之復。謂成王為『子』者，親之
> 也。謂為『明辟』者，尊之也。自此至獻卜，接復于王之辭。
> 先儒謂周公代王為辟，至是反於成王，故曰『復辟』。以經考之，周公為
> 冢宰，正百工而已，未嘗代王為辟也，何復之有哉。古者君薨，百官聽
> 於冢宰三年，君薨然後世子生，世子不失為君，冢宰亦總百官攝事；是
> 則冢宰之職也。前此伐三監、命微子、封康叔、宅洛邑，皆係於王。夫
> 有失然後有復，武王崩，成王立，未嘗一日不居王位，何復之有哉！」

其說出於王荊公，明顯可見。

【評】宋葉夢得曰:「復如孟子『有復于王』之『復』。自孔氏以『復子明辟』謂周公攝而歸政之辭,古今儒者從之不敢易,獨王氏以為不然,世或未之信焉。以予考之,周公踐天子位以治天下,初無經見,獨明堂位云爾;明堂位非出吾夫子也。蓋武王崩,周公以冢宰攝政,此禮之常。攝者,攝其事,非攝其位。世見周公在喪之攝,不知其非以成王幼而攝,故至卜洛,猶有『歸政』之言,則王氏之言為有證。」(輯纂卷五頁九引,尚書埤傳卷十二頁十七引略同。朱睦㮮評幾全同,用葉氏之說,見五經稽疑卷二頁二四。蔡傳卷五總頁九八暗用安石說,附見於此。)

【評】宋林之奇曰:「王氏之所謂『代王為辟』者,指此也。則王氏之破先儒之說,可謂明於君臣之大分,而有功於名教也。蓋說者徒見成王幼沖,周公攝政,則遂疑其稱王以令天下。如多士之篇序曰『成周既成,遷殷頑民,周公以王命誥』,而篇之發首則曰『惟三月,周公初于新邑洛,用告商王士。王若曰』。蓋明周公雖攝政,而其號令皆稱成王之命也。謂『代王為辟』固無是理。然……周公之至洛而得吉卜,則已遣使人來告於王,下文曰『伻來以圖及獻卜』是也。非是周公至此方以吉卜而復於成王也。且既謂成王為『子』、又謂『明辟』,以為兼尊親之稱則鑿矣。……」(全解卷三一頁五)

【評】宋史浩曰:「……惟王安石以為:復者,告也。明辟、君也。周公以『定洛』告成王,非攝位而還之也。復者,若說命所謂『說復於王』、孟子所謂『有復於王者』是也。若謂周公作是書而還位於成王,則『召公為保,周公為師,相成王為左右』,是成王自即位已為君在上,不知周公昔何所受而今還之也。漢儒不達『復』字之義,乃以為『還位』,後世紛紛,遂有『復辟』之論,以事理考之,當以王說為然也。」(尚書講義卷十五頁九~十)

【評】宋袁燮曰：「復辟之事，說者皆引『說復于王』、『有復于王者』為證，謂周公以明君之道復之于王，有失然後有復，成王未嘗不為君，既不曾失，何復之有？其言信美矣！然觀其辭氣，則未必然。復辟只是復辟，初不必如此回護，況周公既無取天下之心，何必曲為之說？書曰：『惟周公誕保文武受命惟七年。』方成王幼沖，周公攝政，天下事權皆在周公之手，至今而成王壯矣，然後以人君之政事歸之于王，只如此而已。夫何可疑？況此書中自甚分明，如曰：『予小子其退，即辟于周。』如曰：『亂為四方新辟。』成王之為君久矣，至此乃始謂之新辟，蓋前日雖為王，政事卻自周公出；今日周公既歸政，政事始自成王出，分明是為新君也。由此觀之，則復辟之言，何獨不信？卻非是成王前日未為君，成王之為王固久矣，但攝政七年之際，事權在周公，今始以人君之政事歸之於王，故謂之『復辟』爾。如後世霍光相宣帝，宣帝既壯，光稽首歸政，君臣之分亦未嘗不明，而況周公大聖，其處此有道矣。孔安國註以為復還明君之政，此語甚好。營洛邑大事，本不當出于周、召，周公以為：我看成王意思，一如弗敢及天命之初基定這天命營邑，則天命定矣。我看成王不敢擔當此事，故我繼太保而大相東土。今王自此以後始為天下之明君矣，觀此一句，復辟之事豈不甚分明？此是周公復辟之辭。」（絜齋家塾書鈔卷十一頁三十～三一）

【評】宋楊簡曰：「復，即孟子『有復於王者』之『復』、周禮宰夫『待諸臣之』「復」、大僕『掌諸侯之「復」逆』，復謂奏事也。辟，君也。明辟，稱成王，尊敬之辭。」（五誥解卷四頁一）

【評】宋王應麟曰：「復子明辟，荊公謂『周公得卜，復命於成王也』。漢儒『居攝還政』之說，於是一洗矣。」（困學紀聞卷二總頁一六四）

【評】明馬明衡曰：「安石乃以為『復逆』之『復』，宋諸儒從之。夫以為攝而復政者，成王尚幼，周公以身任天下之重，何嘗履君位乎？如明堂位所言，踐天子位以治天下，此漢儒附會之謬說也，此固無俟於辨而自明者。然伊尹、周公皆有復辟之事，愚固謂伊尹之任商，周公之任周，皆非後世人臣所可擬者。有伊尹、周公之聖，而又有伊尹、周公之任，任之所在，責之所歸，故不得已而當之。以聖人為之，至誠感動，始終有濟；若無其德，無其任而冒當之，未有不犯於逆亂之倫者，此王莽之徒，雖竊以藉口，然亦豈能以溷日月之明哉！後儒因王莽之事，遂將周公變易其說，蓋不欲使公之忠聖一淆於逆亂之跡，其愛公可謂至矣，其所以待公不其淺乎？嗚呼！操之不可為文王，莽之不能為周公，豈待後世方知之，而當時所為已如白黑之不可同日語矣！混砥砆於珠玉之間，何損於珠玉耶？由是言之，聖賢之事，各論其實而已矣。」（尚書疑義卷五頁二六～二七）

【評】清朱鶴齡曰：「愚考曾子問，禮本有『攝主』之名，春秋傳魯隱公『不書即位，攝也』，又宋穆公云『吾立乎此，攝也』。魯隱宋穆并君位攝之，而周公止攝其政事，以此不同。謂周公未嘗攝者，此又非通論也。特此篇不及『還政』，觀下文『伻來以圖及獻卜』，則荊公之說為不易矣。」（尚書埤傳卷十二頁十七）

公！不敢不敬天之休，來相宅，其作周匹休。

【佚文】（四一三）「姚成曰：『天休震動，使周有天下者，天之休也，故周公敬之而相宅，以配天休也。』」（朱文公文集卷六五頁二五）

【根祥案】

考之宋・東陽陳大猷《書集傳》卷九，總頁128下B，引有「王氏曰」

之文曰：

> 王氏曰：「相宅者，其以造周業而配天休也。」

陳大猷所引，當甚可靠，補入為《新義》「佚文」無疑。而此段「佚文」與上引「姚成曰」文詞雖不相類，而其涵義則同。以今所見王安石之論述材料，從未見有引「姚成」其人之言；然則「姚成曰」之文雖甚可疑，蓋可整合而不至於鑿枘。擬其「佚文」如下：

> 【佚文】相宅者，其以造周業而配天休也。…姚成曰：「天休震動，使周有天下者，天之休也，故周公敬之而相宅，以配天休也。」

相關問題，以俟後時。

公既定宅，……視予卜休恆吉，我二人共貞；公其以予萬億年，敬天之休。

【佚文】（四一四）「言宅洛之事定矣，公當以予永遠敬天之休，以成此休長吉之卜也。」（朱文公文集卷六五頁二五～二六，輯纂卷五頁十，大全卷八頁二）

【根祥案】

考之宋・東陽陳大猷《書集傳》卷九，總頁129上A，引有「王氏曰」之文曰：

> 王氏曰：「貞者，正也；必有正焉然後定。」

此段引文當補入為《新義》「佚文」，並可置於「佚文414」之前，文從字順。

王肇稱殷禮，祀于新邑，咸秩無文。

【佚文】（四一五）「殷，盛也；如『五年再殷祭』之『殷』，非『夏殷』之『殷』也。此句六字，用全解引文補。周公制禮作樂，而成王於新邑舉盛禮以祀。凡典籍所無，而於義當祀者，咸次秩而祀之也。」（朱文公文集卷六五頁二六，全解卷三一頁十，書經注卷九頁十四，纂傳卷二九頁二）

【根祥案】

考之宋・東陽陳大猷《書集傳》卷九，總頁129上A-B，引有「王氏曰」之文曰：

> 王氏曰：「殷，盛也。」
> 王氏曰：「凡典籍所無而法當祀者，咸秩序而祀之。」

此兩條「佚文」與上述「佚文415」相若，而又較簡約，可補入《新義》資料來源。又《書經注》應更易為《資治通鑑前編》卷八。清・馬端臨《文獻通考》卷八十九，亦引有此段《新義》「佚文」，可補入來源。

考之蔡沈《書集傳》卷五，經文下云：

> 殷，盛也；與「五年再殷祭」之「殷」同。秩，序也。無文，祀典不載也。言王始舉盛禮，祀于洛邑，皆序其所當祭者；雖祀典不載而義當祀者，亦序而祭之也。

其訓解與經義皆同於王氏之說，是取資於《尚書新義》者也。

【評】宋林之奇曰：「當從王氏之說。易象『雷出地，奮豫，先王以作樂崇德，殷薦之上帝，以配祖考』，禮有『殷祭、殷奠』，皆取『殷盛』之義，與『周因於殷禮』，其字雖同，而義則異矣。……」（全解卷三一頁十）

【評】元陳櫟曰：「王氏云此殷禮，疑即篇末十二月戊辰之祭，史述其語於前，而記其事於後也。敏案：此取朱子說。竊意十二月之祭，不過以周公留治洛之事，就多乑以告文武廟耳。此曰『殷禮』、曰『秩無文』，必作新邑後，就新邑舉非常大祭祀，豈十二月特牛之祀足以當之？三月後至十一月，必嘗親至洛，行大祀禮，受大朝賀，發大號令，今脫去矣。」（纂疏卷五頁九）

今王既命曰：「記功宗，以功作元祀。」

【佚文】（四一六）「記功，蓋用朱文公文集補，下「蓋」字傚此。若『紀于太常，藏在盟府』之類。作元祀，蓋若『茲予大享于先王，爾祖其從與享之』之類。」（纂傳卷二九頁三，全解卷三一頁十一，朱文公文集卷六五頁二六，輯纂卷五頁十一，纂疏卷五頁十，書傳彙纂卷十五頁九）

【根祥案】

考之宋・東陽陳大猷《書集傳》卷九，總頁129下A，引有「王氏曰」之文曰：

　　王氏曰：「記若『紀于太常，藏在盟府』之類也。」

此段「佚文」與「佚文416」前段相若而較簡略，當據「佚文416」為準，而以此為《新義》資料來源。

汝其敬識百辟享，亦識其有不享。……凡民惟曰不享，惟事其爽侮。（乃惟孺子，頒朕不暇）

【佚文】（四一七）「事無爽侮，則君臣同得逸樂暇豫；若爽侮，則君臣同得憂勤，而有所不暇矣。王不能敬識享與不享，則事爽侮，而周公亦受其愁勞，乃惟成王賜我以不暇也。」（精義卷三八頁九）

【根祥案】

此段「荊公曰」，於經文實包含「乃惟孺子，頒朕不暇」，當補入，始為對應。又考之晁說之《儒言》一書，其中每針對王安石之說，予以批判評論，其有論「享」義一條，文曰：

> 或多為「享上」之言，不知何所據。有自於〈洛誥〉「敬識百辟享，……不享」邪？〈洛誥〉因五服諸侯來朝，宜以為新邑之戒；至於周之百官，則「惇大成裕」云爾，寧論其「享不享」邪！禮，諸侯有不享者，王誅所加，亦非百官事也。成湯莫敢不來享者，豈不遠自氐羌乎？且天下文明，何疑何慮，而於百官享不享之責邪？無廼導之諛乎？傳曰「主所言皆曰善」、「主所為皆曰可」，隱而求主之所好，即進之以快耳目，偷合苟容，與主為樂，不顧其後害者，諛臣也；是蓋有可懼者。衛侯言計非是，而群臣和者如出一口。子思以謂「君闇臣諛，以居百姓之上，民不與也」，若此不已，國無類矣。

此段論述，當補入為「評論」。更考清‧馬端臨《文獻通考》卷一百九十，及朱彝尊《經義考》卷二百三十八，均有著錄王雱所著《爾

雅》，並載宋·項安世跋文，其中有評論王雱於「享上、祇辟」之說。所謂「享上」者，即指「汝其敬識百辟享，亦識其有不享」其文曰：

> 予讀王元澤《爾雅》，為之永歎曰：嗚呼！以王氏父子之學之苦，即其比物引類之博，分章析句之工，其用力也久，其屬辭也精，以此名家，自足垂世，視揚子雲、許叔重何至多遜；而必欲用此說也，咸五帝而登三王，縛頡利而臣高昌，則已疏矣。度不能勝而乃濟之以慁，輔之以狡，招合一時之群小，盡逐累世之舊臣，以瘉吾國而覆之，其遺凶流毒，至使後之擅國者世師焉。以「享上」「祇辟」之說悅人主，以邦朋（按：《周禮》士師之職，七曰邦朋，即是朋黨。）國是之說空廷臣，則王氏父子實為之津梁，可不痛哉。

此亦當錄入作為「評論」者。

彼裕我民，無遠用戾。

【佚文】（四一八）「彼遠者，以我民為裕，則無遠用戾也。」（全解卷三一頁十六）

旁作穆穆，迓衡不迷文武勤教。

【佚文】（四一九）「穆穆，天子之容。旁作，謂輔成王而作之，以成其穆穆之德，以迎太平，是以於文武之勤教、垂之後代者，皆率循之而不迷也。」（全解卷三一頁十八）

【根祥案】

此條「佚文」未列「評論」，然考之林之奇《全解》原文曰：

「旁作穆穆迓衡」，先儒曰：「四方旁求為敬王之道，以迎太平之政。」不如王氏曰：「穆穆，天子之容；旁作，謂輔成王而作之，以成其穆穆之德，以迎太平。是以於文武之勤教，垂之後代者，皆率循之而不迷也。」

可見林之奇於王安石之說，評價比之《孔傳》更勝。宜列入「評論」中。

公功棐迪篤，罔不若時。

【佚文】（四二〇）「（罔不若、時，）罔不若、罔不時，循道而不違，此『棐迪』之『若』；越時而不失，此『棐迪』之『時』。」（全解卷三一頁十九）

【根祥案】

宋·林之奇《全解》於引王氏「佚文」之後，有曰：「此則鑿矣。」如此可以列入「評論」，俾便參考。

王曰：「公！予小子其退，即辟於周，命公後。四方迪亂未定，於宗禮亦未克敉，公功迪將，其後監我士師工，誕保文武受民，亂為四輔」

【根祥案】

考之宋·東陽陳大猷《書集傳》卷九，總頁131上A，引有「王氏曰」之文曰：

王氏曰：「事人之謂士，帥人之謂師，興事造業之謂工。」

此段引文當補入為《新義》「佚文」。

孺子來相宅，其大惇典殷獻民，亂為四方新辟；作周，恭先。

【根祥案】

考之宋・東陽陳大猷《書集傳》卷九，總頁131下A，引有「王氏曰」之文曰：

　　　王氏曰：「以恭倡後王也。」

此引文當補入為《新義》「佚文」。

　　又考蔡沈《書集傳》卷五，經文下云：「作周恭先者，人君恭以接下，以恭而倡後王也。」可知《蔡傳》實用王氏《新義》解說經義。

惠篤敘至誕保文武受命，惟七年。

【佚文】（四二一）皆周公戒成王之言。（全解卷三一頁二七）

【評】宋林之奇曰：「以此為戒成王之言，則與上文不相貫。惟蘇氏以為周公祝文武之辭，此得之矣。……竊謂『殷乃引考』以上，則周公之祝辭；『王伻殷』以下，則戒王之言也。」（全解卷三一頁二七）

伻來毖殷，乃命寧予，以秬鬯二卣，曰：「明禋，拜手稽首休享。」予不敢宿，則禋于文王、武王。

【佚文】（四二二）「成王使周公來毖商民，乃命寧周公。以秬鬯二卣，曰：明禋于文武。使之明禋，則以太平告文武也。故周公不敢宿成王明德之命，即禋文武。」（纂傳卷二九頁七，書傳彙纂卷十五頁二三）

【根祥案】

考之《孔傳》於經文「乃命寧」為句，傳曰：「所以君土中，是文武使己來，慎教殷民，乃見命而安之。」蘇軾《書傳》曰：「王使人來戒飭庶殷，且以秬鬯二卣綏寧周公。」句讀與孔傳異而同於王氏。其後林之奇《全解》、夏僎《詳解》、黃度《尚書說》、袁燮《絜齋家塾書鈔》、王炎《尚書小傳》、陳大猷《書集傳》[1]等，皆用此句讀。蔡沈《書集傳》於經文下曰：「伻來毖殷，乃命寧予絕句；以秬鬯二卣，曰：明禋；拜手稽首休享。」《集傳》謂：「此謹毖殷民，而命寧周公也。」即是用王氏句讀兼取《新義》論說也。

又考之王天與《尚書纂傳》卷二十九引「王氏曰」之後，更引蘇軾《書傳》立說，然後引陳氏曰：

> 陳氏曰：「禋于文王、武王以上，當從王氏；成王遣使祭，而周公領其事也。」

此陳氏蓋或為陳鵬飛也。此段論述當列入為「評論」。

王賓、殺、禋，咸格，王入太室祼。

【佚文】（四二三）「賓，助祭者也。」（纂傳卷二九頁八）

【根祥案】

考之宋・東陽陳大猷《書集傳》卷九，總頁132下A，引有「王氏曰」之文曰：

> 王氏曰：「賓，助祭者也。」

---

1 參見陳大猷《書集傳》卷九，總頁132上A-B，引「新安王氏曰」及陳大猷說。

此段引文與上述「佚文」同，而時間較早，當以此引文為《新義》「佚文」之正。

【佚文】（四二四）「大室，清廟中央之室。清廟，神之所在，故王入太室祼，獻鬯酒以告神也。祼者，灌也。王以圭瓚酌鬱鬯之酒以獻尸，尸受祭而灌于地。因奠不飲謂之祼。」（精義卷三八頁二十-二一）

【根祥案】

《輯考彙評》此段「佚文」輯自黃倫《尚書精義》。考之此段文字亦見於孔穎達疏《尚書正義》卷十四中，其文曰：

> 疏：太室，室之大者，故為清廟；廟有五室，中央曰太室。王肅云：「太室，清廟中央之室。清廟，神之所在，故王入太室祼，清廟中央之室也。祼者，灌也。王以圭瓚酌鬱鬯之酒以獻尸，尸受祭而灌於地，因奠不飲，謂之祼。」

可見此條「佚文424」，其實乃漢代王肅所言，孔穎達於《正義》中引用，而黃倫以之採納入書中，稱之為「王氏曰」，似亦無不可，唯易誤導後人，如不查證，則可張冠李戴矣。此條既非王安石《新義》之文，當予刪除。

〈多士〉

成周既成，遷殷頑民。周公以王命誥；作〈多士〉。

惟三月，周公初于新邑洛，用告商王士。王若曰：「爾殷遺多士，弗弔旻天，大降喪于殷；我有周佑命，將天明威，致王罰，

勅殷命終于帝。肆爾多士,非我小國敢弋殷命,惟天不畀允罔固
亂,弼我,我其敢求位?惟帝不畀,惟我下民秉為,惟天明畏。
我聞曰:『上帝引逸。』有夏不適逸,則惟帝降格,嚮于時夏。
弗克庸帝,大淫泆有辭;惟時天罔念聞,厥惟廢元命,降致罰;
乃命爾先祖成湯革夏,俊民甸四方。自成湯至于帝乙,罔不明德
恤祀,亦惟天丕建,保乂有殷;殷王亦罔敢失帝,罔不配天,其
澤。在今後嗣王,誕罔顯于天,矧曰其有聽念于先王勤家?誕淫
厥泆,罔顧于天顯民祇。惟時上帝不保,降若茲大喪;惟天不
畀,不明厥德。凡四方小大邦喪,罔非有辭于罰。」王若曰:
「爾殷多士,今惟我周王,丕靈承帝事,有命曰:『割殷。』告
勅于帝,惟我事不貳適,惟爾王家我適。予其曰:惟爾洪無度,
我不爾動,自乃邑。予亦念天即于殷大戾,肆不正。」王曰:
「猷告爾多士,予惟時其遷居西爾。非我一人奉德不康寧,時惟
天命,無違。朕不敢有後,無我怨。惟爾知,惟殷先人,有冊有
典;殷革夏命。今爾又曰:『夏迪簡在王庭,有服在百僚。』予
一人惟聽用德,肆予敢求爾于天邑商。予惟率肆矜爾,非予罪,
時惟天命。」王曰:「多士,昔朕來自奄,予大降爾四國民命,
我乃明致天罰,移爾遐逖,比事臣我宗,多遜。」王曰:「告爾
殷多士,今予惟不爾殺,予惟時命有申。今朕作大邑于茲洛,予
惟四方罔攸賓,亦惟爾多士攸服,奔走臣我,多遜。爾乃尚有爾
土,爾乃尚寧幹止。爾克敬,天惟畀矜爾;爾不克敬,爾不啻不
有爾土,予亦致天之罰于爾躬。今爾惟時宅爾邑,繼爾居,爾厥
有幹有年于茲洛。爾小子,乃興從爾遷。」王曰。又曰:「時予
乃或言,爾攸居。」

成周既成,遷殷頑民;周公以王命誥,作〈多士〉。

【佚文】（四二五）成周即洛邑，初無王城、成周之辨。（全解卷三二頁三）

【評】宋林之奇曰：「成周，下都也。王城所以定九鼎，是為王都，故成周為下都。為王氏之學者，以成周即洛邑，初無王城、成周之辨。說春秋者，亦多以王城、成周合而為一。夫王城之與成周，歷代諸儒所紀甚詳，其援證為明白，不可破也。」（全解卷三二頁三）

【佚文】（四二六）「此頑民者，乃商王士，而謂之『頑』者，以其不則德義之經而無常心故也。」（全解卷三二頁三-四）

【評】宋林之奇曰：「攷之微子、畢命之篇，則殷之民可謂頑也。……王氏之意，謂周公之所遷者，皆其士大夫，以其心之無常，故雖士而謂之民。此強說也。既謂之頑民，又謂之多士，則其遷也，不獨士而已。」（全解卷三二頁三～四）

【佚文】（四二七）「篇名多士，而序以為頑民，何也？在官者謂之士，卿大夫士也。在民者謂之士，士農工商是也。此書稱『士』，皆在官之殷士也。且周公未始以殷民為頑，成王命君陳始有『無忿疾于頑』之語。夫殷民不附周，謂之頑可也；不忘殷，謂之頑可乎？故『頑』之一字，周公於康誥、酒誥、多士、多方等書，未嘗出諸其口也。」（輯纂卷五頁十七，纂疏五頁十五，大全卷八頁三六，尚書埤傳卷十二頁三十）

【根祥案】

考之宋・東陽陳大猷《書集傳或問》卷下，有引用「新安王氏曰」之文，其詞曰：

　　新安王氏曰：「周公諸書，未嘗以殷民為頑。成王命君陳，始

有『無忿疾于頑』之語，非併以為頑也。康王命畢公，始有『毖殷頑民』之說。則此敘或出於後之史官，故以『頑民』二字冠於篇首。夫殷民不附於周，謂之『頑』可也；不忘殷先王之德，眷眷舊王，謂之『頑』可乎？故『頑』之一字，周公未嘗出於口也。」此說亦善

此段文字與「佚文427」後半段相同而又更詳盡，當是「新安王氏」說之原文。若此真為王安石之言，陳大猷理當知之，不當稱為「新安王氏」。可證實此段後半，當為「新安王氏」王炎之說。

至於此段「佚文」前半，究屬何人之言？今就陳大猷《書集傳》卷九，總頁133上A-B有引「王氏曰」一段謂：

王氏曰：「詳此書稱『士』，皆在官之殷士也。遷于成周，從舊長治殷民，故先告之。殷士順從，則殷民可調伏矣。」

此引文前兩句「詳此書稱『士』，皆在官之殷士也」，正為「佚文427」前段之末兩句，據此可知，「佚文427」前段之語，應為王安石《新義》之文。而此二句之後，原文並不接「且周公未始以殷民為頑」以下文字，由此益可見前後兩段本非相連，更可確定後段文字非王安石《新義》之言。

復以董鼎、陳櫟兩者之書對比，其間頗有異同而可論者；董鼎書中所引即是「佚文427」全文，而陳櫟所述如下：

纂疏○王氏曰：「篇名〈多士〉，序乃以為頑民。周公未始以殷民為頑；成王命君陳，始有『無忿疾於頑』之語。夫殷民不附周，謂之『頑』可也；不忘殷，謂之『頑』，可乎？故『頑』之一字，〈康誥〉、〈酒誥〉、〈多士〉、〈多方〉等書，未嘗出諸

口也。」○愚按：諸家過信小序，所以「昔朕來自奄」等，全
解不通。蔡說當矣。

可見陳櫟所引，僅及「佚文427」後半，即「新安王氏」所言部分
爾；然則陳櫟所引「王氏曰」，實即「新安王氏」之說；且其後「愚
案」所說，於「小序」有所批評「諸家過信小序，⋯⋯，全解不
通」，正與王炎所言「敘或出於後之史官，故以『頑民』二字冠於篇
首」符合，後之史官所記，不可盡信。觀此可知，陳櫟所引文乃獨立
一段，首尾完足，前後一貫，應為王炎說原文。而董鼎于此文中，插
入「在官者謂之士⋯⋯皆在官之殷士也」一節，遂將兩「王氏」混而
為一，幾乎無法分辨。今幸賴陳大猷《書集傳》及《或問》[2]全本出
世，經對比而得悉真相。清‧徐文靖《竹書統箋》卷七亦引此段「佚
文」，止有前半段，未知何據；然亦可見王安石之言止於前半。今刪
除後半，並重新整理之，「佚文」如下：

【佚文】在官者謂之士，卿大夫士也；在民者謂之士，士農工
商是也。此書稱『士』，皆在官之殷士也。

然此則「佚文」當與下一條「佚文」合併，詳見下文。

惟三月，周公初于新邑洛，用告商王士。

【佚文】（四二八）「殷民遷于成周，從舊長所治，故先告之。殷士
順從，則殷民皆然（從）矣。」（輯纂卷五頁十七，纂疏卷五頁十
五，大全卷八頁三七，書傳彙纂卷十五頁二九）

2　陳大猷《書集傳或問》，世有流傳，《四庫全書》中即有之。

【根祥案】

考之宋・東陽陳大猷《書集傳》卷九，總頁133上A-B，引有「王氏曰」之文曰：

> 王氏曰：「詳此書稱『士』，皆在官之殷士也。遷于成周，從舊長治殷民，故先告之。殷士順從，則殷民可調伏矣。」

此段引文，前兩句與「佚文427」重疊，後段與「佚文428」重複，此正可以證明「佚文427」「佚文428」相連接，當合併兩條《新義》「佚文」為一。又「佚文」中「皆然矣」，《輯纂》作「皆從矣」，陳大猷引作「可調伏矣」，以文義論，以「可調伏矣」為佳。今擬其「佚文」如下：

> 【佚文】在官者謂之士，卿大夫士也；在民者謂之士，士農工商是也。此書稱『士』，皆在官之殷士也。遷于成周，從舊長治殷民，故先告之。殷士順從，則殷民可調伏矣。

敕殷命終于帝。

【佚文】（四二九）「終，與『受終于文祖』之『終』同。」（輯纂卷五頁十八，纂疏卷五頁十六，大全卷八頁三七）

【根祥案】

考之宋・東陽陳大猷《書集傳》卷九，總頁133上B，引有「王氏曰」之文曰：

> 王氏曰：「終，與『受終于文祖』之『終』同。」

此引文與「佚文429」全同，而此於時代為先，當以陳大猷引文為
《新義》「佚文」之正。

肆爾多士，非我小國敢弋殷命。

【佚文】（四三〇）「肆爾多士者，肆之而不誅也，與『眚灾肆赦』、
『肆大眚』之『肆』同意，謂其致天罰也，惟誅獨夫紂而已，脅從罔
治也。蓋周公將言『我小國敢弋殷命』，故呼爾多士而告之。」（全解
卷三二頁四）

【根祥案】

宋・林之奇《尚書全解》於上述「佚文」之後，有評論曰：「王氏之
說，蓋強說也。」當補入為「評論」，俾便讀者知曉。

上帝引逸。有夏不適逸。

【佚文】（四三一）「引逸者，易簡則逸，反是則勞。適逸者，帝之
所延也。」（精義卷三九頁五）

予亦念天即于殷大戾，肆不正。

【佚文】（四三二）「今不正治汝，不忍助天為虐也。」（全解卷三二
頁十）

【根祥案】

考之宋・東陽陳大猷《書集傳》卷九，總頁134下A，引有「王氏
曰」之文曰：

王氏曰：「我念天即于殷，災戾大矣。」

此段引文，正闡釋經文前一句之義，與「佚文432」正相連接；當補入，並整合兩條為一，文句如下：

> 【佚文】我念天即于殷，災戾大矣；今不正治汝，不忍助天為虐也。

【評】宋林之奇曰：「周人伐殷，蓋我念天命而就誅爾殷之大罪戾者，故不正治其餘黨也。……王氏曰：『……。』酒誥曰『天非虐，惟民自速辜』，乃以滅殷為天之虐，可乎？」（全解卷三二頁十）

今爾又曰：『夏迪簡在王庭，有服在百僚。』予一人惟聽用德，肆予敢求爾于天邑商，予惟率肆矜爾，非予罪，時惟天命。

【根祥案】

考之宋・東陽陳大猷《書集傳》卷九，總頁135上A，引有「王氏曰」之文三段曰：

> 王氏曰：「此怨周之不然也。」
> 王氏曰：「我惟聽用有德，汝殷士不務德，故我不得如夏之簡迪也。以聽用德故，今敢求汝於天邑商；苟汝好德，則亦將聽用也。」
> 王氏曰：「章有德，討有罪，皆天命。」

此三段「佚文」正釋上列經文，然其間有不可直接相連處，故仍分為三條《新義》「佚文」為宜。

我乃明致天罰,移爾遐逖;比事臣我宗,多遜。

【佚文】(四三三)移爾遐逖,徙其民於遠方也。我宗,謂康叔也。
(全解卷三二頁十二)

【評】宋林之奇曰:「自洛而視殷之故地,則殷為遠,故以遷于洛為
『移爾遐逖』。王氏以為『徙其民於遠方』,此事無所經見;既徙之
遠,何為而又遷之周哉?王氏又以『我宗』為『康叔』,既徙之遠
方,而康叔封於殷之故都,安得臣於康叔乎?我宗,猶言我家也;非
康叔也。」(全解卷三二頁十二)

〈無逸〉

周公作〈無逸〉。

周公曰:「嗚呼!君子所其無逸;先知稼穡之艱難,乃逸;則知
小人之依。相小人,厥父母勤勞稼穡,厥子乃不知稼穡之艱難,
乃逸、乃諺,既誕,否則侮厥父母,曰:『昔之人,無聞知。』」
周公曰:「嗚呼!我聞曰:昔在殷王中宗,嚴恭寅畏,天命自
度,治民祇懼,不敢荒寧;肆中宗之享國七十有五年。其在高
宗,時舊勞于外,爰暨小人,作其即位,乃或亮陰,三年不言,
其惟不言,言乃雍;不敢荒寧,嘉靖殷邦,至于小大,無時或
怨;肆高宗之享國五十有九年。其在祖甲,不義惟王,舊為小
人,作其即位,爰知小人之依,能保惠于庶民,不敢侮鰥寡;肆
祖甲之享國三十有三年。自時厥後,立王生則逸。生則逸,不知
稼穡之艱難,不聞小人之勞,惟耽樂之從。自時厥後,亦罔或克
壽,或十年,或七、八年,或五、六年,或四、三年。」周公
曰:「嗚呼!厥亦惟我周太王、王季,克自抑畏;文王卑服,即

康功田功，徽柔懿恭，懷保小民，惠鮮鰥寡；自朝至于日中昃，不遑暇食，用咸和萬民；文王不敢盤于遊田，以庶邦惟正之供。文王受命惟中身，厥享國五十年。」周公曰：「嗚呼！繼自今嗣王，則其無淫于觀、于逸、于遊、于田，以萬民惟正之供。無皇曰：今日耽樂，乃非民攸訓，非天攸若，時人丕則有愆。無若殷王受之迷亂，酗于酒德哉。」周公曰：「嗚呼！我聞曰：『古之人猶胥訓告，胥保惠，胥教誨；民無或胥譸張為幻。』此厥不聽，人乃訓之。乃變亂先王之正刑，至于小大，民否則厥心違怨，否則厥口詛祝。」周公曰：「嗚呼！自殷王中宗，及高宗，及祖甲，及我周文王，茲四人迪哲。厥或告之曰：小人怨汝、詈汝，則皇自敬德。厥愆，曰：『朕之愆，允若時。』不啻不敢含怒。此厥不聽，人乃或譸張為幻。曰：『小人怨汝、詈汝。』則信之。則若時，不永念厥辟，不寬綽厥心。亂罰無罪，殺無辜。怨有同，是叢于厥身。」周公曰：「嗚呼！嗣王其監于茲。」

周公作無逸。

【佚文】（四三四）「君子以勤得逸，繼之以休；小人以逸得勤，繼之以憂。」（尚書精義卷三九頁十五）

乃逸乃諺既誕。否則侮厥父母曰：「昔之人無聞知！」

【評】宋蘇軾曰：「戲侮曰諺，大言曰誕。信哉！周公之言也。曰『昔之人無聞知』，至于今閭巷田里之民，有不令子弟猶皆相師為此言也，是蟣蝨螻蟻，周公何誅焉？而載於書曰以戒成王也。人君欲自恣於逸樂者，必先詆娸先王，戲玩老成，而小人譸張為幻者，又勸成之。韓非之言曰：堯之有天下也，堂高三尺，采椽不斲，茅茨不剪，雖逆旅之宿不勤於此矣。冬日鹿裘，夏日葛衣，粢糲之食，藜藿之

羹，飲土匦，啜土鉶，雖監門之養不愍於此矣。禹鑿龍門，通大夏，疏九河，曲九防，決停水致之海，股無胈，脛無毛，手足胼胝，面目黎黑，遂以死于外，葬於會稽，雖臣虜之勞，不烈於此矣。然則天子所以貴於有天下者，豈欲苦形勞神，自取逆旅之宿，口食監門之養，手持臣虜之作哉？此不肖人之所勉，非賢者之所務也。此其論豈不出於昔之人無聞知也哉！其言至淺陋，而世主悅之，故韓非一言覆秦，殺二世如反掌。自漢以來，學者雖鄙申韓不取，然世主心悅其言，而陰用之，小人之欲得君者，必私習其說，或誦言稱舉之，故其學至于今猶行也，予是以具論之。」（東坡書傳卷十四頁六～七）

昔在殷王中宗，嚴恭寅畏，天命自度。

【佚文】（四三五）「貌嚴，行祇、心敬也，其畏天也，豈徒然哉！自度者自治以法度也，猶所謂身為法度也。能自治以法度，則不耽於逸豫矣。」（全解卷三二頁二四）

【根祥案】

考之宋・林之奇《尚書全解》原文曰：

> 胡博士則以嚴為貌，恭為行，寅為心；如薛博士、豐祭酒，皆從而為之分別，皆不必如此。既曰嚴，又曰恭，又曰寅，蓋言**其畏天之心，有加而無已**。《書》之文，其義同而重復言之者多矣；此正如所謂「日嚴祇敬六德」，言敬重六德之人，與之共事；而王氏以為「貌嚴、行祇、心敬」也。其畏天也，豈徒然哉！自度者，自治以法度也，猶所謂身為法度也；能自治以法度，則不耽於逸豫矣。

審夫林之奇所云，其意謂「嚴、恭、寅」皆有敬畏之意，猶〈皋陶

謨〉「日嚴祗敬」，王氏謂「貌嚴、行祗、心敬」，皆以證明《書》之
文義同而重複言之者而已。並非引用王氏之說以解「嚴恭寅畏」也。
後來之言，亦乃林之奇所陳，非王安石說也。若對比林之奇《全解》
〈皋陶謨〉之言，更可見之，其文曰：

> 「日嚴祗敬」者，謂敬重其人也。王氏以為「貌嚴、行祗、心
> 敬」，亦不必如此之分別也。要之，既曰嚴，又曰祗，又曰
> 敬，但謂好賢樂善之心有加而無已也。言諸侯能敬重六德之
> 人，與之共事，則足以保其諸侯之邦。

兩段語句高度相似，其意義相同，均言《尚書》之文有文義同而重複
者而已。且王氏曰「貌嚴、行祗、心敬」乃說解〈皋陶謨〉者，於此
「嚴恭寅畏」之文，並不對應，故不應據此當作本條「佚文」。然則
此段「佚文」並非對應經文之「佚文」，而部分亦非王安石之言，當
予刪除。

自殷王中宗，及高宗，及祖甲，及我周文王，茲四人迪哲。

【佚文】（四三六）「四人皆天子，非若諸侯以戰戰兢兢為孝者。」
（全解卷三二頁三八-三九）

【評】宋林之奇曰：「上之所言者，太王、王季而後及文王，此特舉
文王，而舍大王、王季，故王氏曰：『……。』楊龜山破之，謂：『畏
天者，保其國而已，謂中宗為「畏天」，是亦諸侯之事。其說自相抵
牾矣。文王大勳未集，雖曰受命之君，未嘗為天子也。蓋四人者皆享
國克壽，故特言之，非謂其為天子也。』此說是矣，夫無逸之所言
者，蓋皆以其戰戰兢兢而取之。如王氏之言，則是逸豫自肆者乃周公
之所取也。」（全解卷三二頁三八～三九）

【根祥案】

考之宋·楊時《龜山集》卷六〈辨一〉有曰：

> 陛下正當為天之所為，知天之所為，然後能為天之所為。為天
> 之所為者，樂天也；樂天者，然後能保天下。不知天之所為，
> 則當畏天；畏天者，不足以保天下，故戰戰兢兢，如臨深淵，
> 如履薄冰者，為諸侯之孝而已。

楊時所辨者，乃王安石之政議；[3]所持之議論，即是「畏天者，戰戰
兢兢，乃諸侯之孝」；此即林之奇所言「楊龜山破之」持論也，當補
入為「評論」。

〈君奭〉

召公為保，周公為師，相成王，為左右。召公不說，周公作〈君
奭〉。

周公若曰：「君奭，弗弔，天降喪于殷，殷既墜厥命，我有周既
受。我不敢知曰：厥基永孚于休。若天棐忱，我亦不敢知曰：其
終出于不祥。嗚呼！君，已！曰時我，我亦不敢寧于上帝命，弗
永遠念天威，越我民，罔尤違，惟人。在我後嗣子孫，大弗克恭
上下，遏佚前人光在家；不知天命不易，天難諶，乃其墜命，弗
克經歷嗣前人恭明德。在今予小子旦，非克有正，廸惟前人光，
施于我沖子。」又曰：「天不可信，我道惟寧王德延，天不庸釋

3　宋·楊時《龜山集》卷六〈辨一〉「神宗日錄辨」有曰：「夫柄臣受命於人主，議法
　　度而授之有司」，此與王安石〈荅司馬諫議書〉「某則以謂受命於人主，議法度而脩
　　之於朝廷，以授之於有司，不為侵官」，議論相同，可見此即是王安石之論。

于文王受命。」公曰：「君奭，我聞在昔，成湯既受命，時則有若伊尹，格于皇天；在太甲，時則有若保衡；在太戊，時則有若伊陟、臣扈，格于上帝，巫咸乂王家；在祖乙，時則有若巫賢；在武丁，時則有若甘盤，率惟茲有陳，保乂有殷。故殷禮陟配天，多歷年所；天惟純佑命，則商實百姓王人，罔不秉德明恤；小臣屏侯甸，矧咸奔走。惟茲惟德稱，用乂厥辟。故一人有事于四方，若卜筮，罔不是孚。」公曰：「君奭，天壽平格，保乂有殷；有殷嗣，天滅威。今汝永念，則有固命，厥亂明我新造邦。」公曰：「君奭，在昔、上帝割申勸寧王之德，其集大命于厥躬。惟文王尚克脩和我有夏，亦惟有若虢叔、有若閎夭、有若散宜生、有若泰顛、有若南宮括。」又曰：「無能往來，茲迪彝教，文王蔑德，降于國人，亦惟純佑秉德，迪知天威。乃惟時昭文王；迪見冒聞于上帝，惟時受有殷命哉！武王惟茲四人，尚迪有祿。後暨武王，誕將天威，咸劉厥敵。惟茲四人昭武王，惟冒，丕單稱德。今在予小子旦，若游大川，予往暨汝奭其濟。小子同未在位，誕無我責，收罔勖不及，耇造德不降，我則鳴鳥不聞，矧曰其有能格？」公曰：「嗚呼！君，肆其監于茲，我受命無疆惟休，亦大惟艱，告君乃猷裕，我不以後人迷。」公曰：「前人敷乃心，乃悉命汝，作汝民極。曰：汝明勖偶王，在亶。乘茲大命，惟文王德丕承，無疆之恤。」公曰：「君，告汝朕允。保奭，其汝克敬，以予監于殷喪大否，肆念我天威。予不允惟若茲誥，予惟曰：襄我二人，汝有合哉！言曰：『在時二人。』天休滋至，惟時二人弗戡。其汝克敬德，明我俊民，在讓後人于丕時。嗚呼！篤棐時二人，我式克至于今日休。我咸成文王功于不怠，丕冒；海隅出日，罔不率俾。」公曰：「君，予不惠若茲多誥，予惟用閔于天越民。」公曰：「嗚呼！君，惟乃知，民德亦罔不能厥初，惟其終，祗若茲，往，敬用治。」

召公為保，周公為師，相成王為左右；召公不說，周公作〈君
奭〉。

【佚文】（四三七）「召公不悅，何也？曰：成王可與為善，可與為
惡者也。周公既復辟，成王既即位，蓋公懼王之不能終，而廢先王之
業也，是以不說焉。夫周之先王，非聖人則仁人也；積德累行，數世
而後受命；以周公繼之，累年而後太平。民之習治也久矣，成王以中
才承其後，則其不得罪於天下之民，而無負於先王之烈也，不亦難
乎！如此則責任之臣，不得不以為憂也。賈誼曰：成王幼，在襁褓之
中，召公為太保，周公為太傅，太公為太師。保，保其身體；傅，傅
之德義；師道之教訓，三公之職也。於是皆選天下之端士，孝弟博有
道術者，以衛翼之，使與天子居處出入。故天子初生，固見正事、聞
正言、行正道，左右前後皆正人也。習與正人居之，不能無正也。」
（精義卷四十頁十）

【根祥案】

此條「佚文」輯錄自宋·黃倫《尚書精義》卷四十，而考之《精義》
原文，「賈誼曰」作「賈氏曰」，且與前文不相連接，乃另起一段。再
考查「賈氏曰」之文，實出於節錄賈誼《新書·保傅》篇之文；此應
為黃倫引賈誼之論以解經文「召公為保，周公為師，相成王為左右」
也。是《輯考彙評》誤以後段引賈誼之文為王安石引用賈誼為說，連
綴引錄，或失之不察。當刪除「賈氏曰」以後文字。

　　至於「佚文」前段，實出於王安石〈召公論〉也。此篇不見於傳
世之《王荊公文集》，後世學者多未見其文，《輯考彙評》亦未曾得
知。今筆者詳考諸多文獻，得之於《歷代名賢確論》卷九中。[4]

4《歷代名賢確論》一書，《四庫全書總目提要》云：「《歷代名賢確論》一百卷，不著
　撰人名氏。前有明吳寬序，稱皆唐宋人所著，其說散見文集中；或病其不歸於一，

　　筆者從此書中所錄「荊公」之文，得此篇文，經對比後，乃上列「佚文」之來源。黃倫節錄其中一段而止。筆者又詳查書中引「荊公」之文，大都見於《臨川文集》，唯獨此「召公」一篇，無所見存載錄。宋・陳善《捫蝨新話》卷一頁4曰：「荊公於三經新義，託意規諷，……（其中）召公論，真有為而作也。」而黃倫亦引之作解說，可見王安石當曾為是論以闡解「召公」篇義，雖或非《新義》之文，而相去應不遠；據此以探荊公《尚書》之說，斯亦得益甚多矣。茲全錄其文如次：

〈召公〉荊公曰：

漢之諸儒，皆以為周公攝政而召公不悅。以孔氏古文考之，則召公之不悅也，周公既歸政矣。然召公之不悅，何也？曰：「成王可與為善，可與為惡者也。周公既復辟，成王既即位，蓋公懼王之不能終而廢先王之業也，是以不悅焉。夫周之先王，非聖人則仁人也；積德累行，數世而後受命；以周公繼之，累年而後太平，民之習治也久矣。成王以中才承其後，則其不得罪於天下之民，而無負于先王之烈也，不亦難乎？如此則責任之臣不得不以為憂也。周公曰：『君惟乃知，民德罔不能厥初，惟其終。』然則召公之不悅，亦周公之心也。周公以為在天者，其命之終吉凶，吾不得而知也；在人者，後嗣或不修德墜厥命，則吾亦不得而知也；在我者，吾知勉之而已，則天不庸釋于文王受命也。且以古之人君，至於文武，所以能保

輯成此編，以便觀覽。……不詳作者為誰。……按諸家論著，皆至北宋而止。其書莨宏作莨洪，猶避宣祖廟諱，則理宗以前人所作。考宋史藝文志有《名賢十七史確論》一百四卷，蓋即此書。……觀其評隲人物，自三王以迄五季，按代分系，各標列主名，其總論一代者，則稱通論以別之，雖不標十七史之名，而核其始末，恰應十七史之數，其為宋志之所載，益足証矣。……蓋宋時場屋有試論之制，故輯此書以為舉業標準，雖亦揣摩程試之學，然去取較有剪裁。」

其天下國家者，亦皆有賢人為佐，我自今乃相與濟成王同未在位之時，則可以無大責矣。夫在我者，君子之所及而當勉者也；在天與人者，吾如彼何哉？故周公之告也，亦竭其心，盡其力而已，所以勉且慰之也。」曰：「如周公之誥，則召公可以無不悅矣；然則召公之所以不及周公，儻在是乎？」曰：「憂其可憂，疑其可疑，召公之所以不悅也。憂其可憂而卒之以不憂，疑其可疑而卒之以不疑，周公之所以誥也。五聲之相得也，五味之相入也，其始不同而卒于和也；聖賢之相揆也，亦若是而已矣。以此謂召公為不及周公，則吾于征苗，以伯翳為賢於禹也，其可乎？」「然則，召公固無不悅周公之事乎？」曰：「自堯舜沒至于周，而賢人為眾；詩曰『肅肅兔罝，椓之丁丁；赳赳武夫，公侯干城』，言兔罝之人，猶足以干城乎公侯也。又曰『肆成人有德，小子有造，古之人無斁，譽髦斯士』，言其為士者亦皆有德之髦也。當此之時，而召公為公，則其為賢亦遠矣；以召公為不足以知周公也，則凡在周之士大夫，宜無一人知周公者矣。然則周公孰與之謀而就事乎？且以召公為不賢，而不足以知周公也，則文、武、周公曷為任之至於此極，而召公又安能以其令名終也。以召公為賢而不悅乎周公，則其與之共事而不爭，又不去焉，何也？夫聖人之所立，賢人有所不能知者矣；顏子曰：『既竭吾才，如有所立卓爾，雖欲從之，末由也已。』顏子之於孔子，有所不能知者也；雖然，未嘗不心悅而誠服之也，此其所以為賢人也。如賢人之於聖人，既不足以知之，而又不能悅也，則是聖與賢幾異類而相反也。」或曰：「子路之于孔子，嘗不悅也。」曰：「由之鄙人也，何足以語召公也哉？孔子曰：『由也，千乘之國，可使治其賦也。』文、武、周公之使人，猶孔子也。」「文、武、周公所以為三公，與孔子所使治千乘之賦者，其智

之不同，亦可知已；然則成王之疑周公也，召公曷為不諫？」
曰：「召公坐而論道，以相成王者也；其朝夕所以開王心者，
史能悉記之乎。」

王安石此論「召公何以不悅」，以為召公非緣周公而不悅，召公乃為
成王乃中才之主，於此國家新定之際，恐其不能承續先世德澤，而任
此天下重負，易失墜天所命先王之業，故憂懼而不悅也。召公賢德，
周公大聖，同在股肱之位以扶持成王，其責任重矣；憂勤不懈，是以
周公勉慰召公也。

又黃倫《尚書精義》卷四十頁10於「佚文」之後，有引「楊氏
曰」一段，其持論與王氏〈召公論〉相似。其文「楊氏曰」：

召公不說者，非不說周公之留也。召公之與周公，同心而同德
者，若使不說周公之留，則召公之心豈其有疑乎？周公無可疑
之事，召公無疑周公之心。使召公果有疑之之心，則當疑於權
在手，未歸政之前，必不疑於已歸政之後也。〈君奭〉之篇，
即周公已攝政之初，復子明辟之後，周公留為太師，與召公相
成王為左右之時也；而召公方有疑之之心，無乃後哉？或曰：
「召公之所以不悅者，何哉？」曰：召公見周公已歸政成王，
歸就臣位；而成王，中主也，方在弱冠，新即大政；召公之
心，蓋憂其志慮謀意，或未保於無過；宗廟社稷，或未任於負
荷；蓋其心憂國之深，故不悅也。周公因其憂而不悅，於是歷
陳商之所以亡，周之所以興，復謂自古國家多難，得賢臣則
安；蓋將以古賢臣之功勉召公，而寬其憂，成其忠，相與協
力，以濟成王於太平之域也。

據黃倫《精義》所錄，稱「楊氏」者，當為楊繪，楊繪素與王安石政

見相違忤，背時好尚，有《書九意》一卷，而楊氏此文，其觀念則與
王安石相近同，實可知王氏此〈召公論〉說，頗得當時學者所許。

又考張九成《橫浦集》卷十《書傳統論》中〈君奭論〉曰：

> 此一篇之意，皆周公慰勉召公同相成王，保守文武之基業。召
> 公之意，以謂成王幼小，一惑流言，乃疑周公，其才止中人
> 耳；而我與周公當師保之任，儻或成王不能保守，其罪當在於
> 我，故每懷不悅，常有惟恐失墜之意而欲求去焉，故周公以伊
> 尹、伊陟、臣扈、巫賢、甘盤之輔商家，虢叔、閎夭、散宜
> 生、泰顛、南宮适之輔文武告之，意欲使召公彊留輔相成王，
> 以效商家。……周初諸人庶卒文武之業，觀其言曰：「汝明勗
> 偶王，在亶。承茲大命。」則其區區之意，正謂治亂在我二
> 人，我二人在朝，則成王焉有不善終者？如商有伊尹。諸人在
> 朝，周初有五人在朝，安得不治者？其意專以恢廓召公，使抗
> 志彊力，無自憂沮，無以去為全身也。周公之心，蓋可知矣。
> 先儒謂召公不欲周公留相成王，故不悅，何待周公之淺也？

其批判先儒（孔傳）之說，而主張「召公不悅」之因，乃成王才僅中
主，可善可不善，故懷憂而不悅。此說實亦採王氏《新義》而論者也。

【評】宋陳善曰：「荊公於三經新義，託意規諷，……（其中）召公
論，真有為而作也。後東坡作書傳論解，又矯枉過直而奪之。」（捫
蝨新話卷一頁四）

【根祥案】

此段「評論」原置於〈大誥〉篇、〈召誥〉篇之末。《輯考彙評》置於
〈大誥〉篇之末以為「評論」，是矣；然置於〈召誥〉篇之末作「評
論」，則非也。《輯考彙評》且曰：「敏案：王安石全集未見召公論之

篇,此蓋亦謂尚書新義之文。」今既得此文,可見此篇本獨立篇章,並非《尚書新義》本文,然其論述當亦與《新義》一致,理應可代表王氏此議題之觀點,下真跡一等而已。而此篇文章所論,乃論說「召公不悅」之因,在成王本中才之主,憂懼其不克承擔周業大任。然則此篇〈召公論〉乃論〈君奭〉篇事,與〈召誥〉篇不相干,當移至此為「評論」。

【佚文】(四三八)「習(襲)文、武至治之後,則難為繼。成王非有過人之聰明,則易以壞。以易壞之資任難繼之事,此召公於親政之始,有不悅也。」(群書考索續集卷五頁十一及別卷五頁四,全解卷三三頁五,九經疑義難卷三頁四三)

【評】宋林之奇曰:「……是皆以召公不知周公之心。程伊川、二蘇兄弟、王氏破之詳矣。……王氏謂:『成王非有過人之聰明,而出於文武之後,人習至治之時,為難繼,故召公於其親政之始,有不悅也。』案:此篇之言,皆是周公以天命之難諶,懼成王之弗克負荷,以忝前人之成憲,故已雖致政,而不敢告歸。若王氏之說,召公既以成王親政為憂矣,周公當言成王之德可以光大文武之緒,乃能解召公之憂,不當又以是為言矣。」(全解卷三三頁五)

【評】宋章如愚曰:「(如)王氏之說,則是召公以成王聰明不足,難與有為,豈聖賢之意乎?……?君奭一書,無召公憂成王難與共治之事,……然則召公之不悅者,非為周公也,自有所不悅也。夫召公之自有所不悅,何也?召公相文、武、成王三世矣,至成王能自為政,召公之年已老矣,而復尊以師保之任,方功成身退之時,而加以莫重之寄,雖成王之所眷注,周室之所倚賴,爵位日隆,任責日重,非召公所樂也。況召公已封於燕,身留相周,而不得優游,於公不悅之旨,蓋為此爾。是以周公勤勤作書以留之,蓋不以寵利居成功者,人臣去就之節,忘身徇國,愛君不忍去者,大臣始終之義。召公之欲告

老，雖得去就之節，未可以為忘身狥君之義，此君奭之書所由作也。」（群書考索續集卷五頁十一；張文伯略同，見九經疑義難卷五頁四三。）

【根祥案】

考晁以道《景迂生集》卷十七曰：「召公之不悅，類乎無上。」此乃針對王安石論述，以成王中才之主而繼承大位，易以壞先人之業所作之評論也。蓋召公若真如此認定，則其輕蔑成王之意顯然，是所謂「無上」也。此當列入「評論」中。

嗚呼！君！已曰時我。我亦不敢寧于上帝命，弗永遠念天威越我民，罔尤違。

【佚文】（四三九）「此言君奭既曰是在我，我亦不敢暇逸于天命，而不永遠念天威之於我民，無尤違。言天威於民，皆當其罪無僭差，己不可以不念也。」（精義卷四十頁十三）

【根祥案】

考之《孔傳》解釋曰：「歎而言曰：君也，當是我之留；我亦不敢安于上天之命，故不敢不留。君不長遠念天之威，而動化於我民，使無過違之闕。」而蔡沈《書集傳》卷五，於經文下曰：

> 召公已嘗曰：是在我而已。周公謂：我亦不敢苟安天命，而不永遠念天之威於我民。無尤怨背違之時也。

對比之下，可確知王氏之說與孔傳差異甚大，而蔡傳則近同於王氏，文辭雖然少異，而說義語句都同，實有取資於王安石《新義》以立說者。

惟人,在我後嗣子孫,大弗克恭上下,遏佚前人光在家;不知天命不易、天難諶,乃其墜命,弗克經歷嗣前人恭明德。

【佚文】(四四○)「前既言在天者,今此言在人者,故曰『惟人』也。」(全解卷三三頁七)

【評】宋林之奇曰:「先儒以『惟人』屬於下文,而以『罔尤違』為絕句,故王氏因之。……不如蘇氏以『惟人』為絕句,其義為勝。」(全解卷三三頁七)

【佚文】(四四一)「前既言在我者,不敢不勉。此乃言在人者,非我所及知也。惟在人者若我後嗣,上則大不克敬恭天與祖考,下則大不克敬恭諸侯臣民,遏佚前人光在室家之中,沈溺于近習,而不知天下之艱難,則天命靡常、難可諶信,乃其墜命,不能經歷久遠,嗣前人敬明之德。」(精義卷四十頁十四)

【根祥案】

考之「佚文440、441」兩條,可以對比前〈召公論〉相關文句以觀之,文曰:

> 周公以為在天者,其命之終吉凶,吾不得而知也;在人者,後嗣或不修德,墜厥命,則吾亦不得而知也;在我者,吾知勉之而已,則天不庸釋于文王受命也。且以古之人君,至於文武,所以能保其天下國家者,亦皆有賢人為佐,我自今乃相與濟成王同未在位之時,則可以無大責矣。**夫在我者,君子之所及而當勉者也;在天與人者,吾如彼何哉?**

如此則「佚文」所言之內容,或大體可知之。

成湯既受命，時則有若伊尹，格于皇天。在太甲，時則有若保衡。在太戊，時則有若伊陟、臣扈，格于上帝。（巫咸乂王家。在祖乙，時則有若巫賢。）

【佚文】（四四二）「伊尹、保衡，其實一也。在成湯時則格于皇天，在太甲時則格于上帝，其故何哉？可與盡道則盡道，可與盡德則盡德；成湯、可與盡道者也，太甲、可與盡德者也。」（精義卷四十頁十七）

【評】宋林之奇曰：「王氏多以天為道，帝為德，謂道至矣則格于皇天，德至矣則格于上帝，而說者又於伊尹一人之身而分道與德，其鑿甚矣！」（全解卷三三頁十二）

【根祥案】

考之宋・晁說之《儒言》中，亦有評論「皇：道」、「帝：德」相對關係者，其文曰：

> 皇，道；帝，德；出於《尚書・中候》，緯書也。嘉祐學者，未嘗道也。孔子定書，斷自二帝，尚復「皇」之貴哉？武陵先生曰：「六經無皇道。」劉道原亦云然。

晁說之素常評闢王氏之說，《儒言》之書，全為駁辯王氏而作；故此雖未曾明言針對王安石立論，其言「嘉祐學者，未嘗道也」，蓋指宋仁宗嘉祐年間（1056-1063）之前，無有學者主張如此論述。嘉祐之後，宋英宗即位四年而崩。宋神宗即位，乃王安石登廟堂，倡新說之始。以此觀之，晁說之所批判者，實即王氏《新義》。當補入作為「評論」。

在武丁，時則有若甘盤。

【佚文】（四四三）「不言傅說而言甘盤者，蓋始迪高宗成其德者，甘盤也。以書考之，高宗命說，固已大過人矣，此甘盤之力也。」（纂傳卷三二頁三，書傳彙纂卷十六頁三十）

【根祥案】

考之宋・東陽陳大猷《書集傳》卷十，總頁140上B，引有「王氏曰」之文，其文曰：

> 王氏曰：「高宗相傅說時，已大過人，皆甘盤之力也。」

此段引文與上述「佚文」重疊，而文辭較順當，當整合為之《新義》「佚文」如下：

> 【佚文】不言傅說而言甘盤者，蓋始迪高宗成其德者，甘盤也。以《書》考之，高宗相傅說時，固已大過人，皆甘盤之力也。

率惟茲有陳，保乂有殷；故殷禮陟配天，多歷年所。

【根祥案】

考之宋・東陽陳大猷《書集傳》卷十，總頁140上B，引有「王氏曰」之文，其文曰：

> 王氏曰：「巫賢、甘盤，循惟此伊尹、伊陟、臣扈、巫咸，以有所列陳，以保治有殷。」

此段引文當補入為《新義》「佚文」。

割申勸寧王之德。

【佚文】（四四四）割，謂降割于殷也。（全解卷三三頁十三）

【根祥案】

考之宋‧東陽陳大猷《書集傳》卷十，總頁140下B，引有「王氏曰」之文，其文曰：

> 王氏曰：「割謂割殷也。」

陳大猷所引為《新義》原文，當為「佚文」之正；《全解》乃檃括之詞，可作「評論」。

又考之《孔傳》於此經文曰：「在昔上天割制其義，重勸文王之德，故能成其大命於其身；謂勤德以受命。」王氏謂「降割于殷」，與孔傳不同。蔡沈《書集傳》卷五曰：「在昔上帝降割于殷。」是採用王氏《新義》說解經義也。

惟文王尚克修和我有夏，亦惟有若虢叔，有若閎夭，有若散宜生，有若泰顛，有若南宮括。又曰：無能往來茲迪彝教，文王蔑德降于國人。

【根祥案】

考之宋‧東陽陳大猷《書集傳》卷十，總頁141上A，引有「王氏曰」之文，其文曰：

> 王氏曰：「周公又謂：若無此五人往來於此，以迪常教，則文王蔑有德降于國人也。」

此引文當補入為《新義》「佚文」。

耇造德不降，我則鳴鳥不聞，矧曰其有能格？」

【根祥案】

考之宋・東陽陳大猷《書集傳》卷十，總頁141下Ａ，引有「王氏曰」之文，其文曰：

　　王氏曰：「以其鳴中律呂，故曰『鳴鳥』。」

此段引文當補入為《新義》「佚文」。

汝明勖偶王，在亶。乘茲大命。

【佚文】（四四五）「乘者，以乘車而喻為彼所載而行是也。詩曰『其車既載，不輸爾載』，蓋亦以乘車喻治天下。乘天之大命者，得其道則永保天命，不得其道則天命中絕，正猶乘車，有『輸爾載』、『不輸爾載』之殊，故惟在於誠而已。」（全解卷三三頁十九）

周公曰：「君奭。」公曰：「君，……保奭。」

【佚文】（四四六）「此誥或曰『君奭』，或曰『保奭』，或曰『君』者，主王而言則曰『君奭』，主公事而言則曰『君』而已，主保事而言則曰『保奭』也。」（全解卷三三頁二一）

【評】宋林之奇曰：「王氏喜為鑿說，一至於此！信如此言，則康誥之篇或曰『朕其弟，小子封』或曰『小子』，或曰『封』或曰『小子封』或曰『汝封』或曰『汝』，亦皆有說也。」（全解卷三三頁二）

公曰：「君！告汝，朕允保奭。其汝克敬以予監于殷喪大否，肆
念我天威。

【根祥案】

考之宋・東陽陳大猷《書集傳》卷十，總頁142上Ａ，引有「王氏
曰」之文，其文曰：

　　　王氏曰：「大否，大亂也。」

此引文可補入為《新義》「佚文」。
　　又考《孔傳》於此經文「大否」訓解曰：「大否，言其大不可不
戒。」王氏《新義》解曰「大否，大亂」，不循舊說；而蔡沈《書集
傳》卷五，釋經亦謂「大否，大亂也」，是取資王氏《新義》為說也。

其汝克敬德，明我俊民，在讓後人于丕時。

【佚文】（四四七）「大臣之善，在乎能讓；讓則推賢揚善，而無妨
功害能。此所以能明俊民。」（輯纂卷五頁三二，大全卷八頁七四，
書傳彙纂卷十六頁四二）

〈蔡仲之命〉

蔡叔既沒，王命蔡仲踐諸侯位；作〈蔡仲之命〉。

惟周公位冢宰，正百工。群叔流言，乃致辟管叔于商，囚蔡叔于
郭鄰，以車七乘降霍叔于庶人，三年不齒。蔡仲克庸祗德，周公
以為卿士。叔卒，乃命諸王，邦之蔡。王若曰：「小子胡，惟爾
率德改行，克慎厥猷。肆予命爾侯于東土，往即乃封，敬哉！爾

尚蓋前人之愆，惟忠惟孝；爾乃邁跡自身，克勤無怠，以垂憲乃後；率乃祖文王之彝訓，無若爾考之違王命。皇天無親，惟德是輔；民心無常，惟惠之懷。為善不同，同歸于治；為惡不同，同歸于亂。爾其戒哉！慎厥初，惟厥終，終以不困；不惟厥終，終以困窮。懋乃攸績，睦乃四隣，以蕃王室，以和兄弟，康濟小民。率自中，無作聰明亂舊章；詳乃視聽，罔以側言改厥度；則予一人汝嘉。」王曰：「嗚呼！小子胡，汝往哉！無荒棄朕命。」

爾乃邁跡自身，克勤無怠，以垂憲乃後。

【佚文】（四四八）「蔡叔違王命，無所因，故曰『自身』。」（全解卷三三頁二八）

【根祥案】

考之宋·蔡沈《書集傳》卷五：「叔違王命，仲無所因，故曰『邁跡自身』。」可見蔡沈實用王氏《新義》之說也。

率乃祖文王之彝訓，無若爾考之違王命。

【根祥案】

考之宋·黃倫《尚書精義》卷四十一，引有「臨川曰」一段文字，蓋亦為王氏之言說也。其文曰：

> 臨川曰：「命，公義之大者也；諱，私恩之小者也。私恩之小，不可以廢；公義之大，且名之幽、屬，雖孝子慈孫，百世不能改。貴為天子，富有天下，尚不能得以改也，而況於人臣乎！夫惟如此，故人莫敢以私恩廢公義。為善者知有所恃，為惡者知有所懼，而天下國家可得而理。

此段引文當補入為《新義》「佚文」。

〈多方〉

成王歸自奄，在宗周，誥庶邦；作〈多方〉。

惟五月丁亥，王來自奄，至于宗周。周公曰：「王若曰：猷告爾四國多方，惟爾殷侯、尹民，我惟大降爾命，爾罔不知。洪惟圖天之命，弗永寅念于祀。惟帝降格于夏，有夏誕厥逸，不肯慼言于民，乃大淫昏，不克終日勸于帝之迪；乃爾攸聞。厥圖帝之命，不克開于民之麗，乃大降罰，崇亂有夏，因甲于內亂，不克靈承于旅，罔丕惟進之恭，洪舒于民。亦惟有夏之民，叨懫日欽，劓割夏邑。天惟時求民主，乃大降顯休命于成湯，刑殄有夏。惟天不畀純，乃惟以爾多方之義民，不克永于多享。惟夏之恭多士，大不克明保享于民，乃胥惟虐于民，至于百為，大不克開。乃惟成湯，克以爾多方，簡代夏作民主；慎厥麗，乃勸；厥民刑用勸，以至于帝乙，罔不明德慎罰，亦克用勸；要囚，殄戮多罪，亦克用勸；開釋無辜，亦克用勸。今至于爾辟，弗克以爾多方享天之命。嗚呼！王若曰：誥告爾多方，非天庸釋有夏，非天庸釋有殷，乃為爾辟以爾多方大淫圖天之命，屑有辭；乃惟有夏圖厥政，不集于享。天降時喪，有邦間之，乃惟爾商後王，逸厥逸，圖厥政，不蠲烝，天惟降時喪。惟聖罔念作狂，惟狂克念作聖。天惟五年須暇之子孫，誕作民主；罔可念聽，天惟求爾多方，大動以威，開厥顧天；惟爾多方，罔堪顧之；惟我周王，靈承于旅，克堪用德，惟典神天；天惟式教我用休，簡畀殷命，尹爾多方。今我曷敢多誥，我惟大降爾四國民命。爾曷不忱裕之于爾多方？爾曷不夾介乂我周王，享天之命？今爾尚宅爾宅，畋爾

田，爾曷不惠王熙天之命？爾乃迪屢不靜，爾心未愛；爾乃不大
宅天命，爾乃屑播天命；爾乃自作不典，圖忱于正。我惟時其教
告之，我惟時其戰要囚之，至于再，至于三。乃有不用我降爾
命，我乃其大罰殛之。非我有周秉德不康寧，乃惟爾自速辜。王
曰：嗚呼！猷告爾有方多士，暨殷多士；今爾奔走臣我監五祀，
越惟有胥伯、小大多正，爾罔不克臬，自作不和，爾惟和哉！爾
室不睦，爾惟和哉！爾邑克明，爾惟克勤乃事；爾尚不忌于凶
德，亦則以穆穆在乃位，克閱于乃邑，謀介；爾乃自時洛邑，尚
永力畋爾田，天惟畀矜爾，我有周惟其大介賚爾，迪簡在王庭。
尚爾事，有服在大僚。王曰：嗚呼！多士，爾不克勸忱我命，爾
亦則惟不克享。凡民惟曰不享，爾乃惟逸惟頗，大遠王命，則惟
爾多方探天之威，我則致天之罰，離逖爾土。王曰：我不惟多
誥，我惟祇告爾命。又曰：時惟爾初不克敬于和，則無我怨。

惟帝降格于夏。

【佚文】（四四九）「惟帝降格于夏，與『惟帝降格，嚮於時夏』同
意。」（輯纂卷五頁三七，纂疏卷五頁三四，大全卷九頁五，書傳彙
纂卷十七頁十四）

【根祥案】

考之宋・東陽陳大猷《書集傳》卷十，總頁145上B，引有「王氏曰」
之文，其文曰：

> 王氏曰：「惟帝降格有夏，與〈多士〉『惟帝降格，嚮于時夏』
> 同。」

此引文與上述《輯錄纂註》引文「佚文」重疊，而文辭更順達，宜以此陳氏引文為《新義》「佚文」之正。

乃惟成湯，克以爾多方簡代夏作民主。慎厥麗，乃勸；厥民刑，用勸。以至于帝乙，罔不明德慎罰，亦克用勸。要囚，殄戮多罪，亦克用勸；開釋無辜，亦克用勸。今至于爾辟，弗克以爾多方享天之命。

【佚文】（四五〇）「此言殷之興甚詳，言其亡甚略；蓋對殷遺民，不忍痛言其失也。」（輯纂卷五頁三八，大全卷九頁八，書傳彙纂卷十七頁二十）

【根祥案】

考之宋・東陽陳大猷《書集傳》卷十，總頁146上A，有引文一段曰：

> 新安王氏曰：「此言殷之興甚詳，言其亡甚畧，蓋對殷遺民，不忍言其失也。」

此段引文與「佚文450」全同，而陳大猷稱謂曰「新安王氏曰」，並非「王氏曰」。陳大猷《書集傳》中，稱引明確，當可信用；而董鼎引此，或有疏失，誤將「新安王氏曰」標為「王氏曰」，雖未為錯，然遂誤導後人於歧途。然則此條非王氏《新義》文，當予刪除。

惟聖罔念作狂，惟狂克念作聖。

【佚文】（四五一）「操則存，舍則亡，其『心』之謂歟！思曰睿，睿作聖，操其心以思，所謂『念』也。罔念，雖聖可以作狂，故克念

則狂亦可以作聖。」（輯纂卷五頁三九，大全卷九頁十一，書傳彙纂卷十七頁二三）

【根祥案】

考之宋・東陽陳大猷《書集傳》卷十，總頁146下Ａ，引有「王氏曰」之文，其文曰：

> 王氏曰：「孟子曰：『操則存，捨則亡，出入無時，莫知其鄉』，其心之謂。〈洪範〉曰：『思曰睿』、『睿作聖』。不操其心以思，所謂『罔念』，則雖聖而作狂；克念，則雖狂而作聖。」

此段引文較之董鼎所引尤詳而順達，故當以此引文為「佚文」之正。或整合二者而正反論述之，亦可。今擬其「佚文」如下：

> 【佚文】孟子曰：「操則存，捨則亡，出入無時，莫知其鄉」，其心之謂歟！〈洪範〉曰：「思曰睿」、「睿作聖」。不操其心以思，所謂「罔念」，罔念，則雖聖可以作狂；操其心以思，所謂「念」也，克念，則雖狂亦可以作聖。

又黃倫《尚書精義》卷四十二引有張綱之論說，如下：

> 張氏曰：「惟聖罔念作狂者，所謂舍則亡是也；惟狂克念作聖者，所謂操則存是也。莫非聖也，固天縱之將聖，聖之出乎自然者也。『思曰睿』、『睿作聖』，聖之出乎修為者也。然則惟聖罔念作狂，惟狂克念作聖，豈非修為而然乎？然則紂之無道而至於滅亡者，以其有聖之道而罔念故也。

其文其義，均出於王氏《新義》，而語句明白，析義清晰，可以參看。

爾乃迪屢不靜。

【佚文】（四五二）「我以道迪汝屢矣，而猶不靜。」（輯纂卷五頁四十，纂疏卷五頁三八）

自作不和，爾惟和哉！爾室不睦，爾惟和哉！爾邑克明，爾惟克勤乃事。爾尚不忌于凶德，亦則以穆穆在乃位，克閱于乃邑。

【根祥案】

考之黃倫《尚書精義》卷四十二，引有「臨川曰」一段文字，其文曰：

> 臨川曰：「己能克享以和勤，則何忌乎凶德哉？君子忌吉德，小人忌凶德而悔吉德。

此稱「臨川曰」，實即王安石之言；而涵義與「凶德不可忌」正相應，可以彌補王氏《尚書新義》學說。其義即《老子》所謂「禍兮福之所倚」、「寵辱皆驚」之意也。

爾尚不忌于凶德，亦則以穆穆在乃位，克閱于乃邑。

【佚文】（四五三）「凶德不足忌」（嵩山集卷一頁三八，朱子語類卷七九頁九引汪應辰張綱謚文定奏狀、朱子五經語類卷四二頁十六，經義考卷八十頁二、宋元學案補遺卷九八頁一四五引汪氏奏狀略同；又洪葳撰張綱行狀載華陽集卷四十，其頁十八～十九有文，汪氏所引與之略同。）

【根祥案】

《嵩山集》當更改為「《嵩山文集》」。

【評】宋汪應辰曰：「……臣竊以王安石訓釋經義，穿鑿附會，專以濟其刑名法術之說，如『舊義』中所謂『敢於殄戮，乃以乂民』、『忍威不可訖』、『凶德不可忌』之類，皆害理教，不可以訓。」（朱子語類卷七八頁九引汪氏、張綱謚文定奏狀，朱子五經語類卷四頁十六；經義考卷八十頁二、宋元學案補遺卷九八頁一四五引汪氏說略同。又：洪藏撰張綱行狀，載華陽集卷四十，其頁十八～十九有文，汪氏所引與之略同。）

謀介。

【佚文】（四五四）「憂悔吝者存乎介。」（胡氏詳解卷十頁九）

【根祥案】

此條「佚文」出於宋・胡士行《尚書詳解》卷十，其原文曰：

> 謀介。助天室。王云：「憂悔吝者存乎介。」呂云：「介，微也。」

筆者查考眾多《尚書》相關著作，除呂東萊之外，並無其他學者以《易經》此句解《尚書》「謀介」之義。林之奇、夏僎等皆未言及。宋・時瀾《增修東萊書說》卷二十八云：

> 人情未定，釁端亂隙，每藏於隱微，必能閱視周覽于爾新邑，謀於其細，以絕萌芽。「憂悔吝者存乎介」，蓋細微之謂。言各

有主，與此篇介賚不相襲也。穆穆在位，儼然無為，而防慮如
此其密，體用蓋不偏也。

陳大猷《書集傳》卷十，總頁148上B引呂氏曰：

> 介，細微也。人情未定，釁端亂隙，每藏於隱微，必能閱視新
> 邑，謀於其細，以絕其萌。所謂「憂悔吝者存乎介」。穆穆無
> 為而防慮如此其密，體用蓋不偏也。

若王安石以此《易經》之言為說，則當時學者多能知之，何獨胡氏稱
名引用哉？又此說今僅見於呂氏說，疑胡士行所引有誤。存疑可也。

多士！爾不克勸忱我命，爾亦則惟不克享，凡民惟曰不享。爾乃
惟逸惟頗，大遠王命；則惟爾多方，探天之威，我則致天之罰，
離逖爾土。

【佚文】（四五五）「士，治民也。多士不克享，則凡民視傚，亦
『惟曰不享』矣。」（纂傳卷三四頁七）

【根祥案】

考之宋・東陽陳大猷《書集傳》卷十，總頁148下A，引有「王氏
曰」之文，其文曰：

> 王氏曰：「士，治民者也。多士不克享，則凡民視效，亦『惟
> 曰不享』矣。」

此段引文與上述「佚文」一致，當以此段陳大猷引文為《新義》「佚
文」之正。

【佚文】（四五六）「上告以承之、庸之，此告以威之也。」（輯纂卷五頁四一，纂疏卷五頁三九，大全卷九頁十七）

【根祥案】

考之蔡沈《書集傳》於此經文下曰：

> 上章既勸之以休，此章則董之以威。商民不惟有所慕而不敢違越，且有所畏而不敢違越矣。

此實承用王安石《新義》之涵義而引伸以解經，明顯可見。

又曰：「時惟爾初，不克敬于和，則無我怨。」

【根祥案】

考之宋・東陽陳大猷《書集傳》卷十，總頁148下B，引有「王氏曰」之文，其文曰：

> 王氏曰：「與之更始，故曰『時惟爾初』。」

此段引文，當補入為《新義》「佚文」。

又蔡沈《書集傳》卷五，此經文之下注解曰：「與之更始，故曰『時惟爾初』也。」其文與陳大猷所引「王氏曰」全同，可見蔡沈《書集傳》於此遵用王氏《新義》之說也。

〈立政〉

周公作〈立政〉。

周公若曰：「拜手稽首，告嗣天子王矣。」用咸戒于王，曰：「王左右常伯、常任、準人、綴衣、虎賁。」周公曰：「嗚呼！休茲，知恤鮮哉。古之人廸惟有夏，乃有室大競，籲俊尊上帝，廸知忱恂于九德之行，乃敢告教厥后，曰：拜手稽首后矣。曰：宅乃事，宅乃牧，宅乃準；茲惟后矣。謀面用丕訓德，則乃宅人，茲乃三宅無義民。桀德惟乃弗作往任，是惟暴德，罔後。亦越成湯，陟丕釐上帝之耿命，乃用三有宅，克即宅；曰：三有俊，克即俊；嚴惟丕式，克用三宅三俊。其在商邑，用協于厥邑；其在四方，用丕式見德。嗚呼！其在受德暋，惟羞刑暴德之人，同于厥邦，乃惟庶習逸德之人，同于厥政。帝欽罰之，乃伻我有夏，式商受命，奄甸萬姓。亦越文王、武王，克知三有宅心，灼見三有俊心，以敬事上帝，立民長伯，立政：任人、準夫、牧，作三事；虎賁、綴衣、趣馬、小尹、左右攜僕；百司、庶府、大都、小伯、藝人、表臣、百司、太史、尹伯、庶常、吉士；司徒、司馬、司空、亞旅、夷、微、盧、烝、三亳、阪尹。文王惟克厥宅心，乃克立茲常事、司牧人，以克俊有德。文王罔攸兼于庶言、庶獄、庶慎，惟有司之牧夫，是訓用違，庶獄、庶慎；文王罔敢知于茲。亦越武王，率惟敉功，不敢替厥義德，率惟謀從容德，以並受此丕丕基。嗚呼！孺子王矣。繼自今我其立政，立事，準人、牧夫，我其克灼知厥若，丕乃俾亂，相我受民，和我庶獄、庶慎，時則勿有間之。自一話一言，我則末惟成德之彥，以乂我受民。嗚呼！予旦已受人之徽言，咸告孺子王矣。繼自今文子文孫，其勿誤于庶獄、庶慎，惟正是乂之。自古商人，亦越我周文王，立政、立事、牧夫、準人，則克宅之，克由繹之，茲乃俾乂，國則罔有立政用憸人，不訓于德，是罔顯在厥世。繼自今立政，其勿以憸人，其惟吉士，用勵相我國家。今文子文孫，孺子王矣；其勿誤于庶獄，惟有司之牧夫，其克詰爾戎兵，以陟禹之

跡，方行天下，至于海表，罔有不服，以覲文王之耿光，以揚武
王之大烈。嗚呼！繼自今後王立政，其惟克用常人。」周公若
曰：「太史司寇蘇公，式敬爾由獄，以長我王國，茲式有慎，以
列用中罰。」

周公若曰：「拜手稽首，告嗣天子王矣。」用咸戒于王。

【佚文】（四五七）拜手稽首，告嗣天子王矣，為周公告王之言。用
咸戒于王。為周公盡以告王。（全解卷三五頁三）

【評】宋林之奇曰：「先儒以拜手稽首，告嗣天子王矣，為周公告王
之言；咸戒于王，為周公盡以告王。王氏之言亦然。其說於經意無相
聯屬。不如蘇氏曰……。而陳少南（鵬飛）之說尤為詳明，曰：「周
公若曰」而下，帥群臣之辭也；「用咸戒于王曰」而下，群臣進戒之
辭也。」」（全解卷三五頁三-四）

常伯、常任、準人。

【佚文】（四五八）「常伯，庶官之長，所謂在位者也。常任，任事
之臣，所謂在職者也。準人，非伯非任，而君取之以為準平者也。」
（或問卷下頁四五，全解卷三五頁四，夏解卷二二頁二）

【評】宋林之奇曰：「薛博士因王氏之言，以為常伯，三公、三孤之
類；常任，六卿之類；準人，師氏、保氏之類（薛博士，蓋指薛季
宜，薛說略見於書古文訓卷十二頁一。）……其說皆不如蘇氏。蘇氏
曰：『牧民之長曰常伯，（有）任事之公卿曰常任，（有）守法之有司
曰準人。』蓋下文所謂『宅乃事』，即此常任也；『宅乃牧』，即此常
伯也；『宅乃準』，即此準人也。此以為『伯』，而下文以為『牧』，則
以『伯』為『牧民之長』，宜矣。王氏以『伯』為『庶官之長』，而下

文之『牧』，則以為『庶官之率』，以『牧』訓『率』，無是理也。」
（全解卷三五頁四-五）

【評】宋陳大猷曰：「曰：王說如何？曰：王說大槩鶻突不明。以
『常伯』為『庶官之長』，則是六卿也，然『常任』又以為『任事之
人』，未知於六卿之外所指何官。以君所準者為人，亦難以定其為何
職也。孫氏常伯、常任同王說。……葉氏……『準人』則以為師氏之
類，蓋其意與王氏同。然君之所準，固在公卿，乃捨之何歟？張氏以
『準』為『公孤』，蓋亦推王氏之意耳。然公孤，職之至尊，乃言於
『三宅』之末，則不倫矣！」（或問卷下頁四五）

【根祥案】

考之宋・劉一止《苕溪集》卷十，有〈立政〉篇講義，其文曰：

> 審擇之要，必自近始；王左右之臣，其近者也。所謂左右之臣
> 者：常伯也、常任也、準人也、綴衣也、虎賁也。常伯，庶官
> 之長，所謂在位者也。常任，任事之臣，所謂在職者也。準
> 人，非伯非任，王所取以為準者也。綴衣，則內侍之類皆舉
> 矣。虎賁，則外衛之類皆舉矣。是五者，宜王之所尤審擇，而
> 周公之所當先告也。故曰「王左右常伯、常任、準人、綴衣、
> 虎賁」。

其中「常伯、常任、準人」之解說，與王氏《新義》全同，是遵用王
氏者，以見王說之影響力，並可據此推論王氏《尚書新義》其他立論。

曰：「王左右常伯、常任、準人、綴衣、虎賁。周公曰：「嗚呼！
休茲，知恤鮮哉！」」

【根祥案】

考之宋・東陽陳大猷《書集傳》卷十，總頁149上B引有「王氏曰」佚文，其文曰：

> 王氏曰：「綴衣，舉內侍之類；虎賁，舉外衛之類。職微且眾，而與三宅同戒者，為其近王也。」

此段引文當補入為《新義》「佚文」。又此段佚文與上一條可以連綴為一；而宋・劉一止《苕溪集》卷十解此曰：「綴衣，則內侍之類皆舉矣。虎賁，則外衛之類皆舉矣。」與此條說義相同。

古之人迪惟有夏，（乃有室大競），籲俊尊上帝，迪知忱恂于九德之行。

【佚文】（四五九）「籲俊之道，在乎迪知忱恂于九德之行。」（輯纂卷五頁四三）

【根祥案】

考之宋・東陽陳大猷《書集傳》卷十，總頁149上B-下A，引有「王氏曰」佚文三條，其文曰：

> 王氏曰：「無競惟人，惟得人為能競。」149上B
> 王氏曰：「用賢，則內可與之正心脩身，外可與之立政、立事。孟子言『存其心，養其性，所以事天』；此言正心脩身以事天也。皋陶言典禮刑賞，皆出於天；此言立政立事，以事天也；所率以事天者，皆天下俊民，所以尊上帝。」149上B-下A
> 王氏曰：「籲俊之道，在乎迪知忱恂于九德之行。」149下A

其中第三條引文，與「佚文459」完全一致，而此三條引文語意銜接，可合而為一。茲擬「佚文」如下：

【佚文】「無競惟人」，惟得人為能競。（是以）用賢，則內可與之正心脩身，外可與之立政立事。孟子言「存其心，養其性，所以事天」；此言正心脩身以事天也。皋陶言「典、禮、刑賞」，皆出於天；此言立政立事，以事天也。所率以事天者，皆天下俊民，所以尊上帝。而籲俊之道，在乎迪知忱恂于九德之行。

宅乃事，宅乃牧，宅乃準。……茲乃三宅無義民。桀德，惟乃弗作往任，是惟暴德，罔後。亦越成湯陟，……乃用三有宅，克即宅；曰三有俊，克即俊。嚴惟丕式，克用三宅三俊。

【根祥案】

考之宋・東陽陳大猷《書集傳》卷十，總頁149下A，引有「王氏曰」「佚文」，其文曰：

王氏曰：「宅者，居而安之之謂。」

此引文當補入為《新義》「佚文」。又考得此句「佚文」，亦見於元・陳櫟《書集傳纂疏》卷五，其文曰：

○陳氏大猷曰：「宅者，居而安之之謂。或才德不稱，或委任不篤，皆非宅也。○

然考之陳大猷《書集傳》卷十總頁149下A之原文曰：

> 王氏曰：「宅者，居而安之之謂。」愚（陳大猷）曰：「或才德
> 不稱，或委任不篤，皆非安也。」

以此觀之，陳櫟引文連「王氏曰」、「陳氏大猷曰」混一而言，雖難責
全，而遂使後人茫然不知矣，幸得陳大猷《書集傳》復見於世，始能
分辨。

又察夫宋・劉一止《苕溪集》卷十〈立政〉篇講義，其文曰：

> 在夏之君，則居之而安矣，故曰「宅乃事、宅乃牧、宅乃
> 準」。

則其解「宅」義，與王氏《新義》相同。

【佚文】（四六〇）牧，庶官之率也。（全解卷三五頁五）

【評】宋林之奇評，已見佚文第四五八條下評。

宋林之奇曰：「薛博士因王氏之言，以為常伯，三公、三孤之類；常
任，六卿之類；準人，師氏、保氏之類（薛博士，蓋指薛季宣，薛說
略見於書古文訓卷十二頁一。）⋯⋯其說皆不如蘇氏。蘇氏曰：『牧
民之長曰常伯，（有）任事之公卿曰常任，（有）守法之有司曰準
人。』蓋下文所謂『宅乃事』，即此常任也；『宅乃牧』，即此常伯
也；『宅乃準』，即此準人也。此以為『伯』，而下文以為『牧』，則以
『伯』為『牧民之長』，宜矣。王氏以『伯』為『庶官之長』，而下文
之『牧』，則以為『庶官之率』，以『牧』訓『率』，無是理也。」（全
解卷三五頁四～五）

【佚文】（四六一）「三宅，居常伯、常任、準人之位者。三俊，有
常伯、常任、準人之才者。」（纂傳卷三五頁二-三，全解卷三五頁
八、十）

【根祥案】

考之宋・東陽陳大猷《書集傳》卷十，總頁150上Ａ，引有「王氏曰」佚文，其文曰：

> 王氏曰：「三宅謂居常伯、常任、準人之位者，三俊謂有常伯、常任、準人之才者。」

此條引文比上述「佚文461」更順暢完足，宜以此為《新義》「佚文」之正。

又觀夫宋・劉一止《苕溪集》卷十〈立政〉講義，有闡說此經文曰：

> 所謂三宅者，居常伯、常任、準人之位而既用者也。三俊者，有常伯、常任、準人之才而將用者也。

是實乃用王氏《新義》為說者也。而蔡沈《書集傳》卷五，經文下曰：

> 三宅，謂居常伯、常任、準人之位者；三俊，謂有常伯、常任、準人之才者。

此亦可見《蔡傳》用王氏《新義》以解經也。

【評】宋林之奇曰：「王氏所分，不甚明白。書既有『五流五宅三居』，則以『三宅』為去罪人，先儒之說為勝。然以正直、剛、柔為三俊，則非也。三者，事也、牧也、準也，此三者皆以俊才宅之，故曰『三俊』。……蓋『三宅』當從先儒，而『三俊』當從王氏。」（全解卷三五頁八）

【佚文】（四六二）「既三宅無義民，則任是官者皆暴德之人，所以至於罔後也。」（全解卷三五頁十）

【根祥案】

宋・林之奇《全解》原文前後有所評論，其文曰：

> 據「三宅無義民」，只當從王氏說：「既三宅無義民，則任是官者，皆暴德之人，所以至於罔後也。」蓋以三俊而居三宅之位，則是所用者義民；非三俊而用之，是無義民也。無義民則不能為往昔大禹所以任三宅三俊之道，故其所任者惟暴虐不仁之人，是以至於殄絕有夏之祀而無後也。

可見林之奇對王氏《新義》之說，給予肯定稱許，當列入「評論」。

【佚文】（四六三）「克即者，言湯所用皆能就其事，所稱皆能就其才。嚴惟丕式者，言其於三宅三俊之所言所行，舉之而不敢慢，式之而不敢忽也。夫如此，故能用三宅三俊。」（全解卷三五頁十一）

【根祥案】

宋・林之奇全解於上述「佚文」前後，皆有評論，而本條未曾列出。其文曰：

> （經文）此數句亦當從王氏之說：「克即者，……夫如此，故能用三宅三俊。」此說皆是。

此當補入為「評論」。又考察宋・劉一止《苕溪集》卷十〈立政〉講義，有闡說此經文曰：

其商之君，則用之而就其事，稱之而就其才矣，故曰「用三有宅，克即宅，曰三有俊，克即俊」。

此亦用王氏《新義》之說者也。又蔡沈《書集傳》卷五，經文下曰：

克即者，言湯所用三宅，實能就是位而不曠其職；所稱三俊，實能就是德而不浮其名也。

其文辭雖與王氏說少異，而立論涵義皆取資於王氏《新義》者也。

桀德，……其在受德暋，惟羞刑暴德之人同于厥邦。

【佚文】（四六四）「羞，進也；有『崇尚』之意。桀、紂所用非人，皆本於身有惡德，故曰『桀德』、『受德』者，推本言之也。」（輯纂卷五頁四四，纂傳卷三五頁三，大全卷九頁二四，書傳彙纂卷十八頁八）

【根祥案】

考之宋‧東陽陳大猷《書集傳》卷十，總頁150上B，引有「新安王氏曰」一條，以及「王氏曰」佚文，其文曰：

新安王氏曰：「羞，進也；有『崇尚』之意。」
王氏曰：「桀、紂之所以用非其人者，皆本於躬有邪德，故周公謂桀、紂，必曰『桀德』『紂德』者，推本而言之也。」

對比而觀之，可知董鼎《輯錄纂註》或即參考陳大猷之書，而誤將「新安王氏」與「王氏」混而為一，都稱「王氏」，遂以致誤；當分

別存其存，刪可刪。而陳大猷所引文較順達而流暢，宜以為《新義》「佚文」之正。

帝欽罰之，乃佀我有夏，式商受命，奄甸萬姓。

【根祥案】

考之宋・東陽陳大猷《書集傳》卷十，總頁150上B，引有「王氏曰」佚文，其文曰：

> 王氏曰：「天之罰之，非遽而易之也，故曰『欽』。」

此條引文當補入為《新義》「佚文」。

奄甸萬姓。

【佚文】（四六五）「井牧其地，什伍其民。」（全解卷三五頁十一）

【根祥案】

考之宋・黃倫《尚書精義》卷十二，於「五百里甸服」下引張綱之言曰：

> 張氏曰：「甸者，井牧其地，什伍其民之謂也。」

換言之，王氏《新義》於「甸」字訓義，俱作此解。又宋・蔡沈《書集傳》卷五經文下亦謂：「甸者，井牧其地，什伍其民也。」可見王氏《新義》此說普遍為當時學者所採納引用。復有言者，林之奇《全解》引王氏說，以為與先儒說「皆通」。當補充列入為「評論」。

亦越文王、武王，克知三有宅心，灼見三有俊心。

【佚文】（四六六）「三宅，已授之以位，已任之以事，故不可以不知其心。若三有俊，則灼見之足矣。」（全解卷三五頁十三）

【根祥案】

考之蔡沈《書集傳》卷五，經文下訓解曰：

> 三宅，已授之位，故曰克知；三俊，未任以事，故曰灼見。

顯而易見蔡沈於此解經，實參考王氏《新義》而衍義也。

【評】宋林之奇曰：「其（王安石）意謂三俊未至於三宅之已在位，灼見未至於克知之為詳。先儒之分三宅、三俊異於王氏，故唐孔氏因之，則曰『賢者難識，故特言「灼見」，言其知之審也』。」（全解卷三五頁十三）

虎賁、綴衣、趣馬、小尹、左右攜僕、百司、庶府。

【根祥案】

考之宋・東陽陳大猷《書集傳》卷十，總頁150下B，引有「王氏曰」佚文數條，其中兩條文曰：

> 王氏曰：「此內廷小臣也。」
> 王氏曰：「前言綴衣、虎賁，此言虎賁、綴衣，亦與序三宅同意。」

此第一條乃總論諸官地位，為「內廷小臣」；第二條則討論「虎賁、

綴衣」之順序意涵。此兩條引文當補入為《新義》「佚文」。

小尹，左右攜僕，百司、庶府。

【佚文】（四六七）「（小尹）小官之正也。」（全解卷三五頁十五）

【佚文】（四六八）「百司，若司裘、司服之類。庶府，若泉府、玉府之類。」（纂傳卷三五頁四，全解卷三五頁十五）

【根祥案】

考之宋・東陽陳大猷《書集傳》卷十，總頁150下B，引有「王氏曰」佚文數條，其中兩條文曰：

> 王氏曰：「若司裘、司服之類。」
> 王氏曰：「若泉府、玉府之類。」

此兩條引文，與「佚文468」重疊，不若王天與所引順達，故當補入為《新義》資料來源。

又考之蔡沈《書集傳》卷五，於經文下訓解謂：

> 此侍御之官也。趣馬，掌馬之官。**小尹**，小官之長。**攜僕**，攜持僕御之人。**百司**，若司裘、司服。庶府，若內府、太府之屬也。

其中「小尹」、「百司」之解說，實同於王氏《新義》。

司徒，司馬，司空，亞旅，微，盧烝，三亳，阪尹。

【根祥案】

考之宋・東陽陳大猷《書集傳》卷十，總頁150上A，引有「王氏曰」佚文，其文曰：

> 王氏曰：「司徒、司馬、司空，諸侯之三卿也。」

此條引文當補入為《新義》「佚文」。

大都、小伯、藝人、表臣、百司，太史、尹伯、庶常吉士，司徒、司馬、司空、亞、旅，夷、微、盧、烝、三亳、阪、尹。

【佚文】（四六九）「『大都』而下，為都邑之官。『司徒』而下，為諸侯之官。」（全解卷三五頁十五）

【根祥案】

此段文字為王氏《新義》佚文，得矣。然考之林之奇《全解》原文，應尚有可探討者。林氏《全解》曰：

> 王氏以「大都而下為**都邑之官**，司徒而下為**諸侯之官**」；其說甚善。……自庶府而上，則所謂**官府之臣**也；大都而下，則**都鄙之臣**；司徒而下，則**邦國之臣**也。……蓋自王朝而後都邑，自都邑而後邦國，自邦國而後蠻夷，其內外之序如此；故既言諸侯之官矣，則繼之以典掌**夷狄之官**，亦得其人也。

林氏所論，除「都邑之官（都鄙之臣）」、「諸侯之官（邦國之臣）」外，依其論議，當尚有「（某某之官）官府之臣」「夷狄之官（某某之臣）」，總共四等官員。若僅就林氏所述，吾人無可得悉如此四分官

等，究竟為林之奇之說，抑或王安石《新義》所主張。今考宋・劉一止《苕溪集》卷十〈立政〉講義，其中多引用王氏《新義》之說，而文句幾近於《新義》原文（見以上數條「佚文」之辨說），文中有如下敘述：

> 自三宅至百司庶府，**王庭之官**也；自藝人至於尹伯，**都邑之官**也；司徒、司馬、司空、亞、旅，**諸侯之官**也。夷、微、盧、烝、三亳、阪尹，**夷狄之官**也。

劉氏所述與林氏相對觀之，完全對應，「都邑之官」「諸侯之官」「夷狄之官」與林氏說一致，亦與王氏說配合；而林氏說「官府之臣」與劉氏「王庭之官」亦對應。察夫前述陳大猷引文解釋「虎賁～庶府」有「此內廷小臣」，所謂「內庭」，王之內庭也。「虎賁」之前「任人、準夫、牧作三事」者，乃王外庭之大臣也；然則「庶府」以前官員，總稱為「王庭之官」，怡然順理，無所抵觸。以此推論，則劉氏所述，應亦出於王氏《新義》之論而文句相近，雖未能遽以為即是《新義》原文，至少可視之為「下真跡一等」，比之「佚文」可也。唯「都邑之官」林氏引王氏說以為自「大都小伯」始，而劉氏則以為自「藝人」計，此其異也。今按前後諸條之材料，「佚文」予以調整文句如下：

> 【佚文】自三宅至百司庶府，王廷之官也；自大都小伯至於尹伯，都邑之官也；司徒、司馬、司空、亞、旅，諸侯之官也。夷、微、盧、烝、三亳、阪尹，夷狄之官也。

文王罔攸兼于庶言庶獄庶慎，惟有司之牧夫，是訓用違庶獄庶慎。文王罔敢知于茲。亦越武王，率惟敉功，不敢替厥義德，率

惟謀從容德，以並受此丕丕基。嗚呼！孺子王矣；繼自今，我其立政立事準人牧夫，我其克灼知厥若丕乃俾亂。

【根祥案】

考之宋・林之奇《尚書全解》卷三十五，於經文之下曰：

> 而說者於言「準人、牧夫」，則「以『立事』為常任」；言「庶獄、庶慎」，則「以『是訓用違』為庶言」。夫立事者即立政也，安得以為常任之官；而以「是訓用違」為庶言，其鑿尤甚。至其特言「庶獄」、「牧夫」，則又曰：「獄者政之終，牧者官之長；官舉其長，政舉其終，則無不舉矣。」此皆強為之說也。

而考之於董鼎《輯纂》卷五，有引「王氏曰」之文，即是本文段後節「獄者政之終」者，[5]可知林氏此處所謂「說者」，實即是王安石之說。據此推知，此文段前所陳述「說者」，亦為王氏所論。然則前述「以『立事』為常任」、「以『是訓用違』為庶言」即是王安石之論也。今依王氏論述涵義，擬其「佚文」如下：

> 【佚文】就「庶獄、庶慎」言之，則「是訓用違」為「庶言」。依「準人、牧夫」言之，則「立事」為「常任」。

經尋繹王安石所述涵義，「是訓用違」何以為「庶言」？蓋以經文對比可知也。經文前有「庶言、庶獄、庶慎」，後有「是訓用違、庶獄、庶慎」，王氏蓋認為兩句涵義相同，則「庶言」對應「是訓用

5　元・董鼎《輯纂》卷五頁48，引王氏曰：「獄者政之終，牧者官之長；政舉其終，官舉其長，則無不舉矣。」與林之奇所引全同。即本文《輯考彙評》【佚文】（四七九）也。

違」也。至於何以「以『立事』為常任」？蓋此段經文有「立政：立事、準人、牧夫」，而前面經文有「立政：任人、準夫、牧」，對比兩則經文，則「立事」對應「任人」，而「任人」即是前文之「常任」也。以此之故，王氏遂創出如此論述。又林之奇對王氏說之批判，應當補列入為「評論」。

庶獄、庶慎，文王罔敢知于茲。

【佚文】（四七〇）「君道以擇人為職，上必無為而用天下，下必有為而為天下用，此君臣之分也。」（輯纂卷五頁四六，纂疏卷五頁四四，大全卷九頁二九，書傳彙纂卷十八頁十六）

【根祥案】

考之宋・東陽陳大猷《書集傳》卷十，總頁151下B，引有「王氏曰」佚文，其文曰：

> 王氏曰：「君道以宅人為職；上必無為而用天下，下必有為而為天下用，此君臣之分也。」

此條引文與「佚文470」完全一致，而陳大猷於時代為早，當以此段為《新義》「佚文」之正。

亦越成王，率惟敉功。不敢替厥義德；率惟謀從容德。

【佚文】（四七一）「言『義』則知『容』之為仁，言『容』則知『義』之為忍。」（全解卷三六頁三八）

【評】宋林之奇曰：「楊龜山辯之曰：『人，人之安宅也；義，人之正路也。大人之事，居仁由義是也。二者不可偏廢。夫有不忍人之心

者，仁也，以為「義忍」，則正與仁相反矣，無是理也。』此言深有補於名教，蓋忍者，先儒以為『含忍』是也。」（全解卷三六頁三九）

【根祥案】

考之宋‧晁說之《儒言》中，皆批評王安石之言，其中有論及「義」者，與此條「佚文」對應，其言曰：

> 甚哉！義之於人，大也；君子德行大備，而或毫髮之慝者，亦不足以為義焉。故君子以是為質，和順道德之後，乃可與言。先儒之訓曰「宜」，以視鑿枘之不相為用，而須臾必守也。或曰：「義者，制也。」以「忍」為「義」德。是申不害鼻大可小之論，將流而入於刑，近於利矣。

此段論述，當補入為「評論」。

告嗣天子王矣！……孺子王矣！

【佚文】（四七二）「言其繼上帝則曰『天子』，言其繼先王則曰『孺子』。周公之視成王，尊則君，親則兄之子。」（全解卷三五頁二十）

【評】宋林之奇曰：「此非也。前言『嗣天子王矣』者，周公率群臣進戒而贊之言也；贊群臣之言，不得不曰『天子』，非有尊、親之辨也。（全解卷三五頁二十）

【根祥案】

考之蔡沈《書集傳》，於〈洛誥〉「復子明辟」下曰：

> 周公相成王，尊則君，親則兄之子也。

此實移用王氏《新義》〈立政〉之說以解釋〈洛誥〉經文也。又元‧吳澄《書纂言》卷四上，亦曰：「周公于成王，親則兄之子，尊則君也。」蓋承蔡沈《書集傳》之說，而遠脁王氏《新義》也。

相我受民。

【佚文】（四七三）「受民者，王者之得民，上受之於天，下受之於先王。」（纂傳卷三五頁五，全解卷三五頁二一）

【根祥案】

考之宋‧東陽陳大猷《書集傳》卷十，總頁152上B，引有「王氏曰」佚文，其文曰：

> 王氏曰：「王者之得民，上則受之於天，下則受之於先王；曰『受民』者，欲其畏上帝，思先王而不敢忽也。」

此段引文較之上述「佚文」更為完備，當以之為《新義》「佚文」之正。

又蔡沈《書集傳》卷五，經文下曰：

> 民而謂之受者，言民者乃受之於天，受之於祖宗，非成王之所自有也。

其釋經涵義，蓋由王氏《新義》而來。

自一話一言。我則末惟成德之彥，以乂我受民。

【佚文】（四七四）「話即言也，謂一話一言無不在賢者也。」（纂傳卷三五頁六）

【佚文】（四七五）「一話，言一事之始終也；一言，一句而已。」
（輯纂卷五頁四七，纂疏卷五頁四五，大全卷九頁三二）

【根祥案】

考之清‧朱鶴齡《尚書埤傳》卷十三，於經文下曰：

> 王樵曰：「一話，一事之始終；一言，一句而已。」

考之王樵《尚書日記》卷十四，確有是言。然王樵未言此語所來自，朱鶴齡蓋直引王樵《尚書日記》之語而已，未曾考校其初來源也。當然，董鼎既引之，並以為「王氏曰」，則此言論必非王樵所創。今考眾多《尚書》專著，得知此說亦見於宋‧夏僎《尚書詳解》卷二十二，夏僎解釋經文曰：

> 龍舒謂「一話，乃言一事之始終；一言，則一句而已」。此說有理。周公既言人君惟當以得賢安民為心，于是又嘆而言曰：「予旦已受人之徽言。」謂前所言禹、湯、文、武得人之事，皆至美之言，又非己說，皆平昔所以受于人者，今皆已告于孺子王矣。諸儒皆以「孺子王」與「嗣天子王」謂孺子今已為王；惟龍舒謂周公稱成王為「嗣天子王」與「孺子王」，非謂其已為王，然以此言咸告孺子王矣。觀之則龍舒之言似有理也。

夏僎所稱則謂之「龍舒」，夏氏《書解》有時亦稱為「王龍舒」，乃南宋‧王日休（？－1173年），字虛中，龍舒（今安徽舒城）人，又稱龍舒居士。曾為國學進士，貫通群經。《宋志》有《龍舒易解》一卷，董鼎《輯纂》書前有「引用諸書」，其中有「王氏日休　龍舒《全解》」一目。夏僎此段文字三次稱名「龍舒」，當無訛誤之理。然

則此「一話、一言」之說,並非王安石《新義》之語,乃王日休《尚書全解》所言也。又考宋・東陽陳大猷《書集傳》卷十,總頁152上B,引有相同之言曰:

> 龍舒王氏曰:「一話,言一事之始終也;一言,一句而已。」

如此,更足資證明此段「佚文」並非王安石《新義》所說,乃王日休之論。據此則此條「佚文」當予刪除。

繼自今,文子文孫,其勿誤于庶獄、庶慎,惟正是义之。

【佚文】(四七六)「守成則無所用武,曰『文子文孫』者,謂成王也。成王,武王之文子、文王之文孫也。」(全解卷三五頁二三)

【根祥案】

考之宋・東陽陳大猷《書集傳》卷十,總頁153上A,引有「王氏曰」佚文,其文曰:

> 王氏曰:「成王,武王之文子,文王之文孫。」

此引文與上述「佚文」重疊,當補入作為《新義》「佚文」來源資料。
又蔡沈《書集傳》卷五,經文下謂:

> 文子文孫者,成王,武王之文子,文王之文孫也。成王之時,法度彰,禮樂著,守成尚文,故曰文。

此前段直用王氏訓解之言,後段「守成尚文」即是「守成則無所用武」之意;可見實用王氏《新義》為說以解經。

【佚文】（四七七）「（惟正是乂之，）正一而不可變，是變而不可常；守正所以立本，從是所以趨時。」（全解卷三五頁二三）

【評】宋林之奇曰：「楊龜山辯之（王安石說），以為『是』與『則具是、依是違』之『是』同。而陳少南之說，尤為簡易可用，曰：『惟正是乂之』者，伸前『末惟成德之彥以乂我受民』之言也。乂民之術非他也，正仰此成德之美士也。」（全解卷三五頁二三）

常伯、常任、準人。……宅乃事，宅乃牧，宅乃準。……任人、準夫、牧，作三事。……立事、準人、牧夫。……立事、牧夫、準人。

【佚文】（四七八）「此篇屢言『三宅』，而先後之序不同者，官使之際皆當致謹，初無一定之先後也。」（輯纂卷五頁五四，纂疏卷五頁四三，大全卷九頁二七）

【根祥案】

考之宋・東陽陳大猷《書集傳》卷十，總頁150下B，引有「王氏曰」佚文，其文曰：

> 王氏曰：「此篇屢言『三宅』，而先後之敘不同者，明官使之際，皆當極謹，莫知所先後也。」

此段引文與上述「佚文」相同，而詞語更順達，時代又較早，當以此引文為《新義》「佚文」之正。

自古商人，亦越我周文王，立政，立事：牧夫、準人，則克宅之，克由繹之，茲乃俾乂國。

【根祥案】

考之宋・東陽陳大猷《書集傳》卷十，總頁152下A，引有「王氏曰」佚文，其文曰：

> 王氏曰：「繹如繹絲，謂窮其端緒。」

此當補入為《新義》「佚文」。

又考陳櫟《纂疏》、董鼎《輯錄纂註》皆引及此段文字曰：

> 纂疏：陳氏曰：「繹如繹絲，謂窮其端緒。任之當矣，又紬繹之，詳其所行，考其所就，猶堯之『詢事考言』，舜之『明試』、『考績』也。[6]

陳櫟引以為上述「佚文」為陳大猷之言。而元・王天與《纂傳》則曰：

> 蔡氏曰：「又言自古及商人及我周文王，所以立政用三宅之道。繹如繹絲，謂窮其端緒也。」

王天與則以為乃蔡沈《書集傳》說。考查蔡沈《書集傳》並無如是之言，王天與蓋誤混王氏說與蔡沈說為一。又考陳大猷《書集傳》卷十，總頁152下A所引用原文，文曰：

> 王氏曰：「繹如繹絲，謂窮其端緒。」愚曰：「克宅」謂任之當也，又能從而紬繹之，謂詳其所行，考其所就，猶堯之「詢事考言」，舜之「明試」、「考績」也。

---

6 董鼎所引文字，與陳櫟大體相同，故省略。

可見陳櫟、董鼎所引文，實參照陳大猷原書，不別「王氏曰」、「愚（陳大猷）曰」，統謂之「陳氏曰」爾。經此考辨，可確實得知上述「佚文」，真乃王安石《新義》之文也。

　　考之宋・黃倫《尚書精義》卷四十三，引有「臨川曰」文一段，其文曰：

　　　　臨川曰：「克宅之，謂能使之安其職業也；克由之，謂能行其道也；克繹之，謂能思繹其言也。不能修己以敬，則賢人去之而小人在位，其能宅之乎？不能修己以敬，則自恣以易人，其能由之、繹之乎？

此段文字，當為王安石闡釋《尚書》義理之論述，當補入為《新義》「佚文」。

則罔有立政，用憸人，不訓于德，是罔顯在厥世。

【根祥案】

考之宋・東陽陳大猷《書集傳》卷十，總頁152下B，引有「王氏曰」佚文，其文曰：

　　　　王氏曰：「憸人，小有才而不知先王之大道者也。」

此引文當補入為《新義》「佚文」。

今文子文孫，（孺子王矣），其勿誤于庶獄，惟有司之牧夫。

【佚文】（四七九）「獄者政之終，牧者官之長；政舉其終，官舉其長，則無不舉矣。」（輯纂卷五頁四八，大全卷九頁三五）

【根祥案】

考之宋・林之奇《尚書全解》卷三十五，有論述曰：

> 而說者於言「準人牧夫」，則以「立事」為「常任」；言「庶獄
> 庶慎」，則以「是訓用違」為「庶言」。夫立事者即立政也，安
> 得以為常任之官，而以是訓用違為庶言，其鑿尤甚。至其特言
> 「庶獄牧夫」則又曰：「獄者政之終，牧者官之長；官舉其
> 長，政舉其終，則無不舉矣。」此皆強為之說也。

此文段之末節，與董鼎《輯錄纂註》所引全同，則林氏所稱「說
者」，當為王安石，是此段文字亦為《新義》佚文。應補入為「佚
文」來源資料，並為「評論」。

休茲，知恤鮮哉！……茲式有慎，以列用中罰。

【佚文】（四八〇）「立政之意，始於『知恤』，而終於『用中罰』
者，蓋知人而官，使之上上下下小大各任其職；不迪者，糾之以法。政之
所以立也。」（全解卷三五頁二六）

【評】宋林之奇曰：「王氏此言，蓋為新法地爾。」（全解卷三五頁二
六～二七）

〈周官〉

成王既黜殷命，滅淮夷，還歸在豐，作〈周官〉。

惟周王撫萬邦，巡侯甸，四征弗庭，綏厥兆民；六服群辟，罔不
承德，歸于宗周，董正治官。王曰：「若昔大猷，制治于未亂，

保邦于未危。曰：唐虞稽古，建官惟百；內有百揆、四岳，外有州牧、侯伯；庶政惟和，萬國咸寧。夏商官倍，亦克用乂。明王立政，不惟其官，惟其人。今予小子，祇勤于德，夙夜不逮，仰惟前代，時若訓廸厥官，立太師、太傅、太保，茲惟三公，論道經邦，燮理陰陽。官不必備，惟其人。少師、少傅、少保，曰三孤。貳公弘化，寅亮天地，弼予一人。冢宰掌邦治，統百官，均四海。司徒掌邦教，敷五典，擾兆民。宗伯掌邦禮，治神人，和上下。司馬掌邦政，統六師，平邦國。司寇掌邦禁，詰姦慝，刑暴亂。司空掌邦土，居四民，時地利。六卿分職，各率其屬，以倡九牧，阜成兆民。六年，五服一朝；又六年，王乃時巡，考制度于四岳，諸侯各朝于方岳，大明黜陟。」王曰：「嗚呼！凡我有官君子，欽乃攸司，慎乃出令；令出惟行，弗惟反；以公滅私，民其允懷。學古入官，議事以制，政乃不迷。其爾典常，作之師，無以利口亂厥官；蓄疑敗謀，怠忽荒政；不學牆面，蒞事惟煩。戒爾卿士，功崇惟志，業廣惟勤，惟克果斷，乃罔後艱。位不期驕，祿不期侈，恭儉惟德，無載爾偽。作德，心逸日休；作偽，心勞日拙。居寵思危，罔不惟畏，弗畏入畏。推賢讓能，庶官乃和，不和政厖。舉能其官，惟爾之能；稱匪其人，惟爾不任。」王曰：「嗚呼！三事暨大夫，敬爾有官，亂爾有政，以佑乃辟。永康兆民，萬邦惟無斁。」

六服群辟，罔不承德。

【佚文】（四八一）「近中國之夷狄承德，則國家閒暇，可以脩政刑之時。」（全解卷三六頁五）

【根祥案】

考之宋‧林之奇《全解》此段明確稱名引「王氏曰」之文，止有三

句，而林之奇對王氏說解之評論，涵蓋「五服」、「六服」之辨，「九州內、外」之證等，所論甚繁；則其所評論「佚文」範圍，當不止於此。今於《周禮集說》卷九上，引有「王氏曰」一段文字，其中明言針對《尚書·周官》「六服群辟，罔不承德」經文之解說。其文曰：

> 王氏曰：自侯服歲一見，至於要服，六歲一見，以遠近為之疏數之節也。使……、《書》之〈周官〉言「周王撫萬邦，巡侯甸，四征弗庭，綏厥兆民」，則曰「六服群辟，罔不承德」，至於「訓迪厥官」，則曰「六年，五服一朝」者，以侯、甸、男、采、衛而言也；「六服群辟，罔不承德」者，兼要服而言也。先王之制，中國五服，而〈周官〉言六者，蓋近中國之夷狄承德，則國家閒暇，可以明政刑之時也。方是時也，四征弗庭，其治未若制禮之際為已備矣，其限期止於五服而已。《周官》行人於六服之見，則及於要服者，則其治為尤詳於四征弗庭之時也。近中國之夷狄非特承德，而又能入貢以來見焉，則致禮以致太平者，此其極也。[7]

文段中亦含有上述「佚文」，同時對比林之奇所「評論」語言，正相對應。然則此段文字，自「六服群辟，罔不承德」者之後，蓋即王氏《尚書新義·周官》之說，引之以說《周禮》；而王氏《三經新義》之《書》、《詩》、《周禮》往往互相通解，而其文意完足，前後一貫，雖存于《周禮》說義，而視之為《尚書新義》「佚文」，當無不可。是以應取以為《尚書新義》「佚文」也。

【評】宋林之奇曰：「此言六（服）者，王氏以為近中國之夷狄，意

7　《周禮集說》，《四庫總目提要》云「不知撰者名氏」。此段文字亦見於宋·王昭宇《周禮詳解》卷三十三，以及宋·王應麟《通鑑地理通釋》卷一，「九畿、九服、六服、五服」條下，引「王氏曰」。

謂并『蠻服』數之。唐孔氏亦以『六服』不數夷鎮藩（蕃）與之
同。……周之王畿，在九服之外，不名曰『服』，安得謂之『六服』
乎？觀大行人載『侯服歲一見』，自此降殺至于『要服，六歲一見』；
要服即蠻服也。……至於夷服、鎮服，蕃服則總言曰『九州之外，謂
之蕃國，世一見』正此所謂『六服』，蓋指九州之內也。王氏……蓋
強為之說也。」（全解卷三六頁四～五）

立太師、太傅、太保，茲惟三公。論道經邦，燮理陰陽。官不必
備，唯其人。少師、少傅、少保，曰三孤。貳公弘化，寅亮天
地，弼予一人。

【佚文】（四八二）「師道嚴，傅道親，保則尤親；尤親則幾於褻而
不嚴。故師尊於傅，傅尊於保。」（全解卷三六頁九）

【評】宋林之奇曰：「此蓋強以其尊卑之等而為之說。觀此篇自『冢
宰』以下各有所掌，其職不同，而於三公同曰『論道經邦，燮理陰
陽』，於三孤同曰『貳公弘化，寅亮天地，弼予一人』，則其職無有
異，安得以其名有尊、親之義，以分其差等哉？漢表曰：『太師、太
傅、太保是為三公。』蓋參天子坐而議政，無不總統，故不以一職為
官名。既謂不以一職為官名，則安得以其名而區別之哉？」（全解卷
三六頁九～十）

【根祥案】

考之宋・黃倫《尚書精義》卷四十四，引有「林氏曰」文一段，其中
包含上述「佚文」在內。其文曰：

> 林氏曰：「君子與上下同流，人和則天地之和應；上下之理雖
> 殊，交感之情不異。今夫三公之官，**師道則尊，傅道則親，保**

則尤親，親則幾於褻而不嚴；故師尊於傅，傅尊於保；此三者，皆以道為事而佐王者也。

其文辭、說義與王安石風格相當一致，皆有「強生分別」之辭，然此與林之奇《全解》對比，除上述「佚文」外，其他論述皆不見林之奇《全解》載錄。未知「林氏曰」所指為誰？待考。

【佚文】（四八三）「號曰『公』者，『容』乃『公』之謂。大臣之義，當特立而無朋，故曰『孤』。」（全解卷三六頁十一）

【評】宋林之奇曰：「此亦緣名以生義。夫天子之臣，其上為公，其次為孤，其次又為卿，其次又為大夫，其次又為士，亦猶五等諸侯，曰公曰侯曰伯曰子曰男，皆假其名以別之，不必求其義也。後世於九州、十二牧之類，皆求其義於名，非也。」（全解卷三六頁十一）

【根祥案】

考之宋·黃倫《尚書精義》卷四十四有引「林氏曰」一段文字，其中包含此段「佚文」部分。其文曰：

> 林氏曰：……又曰：「天能天而不能地，地能地而不能天；孰主張是，孰維持是；必有主之者耳。大臣特立而無朋，故曰孤。」

此段引文與上一條「佚文」相似，皆謂之「林氏曰」而不見於林之奇《全解》，而內容又與王安石所論相同，亦足參照。

【佚文】（四八四）「貳，副也。」（纂傳卷三六頁三）

【佚文】（四八五）「化待道而後立，天地待陰陽而後立。論道而不

諭，然後弼。本在於上，末在於下，故公論道，孤洪（弘）化；公燮理陰陽，孤寅亮天地；公論於前，孤弼於後。」（全解卷三六頁十一，或問卷下頁四六）

【根祥案】

考之宋・東陽陳大猷《書集傳》卷十，總頁155上A-B，引有「王氏曰」佚文兩則，其文曰：

> 王氏曰：「《老子》云：『公乃王。』公與王同德。」
> 王氏曰：「化待道而後立，天地待陰陽而後立，論道而不諭，然後弼，故公論道而孤弘化；公燮理陰陽而孤寅亮天地；公論於前而孤弼於後也。」

前條不見於其他文獻，乃新獲得之《新義》「佚文」，可見王安石喜用《老子》之言附會為說也。後一條與上述「佚文485」相同，可補入作為《新義》「佚文」來源資料。

【評】宋林之奇曰：「此意謂三孤之職不若三公。果如是說，則以陰陽為本，以天地為末，可乎？以此一節觀之，則其說皆鑿矣。」（全解卷三六頁十一）

【評】宋陳大猷曰：「或問：王氏謂：……。林氏謂其鑿如何？曰：荊公穿鑿固多，至其的確處，不可例以為鑿而棄之。林氏多闢王氏，其疏暢條達處誠佳，然懲創之過，率略處，間亦不免，此類是也。不可不知。」（或問卷下頁四六）

【根祥案】

考之宋・黃倫《尚書精義》卷四十四有引「林氏曰」一段文字，文曰：

> 林氏曰：又曰：「天能天而不能地，地能地而不能天；孰主張
> 是，孰維持是，必有主之者耳。**大臣特立而無朋，故曰孤。化**
> **待德而後立，天地待陰陽而後立，此三公之任，特燮理陰陽**
> **耳。**至三孤之任，言寅亮天地者，惟道足以握造化之權，故先
> 陰陽而調之，惟德足以贊化育之妙，故後天地而奉之。天地之
> 化，不能無愆，我則範圍而罔棄，曲成而不遺，使自生自育，
> 若形若色，舉皆自遂而無天閼之患者，孰謂非寅亮之功乎。天
> 地之道，本以固存，我則輔相而罔闕，裁成而不虧，使亘古亘
> 今，作晝作夜，流通不窮而無凝滯之患者，孰謂非寅亮之德
> 乎。此則三孤之官所以不得不立也。

其中包含「佚文483」與「佚文485」部分，甚至「天能天而不能地，
地能地而不能天」之語，亦王安石所曾言及可以查考者，[8]可見此段
文字，與王安石之言論相當對應，而其文義與既知王安石所言思想體
系亦一致，足以參考對比。

又考之蔡沈《書集傳》卷六，註解此段經文曰：

> 孤，**特也；三少雖三公之貳而非其屬官，故曰孤。**天地以形言
> 化者，天地之用，運而無跡者也。《易》曰「範圍天地之化」
> 是也。弘者，張而大之；寅亮者，敬而明之也。公論道，孤弘
> 化；公燮理陰陽，孤寅亮天地；公論於前，孤弼於後。公孤之
> 分如此。

8　宋・李燾《續資治通鑑長編》卷二百四十八，記載曰：上曰：「能知奇正，乃用兵
之要。奇者天道也，正者地道也；地道有常，天道則變而無常，至於能用奇正，以
奇為正，以正為奇，則妙而神矣。」安石曰：「誠如此，天能天而不能地，地能地
而不能天；能天能地，利用出入，則所謂神也。神故能以奇為正；以正為奇也。」
註：王安石對見日錄十一月二十五日。

可見蔡沈註解《尚書》時，於王氏之說多所採用也。

冢宰掌邦治，統百官，均四海。

【佚文】（四八六）「為其以賦式理財為職，故曰『均』。」（全解卷三六頁十四）

【根祥案】

考之宋・東陽陳大猷《書集傳》卷十，總頁155下Ａ，引有「王氏曰」佚文，其文曰：

> 王氏曰：「均者，遠近多寡，各得其分之謂。」

此當補入為《新義》「佚文」，其文接續於「佚文486」之後，則文義更完足。今擬其文曰：

> 【佚文】為其以賦式理財為職，故曰「均」。「均」者，遠近多寡，各得其分之謂。

【佚文】（四八七）「周官一書，理財居其半，故以理財為冢宰之職。」（全解卷三六頁十四）

【評】宋林之奇曰：「均四海者，先儒曰『均平四海之內邦國』，是也；周官亦曰『以佐王均邦國』，而王氏曰：『……。』夫九賦斂財賄，九式均節財用。此特其一事而已。若夫均四海，則所言者，大非指此也。王氏謂：『……。』王氏置『制置三司條例』，議者皆譏其以天子之宰相而下行有司之事。此言蓋自為地爾。」（全解卷三六頁十四）

【根祥案】

考之宋・洪邁《容齋續筆》卷十六，有文曰〈《周禮》非周公書〉曰：

王安石欲變亂祖宗法度,乃尊崇其言(指《周禮》),至與《詩》、《書》均匹,以作《三經新義》。其序略曰:「其人足以任官,其官足以行法,莫盛乎成周之時;其法可施於後世,其文有見於載籍,莫具乎《周官》之書。自周之衰以至於今,太平之遺跡,掃蕩幾盡;學者所見,無復全經。於是時也,乃欲訓而發之,臣知其難也;以訓而發之之難,則又以知夫立政造事,追而復之之為難。」則安石所學所行,實於此乎出。遂謂「一部之書,**理財居其半**」。又謂「泉府,凡國之財用取具焉,歲終則會」,其出入而納其餘,則非特攉,兼并救貧阨,因以足國事之財用;夫然,故雖有不庭、不虞,民不加賦而國無乏事。」其後呂嘉問法之而置市易,由中及外,害徧生靈。嗚呼!二王託《周官》之名以為政,其歸於禍民一也。

此段文字批判王氏據《周禮》施政,設置市易等法以理財,而其效則害遍生靈,墮政禍民而已。此可列入「評論」條。

司徒掌邦教,敷五典,擾兆民。

【佚文】(四八八)「善教者,浹於民心而耳目無聞焉,以道擾民者也。不善教者,施于民之耳目而求浹於心,以道強民者也。擾之為言,猶山藪之擾毛羽,川澤之擾鱗介也,豈有制哉?自然焉(原作然,誤,參尚書埤傳改。)爾!強之為言,其猶囿毛羽、沼鱗介乎?一失其制,脫然逝矣!」(尚書日記卷十四頁四四~四五,尚書埤傳卷十四頁五,書傳彙纂卷十八頁三六)

【根祥案】

此段王樵《尚書日記》所載解釋《尚書》之論述文字,上不見於宋代

訓解《尚書》典籍所引，中不見元朝《尚書》學者所引用，及至明代
王樵《尚書日記》始引及之，則此段文字甚是可疑。經查考此文實出
自王荊公所為文章也。《臨川文集》卷六十九〈原教〉篇曰：

> 善教者，浹於民心而耳目無聞焉，以道擾民者也。不善教者，
> 施於民之耳目而求浹于心，以道強民者也。擾之為言，猶山藪
> 之擾毛羽，川澤之擾鱗介也，豈有制哉？自然然耳！強之為
> 言，其猶圉毛羽、沼鱗介乎？一失其制，脫然逝矣。

可見此段文字並非《尚書新義》之文，乃王荊公〈原教〉之篇。蓋王
樵為解說「擾兆民」之「擾」，而王安石〈原教〉篇中，適有「以道
擾民」之論說，遂節引此文用以註解〈周官〉篇「擾兆民」句；標為
「王介甫曰」未為錯誤，唯因《尚書新義》已亡逸，易使後人誤以為
乃《尚書新義》佚文。據上所考，則此段「佚文」本非《尚書》之
說，不當列入《尚書新義》佚文，止宜作參攷文義耳。

又考之宋・東陽陳大猷《書集傳》卷十，總頁155下A，於此段
經文之下，引有「王氏曰」佚文，其文曰：

> 王氏曰：「民無教則強閔而不順，教所以擾之使順也。」

此段引文當是王氏《新義》於經文「擾兆民」之解說，則前條王氏
〈原教〉之文，益知其非《新義》之文矣。當用此條補入為《新義》
「佚文」。

又蔡沈《書集傳》卷六，經文下曰：「擾馴也。……以馴擾兆民
之不順者，而使之順也。」其說義蓋謂「馴」者，使不順之民調矯使
順也，是亦採用王氏《新義》解經，故與二孔「以安和天下民眾，使
小大皆協睦」之說不同。

六年，五服一朝。又六年，王乃時巡；考制度于四岳，諸侯各朝于方岳。

【佚文】（四八九）「每一歲一服入見，五服有一年休息。又六年五服兩朝，然後王一巡狩，殷國也。」（纂疏卷六頁四，大全卷九頁四八，尚書埤傳卷十四頁八）

【根祥案】

考之宋・東陽陳大猷《書集傳》卷十，總頁156上B，引有「王氏曰」佚文，其文曰：

> 王氏曰：「周制：每期歲則一服入見，更六年而五服各一朝也。新安王氏曰：六年五服一朝，則有一年休息。詳見或問。又六年，則五服兩朝，王然後出巡，則十二歲矣。所以十二年一出而不患其疏者，蓋有行人、撢人之類，絡繹于道；王出不必頻而周知天下之故。春東、夏南、秋西、冬北，故曰時巡；考正制度于四岳之下，如虞帝巡狩然。」

據此條引文考之，可知「佚文489」乃撮節王氏之說而來，且明顯本之陳大猷《書集傳》抄錄以成，是以其中廁雜「新安王氏曰」：「有一年休息」[9]語句而不加區別。以此知之，古之學者引述他人文語，每多撮節，且時混淆誤載；欲加釐清，實屬不易。今當以陳大猷所引述「王氏曰」為「佚文」之正。擬其「佚文」如下：

> 【佚文】「周制：每期歲則一服入見，更六年而五服各一朝也。又六年，則五服兩朝，王然後出巡，則十二歲矣。春東、

---

9 考之陳大猷《書集傳或問》卷下，確有文曰：「第六歲則皆休息，正是六年五服一朝也。諸儒疑之過耳。」可見「一年休息」確為陳大猷之說。

夏南、秋西、冬北，故曰時巡；考正制度于四岳之下，如虞帝
巡狩然。所以十二年一出而不患其疏者，蓋有行人、撢
人之類，絡繹于道；王出不必頻而周知天下之故。」

又考宋・黃倫《尚書精義》卷四十四，有引「林氏曰」一段文
字，其文曰：

林氏曰：「虞舜之時，一年東方諸侯來朝，則赴禴祭之禮；二
年西方諸侯來朝，則赴祠祭之禮；三年南方諸侯來朝，則赴烝
祭之禮；四年北方諸侯來朝，則赴嘗祭之禮。至成周則異於
是，每歲則一服入見，故更六年而五服各一朝也；更十二年，
五服兩朝，王然後巡守。於春則東，於夏則南，於秋則西，於
冬則北，故諸侯各朝于方岳；王者於是觀四方之風俗，察政刑
之醇疵，考其行能，審其治績，修制度而增損之，使有便於時
而無負於民也。當是之時，十二歲一出而不患其疏者，蓋有大
行人、小行人、撢人之類，絡繹於道路，審究其利病；王不必
躬行而周知天下之故，殆如目之所睹，無可逃者。是使內外之
服，遠近之民，莫不向風也。

此段引文從內容觀之，與陳大猷所引幾乎無異，而文辭通順暢達，講
解詳盡，文采粲然可觀。能為此文者，必然深具經學與文學之功，方
可陳述此說，可為王氏《尚書》說之參考者也。
　　復考察夏僎《書解》，於經文下曰：

謂爾諸侯，六年則五服各一朝，謂五服每一年一服入覲，一年
則各休于其本國，故六年則五服各一朝。又六年，王乃時巡，
謂十二年五服各二朝，天子乃以四時而巡省于四方。四時，謂

春東夏南之類。然天下萬國，人君豈能徧至，故特四方方岳之
下，考其國之制度，如舜同度量、協時月之法，而諸侯則各朝
于其方岳之下，如東巡則諸侯畢朝于東岳，西巡則諸侯畢朝于
西岳也。人君則于其畢至，考其制度，有功則陟而升之，謂加
地進律也；無功則黜而責之，謂削地貶爵也。此又成王訓迪諸
侯之辭也。

其說解內容大致與上述「佚文」相似，可見其亦暗用王氏之說。

慎乃出令，令出惟行，弗惟反。

【佚文】（四九〇）「令出而反，民輕上而不信令矣。然必謹出令，
不至於反。」（輯纂卷六頁五，大全卷九頁四九）

【根祥案】

考之宋・東陽陳大猷《書集傳》卷十，總頁156下B，引有「王氏曰」
佚文，其文曰：

> 王氏曰：「令出而反之，則民輕上而不信令，亂之始也；然不
> 謹出令，則令必至於反。」

此段引文與上述「佚文」同而更詳順，當以此為《新義》「佚文」之
正。

【評】宋蘇軾曰：「令出不善，知而改之，猶賢于不反也。然數出數
改，則民不復信，上雖有善令，不行矣。故教以善令，非教其遂非
也。」（東坡書傳卷十六頁十二）

學古入官，議事以制，政乃不迷；其爾典常作之師，無以利口亂厥官。

【根祥案】

考之宋‧東陽陳大猷《書集傳》卷十，總頁156下B，引有「王氏曰」佚文，其文曰：

> 王氏曰：「學古以入官，議事以時王之制，則政識所嚮而不迷矣。然而當務以典常為師。」

此段引文乃新得之《新義》「佚文」，當補入。

【評】宋蘇軾曰：「春秋傳曰：鄭子產鑄刑書，晉叔向譏之曰：『昔先王議事以制，不為刑辟。』其言蓋取諸此也。先王人、法並任，而任人為多，故律設大法而已，其輕重之詳，則付之人；臨事而議，以制其出入，故刑簡而政清。自唐以前，治罪科條，止于今律令而已。人之所犯，日變無窮，而律令有限；以有限治無窮，不聞其有所闕，豈非人、法兼行，吏猶得臨事而議乎？今律令之外，科條數萬，而不足于用，有司請立新法者，日益而不已。嗚呼！任法之弊，一至于此哉！」（東坡書傳卷十六頁十二）

【評】元陳櫟曰：「成王訓官，以學勉之，以不學戒之。學古而後入官，則當官議事必能以古制裁酌之，庶酌古通今而政不迷矣。然世亦有好古而至於好異者，如荊公是也。……」（纂疏卷六頁五）

蓄疑敗謀。

【評】宋蘇軾曰：「人主聞讒言不即辨而藏之中，曰『蓄疑敗謀』，害政無大于此者。」（東坡書傳卷十六頁十三）

【根祥案】

考之宋・東陽陳大猷《書集傳》卷十一，總頁157上A，亦引有蘇軾此文曰：

> 蘇氏曰：「聞讒言不即辨而藏之中，曰『蓄疑』，其敗謀害政，無大於此者。」

蘇軾原文前段，止言及「讒言不即辨而藏之中」，其義所涵蓋唯有「蓄疑」，不及「敗謀」；而又據陳大猷引文中，有多一「其」字，足見「蓄疑」與「敗謀」並不連綴。故此文句之標點，應當修正如陳大猷所引文。

戒爾卿士。

【佚文】（四九一）「卿士職業異於士大夫，故別為之戒。」（全解卷三六頁二一）（彙纂卷十八）

【根祥案】

考之林之奇《全解》引用「王氏」《新義》文外，亦有加以評比者，其文曰：

> 王氏曰：「卿士職業異於士大夫，故別為之戒。」不如先儒曰「此戒凡有官位；但言卿士，舉其掌事者」。其為說簡易。

林氏以王氏與先儒比較以見其優劣，即是其評騭之語，當列入「評論」，以便讀者知悉。

又考宋・黃倫《尚書精義》卷四十四，有引「林氏曰」文一段，

其文曰：

> 林氏曰：「坐而論道謂之三公，作而行之謂之大夫。**卿士職業異於士夫，故別為之戒。**不自立者無以與天下之務，不自勉者無以成天下之功，游豫不正者安能定事，苟簡自棄者自遺其咎。

所引文中亦包含王氏「佚文」，可當為參考資料。

功崇惟志，業廣惟勤，惟克果斷，乃罔後艱。

【佚文】（四九二）「功以智（原作志，涉經文誤，據輯纂本卷六頁五改正。）崇，業以仁廣，斷以勇克，此三者，天下之達道也。」（蔡傳卷六總頁一二二）

【根祥案】

考之宋・東陽陳大猷《書集傳》卷十，總頁157上B，引有「王氏曰」佚文兩則，其文曰：

> 王氏曰：「周公思兼三王，所謂志也；夜以繼日，所謂勤也。」
> 王氏曰：「功以志崇，業以勤廣，斷以勇克；三者，天下之達道也。」

此第一則不見其他學者引用，乃新得《新義》「佚文」，當補入。至於第二則與「佚文492」相同；「佚文492」引自蔡沈《書集傳》，原文作「功以志崇」，《輯考彙評》據元代以後引文論說，以為當作「功以智崇」，遂改之。然考之上述兩條引文，皆謂之「志」、「勤」而非「智」、「仁」。更考宋・黃倫《尚書精義》卷四十四引張綱之言曰：

張氏曰:「所以濟者謂之功,所以成功者謂之業。**功以志崇**,若夫柔懦而無志,則功無自而崇;**業以勤廣**,若夫怠惰而不勤,則業無自而廣矣。知所以崇功廣業,又在夫及時。若夫猶豫失時,不能無後患也。且天下之事,當成於敢為,發於莫之為;則將欲建功業者,故不可不果斷,惟果斷足以有行,然後可以無後患也。

張綱《書說》一遵王氏,而其說仍作「**功以志崇**」「**業以勤廣**」而非「智」「仁」。可見宋代學者引用王氏之文皆作「**功以志崇**」「**業以勤廣**」而非「智」「仁」。迨及元代,學者論述王氏此文,有見於「此三者天下之達道也」之句,於是思以《中庸》「三達德」「智、仁、勇」為之說。如元·王充耘《書義矜式》卷六〈周官〉解曰:

傳曰:「**功以志崇,業以仁廣,斷以勇克。知、仁、勇,三者天下之達德也;豈特卿士為然。**

陳櫟、董鼎亦然。元·史伯璿《管窺外篇》卷下〈雜辨〉云:「《書·周官》『功崇惟志』,傳『王氏曰:功以智崇』。按今本多作『功以志崇』者,誤。」明朝王樵復就此加以評擊(見下【評】),以為非是。

　　然考之王安石所謂「三者天下之達道」,其意未必即指《中庸》之「智、仁、勇」三達德也。觀乎王荊公《臨川文集》卷六十七〈王霸〉篇曰:

仁、義、禮、信,天下之達道,而王霸之所同也。夫王之與霸,其所以用者則同,而其所以名者則異,何也?……王者之道,其心非有求于天下也,所以為仁、義、禮、信者,以為吾所當為而已矣。以仁、義、禮、信修其身而移之政,則天下莫

　　不化之也。是故王者之治，知為之于此而不知求之于彼，而彼
　　固以化矣。

可見王氏並非必以「天下之達道」為「智、仁、勇」，亦可以為
「仁、義、禮、信」，當然亦可為「志、勤、勇」也。據此而論，則
王氏此段《新義》「佚文」，當以陳大猷所引為正確。

【評】明王樵曰：「王氏智仁勇之說，似非本意。」（尚書日記卷十四
頁五六）

【根祥案】

根據上述分析而得，王氏之說原本即為「功以志崇，業以勤廣，斷以
勇克：三者天下之達道也」，後世改為「智、仁、勇」，遂使學者誤會
而發評論，可以置之不顧矣。王樵之評論，亦見於氏著《方麓集》卷
十五。

位不期驕，祿不期侈。恭儉惟德，無載爾偽。

【根祥案】

考之宋・東陽陳大猷《書集傳》卷十，總頁157上B，引有「王氏曰」
佚文，其文曰：

　　王氏曰：「功業既成，則戒於驕侈。」

此則「佚文」不見於其他文獻引用，當補入為《新義》「佚文」。

無載爾偽。

【佚文】（四九三）「人為之謂偽。」（考古質疑卷三頁十六）

作德心逸日休，作偽心勞日拙。居寵思危，罔不惟畏，弗畏入畏。

【根祥案】

考之宋・東陽陳大猷《書集傳》卷十，總頁157下Ａ，引有「王氏曰」佚文，其文曰：

> 王氏曰：「心雖逸而德日起，所以為休；心雖勞而偽日彰，所以為拙。」

此則引文不見其他文獻，當補入為《新義》「佚文」。

推賢讓能，庶官乃和；不和，政厖。舉能其官。惟爾之能；稱匪其人，惟爾不任。

【佚文】（四九四）「道二，義、利而已。推賢讓能，所以為義。大臣出於義，則莫不出於義，此庶官所以不爭而和，蔽賢害能，所以為利。大臣出於利，則莫不出於利，此庶官所以爭而不和。庶官不和，則政必雜亂而不理矣。稱亦舉也。所舉之人，能修其官，是亦爾之所能。舉非其人，是亦爾不勝任。古者大臣以人事君，其責蓋（據纂傳引補）如此。」（蔡傳卷六總頁一二二，纂傳卷三六頁六）

【根祥案】

考之明・丘濬《大學衍義補》卷十一亦引用此文，當補入為《新義》「佚文」來源資料。

皋成兆民。……（王曰：嗚呼三事暨大夫，敬爾有官，亂爾有政。以佑乃辟），永康兆民，萬邦惟無斁。

【佚文】（四九五）「天之所以立君，君之所以設官分職者，凡以安民而已。民永安，則萬邦戴上，無厭斁矣。」（書傳會選卷六頁七）

【根祥案】

《輯考彙評》所列出經文，以「皋成兆民」起首，中間經文相隔甚遠，於理似乎不當如此。而此段訓解文字，其實僅涵蓋〈周官〉末節而已。宜將「皋成兆民」刪除。

　　傳世文獻中，此段引文僅見於《書傳會選》，甚可珍惜，亦甚可疑也。今考之宋・東陽陳大猷《書集傳》卷十，總頁157下B，引有「王氏曰」佚文，其文曰：

> 王氏曰：「天之所以立君，君之所以設官分職者，凡以安民而已，民永安則萬邦戴上，無厭斁矣。」

可知此引文確實為王安石《新義》之文，或《會選》編纂時，陳大猷《書集傳》尚有流傳，故得而引用。而陳大猷引王氏之說，其文亦置於〈周官〉文末一節，未涵蓋「皋成兆民」之經文。

　　更考宋・黃倫《尚書精義》卷四十四，引有「臨川曰」一段文字曰：

> 臨川曰：「自下助上謂之佐，自上助下謂之佑。今此申飭群臣，而曰『佑乃辟』者，蓋屈己尊賢畏眾之辭。天之所以立君，而君所以設官分職者，皆以安民而已；民安則天下樂推而不厭。」

此段「臨川曰」之言，其中亦涵蓋上述「佚文」而又更詳盡，當為王安石之言，以此「臨川曰」文為主，整合為更完備之「佚文」如下：

> 【佚文】自下助上謂之佐，自上助下謂之佑。今此申飭群臣，而曰『佑乃辟』者，蓋屈己尊賢畏眾之辭。天之所以立君，君之所以設官分職者，凡以安民而已，民永安則萬邦戴上，無厭斁矣。

尚書周官篇通義。

【佚文】（四九六）全篇文意皆相續。（全解卷三六頁二五）

【評】宋林之奇曰：「……予竊謂成王之言，是亦散而不一，一言一藥，皆足以治天下之公患。而王氏之說，以其文意相續，雖其說之不至於此者，亦求其所以為說，殊不知其言散而不一也。」（全解卷三六頁二五～二六）

〔附〕汩作、亳姑等逸篇通義

【評】宋林之奇曰：「王氏解經，善為鑿說，凡義理所不通者，必曲為鑿說以通之，其間如占夢教射者常矣，而於逸書未嘗措一辭，皆闕而不論，此又王氏之所長，而為近世法者也。」（全解卷三頁二六）

〈君陳〉

周公既沒，命君陳分正東郊成周。作〈君陳〉。

王若曰：「君陳，惟爾令德孝恭，惟孝，友于兄弟，克施有政。命汝尹茲東郊，敬哉！昔周公師保萬民，民懷其德；往慎乃司，

茲率厥常，懋昭周公之訓，惟民其乂。我聞曰：『至治馨香，感于神明。黍稷非馨，明德惟馨。』爾尚式時周公之猷訓，惟日孜孜，無敢逸豫。凡人未見聖，若不克見；既見聖，亦不克由聖；爾其戒哉！爾惟風，下民惟草；圖厥政，莫或不艱，有廢有興，出入自爾師虞，庶言同則繹。爾有嘉謀嘉猷，則入告爾后于內，爾乃順之于外。曰：斯謀斯猷，惟我后之德。嗚呼！臣人咸若時，惟良顯哉。」王曰：「君陳，爾惟弘周公丕訓，無依勢作威，無倚法以削；寬而有制，從容以和。殷民在辟，予曰辟，爾惟勿辟；予曰宥，爾惟勿宥；惟厥中。有弗若于汝政，弗化于汝訓，辟以止辟，乃辟。狃于姦宄，敗常亂俗，三細不宥。爾無忿疾于頑，無求備于一夫。必有忍，其乃有濟；有容，德乃大。簡厥修，亦簡其或不修；進厥良，以率其或不良。惟民生厚，因物有遷；違上所命，從厥攸好。爾克敬典在德，時乃罔不變，允升于大猷，惟予一人膺受多福，其爾之休，終有辭於永世。」

命汝尹茲東郊。

【佚文】（四九七）「尹，即所謂『分正』也。」（纂傳卷三七頁一）

至治馨香，感于神明。

【佚文】（四九八）「言『神』則知『明』之為人，言『明』則知『神』之為幽。」（全解卷三六頁三一）

【評】宋林之奇曰：「成王言此者，蓋謂君陳欲商民之感慕，惟在於德；德之馨香，可以感于神明，豈商民之難化哉？王氏之說，分『神』、『明』為二。……觀楊子曰『心之潛也，天地神明猶將測之，而況於人乎？況於事倫乎』？此言『神明』而又言『人』，則不當分為二也。」（全解卷三六頁三一）

【根祥案】

考之宋・衛湜《禮記集說》卷九十七〈樂記〉「禮樂，偩天地之情，達神明之德」下，引文曰：

> 嚴陵方氏曰：「偩者，言負之而行也。苟非其人，道不虛行。言『神』則知『明』之為人，言『明』則知『神』之為幽。」

此段引文後兩句，即是「佚文498」王氏之說。衛湜《禮記集說》書前有〈集說名氏〉，說明「嚴陵方氏」之學術背景，謂：嚴陵方氏慤，字性夫，方氏於《禮記》之書，解義最為詳悉，有補初學，然雜以《字說》，且多牽合，大為一書之累；而方氏自序亦謂諸家之說於「王氏有合者，悉取而用之」。可見方慤亦為王安石學說之遵循者也。

昔周公師保萬民　至　爾其戒哉！

【佚文】（四九九）「此章教君陳法周公修德。」（纂傳卷三七頁二）

【根祥案】

考之宋・東陽陳大猷《書集傳》卷十一，總頁158下A，有引文一段，其文曰：

> 新安王氏曰：「為政本於德，此章教君陳法周公修德也。」

此段引文與上述王天與《纂傳》所引「佚文499」相同，而其實為「新安王氏」之言，非王安石《新義》文。王天與蓋漏引「新安」二字，或直以「王炎」稱「王氏」，遂生誤會。然則此「佚文」當予以刪除。

爾有嘉謀嘉猷，則入告爾后于內。

【佚文】（五〇〇）「議而決之謂之『謀』，擬而圖之謂之『猷』。」
（夏解卷二三頁六）

【評】宋夏僎曰：「此蓋因其有『謀』、『猷』之別，故從而為之說。
要之，謀猷總是議論也。」（夏解卷二三頁六）

【根祥案】

考之黃倫《尚書精義》卷四十五，於此經文下，引「林氏曰」一段文
曰：

> 林氏曰：「善則稱君，惡則稱己者，臣下之美事。臣能歸美以
> 報其上者，臣下之當然。夫人之愛君者，豈特貪天之功，以為
> 己有？蓋世之能，以為己分？必有謀焉，則義而決之；必有猷
> 焉，則擬而圖之。入告其君，使稱其德，意非我之所能如此，
> 此我后之德也。」

此「林氏」並非林之奇。而此段論述，明顯據王荊公義理為主軸，加
以發揮解經。

爾惟風，下民至臣人咸若時，惟良顯哉！

【佚文】（五〇一）「良，言其善；顯，其言善之昭著也。」（纂傳卷
三七頁三）

【根祥案】

考之元・王天與《尚書纂傳》此段引文，雖云「王氏曰」，而對比陳

櫟、董鼎之書，亦有相同文句，然未稱「王氏曰」。陳櫟《纂疏》卷六引文曰：

> 〈纂疏〉：陳氏大猷曰：「臣人猶言人臣。良，善也。顯，善之昭著也。」

董鼎《輯錄纂註》卷六引此文曰：

> 〈纂註〉：陳氏大猷曰：「臣人猶言人臣。」王氏炎曰：「良，言其善；顯，言其善之昭著也。」

《書經大全》、《書經傳說彙纂》蓋引錄字董鼎《輯錄纂註》，故皆作「王氏炎曰」。今考之陳大猷《書集傳》卷十一，總頁158下B有相同之文字曰：

> 愚曰：臣人，猶言人臣也。新安王氏曰：「良，言其善；顯，言其善之昭著也。」

據此可知，陳櫟引文，總括皆以為乃陳大猷之意，不別何人所言。董鼎則依照原文抄錄，各皆稱名，「愚曰」為「陳大猷」，「新安王氏」作「王氏炎」。王天與或於抄錄時脫漏「新安」二字，或「王炎」亦可稱「王氏」；以此貽後人惑亂也。是此「佚文」乃「新安王氏」王炎之言，非王氏《新義》文，故當予刪除。

【佚文】（五〇二）「此章教君陳以為政。」（纂傳卷三七頁二）

【根祥案】

考之宋・東陽陳大猷《書集傳》卷十一頁11，總頁158下B，有引文一

段，其文曰：

　　　新安王氏曰：「此教君陳以為政也。」

如此註解《尚書》方式，乃王炎註經風格，見諸陳大猷書中所引文甚
夥。則此段「佚文」乃王炎之說，並非王氏《新義》佚文，當予刪除。

懋昭……。式……。弘……。丕訓。

【佚文】（五〇三）懋昭、式、弘三者有異同，猷訓、丕訓二者亦有
異同。（全解卷三六頁三五）

【根祥案】

考之宋・東陽陳大猷《書集傳》卷十一，總頁159上A，有引文一
段，其文曰：

　　　王氏曰：「此下告政之節目也。廣而大之謂之弘。」

此「廣而大之謂之弘」，即《新義》「弘」字之訓義。此段引文當補入
為《新義》「佚文」。又王安石曾上〈乞改三經義誤字劄子〉，其中
〈洪範〉篇有曰：「擴而大謂之弘，積而大謂之丕，合而大謂之
洪。」其中「洪」「丕」二字之訓解於此可以參看。

【評】宋林之奇曰：「成王之於君陳，其意亦以守周公之舊而不少變
望之，故其言諄諄如此——或曰『懋昭』、或曰『式』、或曰『弘』、
或曰『猷訓』、或曰『丕訓』：其實一也。王氏皆從而為之辨其異同，
寧能免於鑿乎？」（全解卷三六頁三五）

王曰：「君陳！爾惟弘周公丕訓　至　以率其或不良。」

【佚文】（五〇四）「此剛柔相濟、仁義並行之道。忍，所以為義，故能濟；容，所以為仁，故能大。」（全解卷三六頁三八）

【評】宋蘇軾曰：「有殘忍之忍，有容忍之忍，春秋傳曰『州吁阻兵而安忍』，此殘忍之忍；孔子曰『小不忍則亂大謀』，此容忍之忍也。古今語皆然，不可亂也。成王指言三細不宥，則其餘皆當宥之，曰『必有忍其乃有濟』者，正孔子所戒，小不忍則亂大謀者也。而近世學者乃謂當斷不可以不忍，忍所以為義。是成王教君陳果于刑殺，以殘忍為義也。夫不忍人之心，人之本心也。故古者以不忍勸人，以容忍勸人也，則有之矣，未有以殘忍勸人者也。不仁之禍，至六經而止，今乃析言誣經，以助發之，予不可以不論。」（東坡書傳卷十六頁十七）

【評】宋林之奇曰：「蓋王氏之解經，多以『忍』為『義』，亦多以『仁』，『義』對說，如今立政篇『容德』、『義德』，亦曰：『……。』（已見立政篇，佚文第四七一條。）故龜山辯之曰：『……。』（已見立政篇，佚文第四七一條。）蘇軾曰：『……。』（參上條蘇軾評）此蓋指王氏以為言，如以『忍』為『義』，此申韓之言，豈六經之訓哉？」（全解卷三六頁三八〜三九）

【根祥案】

考之宋·晁說之《儒言》書中，有評論王安石「忍」說者，其文曰：

　　「必有忍，其乃有濟；有容，德乃大」，忍之異乎容者，幾希。忍於須臾，而大或不能容者，有矣；大無不容，而小不忍者，亦有矣。故君子必並用也。或以「殘忍」曰是「義德」

　　也。既不知義，抑又酷而不忍，非周公所以誥君陳者。

此明顯批評王氏〈君陳〉文，以「殘忍」為「義德」之說。可以補入為《新義》之「評論」。

【佚文】（五〇五）「修，謂其職業。良，謂其行義。職業有修與不修，當簡而別之，則人勸功。進行義之良者，以率其不良，則人勵行。」（蔡傳卷六總頁一二三）

【根祥案】

考之明・丘濬《大學衍義補》卷八十二引有「王安石曰」相同「佚文」，當補入為「佚文」來源資料。又黃倫《尚書精義》卷四十五，引張綱之論述曰：

　　　　張氏曰：「修，見於所為者也；良，出於所性者也。見於所為者，有修有不修，簡其修者，則不修者知所勸。出於所性者，有良有不良，進其良者，則不良者知所勵。

其說乃據王氏《新義》發揮，可以參考。又明・丘濬《大學衍義補》卷八十二引有相同之文段，蓋錄自蔡沈《書集傳》者也。

【佚文】（五〇六）「此章告以政之節目。」（纂傳卷三七頁三）

【根祥案】

考之宋・東陽陳大猷《書集傳》卷十一，總頁159上A，引有「王氏曰」文一段，其文曰：

　　　　王氏曰：「此下告政之節目也。廣而大之謂之弘。」

此段「佚文」較《纂傳》更優，時代更早，且可知此句當置於經文「爾惟弘周公丕訓」之下，總述其義。故當併入「佚文503」，而此條目取消。

惟民生厚　　至　　終有辭於永世。

【佚文】（五〇七）「末章又歸於修德。」（纂傳卷三七頁三）

【根祥案】

考之宋・東陽陳大猷《書集傳》卷十一，總頁159下B，有引文一段，其文曰：

> 新安王氏曰：「前言為政之方悉矣，此又歸於修德，蓋德者政之本也。」

據此知「歸於修德」之言，乃王炎所陳述者，非王氏《新義》佚文，當予以刪除。

〈顧命〉

成王將崩，命召公、畢公率諸侯相康王。作〈顧命〉。

惟四月，哉生魄。王不懌。甲子，王乃洮頮水，相被冕服，憑玉几；乃同召太保奭、芮伯、彤伯、畢公、衛侯、毛公、師氏、虎臣、百尹、御事。王曰：「嗚呼！疾大漸，惟幾，病日臻；既彌留，恐不獲誓言嗣，茲予審訓命汝。昔君文王、武王，宣重光，奠麗陳教，則肄；肄不違，用克達殷，集大命。在後之侗，敬迓天威，嗣守文武大訓，無敢昏逾。今天降疾，殆弗興弗悟，爾尚

明時朕言，用敬保元子釗，弘濟于艱難。柔遠能邇，安勸小大庶邦。思夫人自亂于威儀，爾無以釗冒貢于非幾。」茲既受命還，出綴衣于庭。越翼日乙丑，王崩。太保命仲桓、南宮毛，俾爰齊侯呂伋，以二干戈、虎賁百人，逆子釗於南門之外，延入翼室，恤宅宗。丁卯，命作冊度。越七日癸酉，伯相命士須材，狄設黼扆綴衣。牖間南嚮，敷重篾席、黼純、華玉、仍几。西序東嚮，敷重底席、綴純、文貝、仍几。東序西嚮，敷重豐席、畫純、雕玉、仍几。西夾南嚮，敷重筍席、玄紛、純漆、仍几、越玉五重。陳寶：赤刀、大訓、弘璧、琬琰，在西序。大玉、夷玉、天球、河圖，在東序。胤之舞衣、大貝、鼖鼓，在西房。兌之戈、和之弓、垂之竹矢，在東房。大輅在賓階面，綴輅在阼階面，先輅在左塾之前，次輅在右塾之前。二人雀弁，執惠，立于畢門之內。四人綦弁，執戈上刃，夾兩階戺。一人冕，執劉，立于東堂。一人冕，執鉞，立于西堂。一人冕，執戣，立于東垂。一人冕，執瞿，立于西垂。一人冕，執銳，立于側階。王麻冕黼裳，由賓階隮。卿士、邦君麻冕蟻裳，入即位。太保、太史、太宗皆麻冕肜裳。太保承介圭，上宗奉同瑁，由阼階隮。太史秉書，由賓階隮。御王冊命。曰：「皇后憑玉几，道揚末命：命汝嗣訓，臨君周邦，率循大卞，爕和天下，用答揚文武之光訓。」王再拜，興，答曰：「眇眇予末小子，其能而亂四方，以敬忌天威。」乃受同、瑁。王三宿、三祭、三咤。上宗曰：「饗。」太保受同，降，盥，以異同秉璋以酢，授宗人同，拜；王答拜；太保受同，祭、嚌、宅。授宗人同，拜；王答拜。太保降收，諸侯出廟門俟。

昔君文王、武王宣重光，奠麗陳教，則肄；肄不違，用克達殷，集大命。

【根祥案】

考之宋・東陽陳大猷《書集傳》卷十一，總頁161上B，引有「王氏曰」佚文一段，其文曰：

> 王氏曰：「《易》曰：『重明麗乎正，乃化成天下。』『宣重光』，所謂重明也。『奠麗』，所謂麗乎正也。『陳教』，所謂化成天下也。」

此為新得王氏《新義》「佚文」，當補入。又宋・黃倫《尚書精義》卷四十六，引張綱之說曰：

> 張氏曰：「文王之德，能光于四方；至武王，又能廣文王之教，而昭先人之功；此所以為宣重光也。宣其光則揮散而不掩，重其光則繼續而不絕。〈舜典〉之言重華，〈離〉卦之言『繼明』，皆宣重光之謂也。」

王荊公嫻於經典，諸經皆通貫；此用《易經・離卦》以解說，可謂巧成其義矣。而張綱更發揮「重光」之說，有引〈舜典〉補充，皆是用王氏之說也。足可參考。

出綴衣于庭。

【佚文】（五〇八）「綴衣，其衣連綴，帷幄之屬，在旁曰『帷』，在上曰『幕』，四合象宮室曰『幄』。幄上承塵曰『幬』。庭，路寢之庭。」（輯纂卷六頁十二，書蔡氏傳旁通卷六上頁十四，大全卷九頁六九）

逆子釗於南門之外。

【佚文】（五〇九）「稱『子』者，所以正名，明父、子繼世之義；稱『名』，未成君也。王宮南向；南門，王宮之外門也。」（輯纂卷六頁十三，纂疏卷六頁十二，大全卷九頁七十，書傳彙纂卷十九頁二四）

丁卯，命作冊度。

【佚文】（五一〇）「喪禮：厥明而小斂，又厥明而大斂，尊卑皆同。丁卯，大斂後也。」（纂傳卷三八頁四，書傳彙纂卷十九頁二五）

【根祥案】

考之明‧劉三吾《書傳會選》卷六，亦引此段文字曰：

> 新安王氏曰：「凡喪禮，厥明而小斂，又厥明而大斂，尊卑皆同。『丁卯，命作冊度』，既大斂之後也。」

《書傳會選》引用此文，明言乃「新安王氏」王炎之言，而非王安石之說。察乎《書傳會選》書中所引「王氏曰」之文，往往出於前人所引之外，而所引逸出佚文，皆見於陳大猷《書集傳》中，如「佚文350」、「佚文495」是也；而查考陳大猷《書集傳》，此段經文適殘缺，不能得而見；而劉三吾確然稱之「新安王氏」，當有所據，蓋或即據陳大猷《書集傳》也。然則王天與《尚書纂傳》所引文，實非「王氏曰」而乃「新安王氏曰」也。據此，則此段「佚文」當予刪除。

狄設黼扆、綴衣至次輅在右塾之前。

【佚文】（五一一）「（越玉重至垂之竹矢在東南）宗社守器，明前王所守、後王所受，皆在是也。」（輯纂卷六頁十四，大全卷九頁七四，書傳彙纂卷十九頁三十）

【根祥案】

考之宋・東陽陳大猷《書集傳》卷十一，總頁162下A，有引文一段，其文曰：

> 新安王氏曰：「天子有天下之大，必有天下之寶，出於歷代所傳，以為宗社之守器，是以王崩，嗣子繼統，出而陳之，以明前王所守，後王所受者在是也。古者諸侯有國，猶各有寶，如魯有夏后之璜、封父之弓、衛有大輅、密須之鼓，盜竊寶玉大弓，《春秋》譏其失守，觀此則陳寶之意可見矣。」

可見董鼎書所引文，出於「新安王氏」王炎，而非王安石《新義》。據此，則此段「佚文」應予刪除。

【佚文】（五一二）「先輅為木輅，次輅為革輅、象輅。謂其行也，貴者宜自近，賤者宜遠之。王乘玉輅，綴之以金；最遠者木，故木輅謂之先輅。」（全解卷三七頁二十）

【評】宋林之奇曰：「木輅最為五輅之下，而以為先，故其說不免於鑿也。」（全解卷三七頁二十）

【根祥案】

考之宋・蔡沈《書集傳》卷六，解釋此段經文曰：

大輅，玉輅也。綴輅，金輅也。先輅，木輅也。次輅、象輅，
革輅也。王之五輅，玉輅以祀不以封，為最貴；金輅以封同
姓，為次之；象輅以封異姓，為又次之；革輅以封四衛，為又
次之；木輅以封蕃國，為最賤。其行也，貴者宜自近，賤者宜
遠也。王乘玉輅，綴之者金輅也，故金輅謂之綴輅。最遠者木
輅也，故木輅謂之先輅，以木輅為先輅，則革輅、象輅為次輅
矣。賓階，西階也。

對照王氏之說，則可知蔡沈《書集傳》之言，多取於王氏《新義》者。

【佚文】（五一三）「所設之物、所陳之器，在左在右，或東或西，
於房於序，各皆有其義。如赤刀、大訓、弘璧、琬、琰在西序者；
「在西則有取於義」，西序為「脩德之序」；大玉、夷玉、天球、河圖
在東序者，「在東則有取於仁」，東序為「為道之序」。「周之典籍缺
矣，其指有不可知者。」（全解卷三七頁二二～二三）

【評】宋林之奇曰：「王氏之解此篇，以為所設之物、所陳之器，皆
有其義。以至或在左、或在右、或在東、或在西、或在房、或在序，
皆義之所寓。其說之鑿，莫此為甚！如果有其義，則惠之立於畢門，
戈之夾兩階阤，皆當有其義也，王氏何為闕之哉？王氏謂『周之典籍
缺矣，其指有不可知者』。蓋可以傅會為之說，則以為有其義；不可
以傅會為之說者，則闕之也。夫古者先王之制器物，以行其禮儀，豈
茫茫然無有意指寓於其間哉？如左傳曰：『清廟茅屋，大路越席，大
羹不致，粢食不鑿，昭其儉也。』……若謂『在東則有取於仁，在西
則有取於義』，以至有『為道之序』，有『脩德之序』，牽合破碎，以
求配於仁義道德，必非先王之本意也。」（全解卷三七頁二二～二
三）

【根祥案】

考之宋‧黃倫《尚書精義》卷四十六，引張綱之說曰：

> 張氏曰：「王之崩，傳顧命於康王；所陳之器，所設之物，非苟以為玩好而華國也，蓋亦有義存焉。是故設几之屬者，以明靜而居者有其道；設車輅之屬者，以明動而行者有其道也。至於一左、一右、一東、一西、或在房、或在序，莫非至理之所寓；然則有天下而居之者，其可苟乎？」

張綱之言，規模而發揮王氏之說，正與林之奇所評論之內容相同；故此吾等雖不能得睹王氏原文，而其大概已可知矣。

越玉五重，陳寶。赤刀、大訓、弘璧、琬琰在西序；大玉、夷玉、天球、河圖在東序；胤之舞衣、大貝、鼖鼓在西房；兌之戈、和之弓、垂之竹矢在東房。

【根祥案】

考之宋‧東陽陳大猷《書集傳》卷十一，總頁162下A，引有「王氏曰」佚文一段，其文曰：

> 王氏曰：「玉，所以象德也。大訓、河圖，道之所在也。赤刀、鼖鼓、弓矢，武事之所用也。舞衣，樂之具也。大貝，利之盡也。」

此段引文當補入為《新義》「佚文」。此文謂「玉，所以象德」，正可印證「佚文513」所言「弘璧、琬、琰在西序者；在西則有取於義，

西序為脩德之序」又謂「大訓、河圖，道之所在」，正可印證「天球、河圖在東序者，在東則有取於仁，東序為為道之序」。

又黃倫《尚書精義》卷四十六，引張綱之言曰：

> 張氏曰：「《周官‧天府》掌祖廟之守藏，與其禁令；凡國之玉鎮大寶器藏焉。若有大祭、大喪，則出而陳之；既事，藏之。凡此示其為之先者能傳所寶，為之後者能守所傳。然則自『越玉五重，陳寶』而下，所陳先王之寶器也。天數五，地數五；天地之所以成變化，行鬼神，不過於此；則人得之以為德，其數亦五而已。所謂『越玉五重』者，所以象德也。

此云「玉，所以象德」，正王氏之說也，其他文說，可以參考。

王麻冕黼裳，由賓階隮。卿士邦君，麻冕蟻裳，入即位。太保、太史、太宗，皆麻冕彤裳。太保承介圭，上宗奉同、瑁，由阼階隮。太史秉書，由賓階隮，御王冊命。

【根祥案】

考之宋‧東陽陳大猷《書集傳》卷十一，總頁163下A，引有「王氏曰」文兩段，其文曰：

> 王氏曰：「同以祭先王。」
> 王氏曰：「三者皆傳器也。」

此兩則引文，當補入為《新義》「佚文」。

太保……受宗人同；拜，王答拜。祭、嚌、宅。授宗人同；拜，王荅拜。

【佚文】（五一四）「（答拜，）因太保拜而對拜。」（纂疏卷六頁十六）

【評】元陳櫟曰：「……紛紛揣度，要之，王荅召公拜，何疑焉？……冢宰以元老大臣受託孤重寄，先王臨之在上，先之拜告，傳顧命；繼之拜告，禮成。康王為喪主，立柩前，其荅拜，禮亦宜之。冢宰傳顧命以相授，見大臣如見先王也。荅其拜，敬大臣，即所以敬先王也，何必如諸說之紛紛迴護哉！（纂疏卷六頁十六）

【根祥案】

考之宋‧東陽陳大猷《書集傳》卷十一，總頁164上B，有引文一段，其文曰：

> 新安王氏曰：「王答拜者，因太保拜而對拜也。」

可見此段「佚文」實乃王炎所說，非王安石《新義》佚文，應予刪除。併陳櫟之評論亦當刪除。

〈康王之誥〉

康王既尸天子，遂誥諸侯。作〈康王之誥〉。

王出在應門之內，太保率西方諸侯入應門左，畢公率東方諸侯入應門右。皆布乘黃朱，賓稱奉圭兼幣，曰：「一二臣衛，敢執壤奠。」皆再拜稽首。王義嗣德，答拜。太保暨芮伯咸進，相揖，

皆再拜稽首曰：「敢敬告天子：皇天改大邦殷之命，惟周文、武，誕受羑若，克恤西土。惟新陟王畢協賞罰，戡定厥功，用敷遺後人休。今王敬之哉！張皇六師，無壞我高祖寡命。」王若曰：「庶邦、侯、甸、男、衛，惟予一人釗報誥：昔君文、武，丕平富，不務咎，厎至齊信，用昭明于天下；則亦有熊羆之士，不二心之臣，保乂王家，用端命于上帝。皇天用訓厥道，付畀四方，乃命建侯樹屏，在我後之人。今予一二伯父，尚胥暨顧，綏爾先公之臣，服于先王。雖爾身在外，乃心罔不在王室，用奉恤厥若，無遺鞠子羞。」群公既皆聽命，相揖，趨出。王釋冕，反喪服。

太保率西方諸侯，入應門左；畢公率東方諸侯，入應門右。

【佚文】（五一五）「東方宜由左而入右，西方宜由右而入左。以明人臣事君，莫敢固，有其所以自便。」（全解卷三七頁三二）

【評】宋林之奇曰：「此非也。案：曲禮曰：『主人入門而右，客入門而左。主人就東階，客就西階。』惟主人之就東階，而其入自門之右，則東方之入應門右，乃其所也。惟客之就西階，而其入自門之左，則西方之入應門左，亦其所也。何必又為之說哉！」（全解卷三七頁三三）

皆布乘黃朱。

【佚文】（五一六）黃為臣道，朱為君，從人以變。（全解卷三七頁三三）

【根祥案】

考宋・林之奇《尚書全解》於此段引文後，有曰：

　　王氏以「黃為臣道」，以「朱為君，從人以變」，皆鑿說也。

可補入作為「評論」，俾使讀者知之。

曰：敢敬告天子，皇天改大邦殷之命。

【根祥案】

考之宋・東陽陳大猷《書集傳》卷十一，總頁165上B，引有「王氏曰」文一段，其文曰：

　　王氏曰：「言大邦殷，見天命不足恃。」

此段引文，當補入為《新義》「佚文」。

　　又考蔡沈《書集傳》卷六，經文下云：「曰大邦殷者，明有天下不足恃也。」此說蓋資取王氏《新義》之意以解經也。

惟周文武，誕受羑若，克恤西土。

【佚文】（五一七）「文、武所以誕受天命者，以其羑而無惡，若而無逆。無逆、惡，所以能愛人，故克恤西土。」（夏解卷二三頁三四）

【根祥案】

考之宋・夏僎《全解》於此段引文之後，有曰：「其說迂鑿，不可從。」可補入作「評論」。

惟新陟王，畢協賞罰。

【佚文】（五一八）「古以『升遐』為『陟』，時成王未諡，故稱『新

陟王』。」（纂傳卷三九頁二）

【根祥案】

考之宋・東陽陳大猷《書集傳》卷十一，總頁165上B，引有「王氏曰」文一段，其文曰：

> 王氏曰：「古以『升遐』為『陟』；時成王未諡，故稱『新陟王』。」

此段引文與上述「佚文」相同，而陳大猷引用為早，當以之為「佚文」之正。

又察夫蔡沈《書集傳》，於此段經文註解曰：

> 陟，升遐也。成王初崩，未葬未諡，故曰「新陟王」。

時瀾《增修東萊書說》，於此曰：

> 「惟新陟王畢協賞罰，戡定厥功，用敷遺後人休」者，時成王未諡，故謂之「新陟王」。

元・吳澄《書纂言》曰：「陟，升遐也。成王未諡，故稱『新陟王』。」可見王氏《新義》此段經文之訓釋，為多數學者所認同。

昔君文武，丕平富，不務咎，底至齊信。

【佚文】（五一九）「底至，致其至也。大學之道，物格而後知至。蓋窮理之事，言極其窮理之妙也。」（夏解卷二三頁三七）

【評】宋夏僎曰:「張彥政(綱)推廣其(王安石)意,謂『厎至,致至也;致至所以窮理。齊信,致一也;致一所以盡性』。此又因王氏之說,而強加牽合,未為切當。蓋『齊』者,聖人肅敬之德也;『信』者,聖人誠慤之德也。文、武於『齊信』之德,能致其所至,蓋極其至也。」(夏解卷二三頁三七)

太保暨芮伯咸進,相揖,皆再拜稽首。……群公既皆聽命,相揖,趨出。

【佚文】(五二〇)「(相揖者,)為儐禮之人。言二公率諸侯百官咸進,相于是乎揖之。乃又再拜稽首,蓋致敬將以進戒也。」(夏解卷二三頁三三)

【評】宋夏僎曰:「先儒皆以『相揖』為『相顧而揖』,謂太保揖群臣,群臣又報揖太保;蓋揖之使之俱進。然經言『咸進相揖』,則非揖使俱進,明矣。又篇末言『相揖趨出』,則既進之後,相者揖之,乃拜;既受命之後,相者揖之,乃趨出。于經文既安,于禮亦宜也。」(夏解卷二三頁三三~三四)

【佚文】(五二一)相為「儐相」之「相」。「既進,相者揖之,乃拜。既受命,相者又揖之,乃出」。(輯纂卷六頁十九載董琮說引,纂疏卷六頁十八)

【根祥案】

董鼎《輯纂》引復齋董氏(琮)曰之後,有曰:「**其說亦通。**」當補入為「評論」,俾使閱者得悉。

〈畢命〉

康王命作冊畢，分居里，成周郊。作〈畢命〉。

惟十有二年六月庚午，朏。越三日壬申，王朝步自宗周，至于豐。以成周之眾，命畢公保釐東郊。王若曰：「嗚呼！父師，惟文王、武王敷大德于天下，用克受殷命；惟周公左右先王，綏定厥家，毖殷頑民，遷于洛邑，密邇王室，式化厥訓；既歷三紀，世變風移，四方無虞，予一人以寧。道有升降，政由俗革；不臧厥臧，民罔攸勸。惟公懋德，克勤小物，弼亮四世，正色率下，罔不祗；師言嘉績多于先王。予小子垂拱仰成。」王曰：「嗚呼！父師，今予祗命公以周公之事，往哉！旌別淑慝，表厥宅里；彰善癉惡，樹之風聲。弗率訓典，殊厥井疆，俾克畏慕；申畫郊圻，慎固封守，以康四海。政貴有恆，辭尚體要；不惟好異。商俗靡靡，利口惟賢，餘風未殄；公其念哉！我聞曰：世祿之家，鮮克由禮，以蕩陵德，實悖天道；敝化奢麗，萬世同流。茲殷庶士，席寵惟舊，怙侈滅義，服美於人，驕淫矜侉，將由惡終。雖收放心，閑之惟艱。資富能訓，惟以永年。惟德惟義，時乃大訓；不由古訓，于何其訓。」王曰：「嗚呼！父師，邦之安危，惟茲殷士。不剛不柔，厥德允修。惟周公克慎厥始，惟君陳克和厥中，惟公克成厥終；三后協心，同厎于道；道洽政治，澤潤生民；四夷左衽，罔不咸賴；予小人永膺多福。公其惟時成周，建無窮之基，亦有無窮之聞，子孫訓其成式，惟乂。嗚呼！罔曰弗克，惟既厥心；罔曰民寡，惟慎厥事。欽若先王成烈，以休于前政。」

王（朝步自宗周，至于豐，）以成周之眾，命畢公保釐東郊。

【佚文】（五二二）書稱周公，曰「師保萬民」；命君陳，曰「尹茲東郊」；命畢公，曰「保釐東郊」：義各有殊。王告以天命使之宅爾邑，繼爾居，以為師保；簡厥修，進厥良，為尹；表厥宅里，殊厥井疆，為保釐。（全解卷三八頁三）

【評】宋林之奇曰：「王氏之說……皆黝脆不安，強生分別，自可以彼此移易也。」（全解卷三八頁三）

王若曰：「嗚呼！父師！」

【佚文】（五二三）「畢公同姓，故稱『父』；為太師，故稱『師』。稱父、師而不名，尊之也。」（纂傳卷四十頁二）

【根祥案】

考之宋・東陽陳大猷《書集傳》卷十一，總頁166下A，有引文一段，其文曰：

> 新安王氏曰：「畢公同姓，故言『父』；為太師，故言『師』。稱父師而不名，尊之至也。先王，成王也。毖，謹也。」

據此可知上述「佚文」，並非王安石《新義》之文，乃「新安王氏」王炎之說，當予刪除。

王若曰：「嗚呼！父師，惟文王、武王敷大德于天下，用克受殷命；惟周公左右先王，綏定厥家，毖殷頑民，遷于洛邑，密邇王室，式化厥訓。」

【根祥案】

考之宋・東陽陳大猷《書集傳》卷十一，總頁166下Ａ，引有「王氏曰」文一段，其文曰：

> 王氏曰：「邇王室，明德化易以漸染，聰明易以檢察，威重易以鎮服。」

此段引文乃新獲《新義》「佚文」，當補入。

又考之宋・黃倫《尚書精義》卷四十七，引有「林氏曰」文一段，其言曰：

> 林氏曰：「觀此，則周公之功可謂大矣；周公之心，可謂勤矣。以王室之親，託肺腑之任，輔文武以起業，贊成康以守成。經營締構，知無不為。及至治殷頑民，使之密邇王室，則威強易以鎮服，聰明易以檢察，德教易以漸染，仁義易以漸摩，終至澆漓化為醇厚，暴悍革為善良，人人有士君子之行者，豈無自而然也。」

此段「林氏曰」文中，實引用王荊公《新義》之說以解經，足可參照。

道有升降，政由俗革，不臧厥臧，民罔攸勸。

【佚文】（五二四）「道有升降，故俗有厚薄；俗有厚薄，故政隨而革。今商俗已異於前，不善其善者，則民無所勸而為善。」（纂傳卷四十頁二）

【根祥案】

考之宋・東陽陳大猷《書集傳》卷十一，總頁166下A-B，引有「王氏曰」文一段，其文曰：

> 王氏曰：「道有升降，故俗有厚薄；俗有厚薄，故政隨而革。今商俗已異於前，不善其善者，則民無所勸而為善。」

此段引文與上述「佚文」全同，而陳大猷於時為早，當以此引文為《新義》「佚文」之正。

彰善癉惡，樹之風聲。

【佚文】（五二五）「癉，病也。先王之政，不獨慶賞行威而已，所以沮勸之術，尤在於榮辱。彰善癉惡，使民知是非榮辱之所在也。」（纂傳卷四十頁三，書傳彙纂卷二十頁十六）

【佚文】（五二六）「彰善者而著之，則惡者恥其不若，然則惡者病矣。使人有所感動曰『風』，使人有所聽聞曰『聲』。」（輯纂卷六頁二一，纂疏卷六頁二十，大全卷十頁六）欽定書經傳說彙纂卷二十（以○連綴前面王氏曰）

【根祥案】

考之宋・東陽陳大猷《書集傳》卷十一，總頁167上A，有引文一段，其文曰：

> 新安王氏曰：「癉，病也。使人有所感動曰『風』；使人有所聽聞曰『聲』。」

以此觀之，其文語與「佚文」重疊，似乎上述「佚文」乃「新安王氏」之言。然又考之黃倫所引張綱論述，謂：

> 張氏曰：「……表厥宅里者，言於善人之宅里，必表異之，則善者顯矣。表厥宅里，所以彰其善者也；善者彰則惡者病。立之風聲者，以彰善癉惡，猶未足以勸沮之；故又立之風以鼓舞之，而使之莫不振動；立之聲以播告之，而使之莫不聽從。」

分析張綱之說，其用詞涵義，均與上述「佚文525」以及此「佚文」前段一致。或者此段「佚文」，董鼎、陳櫟引用之時，混淆兩「王氏」言說而併陳，致使難以辨析。今當分而別之，王安石《新義》「佚文」，止於前段。今擬整合「佚文525、526」之文如下：

> 【佚文】「癉，病也。先王之政，不獨慶賞行威而已，所以沮勸之術，尤在於榮辱。彰善癉惡，使民知是非榮辱之所在也。……彰善者而著之，則惡者恥其不若，然則惡者病矣。」

商俗靡靡，利口惟賢，餘風未殄。公其念哉！

【評】宋蘇軾曰：「予以書考之，知商俗似秦俗；蓋二世似紂也。張釋之諫文帝：『秦以任刀筆之吏，爭以亟疾苛察相高，其弊徒文具（耳），無惻隱之實，以故不聞其過。陵夷至于二世，天下土崩。今以嗇夫口辯而超遷之，臣恐天下隨風而靡，爭為口辯，而無其實。』凡釋之所論，則康王以告畢公者也。」（東坡書傳卷十八頁三）

以蕩陵德，實悖天道。敝化奢麗，萬世同流。

【評】宋蘇軾曰：「惟惡能及遠，故秦之俗至今猶在也。」（東坡書傳卷十八頁三）

公其惟時成周，建無窮之基。

【佚文】（五二七）「文王都豐，武王都鎬，成王始宅洛邑；成周，又洛邑之東郊耳。」（書傳會選卷六頁二七；參多士篇尚書小序下，已見佚文第四二五條。）

建無窮之基，亦有無窮之聞。

【佚文】（五二八）二句，以「極高明，道中庸」、「制行不以己，吉凶與民同患」解。（全解卷三八頁十六）

【根祥案】

考之宋·林之奇《全解》曰：

> 王氏以「極高明，道中庸」、「制行不以己」、「吉凶與民同患」為說。楊龜山辨之詳矣。

此可補入「評論」之中。

〈君牙〉

穆王命君牙為周大司徒。作〈君牙〉。

王若曰：「嗚呼！君牙，惟乃祖乃父，世篤忠貞，服勞王家，厥有成績，紀于大常。惟予小子，嗣守文武成康遺緒，亦惟先王之臣，克左右亂四方。心之憂危，若蹈虎尾，涉于春冰。今命爾予翼，作股肱心膂，纘乃舊服，無忝祖考。弘敷五典，式和民則；爾身克正，罔敢弗正；民心罔中，惟爾之中。夏暑雨，小民惟曰

怨咨；冬祁寒，小民亦惟曰怨咨；厥惟艱哉！思其艱，以圖其易，民乃寧。嗚呼！丕顯哉！文王謨；不承哉！武王烈。佑啟我後人，咸以正罔缺。爾惟敬明乃訓，用奉若于先王，對揚文武之光命，追配于前人。」王若曰：「君牙，乃惟由先正舊典時式，民之治亂，在茲。率乃祖考之攸行，昭乃辟之有乂。」

弘敷五典，式和民則。

【佚文】（五二九）「『天生蒸民，有物有則』，所謂『民則』者，此也。」（全解卷三八頁二十）

【評】宋林之奇曰：「是也。楊龜山曰：『孟子曰「有物必有則」，蓋曰有物矣，則物各有則焉。近取諸身，百骸五臟，達之於君臣父子夫婦長幼朋友，皆物也，而各有則。視聽言動，必由禮焉，此一身之則也。為君而止於仁，為臣而止於忠，為父而止於慈，為子而止於孝，此君臣父子之則也。夫婦有別，長幼有序，朋友有信，此夫婦長幼朋友之則也。』所謂五典之民則者，此言盡之矣。」（全解卷三八頁二十）

【根祥案】

考之《孔傳》訓解「民則」曰：「大布五常之教，用和民，令有法則」，而王氏《新義》則以為「民則」與《詩經·生民》所謂「天生蒸民，有物有則」同義，故立為新說。蔡沈《書集傳》卷六解釋曰：「則，『有物有則』之則。…則以民彝言，故曰式和」，亦是取《詩經·生民》為說，可見《蔡傳》採納王氏《新義》以解經也。

丕顯哉！文王謨。丕承哉！武王烈。

【佚文】（五三〇）「（丕者，）積小成大。」（全解卷三八頁二三）

【評】宋林之奇曰：「王氏……蓋以楊子曰『由小致大，不亦丕乎』故也。」（全解卷三八頁二三）

【佚文】（五三一）「聖人所以為謨烈，亦敷五典之教，以和五品之民。」（全解卷三八頁二三）

【評】宋林之奇曰：「此言『文、武、謨、烈』，蓋欲君牙洪敷五典，以奉順之也。王氏則以謂：『……。』殊不知『謨烈』者，但指伐商之事，楊龜山已辨之矣。」（全解卷三八頁二三～二四）

〈冏命〉

穆王命伯冏為周太僕正。作〈冏命〉。

王若曰：「伯冏，惟予弗克于德，嗣先人宅丕后。怵惕惟厲，中夜以興，思免厥愆。昔在文武，聰明齊聖，小大之臣，咸懷忠良。其侍御僕從，罔匪正人，以旦夕承弼厥辟。出入起居，罔有不欽；發號施令，罔有不臧；下民祗若，萬邦咸休。惟予一人無良，實賴左右前後有位之士，匡其不及，繩愆糾謬，格其非心，俾克紹先烈。今予命汝作大正，正于群僕。侍御之臣，懋乃后德，交修不逮。慎簡乃僚，無以巧言令色，便辟側媚；其惟吉士。僕臣正，厥后克正；僕臣諛，厥后自聖。后德惟臣，不德惟臣；爾無昵于憸人，充耳目之官，迪上以非先王之典。非人其吉，惟貨其吉。若時瘝厥官，惟爾大弗克祗厥辟，惟予汝辜。」王曰：「嗚呼！欽哉！永弼乃后于彝憲。」

王若曰：「伯冏，惟予弗克於德，嗣先人宅丕後，怵惕惟厲，中夜以興，思免厥愆。」

【根祥案】

考之宋‧東陽陳大猷《書集傳》卷十一，總頁168下A，引有「王氏曰」之文一段，其文曰：

> 王氏曰：「人主流於邪僻而不自知者，由所與居者非其人；則思免厥愆，在謹擇左右近習，故穆王先言此。」

此段引文當補入為王氏《新義》「佚文」。

發號施令，罔有不臧。

【佚文】（五三二）「發之以為『警』，戒之謂『號』，施之以為『法』，守之謂『令』。」（纂傳卷四二頁二，書傳彙纂卷二十頁三五）

【根祥案】

《輯考彙評》此段「佚文」標點、理解有誤。考之於宋‧王昭禹《周禮詳解》卷三十二，於經文「凡邦之大事，合眾庶，則以刑禁號令」下，註解曰：

> 發之以為警戒之謂號，令之以為法守之謂令。揚子曰：「鼓舞萬物者，其雷風乎？鼓舞萬民者，其號令乎？雷不一，風不再。」不一者，號也；不再者，令也。布憲於合眾庶，而號令亦欲其無犯也。

按《周禮》經文止有「號、令」，並無「發、施」，而其言語釋文竟與此條「佚文」相同，可見此文所重，止於「號」、「令」，並無「警」「法」之目需特予標明。何況王安石註解《新義》之時，「法守」一詞，乃其時所常用，如：「納于百揆，百揆時敘」經文，宋·東陽陳大猷《書集傳》卷一，總頁10上B，〈舜典〉「納于百揆」經文下，引有王安石《新義》之文曰：「王氏曰：百官之事，皆論道以揆之，故曰『百揆』，與法守者異矣。」又史浩《尚書講義》卷十八頁14〈周官〉篇下曰：「乃立三公以論道經邦，調和陰陽；三孤以貳公洪化，敬信天地。上以道揆，下以法守，皆所以佐王。」黃倫《尚書精義》引張綱《尚書》說，亦有「法守」一詞；可見「法守」一詞，乃宋代成語，不可斷分；「警戒」亦然。《輯考彙評》標點、理解有誤可知矣。故當以「發之以為警戒之謂『號』，施之以為法守之謂『令』」，如此標點為是。陳振孫《書錄解題》曰「昭禹未詳何等人；近世為舉子業者多用之，其學皆宗王氏新說」。則王昭禹所引用，即是王氏《尚書新義》之文也。

又考之宋·東陽陳大猷《書集傳》卷十一，總頁168下B，引有「王氏曰」之文一段，其文曰：

> 王氏曰：「發之以為警戒之謂『號』，施之以為法守之謂『令』。」

其文句與「佚文532」全同，而引用時間則早，當據此引文為《新義》「佚文」之正。

其侍御僕從，罔匪正人，（以旦夕承弼厥辟）。……。（王曰：嗚呼！欽哉。）永弼乃后于彝憲。

【佚文】（五三三）「近習之臣，不患其不能將順而莫之承，惟患其不能正救而莫之弼。故在先王，則稱其『承弼』；在己，則責之以『永弼』，而不及於『承』焉。」（輯纂卷六頁二七，纂傳卷四二頁三，纂疏卷六頁二六，大全卷十頁二一，書傳彙纂卷二十頁四一）

【根祥案】

考之宋・黃倫《尚書精義》卷四十八，引有「臨川曰」一段文字，其文曰：

> 臨川曰：「辟者，出政立辟之稱；后者，繼世之稱。故先王則稱於『承弼厥辟』，在己則稱其『永弼乃后』。言各有所當，故不同也。」

此段引文與上述「佚文」相較，有重疊者，亦有相異者；然當皆為王荊公之論述。今整合其文，擬作《新義》「佚文」如下：

> 【佚文】辟者，出政立辟之稱；后者，繼世之稱。近習之臣，不患其不能將順而莫之承，惟患其不能正救而莫之弼。故在先王，則稱於『承弼厥辟』；在己，則責以『永弼乃后』，而不及於『承』焉。言各有所當，故不同也。

〈呂刑〉

呂命穆王訓夏贖刑。作〈呂刑〉。

惟呂命。王享國百年，耄荒，度作刑以詰四方。王曰若：「古有

訓，蚩尤惟始作亂，延及于平民，罔不寇賊，鴟義姦宄，奪攘矯
虔。苗民弗用靈，制以刑，惟作五虐之刑曰法，殺戮無辜。爰始
淫為劓、刵、椓、黥，越茲麗刑并制，罔差有辭。民興胥漸，泯
泯棼棼，罔中于信，以覆詛盟，虐威庶戮，方告無辜于上；上帝
監民，罔有馨香德刑，發聞惟腥。皇帝哀矜庶戮之不辜，報虐以
威，遏絕苗民，無世在下。乃命重黎，絕地天通，罔有降格。群
后之逮在下，明明棐常，鰥寡無蓋；皇帝清問下民，鰥寡有辭于
苗。德威惟畏，德明惟明。乃命三后，恤功于民；伯夷降典，折
民惟刑；禹平水土，主名山川；稷降播種，農殖嘉穀；三后成
功，惟殷于民。士制百姓于刑之中，以教祗德。穆穆在上，明明
在下，灼于四方，罔不惟德之勤。故乃明于刑之中，率乂于民棐
彝。典獄非訖于威，惟訖于富。敬忌，罔有擇言在身；惟克天
德，自作元命，配享在下。」王曰：「嗟！四方司政典獄，非爾
惟作天牧；今爾何監？非時伯夷播刑之迪；其今爾何懲？惟時苗
民匪察于獄之麗，罔擇吉人，觀于五刑之中，惟時庶威奪貨，斷
制五刑，以亂無辜；上帝不蠲，降咎于苗。苗民無辭于罰，乃絕
厥世。」王曰：「嗚呼！念之哉！伯父、伯兄、仲叔、季弟、幼
子、童孫，皆聽朕言：庶有格命，今爾罔不由慰曰勤，爾罔或戒
不勤。天齊于民，俾我一日，非終惟終，在人。爾尚敬逆天命，
以奉我一人，雖畏勿畏，雖休勿休；惟敬五刑，以成三德；一人
有慶，兆民賴之，其寧惟永。」王曰：「吁！來，有邦有土，告
爾祥刑。在今爾安百姓，何擇非人？何敬非刑？何度非及？兩造
具備，師聽五辭；五辭簡孚，正于五刑；五刑不簡，正于五罰；
五罰不服，正于五過；五過之疵：惟官、惟反、惟內、惟貨惟
來；其罪惟均，其審克之。五刑之疑有赦，五罰之疑有赦，其審
克之。簡孚有眾，惟貌有稽；無簡不聽，具嚴天威。墨辟疑赦，
其罰百鍰，閱實其罪。劓辟疑赦，其罰惟倍，閱實其罪。剕辟疑

赦，其罰倍差，閱實其罪。宮辟疑赦，其罰六百鍰，閱實其罪。
大辟疑赦，其罰千鍰，閱實其罪。墨罰之屬千，劓罰之屬千，剕
罰之屬五百，宮罰之屬三百，大辟之罰，其屬二百；五刑之屬三
千。上下比罪，無僭亂辭，勿用不行，惟察惟法，其審克之。上
刑適輕下服，下刑適重上服；輕重諸罰有權，刑罰世輕世重；惟
齊非齊，有倫有要；罰懲非死，人極于病。非佞折獄，惟良折
獄；罔非在中，察辭于差。非從惟從，哀敬折獄，明啟刑書胥
占，咸庶中正，其刑其罰，其審克之。獄成而孚，輸而孚，其刑
上備，有并兩刑。」王曰：「嗚呼！敬之哉！官伯族姓，朕言多
懼，朕敬于刑，有德惟刑。今天相民，作配在下，明清于單辭；
民之亂，罔不中，聽獄之兩辭，無或私家于獄之兩辭。獄貨非
寶，惟府辜功，報以庶尤，永畏惟罰。非天不中，惟人在命。天
罰不極，庶民罔有令政在于天下。」王曰：「嗚呼！嗣孫。今
往，何監非德于民之中；尚明聽之哉！哲人惟刑，無疆之辭；屬
于五極，咸中有慶。受王嘉師，監于茲祥刑。」

呂刑篇名。

【佚文】（五三四）「此書穆王之言，而名『呂刑』者，呂侯為主司
寇，王使之參定贖刑，新制刑書已具，王乃推作刑本意，以訓群后，
故以『呂刑』名之。」（纂傳卷四三頁一）

【根祥案】

考之元・陳櫟《纂疏》卷六頁47、董鼎《輯纂》卷六頁50、《書傳大
全》卷十頁26、《欽定書經傳說彙纂》卷二十一，均以此段「佚文」
為「王氏炎」曰，並非王安石語。其文曰：

　　王氏炎曰：「此書穆王之言，而名『呂刑』者，呂侯為主司
　　寇，言於王，王命之參定刑書，乃推作刑之意，以訓四方司政
　　典刑者，故以『呂刑』名之。」

經考查陳大猷《書集傳》此段經文缺頁，無可對比；然陳櫟、董鼎二
書，均確定為「王氏炎曰」，應較可靠；且以前面多條王天與所引
「王氏曰」佚文，其實多為「新安王氏」言說；據此判斷此條引文應
為王炎所言，並非王安石《新義》之文，應予刪除。

呂命；穆王訓夏贖刑，作呂刑。

【佚文】（五三五）夏，謂中國。（全解卷三九頁三）

【佚文】（五三六）先王於中國，則疆以周索；於蠻夷，則疆以戎
索。贖刑不施於蠻夷，施於中國而已，故曰『訓夏贖刑』」。（全解卷
三九頁三）

【評】宋林之奇曰：「先儒以『夏』為『夏禹贖刑之法』，考之篇中，
殊無夏禹制刑之事。……王氏以『夏』為『中國』，其說勝於先儒。
而其言又曰：『先王於中國，……』此亦是緣『夏』以生義，支離至
此，亦與篇內不相應。其曰『訓夏』者，猶曰『訓天下』也，不必求
之大過也。」（全解卷三九頁二～三）

王享國百年，耄荒；度作刑以詰四方。

【佚文】（五三七）「先王之為天下，內明而外治，其發號施令，以
德教為主，不使民覷刑辟。穆王之訓，以贖刑為主，所以稱其『耄
荒』也。」（全解卷三九頁四）

【評】宋林之奇曰：「此蓋泥於『耄荒』之言，而為此說。夫刑罰之不可廢，猶藥石之不可無也。蓋刑者，治之輔助而已，得其道則仁義興行而禮遜成俗，然猶不敢廢刑，所以為民防也。如舜典曰：『流宥五刑，鞭作官刑，扑作教刑，金作贖刑，眚災肆赦，怙終賊刑，欽哉欽哉，惟刑之恤哉！』……若此呂刑之言，是皆以惟刑為恤者也。一篇之中，呂侯之稱王命以告諸侯者，蓋欲其哀矜於刑獄而已，故序曰『訓夏贖刑』，非是穆王之治專以刑為主也。」（全解卷三九頁四～五）

奪攘矯虔。

【佚文】（五三八）「彊取曰奪。」（纂傳卷四三頁二）

【佚文】（五三九）「戕害曰虔。」（纂傳卷四三頁二）

【根祥案】

考之宋・東陽陳大猷《書集傳》卷十二，總頁169下B，引有「新安王氏曰」之文一段，其文曰：

> 新安王氏曰：「強取曰『奪』；物自至而取之曰『攘』；欺詐曰『矯』；戕害曰『虔』。」

其中「攘」之訓義取自《孔傳》，「矯」之訓解用林之奇說。王天與原文則曰：

> 王氏曰：「彊取曰奪。『攘』說見〈微子〉。『矯』說見〈仲虺之誥〉。王氏曰：「戕害曰虔。」

王天與於〈微子〉「攘」字,註解用唐孔氏說「攘竊同類」。「矯」字〈仲虺之誥〉註解用「林氏曰:矯,詐也;如矯制之矯」。可見王天與《纂傳》之說,與陳大猷主張大致相同;故於「奪」、「虐」二字,亦取自陳大猷所引「新安王氏曰」,而誤稱「王氏曰」。然則此所引「王氏」實乃「新安王氏」王炎之說,非王安石《新義》佚文,據此則是二條佚文,當予刪除。

皇帝哀矜庶戮之不辜。

【評】宋汪應辰評,已見舜典篇,佚文第七二條下。

【評】宋汪應辰曰:「舜典之命九官,與呂刑本不異,但註似誤以『皇帝』為堯。王介甫專不取註疏,于此乃不能正其失。竄三苗、命伯益禹稷,皆舜事也,而以為堯,不知何所據也。若其命官先後之次,此則偶爾不同,不必論也。」(文定集卷十六頁二)

伯夷降典。

【佚文】(五四〇)「自上以敷于下,故曰『降』。」(纂傳卷四三頁三)

士制百姓于刑之中,以教祗德。

【佚文】(五四一)「刑非教也,而言『以教祗德』,蓋聖人莫非教也。刑之所加,非苟害之,亦曰毆而納之於善而已。故周官十有二教,亦曰刑教中則民不虣。」(纂傳卷四三頁三,書傳彙纂卷二一頁十二)

典獄非訖于威，惟訖于富。

【佚文】（五四二）「忍威不可訖。」（朱子語類卷七九頁九引汪應辰張綱謚文定奏狀，朱子五經語類卷四二頁十六引同；經義考卷八十頁二、宋元學案補遺卷九八頁一四五引汪氏奏狀略同；又洪葳撰張綱行狀載華陽集卷四十，其頁十八～十九有文，汪氏所引與之略同；又見嵩山集卷一頁三八。）

【評】宋汪應辰評，已見召誥篇，佚文第四〇六條下。

【評】宋汪應辰曰：「……臣竊以王安石訓釋經義，穿鑿附會，專以濟其刑名法術之說，如『舊義』中所謂『敢於殄戮，乃以乂民』、『忍威不可訖』、『凶德不可忌』之類，皆害理教，不可以訓。」（朱子語類卷七八頁九引汪氏、張綱謚文定奏狀，朱子五經語類卷四頁十六；經義考卷八十頁二、宋元學案補遺卷九八頁一四五引汪氏說略同。又：洪葳撰張綱行狀，載華陽集卷四十，其頁十八～十九有文，汪氏所引與之略同。）

敬忌，罔有擇言在身。惟克天德，自作元命，配享在下。

【評】宋蘇軾曰：「脩其敬畏至于口無擇言，此盛德之士也。何以貴之于典獄？曰：獄，賤事也，而聖人盡心焉。其德入人之深，動天地，感鬼神，無大于獄者，故盛德之士皆屑為之。皋陶遠矣，莫得其詳，如漢張釋之、于定國、唐徐有功，民皆自以為不冤，其不信之信，幾于聖與仁者，豈非口無擇言身無擇行之人哉？若斯人者，將與天合德，子孫其必有興者，非『自作元命，配享在下』而何？漢楊賜辭廷尉之命曰：三后成功，惟殷于民；皋陶不與焉，蓋吝之也。書蓋以為『惟克天德，自作元命』者，何吝之有？此俗儒妄論也。或然之，不可以不辨。」（東坡書傳卷十九頁四～五）

爾尚敬逆天命，（以奉我一人；）雖畏勿畏，雖休勿休。

【佚文】（五四三）「雖有可畏之禍，勿以為畏；雖有可美之福，勿以為美。所以然者，以禍福之變無常，而人心不可知，惟當脩德以逆天命耳。」（全解卷三九頁十七～十八）

【根祥案】

考之宋·林之奇《全解》於此「佚文」下評曰：

> 爾當敬逆天命，以奉我一人之言，不可失墜。逆天命者，與「迓續乃命于天」之「迓」同。勤於聽獄，則天命之來，吾有以當之，故曰逆之也。「雖畏勿畏，雖休勿休」王氏曰：「雖有可畏之禍……惟當脩德以逆天命耳。」是也。

此當為林之奇對王氏說肯定之評論，應補列入，使讀者知悉。

惟敬五刑，以成三德。

【佚文】（五四四）「當輕而輕，所以成柔德；當重而重，所以成剛德；處輕、重之中，所以成正直之德。」（纂傳卷四三頁五）

【根祥案】

考之元·陳櫟《書集傳纂疏》卷六，引有相同一段文字曰：

> 王氏炎曰：「刑當輕而輕，以成柔德，而柔不至於縱弛；當重而重，以成剛德，而剛不至於苛暴；介輕重之間，以成正直，而正直不至於偏倚。」

陳櫟所引文，較王天與所錄多出「而柔不至於縱弛」「而剛不至於苛暴」「而正直不至於偏倚」。《欽定書經傳說彙纂》卷二十一蓋引用陳櫟之書，故與之相同。查考陳大猷《書集傳》中，〈呂刑〉此經文正缺頁，無以對比；黃倫《尚書精義》中，此段又缺張氏之言可資鑑別。然陳大猷《書集傳》卷7頁13-14於〈洪範〉「三德」中，有引「新安王氏」之言曰：

> 新安王氏曰：「遇平康之俗，彼固自正，亦以正待之，**無事乎裁制矣**。彼固自直，亦以直待之，**無事乎矯枉矣**。彊弗友，彊梗不順者也，則當剛勝，燮友和柔順服者也，則當主於柔勝。然剛勝者易失之過，當養之以沉潛，沉靜而不躁，潛藏而不露，**則剛不至於暴**；柔勝者易失之不及，故當抗之以高明，高而不可狎，明而不可欺，**則柔不至於懦矣**。」

此兩段文字，均與「三德」有關，對比之下，可見除二者思想相同外，文辭語句亦相當；其尤明顯者若：「而柔不至於縱弛」「而剛不至於苛暴」，而〈洪範〉「三德」亦有「則剛不至於暴」「則柔不至於懦」之句，語法、概念一一對應，可以據之確定陳櫟所引文字，直是王炎所論而非王安石《新義》文字，應予刪除。

至於王安石對此段經文之解說，《周官新義·大司寇》下「王氏」云：

> 刑新國用輕典，則教化未明，習俗未成，以柔乂之也；刑平國用中典，則教化已明，習俗已成，以正直乂之也；刑亂國用重典，則頑昏暴悖，不可教化，以剛乂之也。故《書》云：「惟敬五刑，以成三德。」[10]

---

10 王安石《周官新義》（四庫全書本），卷十四，頁5。

王氏所論，乃以「三德」分別對應「新國」、「平國」、「亂國」，蓋亦「刑罰世輕世重」之意，與上述王炎解說不同，益可證明王天與所引「王氏曰」之文，並非王氏《新義》文。荊公此段論說雖為解《周禮》，而直引《尚書·呂刑》「惟敬五刑，以成三德」立說，蓋其解〈呂刑〉此經文當無以異，或可移用為解《尚書》新義，雖下真跡一等，亦勝於無有。

五罰不服，正于五過。

【佚文】（五四五）「周禮『過而未麗於法者，桎梏而坐諸嘉石，役諸司空』，此治『五過』之法，非免釋之也。」（纂傳卷四三頁七，書傳彙纂卷二一頁二一）

五過之疵，惟官、惟反、惟內、惟貨、惟來。

【佚文】（五四六）「（惟官，）貴勢也。」（全解卷三九頁二一）

【根祥案】

考《孔傳》於「惟官」訓釋曰：「或嘗同官位。」是所謂「官官相護」之意；而王氏《新義》則以為「貴勢」，意謂以官位威勢欺壓他人。而蔡沈《書集傳》卷六，經文下云：「官，威勢也。」即是捨《孔傳》而用王氏《新義》之說也。

荊辟疑赦，其罰倍差，閱實其罪。

【佚文】（五四七）「倍差者，謂以百鍰、二百、四百相倍而為差也。」（全解卷三九頁二四）

【評】宋林之奇曰：「倍差者，……漢孔氏謂『五百』，……馬氏曰

『差者，又加四百之三分之一，凡五百三十三鍰三分鍰之一』，……不如孔氏之數簡徑。孔氏之說，又不如王氏，王氏曰：『……。』則是以荆為四百鍰。或曰『惟倍』，或曰『倍差』，駁文也。」（全解卷三九頁二四）

勿用不行。

【佚文】（五四八）「謂責人以恕，所不可行者，勿用也。莊子曰『重其任而罰不勝，遠其途而誅不至』此皆不可行，而先王之所不用也。」（全解卷三九頁二七）

【評】宋林之奇曰：「是也。漢魏尚為雲中守，坐法免，馮唐曰：『士卒盡家人子，起田中從軍，安知尺籍伍符？上功幕府，一言不應，文吏以法繩之。』長安賈人與渾邪王市者，坐當死五百餘人，汲黯曰：『愚民安所知市買長安中、而文吏以為闌出財物如邊關乎？』若此之類，皆是所不可行而用之也。所不可行者而用之，則民無所措手足矣！」（全解卷三九頁二七）

輕重諸罰有權。刑罰世輕世重，惟齊非齊，有倫有要。

【佚文】（五四九）「上言『刑罰輕重有權』者，權一人而為輕重也。此言『世輕世重』者，權一世而為輕重也。」（全解卷三九頁二八）

【根祥案】

考之宋‧林之奇《全解》卷三九頁28，於引王氏「佚文」之下，有云：「是也。」當補入作「評論」，俾便讀者知曉。

又考之宋‧蔡沈《書集傳》卷六，註解此段經文曰：

罰之輕重，亦皆有權。權者，進退推移以求其輕重之宜也。
「刑罰世輕世重」者，《周官》「刑新國，用輕典；刑亂國，用
重典；刑平國，用中典」；隨世而為輕重者也。「輕重諸罰有
權」者，權一人之輕重也；「刑罰世輕世重」者，權一世之輕
重也。

可見蔡沈《書集傳》實用王氏《新義》為說也。

【佚文】（五〇〇）「情之輕重、世之治亂不同，則刑罰之用當異，
而欲為一法以齊之，則其齊也不齊。以不齊齊之，則齊矣。『惟齊非
齊』，以不齊齊之之謂也。先後有序謂之倫，眾體所會謂之要。」（輯
纂卷六頁三五，纂疏卷六頁三三，大全卷十頁三九，書傳彙纂卷二一
頁二七）

【根祥案】

宋・黃倫《尚書精義》卷四十九，引有張綱言論謂：

> 張氏曰：「商人群飲而赦之，不害其為輕；周人群飲而殺之，
> 不害其為重；或輕或重，因世而已。若夫不能隨世為之輕重，
> 欲為一法以齊之，則非所以為齊也；惟齊以非齊，則其齊也齊
> 矣。有倫者，言或先或後，不失其序也；有要者，言或因或
> 革，不失其統也。」

可知張綱解經，多遵循王氏《新義》而發揮。蔡沈《書集傳》於此經
文下曰：

> 「惟齊非齊」者，法之權也；「有倫有要」者，法之經也。言

刑罰雖惟權變是適，而齊之以不齊焉；至其倫要所在，蓋有截
然而不可紊者矣。

蔡沈《書集傳》解經義，亦用王氏說。

　又明・丘濬《大學衍義補》卷一百一，亦引用此段「佚文」為之
說，稱曰「先儒謂」而不曰「王氏曰」，亦可補入為「佚文」來源資料。

罪懲非死，人極于病。

【評】宋蘇軾曰：「時有議新法之輕，多罰而少刑，不足以懲姦者，
故（穆）王言『罰之所懲，雖非殺之也，而民出重贖，已極于病』。
言如是亦足矣。」（東坡書傳卷十九頁十一）

非佞折獄，惟良折獄，罔非在中。

【佚文】（五五一）良，謂有仁心者。（全解卷三九頁二九）

【評】宋蘇軾曰：「佞，口給也。良，精也。辯者服其口，不服其心
也。」（東坡書傳卷十九頁十一）

【根祥案】

考之宋・林之奇《全解》卷三九頁29，於引文之後，有所評論，其言
曰：

　　故惟良可以折獄。良者，王氏謂「有仁心」是也。孔子曰：
　　「今之聽獄者，求所以殺之；古之聽獄者，求所以生之。」良
　　者，求所以生之也；良之可以折獄者，蓋其所用無不在於刑之
　　中也。

此實林之奇對王安石《新義》肯定之言,可補入列為「評論」。

　　考此「良」字之訓,孔傳謂「平良」,蘇軾云「精也」,陳經曰「慈祥愷悌之心」,蔡沈以為「溫良長者」,皆不謂之「有仁心」;然則「有仁心」之說,乃王荊公所獨持者。而黃倫《尚書精義》卷四十九,引「林氏曰」一段文字,其文曰:

　　　林氏曰:「夫刑者,侀也。一成而不變,君子宜盡心焉。**罰之懲人,非致之死,然人已極於病矣。刑人有至死者,可不慎乎?言刑之當謹也如此。然不可以才而折獄也;惟內有仁心者,乃可折獄也。**佞者才也;如《左傳》云『寡人不佞』是也。以才折獄,則失之縱;以仁折獄,則失之柔;兩者皆非中道也。凡察囚辭之差者,使不得盡其情,**則彼雖非心服而從,亦屈而從矣。**」

此「林氏曰」謂「良」為「有仁心者」,當是遵用王氏《新義》之說。此文前段所說,與前條蘇軾「評論」所言釋義相同;此文後段,與下一條「佚文552」相同;然則此段「林氏曰」之文,蓋據用王氏《新義》說而發揮之言也。

察辭于差,非從惟從。

【佚文】(五五二)「以『辯』窮之,彼非心服而從,惟屈而從耳。」(纂疏卷六頁三四)

【根祥案】

請參看前一條所引黃倫《精義》引「林氏曰」之文。

王曰：「嗚呼！敬之哉！官伯族姓。」

【佚文】（五五三）姓，為諸侯；族，為群臣。（全解卷三九頁三一）

【評】宋林之奇曰：「官伯族姓，……先儒即以『官伯』為『諸侯』；族，同族；姓，異姓。其說鑿矣。王氏以姓為諸侯，族為群臣。亦無以異於先儒。」（全解卷三九頁三十～三一）

〈文侯之命〉

平王錫晉文侯秬鬯圭瓚。作〈文侯之命〉。

王若曰：「父義和，丕顯文武，克慎明德，昭升于上，敷聞在下。惟時上帝集厥命于文王，亦惟先正，克左右昭事厥辟。越小大謀猷，罔不率從；肆先祖懷在位。嗚呼！閔予小子嗣，造天丕愆，殄資澤于下民，侵戎我國家純。即我御事，罔或耆壽俊在厥服，予則罔克。曰：惟祖惟父，其伊恤朕躬。嗚呼！有績，予一人永綏在位。父義和，汝克昭乃顯祖，汝肇刑文武，用會紹乃辟，追孝于前文人。汝多修，扞我于艱，若汝予嘉。」王曰：「父義和，其歸視爾師，寧爾邦，用賚爾秬鬯一卣、彤弓一、彤矢百、盧弓一、盧矢百、馬四匹。父，往哉！柔遠能邇，惠康小民，無荒寧。簡恤爾都，用成爾顯德。」

侵戎，我國家純。

【佚文】（五五四）「侵越我土地，殘害我人民。」（或問卷下頁五五）

【評】宋陳大猷曰：「或問：王氏言『侵越我土地，殘害我人民』。不載何也？曰：犬戎殺幽王，周室大壞，『王（風）降而『國風』，豈止『侵土地，傷人民』而已，去之則無不包矣。」（或問卷下頁五五）

即我御事，罔或耆壽，俊在厥服，予則罔克。曰：惟祖惟父，其伊恤朕躬！嗚呼！有績予一人永綏在位。

【根祥案】

考之宋・東陽陳大猷《書集傳》卷十二，總頁172上A，引有「王氏曰」佚文一段，其文曰：

> 王氏曰：「無競維人，周室所以至此者，以無人故也。」

此引文當補入作為《新義》「佚文」。

父義和！汝克紹乃顯祖，汝肇刑文、武，用會紹乃辟，追孝於前文人。汝多修，扞我於艱，若汝，予嘉。

【根祥案】

考之宋・東陽陳大猷《書集傳》卷十二，總頁172上B，引有「王氏曰」佚文一段，其文曰：

> 王氏曰：「言使己不失天下，以祀其先王。」

據此可以補入為《新義》「佚文」。又元・吳澄《書纂言》卷四下，註解經文曰：

文侯始以身為天下倡，取法文武之道，以勤王室，用以會合諸
侯，繼紹汝君，使不絕其世，追孝于前時文德之人。**謂使己不
失天下，以祀其先王也。**

可見吳澄雖未曾稱名引用，而實則用王氏《新義》之說。

父往哉！柔遠能邇，惠康小民，無荒寧，簡恤爾都，用成爾顯德。

【根祥案】

考之宋·東陽陳大猷《書集傳》卷十二，總頁172下A，引有「王氏
曰」佚文一段，其文曰：

> 王氏曰：「簡者，察賢否功過而辨之之謂；恤者，憂而念之之
> 謂；簡之者義也，恤之者仁也。有國然後有都，言都則國可
> 知。」

此段引文當補入為《新義》「佚文」。

〈費誓〉

魯侯伯禽宅曲阜，徐夷並興，東郊不開。作〈費誓〉。

公曰：「嗟！人無譁，聽命。徂茲淮夷、徐戎並興。善敹乃甲
冑，敿乃干，無敢不弔。備乃弓矢，鍛乃戈矛，礪乃鋒刃，無敢
不善。今惟淫舍牿牛馬，杜乃擭，敜乃穽，無敢傷牿，牿之傷，
汝則有常刑。馬牛其風，臣妾逋逃，勿敢越逐，祇復之，我商賚
汝；乃越逐不復，汝則有常刑。無敢寇攘，踰垣牆，竊馬牛，誘

臣妾，汝則有常刑。甲戌，我惟征徐戎。峙乃糗糧，無敢不逮，汝則有大刑。魯人三郊三遂，峙乃楨榦，甲戌，我惟築，無敢不供，汝則有無餘刑，非殺。魯人三郊三遂，峙乃芻茭，無敢不多，汝則有大刑。」

敏案：此篇，王安石尚書新義佚文及諸家評論亦未見，但存篇目，上方著。

【根祥案】

《輯考彙評》輯錄時，未見陳大猷《書集傳》原書，故無相關王安石《尚書新義》佚文，今則有之如下：

魯人三郊三遂，峙乃芻茭，無敢不多；汝則有大刑！

【根祥案】

考之宋・東陽陳大猷《書集傳》卷十二，總頁174上A，引有「王氏曰」佚文一段，其文曰：

> 王氏曰：「待之以可畏之刑，然後人從令，從令然後可以勝敵，勝敵而後人免於死亡，而宗社可保；則仁民孰大乎此。雖然，先王不得已而用兵，其於刑必使人易避難犯，申喻至熟，而後加焉，故雖嚴而人不怨也。」

此段引文當補入為《新義》「佚文」。

〈秦誓〉

秦穆公伐鄭。晉襄公帥師敗諸崤，還歸。作〈秦誓〉。

公曰：「嗟！我士，聽無譁，予誓告汝群言之首。古人有言曰：民訖自若是多盤，責人斯無難，惟受責俾如流，是惟艱哉！我心之憂，日月逾邁，若弗云來。惟古之謀人，則曰未就予忌；惟今之謀人，姑將以為親。雖則云然，尚猷詢茲黃髮，則罔所愆。番番良士，旅力既愆，我尚有之；仡仡勇夫，射御不違，我尚不欲。惟截截善諞言，俾君子易辭，我皇多有之？昧昧我思之，如有一介臣，斷斷猗，無他伎；其心休休焉，其如有容；人之有技，若己有之；人之彥聖，其心好之，不啻如自其口出；是能容之，以保我子孫黎民，亦職有利哉！人之有技，冒疾以惡之；人之彥聖而違之，俾不達；是不能容，以不能保我子孫黎民，亦曰殆哉！邦之杌隉，曰由一人；邦之榮懷，亦尚一人之慶。」

敏案：此篇，王安石尚書新義佚文及諸家評論亦未見，但存篇目，上方著。

【根祥案】

《輯考彙評》輯錄時，未見陳大猷《書集傳》原書，故無相關王安石《尚書新義》佚文，今則有之如下：

惟古之謀人，則曰未就予忌；惟今之謀人，姑將以為親。

【根祥案】

考之宋・東陽陳大猷《書集傳》卷十二，總頁174下A，引有「王氏

曰」佚文一段，其文曰：

> 王氏曰：「古之謀人，謂以先王之道為謀者；今之謀人，謂苟
> 一時之利為謀者。」

據此，則當以此引文補入為《新義》「佚文」。又考於宋・夏僎《尚書
詳解》卷二十六，註解經文曰：

> 「惟古之謀人，則曰未就予忌」者，此穆公指蹇叔而言；謂執
> 古義與我謀者，我則曰：此未能就我闢土之功，而我實忌而惡
> 之，不用其言。「惟今之謀人，姑將以為親」者，此穆公指杞
> 子等而言也；謂徇今日目下一時之利，以為我謀者，我則不暇
> 遠慮，而姑且親而信之。此乃穆公力陳己過，備述所以致敗之
> 由也。

其中說義文辭，皆與王氏《新義》一致，是暗用王荊公《新義》論說
者也。

後記

　　終於將這一本780多頁的書稿作了兩次的校對，發現當初以為已經很完美的ending，原來還是有很多問題需要進一步修訂調整的，也還發現早期寫成的書稿部分，跟後來寫的在同一個主題上有前後不一，觀點與資料都有差異，還好是後者比前者更成熟，至少表示我在這段時間裡，又有一點兒進步。

　　這本書的最終目的，是為已經失傳的王安石《尚書新義》作一次更精密、更詳盡、更純粹的「輯逸」、「考訂」、「評論」、「參考」，讓王安石《尚書》學說的研究，得到更佳的文本。同時，也想將王荊公《尚書》學說作一番梳理，希望能呈現出一個獨立完整的面貌；所以，我將當年博士論文裡的〈緒論〉，加以調整精簡，作為本書的〈第一章〉，讓讀者從中即可大致瞭解宋代《尚書》學的客觀背景，不必再翻尋其他的書籍來參考。本書的第二章，是我將博士論文中的〈王安石《尚書》學案〉挑出來，並且作了一番大修，將其中錯誤的資料刪除，尤其是當年還沒有發現資料不是王安石《尚書新義》的部分，也增入了些後來發現的新材料，也算是對當年我的博士論文原稿，做了一次修訂的工作，好讓讀者能從這本書中，就能對王安石《尚書》學說先有一個大致的認識，再看後面所呈現的《尚書新義》資料，應該會有更好的研究效果。第三章是說明這次修訂《尚書新義》的背景說明；從整個成書過程中，真的體認到《輯考彙評》的辛勞，確是如寒天飲水，點滴在心；如非有程先生的耕耘在前，如非有那一段《尚書》論文口考交會互放的光亮，如非有從博士口考直至現在的尋尋覓覓，如非有這一次世紀病毒─COVID19的壓迫，書還不知

道會到甚麼時間才能拿出來呢！後面的幾章，就是這二十七年來搜尋整理的成果。當然其中還有些不能確定的部分，不過為數已經很少了。

　　十多年前，我在高雄師大經學研究所上「《尚書》研究」課程時，經常跟學生說：「老天爺真的對《尚書》不公平，長沙馬王堆、銀雀山漢墓、定州漢墓、上海博物館楚竹書、郭店楚簡等，出現了《老子》、《孫子兵法》、《易經》、《論語》、《詩經》、《禮記》，就是沒有出現《尚書》的。」可能是因為我每一年都這麼說，天見可憐，就出現了《清華簡》，確實將戰國時的《尚書》（含《逸周書》）文本放在眼前，那種莫名感動，無以復加。

　　也是十多年前，當時對《浮生六記》後二記─〈中山記歷〉、〈養生記逍〉─的真偽還在含混不清，莫衷一是，各說各話的時候，我就立志拿《浮生六記》來當實驗品，考驗我從《尚書》學「偽古文《尚書》」公案研究中累積的辨偽功夫，寫成了《浮生六記後二記─〈中山記歷〉、〈養生記逍〉─考異》一書，一鎚定音，證明是偽作的。當時正感覺有點沾沾自喜，認為這個「真偽公案」因我這書而成定讞，學術歷史將留傳我名；殊不知才過了兩年吧，大陸就發現了清代錢泳手抄的《記事珠》稿本，其中就抄錄有沈復《浮生六記》中的〈海國記〉（就是第五記〈中山記歷〉的初稿），因為這資料的出現，就足以證明現在流傳「足本《浮生六記》」中的〈中山記歷〉是後人偽作的；這樣，我這本考證真偽的書其主要論述價值就被取代了，說來其實還真有點失落感。不過，〈海國記〉的發現公布，還是遇到挑戰：有人提出懷疑〈海國記〉也是偽造的，所以不被大陸文化部接受。因此，發現者彭令從我的書知道我研究《浮生六記》，透過我的研究為這份資料辯證真偽，還為此而曾上書大陸溫家寶先生，最終此份資料得到平反、認可，我還親身到北京為此簽名背書，這也算是對《浮生六記》研究的一份功勞。

　　如今，我為王安石失傳了六百年左右的《尚書新義》再一次輯

逸，前後斷斷續續用了二十七年的時間，終於也寫成專書了，學術歷史會否因這本書、因王安石的《尚書新義》文本而留下我的名字呢？這也應該有點沾沾自喜呢！然而，我還是會「異想天開」地殷殷期待，或者有那麼一天，在天涯海角的某處，忽然發現了一本完整的王安石《尚書新義》文本，讓學術界能更清晰真實地研究王安石的政治、學術、思想，那就再好不過了。有了前面《浮生六記》的體驗，說不定……。就算我這本書的主體價值因此被取代，我的名字不能再附驥尾而留傳，我也願意啊！

高雄師範大學經學研究所教授兼所長

記於經學研究所

民國百一十年元月二十六日

參考文獻

古籍類

《尚書》類

宋代以前

傳漢・孔安國《尚書孔傳》，臺北市：新興書局，民國66年9月版

唐・孔穎達等疏、阮元校勘《尚書正義》，臺北市：東昇文化事業公司

唐・寫本《尚書・顧命殘本、補考》，《敦煌叢刊初集》第六冊

隸古定《尚書殘本》，《敦煌叢刊初集》第八冊

《尚書・釋文》（敦煌殘本）附跋。《敦煌叢刊初集》第八冊

顧頡剛、顧廷龍輯《尚書文字合篇》，上海：上海古籍出版社，1996
    年元月一版。

宋 代

蘇軾《東坡書傳》，臺北市：藝文印書館，《學津討源》本

蘇軾《書傳》，臺北市：商務印書館，《影印文淵閣四庫全書》本

胡瑗《洪範口義》，臺北市：商務印書館，四庫珍本別集

林之奇《尚書全解》，臺北市：漢京文化公司《通志堂經解》第11冊

林之奇《尚書全解》，臺北市：商務印書館，《影印文淵閣四庫全書》本

夏僎《尚書詳解》，臺北市：商務印書館，四庫珍本九集

夏僎《尚書詳解》，臺北市：商務印書館，《影印文淵閣四庫全書》本

夏僎《尚書詳解》《叢書集成初編》3606冊，北京：中華書局

陳經《尚書詳解》，臺北市：商務印書館，四庫珍本十集

陳經《尚書詳解》，北京：中華書局，叢書集成初編，1985

蔡沈《書集傳》「書經讀本」，臺北市：大方出版社，民國63年2月初版

蔡沈注，錢宗武、錢忠弼整理《書集傳》南京：鳳凰出版社，2010年
　　1月一版

袁燮《絜齋家塾書抄》，臺北市：商務印書館，四庫珍本初集

錢時《融堂書解》，臺北市：商務印書館，四庫珍本別集

錢時《融堂書解》《叢書集成初編》3582冊，北京：中華書局

史浩《尚書講義》，《四明叢書》三集本

史浩《尚書講義》，臺北市：商務印書館，《影印文淵閣四庫全書》本

黃倫《尚書精義》，臺北市：藝文印書館，《經苑》本

黃倫《尚書精義》，臺北市：商務印書館，《影印文淵閣四庫全書》本

黃倫《尚書精義》，北京：中華書局，《叢書集成初編》3598冊

王柏《書疑》，臺北市：漢京文化公司，《通志堂經解》本

金履祥《尚書注》，臺北市：藝文印書館，《十萬卷樓叢書》本

金履祥《尚書表注》，臺北市：漢京文化公司，《通志堂經解》本

薛季宣《書古文訓》，臺北市：漢京文化公司，《通志堂經解》第11冊

楊簡《五誥解》，臺北市：商務印書館，四庫珍本別集

呂祖謙著、時瀾增修《增修東萊書說》，臺北市：漢京文化公司，《通
　　志堂經解》本

呂祖謙著、時瀾增修《增修東萊書說》，臺北市：商務印書館，《影印
　　文淵閣四庫全書》本

陳大猷《書集傳或問》，臺北市：漢京文化公司，《通志堂經解》本

陳大猷《書集傳或問》臺北市：商務印書館，《影印文淵閣四庫全
　　書》本第60冊

陳大猷《書集傳及或問》，上海市：上海古籍出版社，《續修四庫全
　　書》第42冊

魏了翁《尚書要義》，臺北市：商務印書館，四庫珍本六集

黃度《尚書說》，臺北市：漢京文化公司，《通志堂經解》本

胡士行《尚書詳解》，臺北市：漢京文化公司，《通志堂經解》本

胡士行《尚書詳解》，臺北市：商務印書館，《影印文淵閣四庫全書》本，第60冊

鄭伯熊《敷文書說》，臺北市：大通書局，《經苑》本

程大昌《禹貢後論》，臺北市：漢京文化公司，《通志堂經解》本

程大昌《禹貢山川地理圖》，臺北市：漢京文化公司，《通志堂經解》本

傅寅《禹貢說斷》，臺北市：藝文印書館，《武英殿聚珍版叢書》本

傅寅《禹貢詳解》，臺北市：漢京文化公司，《通志堂經解》本

趙善湘《洪範統一》，臺北市：藝文印書館，《經苑》本

元代及以下

元・董鼎《書傳輯錄纂註》，臺北市：漢京文化公司，《通志堂經解》本，第14冊

元・陳櫟《書集傳纂疏》，臺北市：漢京文化公司，《通志堂經解》第15冊

元・吳澄《書纂言》，臺北市：漢京文化公司，《通志堂經解》，第14冊

元・吳澄《書纂言》，臺北市：大通書局，民59年《通志堂經解》第14冊

元・王充耘《讀書管見》，臺北市：漢京文化公司，《通志堂經解》第15冊

元・胡一中《定正洪範集說》，臺北市：漢京文化公司，《通志堂經解》本

元・許謙《讀書叢說》，臺北市：藝文印書館，《叢書集成》本

元・王天與《尚書纂傳》，臺北市：大通書局，民59年《通志堂經解》第14冊

元・王天與《尚書纂傳》，臺北市：商務印書館，《影印文淵閣四庫全書》

明・胡廣等《書經大全》，臺北市：商務印書館，《影印文淵閣四庫全書》

明・王樵《尚書日記》，臺北市：商務印書館，《影印文淵閣四庫全書》本

明・馬明衡《尚書疑義》，臺北市：商務印書館，《影印文淵閣四庫全書》本第64冊

明・茅瑞徵《禹貢匯疏》，臺北市：商務印書館，《影印文淵閣四庫全書》

明・袁仁《尚書砭蔡編》，臺北市：商務印書館，四庫珍本十二集

明・艾南英《禹貢圖註》，《學海類編》本，第五冊

清・王夫之《尚書稗疏》，長沙：嶽麓書社，《船山全書》，第二冊，1996。

清・王頊齡總裁《欽定書經傳說彙纂》，臺北市：商務印書館，《影印文淵閣四庫全書》本

清・陳壽祺《尚書大傳輯校》，臺北市：藝文印書館，叢書集成本

清・閻若璩《古文尚書疏證》，臺北市：漢京文化公司，《皇清經解續編》

清・惠棟《古文尚書考》臺北市：漢京文化公司，《皇清經解續編》本

清・王鳴盛《尚書後案》，臺北市：漢京文化公司，《皇清經解》本

清・孫星衍《尚書今古文注疏》，臺北市：漢京文化公司，《皇清經解》本

清・李遇孫《尚書隸古定釋文》臺北市：新文豐出版社，《叢書集成續編》

清・朱鶴齡《禹貢長箋》，臺北市：商務印書館，《影印文淵閣四庫全書》

清‧程廷祚《晚書訂疑》，臺北市：漢京文化公司，《皇清經解續編》本

清‧陳喬樅《尚書歐陽夏侯遺說考》，臺北市：漢京文化公司，《皇清經解續編》本

其他經學類：

阮元等校勘《十三經注疏》，臺北市：東昇文化事業公司

宋‧劉敞《七經小傳》，臺北市：漢京文化公司，《通志堂經解》本

宋‧劉敞《七經小傳》，臺北市：商務印書館，《影印文淵閣四庫全書》本

宋‧歐陽修《毛詩本義》，臺北市：商務印書館，《影印文淵閣四庫全書》

宋‧程頤《河南經說》，臺北市：中華書局，《四部備要》本

宋‧程頤《程氏經說》，臺北市：商務印書館，《影印文淵閣四庫全書》本

宋‧王安石《周官新義》，臺北市：商務印書館，《影印文淵閣四庫全書》

宋‧王安石著、邱漢生輯校《詩義鉤沉》，北京市：中華書局

宋‧陸佃《埤雅》，北京：中華書局，《叢書集成初編》，1171冊

宋‧王昭禹《周禮詳解》，臺北市：商務印書館，《影印文淵閣四庫全書》本，第93冊

宋‧王與之《周禮訂義》，臺北市：商務印書館，《影印文淵閣四庫全書》

宋‧不著撰人宋‧陳友仁增修《周禮集說》，臺北市：商務印書館，《影印文淵閣四庫全書》本，第95冊

宋‧程公說《春秋分記》，臺北市：商務印書館，《影印文淵閣四庫全書》

宋‧李樗、黃櫄撰《毛詩集解》，臺北市：商務印書館，《影印文淵閣四庫全書》本

宋・朱熹《四書章句集注》，臺北市：廣東出版社

宋・張栻《南軒易說》，臺北市：商務印書館，《影印文淵閣四庫全書》本

宋・袁燮《絜齋毛詩經筵講義》，臺北市：商務印書館，四庫珍本九集

宋・真德秀《大學衍義》，臺北市：臺灣商務印書館，《四部叢刊》三編，1975。又《景文淵閣四庫全書》本第705冊

宋・衛湜《禮記集說》，臺北市：商務印書館，《影印文淵閣四庫全書》本。第117冊

宋・張文伯《九經疑難》，臺北市：商務印書館，《宛委別藏》本

宋・王應麟《六經天文編》，臺北市：藝文印書館，學津討原本

宋・王應麟《詩地理攷》，臺北市：商務印書館，《影印文淵閣四庫全書》

元・毛應龍《周官集傳》，臺北市：商務印書館，《影印文淵閣四庫全書》

清・朱彝尊撰，林慶彰、蔣秋華點校補正《經義考》，臺北市：中研院文哲所籌備處，1997年6月版。

明・何楷《詩經世本古義》，臺北市：商務印書館，《影印文淵閣四庫全書》本。第81冊

明・朱睦㮮《五經稽疑》，臺北市：商務印書館，《影印文淵閣四庫全書》

清・金相《御覽經史講義》，臺北市：商務印書館，《影印文淵閣四庫全書》

清・皮錫瑞《經學歷史》，臺北市：商務印書館

史學類

漢・司馬遷《史記》三家註，臺北市：藝文印書館

東漢・班固著、唐・顏師古注《漢書》，臺北市：藝文印書館

晉・孔晁註《逸周書》，臺北市：中華書局，民國69年10月三版

晉・范曄《後漢書》，臺北市：鼎文書局

唐・劉知幾著、浦起龍釋《史通通釋》，臺北市：里仁書局

宋・歐陽修等《新唐書》，臺北市：藝文印書館

宋・《宋會要輯本》，臺北市：新文豐出版公司

宋・彭百川撰《太平治跡統類》，臺北市：臺灣商務印書館，《影印文淵閣四庫全書》本

宋・彭百川《太平治跡統類》，臺北市：商務印書館，四庫珍本五集

宋・羅泌《路史》，臺北市：商務印書館，《影印文淵閣四庫全書》本

宋・羅泌《路史》，北京：中華書局，《叢書集成初編》3701冊

宋・胡宏《皇王大紀》，臺北市：臺灣商務印書館，《影印文淵閣四庫全書》

宋・李燾《續資治通鑑長編》，臺北市：世界書局

宋・李燾《續資治通鑑長編》，臺北市：臺灣商務印書館，《影印文淵閣四庫全書》本

宋・金履祥《資治通鑑前編》，臺北市：世界書局，四庫全書薈要本

宋・金履祥編纂《資治通鑑前編》，臺北市：臺灣商務印書館，《影印文淵閣四庫全書》本，第332冊

宋・趙汝愚編《宋名臣奏議》，臺北市：臺灣商務印書館，《影印文淵閣四庫全書》本

宋・曹彥約《經幄管見》，臺北市：臺灣商務印書館，四庫珍本

宋・某氏《中興聖政》，臺北市：文海出版社

宋・王偁《東都事略》，臺北市：中央圖書館善本叢刊

宋・王應麟《玉海》，臺北市：臺灣商務印書館，《影印文淵閣四庫全書》

宋・王應麟《玉海》，臺北市：華文書局，民53年初版

宋・王應麟《通鑑地理通釋》，臺北市：臺灣商務印書館，《影印文淵閣四庫全書》本

宋・《宋會要・選舉志》

宋・李心傳《建炎以來繫年要錄》，臺北市：臺灣商務印書館，《影印文淵閣四庫全書》本

宋・江少虞《宋朝事實類苑》，臺北市：源流出版社

宋・楊仲良《通鑑長編紀事本末》，臺北市：文海出版社

元・脫脫等《宋史》，臺北市：藝文印書館

元・脫脫等編纂《宋史》，臺北市：鼎文書局，1978年9月版

元・不著撰名《歷代名賢確論》，臺北市：臺灣商務印書館，《影印文淵閣四庫全書》本

明・邢雲路《古今律歷考》，北京：中華《叢書集成初編》1311冊

明・唐順之《稗編》，臺北市：臺灣商務印書館，《影印文淵閣四庫全書》

明・胡震亨《唐音癸籤》，臺北市：臺灣商務印書館，《影印文淵閣四庫全書》本。

清・王夫之《宋論》，臺北市：洪氏出版社

清・馬端臨《文獻通考》，臺北市：商務印書館，《十通》第七種

清・馬端臨《文獻通考》，臺北市：臺灣商務印書館，《影印文淵閣四庫全書》本

清・陸心源輯《宋史翼》，北京市：中華書局

清・丁傳靖輯《宋人軼事彙編》，北京市：中華書局，1981年

清・齊召南《歷代帝王年表》，臺北市：中華書局

清・趙翼《廿二史劄記》，臺北市：世界書局

清・潘永因編《宋稗類鈔》，北京市：書目文獻出版社

清・姚永樸《群儒考略》，臺北市：廣文書局

子學類

戰國・荀子、唐・楊倞註、清王先謙集解《荀子集解》，臺北市：藝文印書館，民國66年2月四版

戰國・莊周、黃錦鋐譯註《莊子讀本》，臺北市：三民書局，民國67年7月，三版

宋・邵雍《皇極經世書》，臺北市：廣文書局

宋・王安石《道德經注》，臺北市：藝文印書館，民國54年，嚴靈峰輯編《無求備齋老子集成》初編，第四函，第34冊

宋・司馬光《潛虛》，北京：中華書局，《叢書集成》初編，第697冊，1985

宋・張載《張子全書》，臺北市：臺灣商務印書館，《影印文淵閣四庫全書》

宋・晁說之《儒言》，臺北市：臺灣商務印書館，《影印文淵閣四庫全書》

宋・黃靖德編《朱子語類》，臺北市：文津出版社

宋・黃靖德編《朱子語類》，臺北市：臺灣商務印書館，《影印文淵閣四庫全書》本。

宋・朱子撰《伊洛淵源錄》，《叢書集成初編》3340冊，北京：中華，1985

宋・陸九淵《象山全集》，臺北市：中華書局

宋・程珌《洺水集》，臺北市：臺灣商務印書館，《影印文淵閣四庫全書》

宋・洪邁《容齋隨筆》，臺北市：臺灣商務印書館，《影印文淵閣四庫全書》

宋・王闢之《澠水燕談錄》，臺北市：臺灣商務印書館，《影印文淵閣四庫全書》本

宋・陳暘《樂書》，臺北市：臺灣商務印書館，《影印文淵閣四庫全書》本

宋・魏了翁《大學衍義》，臺北市：《中國子學名著集成》編印基金會

宋・魏了翁《大學衍義》，臺北市：臺灣商務印書館，《影印文淵閣四庫全書》本

宋・魏了翁《讀書雜鈔》，臺北市：藝文印書館，《百部叢書集成》

宋・王柏《研幾圖》，臺北市：藝文印書館，《金華叢書》本

元・方回《續古今考》，臺北市：臺灣商務印書館，《四庫全書珍本》195冊

清・孫瑴編《古微書》，臺北市：臺灣商務印書館，四庫珍本十二集

清・黃宗羲《宋元學案》，臺北市：河洛圖書公司，民國64年臺景印初版

清・李清馥《閩中理學淵源考》，臺北市：臺灣商務印書館，《影印四庫全書》本。

清・程川編《朱子語類》，臺北市：文津出版社，民國75年

集　　類

唐・柳宗元《河東先生集》，臺北市：臺灣商務印書館，《影印文淵閣四庫全書》本

宋・郭忠恕《佩觿》，臺北市：臺灣商務印書館，《叢書集成簡編》本

宋・孫復《孫明復小集》，臺北市：臺灣商務印書館，四庫珍本八集

宋・司馬光《涑水紀聞》，臺北市：世界書局

宋・司馬光《涑水紀聞》，臺北市：臺灣商務印書館，《影印文淵閣四庫全書》本

宋・范仲淹《范文正公文集》，臺北市：臺灣商務印書館，《影印文淵閣四庫全書》本

宋・文彥博《潞公文集》，臺北市：臺灣商務印書館，四庫珍本六集

宋・范純仁《范忠宣集》，臺北市：臺灣商務印書館，四庫珍本八集

宋・蔡襄《端明集》，臺北市：臺灣商務印書館，《影印文淵閣四庫全書》

宋・歐陽修《歐陽文忠公全集》，臺北市：臺灣中華書局，《四部備要》本

宋・歐陽修《居士集》，臺北市：臺灣商務印書館，《影印文淵閣四庫全書》

宋・劉敞《公是集》，臺北市：新文豐出版社

宋・劉敞《公是集》，臺北市：臺灣商務印書館，《影印文淵閣四庫全書》

宋・劉敞《公是弟子記》，臺北市：藝文印書館，《知不足齊叢書》本

宋・劉敞《公是弟子記》，臺北市：臺灣商務印書館，《影印文淵閣四庫全書》本

宋・蘇洵《嘉祐集》，臺北市：臺灣商務印書館，《四部叢刊》本

宋・蘇軾《蘇東坡全集》，臺北市：世界書局

宋・蘇轍《欒城集》，臺北市：臺灣中華書局，《四部備要》本

宋・王安石《臨川集》，臺北市：臺灣中華書局，《四部備要》本

宋・王安石撰《臨川文集》，臺北市：臺灣商務印書館，《影印文淵閣四庫全書》本

宋・李綱《梁谿集》，臺北市：臺灣商務印書館，《影印文淵閣四庫全書》

宋・程顥、程頤《二程全書》，臺北市：臺灣中華書局，《四部備要》本

宋・宋祁《景文集》，臺北市：臺灣商務印書館，《影印文淵閣四庫全書》

宋・王令《廣陵先生文集》，臺北市：臺灣商務印書館，《影印文淵閣四庫全書》本。

宋・曾鞏《元豐類稿》，臺北市：臺灣商務印書館，《四部叢刊》本

宋・陸佃《陶山集》，北京：中華書局，《叢書集成初編》1930冊

宋・陸佃《陶山集》，臺北市：臺灣商務印書館，《影印文淵閣四庫全書》

宋・趙與時《賓退錄》，臺北市：臺灣商務印書館，《影印文淵閣四庫全書》

宋・夏竦《文莊集》,臺北市:臺灣商務印書館,《影印文淵閣四庫全書》

宋・晁說之《嵩山文集》,臺北市:臺灣商務印書館,《四部叢刊續編》

宋・劉一止《苕溪集》,臺北市:臺灣商務印書館,《影印文淵閣四庫全書》

宋・楊時《龜山集》,臺北市:臺灣商務印書館,《影印文淵閣四庫全書》本,第1125冊

宋・張九成《橫浦集》,臺北市:臺灣商務印書館,四庫珍本四集

宋・林之奇《拙齋文集》,臺北市:臺灣商務印書館,四庫珍本二集

宋・樓鑰《攻媿集》,臺北市:臺灣商務印書館,《四部叢刊》本

宋・陳師道《後山叢談》,臺北市:廣文書局《筆記續編》

宋・陳師道《後山叢談》,臺北市:臺灣商務印書館,《影印文淵閣四庫全書》本

宋・華鎮《雲溪居士集》,臺北市:臺灣商務印書館,《影印文淵閣四庫全書》本。第1119冊

宋・陳善《捫蝨新話》,臺北市:藝文印書館,《津逮秘書》本

宋・葉大慶《考古質疑》,臺北市:臺灣商務印書館,《影印文淵閣四庫全書》本

宋・葉大慶《考古質疑》,上海市:上海古籍出版社

宋・葉大慶《考古質疑》,臺北市:臺灣商務印書館,《影印文淵閣四庫全書》本

宋・范浚《香溪文集》,臺北市:藝文印書館,《金華叢書》本

宋・范浚《香溪集》,北京:中華書局,《叢書集成初編》1993冊

宋・范浚《香溪集》,臺北市:臺灣商務印書館,《影印文淵閣四庫全書》

宋・朱熹《朱文公文集》,臺北市:臺灣商務出版社,四部叢刊三編,1975

宋・朱熹《晦庵集》，臺北市：臺灣商務印書館，《影印文淵閣四庫全書》

宋・朱熹《朱子大全集》，臺北市：世界書局，中華四部備要本

宋・朱熹著、開明書局編《朱熹辨偽書語》，臺北市：台灣開明書局

宋・陳淵《默堂文集》，臺北市：臺灣商務印書館，《四部叢刊續編》

宋・洪邁《容齋隨筆》，臺北市：臺灣商務印書館，〈四部叢刊續編〉

宋・呂祖謙《東萊集》，臺北市：臺灣商務印書館，四庫珍本十一集

宋・史堯弼《蓬峰集》，臺北市：臺灣商務印書館，四庫珍本初集

宋・楊簡《慈湖遺書》，《四明叢書》本

宋・楊簡《慈湖遺書》，臺北市：臺灣商務印書館，《影印文淵閣四庫全書》

宋・王禹偁《小畜集》，臺北市：臺灣商務印書館，《四部叢刊》本

宋・黃震《黃氏日鈔》，臺北市：臺灣商務印書館，《四部叢刊》本

宋・史浩《鄮峰真隱漫錄》，臺北市：臺灣商務印書館，《影印文淵閣四庫全書》本

宋・張綱《華陽集》，臺北市：臺灣商務印書館，《四部叢刊續編》本

宋・章如愚《山堂群書索考》，臺北市：新興書局

宋・章如愚《山堂群書索考》，臺北市：臺灣商務印書館，《影印文淵閣四庫全書》本

宋・呂祖謙編《宋文鑑》，臺北市：世界書局

宋・程大昌《演繁露》，臺北市：新文豐出版社

宋・程大昌《演繁露》，臺北市：臺灣商務印書館，《影印文淵閣四庫全書》

宋・程大昌《考古篇》，臺北市：臺灣商務印書館，《儒學警悟》本

宋・程大昌《考古篇》，臺北市：臺灣商務印書館，《影印文淵閣四庫全書》

宋・胡宏《五峰集》，臺北市：臺灣商務印書館，《影印文淵閣四庫全書》

宋・沈括《夢溪筆談》，臺北市：臺灣商務印書館，《四部叢刊》本

宋・王觀國《學林》，臺北市：新文豐出版公司。

宋・王觀國《學林》，臺北市：臺灣商務印書館，《影印文淵閣四庫全書》

宋・真德秀《西山讀書記》，臺北市：臺灣商務印書館，四庫珍本六集

宋・邵伯溫《河南邵氏聞見前後錄》，臺北市：廣文書局。

宋・邵伯溫《河南邵氏聞見前後錄》，臺北市：臺灣商務印書館，《影印文淵閣四庫全書》本

宋・魏了翁《渠陽讀書雜鈔》，臺北市：臺灣商務印書館，《寶顏堂叢書》

宋・魏了翁《鶴山先生大全集》，臺北市：臺灣商務印書館，《四部叢刊》

宋・魏了翁初編、方回續編《古今考》，臺北市：學生書局。中央圖書館藏本

宋・薛季宣《浪語集》，臺北市：臺灣商務印書館，《影印文淵閣四庫全書》

宋・馬永卿《嬾真子》，臺北市：藝文印書館，《儒學警悟》本

宋・項安世《項氏家說》，臺北市：臺灣商務印書館，四庫珍本別集

宋・楊簡《石魚偶記》，臺北市：新文豐圖書公司，《叢書集成續編》本

宋・王柏《魯齋集》，臺北市：臺灣商務印書館，《影印文淵閣四庫全書》

宋・金履祥《仁山集》，臺北市：臺灣商務印書館，《叢書集成簡編》本

宋・金履祥《仁山集》，臺北市：臺灣商務印書館，《影印文淵閣四庫全書》

宋・金履祥《仁山文集》，臺北市：藝文印書館，《金華叢書》本

宋・羅大經《鶴林玉露》，北京市：中華書局。

宋・羅大經《鶴林玉露》，臺北市：臺灣商務印書館，《影印文淵閣四庫全書》本

宋‧《王深寧先生年譜》,《四明叢書》本第一集

宋‧王應麟《困學紀聞》,臺北市:世界書局,《中華四部備要》本

宋‧王應麟《困學紀聞》,臺北市:臺灣商務印書館,《影印文淵閣四庫全書》本

宋‧某氏《愛日齋叢鈔》,臺北市:藝文印書館,《守山閣叢書》本

宋‧不著編輯者姓氏《宋文選》,臺北市:臺灣商務印書館,《影印文淵閣四庫全書》本

元‧黃溍《黃文獻集》,臺北市:臺灣商務印書館,《金華叢書》本

明‧宋濂《文憲集》,臺北市:臺灣商務印書館,《影印文淵閣四庫全書》

明‧王樵《方麓集》,臺北市:臺灣商務印書館,《影印文淵閣四庫全書》

清‧朱鶴齡《愚菴小集》,臺北市:臺灣商務印書館,《影印文淵閣四庫全書》本

小學、目錄類

東漢‧許慎著、清‧段玉裁註《說文解字注》,高雄市:復文圖書公司

宋‧郭忠恕《汗簡》,臺北市:臺灣商務印書館,《四部叢刊廣編》本

宋‧吳棫《韻補》,臺北市:藝文印書館,《百部叢書‧連筠簃叢書》本

宋‧毛晃增註、毛居正重增《增修互註禮部韻略》,臺北市:臺灣商務印書館,《影印文淵閣四庫全書》本,第237冊

宋‧王應麟《小學紺珠》,臺北市:臺灣商務印書館,《影印文淵閣四庫全書》本

宋‧晁公武《郡齋讀書志》,臺北市:廣文書局。

宋‧晁公武《郡齋讀書志》,臺北市:臺灣商務印書館,《影印文淵閣四庫全書》本

宋‧陳振孫《直齋書錄解題》,臺北市:廣文書局

宋・陳振孫《直齋書錄解題》，臺北市：臺灣商務印書館，《影印文淵閣四庫全書》本

元・黃公紹原編、熊忠舉要、甯忌浮整理《古今韻會舉要》，北京：中華書局，2000

元・黃公紹原編、熊忠舉要《古今韻會舉要》，臺北市：臺灣商務印書館，《影印文淵閣四庫全書》本

清・朱彝尊《經義考》，臺北市：台灣中華書局

清・朱彝尊撰，林慶彰、蔣秋華點校補正《經義考》，臺北市：中研院文哲所籌備處，1997年6月版

清・紀昀等《四庫全書總目提要》，臺北市：臺灣商務印書館，《影印文淵閣四庫全書》本

清・瞿子雍《鐵琴銅劍樓藏書目錄》，臺北市：廣文書局

清・陸心源《皕宋樓藏書志》，臺北市：廣文書局

清・錢遵王《讀書敏求記校記》，臺北市：廣文書局

清・齊召南《尚書注疏・考證》（四庫全書考證），臺北市：臺灣商務印書館，《影印文淵閣四庫全書》本

清・馬端臨《文獻通考》，臺北市：臺灣商務印書館，《影印文淵閣四庫全書》本

清・阮元《經籍纂詁》，臺北市：成偉出版社，民國64年8月初版

近現代專著：

戴君仁《閻毛古文尚書公案》，臺北市：國立編輯館中華叢書

馬宗霍《中國經學史》，臺北市：臺灣商務印書館

于省吾《尚書新證》，臺北市：崧高書社

屈萬里《尚書集釋》，臺北市：聯經出版事業公司

屈萬里《尚書異文彙錄》，臺北市：聯經出版事業公司

汪惠敏《宋代經學研究》，臺北市：國立編輯館

劉起釪《尚書學史》，北京市：中華書局

張西堂《尚書引論》，臺北市：崧高書社

陳夢家《尚書通論》，臺北市：仰哲出版社

朱延獻《尚書異文集證》，臺北市：台灣中華書局

黃重寬《南宋史研究》，臺北市：新文豐出版公司

日本・本田成之《中國經學史》，臺北市：廣文書局

牟宗三《心體與性體》，臺北市：正中書局

錢穆《朱子新學案》，臺北市：文津出版社

錢穆《中國學術思想論叢》，臺北市：東大圖書公司

金中樞《宋代學術思想研究》，臺北市：幼獅文化事業公司

蔡仁厚《宋明理學》，臺北市：學生書局

劉述先《朱子哲學思想之發展與完成》，臺北市：學生書局

蘇雪林《天問正簡》，臺北市：廣東出版社

宋鼎宗《春秋宋學發微》，臺北市：文史哲出版社

宋鼎宗《拙齋經議論叢》（新北市：花木蘭文化出版社，2009年，《中國學術思想言輯刊》五編第19冊）

程元敏輯著《三經新義輯考彙評（一）──尚書》，臺北市：國立編譯館，1986年7月初版

程元敏《程元敏著作集》《三經新義輯考彙評》上下兩冊，華東師範大學出版社，2010年11月

程元敏《王柏之生平與學術》，臺北市：國立編譯館

夏長樸《李覯與王安石研究》，臺北市：大安出版社

王水照主編《王安石全集》，上海：復旦大學出版社，2017年版

吳璵《尚書讀本》，臺北市：三民書局

宋承書《尚書思想新論》，臺北市：治群圖書公司

古國順《史記述尚書研究》，臺北市：文史哲出版社

古國順《清代尚書學》，臺北市：文史哲出版社

陳新雄、于大成編《尚書論文集》，臺北市：木鐸出版社

劉漢德等《尚書研究論集》，臺北市：黎明文化事業公司

蔡崇榜《宋代修史制度研究》，臺北市：文津出版社

張家駒《宋經濟重心的南移》，臺北市：帛書出版社

麥仲貴《宋元理學家著述生卒年表》，香港新亞研究所專刊之三

盛朗西《中國書院制度》，臺北市：華世出版社

王雲五《宋元政治思想》，臺北市：臺灣商務印書館

向達等《歷代刻書概況》，（大陸）印制工業出版社

吳萬居《宋代書院與宋代學術關係》，臺北市：文史哲出版社

惜秋《宋初風雲人物》，臺北市：三民書局

黃永武主編《敦煌叢刊初編》，臺北市：新文豐出版公司第六冊、第
　　七冊

王德毅等《宋人傳記資料索引》，臺北市：鼎文書局

龍潛庵編著《宋元語言詞典》，上海市：上海圖書出版社

許肇鼎《宋代蜀人著作存佚錄》，四川：巴蜀書社

《中國歷代經籍典》，臺北市：鼎文書局，《古今圖書集成》

史劉虹《中國選士制度》，長沙：湖南教育出版社

張永二《程學管見》，臺北市：東大圖書公司

張躍《唐代後期儒學的新趨向》，臺北市：文津出版社

劉復生《北宋中期儒學復興運動》，臺北市：文津出版社

徐遠和《洛學源流》，齊魯書局

喬衍琯《陳振孫學記》，臺北市：文史哲出版社

莊謙一《王厚齋學術及著述考略》，臺北市：文史哲出版社

王國維《觀堂集林》，臺北市：河洛圖書出版社

李弘祺《宋代教育散論》，臺北市：東昇出版事業公司

劉子健《歐陽修的治學與從政》，臺北市：新文豐出版社

劉若愚《歐陽修研究》，臺北市：臺灣商務印書館

胡宗楙《金華經籍志》，臺北市：古亭書屋

許華峰《蔡沈《朱文公訂正門人蔡九峰書集傳》的注經體式與解經特
　　色》（臺北市：臺灣學生書局，2013年2月初版）。

期刊論文、學位論文

屈萬里〈宋代疑經改經之風〉,〈大陸雜誌〉《史學叢書》第二輯第二冊

許師錟輝〈先秦典籍引尚書考〉自印本。臺北市：花木蘭出版社

許師錟輝〈今文泰誓疏證〉《慶祝高仲華教授七秩大壽論文集》

許師錟輝〈尚書與文學〉《古典文學》第四集

程元敏〈宋人在學術資料方面之貢獻〉《國立編譯館刊》第二卷第三期

程元敏〈宋元之際的學者──金履祥和他的遺著〉《宋史研究集》第
　　四輯

李振興〈尚書流衍述要〉《孔孟學報》四十一期

葉國良〈宋人疑經改經考〉國立台灣大學出版委員會《文史叢刊》

蔣秋華〈宋人洪範學〉國立台灣大學出版委員會《文史叢刊》

駱文琦〈漢書尚書說考徵〉台灣師範大學碩士論文自印本

李偉泰〈兩漢尚書學及其對當時政治思想的影響〉台灣大學碩士論文

陳恆嵩〈明人疑經改經考〉東吳大學碩士論文

王明蓀〈王安石洪範傳中的政治思想〉《宋史研究集》第十九輯

李振興著《尚書流衍述要》《孔孟學報》第四十一期

張寶三〈五經正義研究〉台灣大學博士論文

蔡根祥〈後漢書尚書考辨〉台灣師範大學碩士論文。臺北市：花木蘭
　　出版社

蔡根祥〈宋代尚書學案〉臺灣師範大學博士論文。臺北市：花木蘭出
　　版社

蔡根祥〈王安石《尚書新義》輯考彙評訂補舉例〉《首屆國際《尚書》學術研討會論文集》（臺北市：萬卷樓圖書公司，經學叢書・臺灣高等經學研討論集叢刊）頁107-134。

蔡根祥〈王安石《尚書新義》輯考彙評——〈堯典〉、〈舜典〉補逸柬議〉2012年10月20、21日台灣師範大學所主辦「儒道國際學術研討會—宋元」論文。

蔡根祥〈王安石《尚書新義》輯考彙評—大禹謨、皋陶謨、益稷—補逸柬議〉2014年10月，貴州師範大學歷史與政治學院、國際尚書學會、北京清華大學出土文獻與研究中心所舉辦之【尚書與清華簡國際學術研討會】發表。

蔡根祥〈王安石《尚書新義》輯考彙評——《夏書・禹貢、甘誓、五子之歌、胤征》—補逸柬議〉2016年8月，福建師範大學經學研究所舉辦之【十三經注疏與經學文獻研究】學術研討會發表。

蔡根祥〈王安石《尚書新義》輯考彙評—《商書》補逸柬議（上）〉，2018年4月，國際《尚書》學會、西北師範大學文學院【第五屆國際《尚書》學學術研討會】發表。

陳良中〈東陽陳大猷《書集傳》學術價值謭議〉《古文獻研究》，2010年12月，第54卷，第23期。

陳良中〈王安石《尚書新義》輯補〉《重慶文理學院學報》2011年1月，第30卷，第1期。

經學研究叢書·經學史研究叢刊　　0501030

王安石《尚書新義》輯考彙評——補逸束議

著　　者	蔡根祥
責任編輯	呂玉姍
發 行 人	林慶彰
總 經 理	梁錦興
總 編 輯	張晏瑞
編 輯 所	萬卷樓圖書股份有限公司
排　　版	林曉敏
印　　刷	博創印藝文化事業有限公司
封面設計	菩薩蠻數位文化有限公司

發　　行　萬卷樓圖書股份有限公司

臺北市羅斯福路二段 41 號 6 樓之 3

電話 (02)23216565

傳真 (02)23218698

電郵 SERVICE@WANJUAN.COM.TW

香港經銷　香港聯合書刊物流有限公司

電話 (852)21502100

傳真 (852)23560735

ISBN 978-986-478-379-3

2020 年 10 月初版

定價：新臺幣 1260 元

如何購買本書：

1. 劃撥購書，請透過以下郵政劃撥帳號：

帳號：15624015

戶名：萬卷樓圖書股份有限公司

2. 轉帳購書，請透過以下帳戶

合作金庫銀行 古亭分行

戶名：萬卷樓圖書股份有限公司

帳號：0877717092596

3. 網路購書，請透過萬卷樓網站

網址 WWW.WANJUAN.COM.TW

大量購書，請直接聯繫我們，將有專人為

您服務。客服：(02)23216565 分機 610

如有缺頁、破損或裝訂錯誤，請寄回更換

國家圖書館出版品預行編目資料

王安石<<尚書新義>>輯考彙議：補逸束議 /
蔡根祥著.-- 初版.-- 臺北市：萬卷樓,
2020.10

面；　公分.-- (經學研究叢書. 經學史研究
叢刊；501030)

ISBN 978-986-478-379-3(平裝)

1.(宋)王安石 2.尚書新義 3.學術思想 4.經學

125.16　　　　　　　　　　　109014047